Fundamentos da educação infantil

G643f Gonzalez-Mena, Janet.
　　　　　Fundamentos da educação infantil : ensinando crianças
　　　　em uma sociedade diversificada / Janet Gonzalez-Mena ;
　　　　tradução: Marcelo de Abreu Almeida ; revisão técnica:
　　　　Maria da Graça Souza Horn. – 6. ed. – Porto Alegre :
　　　　AMGH, 2015.
　　　　　xvii, 430 p. : il. ; 25 cm.

　　　　ISBN 978-85-8055-454-0

　　　　1. Educação infantil. I. Título.

　　　　　　　　　　　　　　　　　　　　　　CDU 373.24

Catalogação na publicação: Poliana Sanchez de Araujo – CRB 10/2094

Janet Gonzalez-Mena

Fundamentos da educação infantil

ENSINANDO CRIANÇAS EM UMA
SOCIEDADE DIVERSIFICADA

6ª
EDIÇÃO

Tradução
Marcelo de Abreu Almeida

Revisão técnica desta edição
Maria da Graça Souza Horn
Doutora em Educação pela Universidade Federal do Rio Grande do Sul

McGraw Hill Education

penso

AMGH Editora Ltda.
2015

Obra originalmente publicada sob o título
Foundations of Early Childhood Education:
Teaching Children in a Diverse Society, 6th Edition
ISBN 007802448X / 9780078024481

Original edition copyright © 2014, The McGraw-Hill Global Education Holdings, LLC., New York, New York 10121. All rights reserved.

Portuguese language translation © 2015, AMGH Editora Ltda., a Grupo A Educação S.A. company. All rights reserved.

Gerente editorial: *Letícia Bispo de Lima*

Colaboraram nesta edição:

Editora: *Priscila Zigunovas*

Assistente editorial: *Paola Araújo de Oliveira*

Capa: *Márcio Monticelli*

Imagem da capa: ©thinkstockphotos.com/*Rolurt Churchill, Group of Children Looking Up*

Preparação de originais: *Cristine Henderson Severo*

Leitura final: *Grasielly Hanke Angeli*

Editoração: *Techbooks*

Reservados todos os direitos de publicação, em língua portuguesa, à
AMGH EDITORA LTDA., uma parceria entre GRUPO A EDUCAÇÃO S.A. e
McGRAW-HILL EDUCATION
Av. Jerônimo de Ornelas, 670 – Santana
90040-340 – Porto Alegre – RS
Fone: (51) 3027-7000   Fax: (51) 3027-7070

É proibida a duplicação ou reprodução deste volume, no todo ou em parte, sob quaisquer formas ou por quaisquer meios (eletrônico, mecânico, gravação, fotocópia, distribuição na Web e outros), sem permissão expressa da Editora.

Unidade São Paulo
Av. Embaixador Macedo Soares, 10.735 – Pavilhão 5 – Cond. Espace Center
Vila Anastácio – 05095-035 – São Paulo – SP
Fone: (11) 3665-1100   Fax: (11) 3667-1333

SAC 0800 703-3444 – www.grupoa.com.br

IMPRESSO NO BRASIL
PRINTED IN BRAZIL

A autora

Janet Gonzalez-Mena foi professora do Programa de Estudos Infantis e Familiares do Napa Valley College por 15 anos, onde deu aulas na licenciatura, além de trabalhar em parceria com o centro de cuidado infantil como instrutora prática. A partir de 1991, também trabalhou para o WestEd Program for Infant-Toddler Care como "professora de professores". Janet tem experiência como professora de pré-escola, professora domiciliar, diretora de centro infantil, coordenadora de centro familiar e supervisora de um programa piloto de cuidado terapêutico para bebês, crianças que começam a caminhar e crianças vítimas de abuso. Ela tem especial interesse por diversidade, equidade e parceria com os pais. A aquisição de mais experiência com programas de inclusão total veio quando Janet entrou para outro projeto do WestEd chamado Beginning Together, criado para promover a inclusão de crianças com deficiências e necessidades especiais. Janet ocasionalmente trabalha para o Centro de Estudos Infantis e Familiares da WestEd como escritora, tendo contribuído com um capítulo chamado "Culture and communication in the child care setting" para o *Guide to Language Development and Communication*, publicado pelo WestEd em 2011. Ela também trabalhou em um projeto chamado Bridging Cultures in Early Care and Education, que resultou na coautoria de um guia de treinamento publicado por WestEd e Erlbaum. Janet escreveu diversos outros livros e artigos sobre educação infantil e parentagem, incluindo *Dragon Mom*. Os textos de Janet constam em outros livros, como *Child Care Information Exchange* e *Young Children*. Por exemplo, seu artigo "On the way to friendship: growing peer relationships among infants and toddlers" foi publicado em *Exchange* em maio de 2012. Seu artigo em coautoria "Self-regulation: taking a broader perspective" está na edição de janeiro de 2011 de *Young Children*. Janet também foi coautora de um artigo para *The Signal*, que é o informativo da Associação Mundial de Saúde Mental Infantil (2011). Seu livro *Diversity in Early Care and Education: Honoring Differences* foi distribuído gratuitamente pela National Association for the Education of Young Children para seus membros desde 2008. Um livro, escrito em coautoria com Anne-Stonehouse, chamado *Making Links* (2008), reflete o interesse de Janet na colaboração e trata do planejamento e da prática em parceria com crianças e pais. Também publicou o livro *50 Early Childhood Strategies for Working and Communicating with Diverse Families* (2013), agora em sua 3ª edição. Apesar de ter ampla experiência na educação infantil, os principais interesses de Janet se situam no cuidado e na educação de bebês e de crianças que começam a caminhar. Estudou com Magda Gerber, especialista infantil de Los Angeles, e também com Anna Tardos, filha de Emmi Pikler, fundadora do Instituto Pikler em Budapeste, na Hungria. Janet tem mestrado em Desenvolvimento Humano pelo Pacific Oaks College.

*Em memória de minha grande amiga Patricia Monighan
Nourot (1947 a 2006), mãe, esposa e educadora
que dedicou sua vida a ensinar crianças e
a ensinar* sobre *crianças.*

Padrões dos programas de educação infantil da NAEYC

A partir do dia 16 de setembro de 2006, todos os programas acreditados na NAEYC e todos os programas que buscam acreditação precisam cumprir os padrões e os critérios revisados do programa. A seguir são apresentados os 10 Padrões de Programas de Educação Infantil da NAEYC e Critérios de Acreditação relacionados. Cada padrão descreve um elemento essencial que, junto dos outros nove padrões, fornece uma definição de qualidade para programas de cuidado infantil, pré-escolas e jardins de infância.

Área focada: crianças

Padrão de Programa 1: Relacionamento

O programa promove relacionamentos positivos entre todas as crianças e adultos para estimular o senso de valorização e de pertencimento individual como parte de uma comunidade e promover a habilidade de cada criança de contribuir como um membro responsável desta.

Lógica: Relacionamentos positivos são essenciais para o desenvolvimento de responsabilidade pessoal, capacidade de autorregulação, construção de interações positivas com os outros e promoção de aprendizagem e desenvolvimento mental. Interações respeitosas, sensíveis e responsivas ajudam as crianças a desenvolver autoconfiança e a respeitar e cooperar com os outros. Relacionamentos positivos também ajudam as crianças a beneficiar-se de experiências e recursos de ensino. Crianças que se enxergam como alguém de valor costumam demonstrar maior confiança, progredir fisicamente, se relacionar bem com os outros, aprender com competência e se sentir parte de uma comunidade.

Padrão de Programa 2: Currículo

O programa implementa um currículo consistente com seus objetivos para as crianças e promove a aprendizagem e o desenvolvimento em cada uma das seguintes áreas: social, física, linguística e cognitiva.

Lógica: Um currículo que se baseia em pesquisas ajuda os professores a identificar conceitos e habilidades importantes, assim como métodos efetivos para promover a aprendizagem e o desenvolvimento. Quando leva em consideração o conhecimento dos professores acerca de cada criança, um currículo bem-articulado orienta-os de modo a proporcionar experiências que promovam o crescimento em uma ampla gama de conteúdos e áreas de desenvolvimento. Também ajuda a garantir que o professor planeje um cronograma diário que maximize a aprendizagem das crianças por meio do uso efetivo do tempo, dos materiais para brincadeiras, da aprendizagem autoiniciada e da expressão criativa, além de criar oportunidades para que as crianças aprendam individualmente ou em grupos, de acordo com suas necessidades e interesses compatíveis com seu desenvolvimento.

Padrão de Programa 3: Ensino

O programa usa abordagens de ensino efetivas e adequadas ao nível de desenvolvimento, à cultura e à língua, de modo a aumentar a aprendizagem e o desenvolvimento das crianças no contexto dos objetivos curriculares do programa.

Lógica: Professores que utilizam abordagens de ensino múltiplas otimizam as oportunidades de aprendizagem das crianças. Tais abordagens incluem estratégias que variam de estruturadas a desestruturadas e de orientadas por adultos a orientadas por crianças. As crianças trazem diferentes origens, interesses, experiências, estilos de aprendizagem, necessidades e capacidades aos ambientes educacionais. Quando os professores levam em conta essas diferenças ao selecionar e implementar abordagens de ensino, eles ajudam todas as crianças a obter êxito. Essas abordagens também diferem em sua efetividade de ensino dependendo dos elementos do currículo e da aprendizagem. Para que um programa lide com a complexidade inerente a qualquer situação de ensino-aprendizagem, deve usar diversas abordagens de ensino. Em salas de aula e turmas que incluem professores assistentes ou auxiliares e outros especialistas, a expectativa é de que esses profissionais trabalhem em equipe. Independentemente de um professor trabalhar sozinho ou de uma equipe trabalhar em conjunto, a abordagem de ensino cria um ambiente que auxilia a aprendizagem positiva e o desenvolvimento das crianças em todas as áreas.

Padrão de Programa 4: Avaliação

O programa é alimentado por abordagens de avaliação correntes, sistemáticas, formais e informais para fornecer informações sobre a aprendizagem e o desenvolvimento das crianças. Tais avaliações ocorrem no contexto de comunicações recíprocas com as famílias e com sensibilidade para o contexto cultural em que as crianças se desenvolvem. Os resultados das avaliações são usados para beneficiar as crianças ao informar decisões sensatas sobre o desenvolvimento delas, do ensino e do programa.

Lógica: O conhecimento que os professores têm de cada criança ajuda a planejar adequadamente currículos desafiadores e a moldar o ensino para que responda aos pontos fortes e às necessidades de cada criança. Além disso, a avaliação sistemática é essencial para identificar crianças que podem se beneficiar de aulas intensivas e/ou de intervenções, ou que podem precisar de avaliações adicionais de desenvolvimento. Essas informações garantem que o programa cumpra suas metas para a aprendizagem e o desenvolvimento das crianças, além de informar sobre os esforços de aprimoramento do programa.

Padrão de Programa 5: Saúde

O programa promove a nutrição e a saúde das crianças e protege as crianças e os funcionários de doenças e lesões.

Lógica: Para beneficiar-se da educação e manter a qualidade de vida, as crianças precisam ser tão saudáveis quanto possível. A saúde é um estado de bem-estar físico, oral, mental e social completo, e não simplesmente a ausência de doenças ou de enfermidades, como definido pela Organização Mundial da Saúde. As crianças dependem dos adultos, que também devem estar tão saudáveis quanto possível, para fazer escolhas por elas e para ensiná-las a tomar decisões saudáveis por conta própria. Apesar de algum grau de risco ser desejável para a aprendizagem, um programa de qualidade impede práticas e ambientes perigosos com maior probabilidade de resultar em consequências adversas para crianças, funcionários, famílias ou comunidades.

Área focada: equipe de ensino
Padrão de Programa 6: Professores

Esse programa emprega e apoia uma equipe de ensino que tem qualificações educacionais, conhecimento e comprometimento profissional necessários para promover a aprendizagem e o desenvolvimento infantil e apoiar diversas necessidades e interesses familiares.

Lógica: As crianças beneficiam-se mais quando os professores têm maior grau de educação formal e especialização em educação infantil. Professores com preparação, conhecimento e habilidades específicas em desenvolvimento e educação infantil têm maior possibilidade de realizar interações afetuosas e positivas com as crianças, oferecer experiências linguísticas mais ricas e criar ambientes de aprendizagem de maior qualidade. Oportunidades para que os profissionais recebam supervisão e participem de atividades de desenvolvimento asseguram que o seu conhecimento e suas habilidades reflitam a base de conhecimento em constante mudança de sua área.

Área focada: parceria com pais e comunidade
Padrão de Programa 7: Famílias

O programa estabelece e mantém relações cooperativas com a família de cada aluno para promover o desenvolvimento infantil em todos os ambientes. Esses relacionamentos são sensíveis à composição familiar, à língua e à cultura.

Lógica: A aprendizagem e o desenvolvimento das crianças pequenas estão integralmente conectados às suas famílias. Consequentemente, para apoiar e promover sua aprendizagem e seu desenvolvimento, os programas precisam reconhecer a primazia das famílias, estabelecendo relacionamentos com elas baseados no respeito e na confiança mútuos, apoiando e envolvendo-as no crescimento educacional de seus filhos e convidando-as a participar plenamente do programa.

Padrão de Programa 8: Comunidades

O programa estabelece relacionamentos com a comunidade infantil e utiliza seus recursos para auxiliar na realização dos objetivos do programa.

Lógica: Como parte da comunidade, um programa efetivo estabelece e mantém relacionamentos recíprocos com agências e instituições que podem auxiliar na realização de seus objetivos para o currículo, na promoção de saúde e nas transições, inclusão e diversidade das crianças. Ao ajudar a conectar as famílias com os recursos necessários, o programa aprofunda a aprendizagem e o desenvolvimento saudável das crianças.

Área focada: liderança e administração
Padrão de Programa 9: Ambiente físico

O programa tem um ambiente seguro e saudável que proporciona ambientes físicos internos e externos adequados e bem-cuidados. O ambiente inclui instalações, equipamentos e materiais para facilitar a aprendizagem e o desenvolvimento de crianças e de profissionais.

Lógica: A organização e a manutenção do ambiente físico auxiliam nas atividades e nos serviços de alto nível do programa, assim como permitem seu melhor uso e funcionamento. Ambientes organizados, equipados e cuidados auxiliam na qualidade do programa ao promover a aprendizagem, o conforto, a saúde e a segurança de quem utiliza o programa. Sua qualidade melhora ao criar um ambiente acolhedor e acessível para crianças, famílias e profissionais.

Padrão de Programa 10: Liderança e administração

O programa efetivamente implementa políticas, procedimentos e sistemas que auxiliam na manutenção dos profissionais e na administração fiscal, de pessoal e do próprio programa, de modo que todas as crianças, famílias e profissionais tenham experiências de qualidade.

Lógica: Um programa excelente requer estruturas de gestão eficientes, liderança competente e entendida, assim como políticas, procedimentos e sistemas administrativos compreensivos e funcionais. Liderança e administração efetivas criam um ambiente para cuidado e educação de alta qualidade ao garantir a conformidade com regulamentos e diretrizes relevantes; a promoção de eficiência, de responsabilidade fiscal, de comunicação efetiva, de serviços úteis de consultoria, de relações positivas com a comunidade e de ambientes de trabalho confortáveis e solidários; a estabilidade dos profissionais; e a instituição de programas de planejamento contínuo e de oportunidades de carreira para os professores, assim como a evolução contínua do programa.

Prefácio

A sociedade está despertando para o fato de que "a primeira infância é para sempre", como dizemos. Enquanto antigamente as famílias eram as únicas responsáveis por seus filhos e sua educação antes de irem para a escola, atualmente essa responsabilidade é compartilhada. Isso coloca os profissionais que atuam no cuidado infantil e na educação sob grande pressão para que façam o melhor possível para garantir que todos os programas tenham alta qualidade.

Nos programas de cuidado e de educação infantil de *qualidade*, as crianças não apenas desenvolvem as habilidades básicas de que necessitam para obter sucesso na escola e além dela, como também aprendem a interagir cooperativamente com os outros, visto que essa é a base para fazer parte de uma comunidade. Um bom início em um programa de cuidado e educação infantil de *alta qualidade* pode gerar benefícios econômicos e sociais, sendo um grande investimento para a sociedade, do tipo que irá render frutos geração após geração. Os indivíduos colhem os benefícios desse investimento, assim como a sociedade.

Este livro foi desenvolvido para ajudar a qualificar os programas de cuidado e educação infantil formando seus professores. Ele dá conta do desenvolvimento de habilidades com uma base teórica sólida. Muitos estudantes de pedagogia já trabalham com crianças pequenas – em estágios, como voluntários em centros de cuidado ou como cuidadores domiciliares. Este livro trata de suas necessidades, mas também é dirigido a estagiários sem experiência prática.

Uma vantagem de usar este livro é que ele proporciona uma visão geral do que acontece em programas de educação infantil por meio de exemplos, fatos pitorescos e cenários. Alguns estudantes podem ter oportunidades de ver seus professores em ação, mas outros não. Para dar conta dessa realidade, o livro encontra maneiras de transportar os leitores para salas de aula e centros de cuidado para que possam "observar" como educadores eficientes facilitam o processo de ensino e aprendizagem. Esses exemplos foram criados para ajudar os leitores a se colocarem no lugar do educador, examinar suas próprias reações e antecipar como lidar com experiências semelhantes.

O que há de novo nesta edição?

1. *Reexaminando o profissionalismo.* O que significa ser um educador infantil? A educação infantil é uma profissão de verdade? Não há respostas claras para essas questões. Os alunos irão envolver-se nessa discussão atual ao se prepararem para uma carreira na educação infantil. Nesta edição, Stephanie Feeney e Nancy Freeman examinam os vários lados dessas questões.

2. *Usando prática reflexiva* integrada para ajudar os estudantes a ajustar suas habilidades de observação e a pensar sobre o que observam. A prática reflexiva ajuda a prestar atenção e a ficar sensível ao que as crianças podem precisar a qualquer momento e a qual será o próximo passo para aprofundar sua aprendizagem. Observar, afastar-se, refletir e compreender exigem mais do que ensinar e mostrar às crianças como fazer as coisas, mas os benefícios são muito maiores.

3. *Encorajando as crianças a resolver problemas.* Pesquisas de Carol Dweck e colaboradores transmitem aos estudantes uma perspectiva sobre respostas efetivas dos adultos para ajudar as crianças a aprender. As pesquisas indicam que os desfechos são mais positivos quando, em vez de elogiá-las pelo sucesso, os adultos reconhecem o seu esforço, mesmo que não seja bem-sucedido. Está ficando claro que as crianças que ouvem "Bom trabalho!" seguidamente tendem a evitar atividades que não resultem em uma reação entusiástica dos adultos.
4. *Expandindo as informações nos ambientes.* Ambientes para bebês e crianças bem pequenas são singulares, e esta edição expande as informações de que os estudantes necessitam. À medida que mais crianças com menos de 3 anos entram em programas de educação e cuidado, os estudantes precisam saber quais objetos servem a esse grupo etário. Eles poderão entender melhor como os ambientes para bebês e crianças bem pequenas contrastam com ambientes para crianças em idade pré-escolar.
5. *Ensinando as crianças a jogar.* Nem todas as crianças precisam ser ensinadas a jogar, mas algumas precisam. Este livro ajuda os estudantes a observá-las e a comentar sobre o estão fazendo. Especular sobre o que as crianças podem fazer a seguir pode servir como simples sugestão para estimulá-las a ir em frente.
6. *Tratando bebês e crianças bem pequenas com respeito.* Respeito não é uma palavra comumente usada para descrever atitudes com relação a crianças pequenas. Os alunos irão descobrir comportamentos respeitosos comparando-os com os desrespeitosos mais comuns.
7. *Dando ênfase ao apoio para uma maior aprendizagem e desenvolvimento.* Currículo é uma palavra usada quando os estudantes de licenciatura estão aprendendo sobre as crianças mais velhas, mas é cada vez mais usada na educação infantil – até em programas de bebês e crianças bem pequenas. Existem muitos equívocos acerca do currículo. Como um texto introdutório, esta nova edição muda a ênfase do *currículo* para a aprendizagem e o desenvolvimento, que é o que realmente importa para os professores iniciantes. A partir dos diversos exemplos do livro, os estudantes ficarão mais sensíveis ao desenvolvimento de cada criança, ao que elas estão aprendendo e a quais os próximos passos. Quando os estudantes conseguirem ir além de questões individuais e observar padrões da turma, eles estarão mais preparados para ser educadores infantis. Os últimos três capítulos deste livro fazem a transição dos alunos para a área do currículo, mas ainda dão muita ênfase à aprendizagem e ao desenvolvimento.
8. *A escolarização atualizada* aparece em cada capítulo e se reflete nas seções Referências e Leituras Adicionais.

Temas deste livro

Habilidades de pensamento crítico

Este livro explica a teoria de maneira prática, transmitindo informações sofisticadas e permitindo que os estudantes compreendam a sua utilidade de imediato. O livro fala diretamente *da* autora *ao* estudante, de pessoa para pessoa. O texto deixa claro que não existe fórmula de comportamento "correto" para cada situação. Os estudantes são estimulados a usar o seu pensamento crítico junto a práticas reflexivas em vez de procurar as respostas corretas. Para tanto, às vezes, são usados pontos de vista específicos para que os estudantes os utilizem como um quadro de apoio para suas próprias ideias. Seguindo as diretrizes da National Association for the Education of Young Children (NAEYC),* no livro *Developmentally Appropriate Practice*, os estudantes devem to-

---

* N. de R.T.: Ver nota na página 9.

mar decisões sobre o que é melhor para cada criança e sua família com base nos princípios de desenvolvimento, assim como na origem individual e cultural da família.

Matéria integrada

Ao se familiarizar com o texto, você irá perceber que este livro é único. Parte de sua singularidade aparece na forma como temas e matérias importantes estão integrados. Por exemplo, a diversidade não tem um capítulo separado, mas é um tema tratado ao longo de todo o livro. O trabalho com crianças com necessidades especiais também está integrado – em capítulos sobre orientações de comportamento (Capítulo 5), exemplos de relacionamentos adultos (Capítulo 7) e a organização do ambiente físico (Capítulo 8), entre outros. Este livro fala do cuidado e da educação de *todas* as crianças, incluindo aquelas com necessidades especiais. A observação, a prática reflexiva e a orientação também são temas que permeiam todo o livro. Além de haver um capítulo exclusivo sobre as estratégias de orientação, elas também aparecem sempre que os estudantes de licenciatura precisam delas para ajudar as crianças a solucionar problemas e resolver conflitos. Aprender a resolver conflitos imparcialmente é uma parte importante do desenvolvimento moral. Então, é possível dizer que esse tema também faz parte do livro, embora não seja destacado como tal.

A ligação entre cuidado e educação

Uma olhada rápida pelos títulos dos capítulos evidencia algumas das abordagens não convencionais que este livro assume. Por que existe um capítulo sobre rotinas, essas atividades diárias essenciais que envolvem cuidados físicos como comer, ir ao banheiro e trocar as fraldas? Essa ênfase se reflete no fato de que cuidado e educação não podem ser separados nos anos iniciais. Além disso, as rotinas aparecem porque este livro trata das necessidades de bebês e crianças bem pequenas, assim como de crianças dos 3 aos 8 anos. Quanto mais nova a criança, maior a importância (e capacidade educativa) dessas atividades. O capítulo sobre rotinas também reflete o fato de que, mesmo na pré-escola e nos anos escolares iniciais, algumas crianças com necessidades especiais ainda precisam das mesmas rotinas de cuidado que as crianças pequenas.

Informação de desenvolvimento: do nascimento aos 8 anos

Por que as informações sobre idades e estágios aparecem no Capítulo 11 e não no Capítulo 1, e onde estão os subtítulos de desenvolvimento físico, cognitivo e socioemocional? Eles foram todos reconstruídos em novos formatos e incluídos no texto de maneira inovadora. Essas mudanças podem desafiar pessoas com uma postura mais tradicional, mas, com a mente aberta, a organização faz sentido. As informações sobre o desenvolvimento são apresentadas de maneira distinta, mas nunca são minimizadas. Uma das ideias básicas das quais todos nós, educadores, compartilhamos é o valor das pesquisas de desenvolvimento. Os Padrões de Programa para a Acreditação na NAEYC usam a palavra *desenvolvimento* numerosas vezes.

Modelando* ao ensinar

Outra inovação se reflete nos dois capítulos sobre a modelagem como forma de ensino. Não quero dizer que é necessário mostrar às crianças como fazer um desenho, construir um mecanismo ou resolver um problema, mas exemplos mais sutis e inconscientes por meio de interações, ações e maneirismos diários que elas captam. A questão é que, quando os

---

* N. de R.T.: A palavra "modelagem" é utilizada ao longo de todo o livro no sentido de "servir de modelo". Ver, na página 131, a abordagem desse conceito como estratégia de ensino.

adultos se focam externamente nas crianças, eles com frequência ignoram o seu próprio comportamento e as mensagens não ditas que estão vivenciando. As crianças captam as atitudes dos adultos e seus comportamentos subsequentes. E, como a diversidade e a equidade são assuntos importantes, os adultos devem modelar a aceitação de diversidade e comportamentos que levam à equidade.

Abordagem centrada na família

Nos programas de cuidado e educação infantis, o relacionamento entre familiares e professores é vital. Esse tema permeia o livro, além de ser apresentado na Parte I – não sendo deixado para o fim. Apesar de os educadores infantis terem um papel proeminente na vida das crianças, eles não podem ignorar que as famílias exercem um papel muito maior e de longo prazo. Combinado com um foco na diversidade, esse tema deixa claro que os profissionais não podem ignorar o que as famílias querem para os seus filhos, mesmo que não concordem em todos os aspectos; o que está em jogo é a formação identitária da criança e seus laços familiares. Essa ênfase nos objetivos e nos valores dos pais reflete-se na visão de uma sociedade plural e democrática, divergindo da abordagem "vamos estudar a diversidade" do currículo multicultural. Este livro ensina os estudantes a usarem uma abordagem ativista e sem preconceitos.

Este livro apresenta

- Uma **introdução** a cada parte do livro, que transmite aos leitores uma visão geral dos capítulos, apontando como cada um compõe o todo.
- Um **sumário** no início de cada capítulo para estabelecer os seus tópicos principais.
- As seções **"Neste capítulo você irá descobrir"** dão aos leitores uma lista do que será apresentado durante a leitura dos capítulos.

- Novas **abas laterais** tratam de conteúdos importantes dos **Padrões de Educação Infantil da NAEYC**.
- Os quadros *Foco na diversidade* permitem que os leitores compreendam as diferenças de outras formas.
- **Definições laterais** explicam os termos no ponto em que aparecem no texto.
- Os quadros *Pontos de vista* apresentam duas versões para um argumento ou ideia.
- Os quadros *A teoria por trás da prática* unem o conteúdo à teoria que o embasa.
- Os quadros *Vozes da experiência* apresentam histórias reais de professores reais.
- A seção **"Uma história para terminar"** conclui cada capítulo com um breve cenário relacionado ao tópico do capítulo.
- O **Resumo** dá uma conclusão a cada capítulo.
- Os **Recursos** *on-line* lembram ao leitor dos materiais de estudo disponíveis (em inglês) no Centro de Aprendizagem *on-line*, em www.mhhe.com/gonzalezfound6e
- **Questões para reflexão** estimulam os estudantes a considerar e aplicar os tópicos do capítulo.
- **Expressões-chave** lista termos-chave discutidos no capítulo.
- **Leituras adicionais** apresentam uma listagem de leituras sugeridas.

Material complementar (em inglês)

Recursos para observação e reflexão. Esse recurso, livre para *download* no Centro de aprendizagem *on-line*, inclui um Guia de Observação com diretrizes e formulários para observar crianças, Questões para reflexão para acompanhar cada capítulo do texto, extensas listas de diários, livros, vídeos e recursos *on-line*, assim como Padrões e Posicionamentos da NAEYC, conforme referenciados neste livro.

Centro de aprendizagem *on-line*. No endereço eletrônico **www.mhhe.com/gonzalezfound6e,** o Centro de aprendizagem *on-line* inclui um guia de estudos com *quizzes* e *links*, assim como o Guia de recursos para observação e reflexão.

Área do professor. Se você é professor universitário e utiliza este livro em aula, entre em www.grupoa.com.br, cadastre-se e acesse sugestões de atividades relacionadas ao tema de cada capítulo. No mesmo site, acesse a página do livro por meio do campo de busca e clique em Conteúdo Online para baixar testes relacionados ao tema de cada capítulo (conteúdo em inglês).

GONZALEZ-MENA, J. *Diversity in early care and education programs:* honoring differences. 6th ed. New York: McGraw-Hill, [c2013]. Esse texto menor se foca na diversidade nos programas de cuidado e educação infantil.

Agradecimentos

Gostaria de agradecer a Jean Smith por me apoiar durante as dificuldades pelas quais passei para completar esta 6ª edição. Também gostaria de agradecer às revisoras que ofereceram tantas sugestões, tantas ideias e tanta sabedoria para esta 6ª edição:

Ellen Firestone, *Wilkes Community College*

Mary L. Flyr, *Riverside City College*

Susan McGrath, *Penn Foster College*

Barbara Sumbry, *Cincinnati State Technical and Community College*

Sumário

PARTE I
Fundamentos do processo de ensino-aprendizagem: o papel do educador infantil 1

1 Educação infantil como carreira 3
2 Prioridades em primeiro lugar: saúde e segurança por meio de observação e supervisão 32
3 Comunicação com crianças pequenas 53
4 Facilitando o trabalho e as brincadeiras das crianças pequenas 74
5 Orientando o comportamento das crianças pequenas 103
6 O professor como modelo 128
7 Modelando relações adultas em cenários de educação infantil 154

PARTE II
Fundamentos para apoiar o desenvolvimento e a aprendizagem 181

8 Montando um ambiente físico 183
9 Criando um ambiente socioemocional 215
10 Rotinas 235
11 Tarefas de desenvolvimento como currículo: como apoiar as crianças em cada estágio 260
12 Observação, registro e avaliação 284

PARTE III
Planejando para a aprendizagem e o desenvolvimento, propiciando a curiosidade, a alegria e o encantamento das crianças 309

13 Aprimorando a aprendizagem e o desenvolvimento das crianças por meio da linguagem e da alfabetização emergente 311
14 Promovendo a alegria em experiências adequadas ao nível de desenvolvimento em matemática e ciências 337
15 Integrando arte, música e estudos sociais em um currículo holístico 359

Referências 379
Créditos das fotos 403
Glossário 405
Índice 413

PARTE I

Fundamentos do processo de ensino-aprendizagem

O PAPEL DO EDUCADOR INFANTIL

A Parte I foi escrita com dois propósitos: fornecer fundamentação e teoria para os estudantes que irão dar aulas para crianças pequenas e funcionar como um minicurso intensivo sobre como trabalhar com crianças quando se está em uma aula introdutória e realizando aulas experimentais ou estágio em sala de aula ao mesmo tempo. Como este é um texto introdutório – e, possivelmente, parte da primeira aula dos alunos – os professores que revisaram o livro quiseram ver o material com os fundamentos no primeiro capítulo. Então, se você ler este livro na sequência correta, começará tendo um pouco de história, teoria e uma ideia geral sobre a educação infantil como um tipo especial de profissão, o que é ótimo se você tem o benefício de estudar a história e as teorias antes de entrar para uma área. Contudo, muitos que entram nesse campo já são defrontados com um grupo de crianças desde o primeiro dia. Outros já estão trabalhando na área antes de realizarem a primeira aula acadêmica. Se essa é a sua situação, não tem como pensar em que dizem os teóricos quando duas crianças estão brigando por causa de um brinquedo no canto da sala. Você precisa saber o que fazer!

O Capítulo 2 dá um grande salto nos fundamentos e na teoria do Capítulo 1 e vai direto para a prática. Os próximos cinco capítulos se focam nas habilidades vitais que os adultos precisam trabalhar efetivamente com as crianças pequenas. Não se trata da sequência comum realizada pela maioria dos livros introdutórios, já que este dá grande ênfase à prática. Só preste atenção, porque cada capítulo exibe a conexão existente entre ela e a teoria por trás. A teoria pode não estar aparente – com exceção das partes destacadas –, mas pode ficar tranquilo que a teoria embasa toda a prática deste livro.

Os capítulos da Parte I se concentram no papel do adulto no processo de ensino-aprendizagem de maneira holística, o que contrasta com as Partes II e III, em que o foco é mais específico no apoio e na promoção do desenvolvimento e da aprendizagem de maneira mais tradicional. A Parte I destaca o papel do adulto no planejamento e no momento de tirar vantagem do que ocorre espontaneamente para ver o que acontece. O objetivo em ambos os casos é aprimorar a aprendizagem de *todas* as crianças em várias áreas do desenvolvimento. Quando *todas* é destacado dessa forma, significa presumir que a turma seja composta de diversidade – seja ela óbvia ou invisível. Também presume que a diversidade não se dê apenas na origem familiar, mas também quanto às habilidades dos alunos.

O lugar das crianças com deficiências e outras necessidades especiais, identificadas ou não, é junto dos seus pares geralmente desenvolvidos. Este livro reconhece essa realidade e faz sugestões sobre como responder individual e adequadamente a cada criança.

A ideia de planos e abordagens não escritos para a aprendizagem relaciona-se com o fato de que as crianças estão constantemente aprendendo, quer os adultos percebam ou não. Quando os adultos não prestam atenção ao que as crianças estão aprendendo, as lições podem ser prejudiciais. Por exemplo, se você não prestar atenção, aquelas crianças no canto dos blocos irão aprender que são só aquelas que agarram e seguram com força é que ficam com os blocos que querem. Quando descobrir isso, você poderá trabalhar com elas para ajudá-las a compartilhar e ainda assim conseguir brincar com os blocos que quiserem. Se você não tiver cuidado, outras crianças podem aprender que bater pode funcionar quando as outras não compartilham – quer dizer, enquanto nenhum adulto notar. Às vezes, as crianças aprendem que chorar bem alto é o único comportamento que chama a atenção dos adultos. Observação cuidadosa, reflexão e percepção podem ajudar a ver que, quando os adultos percebem, estimulam e intervêm de maneira a apoiar o comportamento positivo podem fazer uma grande diferença no que as crianças aprendem.

A maioria das pessoas sabe que deve dar bons exemplos para as crianças, mas algumas não estão plenamente a par do poder do exemplo. Muito do que as crianças aprendem – seja desejável ou não – vem da imitação de adultos importantes ao seu redor. Quando os adultos estão cientes dos seus próprios comportamentos e conscientemente tentam modelar exemplos para que as crianças aprendam, eles estão se envolvendo no que se chama de currículo não escrito. Quando você agarra uma criança, senta-a a força e fala com ela com um tom ameaçador, você está modelando a agressividade, mesmo que sua intenção seja só a de corrigi-la. Quando você olha cada adulto nos olhos, exceto aquele pai de quem você não gosta, está modelando comportamento diferencial. Se aquele adulto tiver pele mais escura do que a sua, ou falar uma língua diferente, as crianças irão aprender isso. Mesmo que os seus sentimentos em nada tenham a ver com raça ou cultura, as crianças podem facilmente aprender comportamentos potencialmente racistas. Estabelecer exemplos para as crianças costuma ser uma parte pequena da maioria dos livros didáticos. Neste livro, dois capítulos inteiros (Capítulos 6 e 7) se concentram no que as crianças aprendem do comportamento e das atitudes dos adultos ao seu redor, sendo que esta etapa da aprendizagem não só faz parte do currículo oculto, como também é praticamente invisível. Ainda assim, exemplos são uma poderosa ferramenta de ensino quando utilizados conscientemente.

O currículo oculto não exclui o planejamento; planejamento e preparação são parte de tudo. Ser responsivo e espontâneo é importante, mas observar e refletir também são para organizar o ambiente, supervisionar as turmas, interagir com os indivíduos e estar pronto para fazer intervenções adequadas quando necessário. É por isso que a observação e a prática reflexiva têm um papel tão importante nos capítulos desta primeira parte. Apesar de o capítulo sobre boletins e avaliações formais vir mais tarde, você estará sempre observando e realizando avaliações informais quando trabalhar com crianças. É assim que você sabe quando e como interagir com elas.

Então, agora você está pronto para aumentar o seu conhecimento dos fundamentos da educação infantil. Continue lendo.

Educação infantil como carreira

1

QUATRO TEMAS NA FORMAÇÃO DO PROFESSOR DE EDUCAÇÃO INFANTIL

O valor da prática reflexiva
Uma perspectiva multicultural
Uma abordagem holística
Profissionalismo

HISTÓRIA DO DESENVOLVIMENTO INFANTIL

Tendências e figuras históricas

PENSADORES DO DESENVOLVIMENTO INFANTIL E SUAS TEORIAS

EDUCADORES PIONEIROS

Pesquisa sobre o cérebro

O QUE SIGNIFICA SER UM PROFESSOR DA EDUCAÇÃO INFANTIL

Responsabilidades legais

CÓDIGO DE ÉTICA

UMA HISTÓRIA PARA TERMINAR

NESTE CAPÍTULO VOCÊ IRÁ DESCOBRIR

- o que o pensamento reflexivo tem a ver com conhecer a si mesmo;
- como uma perspectiva multicultural se relaciona com um objetivo pluralista;
- o que a expressão *a criança como um todo* significa;
- o que significa ser um professor da educação infantil e as responsabilidades legais envolvidas;
- por que os educadores infantis precisam saber sobre "idades e estágios";
- o que é a prática adequada ao nível de desenvolvimento;
- qual é a maior organização de educação infantil padrão do mundo;
- a história do ensino infantil e por que não se pode separar cuidado e educação;
- se há uma resposta para a "questão da natureza-criação".

Diz-se que "você só pode ensinar a si mesmo". Se isso é verdade, qual a necessidade de um livro como este? De fato, a educação infantil é uma carreira, podendo inclusive ser considerada um tipo especial de profissão, e aqueles que entram devem aprender a falar a língua do seu campo escolhido; é uma das coisas que une os educadores infantis. O objetivo deste livro é passar os conceitos e o vocabulário compartilhado pela comunidade de educadores infantis e apresentar a realidade da cultura infantil.

Quatro temas na formação do professor de educação infantil

Este livro abarca quatro temas distintos que são importantes para o professor de educação infantil. Um é a **prática reflexiva**: precisamos examinar a nossa experiência, tanto passada quanto imediata, para compreendê-la, aprender com ela e nos desenvolver. O segundo tema é o **multiculturalismo**: devemos reconhecer, respeitar e valorizar a diversidade que compõe o "povo norte-americano". O terceiro tema é o **holismo**: a educação infantil foca a "criança como um todo" e monta seu currículo de modo a facilitar o processo de ensino-aprendizagem. O último tema é **nossa própria definição de nós mesmos**: somos educadores infantis, e não babás.

O valor da prática reflexiva

Se a afirmação "você só pode ensinar a você mesmo" é verdade, se pergunte honestamente: "O quão bem eu me conheço?". Agora se pergunte: "O quão bem eu me conheço em relação a crianças pequenas?". Mesmo que você tenha filhos ou irmãos menores, você ainda não sabe *quem* você é ao redor de crianças com quem não tem parentesco. Trabalhar com os filhos de outras pessoas é uma experiência que irá lhe ensinar muito sobre si mesmo: intenções ocultas, sentimentos reprimidos, experiências esquecidas e tesouros enterrados. Este livro foi criado para ajudar você a lidar com o lado negativo, assim como aproveitar o lado positivo de se trabalhar com crianças pequenas.

Ao ler este livro, tenha em mente quem você é – seu sexo, sua raça, sua etnia, sua cultura, suas circunstâncias familiares e a sua origem. Você não é apenas um ser superficial que interage com as crianças; você é uma pessoa real, que traz consigo as suas experiências. As crianças também têm seu próprio sexo, sua raça, sua etnia, sua cultura e suas questões familiares que influenciam suas interações. É pela interação entre adultos e crianças que ocorre a maior parte da aprendizagem e se constitui o que pode ser chamado de "currículo oculto". O desafio é ser reflexivo sobre o que você perceber durante essas interações – aquelas que o envolvem e aquelas que você observa, mas não necessariamente o envolvem.

Ao ler este livro, você aprenderá mais sobre si mesmo e sobre a educação infantil como carreira.

Uma perspectiva multicultural

Este livro assume uma visão pluralista dos Estados Unidos; isso é, reconhece, respeita e valoriza as muitas culturas que compõem o "povo norte-americano". Para ser verdadeiramente pluralista, este livro também deve reconhecer a chamada cultura predominante como uma cultura e tratá-la como tal – e não como uma realidade universal. Quando a cultura predominante não é assim denominada, a insinuação (pretendida ou não) é de que a cultura predominante é "normal" e as outras culturas (asiáticas, afro-americanas, latino-americanas e assim por diante) são desvios da norma. Apesar de se poder pensar na cultura em termos de comida, costumes, música e feriados, ela é muito mais complexa do que essa simples aparência externa. Cada faceta de nossas vidas é influenciada por nossa cultura, a qual afeta tudo o que fazemos, pensamos e sentimos. A cultura pode ser dividida

> **FOCO NA DIVERSIDADE**
>
> **Aspectos da cultura**
>
> Cultura é muito mais do que a mera etnia ou origem nacional. O termo *cultura* inclui a forma como as vidas são influenciadas por raça, sexo, idade, habilidades e deficiências, língua, classe social, incluindo *status* e nível econômico, educação, religião e/ou prática espiritual, raízes geográficas da família e localização presente. A sexualidade, incluindo a orientação sexual, também faz parte desse quadro. Somos quem somos devido a inúmeras influências, assim como as crianças e as famílias que utilizam o cuidado infantil e programas educacionais.

em diversos aspectos e atributos, conforme apresentado no quadro *Foco na diversidade*.

Eu, Janet, autora deste livro, sou anglo-saxã, estou casada com um mexicano e vivo em uma família multicultural e multirracial por meio do casamento e da adoção. Os membros da minha família foram desafiados com uma série de deficiências, e, apesar de já ter sido exposta à diversidade, ainda preciso trabalhar para ver o mundo por várias perspectivas. Às vezes, não consigo fazer isso.

Neste livro, frequentemente falo da minha própria experiência em primeira pessoa para tornar o texto mais autêntico. Todos conhecemos melhor a nossa própria verdade e, apesar de devermos tentar ver outras perspectivas, às vezes, erramos o alvo. Ainda assim, quanto mais falarmos honestamente a partir do nosso ponto de vista, mais poderemos compartilhar as nossas perspectivas e convidar os outros a compartilhar as suas conosco.

Uma abordagem holística

A "criança inteira" é um conceito importante neste livro. Apesar de algumas vezes nos focarmos na mente, no corpo ou nos sentimentos das crianças, não podemos separar um dos outros: a criança funciona como um todo. Podemos planejar uma atividade com objetivos intelectuais em mente, mas jamais poderemos ignorar como a criança irá responder, física ou emocionalmente.

Uma abordagem integrada permite que tanto o processo de ensino quanto o de aprendizagem ocorra de maneira holística.

Além disso, não podemos lidar com a criança fora de contexto. A criança chega a nós vinda de uma família com um passado e um futuro – uma família que faz parte de um grupo racial, étnico, cultural, linguístico e socioeconômico. Não recebemos em sala de aula apenas a criança individualmente, mas também a sua família. Mesmo que a família não esteja presente, devemos lembrar que ela representa um contexto mais amplo que é sempre parte da composição individual da criança.

Para ensinar a criança como um todo, a educação infantil deve oferecer um currículo holístico. Em vez de separar matérias ensinadas em momentos distintos, o processo de ensino-aprendizagem ocorre de maneira holística ao longo do dia. Por exemplo, um projeto de culinária que comece no início do dia pode se misturar com outras atividades e até prosseguir no dia seguinte. Essa atividade pode abarcar diversos conceitos e habilidades relacionados a matemática, ciência, cultura, sentimentos, coordenação motora, desenvolvimento sensorial, relacionamentos sociais, língua/linguagem, representação simbólica e alfabetização. Ela também ensina habilidades de autodesenvolvimento e pode ser incorporada ao plano alimentar do dia.

Os projetos podem fluir de um para o outro – uma abordagem chamada de **currículo emergente**. Por exemplo, uma atividade simples com água, que envolva uma mangueira e uma caixa de areia, pode levar a todo tipo de projeto, dependendo do interesse das crianças e dos adultos.

Em um programa de educação infantil, as crianças ficaram frustradas quando a água desapareceu em vez de se acumular na caixa de areia. Elas acabaram ampliando a projeto para criar uma "praia". Levaram dias para cavar a caixa de areia, botar uma lona plástica e colocar a areia de volta. Dessa vez, quando as crianças encheram a caixa de areia com água, ela se acumulou em um lado onde a areia estava mais baixa, e o outro lado se transformou na praia. Levando o projeto um passo adiante, o professor documentou o processo por meio de fotos e estimulou as crianças a desenhar, ditar e escrever sobre o que fizeram, o que aconteceu e como se sentiram a respeito. A documentação foi exibida, o que deu história ao projeto e ajudou as crianças a pensar em reconstruções futuras e projetos relacionados. A exibição também lhes deu muito sobre o que falar e informou os pais sobre os projetos dos filhos, reduzindo, assim, o que se convencionou chamar de "lacuna entre a casa e a escola".

Esse é apenas um exemplo de como os professores podem estimular uma visão holística e criar uma continuidade para o aprendizado. O objetivo dessa abordagem não é simplesmente observar as crianças, mantê-las em segurança e permitir que brinquem com quaisquer brinquedos que estejam disponíveis; tampouco é apresentar às crianças uma sequência de atividades de aprendizagem isoladas e desconectadas. Em vez disso, o currículo é desenvolvido para dar continuidade.

Currículo é um conceito amplo que pode ser pensado como uma plano para a aprendizagem. De fato, este livro é definitivamente sobre planejamento para a aprendizagem; contudo, não se trata de um texto curricular. É um texto introdutório que apresenta ao leitor a ideia de que a aprendizagem é sempre parte da vida das crianças, e o professor deve estar continuamente consciente desse fato.

currículo Um plano para a aprendizagem.

Outro aspecto da abordagem holística deste texto é a abordagem pró-social. Apesar de não haver nenhum capítulo dedicado exclusivamente ao caráter e ao valor da educação, essa é uma ideia que permeia todos os capítulos. As ideias estão espalhadas por todo o texto (e não apenas no capítulo de orientação) sobre como orientar as crianças a desenvolver habilidades, atitudes e comportamentos pró-sociais.

Profissionalismo

Talvez agora esteja claro que a educação infantil é tanto uma carreira como um tipo especial de profissão, e o professor não

profissionalismo Conjunto de atitudes, teorias e padrões que orientam o profissional da educação infantil.

é uma babá. A educação infantil é uma etapa da educação que lida com as crianças do nascimento aos 8 anos,* e o que as crianças nessa faixa etária precisam é diferente das necessidades dos alunos mais velhos.

O que é uma profissão e o que torna a educação infantil um "tipo especial de profissão"? De acordo com Stephanie Feeney e Nancy Freeman (2012), uma profissão tem nove atributos e pré-requisitos, que incluem:

1. Requerimentos de entrada.
2. Conhecimento e competência especializados.
3. Treinamento prolongado no uso de julgamento profissional.
4. Padrões da prática.
5. Distância dos clientes.
6. Comprometimento com o valor social significativo.
7. Reconhecimento como o único grupo que pode realizar sua função social.
8. Autonomia.
9. Um código de ética.

A educação infantil não tem todos esses atributos.

- Não temos os pré-requisitos de entrada da mesma forma que as outras profissões.
- Não temos autonomia profissional, porque o nosso campo é governado por leis e agências formadoras, e não por educadores infantis.
- Não temos treinamento prolongado, exceto por aqueles que optam por fazê-lo, visto que os pré-requisitos de treinamento variam conforme a região.

O que temos são conhecimento e competência especializados e um embasamento na ciência do desenvolvimento infantil. Também temos organizações profissionais que estabelecem padrões e um código de ética. Continue lendo para saber mais sobre a nossa profissão especial.

Os educadores infantis combinam cuidado e educação em muitos programas distintos, mas costumam ter objetivos gerais comuns. Eles concordam que a infância deve ser apreciada como um estágio único na vida e buscam educar a criança por inteiro, levando em consideração a mente, o corpo e os sentimentos. Formulam objetivos educacionais projetados para ajudar as crianças a alcançar o seu potencial individual no contexto dos relacionamentos. Além disso, os profissionais da educação infantil reconhecem que a criança não pode ser separada de seu contexto social, o qual inclui família, cultura e sociedade. Eles não só tentam entender e se relacionar com as crianças em contexto, mas também apreciam e apoiam os laços que unem a criança à sua família.

Educadores infantis buscam na ciência do desenvolvimento infantil a base de conhecimento que precisam para saber do que as crianças necessitam e como elas aprendem e se desenvolvem; eles utilizam pesquisas para distinguir a ciência dos mitos. Aqueles que não se aprofundaram na educação infantil podem se basear mais em suas próprias suposições, sua história, sua experiência e algumas pesquisas. Por exemplo, muitas pessoas ainda acreditam que uma boa surra pode ajudar a ensinar uma criança como se comportar adequadamente. Contudo, o educador infantil sabe que as pesquisas indicam que punições físicas incentivam a violência, criam sentimentos hostis e não melhoram o comportamento.

Sem estudo prévio sobre o desenvolvimento infantil, alguns adultos podem esperar que as crianças se comportem com muito mais maturidade do que elas têm, então, podem dizer às crianças pequenas algo como: "Não chore! Você está parecendo um bebê". Ou podem esperar que uma criança um pouco mais velha se sente em silêncio e comporte-se como os alunos maduros, que conseguem aprender só ouvindo. No entanto, os educadores infantis estão familiarizados com as evidências científicas que mostram quais são as expectativas de comportamento adequadas para cada estágio de desenvolvimento.

---

* N. de R.T.: No sistema educacional do Brasil, a etapa da educação infantil vai dos 5 a 11 meses.

Idades e estágios. "Idades e estágios" é uma expressão que se refere a condições particulares de tarefas e comportamentos que são específicos a períodos distintos do desenvolvimento infantil. Em geral, os estágios correspondem a idades específicas, mas nem sempre. A variação no nível de desenvolvimento em determinada faixa etária pode ser grande; algumas crianças precisam de mais tempo para chegar e para avançar ao próximo estágio, e outras passam com mais rapidez, mas os estágios tendem a ocorrer em uma sequência linear. Além disso, diferenças culturais também desempenham um papel na definição dos comportamentos esperados em cada idade.

Os **marcos físicos do desenvolvimento** foram introduzidos por Arnold Gesell (1880-1961) com base em sua pesquisa do comportamento infantil. Seguindo a tradição de Gesell, Benjamin Spock e T. Barry Brazelton trouxeram os conceitos e os estágios específicos do desenvolvimento à atenção do público geral. Muitos outros continuaram pesquisando e os padrões de **idades e estágios**, expandindo a pequena amostragem de Gesell.

As características de estágio são úteis, mas lembre-se de que as crianças são indivíduos. Lembre-se também de que as pesquisas nem sempre têm a resposta final; elas podem não estar fazendo as perguntas certas. A educação infantil lida com diferenças culturais e de valor que as pesquisas muitas vezes não dão conta. Ainda assim, quanto mais a diversidade cultural dos pesquisadores refletir a demografia da população, mais próximos estaremos de resolver esses tipos de problemas.

Organizações profissionais. Os educadores infantis têm organizações profissionais que lhes dão orientação e apoio, ajudando-os a formar laços profissionais e a manter-se atualizados por meio de publicações de revistas. Duas das organizações mais antigas e conhecidas dos Estados Unidos são a Association for Childhood Education International (ACEI) e a National Association for the Education of Young Children (NAEYC).* Ambas as organizações têm um longo histórico como defensores dos interesses infantis, de suas famílias e de sua educação e continuam exercendo influência substancial para aprimorar o seu campo. A **ACEI** começou no final do século XIX como uma organização de jardim de infância, mas, na década de 1930, mudou o seu nome e expandiu o seu foco para pré-escola e ensino fundamental. Seu trabalho hoje inclui publicar uma revista e livros sobre crianças do nascimento até a adolescência e realizar conferências de estudo internacionais. A **NAEYC** começou originalmente como National Association for Nursery Education, assumindo seu nome atual em 1966. Uma organização mais nova, a Children's Defense Fund (CDF) foi iniciada por Marion Wright Edelman, em 1982. A **CDF** é um *lobby* com base em Washington, D.C., e seu propósito principal é defender as crianças, particularmente as que se encontram em situação de pobreza e as negras. Em 1996, a CDF chamou atenção nacional com uma passeata chamada "I Stand for Children" (Eu defendo as crianças); vieram pessoas de todo o país para discutir sobre as crianças e suas necessidades. A campanha "Stand for Children" ganhou notoriedade local após esse evento. Hoje, comunidades de todo o país criaram suas próprias versões do "Stand for Children".

Uma organização chamada Zero to Three estabeleceu um Centro Nacional para Bebês, Crianças Bem Pequenas e Famílias que enfatiza o cuidado e a educação nos três primeiros anos. Com a reforma de bem-estar social na década de 1990, cada vez mais de bebês e crianças bem pequenas estão sendo cuida-

> **idades e estágios** Bordão que está relacionado com as características de desenvolvimento e com os comportamentos infantis que tendem a se correlacionar com idades específicas. Cada estágio descreve um período específico do desenvolvimento que se difere qualitativamente dos estágios que o precedem e que o seguem. A sequência dos estágios nunca varia.

---

* N. de R.T.: A NAEYC é uma associação norte-americana de natureza privada, sem fins lucrativos, que tem como objetivo servir e atuar em prol das necessidades, direitos e bem-estar das crianças de 0 a 8 anos, focada principalmente na prestação de serviços e recursos educacionais e de desenvolvimento.

dos fora de suas famílias. Esse fato, junto com pesquisas bastante persuasivas que indicam que o *slogan* "os três primeiros anos são para sempre", tornou a Zero to Three uma agência de apoio importante no campo infantil. A organização fornece recursos como conferências, institutos de treinamento, uma revista e uma editora de livros àqueles que se preocupam com as crianças abaixo dos 3 anos.

A Center for Child and Families Studies, da WestEd, abriga aquilo que se chama de Program for Infant-Toddler Care (PITC), que é a maior organização de treinamento nos Estados Unidos voltada a qualificar os cuidados a bebês e crianças bem pequenas.

A NAEYC é, de longe, a maior e mais reconhecida organização de educação infantil e estabeleceu padrões para a área: ela criou um processo de acreditação, que é administrado por meio da sua National Academy of Early Childhood Programs; também trabalhou para melhorar salários e padrões de trabalho para professores; e, no espírito do profissionalismo, a NAEYC criou um código de ética para orientar os educadores infantis durante seu trabalho e na sua tomada de decisões. A NAEYC defende crianças pequenas e suas famílias por meio de seus artigos firmando posições, escritos para influenciar políticas governamentais e práticas de educação infantil.[1]

pensamento "tanto--quanto" Abordagem de tomada de decisões em que o educador infantil considera o que é adequado para o nível de desenvolvimento da criança, individual e culturalmente, em todas as situações; envolve encontrar uma solução que pode incorporar todos os elementos conflitantes. O pensamento "tanto-quanto" contrasta com o pensamento "ou isso ou aquilo" na medida em que este deve optar entre uma coisa ou outra.

Prática adequada ao nível de desenvolvimento. Um importante documento a ser publicado pela NAEYC se chama *Developmentally appropriate practice in early childhood education programs*. O DAP (sigla em inglês para "prática adequada ao nível de desenvolvimento"), como é chamado, é uma declaração sobre o que a NAEYC e seus membros acreditam constituir cuidado e atenção de qualidade para as crianças pequenas. O documento foi criado para auxiliar os profissionais a tomarem decisões com base em três conhecimentos:

1. O que se sabe sobre como as crianças se desenvolvem e aprendem, incluindo informações sobre idades e estágios, e o que se consideram experiências, materiais, atividades e interações adequados para cada idade e estágio.
2. O que se sabe sobre cada criança individualmente na turma.
3. O que se sabe sobre o contexto cultural e social em que cada criança está crescendo.

Esse documento estimula o professor a abrir mão do tipo de pensamento "ou isso ou aquilo" e adotar uma linha de pensamento "tanto--quanto", enfatizando que cada um desses três conhecimentos básicos é dinâmico e está em constante mutação. Algumas vezes, o que é adequado à idade não é individual ou culturalmente adequado. Com o tipo de pensamento "ou isso ou aquilo", deve-se fazer uma escolha; já o **pensamento "tanto-quanto"** envolve tomar uma decisão sem desconsiderar qualquer um dos três conhecimentos básicos. A história *Vozes da experiência*, de Lynne Doherty Lyle, que costumava ser professora de pré-escola, tira o pensamento "tanto-quanto" do reino abstrato e o traz para as interações entre adultos e crianças que ela vivenciou. Sua ideia é a de que esse modelo de pensamento possibilite que duas realidades diferentes possam existir ao mesmo tempo. Às vezes, esse tipo de decisão requer grande criatividade da parte dos profissionais, que precisam enxergar além de sua própria perspectiva. O documento da NAEYC deixa claro que os educadores infantis devem ser eles mesmos aprendizes quando trabalham com crianças e suas famílias.

Que tipos de conflitos podem exigir um pensamento do tipo "tanto-quanto"? Um conflito comum é sobre como responder tanto a necessidades da turma quanto a necessidades individuais simultaneamente. Por exemplo, uma criança pode precisar tirar um cochilo de manhã, ao passo que o resto da turma é muito barulhento e animado. Uma forma criativa de

> **VOZES DA EXPERIÊNCIA**
>
> **Aceitando realidades distintas**
>
> Estava acontecendo de novo; com lágrimas nos olhos, Ben, uma criança de 3 anos, se recusava a sair do carro. Estávamos no estacionamento do supermercado com o Ben gritando: "Não quero!". As pessoas nos olhavam enquanto discutíamos no carro.
>
> Todas as minhas habilidades trabalhando com a pré-escola sumiram, e não conseguia me distanciar de meus sentimentos de frustração, medo e vergonha da declaração passional do meu filho sobre o que ele queria. Estávamos ambos em um caldeirão emocional, até que, assumindo uma postura de professora, disse: "Sei que você não quer entrar no mercado, mas nós vamos assim mesmo". Assim que disse isso, me senti no controle novamente. Havia usado essa técnica frequentemente com crianças com quem já tinha trabalhado, era claro: estabeleça limites, mas leve em consideração os desejos da criança. Bom, achei que tinha conseguido.
>
> Enquanto lutava para tirar o Ben de dentro do carro, lembro que alguém me disse que usar a palavra "e" em vez de "mas" é mais eficiente nessas situações. Usar "e" permite que duas realidades existam ao mesmo tempo. Esses tipos de situações penosas e desafiadoras não precisam ser "ou isso ou aquilo", com as necessidades dos adultos sendo mais importantes do que as das crianças. Tanto os meus sentimentos e experiências quanto os de Ben poderiam coexistir em conjunto.
>
> Depois de me lembrar disso, falei: "Sei que você não quer entrar no mercado, *e* nós vamos entrar". O que aconteceu? Ben continuou gritando, e percebi que não queria entrar lá mais do que ele queria, mas fomos assim mesmo. Às vezes, você tem de fazer coisas que não quer, e o Ben e eu nos conectamos durante essa experiência compartilhada. Nós dois sentimos os nossos próprios sentimentos e sabíamos que havia lugar para os dois – o dele e o meu – enquanto comprávamos o jantar no supermercado.
>
> —**Lynne Doherty Lyle**

lidar com o problema seria encontrar um canto silencioso onde a criança possa ficar deitada.

Outro tipo de conflito envolve diversas visões sobre o que as crianças precisam, como quando sua casa enfatiza a interdependência, em vez da dependência. Outras vezes, é necessário usar o tipo de pensamento "tanto-quanto". Em vez de dizer à família que eles estão errados, o educador infantil deve tentar entender seu ponto de vista. O valor cultural da família pode ser o de prolongar a dependência e de tratar a criança como "bebê", em vez de enfatizar sua independência e lhe ensinar habilidades de autoajuda. A família pode estar ensinando ao seu filho que é mais importante aceitar ajuda dos adultos do que tentar fazer as coisas por conta própria. Esse tipo de ensino representa um objetivo cultural que se opõe à busca pela autonomia.

Sob as diretrizes do DAP, o educador infantil não pode simplesmente descontar essa abordagem da família como algo "inadequado ao nível de desenvolvimento" e ignorar os seus objetivos. Essa situação exige discussão – muita discussão – até que o profissional e a família possam entender o ponto de vista um do outro e chegar a um tipo de acordo. (Iremos falar mais sobre os conflitos de objetivos ao longo do livro.)

Ambas as edições do DAP foram criadas para ajudar os professores a levar em conta o que se sabe sobre o desenvolvimento infantil e usar esse conhecimento para planejar experiências para ajudar cada criança a seguir em frente.

A definição e a implementação do DAP começou nas décadas de 1980 e 1990, e continua sendo importante até hoje. O século XXI criou uma nova era de foco – a criação da aprendizagem e de padrões de programas. Apesar de os padrões terem lugar nesse campo, frequentemente a pressão para formulá-los vem do governo e de outras entidades de financiamento que querem tirar a ênfase do desenvolvimento infantil e da construção individual do conhecimento e deslocá-la para o ensino de conteúdos e de habilidades específicas. Mensurar os resultados se tornou o centro de uma grande controvérsia na profissão, visto que as crianças e os programas dos quais elas participam estão sendo julgados com base no desempenho em provas.

Tipos de programas infantis. Vários tipos de programas veem na NAEYC uma liderança. Ainda assim, há tantos tipos diferentes de programas de educação infantil que eles não cabem em categorias simples. A Tabela 1.1 é uma tentativa de categorizar, mas, ao ler esta seção, você verá que a questão é muito mais complexa do que essa amostragem de programas tenta demonstrar.

Uma forma de classificar os programas é fazendo a distinção entre programas de turno integral e programas de meio período; enquanto os programas de turno integral concentram-se sobretudo no cuidado infantil, os programas de meio período costumam se focar mais na educação, No entanto, a verdadeira diferença entre esses dois tipos de programa é a duração do dia; ambos os tipos têm cuidado com as crianças, e ambos as educam.

Sempre houve uma falsa divisão no campo da educação infantil na medida em que as pessoas faziam distinções entre programas educacionais e programas de cuidado. O problema é que não se pode separar o cuidado da educação, nem a educação do cuidado. Nell Noddings apresenta uma boa argumentação de por que o cuidado faz *sempre* parte da educação, em seu livro *The challenge to care in schools* (NODDINGS, 2005). Quando educadores infantis profissionais trabalham em programas de qualidade para as crianças menores, eles combinam educação e cuidado. O desafio para profissionais, financiadores e criadores de políticas públicas é aumentar a qualidade dos programas, exigir especialização dos funcionários e encontrar formas de pagar aos profissionais treinados um salário digno.

Os programas de educação infantil também podem ser classificados de acordo com a sua localização – em casa ou em centros infantis. Existem **programas em centros educacionais** e **programas de educação familiar**. E a educação familiar, apesar de ser menos regulamentada, está em vias de se profissionalizar.

Um segundo tipo de programa de educação infantil que acontece em casa é um programa de visita domiciliar, no qual um profissional trabalha com famílias ou crianças pequenas em suas próprias casas. Os programas Home-based Head Start e Early Head Start são os mais conhecidos desse tipo, mas também há outros modelos.

Outro tipo de programa educacional infantil é o que serve principalmente as crianças com necessidades especiais. Contudo, como há cada vez mais crianças com necessidades especiais se matriculando em outros tipos de programas, estamos começando a ver cada vez menos programas nessa categoria. Há uma ideia que está se tornando cada vez mais generalizada de que a segregação afeta a unidade de que a nossa sociedade tanto necessita. A educação especial é a área de dessegregação que o campo da educação infantil mais precisa trabalhar. Mas estão acontecendo mudanças nessa área: hoje, por exemplo, programas dos Estados Unidos são obrigados por lei a aceitar qualquer criança que se matricule, a menos que possam comprovar não estar equipados para lidar com suas necessidades especiais em particular. Um programa se arrisca a enfrentar o tribunal se decidir arbitrariamente que não quer trabalhar com uma família específica ou se rejeitar uma criança com necessidades especiais porque teme que essa criança lhe daria trabalho extra.

O patrocínio é outra forma de categorizar os programas de educação infantil. Existem programas financiados com dinheiro público; há programas privados, sem fins lucrativos; e programas privados com fins lucrativos. Um exemplo de programa financia-

Tabela 1.1 Exemplos de tipos de programas nos Estados Unidos

Cuidado infantil e programa educacional	Turno integral Meio período	Centros educacionais Educação domiciliar	Patrocínio Financiamento	Faixa etária	Faixa etária mista	População designada
Educação familiar	Em geral turno integral	Educação domiciliar	Mensalidade dos pais	Pode ser para todas as idades	Frequentemente	Geral
Cuidado infantil	Turno integral	Centro educacional	Mensalidade dos pais	Pode ser para todas as idades	Às vezes	Geral
Desenvolvimento infantil Centros de educação infantil	Turno integral	Centro educacional	Governo e/ou pais	Pode ser para todas as idades	Não com frequência	Pode ser limitado a baixa renda
Centros infantis	Turno integral	Centro educacional	Empregador e/ou pais	Pode ser para todas as idades	Não com frequência	Pode ser limitado a funcionários
Centros infantis no *campus* universitário	Variável	Centro educacional	Governo ou aluno ou faculdade ou mensalidade dos pais	Pode ser para todas as idades	Não com frequência	Pode ser geral ou limitado a alunos ou a alunos de baixa renda ou a membros dos quadros de funcionários
Cuidado infantil para pais em idade escolar	Turno integral	Centro educacional	Governo ou distrito escolar	Em geral bebês e crianças que começam a caminhar	Às vezes	Pais adolescentes
Pré-escola	Meio período	Centro educacional	Mensalidade dos pais ou governo	Em geral 3 a 4 anos	Às vezes	Geral
Head Start e outros programas de educação compensatória	Em geral meio período	Centro educacional	Governo	Em geral 3 a 4 anos	Às vezes	Baixa renda
Cuidado domiciliar	Antes e depois da pré-escola, jardim de infância ou séries iniciais	Centro educacional ou educação familiar	Mensalidade dos pais ou governo	Pode ser para todas as idades	Às vezes	Geral ou baixa renda
Jardim de infância	Em geral meio período	Centro educacional	Governo ou privado (mensalidade dos pais)	5 anos	Não com frequência	Geral
Ensino fundamental	Turno integral até 14h ou 15h	Centro educacional	Governo ou privado	6 a 8 anos	Não com frequência	Geral

> **PONTOS DE VISTA**
>
> **Envolvimento dos pais ou pais como parceiros?**
>
> Por um lado: um programa usa uma abordagem de envolvimento dos pais com educação em que os pais devem dispender determinado número de horas fazendo coisas diversas para o centro infantil, seja em sala de aula durante a semana ou nos finais de semana, fazendo reparos ou trabalhando no pátio. Eles também devem frequentar aulas específicas para expandir seu conhecimento sobre o desenvolvimento infantil e melhorar seu desempenho como pais por meio do uso de estratégias positivas de criação.
>
> Por outro lado: outro programa considera os pais como parceiros e se concentra em buscar formas de criar igualdade na relação. Isso significa que a equipe ou o empregador do programa envolve os pais em grandes e pequenas decisões sobre o cuidado e a educação do seu filho, incluindo decisões sobre o que e como ele irá aprender e qual a melhor forma de discipliná-lo e orientá-lo. Qualquer curso para os pais é projetado para atender às necessidades específicas daqueles que o estão frequentando.

do com dinheiro público é o **Head Start**, que é um programa abrangente financiado com dinheiro federal e que existe desde meados da década de 1960, tendo fornecido educação, exames de saúde e serviços sociais para famílias de baixa renda para dar às crianças – do nascimento aos 5 anos – o empurrão inicial de que elas precisam para obter sucesso na escola pública. Alguns programas chamados de Early Head Start e outros tipos de programas de intervenção infantil são exemplos de programas de visita domiciliar. Também há algumas versões do Head Start financiadas com dinheiro dos estados, assim como programas infantis administrados por escolas públicas. Diversos programas sem fins lucrativos – alguns patrocinados por organizações religiosas – atendem a necessidades diversas, mas todos são projetados de modo a fornecer educação e cuidado às crianças pequenas, seja por meio período ou em turno integral. Programas com fins lucrativos incluem tanto redes quanto negócios independentes.

Programas de cuidado infantil sustentados pelos empregadores apresentam-se de muitas formas e modelos. Esse tipo de programa pode ser executado em um centro construído, administrado e operado por uma empresa para seus empregados. Muitos programas de empregadores são gerenciados por corporações de cuidado infantil que assumem os aspectos de organização, supervisão e responsabilidade do cuidado infantil.

Os programas para pais adolescentes frequentemente são realizados em escolas de ensino médio, para que os bebês e suas mães possam estar próximos. Os bebês ficam nas creches enquanto as mães vão à aula. O programa inclui um componente de aula para os pais junto ao cuidado infantil e outras formas de apoio necessitadas pelos jovens pais para terminar os estudos enquanto cuidam do bebê. Judy é uma jovem mãe cuja história Ethel Seiderman conta no quadro *Vozes da experiência* adiante. Seiderman é fundadora do Parent Services Project, uma organização dedicada a ajudar os centros de cuidado e educação infantil a compreenderem os benefícios dos programas centrados na família.

Uma categoria que merece menção especial é a **pré-escola com cooperação dos pais**, às vezes chamada de "creche com participação dos pais". Esse tipo de programa é projetado sobretudo para educar os pais; eles recebem aulas por meio desse programa, servindo também como "coprofessores". No entanto, cooperativas com os pais não são os únicos programas com o objetivo de educação

VOZES DA EXPERIÊNCIA

Voltando ao cuidado infantil

Quando Judy voltou ao centro de cuidado infantil que ela mesma havia frequentado cinco anos atrás, ela matriculou sua própria filha, Mika. Ninguém, incluindo Judy, esperava que ela voltasse tão cedo.

Como mãe jovem, Judy dizia que poderia ter facilmente se sentido derrotada pelo nascimento da filha. Foi uma época difícil, e hoje ela lembra que "estava pronta para desistir dos meus próprios objetivos". Mas quando Judy voltou para o lugar onde ela e sua família passaram tanto tempo de sua infância, percebeu que não estava sozinha. As mesmas pessoas que haviam cuidado dela quando criança cuidavam dela agora que estava adulta. Eles receberam Mika e ela no centro.

Com a segurança do cuidado infantil e do apoio de outros, Judy encontrou o seu caminho. Três anos depois, ela já esperava ansiosamente pelo dia de sua formatura. Sua filha Mika estava indo bem, também, e ela sentia que teve sorte ao ter voltado para lá. Ela afirma que o mérito é do centro, por ser um lugar tão especial.

O que torna esse programa um lugar especial é seu foco nas crianças e nas famílias. Os funcionários são como uma família. Eles conversam com todos os pais, assim eu sinto que exerço um papel importante na educação e no cuidado da minha filha. Como pais, escolhemos atividades para nossos filhos e para nós mesmos. E, ao participar e me juntar a outros pais, encontrei a força, o apoio e a coragem para fazer o que eu precisava.

Hoje, Judy é uma defensora da educação infantil de qualidade. Ela se lembra de seu testemunho no Congresso norte-americano. "Estava com medo, mas aprendi que a minha voz é para defendê-los; ela tem o tipo de poder semelhante ao poder do sorriso que dou para a minha filha quando ela me olha. Quando terminei de falar, senti que poderia chorar, porque, pela primeira vez, ouvi o que me permitia fazer o que faço. *É saber que a minha filha está bem cuidada... mas eu também estou*".

—Ethel Seiderman

---

dos pais. A maioria dos programas, ao cumprir um dos princípios da educação infantil, se vê servindo também às famílias, e não apenas às crianças. A educação dos pais e/ou seu envolvimento é quase sempre parte da declaração filosófica ou dos objetivos da maioria dos programas infantis, apesar de hoje cada vez mais programas visarem a uma abordagem de "pais como parceiros". Veja o quadro *Pontos de vista* para ter diferentes visões sobre o que fazer com os pais.

Para se tornar um educador infantil, você precisará de formação e treinamento para adquirir as habilidades, o vocabulário e os conceitos necessários; mas, para entrar no campo da educação infantil, você também precisará saber um pouco sobre a sua história. Como a história é uma parte importante de se socializar em uma profissão, daremos uma olhada no passado da educação infantil na seção a seguir.

História do desenvolvimento infantil

O campo da ciência que estuda como as crianças mudam é chamado de **desenvolvimento infantil**. Pesquisadores do desenvolvimento infantil estudam todos os aspectos das crianças, mas a maioria se foca em áreas específicas, como o modo pelo qual as crianças desenvolvem o raciocínio ou as habilidades sociais, sendo que o extenso número de estudos já feitos sobre crianças nos renderam muitas informações que foram úteis na criação de diversos programas infantis.

desenvolvimento infantil Estudo sobre como as crianças mudam conforme crescem, de um ponto de vista qualitativo, e não meramente quantitativo.

Tendências e figuras históricas

Se olharmos de um ponto de vista histórico, descobriremos que o desenvolvimento infantil é uma área de estudo relativamente nova e que a infância enquanto conceito praticamente não foi explorada até o século XVIII; por exemplo, na Europa do século XVII, as crianças eram tratadas como adultos em miniatura. Contudo, ao longo do tempo, as crianças passaram a pertencer a uma categoria própria, e o estudo sobre a infância tornou-se uma área acadêmica.

A questão da natureza-criação. Uma das principais questões estudadas pelos pesquisadores do desenvolvimento infantil é: "O que faz as crianças se tornarem quem elas são?". As respostas possíveis costumam se enquadrar entre ou em um dos lados da **questão da natureza-criação**: as crianças se tornam quem são devido à sua hereditariedade, à sua composição genética (natureza), ou devido ao modo como elas são criadas, seu ambiente (criação)? Apesar de alguns pesquisadores de hoje ainda penderem mais a um lado ou outro, a maioria concorda que o que conta é a interação entre fatores genéticos e ambiente. O desenvolvimento é um processo dinâmico em que a natureza influencia a criação e vice-versa.

questão da natureza-criação Questão que pergunta: "O que faz as crianças serem quem são?". Em outras palavras, o desenvolvimento infantil é influenciado mais por sua hereditariedade (natureza) ou pelo seu ambiente (criação)? Essa pergunta pode, por vezes, ser chamada de "polêmica", já que os defensores da natureza insistem que a genética exerce um papel maior no desenvolvimento, enquanto os defensores da criação afirmam o mesmo sobre as experiências do ambiente.

Especialistas há muito debatem se é a hereditariedade ou o ambiente que determina o modo como a criança se desenvolve. Hoje, a maioria concorda que é a interação entre genética e ambiente que influencia o desenvolvimento da criança.

A questão da natureza básica da criança. A questão da natureza-criação é um tema recorrente na história do desenvolvimento infantil, mas outro tema também envolve uma questão que foi proposta por filósofos e, mais recentemente, por pesquisadores: qual é a natureza básica da criança?

A visão da igreja: a criança é basicamente má. Ao longo do tempo, as crenças sobre a natureza básica da criança influenciaram como as pessoas pensaram e trataram as crianças, e a igreja, a autoridade máxima na sociedade ocidental até o Renascimento, tinha sua própria teoria sobre a natureza básica da criança. De acordo com a filosofia inicial da igreja, cada criança carregava a semente do mal como resultado de ter nascido do pecado original, e apenas a disciplina mais estrita a impediria de tornar-se ainda mais pecaminosa.

Poucos especialistas em educação infantil têm uma visão tão extrema atualmente, mas a ideia continua em circulação; alguns acreditam que a natureza selvagem da criança deve ser domada, formada e moldada. A árvore irá crescer na direção em que seu tronco for voltado. Podar é essencial.

Locke e a visão da tábula rasa. O filósofo inglês John Locke (1632-1704) foi o primeiro a descrever o recém-nascido como um papel em branco, uma *tábula rasa*. Ele foi o primeiro a afirmar que a criança não tem nenhuma habilidade inata que influencie o seu desenvolvimento, e apenas o ambiente poderia determinar o desfecho. Locke via a criança como um recipiente passivo, em vez de uma pessoa com tendências específicas para pensar ou se comportar de um jeito ou de outro. (Uma linha inteira de pesquisadores, chamados "behavioristas", desenvolveu-se a partir desse ponto de vista. Mais adiante no capítulo, falaremos sobre John Watson e B. F. Skinner, dois dos behavioristas mais conhecidos.)

De acordo com a teoria da tábula rasa, a criança está aberta a todos os tipos de aprendizagem – aprendizagens que acabarão por moldar a criança em um adulto capaz de funcionar com sucesso em sociedade. O desenvolvimento vem da casa e dos pais, apesar de todos os tipos de experiências exteriores também influenciarem o desenvolvimento. O conceito de criança como uma folha em branco coloca extrema responsabilidade naqueles que estão em posição para influenciar o seu desenvolvimento. Os proponentes dessa visão veem tanto os pais quanto os professores como os detentores do poder de determinar o caráter, os talentos e as inclinações do indivíduo – até mesmo sua própria felicidade. Alguns ainda creem nessa visão – de que a criança desenvolve-se puramente como resultado do seu ambiente, sem que suas habilidades inatas não tenham participação nesse processo. Se as crianças crescerem bem, os pais e os professores ficam com o crédito; se não, então, carregam a culpa.

Rousseau e a visão do pequeno anjo. Algumas pessoas veem as crianças como seres puros e inocentes, com grande potencial individual que só precisa ser descoberto. Nessa visão, um bebê é como uma semente: dê a ele um bom solo, nutrientes, água, luz do sol e ar fresco, e a natureza cuidará do resto. Assim se dá com a criança. Se suas necessidades não forem saciadas, a criança irá florescer sem treinamento, supervisão, punições ou recompensas.

Jean-Jacques Rousseau (1712-1778), um filósofo francês, tinha essa visão. Ele acreditava que os bebês nasciam com uma motivação inerentemente benéfica, a qual é vulnerável à corrupção dos adultos. Sua visão era muito diferente daqueles que viam a criança como má ou como uma folha em branco. Em vez de constantemente guiá-la ou corrigi-la, Rousseau defendia que ela deveria se desenvolver naturalmente, com um mínimo de supervisão dos adultos. Rousseau acreditava que a natureza se encarregaria do seu desenvolvimento. A própria palavra "desenvolvimento" significa desdobrar-se, que é como Rousseau via o processo infantil: a criança se desdobra da mesma forma que uma flor. Você não pode abrir as pétalas; precisa esperar que elas se abram, naturalmente.

Algumas pré-escolas na primeira metade do século XX seguiam essa visão da criança como um ser inerentemente bom; elas iniciaram um movimento de escolas abertas, ou gratuitas, que atingiu o ápice na década de 1960. As crianças eram agrupadas em ambientes naturais e estimuladas a explorar e fazer experimentos com lama, água, areia, argila e umas com as outras como forma de educação. As crianças tinham liberdade de ir para a rua, seguir suas próprias inclinações e interesses sem se preocupar com objetivos, responsabilidade, produtividade ou demandas acadêmicas futuras. A sociedade atual pendeu profundamente para o outro lado, de modo que começou a surgir um movimento que quer colocar as crianças em contato com a natureza novamente.

Então, três tendências históricas subjazem à teoria da educação infantil de hoje: a ideia de pecado original da igreja, a ênfase de Locke sobre o ambiente, e a crença de Rousseau no processo natural do desenvolvimento. Essas visões da natureza básica da criança, assim como as pesquisas científicas atuais, ainda influenciam a teoria do desenvolvimento infantil. Para ver um exemplo de como essas visões influenciaram um grupo de educadores infantis, leia o quadro *Foco na diversidade*, a seguir. Mas isso não significa que todo mundo concorde com tudo. Discordâncias ocorrem o tempo todo entre profissionais da educação infantil que buscam nas teorias do desenvolvimento um guia para a criação dos seus programas. De fato, os debates atuais se focam na inclusão de visões culturalmente distintas no estudo do desenvolvimento infantil – um campo que foi historicamente dominado pela pesquisa de figuras masculinas e brancas.

Mais recentemente, outros dois teóricos também contribuíram para as noções sobre a natureza infantil e a natureza humana. Abraham Maslow (1908-1970), um líder no movimento da psicologia humanista, nasceu no Brooklyn, em Nova York, de pais judeus russos imigrantes. Ele estava interessado no que motiva as pessoas, mas não queria estudar doentes mentais nem fazer mudar as pessoas usando sistemas de recompensa como outros psicólogos de sua época. Ele estava mais interessado no potencial humano e em descobrir o que torna as pessoas bem-sucedidas. Conhecimento pessoal e realização eram o seu objetivo. Com isso em mente, ele criou uma hierarquia de necessidades, e no topo estava o que ele chamou de autorrealização. O nível mais alto só poderia ser alcançado quando as necessidades mais básicas fossem saciadas, começando com ar, água e comida e subindo até outras necessidades psicológicas, como segurança, lar, amor e estima. Quando todas essas necessidades estivessem satisfeitas, a pessoa estaria livre para buscar a autorrealização. "Experiências de pico", que têm um componente espiritual, o intrigavam. Esses tipos de experiências geram um sentido pessoal de propósito, um sentimento de integração e de realização pessoal. Ele escreveu *Introdução à psicologia do ser,* um livro influente em sua época e que ainda hoje nos afeta. (MASLOW, 1968). A visão positiva de Maslow sobre a natureza e o desenvolvimento humano é uma das perspectivas que este livro adota.

Uri Bronfenbrenner, nascido em 1917, em Moscou, chegou aos Estados Unidos com 6 anos. Professor em Cornell, ele aplicou pesquisas do desenvolvimento tanto na política quanto na prática, e, enquanto Maslow olhava para os indivíduos, Bronfenbrenner nos ensinou a sempre olhar para os indivíduos em contexto, alertando os educadores infantis para tirar seu foco unicamente da criança e voltá-lo à família e à comunidade como um importante fator no crescimento e no desenvolvimento infantil. As crianças chegam aos nossos programas aninhadas em contextos bastante amplos, que as influenciam e sobre os quais elas também exercem influência. O trabalho de Bronfenbrenner contribuiu muito para os temas deste livro, especialmente aqueles relacionados à diversidade e às famílias. Como resultado do trabalho de Bronfenbrenner, há uma tendência cada vez maior de que alguns programas parem de se chamar de "focados na criança" para se tornarem "programas focados na família". Bronfenbrenner (2005) também exerceu um papel ativo na criação e no desenvolvimento de programas nos Estados Unidos e em outros países; ele foi um dos fundadores do programa Head Start. Seu livro, *A ecologia do desenvolvimento humano:* experimentos naturais e planejados, contém informações sobre como ver as crianças no contexto de suas famílias, comunidades e na sociedade como um todo.

Pensadores do desenvolvimento infantil e suas teorias

Diversos cientistas contribuíram para o estudo da criança pequena e para as teorias que influenciam os profissionais de hoje. A forma como vemos, entendemos e tratamos as crianças é muito influenciada por estruturas teóricas históricas.

Os diários de Charles Darwin (1809-1882) sobre seus próprios filhos marcaram o início de uma abordagem científica ao estudo infantil. Posteriormente, G. Stanley Hall (1844-1924) deu outro passo científico focando-se em grupos de crianças, em vez de nas crianças individualmente. Hall também manteve registros anedóticos dos estágios de desenvolvimento das crianças pequenas.

O aluno de Hall, Arnold Gesell, que mencionamos anteriormente, continuou um estudo sistemático dos estágios de desenvolvimento filmando diversos bebês durante meses

FOCO NA DIVERSIDADE

Visões distintas sobre a "natureza da criança"

Em um pequeno retiro de funcionários de programas infantis de uma igreja, uma facilitadora foi trazida para realizar um curso sobre disciplina. Ela começou falando sobre como cada pessoa tem seu ponto de vista acerca da "natureza da criança". Ela sugeriu que esses pontos de vista encontram-se em um *continuum*: em uma ponta está a imagem original, que ela relacionou com a visão de Rousseau de que a criança é um "anjinho". Na outra ponta está o "diabinho", que ela relacionou com a teoria de que a criança nasce em meio ao pecado e só irá trilhar o caminho do bem com a ajuda de uma "mão firme". Depois, pediu que os participantes se organizassem ao longo de uma linha imaginária, colocando-se na posição que corresponde ao seu ponto de vista acerca da natureza infantil. A maioria dos funcionários se posicionou em pontos variados próximos da ponto do "anjinho" no *continuum*. Contudo, houve duas exceções: uma pessoa se posicionou na ponta do lado do "diabinho", e outra se recusou a se posicionar na linha. Quando todos tiveram de responder por que assumiram suas posições, a maioria dos participantes falou sobre graus variados de fé na inocência infantil. A pessoa do lado do "diabinho" do *continuum* era um padre da igreja e falou eloquentemente sobre o poder da tentação. A facilitadora notou que muitos dos funcionários faziam parte de sua congregação e se questionou se o seu treinamento infantil havia se sobreposto à ênfase que sua igreja dava às pessoas como pecadoras. A pessoa que não entrou na linha tinha um diploma em psicologia e falou, com igual eloquência, sobre como não havia um "instinto básico" ou uma "natureza humana"; ela acreditava que as crianças eram um produto do seu meio. Após apresentar visões diferentes de maneira tão visual, a facilitadora pôde falar sobre como a forma de educar as crianças se relaciona com o que acreditamos acerca de sua natureza e suas necessidades.

---

para registrar a idade média em que eles rolavam, se sentavam, começavam a caminhar, e assim por diante. A partir de seus estudos cuidadosos, ele inventou regras para criar parâmetros físicos do desenvolvimento.

Emmi Pikler. A Dra. Emmi Pikler (1902-1984) foi uma pediatra que desenvolveu sua própria teoria do desenvolvimento e dos estágios do desenvolvimento na década de 1930, em Budapeste, na Hungria. Por causa da Segunda Guerra Mundial e da Cortina de Ferro que separava a Europa Oriental e a Ocidental, a maioria dos norte-americanos nunca tinha ouvido falar em Pikler até recentemente; contudo, Pikler, que foi uma dedicada pesquisadora, merece o mesmo tipo de reconhecimento que os teóricos ocidentais. Atualmente ela está recebendo atenção pelas práticas que estabeleceu junto de sua teoria dos estágios. Leia mais a respeito de Pikler na próxima seção sobre os educadores pioneiros.

Jean Piaget: teoria cognitiva. Jean Piaget (1896-1980) estava menos interessado nos parâmetros físicos, como sentar e caminhar, e mais nos cognitivos, que definem os estágios do desenvolvimento da inteligência. Na verdade, Piaget é conhecido pelo seu conceito de **estágios cognitivos** e é considerado um dos gigantes do desenvolvimento infantil.

Piaget passou a vida estudando como as crianças pensam. Ele as observou e conduziu entrevistas clínicas durante anos para determinar como suas mentes se desenvolvem racionalmente. De acordo com a teoria de Piaget, as crianças constroem conhecimentos e desenvolvem suas habilidades de raciocínio por meio de interações com pessoas e ambientes conforme buscam compreender o mundo e seu modo de funcionamento. Apesar de inicialmente suas explorações se restringirem a níveis muito concretos, mais tarde as crianças começam a entender e a explicar as coisas sem tentar experimentá-las fisicamente.

O estágio final do desenvolvimento de Piaget ocorre quando os adolescentes podem usar a lógica para falar sobre ideias.

Piaget foi um **teórico do estágio**: ele acreditava no sentido literal do termo *desenvolvimento,* ou seja, que os estágios *se desdobram* por meio do amadurecimento. Ele descreveu o desenrolar do desenvolvimento por meio de passos distintos que sempre ocorrem na mesma ordem. (Os estágios de Piaget, que são especialmente pertinentes aos educadores infantis – que lidam com crianças do nascimento aos 8 –, estão descritos na Tab. 1.2.)

teórico do estágio Teórico que acredita que as crianças se desenvolvem de acordo com estágios de desenvolvimento específicos e sequenciais.

Piaget acreditava em juntar as crianças em um ambiente rico e deixá-las interagir de maneira exploratória. Como Pikler, ele não enfatizava a escolha de respostas certas, nem acreditava na formação ou na moldagem por meio de um sistema de recompensas. Você verá as teorias de Piaget e de Pikler em prática ao longo deste livro, mas em especial no Capítulo 4, que se foca nos benefícios das brincadeiras e nas conexões com a aprendizagem e o desenvolvimento.

Graças a Piaget, Pikler e outros teóricos, as crianças pequenas são vistas, de maneira geral, como aprendizes ativos. Aqueles que seguem a teoria de Piaget fazem questão que as crianças tenham acesso a experiências exploratórias e em primeira mão: a aprendizagem direta é mais importante do que sentar e ouvir um professor.

De acordo com Piaget, jogos imaginativos e de faz de conta também são importantes para o desenvolvimento cognitivo; as crianças criam imagens mentais por meio desse tipo de aprendizagem e, assim, já podem ir se adiantando na direção do desenvolvimento simbólico. Como resultado, a maioria dos programas infantis tem uma área de brincadeiras dramáticas, onde as crianças são estimuladas a vestir fantasias e a brincar de faz de conta.

Sigmund Freud e Erik Erikson: teorias psicanalíticas e psicossociais. Em vez de se focar na mente e em seu desenvolvimento, a teoria psicanalítica se foca nos sentimentos. Os principais nomes nessa área foram Sigmund Freud (1856-1939) e Erik Erikson (1902-1994), sendo que ambos mostravam grande preocupação com o subconsciente, aquilo que está escondido da psique.

Sigmund Freud, o "pai da psicologia", estudou adultos com problemas e criou teorias sobre como as crianças desenvolvem **estágios psicossexuais** (ver Tab. 1.3, que mostra os estágios que cobrem a infância). Ele acreditava que as experiências iniciais determinam o desenvolvimento da personalidade e criam des-

Tabela 1.2 Jean Piaget: estágios do desenvolvimento cognitivo[2]

Idade	Estágio	Descrição
0-2 anos	Sensório-motor	As crianças usam seus corpos e sentidos para compreender o mundo. Ao final deste estágio, a criança começa a utilizar atividades mentais, assim como físicas, para aprender.
2-6 anos	Pré-operacional	As crianças se envolvem em brincadeiras e em conversas de faz de conta, o que mostra que elas são capazes de pensar simbolicamente. O seu pensamento ainda tem limitações: é egocêntrico e nem sempre é lógico, baseando-se mais na intuição e na percepção. Elas ainda estão trabalhando as diferenças entre realidade e fantasia.
7-11 anos	Operatório concreto	As crianças pensam em termos concretos e podem compreender o seu mundo de maneira mais objetiva e racional. Elas são capazes de classificar e guardar informações.

Tabela 1.3 Sigmund Freud: estágios psicossexuais[3]

Idade	Estágio	Descrição
0-1 ano	Oral	O foco da criança está nos prazeres e nas sensações da boca e da região ao seu redor. A alimentação é uma grande fonte de prazer e satisfação.
1-3 anos	Anal	O ânus é o maior foco de prazeres e sensações. O uso do banheiro é a principal tarefa deste estágio.
3-6 anos	Fálico	Os genitais e sua estimulação são o foco de prazer e sensações. Os complexos de Édipo e de Electra são parte deste estágio.
7-11 anos	Latência	As necessidades sexuais estão sob controle, e o prazer é derivado de diversas atividades.

fechos específicos, além de descrever como essas primeiras experiências e sentimentos apareciam simbolicamente nas brincadeiras infantis. Na maioria dos programas infantis, é possível ver as crianças trabalhando questões emocionais por meio de faz de conta de maneira psicanalítica. Meninas na casinha brincando de médico, aplicando injeções com utensílios de cozinha, estão explorando sua própria experiência – experimentando papéis e interpretando medos e ansiedades.

Piaget teria visto a mesma cena e dito que ela mostra que as crianças estão desenvolvendo representação simbólica; elas usam um objeto no lugar de outro, demonstrando que têm uma imagem do objeto real em suas mentes. A teoria cognitiva e a teoria psicanalítica são dois modos diferentes de enxergar o mesmo comportamento, mas, como Piaget, Freud era um teórico dos estágios; ou seja, ele acreditava que a psique se desenvolve em estágios sucessivos.

Observe a boca de um recém-nascido. Está constantemente ocupada. O período logo após o nascimento – o primeiro ano de vida – é o que Freud chamou de "fase oral". Satisfação oral é o que o recém-nascido busca. Não é só a comida no estômago, mas as sensações na boca. Após a fase oral vem o que Freud chamou de "fase anal" – um período em que o uso do banheiro deve ser realizado com sensibilidade.

Erik Erikson foi aluno de Freud, mas ele se tornou um importante teórico da infância por méritos próprios. Erikson repensou os estágios de Freud, chamando seu próprio ponto de vista de "teoria psicossocial". Ele via o primeiro ano de vida como a época em que os bebês desenvolvem um senso de confiança básico. Durante seu primeiro **estágio psicossocial**, eles passam a ver o mundo como um lugar seguro onde suas necessidades são saciadas, quando alguém constantemente ouve seus gritos e os alimenta; contudo, eles veem o mundo como um lugar frio e cruel quando ninguém parece se importar. Não se trata apenas do que é feito com eles, mas também como é feito. Os bebês que não são tratados com amor aprendem a desconfiança. Na visão de Erikson, o período logo após o nascimento é seguido por um estágio de autonomia, quando a criança aprende a dizer "não" e a protestar. (A Tab. 1.4 lista os estágios de desenvolvimento de Erikson que caracterizam os anos iniciais.)

John B. Watson e B. F. Skinner: behaviorismo e teoria da aprendizagem. John B. Watson (1878-1958), psicólogo norte-americano e "pai do **behaviorismo** moderno", tinha outra visão das crianças. Ele acreditava que todo comportamento era aprendido, e que por meio do treinamento é que se modificava. Em sua visão teórica, esperar um estágio passar não fazia sentido.

Tanto Watson quanto B. F. Skinner (1904-1990), outro behaviorista famoso, acreditavam que a única coisa que valia a pena estudar era aquilo que pode ser visto e mensurado –

behaviorismo Estudo científico dos comportamentos que podem ser vistos e mensurados. O behaviorismo, também chamado de "teoria da aprendizagem", atribui toda a mudança no desenvolvimento a influências ambientais.

Tabela 1.4 Erik Erikson: estágios psicossociais[4]

Idade	Estágio	Descrição
0-1 ano	Confiança versus desconfiança	As crianças confiam no mundo se suas necessidades forem atendidas e elas forem cuidadas de maneira sensível. Do contrário, passam a ver o mundo como um lugar frio e hostil, aprendendo a desconfiar dele.
1-3 anos	Autonomia versus dúvida e vergonha	As crianças esforçam-se para se tornarem independentes em áreas como a alimentação e o uso do banheiro. Elas podem falar e serem assertivas, mas, se não aprenderem algum grau de autossuficiência, passam a duvidar de suas próprias habilidades e a se sentirem envergonhadas.
3-6 anos	Iniciativa versus culpa	As crianças se jogam no mundo, experimentando novas atividades, explorando novas direções. Se seus limites forem muito tênues e elas os ultrapassarem com frequência, experimentarão uma sensação de culpa quanto a essas necessidades internas que constantemente lhes causam problemas.
7-10 anos	Produção versus inferioridade	As crianças podem aprender competência e buscar ser produtivas em diversas áreas, mas, se não conseguirem aprender novas habilidades para se sentirem produtivas, ficam com uma sensação de inferioridade.

o comportamento externo. Eles consideravam irrelevante tudo o que não podia ser visto, incluindo conceitos como "mente" e "emoções". Eles rejeitavam a ideia de que o desenvolvimento se desdobra em idades e estágios e não acreditavam em comportamento inato e em instintos. De acordo com Watson e Skinner, todo comportamento é aprendido por meio das consequências das ações dos indivíduos: uma criança irá repetir os comportamentos que forem reforçados e abandonar os que não forem. Adultos que usam recompensas (reforço) – desde simples como reconhecimento ou elogios até complexos como pontuação por bom comportamento – são influenciados pela **teoria da aprendizagem** com base

Uma tabela de comportamento é uma ferramenta behaviorista cujo objetivo é reforçar os comportamentos desejados – nesse caso, realizar as tarefas de casa.

nos princípios behavioristas. Ainda assim, os pais e os professores às vezes não entendem os princípios da teoria da aprendizagem behaviorista: ao simplesmente prestar atenção ao comportamento negativo, mesmo que seja para corrigi-lo, eles acabam reforçando-o. De acordo com os behavioristas, é melhor prestar atenção aos comportamentos que você *quer* e ignorar os que você não quer.

Albert Bandura: teoria da aprendizagem social. Albert Bandura (1925-) é um dos pesquisadores associados com um ramo da teoria da aprendizagem behaviorista chamado de **teoria da aprendizagem social**, que se foca no significado da modelagem e da imitação no desenvolvimento infantil. Nessa visão, as crianças não aprendem apenas por meio do reforço; elas também aprendem por meio da observação. As crianças tendem a se comportar como as pessoas em sua vida, identificando-se com algumas e deixando de se identificar com outras.

Os educadores infantis precisam estar constantemente conscientes do seu papel como modelos das crianças. Colocando essa teoria na prática, os Capítulo 6 e 7 se focam diretamente nas implicações da teoria da aprendizagem social para os educadores infantis discutindo em detalhes de que forma eles servem como modelos para as crianças. É uma grande responsabilidade para adultos, professores e pais dar bons exemplos, além de opor-se aos modelos que as crianças veem na mídia, especialmente na televisão. Os adultos podem dizer para os meninos não serem agressivos e para as garotas não agirem como se fossem indefesas, mas as crianças têm maior possibilidade de copiar modelos ao seu redor do que prestar atenção às palavras. "Faça como digo, não como faço" não funciona, independentemente de quantas vezes você diga isso, afirmam os teóricos da aprendizagem social.

Lev Vygotsky: contexto social e construção do significado. Como o contexto social é uma preocupação significativa dos educadores infantis contemporâneos, a **teoria sociocultural** do pesquisador russo Lev Vygotsky (1896-1934) ganhou popularidade recentemente. Vygotsky e Erik Erikson estavam ambos interessados no efeito da cultura sobre o desenvolvimento. Como Erikson, Vygotsky acreditava na influência da cultura sobre o desenvolvimento infantil, mas não era freudiano; seu interesse, como Piaget, era o desenvolvimento cognitivo. Vygotsky acreditava, assim como Piaget, que as crianças *constroem* conhecimento – elas não o internalizam simplesmente. Vygotsky acreditava no poder da linguagem e das interações sociais como um ingrediente vital da aprendizagem e do desenvolvimento.

Contudo, ao contrário de Piaget, Vygotsky não acreditava em deixar as crianças livres para explorar sem auxílio dos adultos. Vygotsky defendia aquilo que ele chamava de **andaimes**; ou seja, fornecer aos aprendizes apoio e assistência. De acordo com Vygotsky, o desempenho assistido é bom – até desejado. De acordo com Piaget, as crianças devem ficar sozinhas para explorar o ambiente e descobrir o que elas podem fazer sem ajuda dos adultos. Veja o quadro *Pontos de vista* a seguir para como duas professoras diferentes colocaram as teorias de Piaget e Vygotsky em prática. Apesar de os exemplos parecerem extremos, eles se baseiam em professoras reais, que consideram o relacionamento com as crianças o objetivo principal. Elas só têm maneiras diferentes de abordar o processo de ensino/aprendizagem. Elas estão em contraste para mostrar suas diferenças, mas também é importante reconhecer que muitos professores integraram as teorias de Piaget e Vygotsky.

Aqui temos um exemplo de como duas teorias – duas ideias diferentes sobre o desenvolvimento e as nececidades das crianças – entram em conflito. Piaget criticava os professores que davam ênfase a respostas certas e apressavam as crianças na direção de determi-

> **andaime** Forma de assistência que apoia e aprofunda a compreensão e o desempenho de um aprendiz.

> **PONTOS DE VISTA**
>
> **Envolvimento direto ou indireto?**
>
> Por um lado: uma professora e sua assistente, ambas bem versadas nas teorias de Piaget, estabelecem uma sala de aula interessante, desafiadora e adequada ao nível de desenvolvimento dos alunos, e depois se afastam para observar como as crianças a utilizam. Os dois adultos esperam que as crianças explorem, experimentem e descubram por conta própria o que elas podem aprender de todos os materiais, brinquedos, livros e equipamentos à sua disposição. Apesar de manterem um registro da aprendizagem e do desenvolvimento das crianças, as professoras não o direcionam; elas facilitam em vez de ensinar e intervêm periodicamente quando as crianças precisam de ajuda.
>
> Por outro lado: outra professora e sua assistente em um programa distinto apresentam cada material e equipamento às crianças, ensinando exatamente como utilizá-los. Elas trabalham com as crianças individualmente e em grupos pequenos, observando o que aprenderam e o que estão prontas para aprender a seguir. Com base nessa informação, as professoras apresentam atividades e materiais criados para manter as crianças sempre avançando em sua aprendizagem e seu desenvolvimento. As duas professoras ensinam e facilitam. Elas também estimulam as crianças que sabem como fazer algo a ajudar as outras que não possuem a mesma habilidade.

nado objetivo. Em resposta a tais professores, ele poderia dizer: "Você está dando ênfase demais às coisas certas e apressando as crianças antes delas ficarem prontas". Já Vygotsky poderia argumentar: "Por que esperar quando você pode ajudar um pouco?".

Teorias! Existem todos os tipos de teorias. Quais estão certas? Quais estão erradas? Não existe nada evidentemente certo ou errado quando se trata de teorias da educação infantil. Apesar de uma teoria poder entrar em conflito com outra, cada uma tem algo a contribuir para o nosso entendimento das crianças. Profissionais estudiosos têm suas teorias preferidas e se inclinam na direção de algumas mais do que de outras, mas nenhum educador infantil pode simplesmente ignorar teorias específicas. Ser um professor eclético, mas seletivo, não é um defeito, mas uma virtude.

Educadores pioneiros

Os teóricos discutidos contribuíram muito para o campo da educação infantil, mas eles não eram educadores. Esta seção dará mais atenção a alguns educadores infantis e às instituições que eles criaram.

Um desses educadores foi J. H. Pestalozzi (1746-1827), que criou uma escola na Suíça com base no princípio de que a educação deve seguir a natureza da criança. Ele acreditava que as crianças aprendem por meio de atividades e experiências sensoriais, além de enfatizar um currículo integrado.

Pestalozzi influenciou Friedrich Froebel (1782-1852), um educador alemão que ficou conhecimento como "pai do jardim de infância" ao criar essa instituição. Froebel introduziu as brincadeiras na educação; ele pensava nas crianças como sementes e via o papel do educador como jardineiro. Daí o nome alemão *kindergarten,* a instituição que ele criou, que significa, em alemão, "jardim de infância".

Maria Montessori (1870-1952), que foi a primeira mulher médica da Itália, é mais conhecida como educadora. Ela criou seu próprio tipo de educação, que ainda sobrevive sob o nome dela até hoje. Ela enfatizava o envolvimento ativo das crianças no processo de aprendizagem e promoveu o conceito de ambiente preparado. Móveis adequados ao tamanho das crianças e tipos específicos de materiais promotores de aprendizagem foram duas contribuições do programa **Montessori**.

John Dewey (1858-1952), um norte-americano, criou o movimento de educação progressiva. Como seus precursores, ele também defendia a aprendizagem experiencial. Ele acreditava que o currículo deveria estar embasado nos interesses das crianças e que os conteúdos deveriam ser integrados nesses interesses. É de Dewey que vem o termo **currículo centrado na criança**.

As ideias de Dewey influenciaram educadores nos Estados Unidos e em outros países. De fato, sua abordagem influenciou Loris Malaguzzi (1920-1994), fundador do sistema de educação infantil Reggio Emilia, na Itália, que recebeu aclamação internacional. Muitos componentes desse programa são notáveis: cooperação e colaboração em todos os níveis, um currículo emergente combinado com uma abordagem de projetos que motiva e aumenta os interesses das crianças e a documentação do processo de aprendizagem e dos trabalhos das crianças.

Outro educador pioneiro foi o filósofo austro-germânico e escritor Rudolf Steiner (1861-1925), que foi o líder do que se chamou de movimento antroposófico (literalmente: "sabedoria ou conhecimento do homem"), que é definido como a ciência do espírito que aproxima o mundo físico do espiritual. Em 1919, Steiner começou a primeira escola baseada na antroposofia a pedido do dono da fábrica de cigarros Waldorf-Astoria, em Stuttgart, que se tornou o modelo para um movimento global de educação Waldorf. A educação Waldorf se baseia nas teorias de Steiner sobre desenvolvimento infantil, que são usadas hoje nas escolas Waldorf ao redor do mundo. Algumas características distintas desse modelo são a ênfase na espiritualidade e na euritmia, que é a arte do movimento. A educação Waldorf é uma forma única de ensino que vai da pré-escola até o ensino médio, caracterizando-se como um movimento escolar de rápido crescimento.

Emmi Pikler (1902-1984) (além de teórica, foi também uma educadora pioneira que se focou em bebês e em crianças pequenas) foi uma pediatra e pesquisadora de Budapeste, na Hungria, que criou suas próprias teorias sobre o que as crianças precisam para se desenvolver adequadamente. Trabalhando primeiro com famílias de Budapeste na década de 1930, ela deu aulas sobre o desenvolvimento motor autônomo e sobre a importância da atividade autoiniciada. Ela também enfatizava a necessidade de se construírem relacionamentos durante as atividades de cuidado infantil. Em 1946, após a Segunda Guerra, o governo húngaro pediu que Pikler criasse uma creche residencial para crianças cujas famílias não tinham condições de cuidar. Desafiada pelo fato de que a internação de bebês em instituições historicamente resultava em desfechos insatisfatórios, Pikler criou uma abordagem única para o cuidado em grupo de bebês e crianças bem pequenas que até hoje influencia programas e pais na Europa, na América Central e do Sul e nos Estados Unidos. Uma das chaves do seu sucesso foi o tipo especial de relacionamento que ela treinou os cuidadores a criarem com as crianças. O Instituto Pikler, uma creche residencial e centro de pesquisa e treinamento, continua em atividade até hoje, sendo reconhecido como um programa modelo para o mundo todo. A abordagem de Pikler foi apresentada nos Estados Unidos por Magda Gerber, que veio da Hungria em 1956. A abordagem de Gerber tinha suas raízes na de Pikler, mas havia sido modificada para refletir o novo contexto e as próprias ideias e experiências de Gerber ao trabalhar nos Estados Unidos.

Observamos as raízes europeias da educação infantil, mas a história e as tendências de outras raízes culturais também são importantes. Veja o quadro *Foco na diversidade*, na página 26, para uma discussão sobre perspectivas culturalmente diversas da infância, e o quadro *Foco na diversidade*, na página 29, que lista as leituras que exploram as práticas infantis de diversas culturas.

> **FOCO NA DIVERSIDADE**
>
> **Perspectivas culturalmente diversas da infância**
>
> Para honrar a diversidade, este livro deve focar-se igualmente nas perspectivas, histórias e tendências infantis que não têm raízes europeias. Observando diferentes culturas, vê-se que há muitas formas de cuidar e de ensinar as crianças e que não existe uma maneira certa. É importante que todos os educadores infantis compreendam o valor da aprendizagem sobre perspectivas diversas.
>
> Infelizmente, informações sobre histórias e tendências infantis não ocidentais nem sempre são de fácil acesso. Na verdade, existem inúmeras descrições históricas da infância, da educação e da família em diversas culturas, mas vai além do escopo deste livro cobrir cada uma delas. Contudo, o quadro *Foco na diversidade*, na página 29, contém uma lista de leitura que permite que você continue explorando por conta própria. Mas, para estimular o seu desejo, aqui vão algumas amostras de visões não ocidentais sobre a infância e a educação infantil.
>
> Historicamente, atitudes sobre a infância na China e no Japão foram influenciadas pelos escritos de Confúcio (551-479 a.C.), que dava ênfase à harmonia. As crianças eram vistas como seres bons e dignos de respeito, uma visão que só se desenvolveu na Europa recentemente.
>
> Escrituras nativo-americanas apresentam laços íntimos e interconexões, não apenas entre famílias e dentro dos tribos, mas também entre as pessoas e a natureza. Ensinar as crianças sobre relações e interconexões são temas históricos da educação infantil entre muitos povos indígenas. A proximidade é um tema das famílias latinas, algumas das quais têm raízes indígenas nos solos da América do Norte, do Sul e Central. Esse tema é expresso pelo título de um trabalho que Costanza Eggers-Pierola (c2005) e colaboradores chamaram de *Connections and Commitments:* a latino-based framework for early childhood programs.[5]
>
> Fortes laços de parentesco são um tema tanto entre africanos quanto entre afro-americanos; as pessoas se unem e juntam recursos em prol do bem comum. Se essas tendências contemporâneas vêm de raízes antigas, de opressão histórica ou moderna, ainda é incerto.
>
> Nem todas as variações de atitude e de práticas de educação infantil refletem diferenças culturais; elas também podem ter origem nas circunstâncias familiares, sociais ou históricas. Pobreza, opressão e outros tipos de adversidade afetam as práticas de educação infantil e as atitudes com relação à escola. Entre populações que sofrem com altas taxas de mortalidade infantil há certas características em comum na criação das crianças: elas ficam fisicamente próximas do seu cuidadores dia e noite para que possam identificar sinais de doença; o choro é rapidamente atendido, pois pode sinalizar o início de uma doença. Nessas sociedades, a educação infantil formal é menos importante do que questões de sobrevivência (LEVINE, 1997).

Pesquisa sobre o cérebro

Uma ideia que todos os teóricos e educadores pioneiros têm em comum é a de que os anos iniciais têm grande importância. O que acontece nesses primeiros anos de vida exerce diferença nos desfechos finais. Como Sigmund Freud frequentemente citava um poema de William Wordsworth: "A criança é o pai do homem". (Ele também queria incluir as mulheres nessa afirmação.) Até recentemente, o estudo do cérebro humano não passava muitas informações sobre o seu desenvolvimento, mas novas pesquisas utilizando tecnologia sofisticada nos permitem olhar para o cérebro vivo e ver o que está acontecendo. Por fim, a afirmação "os primeiros anos importam" foi validada por cientistas, que podem demonstrar graficamente que a ideia tem validade. De repente, pessoas de poder que davam pouca atenção para a educação infantil se sentaram e começaram a ouvir. Um projeto de pesquisa enorme, registrado em um livro chamado *From neurons to neighborhoods: the science of early childhood development* (SHONKOFF; PHILLIPS, 2000), observou inúmeras pesquisa e suas implicações para crianças, famílias e comunidades.

A maioria das pessoas nascidas nos Estados Unidos que leu esse livro frequentou a pré-escola. Isso se deu porque o movimento por essa etapa no último século cresceu a partir da ideia de que o primeiro ano é muito tarde para começar a pensar sobre a aprendizagem e o desenvolvimento das crianças. Por volta da década de 1960, o movimento Head Start, assim como os programas para crianças com necessidades especiais, cresceu a partir da percepção de que, para algumas crianças, a pré-escola era muito tarde para começar a trabalhar a aprendizagem e o desenvolvimento. Agora as pesquisas cerebrais deixam muito claro que o desenvolvimento ótimo do cérebro, e, portanto, da criança como um todo (incluindo a parte cognitiva), depende do que acontece a partir do nascimento (e até antes). Como resultado, agora temos o Early Head Start para bebês, as crianças que começam a caminhar e suas famílias, assim como inúmeros programas e recursos para bebês com necessidades especiais. Essa também é uma das razões porque as crianças que começam a caminhar e os bebês recebem tanta atenção neste livro. Apesar de muitos de vocês que planejam trabalhar com crianças mais velhas poderem achar redundante ficar lendo sobre bebês, lembrem-se de que o cuidado e a educação no primeiro ano de vida têm um impacto enorme sobre como as crianças serão quando tiverem 4, 5 ou 7 anos. Se você não trabalhar com as crianças mais novas, talvez você advogue em favor de programas de qualidade para elas com foco no desenvolvimento sadio e na aprendizagem.

Então, o que as pesquisas cerebrais nos dizem? Uma das tarefas das células cerebrais nos primeiros anos é estabelecer conexões umas com as outras e criar caminhos, e elas fazem isso desenvolvendo ramos chamados dendritos. Os bebês nascem com um número de células cerebrais excessivo para suas necessidades, então, os primeiros anos envolvem o que algumas pessoas chamam de "poda". Quaisquer células ou conexões que não são usadas desaparecem. "Use ou perca" é uma expressão comum utilizada por aqueles que dão aulas sobre as implicações da pesquisa cerebral. Isso não significa que é necessário sentar os bebês com uma apresentação em PowerPoint na frente deles! A mensagem aqui é que os bebês e as crianças que começam a caminhar precisam de experiências que os ajudem a realizar o melhor número com os tipos certos de conexões e caminhos, de modo que resulte em um desenvolvimento saudável e holístico.

Um dos achados mais notáveis é como o desenvolvimento social e emocional está vitalmente conectado à aprendizagem e à cognição. A abordagem deve ser infinitamente mais ampla e mais adequada ao nível de desenvolvimento do que a simples estimulação do bebê ou o foco em disciplinas acadêmicas. Em outras palavras, o desenvolvimento cognitivo é construído com base na estabilidade e na segurança socioemocional, e esse é o motivo por que este livro estende-se sobre os relacionamentos, as conexões, os sentimentos e o ambiente socioemocional. Veja o quadro *A teoria por trás da prática*, na página 28, para mais informações sobre como auxiliar no desenvolvimento cerebral ótimo.

O que significa ser um professor da educação infantil

O capítulo introdutório começou com uma explicação sobre o porquê dos estudantes dos cursos de formação em educação infantil precisarem aprender a linguagem da profissão e compreender como essa profissão especial é organizada e regulada. Esta seção final assume um ponto de vista distinto sobre o que significa fazer parte da profissão.

Os educadores infantis sabem o que significa comportar-se de maneira profissional: eles entendem a importância do sigilo; nunca falam sobre uma família para a outra ou espalham fofocas; eles têm uma atitude que mostra que levam o seu trabalho a sério; dedicam-se a trabalhar com as crianças e as famílias, utilizando as habilidades e o conhecimento que adquiriram por meio de preparação e treinamento.

> ### A TEORIA POR TRÁS DA PRÁTICA
>
> **Desenvolvimento do cérebro**
>
> O que faz diferença para o desenvolvimento do cérebro são coisas do senso comum. Por exemplo, o **apego** conta. Bebês e crianças bem pequenas que têm relacionamentos afetuosos que resultam em intimidade com uma ou várias pessoas têm maior probabilidade de desenvolverem o seu cérebro de maneira ótima do que aqueles que são passados de um lado para o outro, sentindo-se constantemente inseguros. Mesmo quando há apego – e especialmente quando não há –, proteger os bebês do estresse é vital. Quando a violência faz parte da família, os bebês que sofrem a violência podem ter seu desenvolvimento cerebral atrofiado. E mesmo quando os bebês testemunham outros sofrendo violência, essa experiência pode trazer efeitos negativos. É de uma infância sã e segura que surgem crianças cujo desenvolvimento cerebral as torna curiosas, interessadas e motivadas, além de se tornarem aprendizes inteligentes.

apego Relacionamento afetivo que resulta na intimidade de uma ou mais pessoas e ajuda os bebês e as crianças bem pequenas a desenvolverem seu cérebro de maneira ótima.

Os educadores infantis são aprendizes a vida toda. Eles buscam constantemente o desenvolvimento profissional por meio de metas criadas para si, utilizando avaliações, autoavaliações e *feedbacks* sobre o seu trabalho para determinar a futura direção de sua aprendizagem.

Eles compreendem e atendem os requisitos estabelecidos pelas agências reguladoras. Aderem aos padrões mínimos de número de adultos por criança, tamanho da turma e pré-requisitos de espaço, além de saberem que seu objetivo deve ser sempre o de alcançar os melhores padrões.

Responsabilidades legais

Os educadores infantis estão cientes de suas responsabilidades legais. Por exemplo, eles sabem que incluir crianças com deficiências, dificuldades específicas e outras necessidades especiais é uma exigência legal. A ideia original da educação especial era separar as crianças com necessidades especiais do seus pares com desenvolvimento regular. Agora, o Individuals with Disabilities Education Act, de 1991, deixa claro que as crianças com necessidades especiais devem ser colocadas em ambientes naturais – tais como creches e outros programas de educação infantil. É ilegal excluir crianças só porque você não as quer ou porque não se sente capacitado o bastante para atender às suas necessidades.

Os educadores infantis também estão cientes da gravidade do abuso infantil e sabem que têm a responsabilidade legal de relatar quaisquer suspeitas. Eis uma situação que um educador infantil pode encontrar: um menino de 4 anos chega na escola com um hematoma feio na bochecha, e sua irmã mais nova tem várias marcas de queimadura no braço. "O que aconteceu com vocês?", a professora pergunta ao menino. Depois, ela olha para a mãe, uma mulher tímida com um namorado novo, que dá uma explicação improvável e vai embora rapidamente. Mais tarde, o menino diz à professora que o "Tio Bob" queimou a sua irmã com um cigarro, e que, quando ele tentou impedir, o homem o empurrou contra uma parede.

A professora fica muito transtornada, mas sente pena da mãe. Ela sabe que esse namorado é importante para ela, tanto emocional quanto financeiramente. Ela tem medo do que pode acontecer se registrar uma suspeita de abuso: a mãe pode perder os filhos, ou eles podem voltar a morar no carro, como acontecia antes. O que a professora pode fazer? *Ela não tem escolha.* Ela não pode ignorar o ocorrido e esperar que as coisas melhorem, nem pode simplesmente conversar com a mãe

> **FOCO NA DIVERSIDADE**
>
> **Livros e artigos que exploram raízes culturais distintas nas práticas de educação infantil**
>
> BASSO, K. "To give up on words": silence in western Apache culture. In: MONAGHAN, L. F.; GOODMAN, J. E. (Eds.). *A cultural approach to interpersonal communication*. Malden: Blackwell, 2007. p. 77-87.
>
> BRODY, H. *The other side of eden*: hunters, farmers, and the shaping of the world. New York: North Point, 2001.
>
> EGGERS-PIEROLA, C. *Connections and commitments*: reflecting latino values in early childhood programs. Portsmouth: Heinemann, c2005.
>
> FEENEY, S.; GALPER, A.; SEEFELDT, C. (Eds.). *Continuing issues in early childhood education*. 3rd ed. Upper Saddle River: Merrill, c2009.
>
> HOOKS, B. *Rock my soul*: black people and self-esteem. New York: Atria Books, c2003.
>
> HUDSON, R. A. Speech communities. In: MONAGHAN, L. F.; GOODMAN, J. E. (Eds.). *A cultural approach to interpersonal communication*. Malden: Blackwell, 2007. p. 212-217.
>
> LOPEZ, E. J.; SALAS, L.; FLORES, J. P. Hispanic preschool children: what about assessment and intervention? *Young Children*, v. 60, n. 6, p. 48-54, 2005.
>
> MASCHINOT, B. *The changing face of the United States*: the influence of culture on child development. Washington: Zero to Three, 2008.
>
> RAMIREZ, A. Y. Immigrant families and schools: the need for a better relationship. In: PELO, A. (Ed.). *Rethinking early childhood education*. Milwaukee: Rethinking Schools, c2008. p. 171-174.
>
> TAN, A. L. *Chinese american children and families*: a guide for educators and service providers. Olney: Association for Childhood Education International, c2004.
>
> TANNEN, D. Conversational signals and devices. In: MONAGHAN, L. F.; GOODMAN, J. E. (Eds.). *A cultural approach to interpersonal communication*. Malden: Blackwell, 2007. p. 150-160.
>
> VILLEGAS, M.; NEUGEBAUER, S. R.; VENEGAS, K. R. *Indigenous knowledge and education*: sites of struggle, strength, and survivance. Cambridge: Harvard Education Review, c2008.

e esperar que ela busque ajuda. *Ela precisa registrar a suspeita de abuso às autoridades.*

Professores, assistentes, cuidadores, babás ou quaisquer outros adultos que trabalhem com crianças e famílias têm "responsabilidade legal" de registrar suspeita de abuso. Há penalidades caso não o façam. O objetivo dessas leis é impedir a violência cometida contra as crianças – violência que diariamente resulta em ferimentos, deficiências permanentes e até em morte.

Código de ética

Os educadores infantis têm responsabilidades legais de orientar as crianças em algumas de suas decisões, mas não estão completamente sozinhos quando se trata de questões ilegais. Como a educação infantil é uma profissão, há um código de ética que orienta os seus membros na tomada de decisões. A NAEYC publica um documento que descreve um conjunto de valores e compromissos compartilhados com base no conhecimento coletivo da profissão (FEENEY; FREEMAN, 2005). O código de ética se baseia em seis princípios centrais descritos em seu preâmbulo: "Nós nos comprometemos a

> **NAEYC**
> Código de ética

- apreciar a infância como um estágio único e valioso do ciclo de vida humano, basear o nosso trabalho com crianças no conhecimento do desenvolvimento infantil;

- apreciar e apoiar a intimidade entre criança e família;

- reconhecer que as crianças são mais bem compreendidas no contexto de sua família, cultura e sociedade;

- respeitar a dignidade, o valor e a individualidade de cada um (a criança, o familiar e o colega) e ajudar crianças e adultos a realizarem seu potencial pleno no contexto dos relacionamentos que se baseiam na confiança, no respeito e na estima."

O código de ética da NAEYC (NATIONAL ASSOCIATION FOR THE EDUCATION OF YOUNG CHILDREN, 1992) foi criado para oferecer diretrizes profissionais para solucionar os nossos dilemas morais. Ele estabelece quatro áreas de responsabilidade: crianças, famílias, colegas e comunidade e sociedade.

Agora já é possível ver que, ao entrar na educação infantil, você se tornará parte de uma ampla comunidade de educadores dedicados ao cuidado e à educação da criança como um todo. Ao buscar uma carreira na educação infantil, você irá se juntar a um tipo de profissão especial que tem um passado, um presente e um futuro. Bem-vindo!

UMA HISTÓRIA PARA TERMINAR

Foi em um dia de janeiro, há muito tempo, quando decidi voltar a estudar. Tinha quatro filhos nessa época, e a ideia de fazer faculdade nem passava pela minha cabeça – até que um folheto veio parar na minha mão. A minha vida mudou naquele dia.

Era uma mulher ocupada. A minha filha mais velha estava na pré-escola, os meus dois filhos do meio tinham 3 e 4 anos, e tinha há pouco ganhado um bebê. Decidi matricular os meus filhos três vezes por semana em uma pré-escola que contava com a cooperação dos pais; ou seja, era obrigada a ajudar na pré-escola duas manhãs por semana, mas na sexta-feira estava livre para fazer o que quisesse enquanto eles estavam lá. Na primeira sexta-feira, fiquei feliz de ter o dia de folga. Na segunda sexta-feira, percebi que não queria deixar o mundo da pré-escola. E, na terceira sexta-feira, descobri que uma nova pré-escola da Head Start estava abrindo no mesmo lugar, e que eles precisavam de voluntários. Eu me alistei, e a minha carreira como voluntária da pré-escola começou.

Eu me envolvi completamente na educação infantil. Enquanto estava ocupada aprendendo sobre as semelhanças e diferenças dos dois programas em que estava envolvida, recebi um folheto que anunciava cursos de educação infantil em um curso técnico. No início, a ideia de fazer um curso me pareceu ridícula. Era uma mulher adulta com quatro filhos. Que lugar teriam essas aulas na minha vida? Não estudava há anos e sequer lembrava como se fazia. Além disso, provavelmente ficaria deslocada em meio aos alunos de 18 anos.

Ainda assim, peguei o telefone e me matriculei. Cheguei na primeira aula praticamente tremendo as pernas, mas não demorou muito para que me sentisse em casa. Havia outros estudantes da minha idade, e os mais novos eram super amistosos.

Bom, esse foi o início da minha carreira na educação infantil. O meu curso me permitiu ascender na carreira, de voluntária a professora assistente. Quanto mais cursos eu fazia, mais ascendia, até que terminei como professora da escola técnica onde comecei como aluna.

RESUMO

Recursos *on-line*

Visite **www.mhhe.com/gonzalezfound6e** para acessar recursos para estudo e *links* relacionados a este capítulo (em inglês).

A educação infantil é um ramo especial da educação que lida com as crianças do nascimento aos 8 anos. Há quatro temas principais na formação de educadores infantis: pensamento reflexivo, multiculturalismo, holismo e profissionalismo. Os educadores infantis buscam na ciência do desenvolvimento infantil a base de conhecimento que precisam para saber do que as crianças necessitam e como elas aprendem e se desenvolvem. Da mesma forma, diversas organizações profissionais orientam e auxiliam os educadores infantis nos diversos tipos de programas em que eles trabalham.

O desenvolvimento infantil é o estudo de como as crianças mudam conforme envelhecem. Ao longo dos anos, os pesquisadores nessa área criaram teorias que exploram o desenvolvimento físico, cognitivo, emocional, social e comportamental das crianças – teorias que mantêm sua relevância no campo da educação infantil até hoje. Utilizando-se das ideias desses teóricos, muitos educadores fizeram contribuições para a educação infantil por meio do desenvolvimento de programas criativos e inovadores. A educação infantil é uma profissão – a qual abrange tanto responsabilidades éticas quanto legais – que se dedica às crianças, às famílias, aos colegas e à sociedade.

QUESTÕES PARA REFLEXÃO

1. Reflita sobre a questão: "Quem é você?". Escreva uma lista de 10 palavras que você pode usar para se definir. Olhe para essa lista e veja se há algum padrão. Isso explica a sua identidade? O que seria necessário para explicar a sua identidade?
2. Você frequentou algum tipo de creche ou de programa de educação infantil antes dos 5 anos de idade? Se a resposta for positiva, que memórias você tem dessas experiências (se tiver)? Se a resposta for negativa, que memórias marcantes você tem desses primeiros 5 anos (se tiver)?
3. Explique como a natureza e a criação interagiram para dar forma à pessoa que você é.
4. O que atrai você na educação infantil?

EXPRESSÕES-CHAVE

Quantas das próximas palavras você consegue utilizar em uma frase? Você sabe o que eles significam?

currículo 7
profissionalismo 7
idades e estágios 9
pensamento "tanto-quanto" 10
desenvolvimento infantil 15

questão da natureza-criação 16
teórico do estágio 20
behaviorismo 21
andaime 23
apego 28

NOTAS

1. Exemplos de declarações da NAEYC podem ser encontrados em seu *website* (NATIONAL ASSOCIATION FOR THE EDUCATION OF YOUNG CHILDREN, 2014).
2. Esta tabela reflete apenas parte dos estágios de desenvolvimento cognitivo de Piaget.
3. Esta tabela reflete apenas parte dos estágios psicossexuais de Freud.
4. Esta tabela reflete apenas parte dos estágios psicossociais de Erikson.

2 Prioridades em primeiro lugar: saúde e segurança por meio de observação e supervisão

OBSERVAÇÃO, SUPERVISÃO E ORIENTAÇÃO
HABILIDADES DE OBSERVAÇÃO PARA INICIANTES
HABILIDADES DE SUPERVISÃO PARA INICIANTES
Focando-se nos indivíduos e no grupo
Um curso intensivo sobre orientação
Conflitos como uma questão de segurança
Permitir riscos como medida de segurança
Ajudando as crianças a aprenderem com suas experiências

UM AMBIENTE FÍSICO SEGURO
Adequação ao desenvolvimento
Manutenção como prevenção
Procedimentos higiênicos
Políticas de programas e procedimentos de saúde e segurança
Estresse e frustração como questões de saúde e segurança
UMA HISTÓRIA PARA TERMINAR

NESTE CAPÍTULO VOCÊ IRÁ DESCOBRIR
- o que pode aprender sobre as crianças ao observá-las;
- como supervisionar crianças pequenas adequadamente, mantendo-as em segurança e ajudando-as a aprender o tempo todo;
- o que pode fazer para impedir as crianças de fazerem algo que não deveriam;
- por que não deve "perder a cabeça" com as crianças;
- como crianças em conflito precisam ser mantidas em segurança;
- como transformar uma discussão em uma experiência de aprendizado;
- que papel assumir riscos exerce para as habilidades de segurança;
- como criar um ambiente seguro e saudável;
- por que reduzir o estresse e a frustração é uma medida de segurança.

Eu me lembro do meu primeiro dia de trabalho com as crianças pequenas, eu sorria tanto que o meu rosto já estava cansado na hora do almoço. Queria tanto que as crianças gostassem de mim que eu era o próprio retrato da cordialidade e da amistosidade – exceto quando as crianças faziam algo que não deveriam. Nessa hora, ficava perdida, porque não sabia como ser amistosa e ainda lidar com o comportamento inaceitável. Às vezes – e isso é algo que me envergonha – até dava as costas, ignorando o incidente se não fosse nada muito perigoso; em outras situações, tentava pateticamente dar fim ao problema. Mas na maioria das vezes eu me atrapalhava toda ou ficava só olhando, paralisada, enquanto outra pessoa vinha me salvar.

> **Padrão do programa NAEYC 2**
> Currículo

Por sorte, não estava sozinha. Havia muitos professores experientes e assistentes ali para me ajudar, e eu não precisava me preocupar em manter as crianças seguras, porque não estava só. Estava livre para aprender como as coisas funcionavam sem ter mais responsabilidades do que poderia lidar.

Nem todos os iniciantes têm essa sorte. A necessidade dita que alguns deles precisem assumir mais responsabilidades do que eles se sentem confortáveis ou preparados para lidar. Os assistentes familiares, uma categoria de iniciantes, ficam sozinhos desde o primeiro dia. Este capítulo oferece um guia rápido sobre como manter as crianças em segurança até você adquirir mais experiência como cuidador, assistente ou professor.

Há três elementos-chave para manter as crianças seguras: supervisão, orientação e um ambiente seguro. Para você, iniciante em seu primeiro dia, a supervisão e, talvez, a orientação serão o seu foco principal, sendo que a quantidade de supervisão e orientação dadas dependerá do nível de responsabilidade que você assumir. O ambiente seguro, provavelmente, já terá sido estabelecido.

> **Padrão do programa NAEYC 1**
> Relacionamento

Observação, supervisão e orientação

Este capítulo foi escrito para ajudar os alunos a desenvolver as habilidades que eles precisam observar para interagir com as crianças. Os cursos de graduação e os programas de treinamento diferem quanto à abordagem na preparação dos alunos para o trabalho na educação infantil. Em alguns, a experiência dos alunos iniciantes é como a minha. O aluno precisa supervisionar um grupo de crianças, e a prioridade é mantê-las em segurança. Este capítulo irá auxiliar esses alunos na medida em que explica como lidar com esse tipo de situação, além de lhes dar ideias sobre como facilitar o desenvolvimento de cada criança. Em alguns programas, os alunos têm o luxo de observar antes de assumirem o papel de professor ou assistente. Este capítulo também irá ajudar esses alunos. Primeiro, irá transmitir um panorama geral sobre as habilidades de observação. Segundo, irá ajudá-los a aprender como observar os professores resolvendo conflitos e ajudando as crianças a aprender com as suas experiências. Terceiro, irá apresentar uma estrutura com as habilidades básicas de supervisão que eles precisam saber antes de passar de um observador simples a um papel mais interativo. Para mais orientações sobre observação, veja o quadro *Dicas e técnicas*, na página 36.

Habilidades de observação para iniciantes

O que se pode aprender com a observação? Por meio da observação, você passa a conhecer a criança e o que está por trás do seu comportamento. Você pode descobrir maneiras únicas de

A TEORIA POR TRÁS DA PRÁTICA

Teorias e observação

A observação faz parte das teorias discutidas no Capítulo 1. A teoria da aprendizagem, ou behaviorismo, depende da observação atenta para analisar os comportamentos do aprendiz. Skinner defendia combinar o ambiente e as recompensas com o indivíduo para criar mudanças de comportamento, e essas combinações dependem de prestar atenção. O uso do behaviorismo fez uma grande diferença para a vida e a educação de muitas crianças pequenas, inclusive as que sofrem de deficiências. A pesquisa de Piaget dependia muito da observação do comportamento e das explicações infantis para tornar visível o que estava acontecendo em suas cabeças. Hoje, os professores podem usar as ideias de Piaget junto de suas próprias observações para entender o que as crianças estão pensando.

---

as crianças expressarem suas necessidades, seus desejos e suas motivações. A observação lhe dá informações que podem ajudar a fomentar um relacionamento com cada criança, além de ajudar as próprias crianças a se relacionarem umas com as outras. **Observação** é um meio importante de estabelecer conexões e construir relacionamentos. Ao conhecer cada criança individualmente, você pode promover melhor a aprendizagem, além de descobrir maneiras únicas de auxiliar o desenvolvimento de cada uma de maneira que a simples leitura sobre o assunto não consegue. Às vezes, a observação lhe passa informações sobre como o ambiente precisa ser alterado para promover a aprendizagem. Às vezes, ela lhe diz quando uma intervenção é necessária ou quando o adulto deve se abster e esperar as coisas acontecerem. Veja o quadro *A teoria por trás da prática* para aprender como a teoria se relaciona com a observação.

Curiosamente, às vezes, os adultos aprendem tanto sobre si mesmos quanto sobre as crianças durante a observação. Isso acontece por meio de um processo chamado de autorreflexão: a autorreflexão pode ser vista como uma espécie de observação interna. Quando o observador se conscientiza de suas próprias reações e examina o que subjaz a elas, daí cresce a autoconsciência. Da autoconsciência pode advir a autoaceitação, e da autoaceitação vêm o crescimento e a mudança.

Relacionada à mudança no observador está uma das partes mais surpreendentes e interessantes da observação-mudança na criança. Às vezes, essa "mudança" na criança não passa de um movimento do observador, que começa a enxergá-la a partir de uma nova perspectiva e a apreciá-la por quem é. Judy Jablon, em um livro chamado *The Power of Observation*, relata uma história de seu segundo ano trabalhando como professora do 3º ano. Nessa história, ela confessa que considerava uma garota desafiadora e provocativa. Ela achava difícil encontrar qualquer ponto positivo sobre a criança até uma aluna de licenciatura chegar à sua sala, enxergando-a de forma completamente diferente. Ela descrevia a garota como uma menina entusiasmada e comentou sobre o grande senso de humor que ela demonstrava. Quando Jablon passou a enxergar a garota pelo ponto de vista da aluna de licenciatura, ela descobriu coisas que não tinha visto antes (JABLON; DOMBRO; DICHTELMILLER, 1999).

observação Ato de observar cuidadosa e objetivamente. O objetivo em geral envolve prestar atenção aos detalhes no propósito de compreender o comportamento.

Por meio da observação, às vezes, nos aproximamos de uma criança de quem, no início, não gostávamos. Isso mesmo, *não gostávamos*. Como educadores, sabemos que devemos gostar de todas as crianças; mas a realidade é que nos sentimos mais atraídos por algumas crianças do que por outras. Se formos honestos com nós mesmos (e é importante

> **DICAS E TÉCNICAS**
>
> **Orientações para a observação**
>
> - Organize-se para observar de antemão.
> - Descubra quais são os procedimentos e as regras para observadores no local em que você fará sua observação. Seja cooperativo e siga-as.
> - Converse com o responsável quando você chegar.
> - Se você estiver no mesmo ambiente com as crianças (em vez de uma sala de observação), escolha um lugar para fazer sua observação e tente ficar tão invisível quanto possível. Abaixe-se bem. Torne-se parte do cenário. Se você precisar circular, faça isso sem interferir.
> - Tente não interromper o programa ou conversar com outros adultos.
> - A menos que a sua tarefa exija que você interaja com as crianças, atenha-se ao seu papel de observador. Se as crianças falarem ou tentarem interagir com você, responda, mas tente desestimulá-las (sensivelmente) de manter esse envolvimento.
> - Esteja aberto e receptivo. Tente ser objetivo e, ao mesmo tempo, preste atenção em suas próprias respostas e reações ao que está sendo observado.
> - Se você estiver escrevendo uma observação, tente permanecer neutro e factual. Note o que de fato está acontecendo. Anote o que você realmente vê, descrevendo o comportamento de maneira mais detalhada possível. Não tente interpretar os motivos e os significados das ações das crianças.

sermos honestos com nós mesmos), teremos de reconhecer a reação específica que temos com cada criança, como Judy Jablon no exemplo anterior. É claro, ficamos felizes quando os sentimentos são positivos. Contudo, se a criança nos impressionar negativamente, jamais devemos agir com base nesses sentimentos, mas devemos admitir para nós mesmos que os sentimos. É somente ao reconhecermos e aceitarmos os nossos sentimentos negativos que podemos superá-los. Em outros momentos, reconhecer esses sentimentos é o primeiro passo para trabalhá-los, sendo uma forma de conhecer a criança melhor, o que pode ajudar a alterar esses sentimentos. Às vezes, o comportamento da criança também muda.

Certa vez, uma aluna minha conduziu um estudo com um garoto em sua turma que a incomodava. Ela não conseguiu encontrar nenhum ponto positivo em seu comportamento quando começou a observá-lo, mas, após algumas semanas de observação, as reações dela mudaram. Ele ainda apresentava comportamentos que a incomodavam, mas ela havia começado a apreciá-lo como pessoa. No final, ela passou a sentir muito afeto por ele. Quanto mais positivos eram os sentimentos dela, menos irritante era o comportamento dele. E ao apreciá-lo mais, suas interações com ele mudavam, o que, por sua vez, causava mudanças nele. Lentamente, seus comportamentos irritantes começaram a desaparecer e foram substituídos por outros, mais positivos. Grande parte de sua interação era não verbal, mas, ainda assim, resultou em uma mudança significativa para ambos.

A observação funciona melhor quando você está aberto a uma situação. Quando se faz uma observação com determinadas expectativas, é perfeitamente possível que se perca o que de fato está acontecendo. Magda Gerber, uma especialista em bebês e crianças bem pequenas mundialmente reconhecida, ensinou aos seus alunos da Resources for Infant Educators (**RIE**)[1] que eles devem ir até a criança com a mente aberta. Ela pede que eles coloquem de lado o que sabem e estejam abertos

RIE sigla para Resources for Infant Educators, um grupo dedicado a aumentar a qualidade do cuidado e da educação infantil por meio do ensino, da orientação e do apoio a pais e profissionais. O RIE foi criado por Magda Gerber, uma especialista húngara em educação infantil.

à possibilidade de a criança ensinar o que não sabem. Quando a observação é usada como o modo de aprendizagem, a criança se torna o professor. Não existe melhor forma de aprender sobre uma criança em uma situação específica do que por meio da observação.

Observar não é fácil. Até mesmo observadores experientes às vezes deixam passar o óbvio. J. Ronald Lally, presidente do WestEd's Center for Child and Family Studies,[2] conta a história de alguns pesquisadores que não conseguiram ver o que estava bem embaixo do seu nariz. Esses pesquisadores observavam recém-nascidos e registraram que os meninos choravam muito mais do que as meninas. Não parecia haver um motivo. O que eles não perceberam é que muitos dos recém-nascidos haviam sido recentemente circuncidados. Nesse momento, a circuncisão era algo tão rotineiro que ninguém sequer pensava a respeito. Uma lição para todos nós: como bons observadores, temos de lutar para considerar todas as possibilidades, mesmo aquelas que tendemos a ignorar.

Habilidades de supervisão para iniciantes

Quando estiver supervisionando um grupo de crianças, necessita-se de um conjunto de habilidades de observação ligeiramente diferente. Apesar de a supervisão adequada depender, em grande parte, da habilidade do adulto de ver tudo o que está acontecendo de uma vez, supervisionar as crianças é mais complicado do que isso. Se fosse tão simples, supervisionar seria apenas uma questão de colocar "guardas" nos cantos da sala ou do *playground* ou de monitorar a área com câmeras de circuito fechado.

Como um educador infantil, o seu trabalho implica muito mais do que observar as crianças para mantê-las em segurança. Envolve também ser parte ativa da sua educação, assim como construir uma relação com elas. Você tem de aprender a interagir com as crianças individualmente e com grupos pequenos ao mesmo tempo em que estabelece um relacionamento com a turma como um todo; e toda essa interação e relação deve ser construída de maneira saudável, positiva e educativa.

Como você poderá constatar, a prevenção é uma forma de orientação e exerce um papel fundamental na segurança. Apesar de não ser fácil de se focar em indivíduos ao mesmo tempo em que se presta atenção à turma como um todo, aprender a fazer isso é fundamental. Você deve aprender a investigar a sala ou o pátio constantemente para detectar "focos de problema". De fato, pode parecer que você deve desenvolver olhos atrás da cabeça para supervisionar efetivamente, mas o segredo é desenvolver **foco duplo**.

foco duplo Método de supervisão que permite que o adulto se foque em uma criança ou em um grupo pequeno de crianças ao mesmo tempo em que está ciente do que está acontecendo no ambiente como um todo.

Aprender a interagir com crianças individualmente e com pequenos grupos ao mesmo tempo em que se investiga a sala ou o pátio é muito importante.

Focando-se nos indivíduos e no grupo

A tendência dos educadores infantis iniciantes é concentrar sua atenção ou de forma muita ampla ou de forma muita específica. Compare as experiências dos dois estudantes de licenciatura nos exemplos a seguir e relacione-as com a abordagem de foco duplo descrita no terceiro exemplo.

A estudante de licenciatura de foco específico. Erin está sentada na mesa onde os materiais da aula estão dispostos. Duas crianças estão ocupadas com uma atividade de colagem, uma de cada lado dela. Ela fala primeiro com uma e, depois, com a outra, concentrando-se para dar respostas adequadas e não muito direcionadas. Parece estar tudo bem, até que você percebe que ela se sentou de costas para o resto das crianças, que estão andando de triciclo, brincando na areia e escalando uma estrutura de madeira. Outro adulto está sentado no canto do pátio observando o grupo inteiro.

Por um tempo, tudo está indo bem, até uma criança cair do triciclo e começar a chorar. O outro adulto se posiciona e se abaixa para dar atenção à criança que está chorando. Nessa hora, Erin deve prestar atenção na turma como um todo porque o outro professor está concentrando a sua atenção em uma criança só. Infelizmente, ela está muito envolvida na conversa com as duas crianças na mesa dos materiais. Como resultado, ela não percebe uma discussão que está começando embaixo da estrutura de madeira. Na hora em que ela percebe o que está acontecendo, as duas crianças estão gritando alto e o outro adulto está chamando-a para ver o que está acontecendo.

A estudante de licenciatura de foco amplo. Enquanto Erin está do lado de fora, Jamie está dentro da sala de aula com as crianças menores. Ela se coloca em um canto da sala, observando cuidadosamente o que está acontecendo. Sua colega está ocupada no fraldário e está de costas para o resto das crianças. Jamie supervisiona bem, mas ela nunca se abaixa para conversar com as crianças. Ela mantém seu papel de supervisora sem interagir com as crianças além de chamá-las quando quer sua atenção.

Essa professora está focada em uma criança, mas permanece atenta ao que está acontecendo no resto da sala de aula.

Uma abordagem de foco duplo. Compare Erin e Jamie com Chantal, que trabalha na sala dos bebês. Ela está ocupada trocando as fraldas de um bebê de 9 meses. Ao observá-la, você poderia dizer que esse bebê tem 100% da sua atenção. Contudo, esse não é o caso. Apesar de ela estar concentrada em trocar as fraldas do bebê, em conversar com ele sobre o que ela está fazendo, envolvendo-o no processo, ela ainda consegue sentir um conflito que está se formando em um lado da sala. "Cuide do Taylor", ela fala baixinho para sua aluna, que, alertada, dirige-se até o local onde uma das crianças se aproxima de outra que está brincando com um carrinho de plástico. Logo antes de Taylor tocar na criança, a estudante pega a sua mão gentilmente e fala com calma: "Estou vendo que você também quer brincar, mas Brian está com o carrinho agora". Ela suspira aliviada quando Taylor sai correndo, pega um livro e traz para ela. "Acabamos com a confusão antes que acontecesse", ela sussurra para Chantal, que faz um sinal de positivo.

Outros especialistas na técnica do foco duplo incluem assistentes familiares. Esses profissionais costumam trabalhar sozinhos e, portanto, precisam desenvolver essa habilidade logo cedo para manter as crianças sob seus cuidados seguras e ainda suprir todas as suas necessidades, incluindo cuidado físico, educação, socialização, apego, relacionamento e interações interpessoais.

Uma das formas para aprender a dividir o seu foco é periodicamente assumir uma postura neutra, ou seja, tentar observar a cena a partir de um ponto de vista objetivo. Questione-se. Estou sendo imparcial? O meu foco está muito restrito? Ele está muito amplo? Estou só supervisionando sem interagir? Para realizar bem o seu trabalho, você deve aprender a supervisionar *e* interagir ao mesmo tempo.

Com experiência, você irá aprender a se posicionar de modo a observar a área toda, assim como a se focar em um criança e a permanecer alerta às mudanças no resto da sala ou do pátio. Você irá aprender a manter seus olhos e ouvidos atentos!

Mas só saber o que está acontecendo não basta. Quando surgirem situações ameaçadoras, você precisará saber o que fazer. É por isso que a orientação é outra habilidade importante que o educador infantil deve adquirir.

Um curso intensivo sobre orientação

Uma reclamação comum do iniciante é: "Essa criança não me escuta!". Na verdade, não se trata de um problema de audição. Não tem nada de errado com os ouvidos da criança, e sim com sua motivação para fazer o que o adulto quer. Quando uma pessoa nova chega ao programa, alguém que não tem relações com as crianças e que ainda não ganhou o seu respeito, em geral o que acontece é as crianças ignorarem seus pedidos ou ordens. Quando a segurança está em questão, o adulto novo deve saber como responder efetivamente desde o primeiro dia.

Então, o que os adultos querem dizer quando falam: "As crianças não me escutam"? Eles querem dizer: "Quando digo para as crianças fazer alguma coisa, elas não fazem". Os adultos esperam obediência, mas não é o que eles recebem.

É aí que a *orientação* é necessária. *Orientação* é uma palavra que substituiu *disciplina* em muitos ambientes de educação infantil. Disciplina pode ter conotações negativas, apesar de a palavra em si vir de discípulo – e pode significar seguir um líder sábio. No entanto, muitas pessoas acabam associando disciplina com punição. A orientação coloca o controle do comportamento em uma esfera positiva.

> **orientação** Esse termo substituiu a palavra *disciplina* em muitos ambientes de educação infantil, ao colocar o controle de comportamento em uma esfera positiva.

Cooperação como objetivo. Apesar de algumas pessoas defenderem o ensino como obediência pura, existem motivos para se ensinar a cooperação. Veja o quadro *Pontos de vista*, na página 40, para contrastar perspec-

> **PONTOS DE VISTA**
>
> **Contrastando perspectivas sobre a educação infantil e a obediência**
>
> Por um lado: A obediência é superestimada e em geral resulta em adultos dando ordens ou comandos, gerando uma rebeldia imediata nas crianças que foram ensinadas a pensar por conta própria. Algumas famílias não querem que os seus filhos reajam automaticamente ao que uma figura de autoridade lhes diz por uma série de motivos, incluindo sua cultura, um sistema de orientação diferente, sua natureza rebelde ou até mesmo por medo de abuso infantil, do qual uma criança obediente é presa fácil.
>
> Por outro lado: As crianças precisam aprender a respeitar os mais velhos, e parte do comportamento respeitoso é fazer o que se pede. As crianças não são maduras o bastante para pensar por conta própria. Elas podem cometer erros graves, possivelmente fatais, e precisam de uma mão mais velha e experiente para orientá-las e dizer a elas o que fazer. As crianças precisam aprender a obedecer desde cedo.

tivas sobre ensinar as crianças a serem obedientes. Quando você busca a cooperação, você ajuda as crianças a desenvolver respeito por outras, além de compreender os limites do seu comportamento. Uma forma de as crianças aprenderem sobre a cooperação é observando os adultos. Portanto, você deve sempre lembrar de demonstrar a cooperação – com outros adultos e com as crianças.

Desenvolver um relacionamento com as crianças é o fator mais importante na hora de fazê-las cooperar e ouvir. Quando as crianças aceitam que você quer o melhor para elas, é maior a possibilidade de prestarem atenção ao que você diz. Você não pode simplesmente dizer que se importa com o que acontece com elas, *você tem de provar* – várias e várias vezes. Ao trabalhar para desenvolver um relacionamento com cada criança, você ganha a sua confiança. E isso não acontece do dia para a noite; leva tempo.

O padrão número um de acreditação de programas da National Association for the Education of Young Children (NAEYC) envolve relacionamentos. Aqui, o foco do capítulo nos relacionamentos está relacionado com a supervisão e a orientação, mas é importante reconhecer que o objetivo de se construírem relações perpassa todas as áreas do programa.

Dando fim a comportamentos inaceitáveis. "Gostaria que você parasse de subir na grade", diz uma estudante de licenciatura, timidamente. Essa afirmação é tão educada que é difícil de saber se ela realmente quer dizer isso ou não. "Por favor, não bata nele, tudo bem?" não é assertivo o bastante para passar a ideia. "Será que você poderia parar de jogar os carrinhos, por favor?" não dá conta dos perigos desse comportamento.

Quando questões de segurança ou de saúde estão envolvidas, você precisa ser firme e passar a mensagem de forma clara – com palavras que todas as crianças possam entender. O seu tom de voz e a sua postura devem passar a ideia de que "É assim que vai ser" ou que "Chega de bagunça". Faz bem ser educado com as crianças, mas não seja vago. Aliás, certifique-se de que elas entendam quando têm uma escolha sobre algo e quando não têm.

Seja firme: "Não suba na cerca". E também, se possível, explique por que você está sendo tão firme quanto a essa regra: "É perigoso subir na cerca". Diga claramente às crianças o que você permite, o que não permite e por quê: "Você não pode bater nos outros.

Padrão do programa NAEYC 1
Relacionamento

Padrão do programa NAEYC 5
Saúde

Bater machuca". Você pode evitar resistência encontrando formas de dizer o que quer sem usar ordens diretas ou negativas como "não faça" ou "não pode". Redirecionar as crianças pode ser uma técnica de orientação útil para dar conta da sua intenção de maneira firme, mas com educação: "Suba no brinquedo em vez da cerca". "Diga ao Jaime por que você está tão brabo a ponto de bater nele". O método de **redirecionamento** mais efetivo de todos é dar às crianças mais de uma alternativa: "Não vou deixar você jogar os carrinhos, mas pode jogar esses sacos de feijão ou essas bolas de isopor". Quando a criança tem escolha, ela sente **empoderamento** em vez de desamparo, e uma criança empoderada tem menos necessidade de desafiá-lo.

O problema de se usar a raiva para controlar o comportamento das crianças. Quando os educadores infantis iniciantes não sabem como dar fim a comportamentos inaceitáveis, em geral começam pedindo com educação e, depois, ficam brabos quando isso não funciona. Eis uma sequência razoavelmente comum:

> Gostaria que você descesse da cerca. Você poderia descer? Por favor? Se você não descer dessa cerca, eu vou ficar braba! Então, *tá*, agora fiquei braba!

A menos que a raiva do adulto assuste a criança, o adulto terá de recorrer a ameaças, ou não irá conseguir nada. O que começou como um simples pedido se transformou em uma disputa de poder. A menos que o adulto esteja disposto a (e consiga) tirar a criança da cerca, ele pode começar a fazer ameaças sérias ou voltar a implorar.

Utilizar a raiva para que as crianças façam o que você quer só funciona se elas realmente tiverem medo ou se estiverem preocupadas em não desagradar você. Se você for um estranho, elas podem não ter razão para agradar você, a menos que tenham medo. Contudo, se você depender do medo para controlar o seu comportamento, terá muita dificuldade para desenvolver um relacionamento com as crianças – o relacionamento que se trata do objetivo primário na orientação e no processo de ensino-aprendizagem.

Outro problema de se usar o medo para controlar o comportamento das crianças é que é provável que elas imitem você. Pense nisso: se você não quer que as crianças usem sua raiva para tentar controlar outras crianças, você não pode utilizar essa abordagem para controlá-las.

Autoexpressão *versus* manipulação. Tenha em mente que tentar orientar o comportamento das crianças por meio da raiva é diferente de expressar sentimentos de raiva ou de frustração – sentimentos que são perfeitamente normais quando você está tentando controlar as crianças, mas não consegue. Nesse ponto, você precisa começar a controlar o seu próprio comportamento. Em vez de usar a sua raiva para tentar manipular o comportamento das crianças, mostre a elas o quão bem você consegue se controlar quando se irrita. E, sob nenhuma circunstância, perca a cabeça, ou você irá assustar as crianças. Em vez disso, tente encontrar maneiras menos dramáticas de expressar a sua raiva. Expresse-a em palavras: "Me incomoda quando vocês ficam derrubando os brinquedos das prateleiras desse jeito".

Se você perceber que fica com raiva regularmente, faça uma autoavaliação e tente descobrir o que está acontecendo. Obviamente, algo precisa mudar – seja em você ou na situação. Frequentemente, é possível impedir que essas coisas irritantes aconteçam. Talvez haja uma criança que se recusa a pendurar o casaco quando chega. Esse é um problema da criança, ou é *seu* problema? Talvez seja algo do seu passado, seus valores, esse período da sua vida, ou talvez até um antigo sentimen-

redirecionamento Forma de orientação infantil que desvia a atenção da criança de um comportamento inaceitável para um comportamento aceitável, sem interromper o fluxo de energia. Idealmente, o redirecionamento envolve dar à criança a escolha que a leve a um comportamento ou atividade construtiva.

empoderamento Ajudar alguém a desenvolver a percepção de poder pessoal. Por exemplo, um adulto pode empoderar uma criança dando-lhe a oportunidade de tomar algumas decisões, em vez de simplesmente obedecer.

Quando for conversar com uma criança, posicione-se próximo e no mesmo nível dela.

to que você nutre por garotinhas ruivas com cabelo cacheado. Por meio da reflexão e da criatividade, pode-se tentar esclarecer por que você tem sentimentos tão fortes e o que é possível fazer a respeito. Talvez você possa simplesmente encontrar uma forma de alterar o comportamento da criança. Ou talvez você precise trabalhar mais na sua perspectiva e na sua relação com ela.

Um tema presente ao longo desta seção foi a comunicação. Aprender a se comunicar efetivamente com crianças pequenas é essencial para orientar o seu comportamento e para mantê-las seguras. Vamos nos aprofundar nas habilidades de comunicação.

Comunicação efetiva. Um erro que os educadores infantis iniciantes fazem é ficar acima das crianças quando falam com elas ou gritar a distância. Sempre que você conversar com uma criança, deve estar próximo dela e *ao seu nível*. E, quando segurança está envolvida, estar no lugar certo é vital. Uma regra geral para conversar com as crianças é "30 cm por ano": não coloque mais de 30 cm entre você e a criança para cada ano de vida dela. Se estiver falando com um bebê, você precisa ficar próximo – menos de 30 cm de distância; uma criança de 2 anos deve estar a distância do seu braço. Abaixe-se para ficar no nível dela, mas lembre-se de que manter contato visual é uma questão cultural. As práticas de educação infantil ditam que os adultos devem fazer contato visual com as crianças quando falam com elas. No entanto, fazê-las olhar de volta não deve ser obrigatório, visto que o contato visual tem uma ampla gama de significados culturais. Veja o quadro *Foco na diversidade* para alguns desses significados.

Tente evitar gritar com as crianças; só se deve gritar em casos realmente emergenciais. Se você se habituar a falar com uma voz moderada e suave, um grito alto atrairá a atenção quando necessário. Digamos que você não está perto o bastante para impedir uma criança de jogar um brinquedo: "Cuidado, Morgan!" ou "Pare, Shawn!" podem resolver nesse caso.

Quando só palavras não bastam. Com frequência, só palavras não são o bastante – mesmo que sejam gritadas – especialmente quando se trabalha com crianças pequenas. Falar para uma criança não tocar nas coisas do balcão não irá funcionar depois que ela descobrir que pode empurrar o carrinho, escalar e alcançar os objetos proibidos. Se você aplicar a regra geral de "30 cm por ano", estará suficientemente próximo (enquanto fala por que é importante que ela não se agite) para fisicamente redirecioná-la a algo de igual interesse. É claro, se a explicação funcionar e ela descer, você nem precisará encostar nela. Mas se só falar não der conta do problema, uma mão, gentil ou firme, irá mostrar que você está falando sério. Agora é uma boa hora de tirar o carrinho dali também.

> **FOCO NA DIVERSIDADE**
>
> **Contato visual e seu significado em diferentes culturas**
>
> É importante que os educadores infantis descubram como cada família ensina seus filhos a respeitar os adultos. Os pais querem que os seus filhos olhem os adultos nos olhos ou não? Para os europeus, o contato visual é um sinal de atenção, mas na maioria das culturas asiáticas e nativo-americanas, é um sinal de desrespeito. Em sua família, os afro-americanos usam comunicação não verbal, incluindo muito contato visual, mas, quando falam com pessoas brancas, eles podem evitar esse contato visual.
>
> A antropóloga Virginia Young sugere que "[...] talvez o contato visual que acompanhe as palavras, na cultura branca, seja uma forma de comunicação muito forte para o negro, que o considera mais importante do que as palavras." Porém, em algumas famílias afro-americanas, assim como em algumas famílias mexicanas e porto-riquenhas, as crianças não olham os adultos nos olhos, especialmente se estiverem levando uma bronca. Essa ausência de contato visual pode sugerir a alguns adultos euro-americanos que a criança não está ouvindo.[3]

Conflitos como uma questão de segurança

Uma briga por um brinquedo pode ser uma das situações mais perigosas que você irá encontrar nas instituições de educação infantil. Algumas crianças pequenas não conseguem evitar empurrar, bater, morder ou estourar quando estão determinadas a vencer uma discussão. Para evitar os machucados que podem se originar das menores discussões, você deve estar sempre perto da ação, independentemente da idade das crianças. Se duas crianças de 3 anos estiverem prestes a começar uma briga, você irá precisar estar a menos de 90 cm para impedi-las. Se crianças de 5 ou de 7 anos estiverem prestes a se bater, falar com elas a distância pode não ser o suficiente. Às vezes, só ficando perto você pode observar sem ter de fazer nada. Em outros momentos, você precisa intervir. O *Vozes da experiência* vem de Elizabeth Memel, que é especialista em bebês e crianças que iniciam a caminhar pela RIE e professora de curso técnico. Seus alunos relataram um conflito que se autorresolveu. Em contraposição a essa história, a situação a seguir é um exemplo de como lidar com uma situação em que duas crianças estão brigando por um brinquedo e parecem estar a ponto de começar a se machucar.

Uma forma de resolver o conflito por meio do empoderamento. Kyle e Cody estão cavocando com potinhos de plástico na caixa de areia perto de Ashley, que está usando uma pá de cabo vermelho. De repente, Ashley sai correndo para os balanços e abandona sua pá. Kyle e Cody correm para pegá-la imediatamente, Cody ainda segurando seu potinho. A professora, Danielle, que estava a distância dos dois garotos, apressa-se na direção da cena. No início, Kyle e Cody entram em uma disputa, ambos segurando a pá pelo cabo. Danielle fala baixinho, abaixando-se perto deles: "Vocês dois querem essa pá". Eles a ignoram, e sua disputa continua. Ela continua quieta até Cody levantar a mão com o pote de plástico para atingir o Kyle. "Não vou deixar você bater nele", Danielle garante aos dois meninos. Ela olha Cody nos olhos enquanto segura seu braço de maneira firme, mas não agressiva. Cody desvia o olhar e larga o pote no chão. Danielle o solta. Os dois garotos se entreolham, ambos ainda segurando firmemente o cabo da pá.

Por fim, Cody relutantemente solta, e Kyle agarra a pá e sai correndo triunfante. Cody segue plantado no lugar, chorando silenciosamente. Danielle coloca um braço ao seu redor e diz: "Você queria muito essa pá!". Quando Kyle volta para esfregar sua vi-

VOZES DA EXPERIÊNCIA

Desarmando um conflito

Tive a chance de aprender uma maneira nova de abordar conflitos em uma aula infantil quando realizei meu trabalho como observadora. Após observar uma aula de orientação entre pai/filho, facilitada pela minha professora, experimentei uma forma completamente diferente de intervenção na brincadeira das crianças. Observei duas crianças pequenas que queriam o mesmo brinquedo enquanto os adultos que observavam esse espaço não faziam nada para ajudá-las a se resolver. Pensei: "por que ninguém (pais ou profissional) faz nada para ajudá-las a compartilhar?". Após alguns minutos de "é meu" e de disputa, as duas crianças perderam interesse no brinquedo e foram fazer outra coisa.

Só depois de ver essa demonstração que entendi por que não havia necessidade de intervir. O que observei foi o facilitador do grupo reconhecendo a necessidade que as duas crianças sentiam pelo mesmo brinquedo. Para observar e estar realmente presente na situação, tudo o que ela precisou foi se aproximar das crianças e refletir (além de avaliar por conta própria) sobre o que viu. Já que ela (e o resto de nós) percebeu que as crianças não tinham risco de se machucar, não havia necessidade de intervir.

—Aluna de curso técnico

---

tória "na cara" do Cody, o menino grita com ele, raivosamente. "Diga a ele como você se sente", diz Danielle. Cody grita de novo. Danielle fala para Kyle, que está dançando para cima e para baixo: "Ele está bravo por que você está com a pá". Ela põe os gritos do Cody em palavras. Kyle considera essa mensagem brevemente, e, então, vendo outra pá abandonada por perto, corre para pegá-la. Ele tenta dar essa segunda pá – com um cabo sem cor – para o Cody, que a rejeita e tenta pegar a pá na outra mão do Kyle. "Eu quero a vermelha!", ele insiste. Kyle dá de ombros, solta a segunda pá, e sai.

Kyle começa a cavar um buraco a uma distância próxima. Cody fica chorando alto diante da pá aos seus pés, que é exatamente igual à que Kyle está usando para cavar, com exceção da cor do cabo. "Você queria a outra", diz Danielle. Ela ainda está abaixada, conversando na altura da criança. Nesse momento, Ashley retorna. Vendo que a pá que ela tinha antes agora está em uso, ela se aproxima da pá próxima dos pés de Cody. Ele vê que ela está se aproximando, então, se estica e agarra a pá rapidamente. Ela faz uma cara feia, mas logo se vira e volta para os balanços. Cody acaba indo cavar relutantemente, e Danielle vai até o escalador falar com uma criança sobre sua nova irmãzinha.

Compare a cena anterior com a cena a seguir, em que a estudante de licenciatura, Laura, usa uma abordagem bem diferente para resolver o mesmo conflito.

Uma forma de resolver o conflito sem empoderamento. Quando Laura vê Briana e Taylor puxando o mesmo cortador de grama de plástico, ela se aproxima e pergunta: "Quem pegou primeiro?". Ambos falam: "Fui eu!". Laura toma uma decisão no momento. "Acho que foi Briana quem pegou primeiro", e tira o brinquedo de Taylor e coloca na mão da colega. A professora se afasta, e Taylor volta e arranca o cortador de grama das mãos de Briana, que começa a chorar e acaba trazendo a Laura de volta. Os dois estão puxando freneticamente, e parece que podem começar uma briga. Laura pega o brinquedo, arrancando seus dedos do cabo. Ela se afasta e tranca o cortador de grama na sala, dizendo: "Se vocês dois não conseguem se resolver, então, ninguém vai brincar com ele". As duas crianças se sentam apáticas na caixa de areia,

Permitir que as crianças lidem com riscos é uma importante medida de segurança e deve constar em qualquer programa de educação infantil.

mantendo um olhar triste no rosto. Mais tarde, quando Briana pega um balde de plástico e começa a jogar areia para cima, Laura também tira o brinquedo dela.

Tanto Danielle quanto Laura mantêm as crianças em segurança, mas existe uma diferença em como elas lidaram com os conflitos. Ao reconhecer os sentimentos de ambos os meninos, Danielle impediu a violência e permitiu que Kyle e Cody resolvessem seus problemas por conta própria. Ela não tentou convencê-los a encontrar alguma solução, nem impôs um julgamento adulto sobre justiça, apesar de poder ter uma forte opinião a respeito. Em vez disso, ela se manteve calma e imparcial, impedindo-os de se machucar até que o problema estivesse resolvido.

Laura, por outro lado, manteve as crianças em segurança, mas sem dar a Briana ou Taylor a chance de se resolverem por conta própria. Ela se intrometeu no conflito e passou a mensagem de que eles precisavam de um adulto para resolver a situação. Intencionalmente ou não, ela puniu os dois, deixando-os ressentidos.

Como Danielle, Laura não esperava que as crianças obedecessem a sua autoridade com base apenas em suas palavras; ela transmitiu sua autoridade com a quantidade adequada de palavras e ação. Como Danielle, Laura também evitou uma ação silenciosa, bem como a situação oposta, falar em demasia – ambas ineficazes para solucionar conflitos. Ainda assim, a maneira como a Danielle resolveu a situação – dando oportunidade para discussão e para explorar sentimentos e escolhas – deixou os meninos mais empoderados. Se os dois garotos tivessem sido mais verbais, poderiam ter argumentado, explorado compensações e, talvez, chegado a um tipo de acordo verbal. Da forma como aconteceu, o problema se resolveu por conta própria.

Pessoas que se sentem empoderadas frequentemente estão mais dispostas a cooperar do que quando se sentem impotentes.

Permitir riscos como medida de segurança

Quando as crianças aprendem a avaliar riscos adequadamente, dão um grande passo para contribuir para a própria segurança. Elas precisam ser expostas a diversas experiências para aprender a avaliar o grau de risco envolvido em suas atividades. Sem a permissão de assumir riscos razoáveis, as crianças não poderão aprender importantes habilidades de segurança. Assim, a prática de permitir que as crianças lidem com os riscos é uma importante medida de segurança e deve constar em qualquer programa de educação infantil.

Aprender a julgar o grau de risco tem suas raízes na infância, como demonstrado pela Dra. Emmi Pikler (mencionada no Capítulo 1), cuja pesquisa sobre o desenvolvimento da movimentação teve início na década de 1930. A partir de seus estudos, ela descobriu que, quando têm liberdade de movimentação, a partir dos primeiros meses de vida, desenvolvem um maravilhoso controle sobre seus corpos, conseguindo superar incríveis desafios físicos. Observações feitas no Instituto Pikler, em Budapeste, e vídeos produzidos no instituto apresentam crianças que sabem como assumir riscos sem se machucar, e, por isso, a taxa de acidentes no instituto é incrivelmente baixa. Somente uma criança quebrou um osso em 60 anos, e essa era uma criança mais velha, na primeira semana depois de chegar ao instituto.[4]

Permitir que as crianças sintam as consequências dos seus atos ajuda-as a compreender o que podem e o que não devem fazer. É claro, você não permitiria que uma criança caísse de uma árvore – essa consequência seria demasiado grave. Mas você deve permitir que ela escale estruturas adequadas ao seu tamanho e nível de desenvolvimento. Essa é uma das grandes vantagens de estar em um programa de cuidado infantil – as crianças podem tomar decisões em um ambiente rico e protegido. Essas são lições iniciais que lhes servirão muito em suas vidas.

Ajudando as crianças a aprenderem com suas experiências

> **Padrão do programa NAEYC 9**
> Ambiente físico

Às vezes, o educador infantil precisa *estabelecer* consequências correspondentes ao comportamento inadequado ou inseguro da criança. Por exemplo, a criança que insiste em subir na cerca é levada para dentro por um tempo, porque ela não é confiável para ficar no pátio. Ela fica na sala até garantir ao adulto que irá se controlar e não irá mais subir na cerca. Esse método é mais efetivo quando a criança compreende a conexão entre sua própria ação e as consequências. Em outras palavras, não é uma punição arbitrária imposta por um adulto, mas um resultado direto do próprio comportamento da criança. A abordagem utilizada nesse exemplo se torna uma forma de empoderamento para resolver o problema se a criança puder decidir quando estará pronta para sair e ficar longe da cerca.

Em outro exemplo, uma criança está jogando areia. A professora avisa sobre o perigo e retira-a da caixa de areia quando ela ameaça continuar jogando. Essa abordagem é mais efetiva do que repreender, dar uma bronca ou colocar a criança de castigo, porque existe uma conexão lógica entre a ação e a consequência, sendo que a criança passa a entender que não são os caprichos do adulto que a afetaram, e sim suas próprias ações.

Um ambiente físico seguro

Estabelecer e manter um ambiente físico seguro para a exploração (que inclui aprendizagem durante a brincadeira) e para o cuidado são importantes fatores ao orientar o comportamento e ao promover a saúde e a segurança das crianças. Se você for um iniciante, provavelmente não será o responsável por estabelecer o ambiente, com a possível exceção de arranjar e rearranjar as coisas para o dia. Entretanto, esta seção irá lidar com os aspectos de segurança do ambiente que são de grande preocupação para os iniciantes. O Padrão de programa 9 da NAEYC está relacionado com o ambiente físico e exige que ele seja seguro e saudável. A seção a seguir trata desse padrão em mais detalhes.

Adequação ao desenvolvimento

Apesar de você provavelmente não ter decidido como o ambiente irá ser montado, depende de você compreender a relação entre a adequação ao desenvolvimento e a segurança. É preciso pensar sobre questões simples, por exemplo, como distribuir blocos de madeira grandes. Se empilhados, uma criança pode se machucar derrubando os blocos. Se um triciclo com um carrinho for convidativo para uma criança (que pode usá-lo para subir na casinha), ele precisa ser movido para outro lugar.

Às vezes, o equipamento é grande demais para determinada faixa etária. Por exemplo, um pátio, projetado para crianças em idade pré-escolar, tinha um escorregador alto com uma escada íngreme. No topo da plataforma havia um buraco com um poste de escorregar no centro. As crianças da pré-escola aprenderam a usar o equipamento, apesar da preocupação de alguns professores. Mas quando os bebês foram apresentados ao pátio, ficou imediatamente óbvio que o escorregador era inadequado para eles. Durante uma semana, os professores e os assistentes se revezaram bloqueando a escada para impedir os bebês de escalar, mas como isso era um desperdício de energia, o primeiro degrau foi removido. Agora, o degrau mais baixo era muito alto para qualquer um dos bebês alcançar e até para alguns dos alunos da pré-escola. Todos respiraram aliviados quando o problema foi resolvido.

Assim como existem equipamentos muito grandes para as crianças pequenas, também há pequenos objetos que podem apresentar riscos de engasgo para bebês e crianças bem pequenas. Uma forma de descobrir isso é com um "tubo de engasgo" – um aparelho que é usado para testar que objetos são perigosos. Se algo for pequeno o bastante para passar pelo tubo, precisa ficar longe do alcance de bebês e crianças bem pequenas. É claro, as crianças mais velhas precisam ter objetos pequenos à disposição. Uma solução para esse problema pode ser bloquear uma área de maneira que as crianças mais velhas consigam entrar e sair, mas que impeça as menores de entrar. Ambos os exemplos mostram o uso da criatividade para a resolução de problemas

para produzir ambientes seguros e adequados ao nível de desenvolvimento de crianças de diversas idades.

Manutenção como prevenção

Uma exigência importante para um ambiente seguro é que ele seja organizado e bem cuidado. Cuide brinquedos e equipamentos quebrados, que devem ser reparados ou removidos imediatamente. Armazene substâncias perigosas em seus contêineres originais (com os rótulos intactos) em armários trancados. Sempre que você precisar usar produtos de limpeza ou outros itens tóxicos, tenha muito cuidado para mantê-los longe do alcance das crianças em todos os momentos; nunca saia e deixe-os destrancados na sala, mesmo por um momento.

Esteja sempre atento a perigos em potencial – parafusos soltos, lascas, fios elétricos e tomadas que as crianças possam alcançar, brinquedos com partes pequenas que elas possam engolir, bolsas e mochilas que os adultos tenham deixado ao seu alcance, bebidas quentes, portas abertas, tapetes escorregadios.

Procure também identificar riscos à segurança que não estejam à vista. Qualquer coisa pintada antes de 1978 pode conter níveis perigosos de chumbo, que pode envenenar crianças que gostam de "provar" o ambiente. A toxicidade está em todos os lados – na planta inocente que nasceu no pátio e no tubo de tinta que apareceu na sala o outro dia. Não arrisque; verifique para garantir que tudo o que está no ambiente é seguro.

Os berços devem seguir especificações; os mais antigos, que abrem na lateral, devem ser substituídos, já que podem ser perigosos para os bebês. Além disso, os andadores são particularmente perigosos, causando mais ferimentos do que qualquer outro equipamento para bebês. (Eles também causam problemas em crianças com paralisia cerebral e podem retardar o desenvolvimento motor.) E tome cuidado com as cordas de cortinas que podem ficar penduradas perto de berços ou do pátio e se enrolar no pescoço de alguma criança.

DICAS E TÉCNICAS

Diretrizes para lavar as mãos

Adultos e crianças devem lavar bem as mãos com sabonete líquido e água quente nos seguintes momentos:

- Quando suas mãos estiverem contaminadas por fluidos corporais.
- Antes de preparar, mexer ou servir refeições e lanches (incluindo botar a mesa).
- Após usar o banheiro e, no caso dos adultos, trocar as fraldas ou ajudar as crianças a usar o banheiro.
- Após comer refeições ou lanches.
- Após mexer com animais.[5]

Fonte: American Academy of Pediatrics (2002).

Procedimentos higiênicos

Padrão do programa NAEYC 5 — Saúde

Os educadores infantis devem ter uma boa compreensão de como manter o ambiente, as crianças e a si mesmos limpos e seguros. E como lavar as mãos consistentemente é uma das melhores abordagens higiênicas, os educadores devem lavar bem as mãos com sabonete e água quente antes e depois de trocar as fraldas, antes de preparar comida, antes e depois das refeições, após alimentar as crianças e em qualquer momento que entrarem em contato com fluidos corporais. Certifique-se de que as crianças também lavaram bem as mãos com sabonete líquido (sabão em barra espalha germes) e água quente antes de preparar a comida, montar a mesa e comer, e depois de usar o banheiro, tossir, assoar o nariz e comer. Lave as mãos dos bebês para eles. Lavar as mãos deve se tornar uma atividade rotineira em qualquer programa de educação infantil, incluindo educadores domiciliares. (Veja o quadro *Dicas e técnicas* para mais informações.)

Se crianças estiverem usando fraldas, deve haver um processo de troca de fraldas higiênico no fraldário. (Uma amostra de como trocar fraldas está descrita no quadro *Dicas e técnicas*, na página 49.) Além do mais, todas as superfícies do banheiro devem ser desinfetadas diariamente. E qualquer programa infantil deve ter uma política de limpar todos os brinquedos e superfícies diariamente com uma solução fresca, segura e desinfetante. Por fim, mantenha os objetos pessoais das crianças (pentes, escovas de dente, roupas, garrafas, panos, toalhas e roupas de cama) identificados e separados uns dos outros, limitando seu uso à criança respectiva.

Políticas de programas e procedimentos de saúde e segurança

Além dos padrões nacionais estabelecidos pela National Association of the Education of Young Children, há outros padrões e regulamentos sobre saúde e segurança, propostos por organizações como a Academy of Pediatrics, o Ministério de Educação dos Estados Unidos e outras agências estatais e locais preocupadas com o cuidado e a educação infantil. A principal diferença entre procedimentos de acreditação e de licenciamento é a escolha. Ser licenciado não costuma ser uma escolha, mas ser acreditado às vezes é. Além disso, cada programa de educação infantil estabelece seu próprio conjunto de procedimentos de saúde e de segurança. Descubra quais são. Se você for um assistente familiar, terá de desenvolver seu próprio sistema de acordo com seus regulamentos de licenciamento local e/ou padrões profissionais. Por exemplo, uma política sobre como lidar adequadamente com a comida pode incluir o seguinte: colocar

> **DICAS E TÉCNICAS**
>
> **Exemplo de procedimento de troca de fraldas**
>
> 1. Certifique-se de que o fraldário tenha sido desinfetado após seu último uso. Se não, descarte o papel usado, limpe a superfície onde a troca de fraldas será realizada com água sanitária e coloque papel sanitário novo no lugar.
> 2. Lave bem as mãos com sabonete e água quente antes de trocar a fralda.
> 3. Use luvas descartáveis, especialmente quando lidar com diarreia ou com sangue nas fezes ou se você tiver cortes nas mãos.
> 4. Jogue as fraldas usadas no lixo indicado.
> 5. Limpe a criança com um pano úmido ou com lenços umidecidos. Jogue o pano ou o lenço no lixo indicado.
> 6. Se estiver usando luvas, remova-as com cuidado sem contaminar as mãos. A seguir, coloque a fralda limpa.
> 7. Lave bem as mãos da criança com sabão e água quente.
> 8. Limpe e desinfete o fraldário: jogue o papel sanitário no lixo indicado, limpe a superfície com água sanitária e coloque papel novo.
> 9. Lave bem as suas mãos com sabão e água quente.
> 10. Se uma tabela for fornecida, anote a hora e qualquer informação que deveria ser compartilhada com os pais ou outros cuidadores.[6]
>
> Fonte: Gonzalez-Mena (2000).

a comida fora imediatamente; saber há quanto tempo algo está guardado na geladeira; desinfetar garrafas, pratos e a louça; manter a área de preparo da comida separada da área de banheiro e de higienização.

Além disso, ao mesmo tempo em que se seguem procedimentos adequados de saúde e higienização, é possível ensinar às crianças acerca de muitos deles. É claro, não se pode envolver as crianças pequenas na higienização do banheiro, mas você pode ensiná-las a lavar bem as mãos e a usar e cuidar de seus objetos pessoais. Também é possível ensiná-las a não compartilhar sua escova de dentes, não provar a comida do pote e esperar que ela seja servida, ou não comer com um garfo que tenha caído no chão.

Cobrir a boca para tossir, jogar os lenços fora de forma correta e lavar as mãos também são importantes lições para evitar que doenças se espalhem. Se uma criança ficar doente ou exibir alguma condição contagiosa, separe-a do resto do grupo. Talvez você precise manter a criança quieta, quente e confortável enquanto alguém entra em contato com a família. Apesar de o período de espera poder ser longo, seja sensível ao estado emocional da criança até a família chegar. Crianças doentes às vezes se sentem inseguras, e a separação do resto da turma pode se somar a esse sentimento.

Como parte de sua política de saúde e segurança, todo programa deve ter formulários de consentimento médico e cartões de emergência atualizados para localizar o telefone dos familiares ou a pessoa designada. O programa de educação infantil também deve ter delineado claramente os procedimentos de emergência (incluindo um procedimento de relato de problemas). Se você não tiver lido esses procedimentos, peça para vê-los. Você também deve perguntar sobre os testes de incêndio (e de terremoto e furacão, onde aplicável) e sobre quais são as provisões para crianças que iniciam a caminhar e crianças que não caminham com necessidades especiais. Esses testes devem ser realizados regularmente, e cada adulto deve estar ciente de suas responsabilidades específicas.

Estresse e frustração como questões de saúde e segurança

Uma última palavra sobre saúde e segurança. O estresse e a frustração de uma criança podem transformar uma situação segura em um evento inseguro. Apesar de não ser possível eliminar tudo o que pode deixá-la chateada e brava (e você nem irá querer isso), é possível examinar o ambiente físico em busca de formas de reduzir frustração desnecessária. Por exemplo, atividades que são adequadas ao nível de desenvolvimento da idade da turma costumam ser menos frustrantes. E assim como crianças excessivamente frustradas significam riscos de segurança, crianças entediadas sozinhas também. Deixe à disposição materiais e equipamentos que sejam interessantes, relevantes e adequados ao nível de desenvolvimento.

> **Padrão do programa NAEYC 5**
> Saúde

Por fim, uma criança cujas necessidades não sejam atendidas também pode exibir estresse, que pode contribuir para situações perigosas. Quando uma criança está muito cansada, sua frustração pode aumentar. Ela pode não conseguir se dar tão bem com outros nem tomar boas decisões. Lembre-se de ser sensível a diferenças individuais, incluindo crianças com deficiências e necessidades especiais. Só porque a turma inteira está muito agitada não significa que uma criança especificamente não precise descansar. Da mesma forma, se uma criança chegar para o programa sem suas necessidades atendidas, tente determinar quais são essas necessidades. Se ela precisar comer antes da hora da próxima refeição, tente acomodá-la. Em geral, é um boa política manter as crianças bem descansadas e bem alimentadas, assim como atender às suas necessidades na hora certa, tanto pelo seu bem quanto por sua segurança. O Padrão 5 da NAYEC sobre saúde se relaciona com esta seção na medida em que requer que o programa promova saúde e proteja as crianças de doenças e ferimentos. Se você for um iniciante, seu papel estará limitado à supervisão cuidadosa, mas você também pode ajudar as crianças a tomarem decisões melhores e permitir que elas assumam riscos adequados à sua idade ou ao estado de desenvolvimento para aprender; enquanto isso, é seu dever manter as crianças dentro de limites seguros não permitindo comportamentos ou condições ambientais perigosos. Por meio de supervisão cuidadosa, é possível antecipar e evitar acidentes ou problemas antes que ocorram. O truque é lembrar-se de proteger a segurança das crianças enquanto as estimula a fazer o que são capazes por conta própria.

UMA HISTÓRIA PARA TERMINAR

Eu me lembro do dia em que aprendi uma importante lição sobre segurança. Era uma professora assistente de um turma com alunos de 4 anos, sendo que nunca havia ficado responsável por um grupo de crianças antes. Estávamos nos preparando para fazer uma saída de campo, e a professora estava do lado de fora conversando com os motoristas. Meu dever era preparar as crianças para sair às 10h. Estava longe da porta quando olhei para o relógio e vi que eram 9h50 e anunciei para a turma: "Está na hora de ir", mas o que eu realmente queria dizer era: "Daqui a pouco nós vamos sair". Três crianças me entenderam literalmente e foram direto para a porta; eu me apressei para acompanhá-las, mas não fui rápida o bastante para impedi-las de sair. Por sorte, havia outra professora na sala para supervisionar o resto da turma, então, saí atrás das que escaparam. As três se separaram, indo uma em cada direção, e, apesar de eu ser jovem e alerta, não tinha como pegar todas – e era óbvio que elas queriam brincar de pega-pega. Não sei se percebi que elas estavam brincando comigo ou se só desisti, mas, por algum motivo, congelei no lugar; e essa foi a melhor coisa que poderia ter feito. Com o jogo terminado, foi fácil de atrair as crianças. Aprendi naquele dia que o posicionamento do professor é tudo; depois daquilo, nunca mais anunciei que sairíamos até estar na frente da porta e no controle da situação. E eu também aprendi que preciso *dizer exatamente o que quero*.

RESUMO

Recursos *on-line*

Visite **www.mhhe.com/gonzalezfound6e** para acessar recursos para estudo e *links* relacionados a este capítulo (em inglês).

Desenvolver habilidades de observação e supervisão é o objetivo mais importante para o educador infantil iniciante. Para garantir a segurança e a saúde das crianças, é necessário desenvolver foco duplo – uma técnica que permite ao adulto supervisionar a turma e, ao mesmo tempo, construir relacionamentos com as crianças individualmente. Os educadores infantis também precisam desenvolver habilidades para orientar o comportamento infantil e efetivamente adquirir sua cooperação, sendo o primeiro passo nessa direção desenvolver um relacionamento com as crianças.

Para acabar com comportamentos inaceitáveis, o educador infantil deve ser firme e assertivo. Redirecionar o comportamento é mais efetivo do que uma ordem ou ameaça raivosa, pois oferece uma escolha à criança; ela se sente empoderada, em vez de desamparada. Os conflitos devem ser resolvidos de forma que empoderem as crianças; o educador infantil deve reconhecer os sentimentos delas e permitir que elas resolvam seus problemas por conta. Ajudar as crianças a aprender a assumir riscos razoáveis e a sentir as consequências de suas ações ajuda a ensinar habilidades de segurança e de tomada de decisão.

Os educadores infantis também devem saber como estabelecer e manter um ambiente seguro para a exploração e para o cuidado. Um ambiente adequado ao desenvolvimento não só garante a segurança, como também reduz frustrações desnecessárias. O ambiente também deve ser limpo, organizado e bem cuidado.

QUESTÕES PARA REFLEXÃO

1. Se você já trabalhou com crianças, reflita sobre o seu primeiro dia. Como foi? Qual foi a sensação? Como você gostaria que fosse diferente? O que você aprendeu nesse dia?
2. Se você ainda não trabalhou com crianças, pense em como será o seu primeiro dia. Você tem algum sentimento quando pensa em entrar em uma sala de cuidado e educação infantil pela primeira vez?
3. Como você se sente em relação ao quadro *Pontos de vista*, sobre como ensinar as crianças a serem obedientes? Você se identifica mais com uma visão do que com a outra?
4. Alguém já tentou controlar você se utilizando da raiva? Que efeito isso teve em você? Como você se sente a respeito? O que você pensa a respeito? Você já tentou usar a raiva para controlar alguém? Alguma criança já deixou você com raiva? O que você fez? Quais foram os efeitos?
5. Quando você aprendeu algo ao sentir as consequências de seus próprios atos? O que aconteceu? Essa foi uma forma efetiva de aprendizagem? Quanto você acredita em permitir que as crianças sintam as consequências das suas ações?

EXPRESSÕES-CHAVE

Quantas das próximas palavras e sigla você consegue utilizar em uma frase? Você sabe o que significam?

observação 35
RIE 36
foco duplo 37

orientação 39
redirecionamento 41
empoderamento 41

NOTAS

1. RIE é um programa por meio do qual os estudantes podem trabalhar com os alunos e seus pais em uma sala de recreação.
2. O WestEd Center for Child and Family Studies é uma organização de pesquisa e desenvolvimento educacional que criou um programa de treinamento para cuidadores de bebês e crianças pequenas que é usado nos Estados Unidos.
3. O quadro *Foco na diversidade* foi compilado a partir dos seguintes recursos: Matheson (1986); Root, Ho e Sue (1986); Trawick-Smith (c1997) e Young (1970).
4. Conversa pessoal com Anna Tardos, filha de Pikler e atual diretora do Pikler Institute.

Comunicação com crianças pequenas

3

Comunicação, relacionamentos e a conexão cognitiva

Escuta: uma habilidade importante

Ouvir e dar *feedback* são valiosas formas de comunicação

Ouvir e responder a diferentes situações

Como se comunicar com clareza

Faça perguntas reais, e não retóricas

Valide sentimentos e percepções em vez de descontá-los

Lide com situações desconfortáveis em vez de ignorar o óbvio

Seja coerente; evite a incoerência

Cuidado com mensagens de duplo sentido

Utilize o redirecionamento em vez da distração

Seja sensível quando fizer perguntas às crianças

Utilizando a observação e a reflexão para aprimorar a comunicação

Uma história para terminar

Neste capítulo você irá descobrir

- como as habilidades de comunicação podem construir relacionamentos positivos com as crianças;
- que tipos de respostas indicam "audição holística";
- como relacionamentos afetuosos, carinhosos e comunicativos contribuem para o desenvolvimento do cérebro;
- o que fazer quando as crianças discriminam um colega;
- como dar escolhas de verdade às crianças;
- como validar sentimentos e percepções;
- por que é importante lidar com situações estranhas e desconfortáveis;
- o que são mensagens de duplo sentido e como evitá-las;
- como o redirecionamento é diferente da distração;
- por que fazer perguntas às crianças pode ser intrusivo;
- como manter registros anedóticos.

Este capítulo trata da saúde mental e emocional e da sensação de segurança, que são os fundamentos para a aprendizagem e o desenvolvimento. O objetivo subjacente é construir um relacionamento com as crianças conforme estabelecido pelo primeiro Padrão de Acreditação da NAEYC. Esse padrão trata de programas que promovem relacionamentos positivos, porque eles são essenciais ao desenvolvimento de

- responsabilidade pessoal
- autorregulação
- sentimentos positivos sobre si mesmo
- sensação de segurança

Os relacionamentos se desenvolvem quando os professores estão emocionalmente disponíveis para as crianças. Dê uma olhada na história em *Vozes da experiência*, na página 56, em que Jean Monroe, uma consultora infantil conhecida nos Estados Unidos, descreve como observou o desenvolvimento de relacionamentos entre professores e crianças.

Uma das formas de se cumprir o Padrão 1 é desenvolvendo as habilidades de comunicação. Este capítulo trata dessas habilidades. Você irá explorar como ouvir e responder às crianças em situações emocionalmente carregadas de maneira a construir relacionamentos, promover a autoestima e empoderar as crianças. Você também irá aprender a se comunicar claramente e evitar mensagens de duplo sentido e prejudiciais. Por fim, este capítulo irá cobrir diversas alternativas para dar ordens diretas, que costumam ser contraproducentes com as crianças menores.

As informações deste capítulo – e, de fato, em todos os capítulos da Parte I – pertencem ao "currículo oculto". O currículo oculto refere-se à aprendizagem que ocorre, muitas vezes inconscientemente, por meio das relações que as crianças desenvolvem com os adultos. A forma como os adultos se comunicam com as crianças constrói esses relacionamentos, sendo que essas relações formam a base de grande parte da aprendizagem nos anos iniciais. Portanto, a aprendizagem nos

anos iniciais é o fundamento para a aprendizagem em anos posteriores. Mas quaisquer atividades e lições criadas para estimular o desenvolvimento cognitivo e promover as habilidades acadêmicas são secundárias para o desenvolvimento da saúde emocional e dos relacionamentos nesses anos iniciais. De acordo com Stanley Greenspan, um professor de psiquiatria que escreveu diversos livros sobre desenvolvimento emocional, não é possível separar pensamento de sentimentos. A inteligência não vem do estímulo cognitivo, mas tem sua origem em experiências emocionais específicas.

> **Padrão de programa NAEYC 1**
> Relacionamento

Comunicação, relacionamentos e a conexão cognitiva

Este capítulo pode não parecer tratar de questões cognitivas, e você pode estar pensando que ele foca tanto a segurança emocional que não poderia estar relacionado com a cognição. Se você acha isso, é porque não entende que a criança é um ser holístico. O que acontece em uma área do desenvolvimento afeta as outras, e o cérebro, como unidade central de processamento, está conectado a tudo!

> **Padrão de programa NAEYC 2**
> Currículo

A relação entre cuidado afetivo e responsivo com o desenvolvimento do cérebro é um dos achados mais importantes da pesquisa do cérebro. O ambiente emocional afeta profundamente como as crianças se desenvolvem e tem impacto em sua habilidade de aprender. As crianças precisam que o cuidado responsivo e afetuoso se desenvolva em relacionamentos íntimos, afirmam os pesquisadores.

O cérebro começa como uma obra incompleta de arquitetura. Ele tem possibilidades ilimitadas. O que acontece com ele nos anos iniciais produz as estruturas reais que se tornam parte da construção final, sendo que a criação das estruturas é influenciada pelas emoções. A pesquisa de Megan R. Gunnar,

> **VOZES DA EXPERIÊNCIA**
>
> ### Quando os professores estão emocionalmente disponíveis para as crianças
>
> Quando faço observações na educação infantil, fico muito interessada nas relações entre adultos e crianças. Quero saber o quão emocionalmente disponíveis os professores estão para as crianças. Quando os professores estão emocionalmente disponíveis, eles são afetuosos, receptivos, empáticos, *genuínos* e se mostram carinhosamente preocupados. A seguir relato o que observei em aula.
>
> Cheguei ao centro cedo, porque achava que dar "oi" e "tchau" era essencial quando as crianças da pré-escola se separavam dos seus entes queridos. A professora estava próxima da entrada, saudando as crianças e seus familiares; parecia haver uma senha secreta, porque ela perguntava a cada criança qual era a senha do dia. Cada criança falava ansiosamente, e ela respondia com grande animação. Então, as crianças assinavam o seu próprio livro, enquanto o familiar assinava por elas na chamada. Terminadas as assinaturas, as crianças se despediam dos seus familiares e iam lavar as mãos para o café.
>
> Um menino cuja mãe havia ido embora estava parado muito próximo à professora. Ela esticou o braço e envolveu-o pelo ombro, puxando-o para perto enquanto falava com outro pai. Quando o pai saiu, ela se abaixou e disse: "Carlos, você está com saudades da sua mãe hoje?". Ela olhou para baixo e não respondeu. Ela disse: "Sei que a sua mãe demorou para chegar aqui ontem, mas ela prometeu vir mais cedo hoje para você não ser a última criança. A sua mãe vai voltar para te buscar quando o relógio ficar assim". Ela puxou um relógio de madeira e girou os ponteiros até a hora em que a mãe dele voltaria. "Mas sabe de uma coisa, gosto de ter tempo para podermos ficar brincando só nós dois às vezes". Ele sorriu e foi lavar as mãos. Percebi que havia diversos relógios de madeira na sala com a hora da busca neles. Gostava dessa maneira concreta de assegurar as crianças.
>
> A professora observava a sala para garantir que cada criança tivesse encontrado um lugar onde pudesse interagir e ficar confortável. Ela percebeu que dois meninos estavam brincando com alguns livros na biblioteca. Ela foi até eles, se abaixou e perguntou que livro eles queriam que ela lesse enquanto esperavam pela hora da roda. Cada garoto queria que ela lesse um livro diferente. Ela disse: "Já que só temos cinco minutos antes da hora da roda, vou ler o livro com menos páginas agora, e o mais longo depois!". Eles se acalmaram para ler o livro.
>
> —**Jean Monroe**

da Universidade de Minnesota, mostra quão responsivo o cérebro é aos sentimentos. Gunnar mensurou um hormônio esteroide chamado *cortisol* que aparece na saliva. Quando uma criança está estressada, os níveis de cortisol aumentam. Altos níveis afetam a criança de muitas formas, incluindo o funcionamento do metabolismo, do sistema imunológico e do cérebro. Os níveis de cortisol elevados por estresse alteram o cérebro permitindo a destruição dos neurônios. Além disso, o estresse contínuo reduz o número de sinapses em certas partes do cérebro. Experiências estressantes ao longo de um período de tempo podem ter impacto negativo no funcionamento do cérebro, a ponto de retardar o desenvolvimento.

O primeiro ano de vida faz diferença em como as crianças lidam com o estresse em anos posteriores conforme mensurado por níveis de cortisol. O bebê que se sente seguro tem maior possibilidade de lidar com o estresse e de controlar os seus sentimentos. Relacionamentos íntimos servem a uma função protetora. Esses bebês, ao crescerem, tornam-se mais resilientes e têm maior probabilidade de prosperar (SHORE, c1997; LALLY, 1998). Portanto, as informações deste capítulo podem parecer tratar apenas de relacionamento com as crianças e do apoio ao seu desenvolvimento social e emocional, mas é muito mais do que isso. Imagine, ao ler todo o material, que as informações também se relacionam com o desenvolvimento do raciocínio e da aprendizagem das crianças. Dê uma olhada na história em *Vozes da experiência*, na página 58, em que Lynne Doherty Lyle usa sua habilidade de entender a comunicação única da criança e tornar o que parece uma obsessão em uma chance de promover habilidades exploratórias que levem ao desenvolvimento cognitivo.

Escuta: uma habilidade importante

Um dos atos mais benéficos que você pode fazer por uma criança é escutar – escutar de verdade. Não fique só ouvindo com os ouvidos; pratique aquilo que chamamos de **escuta holística,** ou seja, escutar com todos os seus sentidos e com uma pitada de intuição. Ouça a mensagem verbal (para crianças que já têm idade para falar) e olhe atentamente os sinais visuais, como expressões faciais e linguagem corporal. Uma criança se sente prestigiada quando alguém se importa o bastante para ouvir. Os simples atos de *ouvir* e de indicar que você *escuta* ajudam a criança a desenvolver a **autoestima** – um fator importante no bem-estar psicológico.

Ouvir e dar *feedback* são valiosas formas de comunicação

Quando uma criança está chateada, escutar é o primeiro passo para resolver o problema. Ser atencioso e mostrar que você a compreende com frequência já é necessário para corrigir a situação. Às vezes, é necessário ir além e responder com ação, mas é surpreendente quantas vezes as crianças podem resolver seus próprios problemas com um mínimo de ajuda dos adultos.

Escutar pistas verbais é possível com crianças em idade de falar, mas escutar as crianças começa antes de elas aprenderem as primeiras palavras. Para bebês e crianças pequenas, crianças que não falam a língua do país onde moram e algumas crianças com necessidades especiais, ouvir exige

1. captar pistas não verbais – choros, gestos e linguagem corporal;
2. observar a situação;
3. responder às mensagens que você recebe em suas próprias palavras.

Envolver a linguagem em sua interação com a criança é importante porque estabelece um meio de comunicação. A maioria das crianças entende muito mais do que consegue expressar. A **linguagem receptiva** (compreender o que é dito) se desenvolve mais rápido do que a **linguagem expressiva** (ser capaz de falar), então, as suas palavras não são tão inúteis quanto podem parecer.

Mais importante, ao colocar as mensagens que você recebe em palavras, você inicia uma conversa. Quando uma criança percebe que você está escutando e tentando entender, ela pode lhe dar *feedback* que irá aproximá-lo da compreensão da mensagem. Quando você mostrar que compreende a situação, é provável que a criança continue a conversa (verbalmente ou não). Assim, a comunicação ocorre. A lista a seguir dá exemplos de várias respostas que indicam escuta holística.

> "O que será que você quer... Talvez arrotar?" – dito a um bebê gritando que acabou de se alimentar.
>
> "Você ficou mesmo chateado porque a mamãe foi embora." – dito a uma criança pequena chorando na janela.
>
> "Você quer tocar nele." – dito a uma criança de 3 anos que está esticando

escuta holística Forma de escuta que vai além de simplesmente ouvir. A escuta holística envolve o corpo todo e usa todos os sentidos para captar dicas sutis que não são postas em palavras ou que não são aparentes.

autoestima Avaliação realista do próprio valor, resultando em sentimentos de confiança e satisfação.

linguagem receptiva Linguagem que pode ser compreendida, mas talvez não falada. A linguagem receptiva se desenvolve mais cedo do que a linguagem expressiva.

linguagem expressiva Linguagem que é produzida para passar ideias, sentimentos, pensamentos e assim por diante. A linguagem expressiva se desenvolve mais tarde do que a linguagem receptiva.

VOZES DA EXPERIÊNCIA

Abrindo portas

Certo dia, uma criança nova, Noah, começou a frequentar o nosso programa pré-escolar. Ele tinha 3 anos e 2 meses e um irmão gêmeo que se juntou à turma. Imediatamente, Noah começou a abrir e a olhar em cada armário que havia na sala. Ele abria a porta e ficava observando-a fechar devagar. Sua mãe ficou com os dois garotos no primeiro dia, e, depois de um tempo, começou a pedir desculpas pela "obsessão" de seu filho por portas. Ela me assegurou que, de acordo com o médico, não havia nada de errado com o seu filho; ele só tinha manias estranhas. O irmão de Noah ficou próximo da mãe escutando tudo. Ele disse: "O Noah abre portas o tempo todo". Comecei a observar o Noah com grande interesse. O que é que ele estava olhando? No que ele estava pensando? Ele não demonstrava o menor interesse no conteúdo dos armários; ele só queria saber de abrir e fechar as portas. Soube naquele momento que nós nos aprofundaríamos no interesse singular desse garoto e o ajudaríamos a explorar coisas com dobradiças, maçanetas e trincos. Criaríamos um currículo que o estimularia a explorar diversas coisas que abrissem e fechassem e tentaríamos descobrir o que estava por trás do seu raciocínio. Fizemos isso e, finalmente, conseguimos ajudar essa mãe a explorar o interesse de seu filho compartilhando com ela nosso entendimento do modo como ele processava o mundo. O estresse dos pais com relação ao desenvolvimento tem impacto na forma como os filhos se enxergam, e isso afeta os irmãos também. O que Noah estava sentindo não era claro, mas por que desvalorizar a empolgação da criança com algo tão cotidiano? Conhecimento do dia a dia pode levar a grandes descobertas.

—Lynne Doherty Lyle

o braço na direção de um homem de cadeira de rodas.

"Você quer que eu te pegue no colo." – dito a uma criança de 4 anos com deficiência mental que levanta as mãos para um adulto que está passando.

"Você não quer que ela toque no seu casaco." – dito a uma criança na pré-escola que grita "Você é chato!" a outra que está tocando na sua jaqueta nova.

"Ela deixou você chateado." – dito a uma criança de 5 anos que está gri-

Escutar é o primeiro passo para resolver o problema.

tando "Você não pode ir na minha festa de aniversário".

"Você está muito brava comigo." – dito a uma criança de 7 anos gritando "Eu te odeio".

Ao ler as respostas precedentes, você descobriu que queria fazer mais do que simplesmente escutar e colocar em palavras o que ouviu? É claro. Algumas dessas mensagens exigiram ação.

Ouvir e responder a diferentes situações

Recebendo a mensagem de um bebê chorando

"O que será que você quer... Talvez arrotar?" – dito a um bebê gritando que acabou de se alimentar.

Choro é comunicação. O que você acha que o bebê está tentando comunicar?

Choro é comunicação, então, acabar com ele não deve ser seu objetivo principal. Em vez disso, você precisa trabalhar para compreender a mensagem que o bebê está enviando e responder à necessidade. Quando a mensagem é enviada e a necessidade é atendida, o choro *irá* acabar. Se o bebê estiver com fome, alimentá-lo é a resposta correta; se estiver cansado, descansar é o que ele precisa. Pode ser mais fácil distrair o bebê com brinquedos, mas se você estiver realmente escutando, não irá utilizar distrações, irá fazer o que é preciso.

Às vezes, não é possível descobrir o que a criança precisa. Ou pode ser que você saiba exatamente do que ela precisa – da mamãe –, mas ela está a 30 km de distância e não irá voltar até depois do trabalho. Nesse caso, só escutar já ajuda.

Responder escutando é uma atitude, não um conjunto de ação. É claro, enquanto você está escutando, pode tentar acalmar o bebê. Talvez só uma mudança de posição já ajude; no caso de um bebê com necessidades especiais, trocar de posição pode fazer toda a diferença. O posicionamento pode ser muito importante para o conforto de crianças cujos sistemas neurológicos ou musculares funcionam diferentemente dos de outros bebês.

Mas, se o bebê estiver chorando porque precisa desesperadamente da mãe, acalmá-lo só terá efeitos temporários. Você não tem como atender a essa necessidade, mas pode continuar escutando. Escutar um bebê que continua chorando depois que você fez tudo o que pôde significa aceitar o fato de que o bebê está expressando um sentimento, um desejo – *algo*. Em vez de tratá-lo como um incômodo, trate-o com o respeito de um ser humano que tem necessidade de se expressar. Mostre para ele que você está lá recebendo os seus sinais.

Mantenha-se calmo e converse com ele periodicamente, da mesma forma como falaria com alguém que estivesse com problemas. Se você se deparasse com um adulto preso em um acidente de carro, você não o mandaria ficar quieto. Pense no que você faria. Depois de se acalmar, você perguntaria o que ele precisa de você. Você poderia dizer o que conseguiria ou não fazer, ou sugerir o que ele pudesse fazer. Mas se não houvesse nada que nenhum de vocês pudesse fazer, você provavelmente tentaria reassegurá-lo ou reconfortá-lo. Se ele quisesse falar, você provavelmente escutaria. Se ele continuasse gritando, você aceitaria o fato de que ele tem direito a essa reação.

O quão diferente é essa situação da do bebê chorando? Você sabe que o bebê não está correndo risco de vida, mas ele não. Mostre que você aceita os seus sentimentos e que não há problema em expressá-los.

Às vezes, o bebê irá "botar para fora", da mesma forma como fazemos quando conversamos com um amigo sobre os nossos problemas. Se a criança se acalmar por conta própria, maravilha! Acalmar a si mesmo é uma das habilidades mais importantes que podemos aprender – e quanto mais cedo melhor. As crianças costumam aprender a se acalmar com um dedão, punho ou objeto especial como uma coberta, um brinquedo macio ou uma peça de roupa dos pais. Imagine a sensação de poder ao descobrir que você mesmo pode sair de uma situação estressante e se acalmar com uma parte do corpo tão pequena, mas conveniente. Isso sim é empoderamento!

Validando os sentimentos de uma criancinha chorando

> "Você ficou mesmo chateado porque a mamãe foi embora" – dito a uma criança pequena chorando na janela.

Validar os sentimentos de uma criança ajuda-a a compreender a realidade. Ela está chateada, e você está ciente disso. Você não está ignorando ou distraindo ela de seus sentimentos; pelo contrário, está aceitando.

Às vezes, é difícil para os adultos escutar calmamente esse tipo de situação, especialmente se despertar sentimentos dolorosos neles. Quem não tem memórias sofridas guardadas em algum lugar relacionadas a perda e separação? Frequentemente, as crianças conseguem atingir as áreas frágeis dos adultos – um lugar sensível que ainda não se curou. E é difícil escutar quando se sente a dor da criança pairando sobre a sua. A reação natural costuma ser a de encontrar uma forma de separar a criança de sua dor (em geral por meio da distração) para suprimir a própria dor. Ainda assim, é importante reconhecer quando se tem questões mal resolvidas que interferem na disponibilidade e na receptividade às crianças, assim como separar os sentimentos dela dos seus.

Quando perceber que está sendo influenciado pelos seus próprios sentimentos, você pode tomar a decisão de se focar na criança chateada chorando na janela. O que ela precisa é que você lhe dê ouvidos e que reconheça que está ciente do seu sofrimento. Só estar disponível para ela, dando-lhe apoio, pode trazer conforto. Ficar de cabeça limpa e desvinculado de emoções pode ajudar a decidir o que fazer a seguir, se só escutar não for suficiente. Talvez afeto físico ou um objeto reconfortante de casa ajudem. Uma professora fez crianças que sofriam de ansiedade de separação ditarem cartas aos pais, que elas mantinham no bolso até os verem novamente. As cartas daquelas crianças de 2 anos não eram sofisticadas, mas as poucas palavras chorosas postas no papel pareciam reconfortá-las.

Ajudando uma criança de 4 anos a encontrar suas próprias soluções

> "Você não quer que ela toque no seu casaco." – dito a uma criança na pré-escola que grita "Você é chato!" a outra que está tocando na sua jaqueta nova.

Como você lidaria com essa situação? A sua resposta seria a mesma? Experimente. Costuma ser bastante eficiente só dizer o que você acha que está acontecendo sem dizer mais nada. Tal reação frequentemente é um convite para a criança falar mais.

Infelizmente, esse tipo de situação costuma ser conduzida de maneira bastante distinta. As reações mais naturais em geral fecham os canais de comunicação entre a criança e o adulto. Eis alguns exemplos que "fecham a comunicação":

- Criticar: "Você sempre grita por cada coisinha."
- Dar ordens: "Pare de berrar", "Comporte-se!", "Sem briga!"
- Descontar: "Qual é, isso não é nada, ele está só tocando no seu casaco."

No entanto, se você simplesmente disser o que acha que está acontecendo de maneira factual, sem passar julgamento, você muda o tom da interação e incentiva a criança a falar mais sobre o problema. Eis alguns exemplos que "abrem a comunicação" para incentivar as crianças a falar sobre por que estão gritando, chorando ou reclamando sobre algo.

- "Você não quer que ela te empurre no balanço."
- "Você quer brincar na casinha sozinha."
- "Doeu quando você caiu da bicicleta."
- "Você não sabe onde essa peça do quebra-cabeça vai."

Apesar de ser tentador procurar "consertar" os problemas da criança, você lhe dá mais poder se permitir que ela encontre suas próprias soluções. Ao fazer isso, elas aprendem que são capazes de lidar com as próprias frustrações por meio de diversas estratégias de resolução de problemas. Ainda assim, haverá situações em que será necessário intervir em vez de deixar a criança resolver tudo sozinha; o quadro *Foco na diversidade* ilustra tal situação. O quadro *Dicas e técnicas* a seguir sugere algumas estratégias de prevenção.

Ajudando uma criança de 5 anos que está chateada a colocar seus sentimentos em palavras

"Ela deixou você chateado." – dito a uma criança de 5 anos que está gritando "Você não pode ir na minha festa de aniversário".

Uma tendência dos adultos é de reagir a uma situação assim com um repreensão ou com a lógica. ("Isso não é legal de dizer", ou "O seu aniversário é só no ano que vem.") O que você precisa é saber que a criança está usando a ferramenta não violenta mais poderosa que ela tem – a rejeição. Ajudar as duas crianças a conversarem costuma ser uma forma efetiva de resolver esse tipo de problema. O adulto começa dizendo o que percebe que a criança está sentindo.

ADULTO: Ela te deixou chateado.
PRIMEIRA CRIANÇA: Sim, ela pegou a motoca que eu ia usar.
ADULTO: [*Oferecendo mais* feedback *sem passar julgamento*] Você não gostou disso.
PRIMEIRA CRIANÇA: Não.
ADULTO: [*Ajudando os dois a interagirem entre si*] Fala para ela.
PRIMEIRA CRIANÇA: Eu não quero que você fique com a motoca.
SEGUNDA CRIANÇA: Mas eu peguei primeiro.
PRIMEIRA CRIANÇA: Não pegou não. Fui eu que peguei. Eu só saí para tomar água.
SEGUNDA CRIANÇA: Mas você não pode reservar ela.
PRIMEIRA CRIANÇA: Posso sim.
SEGUNDA CRIANÇA: Quem disse?
ADULTO: [*Percebendo que a discussão está andando em círculos, oferece outra resposta sem passar julgamento e que as instiga a refletir*] Vocês dois querem esse carrinho. Então, como será que podemos resolver esse problema?
PRIMEIRA CRIANÇA: Ela pode me deixar ficar com a motoca.
SEGUNDA CRIANÇA: A gente pode revezar.
PRIMEIRA CRIANÇA: Só se eu puder puxar primeiro.
SEGUNDA CRIANÇA: E eu posso andar nela.

> **FOCO NA DIVERSIDADE**
>
> **Uma resposta antipreconceito**
>
> A cena a seguir exige uma resposta mais contundente do adulto do que simplesmente escutar: três meninos criaram um clubinho embaixo do brinquedo de escalar. Shanti tenta entrar, e um dos garotos diz bem alto: "Garotas não entram". Os outros concordam e bloqueiam a entrada.
> Se eles tivessem dito: "Você não pode brincar conosco porque jogou areia da última vez", seria outra situação. Nesse caso, o adulto poderia ouvir os garotos sem passar julgamento e ajudar a Shanti a entender que o problema foi o comportamento dela – algo que ela poderia corrigir. Mas Shanti não pode alterar o fato de que é uma menina, e o comportamento dos meninos reflete abertamente a discriminação de gênero. Nessa situação, o adulto não pode simplesmente dizer o que está acontecendo, ele deve intervir. "Isso não é justo" seria uma resposta adequada do adulto, seguida de uma discussão sobre igualdade.[1]
> Vamos ver outra situação: uma criança de 4 anos reage quando outra criança tenta pegar o bichinho de pelúcia que ela está carregando nos braços. "Não pode tocar", ela grita. Se, após ouvir atentamente, você determinar que o comentário da criança é uma reação à raça, ao sexo, à cultura ou à habilidade da outra criança, você deve intervir. Se, por exemplo, ela disser para uma criança afrodescendente: "A sua mão está suja", referindo-se à sua cor de pele, é necessário ter uma conversa. Algumas crianças igualam cor de pele com sujeira e, se essa for a base para o comentário da criança, você deve esclarecer o seu erro. Você também deve ajudá-la a entender quão doloroso o seu comentário pode ter sido para a outra criança.

Chegar a soluções mutuamente satisfatórias dá poder, e crianças que se sentem empoderadas têm menos necessidade de usar ameaças de rejeição para conseguir o que querem.

Como você pode ver, muitos problemas podem ser solucionados simplesmente indicando às crianças que você vê o que está acontecendo e ajudando-as a pensar em voz alta – ou a expressar os seus sentimentos. Você pode fazer tudo isso simplesmente sendo um bom ouvinte.

Não levando a raiva de uma criança de 7 anos para o lado pessoal

"Você está muito brava comigo." – dito a uma criança de 7 anos gritando "Eu te odeio".

"Eu te odeio." Essas três palavrinhas carregam muita força. É por isso que as crianças as utilizam. Vi adultos lidarem com essa situação ao longo dos anos, e eles frequentemente reagem com uma longa conversa sobre o amor fraterno e como a raiva é horrível – uma reação que simplesmente rejeita os intensos sentimentos da criança.

Por que não reconhecer simplesmente a raiva da criança? "Você está muito zangada comigo." É isso que ela está expressando – ao menos, é o que parece. Ao colocar os seus sentimentos em palavras diferentes, você está exemplificando uma forma construtiva de expressar a raiva e, ao mesmo tempo, validar os sentimentos da criança.

Pense um pouco sobre a forma mais forte que você conhece de expressar extrema raiva usando apenas palavras – mas nenhuma pode ser um palavrão. É difícil, não é? Pode ser igualmente difícil para você nomear algum conhecido que possa expressar muita raiva usando palavras claras e inofensivas. Então, por que a criança não recorreria à palavra mais forte que ela conhece: odiar?

Além disso, lembre-se de que a criança pode sequer estar zangada com você e, por algum motivo, só quer ver a sua reação. Se

> **DICAS E TÉCNICAS**
>
> ### Ajudando as crianças pequenas a entenderem e apreciarem as diferenças nos tons de pele
>
> Os programas de educação infantil têm a responsabilidade de discutir diferenças individuais com respeito e abertamente, sendo que essas discussões incluem a questão da cor de pele. O racismo continuará existindo enquanto as pessoas crescerem pensando que uma cor de pele é melhor do que a outra. Atividades que exploram diferenças como variações no tom de pele podem ajudar as crianças a aceitar essas diferenças, existindo várias formas de ajudar as crianças a apreciá-las. Por que não trazer massinha de modelar preta, marrom e bronze de vez em quando? É fácil criar o marrom; basta misturar vermelho, azul, amarelo e verde até ter uma rica tonalidade marrom. Também é possível disponibilizar giz de cera e tintas de vários tons de pele para a turma. Companhias de tinta e de giz de cera têm conjuntos de cores representando uma ampla gama de cores de pele. Ao apresentar essas cores, fale sobre as diferenças e ajude as crianças a compreender que todas as cores de pele são lindas. Ajude-as a explorar as próprias diferenças. A criança na foto provavelmente está perguntando se a imagem corresponde à sua pele. Ter um espelho disponível também ajuda as crianças a fazer essas comparações por conta própria.
>
> Para ajudar as crianças mais efetivamente a apreciar as diferenças e a ver a beleza de todas as cores de pele, os professores devem examinar as suas próprias atitudes e preconceitos. Uma forma de fazer isso é se conscientizar do próprio uso que você faz da linguagem. Você iguala preto e negro com mal? Esses tipos de imagens são poderosas, e seu lugar não é em cenários infantis. Em vez disso, procure formas de falar a respeito e de criar imagens positivas para o preto e outras cores escuras. Essa é uma área que exige autorreflexão dos adultos que têm problemas de positividade com relação a cores escuras.
>
> *Atividades que exploram variações na cor de pele podem ajudar as crianças a apreciar as diferenças.*

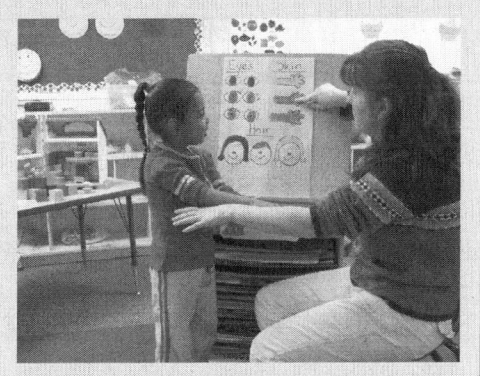

é isso que você acha que está acontecendo, então diga. Você pode ter toda uma conversa sobre por que ela precisa agitar as coisas – isso é, se você incentivá-la a falar utilizando habilidades de escuta efetivas.

Um pequeno aviso quando você for o alvo da raiva de uma criança: *não leve para o lado pessoal!* Frequentemente, a raiva nada tem a ver com você. Pode ser uma expressão do que está acontecendo dentro da criança e você é só um alvo conveniente. Se você seguir esse conselho, conseguirá lidar com uma criança zangada efetivamente e ainda se manter no controle.

Como se comunicar com clareza

Tendo sido eu mesma iniciante e tendo observado por muitos anos outros iniciantes em todo o tipo de aula infantil, incluindo programas domiciliares de cuidado, presenciei muitas formas de comunicação – algumas das quais podem causar problemas. Como adultos, cada um de nós tem o seu próprio estilo natural de conversar com as crianças que diz algo sobre quem somos e o que aprendemos dos outros, incluindo com os pais. Alguns desses estilos naturais de conversar produzem mensagens com duplo sentido que confundem as crianças e até as desconectam da realidade. Nesta seção, iremos explorar o que evitar em nome da clareza de comunicação.

Faça perguntas reais, e não retóricas

gerenciamento de impressão Forma não construtiva de falar com a criança que desconta os seus sentimentos e sua noção de realidade. Por exemplo, a criança fala: "Eu não gosto desse sanduíche". Em resposta, o adulto diz: "Gosta, sim". O gerenciamento de impressão ensina a criança a desconfiar dos seus sentidos.

"Você gostaria de se sentar?", pergunta o adulto à criança de 4 anos na hora da roda. Essa pergunta não tem problema, se, de fato, a criança puder escolher se quer sentar ou ficar de pé, se quer ficar ou sair. Mas se o adulto *quer dizer* "Preciso que você se junte à turma e se sente", essa mensagem pode se perder.

"Você quer lavar as mãos?" é uma pergunta boa, se não for obrigatório fazê-lo. Mas se o almoço estiver na mesa, as outras crianças estiverem esperando e essa não tiver escolha, essa pergunta poderia ser mais bem colocada como uma afirmação ou como um comando: "Está na hora de lavar as mãos; você pode brincar com os blocos depois". Uma afirmação "se, então" é outra forma de dizer o seguinte: "Se você lavar as mãos agora, poderá escolher em que cadeira quer se sentar para o almoço" ou "Se você lavar as mãos agora, pode me ajudar a montar a mesa". E o ideal é dar uma escolha verdadeira: "Você quer lavar as mãos agora ou brincar por cinco minutos até eu te chamar?".

Às vezes, os adultos dão direções claras, mas terminam com um hesitante: "tudo bem?": "Lave as mãos para o almoço, tudo bem?". O que o adulto quer é que a criança concorde – que obedeça. Contudo, a criança, pensando que tem uma escolha, pode dizer que não e se surpreender porque o adulto ficou irritado.

Valide sentimentos e percepções em vez de descontá-los

- "Estou tão braba", diz a criança. "Não seja boba!", diz o adulto.
- "Ai, isso dói", diz a criança. "Não dói, não", diz o adulto.
- "A sopa está quente", diz a criança. "Ela só está morninha", diz o adulto.
- "Eu não gosto desse sanduíche", diz a criança. "Gosta, sim", diz o adulto.

Todos já falamos coisas assim. Elas podem parecer inofensivas, mas o que realmente representam é uma tentativa de controlar as impressões sensoriais das crianças (SCHAEF, 1992). O **gerenciamento de impressão** impede as crianças de viver sua própria realidade e cria uma falsa experiência no mundo; ele ensina as crianças a desconfiarem dos seus sentidos.

Mas definir a realidade das crianças para elas vai além de simples percepção de sentidos. A criança diz: "Eu quero comer na rua". O adulto responde: "Não quer, não. Está muito frio". Uma prescrição regular de tais respostas pode tornar a criança dependente do adulto para compreender seus próprios desejos. Para ajudar as crianças a interpretar o que elas querem, sentem, ouvem e percebem, tente seguir as abordagens a seguir:

- Fale de sua própria experiência e evite falar em absolutos como "A sopa não está quente". Se você aceitar que as percepções da criança podem ser diferentes das suas, é melhor dizer: "Esta sopa não parece quente para mim".
- Pergunte, não diga: "O que você não gosta nesse sanduíche?".
- Valide sentimentos repetindo o que a criança fala ou interpretando o que ela quer dizer: "A sopa te queimou", "Alguma coisa nesse sanduíche está te incomodando".

Viver em um mundo sensorial com amplo espectro de habilidades perceptivas é um de nossos privilégios como seres humanos. Não engane as crianças tentando convencê-las de que as suas percepções estão erradas. Isso reduz a experiência delas. Ajude-as a conversar sobre o que elas sentem aceitando

"Você gostaria de sentar para almoçar?" não passa de uma pergunta retórica se o que você quer dizer é "O almoço está pronto e será servido quando você estiver sentado na mesa".

suas impressões sensoriais em vez de impor a sua própria.

Lide com situações desconfortáveis em vez de ignorar o óbvio

Considere esse cenário: o porquinho-da-índia é derrubado no chão e morre na hora. A criança que o derrubou fica inconsolável e grita incontrolavelmente. Enquanto uma professora leva a criança para outra sala, a outra professora coloca o corpo do animal em uma caixa de sapato, guarda em um armário, coloca uma música e começa a hora da roda, continuando como se nada tivesse acontecido.

Eis outro exemplo: em uma saída de campo à central dos correios, as crianças veem uma mulher de cadeira de rodas, e a criança pergunta alto: "Qual é o problema daquela moça?" A professora constrangida ignora a pergunta e a mulher de cadeira de rodas. "Onde nós colocamos as cartas?", pergunta a professora, tentando distrair a garota entregando-lhe as cartas que eles trouxeram. "Pode encontrar o lugar onde depositamos essas cartas?"

Quando os adultos têm problemas para lidar com uma situação estranha ou constrangedora, costumam ignorar a realidade. As crianças, então, incorporam as reações dos adultos (como medo, raiva, constrangimento e silêncio) em suas experiências em vez de aprender mais sobre o que torna essa situação sensível. Quando elas não podem fazer perguntas, expressar preocupação ou coletar informações, as crianças desenvolvem concepções equivocadas e aprendem a questionar suas próprias percepções.

Imagine como você se sentiria se estivesse em um concerto de violino e um elefante entrasse no palco. E se ninguém do palco ou da plateia reconhecesse a sua presença? Você questionaria o que estava acontecendo? Questionaria sua própria realidade? No mínimo, você provavelmente ficaria surpreso e confuso e imaginaria se estava ficando maluco. É assim que as crianças se sentem quando um evento que parece ser significativo é completamente ignorado.

incoerência Tipo de mensagem dupla que causa confusão. Por exemplo, a linguagem corporal de alguém pode passar raiva, enquanto suas palavras contradizem essa emoção.

Os adultos devem esclarecer o que está acontecendo, aceitar as reações das crianças e ajudá-las a compreender a realidade da situação. Não ignore o porquinho-da-índia morto. Deixe as crianças que querem vê-lo expressarem o seu pesar, dê respostas aos questionamentos deles. Se surgirem questões espirituais, você pode dizer: "Vocês podem conversar com os pais sobre ..." ou "Algumas pessoas acreditam que ..."; mas não precisa entrar em questões religiosas. Só mexer no corpo morto já irá ajudar algumas crianças a compreender a realidade da situação. Você pode perguntar às crianças se elas querem criar um ritual enterrando o porquinho-da-índia.[2] Tome nota dos sentimentos das crianças e aceite-os colocando-os em palavras: "Vocês estão tristes por causa do que aconteceu com o porquinho-da-índia". Você também pode falar sobre os seus próprios sentimentos se quiser.

Uma abordagem construtiva para o segundo exemplo seria incentivar as crianças a conversar com a mulher de cadeira de rodas, tratá-la como um ser humano. Pode até ser que ela mesma responda à pergunta da criança. Se não, você pode apontar como ela reagiu à pergunta posteriormente, explicando os seus sentimentos para as crianças e permitindo que elas especulem por que a mulher estava em uma cadeira de rodas. Essa também é uma boa oportunidade para desenvolver a competência das crianças em relação a pessoas com necessidades especiais. Você pode dar continuidade a esse encontro casual convidando, para a sala de aula, alguém com deficiência que se sinta confortável para falar a respeito.[3]

Seja coerente; evite a incoerência

Quando a nossa linguagem corporal passa a mesma mensagem que as nossas palavras, isso se chama coerência. Ao lidar com crianças pequenas, é sempre importante focar a coerência. Ainda assim, todos passamos por situações em que sentimos raiva mas colocamos um sorriso no rosto – um exemplo de **incoerência.** Quando os adultos são incoerentes, as crianças recebem duas mensagens de uma vez e não sabem em qual acreditar.

Algumas crianças são mais sensíveis à incoerência do que outras – depende se elas prestam mais atenção aos sinais verbais ou não verbais. Algumas ignoram as palavras e captam principalmente mensagens não verbais. Elas sabem o que o adulto está sentindo, e esses sentimentos podem falar muito mais alto do que palavras.

Outras crianças captam tanto as palavras quanto os sentimentos. Que confusão deve ser para eles quando as palavras obscurecem o significado, em vez de esclarecê-lo! Uma forma que as crianças têm de resolver esse dilema é ignorando as palavras – uma reação que pode afetar negativamente tanto o desenvolvimento linguístico quanto social.

É importante adicionar uma nota cultural aqui: cada cultura tem uma linguagem corporal distinta que não é necessariamente compreensível aos membros de outra cultura. Aprender os sinais não verbais de outras culturas é semelhante a aprender uma língua estrangeira. Por exemplo, um sorriso tem significados muito diferentes em culturas diversas (veja o quadro *Foco na diversidade*, na página 67). O que se considera uma expressão apropriada de raiva também varia entre – e, até mesmo, dentro de – culturas, assim como nas famílias. Algumas expressões de raiva são tão sutis que são quase imperceptíveis para os membros de outras culturas. Algumas culturas até mesmo desestimulam todas as formas de expressão de raiva (veja o quadro *Foco na diversidade*, na página 68).

> **FOCO NA DIVERSIDADE**
>
> ## O significado de um sorriso
>
> Desenho um rosto sorridente em uma nota como forma de demonstrar amabilidade. Abro um sorriso para pessoas na rua pelo mesmo motivo. Imagino que todos recebam a mensagem que envio. Mas um sorriso não significa "amabilidade" para todos.
>
> "Quando cheguei a esse país", me disse uma mulher do leste europeu, "achei os norte-americanos estranhos, porque eles sorriam mesmo quando não estavam felizes. Não sabia se eles estavam sendo falsos ou se só não eram muito inteligentes". Da mesma forma, os norte-americanos que percorrem as ruas da Europa Oriental às vezes comentam a aparente falta de amabilidade das pessoas que encontram. Eles não entendem que um sorriso é reservado para demonstrar alegrias e que a amabilidade é passada de outras formas.
>
> Eis o que Thanh Binh (1975, p. 18) afirma sobre a variedade de significados de um sorriso para os vietnamitas:
>
> Quase todos que visitaram o Vietnã ou que entraram em contato com os vietnamitas perceberam ... um sorriso perpétuo e enigmático em todas as situações, tanto feliz quanto infeliz... Muitos professores estrangeiros no Vietnã se sentiram irritados e frustrados quando os estudantes vietnamitas sorriam nos locais e nos momentos aparentemente errados. Eles não conseguem entender como os alunos podem sorrir quando estão sendo repreendidos, quando não compreendem a lição que está sendo explicada e, especialmente, quando deveriam dar uma resposta à pergunta, em vez de ficar sentados no lugar sorrindo em silêncio. Esses professores frequentemente achavam que os alunos eram, além de burros e desobedientes, insolentes. O que eles não entendiam é que os alunos frequentemente sorriam para mostrar ao professor que não se importavam de serem repreendidos ou que eles eram realmente burros por não compreender a lição. Sorrir em todo momento e local é uma característica comum dos vietnamitas. Não há, contudo, diretrizes informando aos estrangeiros que significado cada sorriso tem em determinada situação ... o sorriso vietnamita pode significar praticamente qualquer coisa!

Aprender sobre os pontos de vista de outras culturas e hábitos não é apenas interessante, como também é vital para ser um bom educador infantil. No interesse de ser um aprendiz vitalício, é importante explorar, compreender e respeitar o caleidoscópio de perspectivas culturais na nossa sociedade.

Cuidado com mensagens de duplo sentido

Como a incoerência, o **duplo sentido** é outro tipo de mensagem mista. Sempre que ouço o termo "duplo sentido", penso em algo que vi uma vez em um programa infantil. Uma mãe estava sentada no chão com os braços ao redor do filho. Sua linguagem corporal dizia: "Fique aqui comigo", mas as suas palavras eram: "Por que você não vai brincar com as outras crianças?". Não era uma pergunta, era um comando, e não havia como a criança obedecer a seu comando verbal sem desobedecer ao não verbal, que a mantinha próxima da mãe.

Os educadores infantis passam outro tipo de mensagem dupla às crianças quando fazem elas se sentarem para ouvir uma história em uma sala que as estimula a brincar. A professora diz: "Sente quietinha e escute a história", mas o ambiente diz: "Toque, explore, venha experimentar essas coisas". Para evitar o duplo sentido, a professora deveria tirar os brinquedos e materiais do campo de visão da criança e levar a hora da história para um local menos estimulante.

Utilize o redirecionamento em vez da distração

Como mencionado anteriormente, a **distração** é um método ineficaz para responder ao estresse de uma criança ou a

> **duplo sentido** Tipo de mensagem mista que causa confusão. Por exemplo, uma mãe abraça o filho e diz: "Por que não vai brincar com as outras crianças?". Sua linguagem corporal diz: "Fique aqui comigo", mas suas palavras reais dizem o oposto.

FOCO NA DIVERSIDADE

Expressando raiva

Muitos norte-americanos acreditam que expressar a raiva verbal e abertamente é saudável, mas nem toda cultura tem essa visão. De acordo com Jerome Kagan (c 1989, p. 244-245), um especialista em psicologia infantil:

> Em muitas culturas – Java, Japão e China, por exemplo – a importância de manter relações sociais harmônicas e de adotar uma postura de respeito pelos sentimentos dos mais velhos e das autoridades exige que as pessoas, além de suprimirem a raiva, estejam prontas para suprimir a honestidade sobre seus sentimentos pessoais para não magoar os outros. Essa visão pragmática da honestidade é considerada uma característica de qualidade entre a maioria dos adultos maduros, não recebendo alcunhas depreciativas como falsidade ou hipocrisia.

Uma criança que aprendeu em casa que a harmonia é mais importante do que dizer como se sente ainda tem emoções. A menos que você seja sensível a diferenças culturais, pode perder a mensagem da criança quando ela vem com o que parece ser uma reclamação ínfima – especialmente se o comportamento dela parecer ser prazeroso enquanto ela faz a reclamação. Mesmo que ela esteja extremamente irritada ou profundamente magoada, ela pode não persistir se for ignorada ou se só receber um conselho e um abraço e for aconselhada a voltar a brincar. "Professora, ele pegou a minha boneca", diz uma garotinha em tom quieto, sem demonstrar no rosto a importância que esse evento tem para ela. "Diga para ele que você quer ela de volta ou ache outra para brincar", diz uma professora apressada. A criança sai e nunca mais menciona que ficou muito chateada pela perda da boneca. Um educador infantil precisa aprender a ler cada criança e a ficar ciente das variações em como as crianças expressam os seus sentimentos.

---

distração Estratégia para impedir a criança de continuar uma ação ou um comportamento. A distração também pode ser usada para tirar uma sensação forte da mente das crianças. A distração funciona, mas tem efeitos colaterais à medida que as crianças aprendem que a sua energia ou os seus sentimentos não são aceitáveis para adultos que os distraem. A distração, às vezes, é confundida com o redirecionamento e pode até ser semelhante. Contudo, a distração tem como objetivo parar o fluxo de energia por trás de um comportamento ou sentimento, ao passo que o redirecionamento tenta apontá-lo a uma direção mais aceitável.

situações constrangedoras. Ainda assim, os adultos recorrem à distração com frequência porque *parece* funcionar muito bem.

Considere a cena a seguir: na "mesa de ciências" é colocado um ninho de pássaro com um ovo nele. Ele está baixo e próximo à porta para que as crianças possam vê-lo quando entram. Uma criancinha curiosa vai até a mesa e tenta quebrar o ovo. A professora remove a criança rapidamente, tentando interessá-la em outra coisa, mas nunca explica o que está fazendo e por quê. Isso é uma distração.

Pode parecer que distração e redirecionamento são a mesma coisa, mas não são. Enquanto a distração corta o contato da criança com o que está fazendo ou sentindo e substitui por outra sensação ou atividade, o redirecionamento reconhece os sentimentos ou a energia da criança e a ajudam a encontrar uma atividade relacionada mais aceitável. Para redirecionar a criança que queria ver o que havia dentro do ovo do pássaro, a professora poderia envolvê-la em uma atividade em que eles descascassem um ovo cozido. No mínimo, a professora deveria ter reconhecido o que a criança queria fazer e validar seus sentimentos a respeito.

Outro exemplo: uma criança está desolada porque a sua mãe está se preparando para ir embora. Ela chora alto e corre para agarrar a mãe quando a professora a intercepta, levanta-a no ar e diz, em um tom alto e jovial: "Ouça todas as coisas legais que vamos fazer hoje". A professora começa a listar as atividades, mas a criança chora mais alto do que ela consegue falar, então, ela a balança para cima e para baixo algumas vezes e caminha até o armário: "Tenho algo muito especial para você brincar aqui", diz ela, dramaticamente.

A professora vê que conseguiu a atenção da criança, então, continua dramatizando, fazendo barulhos engraçados e balançando ela no ar até chegarem ao armário. A professora abre a porta devagar, estica a mão e acha uma pena, que ela usa para fazer cócegas no nariz da criança. No meio tempo, a mãe já saiu.

Pode demorar um tempo para a criança lembrar sobre o que ela estava chateada – ou pode ser que sequer lembre. Mas o que realmente aconteceu é que a professora enganou a criança, negou os seus sentimentos e, assim, pôs em risco o seu senso de segurança, seus sentimentos de poder e sua autoestima. A distração, além de descontar os sentimentos das crianças, também pode fazê-las seguir uma padrão vitalício de repressão da raiva, da tristeza, do medo e da depressão. E não é de surpreender – afinal, elas aprenderam como crianças que ter sentimentos não é bom.

Eis uma abordagem mais construtiva para o segundo exemplo: a criança chora em voz alta e corre para agarrar a mãe, que está saindo pela porta. A professora a impede abaixando-se na altura da criança e dizendo, em uma voz calma: "Sei que você não quer que a sua mãe vá embora". A mãe manda um beijo, dá um último "tchau" e sai pela porta. Enquanto a criança chora desolada, a professora diz: "Você ficou muito chateada". Ela acaricia gentilmente a sua testa. A criança corre até a janela. "Boa ideia", diz a professora. "Abane para ela uma última vez". A criança abana freneticamente ao ver a mãe sumindo no carro, aí se joga no chão e começa a chutar os pés. A professora continua perto dela sem dizer nada. A criança continua, e a professora diz: "Você está muito brava agora". Reconhecer os seus sentimentos parece acalmar a criança. A seguir, ela levanta do chão e corre para investigar as massinhas de modelar na mesa próxima. Uma única lágrima escorrendo pela sua bochecha é o único sinal do que ela acabou de passar.

Se essa cena ativou sensações fortes em você, reflita sobre elas. Para apoiar efetivamente as crianças em situações emocionalmente carregadas, é importante compreender os seus próprios sentimentos e de onde eles vêm, e o que separa os seus sentimentos dos da criança. Do contrário, a tentação de usar a distração será muito grande!

Seja sensível quando fizer perguntas às crianças

Evite perguntas que constranjam as crianças. Em algumas culturas, perguntas diretas são consideradas rudes e intrusivas. Mesmo que você venha de uma cultura que tolera perguntas diretas, você provavelmente entende o que significa ser interrogado. Como a maioria dos adultos, você deve usar perguntas como uma ferramenta para conhecer a criança: "Oi, qual é o seu nome? Qual é a sua idade? Onde você conseguiu essa camiseta bonita?". As perguntas em si mesmas são bastante inocentes, mas alcançar o seu objetivo depende mais da resposta da criança. Algumas crianças se fecham quando são questionadas. Nesses casos, é provavelmente melhor encontrar outra forma de estabelecer uma conversa.

Perguntas diretas são especialmente problemáticas para tratar problemas de comportamento. Por exemplo, uma criança de 3 anos esprema um tubo de cola na mesa próximo ao seu projeto de colagem. Quando a professora pergunta: "Por que você fez isso?", a criança cala. "Você não sabe o lugar da cola?" Silêncio. "O que eu faço com você? Você vai fazer isso de novo?" Essas perguntas constituem um aborrecimento.

Considere que as crianças frequentemente não conseguem explicar o seu comportamento. Perguntar: "Por que você fez isso?" não costuma produzir uma resposta bem pensada. Em vez disso, provoca uma resposta defensiva ou um silêncio absoluto.

Em vez de interrogar, a professora deve afirmar o óbvio e ver como a criança responde: "Parece que você gostou de apertar essa cola". É responsabilidade do adulto corrigir a situação da próxima vez, por exemplo, disponibilizando a cola em outro recipiente além do tubo de cola para a atividade de colagem. Mas talvez a criança esteja mais interessada em fazer poças de cola do que em colar suas peças. Assim, o professor pode preparar uma fina pasta de farinha, água e sal para as crianças jogarem no papel; deixados para secar, esses papéis com pasta tornam-se imagens brilhantes. (Contudo, se você usar essa sugestão, considere que alguns adultos têm fortes sentimentos com relação a alimentos – como farinha e sal – como materiais de arte ou de brincadeiras. Veja o quadro *Pontos de vista*, na página 71.)

Vamos explorar outro exemplo: uma criança de 7 anos descobre que pode criar um efeito interessante espalhando tinta no cavalete. Ela está se divertindo muito balançando o pincel e vendo a tinta voar contra o papel. O que ela não percebe é que a tinta também está caindo no chão e atingindo outras crianças que estão passando. A professora chega à cena, dizendo: "O que é que você acha que está fazendo? Você viu a bagunça que fez? Quem você acha que vai ter que limpar isso? Por que é que você está fazendo isso, afinal?".

Uma abordagem melhor seria o redirecionamento, em vez de disparar uma série de questões. Eis alguns projetos de arte alternativos:

- Em vez de usar tinta e papel, deixe a criança jogar água contra um quadro.
- Mude o local do cavalete e deixe a criança continuar lá fora.
- Faça a criança jogar água contra uma folha de papel coberta de tinta têmpera.
- Usando uma garrafa de *spray* cheia de água colorida, faça a criança pintar uma folha de papel pendurada na cerca.
- Coloque pedaços de tecido em uma folha de papel e faça a criança criar silhuetas interessantes passando tubos de pasta de dente cheias de tinta por uma tela pendurada sobre a folha.

registro anedótico Método de documentação que brevemente descreve uma atividade, uma pequena conversa, uma música, e assim por diante. Os registros anedóticos podem se basear em reflexões ou ser escritos no calor do momento.

Utilizando a observação e a reflexão para aprimorar a comunicação

Habilidades de observação atenta estão entre as mais importantes ferramentas que um educador infantil pode ter. Apesar de algumas pessoas terem talento para ver o que as outras perderiam, qualquer um pode aprimorar suas habilidades de observação por meio da prática. A reflexão é um ingrediente-chave da observação; não basta só observar o que acontece, você também precisa pensar a respeito. Às vezes, se perguntar "o que aconteceu?" irá jogar toda uma nova luz sobre o incidente. Você também pode se perguntar sobre causa e efeito. O que aconteceu para a criança agir daquela forma? Uma boa pergunta a se fazer quando o comportamento de uma criança está incomodando você é: "Qual é o significado desse comportamento?".

Uma grande parte deste capítulo depende de reações no calor do momento. Espontaneidade é importante. Em geral, você não tem tempo de dar um passo atrás e observar se está interagindo com a criança. Você tem de pensar o mais rápido possível, ou a interação irá se esfacelar. Você nem sempre tomará a decisão certa sobre a forma mais efetiva de se comunicar, e aí que refletir pode ajudar. Após algo acontecer, você pode pensar a respeito e aprender com ela. É claro, um dos problemas é que você pode não se lembrar do incidente. É por isso que **registros anedóticos**, descrições escritas de um incidente ou comportamento, vêm a calhar. Separe um momento para escrever uma nota quando acontecer algo sobre o que você precisa pensar mais. Você irá precisar de um caderno de anotações e um lápis (cartões funcionam também). Se você estiver no chão com as crianças, não terá tempo para escrever muito, mas depois sente-se e escreva os detalhes da situação antes que

PONTOS DE VISTA

Que tal usar comida como arte?

Há algum problema em criar uma pasta com farinha, sal e água para ser usada como material de arte ou, talvez, como experiência sensorial? E que tal farinha para brincar de massinha, arroz ou sementes para a "mesa sensorial", pudim como tinta para os dedos, macarrão como colar de contas, ou espaguete para material de colagem? Eis algumas das respostas que coletei sobre a utilização de comida como material de arte ou de brincadeira.

"Não. Com três quartos do mundo passando fome, precisamos ensinar às crianças que não se pode desperdiçar comida. É uma mensagem forte para o mundo quando crianças norte-americanas têm tanta comida sobrando que elas podem se dar ao luxo de brincar com isso."

"Não. Algumas famílias no nosso programa não têm o suficiente para se alimentar. É uma vergonha mandar comida para casa colada em folhas de papel."

"Não. Desperdiçar é pecado."

"A maioria dos usos sensoriais e de arte não tem problema, mas usar pudim como tinta confunde as crianças, que estão aprendendo a não fazer bagunça quando comem."

"Não vejo nenhum problema em usar materiais baratos e disponíveis de todos os tipos. Com orçamento limitado, não podemos desperdiçar oportunidades criativas de usar materiais diversos. A farinha que eu não compro para brincar de massinha nunca vai para quem passa fome, mesmo."

"Acho difícil evitar completamente usar comida como material curricular. Algumas das nossas melhores atividades se baseiam em comidas."

As pessoas têm diferentes opiniões sobre o assunto, e cada perspectiva tem seus próprios méritos. Realmente, você pode ter sua própria visão sobre essa questão.

---

esqueça. Às vezes, ajuda anotar o que aconteceu logo antes do incidente e o que ocorreu posteriormente. Esse tipo de informação pode ser útil para descobrir exatamente o que aconteceu e como trabalhar melhor com isso da próxima vez – se acontecer novamente.

Outro uso de anedotas como método de observação é fazer anotações sobre cada criança. Usar alguns minutos por dia para fazer anotações pode se mostrar um recurso valioso. Basta escrever o que quer que lhe venha à cabeça nesse dia; pode ser algo insignificante ou pode ser algo extraordinário.

Todas essas notas desconexas podem criar padrões e respostas para suas perguntas. Manter registros anedóticos também pode ajudar a identificar quando uma criança está sendo ignorada: quando você se senta para escrever um registro e não consegue pensar em nada sobre determinada criança, essa é uma pista de que você não tem lhe dado atenção. Algumas crianças se tornam invisíveis – talvez de propósito. Quando isso acontece, é importante dar atenção especial à comunicação com essas crianças para *torná-las* visíveis.

UMA HISTÓRIA PARA TERMINAR

Um dia, durante o meu segundo ano como professora pré-escolar, meu filho de 4 anos visitou a minha sala de aula pela primeira vez. Estava orgulhosa da forma como conseguia lidar com algumas situações bem complicadas usando as minhas melhores habilidades de comunicação. Percebi que o meu filho ficava me olhando várias vezes com uma estranha expressão no rosto. Por fim, o dia terminou; a limpeza foi feita e os móveis foram guardados para a turma de domingo que usaria essa sala no final de semana.

Tranquei a porta atrás de nós, e quando começamos a subir a escada do estacionamento, o meu filho parou. "Mamãe", ele disse, "Eu quero fazer uma pergunta". "Claro", respondi. "Pode falar". "Por que você estava falando de um jeito tão engraçado com aquelas crianças?" Percebi naquele momento que o meu lado professora estava usando habilidades de comunicação novas e melhores, mas que não as tinha usado em casa ainda.

RESUMO

Recursos *on-line*

Visite **www.mhhe.com/gonzalezfound6e** para acessar recursos para estudo e *links* relacionados a este capítulo (em inglês).

A relação entre cuidado afetuoso e responsivo com o desenvolvimento cerebral saudável une os sentimentos à aprendizagem e à cognição, sendo essa ligação um dos importantes achados da pesquisa cerebral. Este capítulo trata do uso de habilidades de comunicação para formar relacionamentos com as crianças. Para se comunicar efetivamente com elas, o mais importante que você pode fazer é escutar – tanto pistas verbais quanto não verbais – e mostrar que está ouvindo as suas mensagens. A comunicação começa quando você valida os sentimentos das crianças (em vez de negá-los ou julgá-los) e as ajuda a expressar os seus problemas em palavras para que elas possam encontrar suas próprias soluções. Sendo respeitoso e se comunicando efetivamente, o adulto pode promover a autoestima das crianças, empoderá-las e dar apoio ao seu bem-estar psicológico geral.

Alguns adultos têm um estilo de conversar com as crianças que pode prejudicar o desenvolvimento da sua autoestima, das suas percepções sobre a realidade e da sua sensação de segurança. Para se comunicar claramente com as crianças, evite perguntas retóricas ou outras questões que possam colocar as crianças na defensiva ou deixá-las desconfortáveis. Não desconte seus sentimentos e suas percepções e não evite lidar com situações estranhas ou desconfortáveis; evitar situações constrangedoras pode ensiná-las a desconfiar de suas próprias impressões. Não passe mensagens incoerentes ou duplas, pois podem confundir as crianças.

QUESTÕES PARA REFLEXÃO

1. Pense em um momento em que você estava em um estado emotivo e alguém realmente lhe deu ouvidos. Como essa pessoa mostrou que você estava sendo ouvido? Você pode usar suas memórias dessa experiência para ajudá-lo a escutar as crianças?
2. Como você se sente quando as crianças expressam sentimentos de separação? Você se lembra de um momento em que teve esses sentimentos? Quando foi? Qual foi a sensação? Refletir sobre as suas próprias experiências pode ajudar a responder a uma criança que está demonstrando esses mesmos sentimentos?
3. Como você se sente ao saber que deve dar uma resposta sem passar julgamento e que simplesmente reflita os sentimentos da criança, em vez de responder com uma repreensão ou utilizando a lógica para lidar com um conflito?
4. Pense em um momento em que alguém fez algo só para ver a sua reação. Como você reagiu? Se tivesse sido uma criança, você teria feito diferente? Quais você acha que seriam os efeitos da sua reação?
5. Você pode pensar em um momento quando alguém descontou ou ignorou os seus sentimentos e/ou percepções ou definiu a sua realidade para você? Qual foi a sensação? Como isso afetou você? Você pode usar sua própria experiência para ajudá-lo a escutar as crianças?

EXPRESSÕES-CHAVE

Quantas das próximas palavras você consegue utilizar em uma frase? Você sabe o que elas significam?

escuta holística 57
autoestima 57
linguagem receptiva 57
linguagem expressiva 57
gerenciamento de impressão 64

incoerência 66
duplo sentido 67
distração 68
registro anedótico 70

NOTAS

1. Louise Derman-Sparks discute essa questão em seu livro, *Anti-bias curriculum:* tools for empowering young children (DERMAN-SPARKS, 1989). Uma revisão desse livro clássico tem Julie Olsen Edwards como coautora, tendo sido publicado em 2010. Publicado pela NAEYC, é chamado de *Anti-bias education* (DERMAN-SPARKS; EDWARDS, 2010).
2. Sei de um professor que teve de responder à pergunta: "O que está acontecendo com o porquinho da índia que nós enterramos?" por parte de um de seus alunos. O professor, que se sentia confortável com o tema da morte, respondeu cavando os restos do animal para que a turma examinasse. A pergunta acabou gerando uma aula recorrente sobre ciência; a turma cavava e reenterrava o corpo regularmente ao longo do ano. É claro, tal abordagem da ciência poderia ter transtornado crianças e seus pais em outro programa. Não estou recomendando, apenas relatando.

    Outra forma de observar a transformação seria observar uma abóbora entalhada apodrecer lentamente por um período de tempo e registrar suas alterações diversas – uma atividade fácil se o seu programa celebrar o Dia das Bruxas. Ou um projeto mais organizado e tradicional de estudar as transformações possa ser observar bichos-da-seda mudarem de ovos para lagartas, para casulos, para mariposas, que põem ovos. Eles também morrerão no fim, mas isso costuma ser menos inquietante para a maioria das crianças.
3. Para uma discussão detalhada desse tema, veja Derman-Sparks (1989).

4

Facilitando o trabalho e as brincadeiras das crianças pequenas

Quem está nos holofotes – o adulto ou as crianças?

A professora como diretora e estrela

A professora como transmissora, protetora e facilitadora

Brincadeira, cognição e aprendizagem

Foco na inclusão: disponibilização e adequação das brincadeiras a todas as crianças

Brincando para ficar esperto

A brincadeira é sempre divertida?

Qual a diferença entre brincadeira e trabalho?

Tipos de brincadeira – cognitiva e social

Benefícios da brincadeira

Trabalho: uma forma de aprendizagem

Atitudes dos adultos com relação ao trabalho e seu efeito nas crianças

Observações infantis do trabalho dos adultos

A abordagem de projetos para aprendizagem

Os papéis dos adultos nos trabalhos e nas brincadeiras infantis

O adulto como observador

O adulto como gerenciador de estágios

O adulto como professor

O adulto como incentivador

Uma história para terminar

Neste capítulo você irá descobrir

- por que o adulto não deve ser a "estrela do *show*";
- como a brincadeira se relaciona com a cognição;
- como o ato físico de brincar se conecta às questões da mente;
- como brincar de faz de conta mostra que a criança pode criar símbolos mentais;
- por que algumas crianças precisam de ajuda para aprender a brincar;
- como tornar a brincadeira acessível a todas as crianças, incluindo as que sofrem de deficiências;
- como o trabalho também é um meio de aprendizagem;
- como as atitudes dos adultos em relação ao trabalho afetam as crianças;
- o que é aprendizagem centrada na criança;
- por que a "abordagem de projetos" é uma forma de desenvolver cognição;
- como os adultos podem facilitar o trabalho e as brincadeiras das crianças;
- qual é a diferença entre incentivar e elogiar;
- como usar os elogios adequadamente.

Este capítulo trata de como as brincadeiras promovem o desenvolvimento em todas as áreas – físicas, sociais, emocionais e cognitivas. As crianças pequenas aprendem quando brincam, apesar de não ser o tipo de aprendizagem que ocorre em programas educacionais para crianças mais velhas. Na verdade, alguns adultos visitam programas infantis e reclamam que "aqui, tudo o que eles fazem é brincar. Eles não aprendem nada?". Esse tipo de comentário mostra incompreensão dos processos de aprendizagem das crianças pequenas: elas aprendem enquanto brincam. Elas também podem aprender enquanto trabalham, mas o "trabalho" delas pode não parecer muito com o tradicional "trabalho acadêmico".

O programa é diferente e, portanto, o papel dos adultos deve ser diferente também. Os educadores infantis desempenham inúmeros papéis que mudam de acordo com as necessidades das crianças. O adulto obviamente exerce um papel proeminente no esquema geral do programa, mas isso significa que ele é a "estrela do *show*"?

> Padrões do programa
> NAEYC 2 e 3
> Currículo e Ensino

Quem está nos "holofotes" – o adulto ou as crianças?

Algumas pessoas que entram para o campo da educação infantil esperam se espelhar nos professores dos quais se lembram mais: elas ficam em pé diante da turma transmitindo conhecimento ou vão até o pátio e fazem brincadeiras como futebol ou pega-pega. Alguns se enxergam como maestros de uma orquestra, orientando a ação do grupo para criar contraponto, harmonia, textura – todos os elementos que se combinam para criar uma linda música.

O problema com esses modelos é que o foco fica no professor. Mas, como você irá descobrir, nos programas de educação infantil as estrelas do *show* são as crianças.

Em alguma medida, uma sala de aula ou um programa de cuidado domiciliar se parecem um pouco com uma orquestra, mas, como professor ou assistente, você passará bem pouco tempo atrás de um pódio. Em vez disso, você estará ocupado com todos os papéis necessários para criar a música – tanto na frente quanto por trás das cortinas, além de organizar as cadeiras e guardar os instrumentos nas caixas.

Quando as crianças chegam e a música começa, pode nem ser possível orquestrar a turma; ela mesma fará isso, ou talvez uma criança assuma esse papel. Edward Hall, um antropólogo, escreveu uma incrível descrição de como uma criança pode tomar conta do *playground* inteiro! Um dos alunos de Hall gravou um filme com crianças durante o recreio no pátio. Na velocidade normal, o filme mostrava uma cena comum no *playground*, com as crianças envolvidas em atividades separadas no pátio. Mas, examinando de perto, em diferentes velocidades, ficou aparente que

> [...] uma garota muito ativa parecia se destacar do resto. Ela estava em toda parte... Sempre que se aproximava de um grupo de crianças, aquele grupo entrava em sintonia não apenas com os outros, mas com ela também. Após assistir várias vezes, ele [o aluno] percebeu que essa garota, com seus saltos e danças e giros, na verdade estava orquestrando os movimentos do pátio inteiro! Havia alguma coisa no padrão de movimento que se traduzia em um ritmo – como um filme mudo de pessoas dançando. (HALL, 1983, p. 169).

Tenho meu próprio exemplo de tal fenômeno. Certa vez, estive envolvida na produção de um vídeo de um grupo de crianças fazendo tortilhas. Quando assisti à gravação pela primeira vez, a cena pareceu bastante caótica. Algumas crianças estavam batendo farinha com pilão e almofariz; uma estava usando uma batedeira para misturar a farinha em uma tigela. Outros estavam amassando massa de pão, e outros estavam moldando a massa e colocando nas formas para tortilha. Era uma cena barulhenta com os sons das atividades e a conversa das crianças. Duas professoras estavam facilitando o que estava acontecendo, mas sem interferir diretamente na ação.

Contudo, quanto mais assistia ao vídeo, mais percebia que as batidas rítmicas dos pilões se relacionavam com o ritmo do grupo. Não estava claro para mim quem estava orquestrando – se é que havia alguém; talvez fossem as professoras quem sutilmente exercessem esse papel. Eu precisava estudar mais para chegar a uma conclusão definitiva, mas o que estava claro é que o ritmo do grupo estava influenciando todos ali. Foi bom assistir a essa atividade, eu mesma me envolvi com o ritmo!

A professora como diretora e estrela

Compare a cena a seguir com as outras duas que acabaram de ser descritas: uma aluna minha trabalhava em um programa com bebês montado para pais adolescentes. Eu observava essa aluna regularmente. Certa manhã, ela precisou manter "as crianças no tapete" enquanto o resto do pessoal aprontava a *van* para uma saída de campo. Imagine essa cena: um tapete de 3 m x 4 m, coberto com bebês que se contorciam, corriam e engatinhavam no meio de uma sala com prateleiras cheias de brinquedos nas paredes. Desde o começo, a tarefa dessa jovem era praticamente impossível.

Dando o seu melhor, ela assumiu o papel de professora "de verdade". Ela começou a hora da roda para manter as crianças dentro dos limites do tapete; ainda assim, as crianças começaram a fugir já nos primeiros segundos. Com a ajuda de outros membros da equipe, as crianças foram carregadas e colocadas de volta no tapete. Dessa vez, ela tentou prendê-los e entretê-los – mas sem sucesso. Logo, ela descobriu que manter um grupo de crianças daquela idade junto é como tentar fazer pipoca em um recipiente sem tampa.

Minha aluna continuou precisando da ajuda de outros membros da equipe, que, relutantemente, reclamavam que ela estava atrasando suas preparações para a saída de campo. Demorou uma eternidade até a equipe finalmente estar pronta para entrar na *van*.

A minha aluna aprendeu uma lição valiosa nesse dia: que habilidades de ensino adicionais não irão manter a atenção de um grupo de crianças tão pequenas por muito tempo. Espero que os outros membros da equipe tenham aprendido uma lição também: a se preparar *antes* de as crianças chegarem.

Talvez, se a cena tivesse sido filmada, perceberíamos um ritmo, e não apenas um adulto tentando orquestrar. E apesar de ser difícil de dizer o que as crianças aprenderam durante esse período, certamente não foi o que os adultos tinham em mente. Lembre-se: o processo de ensino-aprendizagem está sempre ocorrendo, a cada minuto que as crianças estão presentes.

A professora como transmissora, protetora e facilitadora

Na situação anterior, minha aluna estava tentando entreter e controlar ao mesmo tempo, mas, se ela não tivesse recebido ordens tão específicas e irreais, ela poderia ter assumido papéis diferentes e mais adequados. Vejamos a cena mais uma vez, dessa vez como ela poderia ter sido.

A sala está montada para as brincadeiras, e as crianças não estão limitadas ao tapete no meio da sala. A cuidadora (minha aluna) senta-se em um canto do tapete observando as crianças se envolverem ativamente com os brinquedos e umas com as outras. Ela está alerta e pronta para intervir, se necessário; mas, no momento, isso não é preciso. Uma criança de 9 meses engatinha até ela, agarra sua blusa e põe-se de pé. A cuidadora envolve-a com um braço e lhe dá um abraço, cuidando para não desequilibrá-la. Ela sorri e diz: "Olha, querida, você está de pé". A criança sorri de volta, emite um som do fundo da garganta e acaricia o seu rosto. Aí, ela tenta pegar os óculos da cuidadora. "Os meus óculos não", ela diz, afastando o rosto dos dedos da criança.

aprendizagem centrada na criança Processo de ensino-aprendizagem em que a criança aprende interagindo com o ambiente, com outras crianças e adultos. Esse tipo de aprendizagem contrasta com a sala de aula em que o papel principal do educador é o de ensinar matérias específicas ou lições formais.

E assim, a cuidadora prossegue supervisionando o grupo de bebês ocupados enquanto responde adequadamente às crianças conforme a necessidade. Ela anda até o outro lado da sala, pronta para intervir quando surge uma briga por causa de um brinquedo, mas ela acaba em um segundo, sem necessidade de intervenção adulta. A cena continua até o fim dos preparos para a saída de campo. Que diferença em relação à primeira versão dessa cena!

A primeira cena não teria sido tão ruim se as crianças fossem mais velhas. Crianças de 4 anos certamente podem ser treinadas ou incitadas a se sentar em grupo no tapete, apesar de, com a visão dos brinquedos ao seu redor, ainda ser difícil para algumas delas prestarem atenção ao adulto, independentemente do quão divertido ele fosse. Crianças em idade escolar são um grupo mais capaz de prestar atenção a um adulto, mas mesmo elas ficam inquietas se precisam ficar sentadas por muito tempo (alguns adultos têm o mesmo problema).

É claro, crianças de qualquer idade ficam sentadas por mais tempo se estiverem sendo entretidas. A questão é: o papel principal dos educadores infantis deve ser o de entreter as crianças? As crianças aprendem melhor quando estão sentadas como espectadores? O aprendizado é algo divertido que os adultos transmitem? A resposta a todas essas perguntas é "não". A aprendizagem nos anos iniciais é um processo interativo – entre a criança e o ambiente, a criança e outra criança (ou grupo de crianças) e entre a criança e um adulto. Esse tipo de aprendizagem às vezes é chamado de **aprendizagem centrada na criança**.

Brincadeira, cognição e aprendizagem

A brincadeira é um meio rico e variado para a aprendizagem. Observe um grupo de crianças descendo um escorregador pequeno, agarrando-se e rolando de brincadeira no tapete e, depois, voltando a subir no escorregador. Elas estão interagindo com o ambiente e com os outros, estão desenvolvendo habilidades físicas e sociais ao aprender o quão bruscas elas podem ser sem se machucar.

Veja crianças em idade pré-escolar construindo uma grande parede de blocos ao redor de diversos animais de plástico. Escute-as planejar o que irão fazer a seguir; preste aten-

As brincadeiras nem sempre são só diversão leve. Às vezes, é necessária muita concentração.

ção quando elas falam sozinhas e aos seus diálogos com os parceiros de brincadeira. Observe a negociação quando duas crianças querem o mesmo bloco. Imagine o que elas estão aprendendo: habilidades físicas, diferenciação de forma e tamanho, física básica, habilidades sociais e linguísticas, e assim por diante. Observe essas mesmas crianças entrarem em uma estrutura que montaram e começarem a mover os animais ao redor brincando de faz de conta, explicando uma à outra o que eles estão fazendo.

Crianças em idade escolar criando uma peça também aprendem fazendo as fantasias, escrevendo o roteiro e distribuindo os papéis. Elas estão desenvolvendo habilidades mentais, físicas, sociais e emocionais. Elas também estão interagindo com o ambiente e com os outros.

As vantagens de aprender por meio das brincadeiras são muitas e precisam ser reconhecidas para as crianças mais velhas, assim como para as mais novas. Por muitos anos, a NAEYC defendeu a brincadeira das crianças como uma **prática adequada ao nível de desenvolvimento (DAP)** – ou seja, uma prática que é especificamente adequada para o estágio de desenvolvimento da criança. De acordo com a educadora Gaye Gronlund (1995), em seu artigo "*Bringing the DAP messages to kindergarten and primary teachers*", é importante que os professores da educação infantil e das séries iniciais reconheçam como a DAP é uma prática que se aplica à educação de todas as crianças, incluindo aquelas entre 5 e 8 anos. As práticas adequadas ao nível de desenvolvimento incluem encontrar formas para as crianças se envolverem ativamente quando aprendem – se envolverem com objetos, ideias, professores e pares. As crianças aprendem fazendo, então, criar ambientes ativos de aprendizagem deve ser o foco de todos os educadores infantis, incluindo os da educação infantil e de séries iniciais.

Brincadeiras são educativas para as crianças pequenas, incluindo crianças em idade escolar. Uma das vantagens da brincadeira é que ela ajuda as crianças a praticarem a **construção de significado**. Isso significa que elas aprendem ou constroem conhecimento encontrando significado em suas experiências em vez de receberem passivamente informações dos seus professores. A brincadeira serve a diversas questões, respostas e conclusões, em vez de uma resposta correta, como costuma acontecer quando o professor é o único a fazer perguntas. Por meio da brincadeira intencional, as crianças respondem a perguntas que elas mesmas se fazem. Veja o quadro *A teoria por trás da prática* para aprender como o trabalho de Piaget se relaciona com a brincadeira.

Usar as brincadeiras como uma importante atividade de aprendizagem também ajuda as crianças a se virar, em vez de depender do professor. As crianças que estão brincando assumem riscos e desenvolvem sentimentos de poder. As brincadeiras têm muito menos probabilidade de resultar em fracasso do que em atividades "escolares" mais tradicionais, como lições estruturadas ou folhas de tarefas. Assim, as crianças ganham confiança e aumentam sua autoestima por meio das brincadeiras.

Então, o que os professores fazem se não estão instruindo, dando lições ou ensinando, no sentido mais tradicional? Eles montam o ambiente, trabalham nos relacionamentos com as crianças e passam um tempo observando o que está acontecendo enquanto as crianças brincam. Quando adequado, os adultos usam o que se chama de *prática reflexiva*, que inclui passar um bom tempo realmente se sintonizando no que está acontecendo e até pensando a respeito. A questão é entender exatamente quando e como responder de maneira mais adequada. Pode ser que se descubra que uma resposta não é necessária. Os benefícios da prática reflexiva são que os adultos prestam muita atenção e são sensí-

prática adequada ao nível de desenvolvimento (DAP) Conjunto de práticas que se relaciona diretamente ao estágio de desenvolvimento da criança, conforme definido por teóricos como Piaget e Erikson.

construção de significado Prática por meio da qual as crianças constroem conhecimento encontrando significado em suas experiências.

> **A TEORIA POR TRÁS DA PRÁTICA**
>
> **Piaget sobre brincadeiras**
>
> Jean Piaget via as brincadeiras como algo vitalmente relacionado ao desenvolvimento cognitivo, além de ser uma forma importante de aprendizagem das crianças. Quando imitam o que veem, como dirigir um carro ou cozinhar um jantar em um fogão de brinquedo, as crianças mostram que estão começando a compreender o funcionamento das coisas. Envolver-se na chamada brincadeira simbólica – como usar um bloco como se fosse um telefone – ajuda a construir conhecimento e dar sentido ao mundo. Diz-se que Piaget gostava da expressão "a construção é superior à instrução". Qualquer programa que dê ênfase à brincadeira como um importante componente da aprendizagem tem uma dívida para com o trabalho de Piaget.
>
> Fonte: Mooney (2000).

veis ao que as crianças precisam e qual pode ser o próximo passo para aprofundar o seu aprendizado. Observar, distanciar-se, refletir e decidir se uma resposta irá ajudar ou não é muito mais difícil do que só instruir, ensinar e mostrar às crianças como fazer as coisas. Mas os benefícios são muito maiores!

Elizabeth Jones, que tem experiência na prática reflexiva e é uma reconhecida defensora das brincadeiras e professora pelo Pacific Oaks College, traz um relato de duas professoras que sustentam as brincadeiras ao mesmo tempo em que ajudam a aprimorar as habilidades de leitura das crianças, na história *Vozes da experiência*, afirmando que o trabalho da professora é observar, agir como um recurso, interagir, intervir e mediar quando necessário. Quando conversa com crianças que estão brincando, a professora as ajuda a definir o propósito da brincadeira e as incentiva a acrescentar suas próprias ideias criativas e a perseguir áreas de interesse. Avaliações das crianças e do que elas estão aprendendo também faz parte do papel da professora ao observá-las. Uma conversa entre a professora e as crianças após sua brincadeira ajuda ambas a avaliar o que ocorreu.

O desenvolvimento de conceitos se dá a partir de brincadeiras ricas que exigem criatividade e oportunidades investigativas para as crianças examinarem questões importantes. O que elas aprendem e como aprendem depende da idade. Nas brincadeiras, crianças de todas as idades podem aumentar o seu conhecimento e as suas habilidades utilizando materiais manipulativos e explorando atividades criativas. Tais atividades e materiais podem ajudar as crianças em idade escolar a aprender os conceitos que são parte da estrutura curricular.

Por meio das brincadeiras, as crianças também praticam o seu conhecimento e sua compreensão de mundo recém adquirida. Parte do trabalho do professor é aumentar o grau de complexidade das brincadeiras e desafiar as crianças a experimentar seus novos conhecimentos em diferentes situações. Nem todas as crianças irão realizar esses desafios por conta própria, então, há momentos em que o professor irá precisar ajudá-las ou incentivá-las a explorar maneiras diversas de experimentar o seu conhecimento.

Um aspecto que tem atraído mais atenção do que antigamente é a crescente falta de brincadeiras ao ar livre; não em pátios de concreto durante o recreio, mas na natureza. O problema de hoje, como colocou Richard Louv, é o "transtorno de déficit de natureza", e o autor é muito claro ao dizer que precisamos lidar com esse transtorno! Ele apresenta muitos argumentos bons em seu livro *The Last Child in the Woods*, além de haver sempre um grande número de pessoas presentes em suas palestras em diversas conferências de educação infantil (LOUV, 2008). Atualmente,

VOZES DA EXPERIÊNCIA

Andar, falar e aprender

Vivo lendo nos jornais que a educação infantil não é mais baseada nas brincadeiras, como era antigamente. Agora ela se baseia em passar testes para as crianças sobre o alfabeto e a fonética, ensinando-as a sentar na mesa e a preencher folhas de tarefas. Mas as crianças que conheço são mais agitadas do que isso. Elas aprendem melhor quando seus corpos estão se mexendo e suas bocas estão falando. O que acontece com aquelas que não conseguem sentar paradas ou que não tiveram tempo de brincar com todas as possibilidades primeiro? É bobagem dizer que elas "não estão prontas para aprender"; elas estão aprendendo desde que nasceram.

Quando visito programas de educação infantil – uma das minhas atividades favoritas –, fico encantada quando descubro professores com ideias criativas para ensinar a ler. Outro dia eu estava observando Thelma e Max.

Thelma mantém um pequeno bloco de papel com um lápis no bolso que ela pega para escrever quando vê uma brincadeira da qual quer se lembrar. Às vezes, ela desenha uma figura rápida de uma estrutura de blocos ou a imagem de uma criança. "O que você está fazendo?", Shanda, uma menina de 4 anos, pergunta. "Estou escrevendo sobre as brincadeiras das crianças", explica Thelma. "Posso fazer isso também?", pergunta Shanda. "Eu também!", diz Paulo. Felizmente, há uma pilha de folhas de caderno no armário, e logo há quatro observadores – uma alta e três baixinhos – escrevendo e fazendo notas a serem compartilhadas na hora da roda.

Max não gosta de cadernos; ele prefere pranchetas. Elas são muito grandes para ficar levando a toda hora, então, ele as deixa espalhadas pela sala de aula, cada uma com uma lista das crianças da turma e uma caneta amarrada. Qualquer adulto pode pegar uma e contribuir para a coleção de anotações sobre a realização das crianças. E por demanda popular, há pranchetas e papéis à disposição no centro de escrita também, para as crianças usarem.

O que acontece na hora da roda? Tem música, com letra e dança que dão a cada um prática de memorização de padrões de movimento, ritmo, história e rima.

> Atirei o pau no gato tô tô Mas o gato tô tô
> Não morreu reu reu Dona Chica cá
> Admirou-se se
> Do berro, do berro que o gato deu:
> Miau!

Tem um livro com histórias ilustrado, que o Max lê em voz alta, fazendo o rugido dos animais e remando o barco ao viajar por um ano e um dia. As crianças rugem e remam também. Muitas delas podem ler as imagens e contar a história umas para as outras.

E, então, é hora de a Thelma contar uma história. Ela puxa o caderno do bolso e folheia as páginas, observando o que escreveu e anotou durante as brincadeiras de manhã. "Sabem o que eu vi?", ela pergunta. "Vi o Terryl construindo uma torre de blocos bem, bem alta. Era assim". (Ela levanta um pequeno desenho.)

"Não consigo ver!", ela ouve de todos os lados.

"Então, deixa eu desenhar maior", ela diz. Ela vai até um cavalete, copia o desenho no papel com um marcador grosso enquanto as crianças observam, absortas. "Ele começou de baixo, como esses blocos. E depois ele colocou mais três em cima, assim..."

"Sabem o que mais eu vi? Vi a Marisol e a Ana assando biscoitos na casinha. Eles estavam bons? Quem comeu? Foi você, Stevie? Eles estavam gostosos? Sabem o que mais aconteceu? Shanda, Paulo e Aaron ME viram escrevendo no caderno, então, ELES pediram cadernos e lápis para escrever também, e nós quatro ficamos escrevendo e desenhando o que vimos". Às vezes, os professores são *observadores* – eles fazem anotações enquanto as crianças brincam. Às vezes, as crianças são observadoras também!

—Elizabeth Jones

as crianças passam muito mais tempo em lugares fechados e, quando estão em lugares abertos, ficam em meio a cimento e asfalto. Quando têm idade escolar, o tempo que têm para ficar do lado de fora é o recreio – intervalos de 10 minutos para correr e queimar energia antes de voltarem ao negócio sério que é aprender. Se Richard Louv pudesse decidir, tudo isso iria mudar.

Foco na inclusão: disponibilização e adequação das brincadeiras a todas as crianças

Crianças com deficiências ou dificuldades específicas podem precisar de mais apoio e assistência do que outras crianças que sabem como se beneficiar de um ambiente rico. Para *todas* as crianças, as atividades e os materiais devem ser cuidadosamente selecionados para que sejam adequados à sua idade e/ou nível de desenvolvimento. Você não pode se basear apenas na idade, visto que, para algumas crianças, idade e estágio não coincidem. Assim, é necessário adaptar alguns brinquedos e materiais para uma criança específica que não consegue se envolver. Ou pode ser que outra criança que esteja percorrendo a sala desocupada precise de mais desafios do que o ambiente oferece. Se algumas atividades como a hora da roda envolverem apenas conversas ou leitura em voz alta, as crianças que sofrem atrasos na linguagem ou que tenham déficit de atenção irão perder o interesse. Se uma criança com deficiência visual não explorar, ela pode precisar de algumas simples lições para conseguir transitar pela sala. Aí, é claro, a organização da sala deve permanecer igual para que ela adquira conhecimento. Se crianças com deficiências de audição não conseguirem se envolver com brinquedos, materiais ou com outras crianças, considere que o nível de barulho na sala ou no pátio pode estar muito alto ou caótico para que elas compreendam o que está acontecendo. Todas essas considerações são importantes para que as crianças possam brincar e aprender no programa.

Vemos aqui algumas sugestões simples para modificações no ambiente. Um cavalete de pintura pode ajudar uma criança que não tenha a força ou habilidade de ficar de pé. Para crianças que usam cadeira de rodas e ficam muito altas para brincar com as outras crianças no chão, um pufe pode ajudar. A criança que tem problemas com atividades que exijam mais do que um passo, como uma colagem, pode

> **Declaração de posicionamento da NAEYC:**
> Posição sobre a inclusão

Essas crianças brincando de "remar o barco" estão incluindo o seu amigo com necessidades especiais.

formar dupla com outra criança que possa estimulá-la por meio de exemplos e comentários.

Algumas crianças precisam aprender a brincar. A prática reflexiva pode ajudar o adulto a saber o que fazer. Por exemplo, em vez de dar instruções específicas, como "faça isso" ou "faça aquilo", pode ser melhor observar a criança e fazer comentários sobre o que ela está fazendo. Especular sobre o que a criança pode fazer a seguir pode servir como simples sugestão criada para ajudá-la a ir adiante. "Estou vendo que você colocou o homem no caminhão. Você está olhando para aquele bloco, vai colocar ele no caminhão também? O que mais vai colocar no caminhão?"

Você pode julgar a utilidade da área das brincadeiras para todas as crianças observando como os materiais estão sendo usados. Todas as crianças estão utilizando-os de maneira adequada e criativa, conforme a capacidade de suas habilidades? Todas as crianças estão conseguindo tomar decisões e acessar e usar os materiais de maneira independente, conforme suas habilidades lhes permitem? Todas as crianças se envolvem e param no que estão fazendo por um período de tempo? Algumas, é claro, irão persistir muito mais do que as outras. O grau de envolvimento e o período de duração pode variar muito de criança para criança. Como as crianças demonstram sucesso ao brincar? São necessárias boas habilidades de observação para determinar quem está tendo sucesso e quem não está. A observação restrita às expressões faciais não funciona, porque algumas crianças têm pouco controle sobre os seus músculos, e um sorriso pode parecer uma careta. Você precisa aprender as maneiras individuais pelas quais as crianças demonstram os seus sentimentos para decidir se elas estão se sentindo bem-sucedidas ou não.

Apesar do que foi dito acerca das brincadeiras e do papel do professor se aplicar tanto a crianças pré-escolares quanto a crianças em idade escolar, isso não significa que os dois grupos etários são os mesmos. Em algum momento entre os 5 e os 7 anos, ocorre uma mudança no desenvolvimento que faz uma grande diferença em como a criança pensa e age. Teóricos como Piaget, Freud e Erikson não comentam nada sobre essa mudança, mas não precisamos de teóricos que apontem isso. A mudança é notável! Em todo o mundo, culturas que nunca ouviram falar nesses teóricos também reconhecem essa mudança. Para algumas, há um rito de passagem em que as crianças entram em uma fase da vida nova e mais madura. Nos Estados Unidos, o rito de passagem poderia ser considerado a mudança

Você pode julgar a utilidade de uma área de brincadeiras observando o grau de envolvimento das crianças e como os brinquedos estão sendo usados.

da pré-escola para o que alguns chamam de "verdadeira escola".

Uma diferença entre crianças antes da mudança dos 5 aos 7 anos é a habilidade de compreender abstrações. Enquanto uma criança pré-escolar pode ter problemas com abstrações, a criança em idade escolar está começando a lidar com elas. Considere o exemplo a seguir: um pai conversava com suas duas filhas sobre o sentido de liberdade. A filha de 8 anos fazia perguntas que indicavam que ela tinha ideia do que ele estava falando. A pré--escolar só ouvia. Ao final da discussão, o pai se virou para a mais jovem e perguntou: "Então, você entendeu o que eu disse?". A criança abriu um sorriso, levantou três dedos e disse, com confiança: "Sim. Eu tenho 3! E no meu próximo aniversário, eu vou ter 4".*

Brincando para ficar esperto

Betty Jones e Renatta Cooper (2006), professoras do Pacific Oaks College, usaram o termo "Playing to Get Smart" ("Brincando para ficar esperto") como título do seu livro de 2006. Elas apontam que as brincadeiras dão às crianças prática em escolher, fazer e solucionar problemas; durante toda a brincadeira, as crianças pensam, criam e negociam. Apesar de o faz de conta fazer parecer que as crianças só estão usando suas capacidades físicas ou sociais, ainda assim elas estão desenvolvendo habilidades cognitivas enquanto aprendem a lidar com o mundo de maneira inteligente. "Esperteza", de acordo com Jones e Cooper (2006), não se trata de memorizar fatos ou de aprender habilidades necessárias para passar em provas gerais. No mundo da educação infantil, ser esperto significa ser criativo e ter pensamento crítico para, por exemplo, inventar sistemas de classificação e solucionar problemas por meio de interações com os outros. As crianças, quando brincam, estão aprendendo a gostar de coisas novas conforme se deparam com o inesperado e a adquirir as disposições e as habilidades para viver em um mundo em constante mutação. Quem sabe o que irá acontecer quando elas crescerem? As brincadeiras são uma boa forma de se preparar para o desconhecido.

A brincadeira é sempre divertida?

As brincadeiras podem ser muito divertidas, mas nem sempre. Já vi crianças se esforçarem bastante no trepa-trepa, morder os lábios quando tentam se equilibrar no limite da caixa de areia ou demonstrar sinais de estresse quando colam uma construção com sucata que se recusa a ficar de pé. Essas crianças estão brincando e aprendendo e, apesar de poderem sentir prazer e satisfação com seus esforços, não riem ou sorriem enquanto o fazem.

Eu me lembro de assistir a um vídeo de um dos meus filhos cavando um buraco no pátio da pré-escola; ele estava tenso e suado. Não me lembrava de vê-lo se esforçando tanto em nenhum outro momento. Quando comentei o quanto ele havia se esforçado naquele buraco, ele me olhou com um sorriso largo e disse: "Foi a melhor coisa que eu já fiz na pré-escola". Não entendi isso como uma crítica à escola, mas como um indicativo de como uma brincadeira intensa pode dar profunda satisfação às crianças. A brincadeira é a atividade mais benéfica para as crianças no programa de educação infantil.

Qual a diferença entre brincadeira e trabalho?

O meu filho estava realmente brincando quando se esforçou para cavar aquele buraco? Parecia trabalho, mas o que tornava aquilo uma brincadeira? Cinco características distinguem o trabalho da brincadeira (VANHORN et al., 2007):

    Envolvimento ativo

    Motivação intrínseca

    Atenção aos meios, e não aos fins

    Comportamento não literal

    Liberdade das regras externas[3]

---

* N. de R.T.: A criança de 3 anos confundiu "free" – liberdade – com "three" – número 3 –, em função da pronúncia das palavras ser semelhante.

Para o meu filho, cavar o buraco era uma brincadeira porque envolvia as cinco características mencionadas. Primeiro, é óbvio que o meu filho estava ativamente envolvido; ele não poderia ter produzido o buraco sem ativamente enfiar a pá na terra. Segundo, ele estava intrinsecamente motivado; ninguém o obrigou cavar o buraco, nem o pagaram para isso. Terceiro, o ato de cavar, e não o tamanho do buraco, era o foco dele; se o buraco tivesse de cumprir certas especificações, então, cavar teria sido trabalho, e não brincadeira. O meu filho, que é muito focado no processo, deixou claro, quando era pequeno, que a diversão estava em fazer, e não na produção de algo notável. Ele preenchia todos os buracos que cavava e derrubava todos os castelos de areia que construía, até os que eu sugeria que ele deixasse por um tempo. De fato, quando ele estava na 2º ano, certa vez ele voltou para casa com seu vulcão de papel machê (um projeto de ciência) e pediu a minha ajuda para fazê-lo "entrar em erupção". E ele entrou. Deixei ele encostar o fósforo, e o vulcão – com a nota de destaque ainda colada a ele – se foi em uma nuvem de fumaça. Onde antes havia um grande vulcão, restava agora apenas um punhado de cinzas. Meu filho provou que, para ele, o processo era muito mais importante do que o produto, mesmo em uma idade em que muitas crianças passam a se focar no produto em algumas áreas da vida.

Por fim, é difícil dizer com certeza como a quarta e a quinta características – comportamento não literal e liberdade de regras externas – aplicavam-se sem saber o que o meu filho estava pensando enquanto cavava o buraco. Mas, conhecendo-o, ele provavelmente era um pirata em busca de tesouro. A imaginação transforma o que seria uma atividade puramente física em uma brincadeira.

Tipos de brincadeira – cognitiva e social

Experimente um exercício. Lembre-se da sua infância e pense em um momento em que estava brincando. O que você estava fazendo? Como estava se sentindo? No que estava pensando? Tire alguns minutos para reviver aquele momento. Tente ser você mesmo uma criança pequena brincando. Chegue o mais perto de *reviver* esse evento quanto possível. O mais provável é que o tipo de brincadeira de que você lembrou fosse uma **brincadeira sensório-motora**, que se foca mais no corpo, mas com conexões diretas com a mente, ou uma **brincadeira simbólica**, que envolve imaginação e processos de pensamento. Ambos os tipos de brincadeira são considerados brincadeiras cognitivas.

brincadeira sensório-motora Forma de brincadeira que envolve explorar, manipular, usar movimento e vivenciar os sentidos. Às vezes, é chamada de "brincadeira de prática" ou "brincadeira funcional". Na brincadeira sensório-motora, a criança interage com o seu ambiente usando tanto objetos quanto pessoas.

brincadeira simbólica Forma de brincadeira que usa uma coisa como representação de outra, demonstrando a habilidade da pessoa de criar imagens mentais. Três tipos de brincadeiras simbólicas são brincadeira dramática, brincadeira construtiva e jogos com regras.

Brincadeira sensório-motora. De acordo com Monighan-Nourot et al. (1987), a brincadeira sensório-motora começa com a criança interagindo com o ambiente usando tanto objetos quanto pessoas. A brincadeira sensório-motora envolve fazer coisas acontecerem e imitar, por exemplo, o movimento de segurar um telefone contra a orelha. Para crianças mais velhas, exemplos de brincadeira sensório-motora incluem remexer com as coisas, rabiscar com lápis, fazer algazarra e brincar de pega-pega.[4]

"Remexer" é um termo que descreve a brincadeira sensório-motora, mas não é o melhor porque sugere que esse tipo de brincadeira não tem um objetivo. Pode parecer que as crianças envolvidas em brincadeiras sensório-motoras não estão fazendo nada, mas, na verdade, as descobertas sensório-motoras dão importante contribuição para a linguagem e para o desenvolvimento cognitivo. Apesar de a brincadeira parecer ocorrer apenas em um nível físico, nunca se sabe o que acontece na imaginação de uma criança. Exemplos da brincadeira sensório-motora são:

> Um bebê mexendo com o dedo em um barbante com contas plásticas grandes.

Uma criancinha brincando na pia enquanto lava as mãos.

Um pré-escolar brincando em um balanço.

Crianças da educação infantil brincando de pega-pega.

Um criança em idade escolar rabiscando em uma folha de papel.

Brincadeira simbólica. Outra categoria de brincadeira, a brincadeira simbólica, envolve faz de conta. Há três tipos de brincadeiras simbólicas: brincadeira dramática, brincadeira construtiva e jogos com regras.

Pense novamente na sua brincadeira da infância. Você estava fazendo algum faz de conta? Você estava construindo ou criando algo? Você estava jogando um jogo?

Na brincadeira simbólica, as crianças usam objetos como faz de conta ou elas mesmas assumem outros papéis. A brincadeira dramática é um tipo de brincadeira simbólica. Você pode visitar a maioria das pré-escolas e ver as crianças no canto dramático atuando em diversos papéis: "Eu vou ser a mamãe. Você é o bebê". É claro, a área dramática não tem de ser uma "casa". De acordo com Vivian Paley (1984), notável autora de muitos livros sobre crianças, elas podem facilmente brincar de foguete espacial no "canto das bonecas".

A brincadeira simbólica tem muitas funções importantes na vida das crianças. Por exemplo, a empatia pode ser um conceito muito abstrato para as crianças pequenas; "Como você acha que ele se sente quando você bate nele?" nem sempre funciona para uma criança de 2 anos. Leva muitos anos de vida mais algumas experiências em brincadeiras dramáticas para algumas crianças se colocarem no lugar de outra pessoa. Brincar de faz de conta é a forma de exercitar.

A brincadeira construtiva envolve construir estruturas com blocos, palitos de dente, etc. Esse tipo de brincadeira envolve pensamento simbólico e até fantasioso, na medida em que as crianças criam uma imagem mental do que estão construindo. Utilizar blocos para fazer construções é uma forma ligeiramente diferente de brincadeira construtiva do que utilizá-los como representações em brincadeiras fantasiosas (como um bloco que serviria como microfone).

Massinha de modelar e tinta são outros materiais que as crianças usam com frequência na forma de brincadeira construtiva que

A brincadeira sensório-motora contribui de forma importante para a linguagem e para o desenvolvimento cognitivo.

envolve representação simbólica. Quando uma criança se senta e bate em um montinho de massinha de modelar pelo prazer do movimento corporal e da sensação de atingir a massinha, isso é um exemplo de brincadeira sensório-motora. Já quando ela faz um bolo de aniversário de massinha para as professoras, isso é uma brincadeira construtiva.

Jogos com regras exigem compreensão das estruturas predeterminadas e uma habilidade de utilizar a estratégia. Jogos em grupo ou em círculo, como o Jogo do Ovo Podre ou Batata Quente são adequados para crianças que ainda não exibem pensamento abstrato, mas que conseguem imitar o que os outros fazem. Crianças mais velhas conseguem brincar em diversos jogos com regras e estratégias complexas, incluindo jogos de cartas, de tabuleiros e esportes.

Os jogos podem ser competitivos ou cooperativos, dependendo da professora e da sua cultura ou abordagem aos jogos infantis. Contudo, a maioria dos educadores infantis não gosta de estimular qualquer tipo de competição entre crianças pequenas. Eles temem que o foco na vitória crie derrotados. As crianças pequenas ainda estão descobrindo quem são e desenvolvendo sua autoestima; a competitividade costuma ir contra esse processo na maioria delas.

Se você nunca viu um jogo não competitivo, não sabe como é fácil. Por exemplo, crianças que jogam bingo ou loto não precisam saber que tem um jeito de vencer; não há necessidade de enfatizar quem termina primeiro. Se o objetivo é terminar (e não vencer), então, todas as crianças podem terminar, independentemente de quem terminar primeiro. A maioria das crianças pequenas não nasce competitivas – elas precisam aprender. E há bastante tempo para elas aprenderem (se, de fato, isso for necessário; veja o quadro *Foco na diversidade*, na página 88).

Brincadeira social: brincadeiras solitárias, paralelas, associativas e cooperativas. Pense novamente nas suas brincadeiras na infância. Quem estava lá com você? Talvez você estivesse brincando sozinho, em uma atividade chamada de **brincadeira solitária**. Crianças de todas as idades envolvem-se em brincadeiras solitárias, apesar de essa ser uma característica mais atribuída aos bebês e crianças pequenas. Mas mesmo para as crianças mais velhas, as brincadeiras solitárias apresentam muitos benefícios: algumas crianças precisam ficar sozinhas para explorar seus pensamentos e sentimentos; algumas precisam se afastar do excesso de estímulo para se focar; e algumas só gostam de ficar a sós.

brincadeira solitária Forma de brincadeira em que a criança brinca sozinha, apesar de outras crianças poderem estar presentes.

Você já viu uma criança brincando sozinha e, ao mesmo, observando outras crianças? Apesar de você poder se preocupar que ela tenha sido abandonada, avalie a situação com cuidado antes de estimulá-la a participar. Cada criança tem a sua própria hora de entrar para as brincadeiras em grupo. Algumas ficam felizes só de passar um tempo observando as outras; e, de fato, elas aprendem muito observando. Quando estiverem prontas, elas irão se juntar às outras. A observação é uma habilidade importante de se aprender. Estimule-a!

Se, entre as suas experiências de brincadeiras na infância, você se lembra de haver uma ou mais crianças brincando por perto, é possível que tenha se envolvido em **brincadeiras paralelas**. A brincadeira paralela é comum entre bebês, mas ocorre em todas as idades. Para ilustrar a brincadeira paralela, imagine crianças de 2 anos brincando na caixa de areia. Uma está jogando areia e ditando um monólogo sobre fazer bolos; a outra está passando com um caminhão de areia por um monte, fazendo barulhos de motor. Se as crianças estiverem envolvidas em brincadeiras paralelas, o monólogo da primeira pode incorporar o caminhão de vez em quando, mas nenhuma irá reconhecer diretamente a brincadeira da outra. De fato, se elas se intrometerem na brincadeira uma da outra, ela irá acabar por completo.

brincadeira paralela Forma de brincadeira em que duas ou mais crianças estão brincando sozinhas, mas próximas uma da outra. A brincadeira de cada uma pode ser influenciada pelo que a outra está fazendo ou dizendo, mas não há interação direta ou reconhecimento da outra.

FOCO NA DIVERSIDADE

Sem vencedores, por favor

Miguel estava no 2º ano quando tentou me ensinar que o sucesso não envolve vencedores e perdedores. Era um conceito simples para ele, mas até que ele me chamasse a atenção, eu não havia percebido que participava de um processo "educacional" bastante difundido de comparar, julgar e rotular as crianças.

Era uma manhã linda, e o Dia da Independência e a feira de comemoração estavam chegando. As crianças estavam todas conversando enquanto desenhavam fotos de colonos, bandeiras, inconfidentes. Olhei para o quadro de avisos lotado e decidi que não queria passar a tarde colando 30 fotos de patriotas.

"Já sei!", disse à turma. "Vamos fazer um concurso e votar nas melhores fotos para colar no quadro de avisos!"

A resposta de Miguel foi imediata. Ele nem largou as canetas coloridas nem levantou a mão. "Melhor não."

Fiquei pasma. "Miguel, você não quer fazer um concurso? Vai ser muito divertido! Vamos todos votar nos vencedores e colar adesivos de vitória quando pendurarmos os desenhos. A que você está desenhando está ótima", comentei. "Você pode vencer."

Dessa vez, ele nem levantou os olhos. "Não, obrigado."

"Por que não, Miguel?"

Miguel respirou fundo e explicou pacientemente. Eu obviamente precisava que as coisas mais simples me fossem explicadas devagar e com cuidado. "Bom, olhe os desenhos de todo mundo. São todos bonitos, né?".

Olhei e concordei que eram.

"Se a gente escolher só dois ou três, não vai ser justo. E, quando terminar, a maioria vai ficar triste".

Por algum motivo, essa simples explicação acendeu uma luz em mim. O que eu estava fazendo? O que estava tentando fazer?

Nem todas as crianças defendem suas ideias tão bem quanto Miguel. Pesquisas do estado da Califórnia indicam que 96% das crianças que entram para a escola infantil são felizes e confiantes, e apenas 2% dos formandos se sentem bem em relação a si mesmos. Em algum lugar no meio do caminho, eles foram levados a crer que não são tão capazes quanto acreditavam na educação infantil.

Fonte: Elwell (1993).

Crianças de todas as idades se envolvem em brincadeiras paralelas. Veja, por exemplo, duas crianças mais velhas sentadas lado a lado em computadores. Durante a brincadeira paralela, as crianças ficam próximas uma à outra, influenciadas pelo que estão fazendo, mas sem interagir diretamente. Se você observar crianças um pouco mais velhas brincando paralelamente, pode descobrir que elas estão tão coordenadas que até imitam os gestos uma da outra.

Brincar próximo, mas não *com* outra pessoa, é uma maneira de elas se envolverem com outras crianças ou de se aproximarem de um grupo. A criança se aproxima do grupo ao qual quer se juntar, brinca ao lado por um tempo e, finalmente, se incorpora à sua brincadeira. Essa é uma forma menos arriscada de se aproximar do que caminhar diretamente até lá e perguntar: "Posso brincar?", porque as outras crianças podem dizer não. Antes, os pesquisadores enxergavam a brincadeira paralela como um tipo menos sofisticado de brincadeira, mas agora veem isso como um método utilizado por crianças com habilidades sociais mais avançadas de brincar com as outras. As brincadeiras paralelas permitem que as crianças se habituem com as outras lentamente; permite que elas provem que são compatíveis para brincar.

Talvez em sua memória de brincadeiras infantis, você estivesse interagindo com outras crianças. Há dois tipos de brincadeira interativa. A **brincadeira associativa** envolve crianças interagindo de maneira ligeiramente organizada, tal como trabalhar em um projeto de colegas lado a lado. As crianças se associam em um processo de troca; elas continuam suas conversas e prestam atenção uma à outra. Já a **brincadeira cooperativa** envolve um grau significativo de organização: "Vamos brincar de casinha. Você é a mamãe, eu sou o papai. E o bebê, quem vai ser? Já sei, vamos perguntar prá Julia". Crianças em idade escolar costumam se organizar quando brincam. Criar uma construção de caixas de papelão ou um circo são dois exemplos de brincadeira cooperativa sofisticada. Veja o quadro *A teoria por trás da prática*, na página 90, para compreender como o espaço para brincadeiras pode ser organizado de modo a acomodar os diferentes tipos de brincadeiras sociais.

Benefícios da brincadeira

As brincadeiras oferecem tantos benefícios que é difícil de listá-los. Um dos principais benefícios é que ela aumenta a habilidade das crianças de lidar com o mundo em um nível simbólico – uma habilidade que se encaixa quase em sua totalidade no reino do desenvolvimento intelectual, além de servir de fundamento para todo o desenvolvimento intelectual subsequente. Apenas por meio do uso de símbolos é que as crianças aprendem a falar, a ler, a escrever e a compreender conceitos matemáticos e científicos. Por meio do uso de símbolos, as crianças podem utilizar proficientemente a lógica e o raciocínio. Existe uma ligação entre as brincadeiras simbólicas e, posteriormente, leitura, escrita e outras realizações escolares. Quando os pais aprendem sobre essa ligação, às vezes, passam a apreciar mais o tempo que seus filhos ficam brincando de faz de conta.

É claro, apenas brincar não aumenta o desenvolvimento intelectual. Por meio das brincadeiras, as crianças também adquirem diversas habilidades sociais e emocionais. Lembre-se, essas habilidades também estão ligadas ao intelecto: elas aprendem a se relacionar e a cooperar umas com as outras, a trabalhar seus sentimentos de medo e de raiva, a resolver seus conflitos emocionais batendo em massinha de modelar, abraçando e dando broncas em bonecas e escalando o trepa-trepa. A prática dessas habilidades sociais e emocionais, por sua vez, constrói caminhos neurais no cérebro que afetam diretamente o desenvolvimento intelectual. Durante a brincadeira, as crianças também adquirem habilidades físicas, praticando-as sucessivamente até dominá-las: equilibrar-se no limite da caixa de areia e caminhar como se fosse uma corda bamba ou andar de bicicleta com rodinhas, retirando-as gradualmente até conseguir andar sem.

brincadeira associativa
Forma de brincadeira em que as crianças usam os mesmos materiais, interagem umas com as outras e têm conversas. Não é organizada como a brincadeira cooperativa, em que as crianças assumem diferentes papéis.

brincadeira cooperativa
Forma de brincadeira que envolve um grau significativo de organização. Atuação interativa e criação de esculturas em conjunto são dois exemplos de brincadeira cooperativa.

Volte à sua experiência de brincadeiras novamente. Como você se beneficiou dessa experiência? Tente listar os benefícios por categoria: cognitiva (intelectual), psicomotora (física) e afetiva (socioemocional). Em outras palavras, explore como sua experiência de brincadeiras beneficiou "você por inteiro" – sua mente, seu corpo e seus sentimentos.

Como qualquer educador infantil, é importante que você compreenda os benefícios da brincadeira. Em algum momento, você terá de responder à perene pergunta dos pais: "As crianças aprendem alguma coisa aqui ou elas só brincam?". Vale a pena reservar um momento agora para formular a sua resposta para quando essa ocasião surgir.

Trabalho: uma forma de aprendizagem

Quando as crianças estão envolvidas em brincadeiras dramáticas, elas estão quase

Declaração de posicionamento da NAEYC:
Aprendendo a ler e escrever

> ### A TEORIA POR TRÁS DA PRÁTICA
>
> **Espaços para brincadeiras**
>
> Algumas pesquisas clássicas do Pacific Oaks College ajudaram uma geração de professores a organizar suas áreas de brincadeiras para que haja espaço o bastante para todos e o número certo de opções de coisas a fazer. Com planejamento cuidadoso por parte dos adultos, as crianças podem encontrar espaços para brincar sozinhas, com outra pessoa ou em grupos pequenos e grandes. As diretrizes desenvolvidas por Kritchevsky, Prescott e Walling ajudam os professores a criar ambientes que estimulam as brincadeiras ativas. O ambiente também ajuda as crianças a se agruparem adequadamente, em vez de ficarem em um grupo grande que precisa ser "orientado". O movimento entre as áreas de brincadeiras também é importante, se o objetivo é dar escolhas às crianças. Caminhos claros e visíveis levam e até estimulam as crianças a trocar de áreas quando estiverem prontas, então, elas também colhem os benefícios de um ambiente rico.
>
> Fonte: Kritchevsky, Prescott e Walling (1977).

sempre imitando o trabalho dos adultos; elas sabem que trabalhar é importante. Elas ficam ansiosas pelo momento em que elas mesmas terão de trabalhar; do contrário, não brincariam tanto disso. Os adultos incentivam uma atitude saudável em relação ao trabalho quando envolvem as crianças nas tarefas. Varrer, limpar mesas, organizar a hora da roda e pôr a mesa são tarefas rotineiras que não só satisfazem as crianças como também contribuem para o seu desenvolvimento intelectual, social, físico e emocional. Ajudar é uma parte importante do currículo infantil.

Atitudes dos adultos com relação ao trabalho e seu efeito nas crianças

"A brincadeira é o trabalho das crianças" é um ditado que já orientou o campo da educação infantil. Esse ditado continua sendo verdade, mas alguns questionam se ele nega a responsabilidade das crianças. Quando elas estão focadas na brincadeira, os adultos frequentemente hesitam em pedir a sua ajuda. E, mesmo assim, as mais pequenas costumam ficar felizes – de fato, consideram um

Por meio das brincadeiras, as crianças exploram o mundo físico e constroem fundamentos em matemática e física.

privilégio – em ajudar. No Instituto Pikler, a creche residencial fundada pela Dra. Emmi Pikler, em Budapeste, na Hungria (veja o Cap. 1), as crianças ajudam desde cedo, quando bebês, a cooperar com suas cuidadoras durante atividades de cuidado. Esse é o início. Posteriormente, quando aprendem a caminhar, elas aprendem a se responsabilizar pelo outros, quando são designadas ajudantes do dia. Anna Tardos, filha de Pikler e atual diretora do instituto, diz que tal responsabilidade não é um privilégio, mas um direito. Uma das vantagens do cuidado em grupo é que as crianças podem aprender o que significa assumir responsabilidade. Algumas crianças também aprendem em casa, mas não todas.

Atitudes com relação ao trabalho são aprendidas desde cedo. Os adultos que consideram o trabalho algo desagradável podem facilmente passar essa atitude para as crianças sem jamais dizer nada, por meio de expressões faciais e linguagem corporal. Portanto, é vital que os adultos modelem atitudes positivas em relação ao trabalho. A hora da limpeza é um bom exemplo. Os bebês em idade de caminhar, por exemplo, gostam de limpar tanto quanto de fazer bagunça, especialmente se não houver muita pressão sobre eles. Guardar os brinquedos é semelhante a montar um quebra-cabeça e pode ser tão divertido quanto. Criar uma rotina de organização nos programas de educação infantil é uma forma de desenvolver uma atitude positiva em relação ao trabalho.

Um programa utilizava o conceito de ciclos para explicar a organização. O ciclo de brincar com algo é (1) tirar do lugar, (2) brincar e (3) guardar. Se uma criança abandonasse o brinquedo, a professora explicava que ela não havia terminado o ciclo, portanto não estava pronta ainda. Crianças que apreciam ciclos fechados – com início, meio e fim – aprendem esse padrão rápido.

Outros tipos de trabalho incluem responsabilizar as crianças por suas próprias coisas, por pendurar seus casacos, guardar as escovas de dentes, limpar seu lugar na mesa e dobrar os guardanapos. Fazer coisas para a turma é outro tipo de trabalho, tal como pôr a mesa, varrer, organizar as cadeiras para a hora da roda e ajudar a levar os triciclos para o pátio.

É verdade que muitas pessoas enxergam brincadeiras e trabalho como opostos, mas lembre que as crianças pequenas não precisam aprender isso.

Observações infantis do trabalho dos adultos

Uma forma de apresentar as crianças a atitudes positivas em relação ao trabalho é deixá-las observar adultos trabalhando – em todos os tipos de trabalho. Uma privada entupida ou um cano quebrado, por exemplo, podem ser uma dor de cabeça para a professora ou cuidadora, mas pode ser o ponto alto do dia para as crianças se elas puderem ver o encanador trabalhando. As crianças também gostam de observar tarefas diárias, como adultos preparando uma refeição. (Uma vantagem do cuidado domiciliar é que ele dá muitas oportunidades às crianças de verem os adultos trabalhando; em programas

Dar responsabilidade às crianças e envolvê-las nos deveres incentiva uma atitude saudável em relação ao trabalho.

PONTOS DE VISTA

Duas visões sobre a aprendizagem centrada na criança

Os exemplos anteriores envolviam adultos realizando trabalho adulto em ambientes centrados nas crianças; contudo, alguns educadores infantis defendem fortemente que o espaço infantil deveria ser *só para crianças*. Como eles acreditam puramente na aprendizagem centrada na criança, eles desaprovam trabalhos adultos em ambientes de educação infantil. Eles veem a aprendizagem como um ato interativo e acreditam que as crianças podem aprender melhor quando brincam e exploram livremente em um ambiente rico e responsivo, e não quando elas só ficam observando ou imitando os adultos.

Jayanthi Mistry (1995, p. 20), uma pesquisadora do desenvolvimento infantil, tem outro ponto de vista e questiona a necessidade da aprendizagem centrada na criança:

> Em algumas comunidades culturais, as crianças aprendem simplesmente estando presentes quando os adultos realizam seus trabalhos e atividades caseiras. Os adultos não criam situações de aprendizagem para ensinar os filhos; pelo contrário, as crianças têm a responsabilidade de aprender comportamentos e práticas valorizados em sua cultura observando e acompanhando os adultos ao longo do dia. As crianças são naturalmente incluídas nos trabalhos e nas atividades dos adultos. Por exemplo, o bebê pode ser cuidado pela mãe, que administra a loja da família. Nesse cenário, a criança tem um papel na ação, pelo menos como observadora. A criança fica responsável por aprender por meio da observação ativa e participação gradual.

Muitas crianças hoje são cuidadas em negócios familiares, como lojas e restaurantes. A adequação desse ambiente para os anos iniciais depende do seu ponto de vista. A dificuldade surge quando pessoas com visões opostas são responsáveis por cuidar da mesma criança. Como foi dito anteriormente, há espaço na educação infantil para múltiplas perspectivas – contanto que os cuidadores se mantenham flexíveis e dispostos a negociar.

---

em centros educacionais, o trabalho dos adultos costuma ocorrer escondido das crianças, como quando o almoço é preparado em uma cozinha isolada ou até mesmo em outro local.) Da mesma forma, construções atraem crianças curiosas – não só por causa dos equipamentos, mas por causa dos trabalhadores em ação.

Em um programa de educação familiar, as crianças olhavam pela janela enquanto a filha adolescente da cuidadora trabalhava no seu carro. Em um centro de cuidado infantil, o professor trazia a sua moto para trabalhar e mexer nela no pátio, enquanto os "mecânicos" de 4 anos mexiam nos triciclos deles ao seu redor (MONIHANNOUROT et al., 1987). E ainda em outro programa, o diretor, que gostava de trabalhar com madeira, estabeleceu uma oficina para crianças em idade escolar. Enquanto ele trabalhava em várias peças para o centro, as crianças o ajudavam ou trabalhavam ao lado em seus próprios projetos.

A abordagem de projetos para aprendizagem

A **abordagem de projetos** para aprendizagem situa-se em algum ponto entre o trabalho puro e a brincadeira pura. Conduzido em um ambiente focado nas crianças, um projeto não é o mesmo que brincadeira e exploração livres. Um projeto começa com uma ideia que emerge dos adultos ou das crianças e é realizado por um pequeno grupo de crianças por determinado período de tempo.

A abordagem de projetos surgiu na Universidade de Chicago, na década de 1930, mas continua ganhando atenção hoje devido a sua aplicação pela Reggio Emilia, o programa de educação infantil italiano mencionado no

---

abordagem de projetos
Processo aprofundado de ensino-aprendizagem que emerge de uma ideia – pensada pelas crianças ou pelos adultos – e que é executada ao longo de dias ou semanas. Ao contrário das brincadeiras livres, o trabalho no projeto enfatiza tanto o produto quanto o processo. A documentação do processo (durante e até o final) é um elemento importante da abordagem de projetos.

Capítulo 1. Na Reggio, toda escola tem uma sala dedicada ao trabalho em projetos – uma combinação de oficina-laboratório. Nessa oficina, as crianças têm uma sala para se espalhar e trabalhar sem distrações. (Infelizmente, espaço é um luxo raro para a maioria dos programas infantis. A dificuldade normalmente está em encontrar um local para guardar os projetos em andamento quando as mesas devem ficar limpas para o almoço ou lanche a cada 2 ou 3 horas, e a sala inteira deve estar limpa para a hora da soneca uma vez ao dia.)

Os projetos fornecem um elemento de continuidade que, às vezes, faz falta a programas que se focam principalmente em brincadeiras livres ou em atividades curriculares isoladas e sem relação umas com as outras. Os projetos continuam por dias ou semanas e levam de uma coisa a outra de maneira conectada; e estabelecer conexões é uma habilidade cognitiva importante.

Os projetos são criados de modo a produzir desfechos, o que os diferencia de brincadeiras livres, em que o processo é tudo, e o produto é inexistente. É claro, o processo também é importante nos projetos. De fato, o processo é tão importante que os professores nas escolas Reggio e em outros lugares os documentam durante o andamento do projeto. A documentação pode assumir muitas formas: por escrito, gravações audiovisuais, fotos, desenhos, etc. Por meio da documentação, as crianças podem estudar seu próprio processo de aprendizagem; às vezes, elas até aprendem que a melhor forma de progredir é voltar um pouco e revisar. A documentação será vista em mais detalhes no Capítulo 12.

Os papéis dos adultos nos trabalhos e nas brincadeiras infantis

Apesar de os papéis dos adultos terem sido discutidos anteriormente neste capítulo, esta seção os agrupa e se foca no trabalho do projeto.

O adulto como observador

No trabalho com projetos, o papel do observador é muito importante. Observando, aprende-se que direção o projeto está tomando e como as crianças – individualmente e em grupo – pensam sobre o que estão fazendo. Além disso, quer esteja trabalhando em projetos ou não, o educador infantil deve sempre observar atentamente para aprender o que está acontecendo e que passos ele deve seguir. Observar as crianças individualmente e em grupos aponta suas necessidades, além de ser uma forma importante de avaliação. Uma forma de se focar na observação e de registrar o que se vê é manter um registro anedótico ou um registro corrente. Uma **observação de registro corrente** é uma descrição passo a passo do que está acontecendo enquanto acontece. Tal observação pode ser feita com ou sem interpretação adulta e especulação sobre o significado do comportamento observado; contudo, quando for registrar dados objetivos e comentários subjetivos, mantenha os dois separados. Uma forma de fazer isso é dobrar uma folha ao meio: em uma metade, escreva simplesmente o que você vê em termos objetivos; na outra metade, anote suas ideias sobre os significados do comportamento registrado. Anote o tempo quando escrever uma observação de registro corrente e marque sempre que se passarem 1, 2 ou 5 minutos. Pode ser importante depois saber se o comportamento foi breve ou se durou por algum tempo. Uma série de observações de registro corrente precisas podem ajudar a compreender a brincadeira das crianças e o que elas estão aprendendo com isso.

É claro, ao trabalhar com crianças, nem sempre é possível afastar-se e escrever anotações para uma observação de registro corrente. A principal função do observador é prestar atenção ao que está acontecendo; portanto,

> **observação de registro corrente** Método de documentação que fornece uma descrição escrita, objetiva, passo a passo do que está acontecendo enquanto acontece. Um registro corrente pode incluir interpretação dos adultos quanto ao significado dos comportamentos observados, mas deve separar dados objetivos de comentários subjetivos.

Uma forma de interagir de maneira eficiente com crianças que estão trabalhando ou brincando é interessar-se pelo que estão fazendo, comentando sem fazer juízo de valor.

quando for a sua hora de fazer a observação, lembre-se de observar tanto a si mesmo quanto as crianças, para obter informações que orientem sua supervisão e interações. Você está interferindo demais? Coisas ruins estão acontecendo porque você está muito distante da ação? Você está facilitando sem assumir o protagonismo?

Uma forma de interagir efetivamente com as crianças durante trabalhos ou brincadeiras é fazer comentários sem juízo de valor, ou *feedback* **descritivo**. Os professores transformam palavras em ações e sentimentos para as crianças quando falam coisas como

feedback descritivo Forma de comentário sem juízo de valor. Os adultos usam o *feedback* descritivo para colocar as ações e os sentimentos das crianças em palavras e transmitir reconhecimento, aceitação e apoio: "Você está trabalhando duro nesse desenho" ou "Parece que você não gosta que ele toque na sua pintura". O *feedback* descritivo deve ser usado para facilitar, e não para atrapalhar.

"Estou vendo como você está colocando areia no seu sapato."

"Parece que você não gosta que ele toque na sua pintura."

"Você está colocando um bloco em cima do outro."

"Você está pegando nozes há bastante tempo."

"Você está trabalhando duro nesse desenho."

"Você está esfregando mesmo essa mesa."

Só falar sobre o que a criança está fazendo ou sobre o que você percebe que ela esteja sentindo já transmite reconhecimento, aceitação e apoio. Apesar de essa forma de comunicação parecer estranha aos iniciantes, quando você aprender a dar *feedback* descritivo, poderá usá-lo efetivamente no papel de facilitador. Kathleen Grey, uma professora infantil, chama essa forma de falar de "escuta ativa". Leia o que ela diz a respeito no quadro *Dicas e técnicas* a seguir.

Quando aprender a dar *feedback* descritivo, você pode começar a oferecê-lo com muita frequência. Só tenha cuidado para não atrapalhar com os seus comentários. A ideia de dar *feedback* descritivo é facilitar, e não atrair atenção desnecessária à sua presença.

O adulto como gerenciador de estágios

É surpreendente o que uma mente criativa é capaz de inventar ao montar um ambiente para crianças. A montagem pode ser elaborada ou mesmo mínima, podendo resultar apenas da sua criatividade ou incorporar algumas das ideias das crianças. Tente estimular a inventividade das crianças. Quando uma sugerir um novo uso para um equipamento, por

> **DICAS E TÉCNICAS**
>
> **Uma forma respeitosa de comunicação**
>
> Eu ansiava por uma forma de "apenas estar" com as crianças. Queria ser uma força positiva em suas vidas, mas também queria parar de empurrá-las inutilmente na direção em que queria moldá-las na minha cabeça. Queria comunicar as minhas expectativas de modo que elas simplesmente fossem o melhor que sua capacidade lhes permitia, e não o melhor que achava que elas pudessem ser. Mas como poderia comunicar isso sem ir até a permissibilidade total, uma espécie de vale tudo?
>
> Então, aprendi a escuta ativa, uma maneira receptiva e reflexiva de comunicar o respeito pelas outras pessoas... e o mundo se abriu para mim. Descobri que refletir sobre o que as crianças estavam fazendo e sobre o que elas pareciam estar sentindo reforçava sua autoconfiança de modo que elas se sentiam fortalecidas e validadas como seres humanos potentes, competentes e valiosos. Podia contar com o desejo delas de crescer. O estilo de comunicação da escuta ativa pareceu tão claro, descomplicado, honesto e real que mergulhei nele com uma grande sensação de alívio.
>
> Foi como jogar uma pedra em um lago parado. A partir daquele momento, as ondas foram viajando em círculos cada vez maiores. Comecei a me conectar com as crianças com cada vez mais frequência, observando seus desenhos e compreendendo o prazer evidente dessa compreensão. Até mesmo durante as muitas vezes em que precisei estabelecer limites, senti o companheirismo originado da conexão genuína e com significado compartilhado.
>
> Fonte: Adaptado de Grey (1995).

exemplo, faça-se a seguinte pergunta: "Por que não?", antes de automaticamente dizer "Não é para isso que ele serve" (veja o quadro *Dicas e técnicas*, na página 96).

Você pode promover a criatividade das crianças permitindo que elas alterem o ambiente de tempos em tempos. Mas se lembre de que, se alguém que usa o ambiente tem deficiência visual, a reorganização pode criar perigos para essa pessoa. Alguns ambientes são mais propensos à reorganização do que outros, porque eles têm menos características embutidas, e alguns materiais são mais propensos à reorganização porque têm mais partes soltas (como blocos de montagem que as crianças podem usar para criar estruturas grandes onde elas possam entrar). Alguns programas têm quadros, caixas, escadas e outros componentes que se encaixam de maneira que as crianças podem criar seus próprios equipamentos para brincar. É como deixar as crianças brincarem em uma construção – só que muito mais seguro.

Além de montar o ambiente – decidir que materiais, atividades, equipamentos ou brinquedos serão fornecidos e como eles serão organizados –, você deve estar constantemente ciente de como o estágio afeta a brincadeira. Está faltando alguma coisa que facilitaria a atividade, o projeto ou a rotina? Alguma área está ficando muito caótica? Preciso colocar tudo em ordem novamente? Essa área em específico está sendo ignorada? Preciso adicionar alguma coisa de interesse, ou até mesmo ficar aqui, para chamar a atenção das crianças?

O adulto como professor

Um objetivo importante dos professores seria ajudar as crianças a ficarem "competentes" em brincar. Muitos de

Padrão do programa NAEYC 3 — Ensino

nós crescemos adquirindo habilidades naturalmente e nunca pensamos sobre o que é necessário para ser competente em brincadeiras. A maioria das crianças, seguindo um padrão típico de desempenho, aprende a brincar por conta própria. Ninguém precisa ensiná-las, e a brincadeira torna-se algo natural delas, mas

DICAS E TÉCNICAS

Por que não?

Eu era responsável pela área do jogo dramático, que havia sido montada como uma loja de faz de conta, quando as crianças começaram a colocar caixas vazias de salgadinhos e de leite no canto dos blocos. Era nova naquela pré-escola, e não tinha certeza das regras, então, inventei algumas. "As coisas da loja precisam ficar aqui", anunciei alegremente, tentando manter uma voz firme. As crianças me ignoraram, e eu repeti. Um garotinho disse: "Mas nós queremos montar a nossa loja ali". Respirei fundo e estava pronta para bater boca quando a professora chegou ao meu lado. Eu lhe disse que as crianças queriam mudar a loja de lugar, e tudo o que ela disse foi: "Por que não?". Estaquei; não conseguia pensar em um bom motivo. Mais tarde, quando discutimos essa questão na nossa reunião no final do período, a professora explicou que sempre se perguntava "Por que não?" quando as crianças queriam fazer algo que ela desaprovava. Se ela não conseguisse pensar em um bom motivo, ela deixava sua desaprovação de lado. Fazia sentido, e desde então tenho me guiado por essa regra.

Fonte: Adaptado de Gonzalez-Mena (1995a).

---

outras crianças beneficiam-se do auxílio das professoras ou de auxiliares para aprender a brincar. De fato, algumas crianças precisam desesperadamente desse tipo de ajuda, e não aprendem a brincar sem isso. Algumas das crianças que precisam de auxílio são as que sofrem de necessidades especiais, deficiências ou dificuldades específicas, mas não todas. Algumas crianças só não tiveram a chance de aprender a habilidade de brincar. Leia os próximos dois parágrafos com esses grupos de crianças em mente.

Ao ensinar uma criança a brincar, os objetivos básicos são os de fazê-la começar a brincar com uma ou mais crianças e oferecer a ela as habilidades de continuar brincando. Há vários passos pelos quais a criança pode passar para aprender habilidades de brincar. Brincar com o professor ou auxiliar é um passo preliminar para muitas crianças. Brincar em duplas é outro passo inicial, e é mais fácil de fazer isso um com o outro do que entrar em um grupo que já está brincando. Brincar em paralelo – quando duas ou mais crianças brincam lado a lado – é um passo em direção à brincadeira interativa. Aprender a imitar outra criança pode ser outro passo em direção a aumentar as habilidades de brincar. A imitação pode ser um precursor para aprender a seguir a liderança de outro. Assumir a liderança periodicamente após fazer parte de um grupo é outra habilidade que as crianças precisam aprender. Saber quando liderar e quando seguir (em um movimento de troca periódica) é vital para a brincadeira interativa. Conseguir entrar para o faz de conta é outra importante habilidade. Todas essas habilidades podem ser ensinadas para a maioria das crianças, se elas estiverem no nível de desenvolvimento adequado. É claro, habilidades sociais básicas também são importantes, como compartilhar, esperar a sua vez, empatia e a habilidade de compartilhar os próprios sentimentos e pensamentos.

Para promover as habilidades que auxiliem as crianças a brincar, comece fazendo uma observação. Determine quem precisa dessas habilidades. Oriente as crianças e dê o exemplo. Se elas precisarem falar para entrar em um grupo, ensine o que dizer, dê dicas e estimule-as. Para algumas crianças, só falar não basta; elas precisam de muito mais. Nesse caso, use a orientação física. Algumas crianças precisam que o educador infantil de fato mova sua mão para alcançar aquela primeira peça do quebra-cabeças ou rolar a bola pelo chão. Se o adulto segurar a sua mão e realizar os movimentos por ela, a criança acabará assumindo o movimento e fazendo tudo por conta. Por exemplo, digamos que crianças de 3 anos estão sentadas no chão com um porquinho-da-índia, sendo que duas estão segurando o animal e acariciando-o gentilmente. Se a terceira criança der indícios de que quer tocar no porquinho-da-índia, mas não fizer ideia do que fazer, demonstrar ou explicar pode ser tudo o que ela precisa para interagir. Se ela ainda assim não responder, o adulto pode ajudá-la fisicamente a segurar e acariciar o animal.

A sensação de segurança é outro fator importante na brincadeira; crianças sem esse senso de segurança não demonstram suas habilidades de brincar. Existe a sensação de segurança emocional, que será discutida em detalhes nos Capítulos 3 e 9, mas também há a necessidade de sensação de segurança física. Às vezes, essa necessidade é satisfeita auxiliando e posicionando a criança com dificuldades variadas de controle sobre o seu corpo, como é caso de crianças com paralisia cerebral ou outro tipo de deficiência física (veja o quadro *Dicas e técnicas* mais adiante). Uma criança que se sente desconfortável, desequilibrada ou que tenha medo de cair não terá a concentração necessária para brincar (ou para fazer qualquer outra coisa).

Observação e comunicação são importantes. Pode acontecer de a professora não saber fornecer a segurança física de que a criança precisa e que a criança não consiga se expressar bem o bastante para explicar como se sente. Os pais são as melhores fontes para esse tipo de informação, mas os terapeutas físicos também podem ajudar. Algumas crianças que já passaram da infância não conseguem sair da posição em que foram colocadas. Certifique-se de elas estão seguras no lugar. Para ajudá-las a se manter confortáveis, mude sua posição periodicamente; tente encontrar posições que deixem as suas mãos livres para manipular objetos. Se a criança tiver dificuldades para fazer isso, modifique os brinquedos e os materiais para que o menor movimento tenha os maiores efeitos. Não subestime a habilidade das crianças de aprender e aprimorar suas habilidades no ambiente certo e com a ajuda adequada.

O adulto como incentivador

Os adultos facilitam tanto o trabalho quanto as brincadeiras (quer sejam diferenciados ou não) por meio do seu incentivo.

Há evidências bastante persuasivas de que elogiar as crianças pelo seu sucesso atrapalha, em comparação com as crianças que recebem reconhecimento pelo seu esforço contínuo. Quando os adultos se focam no sucesso, dizendo coisas como "Bom trabalho!" e "Você é tão inteligente", as crianças acabam evitando fazer coisas nas quais elas não são tão boas. Quando os adultos dão atenção às crianças por se esforçar e se dedicar, elas se tornam aprendizes mais eficazes, sendo muito mais provável que assumam problemas complexos e desfrutem do processo de tentar resolvê-los. Peter H. Johnston escreveu um livro inteiramente sobre como os professores podem ajudar as crianças a alcançar seu pleno potencial pensando cuidadosamente nas palavras que usam. Chamado de *Opening minds: using language to change lives* (JOHNSTON, c2012), o livro cita muitas pesquisas, incluindo as de Carol Dweck sobre como as crianças desenvolvem teorias a respeito da inteligência e do que significa ser inteligente. Quando alguém considera a inteligência como um traço fixo com o qual as pessoas nascem, ela acha que não poderá fazer muito para alterar esse traço. Dweck (2006 apud JOHNSTON, c2012) aponta que a inteligência é, na realidade, dinâmica – ela cresce e muda. Os adultos têm o poder de dirigir as crianças na direção dinâmica pelas palavras que utilizam para incentivá-las a enfrentar e solucionar problemas. A cena a seguir mostra como o incentivo funciona durante uma situação de brincadeira livre em um centro infantil.

Ashley engatinha até a prateleira dos brinquedos, onde ela vê um pequeno vagão de trens contendo blocos. O cordão do trem está

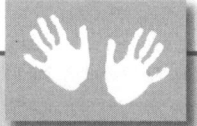

DICAS E TÉCNICAS

Ajudando crianças com deficiências a brincar com outras crianças

A brincadeira é uma forma de as crianças desenvolverem habilidades, sendo que a própria brincadeira, às vezes, é uma habilidade que precisa ser ensinada; algumas crianças podem não ter muita experiência em brincadeiras, e outras podem não ter algumas habilidades e capacidades. Uma criança que tenha dificuldades de audição ou de linguagem pode ter problemas para se comunicar com seus pares, o que dificulta a brincadeira. Os adultos podem ensinar as crianças a se comunicar com outras que tenham problemas de audição ou de fala e, por sua vez, ensinar essas a se comunicar com as outras, assim como com os adultos. Algumas crianças não têm controle sobre o seu comportamento, e outras não querem brincar com elas. Novamente nessa situação, a ajuda do professor se faz necessária. As informações sobre a orientação como alternativa a punições no próximo capítulo são úteis para tornar crianças com comportamento inadequado em bons companheiros de brincadeiras. Até mesmo equipamentos adaptativos, como um cadeira de rodas ou um andador, podem ser um problema e prejudicar a brincadeira quando se tornar uma barreira à interação social. As informações no Capítulo 8 sobre o ambiente físico podem ser de ajuda aqui. A questão dos equipamentos adaptativos – se eles tornarão uma criança mais ou menos popular diante das outras – não é necessariamente previsível. Por exemplo, escutei uma história sobre um garoto de 4 anos que pediu ao Papai Noel um andador de Natal, igual ao seu amigo da pré-escola. Ele não queria uma bicicleta, e sim um andador!

---

amarrado na roda de um caminhão e, quando Ashley puxa o vagão, o caminhão vem junto. Frustrada, Ashley balança o vagão com força, mas isso não resolve o problema. Ela bate nele. Ainda não funciona. Ela tira os blocos um por um, mas o cordão continua preso. Ela balança o vagão novamente pelo cordão e solta um grito frustrado, que traz um adulto até ela. O adulto traduz os sentimentos da Ashley em palavras: "Você quer soltar o trem".

Ashley lhe entrega o cordão, mas o adulto o devolve para ela. Quando Ashley puxa o cordão novamente, o adulto, utilizando incentivo não verbal, coloca o dedo sobre o cordão esticado e o segue até a fonte do problema. A seguir, ele adiciona palavras para descrever o problema: "O cordão está amarrado".

Ashley bate no cordão, frustrada, e ao fazer isso solta-o da roda. "Olha", incentiva o adulto. "Aposto que você consegue desamarrar". Ashley agarra o cordão novamente, e ele se solta. Ela sai engatinhando, puxando o vagão logo atrás. O adulto permanece em silêncio, imaginando que o sucesso de Ashley é recompensa o bastante.

O adulto não resolveu o problema para Ashley; ele a incentivou a solucioná-lo por conta própria. Ele deu uma ajuda pontual, com a quantidade certa de estímulo verbal, um processo chamado de "andaime".

Incentivar as crianças é um papel importante dos adultos. É necessário certo grau de determinação para se ater ao incentivo, em vez de resolver o problema da criança e, assim, resgatá-la de sua própria frustração. Por exemplo, teria sido mais fácil para o professor desamarrar o cordão para Ashley, mas isso teria passado a mensagem de que ela é muito pequena para resolver o problema de maneira eficaz. Crianças que são frequentemente resgatadas começam a relutar em *tentar* resolver as coisas por conta própria. Elas procuram um adulto para resolver tudo e não conseguem aprender a lidar com a frustração que acompanha a resolução de problemas.

Incentivo *versus* elogios. O incentivo verbal exerce um papel vital no empoderamento das crianças; contudo, muitos adultos usam elogios em vez de incentivos. Para ilustrar a distinção, veja o que poderia ter acontecido se o adulto tivesse elogiado Ashley em vez de incentivá-la.

Ashley puxa o trem da prateleira de baixo, mas como o cordão ligado ao vagão está preso à roda de um caminhão, ele vem junto.

O adulto diz: "Bom trabalho, Ashley, você puxou o trenzinho", sem reconhecer o problema. Ashley parece frustrada. Que efeito o elogio terá sobre ela, se ela ainda não realizou o que queria? Ela balança e bate o trem, sem sucesso. Quando ela solta um grito frustrado, o adulto tem dificuldade de achar algo para elogiá-la. A essa altura, Ashley desiste, o elogio sozinho simplesmente não funcionou.

Muitos adultos não compreendem que elogios inadequados podem ser uma resposta tão viciante e debilitante quanto resgatar a criança. Quando as crianças se apegam aos elogios, elas perdem a habilidade de julgar por conta própria, tornam-se dependentes nas opiniões externas e perdem sua motivação intrínseca. Compare essas cenas:

Na primeira cena, Trevor está se esforçando para construir uma torre muito alta e anuncia sua intenção à professora iniciante na área dos blocos. Ele empilha blocos cuidadosamente na construção cambaleante, mas ele cai, e a coisa toda entra em colapso. Ele olha rapidamente para o adulto, que registra desapontamento em seu rosto. Ele tenta de novo. Sucesso! Novamente ele olha para a professora, que diz: "Você conseguiu! Bom trabalho". É só depois de ouvir isso dela que ele se senta e se glorifica pelo seu sucesso.

Na segunda cena, Brian montou uma pilha alta de blocos e está tentando derrubar o bloco superior com um pêndulo caseiro, feito com um cordão pendurado no teto com uma bola de tênis anexada à outra ponta. Ele não dá atenção a mais ninguém ao seu redor. Brian balança o pêndulo e erra; ele balança de novo e erra de novo. A seguir, ele acrescenta outro bloco à pilha. Agora sim, o pêndulo acerta e o bloco cai. Brian mal para antes de começar seu próximo experimento: derrubar uma pera de plástico da pilha.

Qual das duas crianças está mais motivada pelo elogio e qual acha mais satisfatório o que está fazendo sem receber reconhecimento? Brian tem aquilo que se chama de **motivação intrínseca**; ou seja, ele se sente bem *sem* que alguém o elogie. Ele também está mais focado no processo do que no desfecho, sem precisar de incentivo nem de elogio.

A motivação intrínseca é que deveria servir de base para a aprendizagem – e não um sistema de recompensas externas. Ainda assim, muitos adultos no campo da educação infantil são pegos distribuindo prêmios pelo sucesso na forma de elogios, adesivos, privilégios e outros métodos projetados para motivar as crianças vindos de fora.

É fácil detectar as crianças que estão "viciadas" em reconhecimento; elas não desfrutam o sucesso, a menos que o compartilhem com alguém. Em um programa infantil, percebi que algumas crianças olhavam em volta da sala em busca de um olhar de admiração ou de palmas toda vez que realizavam alguma coisa. Seus rostos demonstravam desapontamento quando ninguém vibrava ou aplaudia.

O elogio tem muito poder – assim como efeitos colaterais desastrosos, conforme ilustrado pelo experimento a seguir, conduzido em uma escola universitária. O experimento ocorreu na época em que as canetas hidrográficas entraram nos mercados; elas eram muito caras, e a maioria das crianças nunca havia visto uma antes. Os cientistas trouxeram várias canetas hidrográficas para a pré-escola e as deixaram na mesa, próximas de algumas folhas de papel. Tente imaginar como aquelas canetas eram diferentes das canetas coloridas, dos gizes de cera ou dos lápis – os únicos materiais para desenho que as crianças haviam usado.

As crianças tiveram permissão de brincar livremente com as canetas hidrográficas por aproximadamente uma semana; após isso, as canetas foram removidas da sala de aula. Nesse meio tempo, as crianças foram alea-

> **motivação intrínseca**
> Recompensas internas que motivam a criança a realizar algo. A motivação intrínseca contrasta com a motivação extrínseca, em que as recompensas são dadas à criança na forma de elogios, objetos, estrelas, privilégios e assim por diante.

toriamente divididas em grupos, e um plano de recompensas foi montado. Sistematicamente, durante o período em que as canetas não estavam disponíveis na sala de aula, as crianças foram levadas a outra sala em grupos pequenos, recebendo as canetas hidrográficas para brincar. Alguns grupos foram recompensados por brincar com as canetas, e outros grupos não. Após aproximadamente um mês, as canetas hidrográficas foram reintroduzidas na sala de aula para que as crianças brincassem novamente. O que os pesquisadores descobriram é que as crianças que não foram recompensadas correram para a mesa e brincaram com as canetas até não poderem mais; contudo, as que foram recompensadas se restringiram, agora que estava claro que elas não tinham nada a ganhar por usar as canetas com exceção do próprio prazer de utilizá-las.

Sei, por experiência própria, que atividades satisfatórias por si próprias perdem a graça quando os adultos acrescentam recompensas externas às intrínsecas. Então, quando um bebê está brincando na areia e um adulto interrompe para dizer: "Nossa, gostei desse montinho que você fez", da próxima vez o bebê pode se sentir inclinado a fazer um montinho para o adulto, e não para si mesmo. Ou, muito tempo depois, quando uma criança que está ansiosa para aprender a ler recebe adesivos ou recompensas por cada passo, o processo de leitura perde um pouco do seu valor intrínseco para a criança. É quase como se o adulto estivesse dizendo: "Eu sei que você não vai ganhar nada com isso, então, vou fazer valer a pena".

Quando as crianças se sentem motivadas em suas brincadeiras pelos elogios dos adultos, elas não estão envolvidas em brincadeiras de verdade. Lembre-se de que uma das cinco características da brincadeira é a motivação intrínseca. Crianças que são motivadas por elogios estão produzindo em prol das recompensas, e não pelo prazer da atividade.

De fato, todos precisamos de um pouco de atenção, de elogio, de reconhecimento, mas é importante saber como usar os elogios prudentemente – para construir relacionamentos, e não para destruí-los. Para usar elogios com cuidado e sabedoria, siga as diretrizes a seguir:

- Evite usar elogios quando uma criança estiver intrinsecamente motivada pela atividade.
- Ajude as crianças a encontrar prazer por conta própria ao realizar algo. Diga "Isso deve estar sendo bom" quando se aplicar.
- Não elogie apenas o sucesso, mas também tentativas e riscos, mesmo que não obtenham sucesso.
- Evite elogios vagos como "Boa garota!" ou "Garoto esperto!". É importante que as crianças sempre pensem em si próprias como boas e espertas – não só quando agradam os adultos.
- Faça distinção entre incentivo e elogio. Tente usar mais do primeiro, e menos do segundo. Note quando uma criança precisa de um empurrãozinho e aprenda a usar o incentivo de maneira eficaz.
- Dê reconhecimento às crianças de maneira regular, e não só quando elas tiverem realizado algo.
- Dar atenção positiva em forma de um carinho, um sorriso ou uma conversa traduz sua apreciação da criança por si própria. Algumas crianças chamam esse tipo de atenção de "amor incondicional".
- Seja generoso em sua atenção todos os dias. Esteja atento quando interagir com as crianças e durante a troca de fraldas, a alimentação e as refeições. Contudo, durante as brincadeiras, permita que elas façam o que bem entenderem; crianças com boa atenção não irão ficar correndo atrás dela enquanto brincam. A brincadeira é mais rica quando não é perturbada por necessidades que atrapalhem.
- Lembre-se: elogios são viciantes. Se você suspeitar que uma criança está ficando dependente de elogios, ajude-a a encontrar recompensas internas e sua própria satisfação.

Os elogios são frequentemente usados para construir autoestima, mas, ironicamente, tendem a ter o efeito contrário. A autoestima se desenvolve quando as crianças podem realisticamente avaliar seus pontos fortes e fracos e decidir se há mais do primeiro que do segundo. Elogios em demasia ofuscam a realidade e podem dar às crianças uma falsa ideia de si mesmas.

UMA HISTÓRIA PARA TERMINAR

Certa vez, uma menina me trouxe uma pintura realmente notável, colocou embaixo do meu nariz e esperou a minha reação. Eu falei: "Isso está lindo", disse, espontaneamente. Depois, lembrando que eu não deveria julgar a arte das crianças, dei minha reação pessoal sincera: "Gostei muito dessa pintura!". A criança abriu um sorriso largo e saiu com a pintura na mão. Alguns minutos depois, ela me trouxe outra pintura. Essa já não era tão boa, mas ela obviamente queria mais elogios. Eu me senti encurralada. Menti um pouco e disse: "Gostei dessa também". Ela saiu de novo e voltou um minuto depois. Lá estava ela, segurando um borrão de tinta em uma folha amassada de jornal. Finalmente, precisei dizer a verdade, então, falei que achava que ela estava fazendo desenhos agora só para que eu a elogiasse. Ela ficou arrasada e parou de produzir pinturas para mim; eu me senti horrível. Demorou semanas para que ela voltasse a pintar novamente, *para sua própria satisfação*.

Poderia ter respondido diferentemente à primeira pintura, falando em termos objetivos em vez de elogiá-la. Achei que não haveria problema em reagir emocionalmente, contanto que fosse uma reação honesta, mas tudo o que ofereci foi um julgamento de valor ("Isso está lindo"). E, apesar de compartilhar os meus sentimentos ("Gostei muito dessa pintura!") ser melhor do que a minha primeira reação, eu deveria ter usado uma resposta diversa.

A reação mais efetiva de todas, conforme aprendi, é discutir o processo com a criança, comentar a pintura em termos objetivos e incentivar a criança a expressar os *seus próprios* sentimentos sobre sua realização: "Estou vendo quanto tempo e esforço você dedicou a essa pintura. Aposto que deve ter sido divertido de pintar. Estou vendo que tem vermelho nesse canto e amarelo embaixo. Olha só onde eles se encontram". Honestidade desde o princípio teria dado um final diferente a essa história.

RESUMO

Recursos *on-line*

Visite **www.mhhe.com/gonzalezfound6e** para acessar recursos para estudo e *links* relacionados a este capítulo (em inglês).

Na educação infantil, o foco pertence às crianças. Apesar de ser tentador para o professor se colocar na posição central, é importante compreender os benefícios da aprendizagem centrada na criança. As brincadeiras fornecem um meio rico para o desenvolvimento mental, social, físico e emocional das crianças. Algumas categoriais de brincadeiras são: sensório-motoras, simbólicas, solitárias, paralelas e interativas. O trabalho também oferece um meio para que elas aprendam sobre o ambiente e a assumir responsabilidade por si próprias; as atitudes dos adultos em relação ao trabalho também têm impacto significativo sobre a atitude das crianças. Elas tendem a adorar ver os adultos trabalhar, mas os especialistas discordam sobre se é adequado expor as crianças ao trabalho dos adultos em programas de educação infantil. A abordagem de projetos para aprendizagem combina trabalho e brincadeiras, envolvendo esforços conjuntos de adultos e crianças. Três dos principais papéis que os adultos assumem para facilitar o trabalho e as brincadeiras das crianças são: o papel de observador, o papel de gerenciador de estágios e o papel de incentivador. O *feedback* descritivo e o incentivo (em oposição aos elogios) são duas estratégias efetivas que os educadores infantis usam ao preencher esses três papéis.

QUESTÕES PARA REFLEXÃO

1. Que papéis as brincadeiras e o trabalho tiveram na sua própria aprendizagem? Você consegue pensar em um momento em que tenha aprendido algo por meio das brincadeiras ou do trabalho? E relacionar a sua experiência pessoal à das crianças nos programas de educação infantil, incluindo programas de cuidado familiar?
2. Você acredita que é necessário fazer a distinção entre trabalho e brincadeiras (e torná-los coisas opostas)? Quanto você acha que a sua resposta é influenciada pela sua cultura? Se for, de que maneira?
3. Pense em uma época em que sentia que havia ritmo em sua vida. Descreva-a cuidadosamente. Você vê benefícios nessa experiência? Vê como as suas experiências podem se aplicar à educação infantil?
4. Qual o papel da competição na sua vida? Você a considera benéfica? Qual é a sua reação à forte oposição do texto à introdução ou permissão de competitividade em programas de educação infantil?
5. Que papel os elogios e a motivação intrínseca tiveram em sua vida? Você considera algum mais benéfico do que o outro? Qual é a sua reação aos alertas do texto sobre os possíveis efeitos negativos dos elogios?

EXPRESSÕES-CHAVE

Quantas das próximas palavras você consegue utilizar em uma frase? Você sabe o que elas significam?

aprendizagem centrada na criança 78
prática adequada ao nível de desenvolvimento (DAP) 79
construção de significado 79
brincadeira sensório-motora 85
brincadeira simbólica 85
brincadeira solitária 87

brincadeira paralela 87
brincadeira associativa 89
brincadeira cooperativa 89
abordagem de projetos 92
observação de registro corrente 93
feedback descritivo 94
motivação intrínseca 99

Orientando o comportamento das crianças pequenas

5

EXPECTATIVAS COMPORTAMENTAIS ADEQUADAS

PUNIÇÕES, INCLUINDO PALMADAS, ESTÃO PROIBIDAS

Qual o problema com as punições?

Efeitos colaterais das punições

ALTERNATIVAS DE ORIENTAÇÃO ÀS PUNIÇÕES

Castigo

Aprendendo com as consequências

Estabelecendo limites

Redirecionamento

Ensinando as crianças a expressar os seus sentimentos

Exemplificando comportamentos pró-sociais

Foco na inclusão: crianças com necessidades especiais

INTERPRETANDO OS COMPORTAMENTOS DAS CRIANÇAS

UMA HISTÓRIA PARA TERMINAR

NESTE CAPÍTULO VOCÊ IRÁ DESCOBRIR

- o que esperar das crianças a cada nível de desenvolvimento;
- por que palmadas e outras formas de punição não funcionam;
- o que se pode fazer em vez de punir;
- por que castigos nem sempre funcionam;
- como as crianças aprendem com as consequências de suas ações;
- por que as crianças precisam de limites;
- o que significa "testar os limites";
- como usar o redirecionamento e evitar disputas de poder;

- por que é importante aceitar os sentimentos das crianças;
- qual a importância de os adultos estabelecerem bons exemplos para as crianças;
- como ler o comportamento como comunicação;
- como impedir o mau comportamento;
- como lidar com comportamentos particularmente desafiadores;
- por que relacionamentos são importantes para estratégias efetivas de orientação.

Para orientar positivamente o comportamento das crianças pequenas, o educador infantil deve ter conhecimento e habilidades. Para começar, o iniciante deve entender que o objetivo da orientação é ensinar as crianças a se controlar e a agir de maneira respeitosa e socialmente aceita. Neste capítulo, você irá aprender sobre diversas ferramentas de orientação, incluindo como a orientação bem-feita pode promover a autoestima e as relações entre adultos e crianças. Você também irá descobrir como a orientação bem-feita dá às crianças oportunidades de aprender, então não se trata apenas de um capítulo sobre desenvolvimento social, mas também sobre desenvolvimento cognitivo.

Expectativas comportamentais adequadas

Um pré-requisito para o desenvolvimento de habilidades de orientação é compreender as expectativas comportamentais de cada estágio de desenvolvimento. Antes de ser possível determinar quais comportamentos precisam ser "orientados", é necessário saber quais são as normas comportamentais de cada estágio e como interpretá-las. Por exemplo, o choro de uma criança de 6 semanas é comunicação, e não uma ferramenta manipulativa; e a rebeldia de uma criança de 2 anos é um passo na direção da autonomia, e não um sinal de mau-caráter.

Saber o que consiste em comportamento adequado para cada faixa etária é uma informação vital para qualquer um que trabalhe com crianças. Marion Cowee, ex-professora e diretora pré-escolar e atualmente educadora de professores de faculdades comunitárias, compartilha uma história no quadro *Vozes da experiência*, na página 107, sobre uma criança cujo comportamento não se enquadrava com os das outras crianças de 4 anos da turma. A seguir, vê-se um breve resumo de expectativas comportamentais realistas para bebês e crianças pequenas.

- Bebês com 6 semanas de vida não choram para manipular os adultos, e sim para comunicar as suas necessidades. Chorar é a maneira que eles têm de fazer os adultos cuidarem de suas necessidades em tempo. Quando conseguem se comunicar com cuidadores sensíveis e responsivos, os bebês desenvolvem uma sensação de confiança básica, que é a principal tarefa de desenvolvimento do primeiro ano de vida, de acordo com Erik Erikson (c1963).

> **Padrões do programa NAEYC 2 e 3**
> Currículo e Ensino

- Por natureza, as crianças de 2 anos são rebeldes. De acordo com Erikson (c1963), a principal tarefa de desenvolvimento dessa idade é vivenciar sua própria autonomia. Ao se comportar de maneira rebelde, elas não estão tentando ser "más"; pelo contrário, só estão aprendendo a se afirmar no mundo. Apesar de alguns dos seus comportamentos precisarem ser gentilmente orientados e direcionados, é importante que o adulto compreenda o comportamento e seu propósito.

- É normal que crianças de 3 anos falem inverdades. Mas, em vez de caracterizar essas inverdades como "mentiras", o adulto precisa perceber que compreender a diferença entre ficção e realidade é uma tarefa cognitiva dos anos iniciais. De acordo com Jean Piaget (c1954), uma criança de 3 anos ainda está entendendo o mundo e pode ter tamanhos desejos que confundam sua fantasia com a realidade. (Mais sobre esse assunto aparece no quadro *Dicas e técnicas*, na página 108.)

- Uma criança de 4 anos que "rouba" algo não está exibindo sinais de que tem uma natureza criminosa, e sim de que ainda não sabe diferenciar o certo do errado. Para ela, experimentar comportamentos diversos e ver quais têm consequências negativas é uma forma de aprender essa distinção. De acordo com Lawrence Kohlberg (c1976) e William Damon (c1988), dois teóricos que pesquisaram o desenvolvimento moral, essa criança está no estágio inicial do desenvolvimento moral.

- Discussões entre crianças em idade escolar não significa que elas não saibam relacionar-se; pelo contrário, as discussões são a sua forma de pensar e de se resolver socialmente. Por meio de disputas infantis, os jovens aprendem o processo de troca das relações sociais. Às vezes, é necessário orientá-las para que elas aprendam a discutir de maneira mais efetiva.

orientação Métodos não punitivos de levar os comportamentos das crianças a direções positivas para que elas aprendam a se controlar, a desenvolver uma consciência saudável e a preservar a sua autoestima.

Este capítulo foi escrito para ajudar você a ver que a **orientação** é muito mais do que simplesmente responder aos comportamentos das crianças. Na verdade, este livro inteiro é sobre a orientação na educação infantil; de fato, tudo influencia o comportamento das crianças:

- A forma como os adultos iniciam interações
- A forma como os adultos conversam com as crianças
- A forma como o ambiente infantil é organizado
- O currículo infantil
- A escolha de equipamentos, materiais, atividades e projetos
- A forma como os adultos lidam com comportamentos não socializados

Então, quais comportamentos o adulto precisa orientar? Alguns exemplos incluem: morder, chutar, bater, agarrar, xingar e destruir materiais. Tais comportamentos requerem orientação, assim como certa consideração sobre como preveni-los. A prevenção é uma parte importante de qualquer sistema de orientação dos programas infantis.

Este livro usa o termo "orientação" em vez da palavra mais usada "disciplina" devido à associação deste termo com punições. Métodos de orientação se focam menos em tentar controlar as crianças e mais em impedir maus comportamentos e em ensinar maneiras alternativas de se comportar para que elas possam se controlar. Portanto, a orientação é um dos principais objetivos do programa infantil e do seu currículo.

Como muitos igualam "orientação" com "disciplina", e "disciplina" com "punição", iremos primeiro discutir por que a punição – especialmente as palmadas – não tem lugar nos sistemas de orientação infantil.

Punições, incluindo palmadas, estão proibidas

Educadores iniciantes na área da educação infantil às vezes se sentem perdidos quando são defrontados com comportamentos difíceis; eles percebem que precisam fazer alguma coisa quando uma criança está agindo de maneira antissocial, mas não sabem o quê. Alguns desses adultos cresceram em ambientes onde a punição – machucar a criança de alguma forma – era a principal forma de disciplina. Não é de surpreender, portanto, que esses adultos não estejam preparados para lidar com situações em que não se pode infligir dor física ou emocional.

A forma como você aborda a orientação e a disciplina dependem da sua percepção da natureza humana. Eis dois pontos de vista antagônicos sobre o que as crianças precisam para se tornarem pessoas carinhosas capazes de se relacionar bem com os outros. Uma visão é de que as crianças não nascem boas ou más, elas simplesmente nascem "não civilizadas". Isso não quer dizer que elas sejam antissociais, bem pelo contrário – elas nascem com uma necessidade de se relacionar. Essa necessidade se chama "apego". Os bebês querem estar em um relacionamento, mas não sabem como se comportar de acordo com as regras culturais; eles precisam aprender. Logo, o mau comportamento dá aos adultos a chance de ensiná-las a ser membros honestos da sociedade em geral, e de sua cultura em particular. Então, a disciplina assume a forma da orientação e do ensino.

Um ponto de vista bem diferente vê as crianças como seres que nasceram no chama-

> **VOZES DA EXPERIÊNCIA**
>
> **Dando duro para *não ser* um bebê**
>
> Gabriel, um menino de 4 anos, juntou-se à nossa turma no meio de ano. Sua família era muito amiga de outra família, que tinha matriculado um dos filhos na mesma turma, então esperávamos que Gabriel se sentisse logo à vontade. Ele não exibia sinais de ansiedade de separação, parecendo se enquadrar imediatamente às rotinas e ao currículo da turma. Ele era uma criança esperta, curiosa e muito verbal. Mas, após um mês, ele não estava à vontade. Ele causava um pandemônio onde quer que brincasse, apresentando um comportamento agressivo e destrutivo com relação a outras crianças e brinquedos. Logo, alguns professores questionavam se ele estava "apto" a frequentar uma escola baseada em brincadeiras. A mãe de Gabriel disse que esse comportamento era atípico, mas sabíamos o que estávamos vendo. Felizmente, ela levantou a possibilidade de que Gabriel estivesse se esforçando demais para ser o irmão maior (ele tinha um irmão menor, de 6 meses) e, devido aos seus poderosos sentimentos de não ser mais um bebê, não conseguia cumprir as expectativas do autocontrole. Ela estava certa. Sua mãe se propôs a passar uma hora por dia na escola, permitindo que Gabriel compartilhasse com ela sua escola nova por cerca de uma semana. Sua disposição de dar a ele tempo para desenvolver-se emocionalmente ajudou-o a relaxar e autenticamente vivenciar suas emoções, em vez de lutar contra o que ele achava que se esperava dele.
>
> —Marion Cowee

do "pecado original". Ou seja, as tendências naturais das crianças são más, o que resulta em mau comportamento. O ensino, portanto, não se dá por meio de estratégias de orientação, mas pela punição. Uma pessoa que utiliza a abordagem da punição pode não conseguir explicar exatamente por quê, mas para algumas a punição é simplesmente um dado – é a forma como ela foi criada, e é assim que a sociedade funciona. Existem leis, e, se quebrá-las, você será punido. Desse ponto de vista, a disciplina significa punição, e o objetivo é acabar com o mau comportamento. Eu me lembro de um adesivo que vi certa vez: "Ajude a chutar a violência para fora da sala de aula". Algumas pessoas não veem a incoerência desse argumento.

Qual o problema com as punições?

Você alguma vez disse ou pensou: "Apanhei quando criança e, ainda assim, virei uma pessoa boa?". Se sim, então talvez você pense que punições em geral, e palmadas em particular, sejam um meio efetivo de controlar o comportamento das crianças. Ainda assim, bater *nunca* será uma ferramenta efetiva de orientação.

As crianças estão mais abertas a aprender logo após se comportarem mal ou cometerem um erro. É durante esses "momento de ensino" que as crianças devem permanecer calmas e receptivas a compreender as consequências do seu mau comportamento ou a aceitar *feedback* pelos seus erros. Ainda assim, bater e outras formas de punição destroem o estado calmo e receptivo; elas lançam as crianças em um turbilhão emocional e as distraem das possíveis aprendizagens.

A principal lição das palmadas e de outras formas de punição é que bater não tem problema. Quando as crianças aprendem essa lição, elas usam a força contra outras pessoas! E a última coisa que qualquer programa de educação infantil precisa é uma criança que se utiliza da força para conseguir as coisas do seu jeito.

Palmadas e punição também passam a seguinte mensagem: "É bom você obedecer, senão...". Mas considere o objetivo da obediência. As crianças que aprendem a ser

DICAS E TÉCNICAS

Por que as crianças pequenas contam "mentiras"?

Às vezes, as crianças dizem coisas que não são verdade. Todos dizemos: contamos piadas, contamos histórias, inventamos desculpas. Mas quando dizemos coisas que não são verdade por razões negativas ou para escapar da culpa, isso se chama mentir.

As crianças pequenas gradualmente aprendem sobre o poder das palavras e a sua habilidade de manipular a realidade. Às vezes, elas confundem os seus desejos com a realidade, indicando que elas acreditam que *dizer* que algo é verdade *torna* ela verdade. Então, quando uma criança conta uma mentira, ela pode estar mais interessada em alterar a realidade do que em tentar enganar o adulto. Quando compreendem essa característica da mente jovem, os adultos podem lidar com a situação construtivamente.

As crianças pequenas gradualmente aprendem a distinguir aquilo que é real do que não é. Dificultamos essa aprendizagem quando não separamos a fantasia da realidade. Por que é que, quando dizemos às crianças que a fada do dente coloca dinheiro embaixo do travesseiro, não esperamos que elas confundam a fantasia da realidade? Fantasiar não é ruim para as crianças, mas, quando estão tentando entender as coisas, elas podem ficar frustradas quando os adultos perpetuam uma fantasia sob questionamento. Além disso, as crianças podem imitar a mesma abordagem para explicar por que as coisas acontecem: "Eu não derrubei o copo. O vento derrubou da minha mão".

Às vezes, uma mentira não passa de uma diferença de percepção. Quando duas crianças estão discutindo, cada uma pode acreditar firmemente na sua versão da história, e não ajuda em nada quando um adulto decide se intrometer e decidir qual versão é a verdadeira e qual é mentira. Para o adulto, é mais útil tentar ajudar as crianças a se resolverem por conta própria.

O adulto pode incentivar as crianças em conflito a apresentar suas ideias e explicar as suas percepções uma à outra. Esse tipo de situação fornece excelente prática de resolução de problemas e habilidades de resolução de conflitos. Deixe as crianças aprenderem essas habilidades desde cedo. Não decida por elas o que aconteceu e quem está certo e quem está errado. Você não vai precisar lidar com mentiras se deixá-las resolver suas desavenças por conta própria.

DICAS PARA LIDAR COM UMA CRIANÇA QUE "MENTE"

- Compreenda que, para as crianças pequenas, existe uma linha tênue entre fantasia e realidade. As crianças não percebem o mundo da mesma maneira dos adultos. Ajude-as a encontrar a verdade de maneira gentil.
- Fale você mesmo a verdade. A honestidade é mais bem ensinada pelo exemplo; se você disser que não tem sobremesa quando o congelador está cheio de sorvete, você está ensinando a mentir. Se você servir de exemplo a esse tipo de comportamento, você deve esperar que as crianças se envolvam nele também.
- Não coloque as crianças contra a parede quando você souber que elas fizeram algo de errado ou cometeram um erro. Não pergunte "Quem fez isso?" se você já souber a resposta. A maioria das crianças vai tentar fugir da responsabilidade ou escapar das consequências adentrando o mundo da fantasia, se provocadas. As mais jovens podem nem saber que é isso que estão fazendo.

Uma abordagem sensível e compreensiva é mais efetiva do que uma confrontação dura ao lidar com crianças que se afastam da verdade. E, quem sabe, talvez a realidade delas seja mais válida do que a nossa!

---

obedientes correm o risco de sempre se conformarem e nunca questionarem a autoridade. Ensinar a obediência prejudica o seu desenvolvimento intelectual e suas habilidades de raciocínio crítico. (Veja o quadro *Foco na diversidade*, para ter uma visão diferente da autoridade.)

Outra desvantagem de ensinar a obediência cega à autoridade surge quando as crianças entram na adolescência. Apesar de,

> **FOCO NA DIVERSIDADE**
>
> **Visões da autoridade**
>
> Os métodos de orientação discutidos neste capítulo se baseiam em uma visão específica da autoridade. A autora deste texto, além de muitos outros educadores infantis, acredita que as crianças devem ser estimuladas a pensar por conta própria em vez de cegamente obedecer aos adultos. Tal crença se baseia em uma visão cultural que corresponde ao espírito dos fundadores dos Estados Unidos (CHAO, 1994).
>
> Ainda assim, algumas culturas não compartilham os mesmos valores ou pontos de vista. Pelo contrário, elas acreditam que as crianças jamais devem questionar os adultos: elas valorizam a conformidade em vez do pensamento independente; elas acreditam que o comportamento adequado é claramente definido e que o trabalho dos adultos é ensinar as crianças de acordo com esses parâmetros; elas não veem a vida como uma série de problemas a ser resolvidos, mas como uma questão de aprender a agir em cada situação; elas enfatizam habilidades, padrões, rituais e tradições básicas em lugar da inovação, da resolução de problemas e da autoexpressão.
>
> Quando pessoas com visões antagônicas sobre a autoridade e a disciplina ficam encarregadas de orientar o comportamento das crianças, é normal que entrem em conflito. Em tais circunstâncias, é importante que os adultos respeitem as visões uns dos outros, discutam suas diferenças e alcancem um consenso para que as crianças sob seus cuidados não sofram.

nos anos iniciais, as crianças verem os adultos como a autoridade inquestionável, depois de certo tempo elas podem ver o seu grupo de pares como a autoridade. As crianças que sempre foram ensinadas a se conformar com a autoridade podem ter dificuldades para desobedecer aos amigos, assim como as crianças pequenas que não são incentivadas a pensar por conta própria podem ter dificuldades de tomar decisões sobre os seus próprios comportamentos em anos posteriores.

Efeitos colaterais das punições

Como um medicamento forte, as palmadas e outras formas de punição têm efeitos colaterais, alguns dos quais são previsíveis, outros não:

- Palmadas e outras formas de punição são humilhantes e ferem a autoestima. Uma das melhores formas de prever o sucesso escolar é por meio da avaliação da autoconfiança das crianças nos anos escolares iniciais.
- Palmadas e outras formas de punição e humilhação machucam as crianças e as deixam com raiva. O desejo de se vingar do adulto que as puniu pode ser forte. Além do mais, ela pode ficar se remoendo por dentro antes de finalmente estourar – contra adultos, crianças ou objetos. Contudo, algumas crianças voltam sua raiva para dentro e descontam em si mesmas.
- As crianças imitam os adultos em suas vidas. Quando elas passam tempo ao redor de adultos punitivos, é mais provável que elas se utilizem da punição para controlar outras crianças. Os educadores infantis veem esse fenômeno o tempo todo; as crianças mais agressivas costumam ser aquelas que mais apanham ou que mais sofrem punições em casa. (Ocasionalmente, contudo, a criança agressiva vem de um lar totalmente diferente, em que ninguém monitora o seu comportamento.)
- A orientação funciona melhor quando o adulto e a criança têm um bom relacionamento. A punição deve ser evitada porque desgasta o relacionamento e diminui o respeito da criança pelo adulto.
- Como algumas crianças podem se tornar imunes à punição, os adultos ficam presos em um círculo vicioso em que precisam aumentar o grau de força constantemente.

Conforme o aumento da punição, a relação criança-adulto se deteriora drasticamente, impedindo a comunicação. O abuso infantil é com frequência um desfecho negativo dessa situação. Além do mais, às vezes, as crianças recorrem a quebrar a lei como uma forma de punição do adulto.

Como indivíduos de uma sociedade, ficamos confusos quanto à eficácia da punição como um aparato de orientação de comportamento. O nosso sistema prisional reflete essa confusão; tentamos "reabilitar" os prisioneiros, mas os nossos métodos são frequentemente cruéis e humilhantes. Pelo menos, já proibimos legalmente a punição corporal; decidimos anos atrás que machucar os adultos não altera o seu comportamento para melhor. Então, por que levamos tanto tempo para proibir o uso da dor para corrigir o comportamento infantil? E ainda é legal para os pais, contanto que não deixem marcas.* A dor simplesmente não funciona!

Castigos só funcionam se a criança realmente não conseguir controlar o seu comportamento e se o adulto abordar a situação como um auxiliar, e não como um punidor.

Alternativas de orientação às punições

Como estudante de educação infantil, você precisa aprender muitas alternativas à pu-

---

* N. de R. T.: No Brasil, foi sancionada em junho a Lei nº 13.010/14 (Lei Menino Bernardo), que alterou a Lei nº 8.069, de 13 de julho de 1990 (Estatuto da Criança e do Adolescente) e a Lei nº 9.394, de 20 de dezembro de 1996, passando a garantir às crianças e adolescentes brasileiros o direito de serem educados sem o uso de castigos físicos e de tratamento cruel ou degradante. Ela determina que pais, demais integrantes da família, responsáveis e agentes públicos executores de medidas socioeducativas que descumprirem a legislação serão encaminhados a um programa oficial ou comunitário de proteção à família, tratamento psicológico ou psiquiátrico e advertência. Prevê ainda que a União, os estados e os municípios deverão atuar de forma articulada na elaboração de políticas públicas e na execução de ações destinadas a coibir o uso de castigo físico ou de tratamento cruel ou degradante e difundir formas não violentas de educação. Os casos de suspeita ou confirmação de castigo físico, de tratamento cruel ou degradante e de maus-tratos contra criança ou adolescente serão obrigatoriamente comunicados ao conselho tutelar mais próximo.

nição física e mental. Como o objetivo da orientação é ajudar as crianças a se controlar e, ao mesmo tempo, desenvolver uma consciência saudável, a primeira coisa que você deve aprender é a ser sensível aos efeitos das suas ações sobre o comportamento das crianças. Responda: o que funciona sem efeitos colaterais ruins? Que ferramentas de orientação promovem a autoestima positiva e deixam o autorrespeito intacto? Que métodos funcionam sem prejudicar a minha relação com a criança?

Também é importante lembrar que não existe uma fórmula, uma regra única, nem um sistema específico que possa ser aplicado sempre a todas as crianças. Você deve abordar cada situação com mente aberta e descobrir qual é a resposta adequada para aquela situação, para aquela criança e para o seu estágio de desenvolvimento específico. Com isso em mente, vamos explorar agora as seis alternativas para a punição.

Castigo

Remover uma criança de um cenário em que ela se comportou mal é chamado de **castigo** por alguns. O castigo é uma alternativa não violenta às palmadas e outras formas de punição. Ainda assim, remover a criança do grupo é uma das maneiras menos úteis, porque só é eficaz sob circunstâncias muito especiais.

Se uma criança é verdadeiramente incapaz de se controlar e o adulto abordar a situação como um auxiliar, e não como um punidor, remover a criança pode funcionar muito bem. Na verdade, a criança pode até *apreciar* ser afastada da situação e ser posta de castigo como uma chance de se reagrupar. Mas não estipule um período nem determine quanto tempo a criança deve ficar; isso deve ser determinado pela necessidade da criança. Muitas podem facilmente decidir por conta própria quando estão prontas para retornar ao grupo ou retomar o que quer que estivessem fazendo antes de "perderem o controle". Remover uma criança nessas circunstâncias é uma bênção – tanto para o adulto quanto para ela.

Infelizmente, o castigo raramente é utilizado dessa forma. Muitos adultos que cresceram com punições tendem a sistematizar o castigo e a usá-lo como seu método exclusivo de lidar com o mau comportamento. Quase dá para ver o rótulo que fica na cabeça da criança quando a atitude do adulto transmite que "essa é uma criança má, burra e indigna que deve se sentar na cadeira do castigo para todos verem". Quando usada dessa forma, uma cadeira de castigo não é melhor do que as jaulas que eram usadas em praças públicas no passado. Pense no efeito de tais práticas no autorrespeito e na autoestima!

Se usado com cuidado, o castigo fornece uma alternativa à punição. Mas há alternativas mais efetivas a se considerar. (Veja o quadro *Pontos de vista*, para ter perspectivas diferentes sobre o uso do castigo.)

> **castigo** Alternativa não violenta à punição, que remove a criança da situação em que está se comportando de maneira inaceitável. O castigo é uma medida efetiva de orientação quando a criança realmente perde o controle e precisa ser removida para se acalmar. Contudo, usado como uma ferramenta punitiva por adultos controladores, tem seus efeitos colaterais (como qualquer forma de punição), incluindo redução da autoestima.

PONTOS DE VISTA

Perspectivas sobre o castigo

O castigo faz sentido para pessoas que vêm de uma cultura em que as necessidades individuais são o foco. Quando o tempo e o espaço são vistos como uma necessidade básica, remover uma criança que está fora de controle não é uma punição, mas pode ser visto como um favor a ela. As crianças acabam compreendendo que, quando são defrontadas com muitas coisas, ficar sozinhas é uma solução saudável. As crianças podem buscar refúgio na privacidade quando descobrem que isso funciona para elas; a privacidade torna-se uma necessidade importante. Mas nem todos vêm de uma cultura que enfatiza as necessidades individuais. Algumas pessoas vivem em culturas que priorizam a interdependência e reduzem a importância das necessidades individuais. Para essas pessoas, o castigo pode ser uma punição extrema, porque a pior coisa que pode acontecer é ser afastado dos outros membros do grupo. Nessas culturas, o afastamento é uma punição severa, reservada para ofensas graves. Quando a questão do castigo foi tratada em uma oficina sobre diversidade, o grupo ficou fortemente dividido quanto ao seu uso. Ambos os lados se mostraram emotivos quanto à sua perspectiva. Diversos participantes trabalhavam em programas de educação infantil em que o castigo era proibido como uma medida de orientação. Eles o consideravam muito rigoroso. Já outros participantes defendiam ardentemente o uso do castigo como uma maneira efetiva e humana de ajudar as crianças a melhorar o seu comportamento.

Aprendendo com as consequências

As crianças aprendem com as consequências de suas ações. Por exemplo, a assistente familiar diz: "Não encha o seu copo com leite demais, assim vai derramar". Mesmo assim, a criança continua e o leite derrama quando ela apanha o copo para beber. A assistente, que se sente tentada a dizer "Eu avisei!", alcança um pano sem dizer uma palavra e, assim, permite que a criança vivencie a consequência, podendo corrigir o problema por conta própria.

Quando Sarah começa a derramar água da pia no chão, ela precisa limpar a bagunça. Quando ela se recusa e continua jogando água no chão, lhe é dito que ela deve encontrar outra atividade, já que a água precisa ficar na pia por questões de segurança.

Kyle se senta na mesa e começa a brincar com a comida quando a professora lhe diz: "Estou vendo que você não está mais com fome. Então, é hora de guardar os pratos e limpar o seu lugar. Você pode pegar um livro quando tiver terminado ou ir brincar em silêncio no seu colchonete até a hora da soneca".

Em cada um desses casos, as consequências das ações da criança podem causar desapontamento. Sarah pode ficar chateada por ter ficado jogando água no chão e agora não pode mais brincar na pia. Kyle pode se arrepender de não ter comido tudo e agora o seu prato está na lavadora. A parte mais difícil de usar as consequências para ensinar é querer proteger a criança do sofrimento. Ninguém gosta de ver uma criança tomando uma decisão da qual ela vai se arrepender, mas essa é uma das melhores lições da vida. (Veja o quadro *Foco na diversidade*, para ter uma visão diferente do uso das consequências como ferramenta de orientação.)

É claro, os adultos devem proteger as crianças das escolhas que podem magoá-las ou feri-las. Você não ficaria olhando uma criança de 2 anos escalar a cerca do pátio e pensaria: "Se você insiste em brincar no estacionamento, vai ver o que vai te acontecer". Mas seria apropriado dizer a uma criança de 4 anos: "Está frio lá fora. Se escolher sair sem a sua jaqueta, você não vai aproveitar". É claro, você pode hesitar em dar à criança essa escolha porque você tem uma responsabilidade para com ela e com os seus pais, mas essa abordagem certamente evita muitos argumentos. As crianças aprendem rápido o que significa estar do lado de fora sem as roupas adequadas.

Estabelecendo limites

As crianças pequenas precisam mais de limites do que de regras. **Limites** são diferentes de regras – eles são restrições, e não regulamentações. Os limites se enquadram em duas categorias principais: limites físicos e limites dos adultos.

Os limites físicos consistem em medidas estruturais e de segurança usadas para manter as crianças em segurança; eles são as grades no alto da escada, o cadeado no armário de medicamentos e a cerca ao redor do pátio. Pode haver regras apoiando esses limites ("As crianças não podem sair do pátio sem um adulto"), mas não é necessário se preocupar com as crianças pequenas, porque elas são jovens demais para compreender as regras e, portanto, não têm a opção de quebrá-las. Existe um limite físico.

Um exemplo de um limite físico na sociedade é o projeto moderno das autoestradas. Por exemplo, muitas rampas de acesso são projetadas para que não exista maneira de entrar nelas na direção errada. Simplesmente não há acesso. A decisão não é sua; elas foram projetadas assim para proteger todos os motoristas.

Assim que você apresentar restrições às crianças, você irá se deparar com o fenômeno chamado de "testagem". Os adultos compreendem por que é perigoso entrar na autoestrada por uma rampa de acesso; eles não precisam testar isso. Mas as crianças pequenas têm menos conhecimento do que os adultos e

---

limites Limitações impostas ao comportamento das crianças. Podem ser limites físicos ou verbais.

Padrão do programa NAEYC 9
Ambiente físico

FOCO NA DIVERSIDADE

Diferentes perspectivas sobre a disciplina: uma história pessoal

"As suas crianças não são como as nossas", me disse uma mãe afro-americana certa vez, angustiada, quando eu tentava discutir questões disciplinares com ela. "O que vocês fazem não funciona com os nossos filhos". Precisei de um bom tempo e de bastante pesquisa para compreender a visão dessa mãe sobre a disciplina.

"Só os repreende", a mãe dizia quando eu tentava usar uma abordagem de consequências. Eu via a maneira dela como algo negativo, e ela via a minha como algo frio e insensível. Essa mãe queria proteger os seus filhos do desapontamento, mas a abordagem dela ao mau comportamento era apontar um dedo rígido, dar um aviso e interromper o comportamento impróprio das crianças. Ela fazia tudo em nome do amor e deixava isso transparecer. A minha abordagem era oferecer escolhas às crianças e deixá-las vivenciar as consequências, mesmo quando sabia que elas não iriam gostar. Também agia em nome do amor, mas não falava sobre isso.

Ler um artigo de Cindy Ballenger – uma pesquisadora que trabalhou com haitianos – me ajudou a compreender algumas diferenças culturais básicas nos objetivos e nas técnicas de orientação. Ballenger (1992) compara os métodos "principais" de gerenciamento de comportamento com os métodos aceitáveis dos haitianos: "Os professores norte-americanos se preocupam em estabelecer uma conexão com a criança, em se articular com os seus sentimentos e problemas." Os norte-americanos usam as consequências para explicar por que não fazer algo; nenhum comportamento é intrinsecamente bom ou mau, ele meramente tem consequências, as quais a criança deve aprender em cada situação. As consequências são a questão, e não morais e valores compartilhados.

Os professores haitianos não fazem referência a sentimentos ou a consequências; na verdade, eles "[...] enfatizam o grupo em suas conversas de controle, articulando os valores e as responsabilidades ao fazer parte do grupo." Eles não diferenciam maus comportamentos específicos, mas juntam tudo em um "comportamento ruim". Os haitianos adultos têm claro o que é bom e o que é ruim, assim como as crianças. Eles sabem por que precisam ser bons: para não trazer vergonha à sua família. É um sistema de valores compartilhados. De acordo com Ballenger, os professores haitianos não veem as repreensões como uma resposta negativa, mas como uma resposta que define e fortalece os relacionamentos.

Essa observação ecoou em mim: em meu treinamento como educadora infantil, aprendi a não dar bronca nem repreender; aprendi a abordar questões disciplinares de maneira positiva ou, no mínimo, imparcial; evitava palavras como "bom" e "mau"; nunca usava o amor como motivo para fazer algo; e conseguia passar um dia inteiro na pré-escola sem jamais dizer não. Tenho orgulho das minhas habilidades, mas percebi que a minha abordagem poderia ser mal interpretada por crianças habituadas a uma abordagem mais estrita, controladora e, para elas, mais amorosa.

---

precisam testar os limites físicos que encontram. Elas sacodem o portão no alto da escada e batem no armário de medicamentos trancado. Se esses aparelhos de segurança estiverem adequadamente instalados, irão aguentar.

Quando são dados limites físicos, as crianças pequenas em geral param de testá-los; ver e sentir os limites é toda a resposta de que elas precisam. As crianças podem expressar frustração quando se batem contra esses limites, mas, quando descobrirem que as barreiras são sólidas, irão acabar seguindo seu próprio rumo.

Uma grande vantagem dos limites físicos firmes é que eles passam uma sensação de segurança. Só saber que eles estão lá permite que as crianças operem livremente no ambiente. É como um cavalo em um pasto cercado: sem a cerca, o cavalo deve ser amarrado para não fugir. Com limitações boas e firmes, o cavalo tem liberdade para se mover em segurança nos limites da cerca.

O uso de limites físicos mantém as crianças seguras sem impor regras.

Penso em limites quando dirijo pela Ponte Golden Gate, perto de onde moro. Aprecio o gradil de segurança nas laterais. Apesar de nunca ter precisado deles para me manter na ponte – ou seja, jamais bati neles – eu me recusaria a dirigir pela ponte se não estivessem lá! Preciso desses limites para me sentir segura.

Os limites físicos podem ser vistos e tocados, mas os limites dos adultos são outra história. Os limites dos adultos são como uma cerca invisível; trata-se das restrições que os adultos impõem sobre as crianças para o seu próprio bem, para o bem de outros e para o bem do ambiente. Por exemplo, quando as crianças caminham até o carro na entrada, não há barreiras físicas para mantê-las longe da rua, e é aí que os limites dos adultos entram em jogo. O adulto pode estabelecer o limite dizendo: "Não quero que você se aproxime da rua. É perigoso. Segure a minha mão". Se a criança se soltar e se afastar, o adulto irá chamá-la de volta ou irá buscá-la.

Elas só compreendem esses limites por meio das nossas palavras e do nosso comportamento, e a única forma de elas saberem exatamente onde estão e qual é a força desses limites intangíveis é investigando-os. Elas testam continuamente os nossos limites para determinar o formato, o tamanho e a força da cerca invisível.

Testando limites intangíveis. As crianças passam mais tempo testando os limites dos adultos do que os limites físicos, resultando daí grande dose de mau comportamento. Vejamos um exemplo de uma criança testando limites dos adultos.

Uma criança joga um brinquedo de plástico do outro lado da sala. O adulto explica, de maneira gentil mas firme, que ela não pode jogar os brinquedos. A criança decide testar o limite para ver se ele aguenta. Ela questiona: "Será que o adulto está falando sério?". Ela recupera o brinquedo e joga de novo. O adulto vai até o brinquedo e o pega quando a criança corre na sua direção. Segurando o brinquedo além do seu alcance, o adulto repete o limite.

A criança faz cara feia na frente do adulto enquanto estica as mãos. "Se eu devolver o brinquedo, não vou deixar você arremessá-lo", o adulto diz de forma firme. "Tá bom", responde a criança. Ela pega o brinquedo enquanto o adulto fica por perto, observando para saber se irá precisar impedi-la fisicamente de jogar o brinquedo. Quando o adulto fica satisfeito por não haver mais arremessos, a criança relaxa.

Então, a criança se pergunta: "Se eu soltar o brinquedo diretamente contra o chão, será que o adulto vai me parar?". Ela experimenta, mas não vem resposta. Ela decide que o limite tem a ver com arremessar o brinquedo, e não com soltá-lo.

Porém, ela ainda não parou de testar. Agora ela se pergunta: "Será que tem brinquedos que eu posso arremessar e outros não?". Ela pega uma bola de borracha e arremessa. O adulto vai ao seu lado imediatamente. "Você pode sair se quiser arremessar a bola ou pode jogar a bola de isopor aqui dentro." A criança considera suas escolhas, então, pega a bola de isopor da mão do adulto e começa a arremessá-la contra a parede. O adulto sorri e vai a outra parte da sala.

Esse processo de testes pode não ocorrer de uma vez só, nem ser sempre consciente. No entanto, ele é muito real. A criança não está sendo "má", ela está só testando. Sua sensação de segurança depende, em algum grau, de descobrir se há limites e se eles resistem.

Os testes param quando as crianças descobrem até onde podem ir. Elas não precisam ficar checando quando descobrem onde está a cerca invisível e ganham liberdade quando descobrem onde ficam os limites.

Assim como os limites físicos, é importante para as crianças saberem que a cerca invisível não se move quando elas se batem contra ela. Os adultos devem ser firmes ao estabelecer limites; do contrário, as crianças não conseguem provar nada por meio de seus testes e continuam testando. Se elas nunca compreenderem os resultados, testarão excessivamente, correndo o risco de serem consideradas crianças problemas.

As crianças nunca param de testar. Ao crescerem e se desenvolverem, o seu mundo se expande e os limites adultos mudam para se corresponder a essas novas habilidades. Elas continuamente enfrentam novos limites que devem verificar (isto é, até alcançarem a vida adulta e terem de estabelecer seus próprios limites, assim como os limites estabelecidos pela sociedade.)

Às vezes, as disputas de poder se acendem quando as crianças se batem contra limites dos adultos. A maioria das crianças não discutiria com uma porta trancada ou parede de pedra, mas elas discutem, provocam, choram, brigam e até atacam diretamente um adulto até provarem que esse limite é firme. Você pode se sentir tentado a recuar quando enfrenta uma criança chateada, mas se lembre de que as crianças continuarão a testá-lo se acharem que podem fazer você mudar de ideia. É importante ser claro sobre a razoabilidade dos limites antes de estabelecê-los, e não depois. Só estabeleça limites que você possa manter.

Por fim, por mais importante que seja estabelecer e manter limites, também é importante ser sábio a seu respeito. Lembre-se: quando precisa garantir o cumprimento dos limites, você não está necessariamente desistindo quando vê as coisas do ponto de vista da criança – você está demonstrando respeito. Não altere os limites simplesmente porque assumiu uma perspectiva diferente; contudo, considere se você precisa reavaliar a sua posição. Se necessário, altere o limite quando a situação surgir em outro momento. Pense nos limites dos adultos como barreiras móveis, em vez de paredes permanentes.

Diretrizes para pensar nos limites. Há três questões a se considerar para estabelecer limites.

A criança ultrapassou a necessidade do limite? As coisas mudam, e o que já foi uma restrição adequada quando a criança tinha 2 anos pode não se aplicar mais. Obviamente, uma criança de 2 anos não pode usar uma cadeira para alcançar algo em uma prateleira alta, mas a mesma criança, agora com 8 anos, já tem capacidade de subir em um banquinho para limpar o topo do armário. Lembre-se de que muitos limites merecem revisão periódica.

Existe uma razão válida para o limite? Às vezes, os adultos estabelecem limites e os mantêm independentemente do que aconteça, mesmo que não haja uma justificativa real para a restrição. Para evitar esse problema, quando estiver diante de comportamento não convencional, pergunte-se: "Por que não?". Se você não conseguir pensar em uma boa razão, abandone a restrição.

Posso reorganizar o ambiente para eliminar a restrição? Um centro infantil tinha problemas com as crianças, que escalavam uma estante para pegar os brinquedos. Apesar de comportamentos não convencionais serem respeitados nesse programa, a escalada precisava ser proibida porque era perigosa. Mas era difícil impedir as crianças de subir a estante; as cuidadoras ficavam constantemente tirando os bebês das prateleiras. Então, a professora responsável teve uma solução criativa: ela esvaziou a estante, deitou-a de costas no chão e deixou as crianças engatinharem por cima dela – em segurança.

Redirecionamento

Em vez de criar um limite e reforçá-lo de forma a criar disputas de poder, use o redirecionamento. Não seja firme como uma rocha e crie animosidade com as crianças quando você pode redirecionar a energia em direções positivas. A criança que fica jogando água no banheiro em um dia quente pode ir para a rua brincar na mesa de água. Crianças mais ativas confinadas em lugares fechados, em dias chuvosos, podem organizar uma banda para interpretar um desfile animado e barulhento. O bebê que segura uma página rasgada do livro pode receber uma folha de rascunho para rasgar o quanto quiser.

Redirecionamento difere da distração. Distração é uma alteração brusca no foco de modo a tirar a atenção da criança do que ela estiver fazendo ou sentindo; já o redirecionamento respeita a energia e os sentimentos dela, mas os desvia em uma direção ou atividade mais aceitável nas circunstâncias.

Ensinando as crianças a expressar os seus sentimentos

As crianças frequentemente criam problemas quando não sabem expressar sentimentos de raiva. A menina de 4 anos não consegue separar peças de Lego, então ela as joga contra o chão em frustração. O menino de 2 anos bate em outro que puxou um livro de suas mãos. O menino de 5 anos é relembrado de que precisa tirar a jaqueta e pendurá-la no gancho e grita "Eu te odeio!" contra a professora e corre para fora.

O que você faria em cada uma dessas situações? Para começar, você deve aceitar os sentimentos das crianças e expressá-los em palavras. "Você está muito chateada por não conseguir separar esses blocos". "Você está zangado porque queria esse livro". "Você está bravo comigo".

Após reconhecer os sentimentos das crianças, você pode lidar com o comportamento inadequado. Você será mais competente se assumir uma atitude de resolução de problemas, em vez de reagir com suas próprias emoções. (É interessante como a raiva de uma pessoa pode ativar a raiva de outra, mesmo quando a segunda não é o alvo da raiva.) Eis algumas respostas de resolução de problemas:

"Será que você não conseguiria separar esses blocos sem jogá-los no chão? Eu me preocupo que você machuque alguém se arremessá-los. Ou talvez até quebre o plástico."

"Diga a ele como você se sente. Não tem problema dizer que você ficou chateado quando ele tirou o seu livro, mas você não pode bater nele."

"Estou vendo que você está bravo comigo. Vamos sentar e conversar a respeito. É só a jaqueta que é o problema ou é algo mais?"

Nos exemplos anteriores, o adulto não está expressando os seus sentimentos pessoais, mas e se ele estiver emotivo? E se o adulto não conseguir se dissociar dos seus sentimentos? Se ele estiver muito chateado ou zangado, é melhor ser honesto do que fingir.

Eis algumas formas adequadas para o adulto irritado expressar os seus sentimentos:

"Não gosto quando você arremessa os blocos".

"Fico zangada quando vejo você bater nele assim".

"Fico chateada quando alguém diz 'que me odeia'".

Não espere que simplesmente expressar os seus sentimentos irá alterar a situação imediata. Só porque você está com raiva, não quer dizer que a criança irá mudar o seu comportamento. Além disso, não expresse os seus sentimentos para manipular o comportamento da criança; existem outras formas de orientar o mau comportamento. Só expresse os seus sentimentos porque se trata de comunicação honesta, e porque você está dando o exemplo sobre uma forma adequada de informar a criança sobre o que está sentindo.

O que fazer com sentimentos de raiva é um problema para muitas crianças (e adultos também). Quando é adequado agir com base nesses sentimentos? Quais são as formas de expressá-los de modo a não magoar ninguém? Quando estiver diante de uma criança zangada, é importante

- aceitar e reconhecer isso;
- dar o exemplo sobre como se expressar adequadamente;
- ensinar às crianças a diferença entre emoções e comportamento.

Vamos examinar essas questões: quando uma criança está zangada, é importante compreender que não existe problema em sentir algo. Ao reconhecer e aceitar os sentimentos da criança, você lhe dá permissão de aceitá-los também. Você já ouviu alguém dizer a uma criança: "Você não deveria se sentir assim?". A mensagem passada por essa afirmação é de que os sentimentos das crianças não são adequados e de que a criança deve enterrar esses sentimentos.

Não são os próprios sentimentos que criam dificuldades, é o comportamento que às vezes os acompanha. É como quando a criança escolhe expressar os seus sentimentos (ou agir com base neles) que pode não ser adequado. É nesse momento que se torna importante sua presença para ajudá-la a compreender a diferença entre sentir algo e agir com base nesse sentimento. Você pode ensinar diversos meios de expressar as emoções além de usar as palavras. Algumas alternativas para dizer o que sente incluem se expressar por meio da linguagem corporal, de movimentos fortes, da arte e da música. Orientação e exemplo do adulto são importantes para ensinar a criança a aceitar os seus sentimentos e a expressá-los adequadamente – sem machucar a si mesma, aos outros ou ao ambiente. (Veja o quadro *Pontos de vista*, para uma discussão sobre duas visões culturais de abordagens para lidar com pirraças – uma forma de as crianças expressarem sentimentos.)

Exemplificando comportamentos pró-sociais

Para impedir maus comportamentos, você mesmo deve dar o exemplo de comportamentos adequados. Antes de a criança ter chance de bater no cachorro da família, uma assistente familiar ensinou-a a acariciá-lo. Enquanto demonstrava, ela dizia: "Viu, é assim que ele gosta de ser acariciado. Você tem de ser gentil".

Infelizmente, alguns comportamentos inadequados não podem ser prevenidos. Em tais casos, é importante demonstrar uma resposta construtiva. Para todos os educadores infantis, dar o exemplo é uma valiosa ferramenta de orientação. Apesar de a demonstração poder ser usada como técnica de ensino, ela também é uma importante alternativa às punições. Veja um exemplo na cena a seguir.

Duas garotinhas estão sentadas na sala de estar brincando alegremente quando, de repente e sem motivo aparente, Shelby, a menina de 2 anos, se estica e empurra Amanda, sua

> **PONTOS DE VISTA**
>
> ## Expressando sentimentos: duas visões da pirraça
>
> A prática atual da educação infantil diz que devemos aceitar todos os sentimentos como válidos. Algumas professoras inclusive veem a importância de as crianças explorarem completamente sentimentos como a raiva. Elas incentivam as crianças a "passar por isso" e consideram o processo algo que não deve ser interrompido até ser terminado. A teoria é de que os sentimentos não expressos pelas crianças podem permanecer adormecidos, reaparecendo repetidamente quando ativados por algum incidente menor. A pirraça é aceitável para esses educadores infantis porque são uma forma das crianças "botarem para fora". O trabalho do adulto, da maneira como veem, é manter a criança segura durante o episódio, e não distraí-la ou interromper o processo quando estiver começando.
>
> No que esses educadores acreditam, contudo, é em prevenir as pirraças. Um método de prevenção é examinar o nível de frustração da criança e ver se é possível remover um pouco do estresse. Os educadores infantis também previnem pirraças ao não fazerem alvoroço por sua causa. Quando uma criança aprende que raiva atrai atenção, ela pode aprender a usar isso como meio de ser o foco da atenção.
>
> Algumas vezes, trata-se de uma tentativa de manipular os adultos. Quando os adultos recompensam a pirraça ao "se entregarem", a criança irá tentar o mesmo método para conseguir algo mais. Os educadores infantis que acreditam em permitir a pirraça sabem como evitar ser manipulados por uma criança pequena gritando.
>
> ### POR OUTRO LADO...
>
> Nem todos acreditam nos benefícios da pirraça, mesmo aqueles que sabem evitar ser controlados. Algumas pessoas acreditam que a expressão individual de sentimentos (como uma pirraça) não é tão importante quanto respeitar a autoridade ou manter a harmonia do grupo.
>
> Jerome Kagan, em *The nature of the child*, estudou o assunto de uma perspectiva transcultural. Ele disse:
>
>> Os norte-americanos dão mais valor à sinceridade e à honestidade pessoal do que à harmonia social, mas, em muitas culturas – Java, Japão e China, por exemplo – a importância de manter relações sociais harmônicas e de adotar uma postura de respeito pelos sentimentos dos mais velhos e pela autoridade exige que cada pessoa não apenas reprima sua raiva, mas também esteja preparada a negar honestidade sobre seus sentimentos pessoais para evitar ferir o outro. Essa visão pragmática da honestidade é considerada uma característica de qualidade entre a maioria dos adultos maduros, não recebendo alcunhas depreciativas como insinceridade ou hipocrisia (KAGAN, 1984, p. 244-245).

irmãzinha bebê. A cuidadora ouve um barulho quando a cabeça de Amanda atinge o carpete. Assustada, Amanda começa a chorar alto.

O instinto da cuidadora é agarrar Shelby com raiva e corrigi-la firmemente. Essa é uma situação que exige uma atitude definitiva. Mas ela sabe que responder à agressão com agressão só irá criar mais agressividade. Ela se lembra de que, se responder com raiva, a lição da não agressão será perdida. A cuidadora deixa os seus sentimentos de lado pelo momento para que possa abordar as duas crianças calmamente. Ela não está fingindo calma; isso é o que de fato está sentindo. Após muita experiência, agora ela consegue manter-se emocionalmente distante quando se lembra de quais são os seus objetivos – ensinar a não agredir.

A cuidadora abaixa-se até o nível dos olhos de Shelby e começa a falar calmamente enquanto a acaricia de leve. Ela permite que o seu toque e o seu tom de voz adicionem significado às palavras. "Gentilmente, Shelby, gentilmente. Você machucou a Amanda quando a empurrou".

Ela se vira para Amanda e diz de forma confortadora: "Doeu quando você se bateu". Ela toca na cabeça, no lugar da pancada. Então, com a intenção de expressar o que aconteceu em palavras, a cuidadora diz: "Shelby empurrou você".

Ela se vira para Shelby e diz suavemente: "Olhe como a Amanda está chorando. Você a machucou". Ela toca na cabeça de Shelby da mesma forma como tocou na de Amanda. Nem seu tom, nem seu toque são de acusação; ela está declarando os fatos e demonstrando gentileza.

A cuidadora volta sua atenção a Amanda, mas não diz nada. Ela se senta em silêncio ao seu lado e permite que sua presença tranquilizadora possibilite ao bebê se acalmar novamente.

Surpreendentemente, em pouco tempo Amanda se acalma, gira e sai engatinhando. Ela vai na direção de um tambor próximo, no chão, e começa a bater nele, quando Shelby vai na sua direção, dizendo mais para si mesma do que para a cuidadora: "Cuidado para não machucar a Amanda!". Seu tom é tão gentil quanto o usado pela cuidadora. Ela se abaixa na direção da irmãzinha e lhe dá um beijo na cabeça.

Essa cuidadora responde à agressão com gentileza, não porque fosse uma resposta natural, mas porque ela aprendeu que gentileza gera gentileza.

Quando você estiver demonstrando comportamentos pró-sociais, preste atenção em especial na forma como fala com as crianças. O quadro *Dicas e técnicas* dá algumas ideias sobre como usar palavras como estratégias de orientação.

Este capítulo apresentou seis ferramentas de orientação para utilizar como alternativas à punição. Para resumir, as ferramentas são

1. Remover a criança (castigo)
2. Permitir que as crianças aprendam com as consequências de suas ações
3. Estabelecer limites e reforçá-los
4. Redirecionar comportamentos inadequados
5. Ensinar a expressar os sentimentos adequadamente
6. Demonstrar comportamentos pró-sociais

Ainda assim, ter essas ferramentas não é o bastante. O educador infantil também precisa saber ler o comportamento para compreender seu significado e saber como responder. (Veja o quadro *Dicas e técnicas*, a seguir, para mais dicas sobre como lidar com crianças com comportamentos desafiadores.) Passamos agora a uma seção criada para ajudar você a ler o que está por trás de alguns comportamentos inadequados.

Foco na inclusão: crianças com necessidades especiais

Crianças que dão uma trabalheira! Algumas crianças chegam aos programas de educação infantil com diversos comportamentos desafiadores. Algumas delas são identificadas como portadoras de necessidades especiais. Elas podem já ter sido rotuladas como "emocionalmente perturbadas", ou como portadoras de "transtorno de déficit de atenção" (TDA) ou "transtorno de déficit de atenção e hiperatividade" (TDAH). Exemplos de comportamentos desafiadores que as crianças levam a qualquer programa são: impulsividade, agressividade, movimento excessivo e falta de autorregulamentação. Algumas crianças não têm capacidade de se concentrar, outras não conseguem seguir regras ou se manter dentro dos limites. É importante enxergar o que esses comportamentos estão tentando comunicar, além de compreender de que modo eles servem às crianças. Os modos de lidar com esses comportamentos difíceis serão mais efetivos se o professor tentar entender e responder ao que a criança está tentando comunicar. O que a criança pode estar transmitindo ao bater ou agarrar, por exemplo? Sua falta de habilidades sociais? Sua inabilidade de esperar? Sua frustração? Que há muito estímulo para ela? Que não há estímulo o bastante? Que ela precisa de atenção? A tarefa do professor ou cuidador é ler o comportamento, compreender o que significa e responder com aquilo que a criança necessita. Se houver muitos estímulos, reduza-os; se houver poucos, encontre formas de aprimorar o atendimento

> Declaração de posicionamento da NAEYC
> Posição sobre a inclusão

> **DICAS E TÉCNICAS**
>
> **Palavras como estratégias de orientação**
>
> Essas sugestões foram inspiradas por Tom Udell e Gary Glasenapp, em seu artigo de 2005, "Managing Challenging Behaviors: Adult Communication as a Prevention and Teaching Tool".
>
> - Quando um comportamento específico necessita de correção, seja objetivo, claro e positivo. "Não, isso é perigoso!" é uma resposta para quando uma criança está fazendo o que não devia. "Mantenha os pés no chão" ou "O lugar dos pés é no chão" são maneiras positivas de orientar as crianças, em vez de "Não suba na mesa".
> - Se você está passando orientações, não faça perguntas. "Você quer comer agora?" não é a mesma coisa que dizer "Está na hora de sentar para o almoço". É claro, se a criança tem escolha em relação à comida, isso é diferente, mas os adultos frequentemente transmitem a ideia de que estão oferecendo uma escolha, quando na verdade não estão.
> - Evite comparações entre crianças e afaste-se de competições. "Quem pode ser o primeiro a guardar os livros?" é um convite à comparação e à competição.
> - Note quando uma criança está se comportando adequadamente e mencione o fato. Apesar de ser difícil lembrar disso, Udall e Glasenapp sugerem que você deve *dar quatro comentários positivos ou estimuladores* para cada comentário sobre comportamento inadequado. É muito difícil conseguir cumprir essa meta, mas vale a pena tentar!
>
> Fonte: Udell e Glasenapp (2005).

com atividades e materiais que envolvam a criança. Existe pouca consideração pelas regras? Talvez os limites sejam duros ou frouxos demais. Ela precisa de atenção? Então lhe dê mais! Se a criança precisa de atenção e tem conseguido tudo do jeito errado, então obviamente a situação precisa mudar. Mas o que não se pode fazer é simplesmente retirar atenção do mau comportamento e não substituí-la. A necessidade de atenção não some quando se remove a atenção; ela continua lá. O professor ou cuidador deve ajudar a criança a substituir os comportamentos difíceis com alternativas de comportamento aceitáveis.

Uma lição de gentileza.

É aqui que entra a prática reflexiva. A observação fornece um meio importante de determinar o que cada criança precisa e o que fazer a respeito. Para que o trabalho tenha êxito, uma relação afetuosa entre criança e adulto é vital. Se a criança não se sente bem consigo mesma, será difícil trabalhar com ela. Além disso, concentre-se em um comportamento ou problema por vez; não tente resolver tudo ao mesmo tempo. Note as vezes em que o comportamento desafiador tem maior probabilidade de ocorrer e descubra formas de impedi-lo antes de começar. Por exemplo, não mantenha uma criança cheia de energia e com problemas de autocontrole parada na fila; você está pedindo confusão. Se uma criança tem dificuldades de lidar com muitas escolhas, limite suas possibilidades e estruture o ambiente. Durante períodos de brincadeira livre, fique próximo, se possível, para envolver a criança na brincadeira e ajudar durante as interações com outras crianças. Garanta a ela e às outras que você manterá máximo controle, se necessário. A proteção é a questão aqui. As crianças precisam estar protegidas, e esse é o trabalho do adulto. Note quando for você quem está causando problemas. Por exemplo, zangar-se com uma criança que está chateada só irá piorar as coisas. Para permanecer objetivo, separe em sua mente a criança do comportamento. Toda criança precisa se sentir aceita por seus professores, independentemente do seu comportamento. Por fim, não subestime a habilidade da criança de crescer e mudar!

O comportamento desafiador sempre foi um problema, mas a solução para ele tornou-se a expulsão. Nos Estados Unidos, crianças em idade pré-escolar estão sendo expulsas da escola em ritmo acelerado – muito mais do que seus pares em idade escolar. De acordo com um estudo conduzido pela Yale University Child Study Center,[1] 6,67 de cada 1.000 pré-escolares são expulsos, comparados com 2,09 de cada 1.000 estudantes de ensino fundamental. O que está acontecendo? Uma resposta é que as professoras pré-escolares não têm acesso a consultores de saúde mental para trabalhar com eles os comportamentos problemáticos. Outra resposta é que os professores não têm as habilidades necessárias para orientar de forma positiva as crianças que os desafiam.

Barbara Kaiser e Judy Sklar Rasminsky (2012) veem a importância de incluir crianças com comportamentos desafiadores em comunidades de cuidado infantil e oferecem algumas abordagens para usar e manter as crianças em programas, em vez de rejeitá-las.[9] Elas se focam nos pontos fortes e em reconhecer comportamentos adequados, além de sugerir a observação do ambiente em busca de possíveis modificações. Ensinar habilidades socioemocionais e a resolução de problemas são outras abordagens que elas sugerem.

A Divisão de Cuidado Infantil do Council for Exceptional Children criou uma declaração de posicionamento em 1998 sobre intervenções para comportamentos desafiadores, a qual pode ser resumida assim: muitas crianças envolvem-se em comportamentos desafiadores ao longo do seu desenvolvimento. A maioria dessas crianças respondia a técnicas de gerenciamento adequadas ao seu nível de desenvolvimento. Para algumas delas, essas incidências de comportamento desafiador podem se tornar mais consistentes apesar do aumento na vigilância dos adultos e do uso de estratégias adequadas de orientação, sendo que o comportamento desafiador pode resultar em lesões – para si mesmas ou outros –, causar dano ao ambiente físico, interferir com a aquisição de novas habilidades e/ou isolar socialmente a criança. Esforços adicionais de intervenção podem ser requeridos para que essas crianças aumentem a probabilidade de aprender o comportamento adequado. Serviços e estratégias incluem

- impedir comportamentos desafiadores por meio da organização do ambiente e das atividades;
- usar intervenções comportamentais efetivas que sejam positivas e que tratem tanto a forma quanto a função do comportamento;

- modificar o currículo e usar estratégias de ajuste para ajudar as crianças pequenas a aprenderem os comportamentos adequados;
- buscar consulta externa e assistência técnica ou apoio adicional da equipe docente;
- treinar toda a equipe docente nas habilidades necessárias para programas de prevenção e intervenção efetivos.

As famílias são parte de qualquer equipe de intervenção quando se trata de organizar e realizar intervenções efetivas para comportamentos desafiadores. O sucesso provém de um esforço coordenado entre membros da família e profissionais, para que as abordagens tratem as necessidades e os pontos fortes tanto da criança quanto da família.

Interpretando os comportamentos das crianças

Comportamento é comunicação; ele nos diz o que a criança precisa. Os adultos devem interpretar corretamente essas mensagens, mas acertar na interpretação requer prática. Para ajudar a examinar o que pode estar por trás do comportamento inadequado, considere as seis perguntas a seguir:

As necessidades básicas da criança estão sendo atendidas? Exemplos: uma criança de 4 anos faz pirraça todos os dias por volta das 10h; no dia posterior ao Natal, as crianças ficam inquietas e cansadas; em um dia chuvoso, elas ficam agitadas por ficarem trancadas dentro de salas.

Em cada um desses exemplos, você deve considerar se as necessidades das crianças estão sendo atendidas. Por exemplo, a criança de 4 anos fica com fome antes da hora do lanche? Em vez de usar ferramentas de orientação para colocá-la de volta "nos eixos", experimente dar-lhe algo de comer por volta das 9h30, por exemplo. Tudo indica que a pirraça irá acabar. Da mesma forma, tente criar um ambiente tranquilizador que ajude as crianças a se acalmar e relaxar depois do Natal; e, no caso da agitação por causa da chuva, crie uma área para aliviar a tensão e reduzir a necessidade constante de redirecionamento e outras medidas de orientação. É claro, não é possível atender a todas as necessidades básicas de todas as crianças o tempo todo, mas você pode ficar ciente de quais necessidades não atendidas fazem parte do mau comportamento.

O ambiente é adequado à criança? Exemplo: um menino de 2 anos na sala de atividades da creche se bate contra os limites a todo momento. Ele precisa ser impedido de derrubar os materiais de colagem, misturar toda a cola com tinta e de espalhar as peças de quebra-cabeças. A professora passa o dia lembrando-o dos limites e redirecionando-o. O problema é que os materiais e as atividades são impróprios para a sua idade, e a solução seria encontrar uma área onde ele possa brincar e explorar livremente materiais adequados por conta própria.

Exemplo: uma menina de 5 anos foi para a creche desde o nascimento, e o ambiente pré-escolar tem pouquíssimos desafios para o que ela precisa. Para superar o tédio, a menina precisa criar as próprias distrações, mas aí ela "arruma confusão" com os professores.

A solução para esse problema é adaptar o ambiente e acrescentar novidades para atender às suas necessidades de desenvolvimento, assim como as das outras crianças. Esse tipo de solução pode ser de grande ajuda na eliminação de maus comportamentos e da necessidade da orientação.

O comportamento da criança é uma busca por atenção? Exemplo: um menino se comportou mal a manhã inteira, mas está se comportando adequadamente agora. A professora pergunta: "Jorge, você gostaria de me ajudar a plantar essas sementes?".

Não desconte a necessidade de atenção; responda a ela. Preste atenção em como as crianças utilizam o mau comportamento para extrair respostas dos adultos. Crie um plano

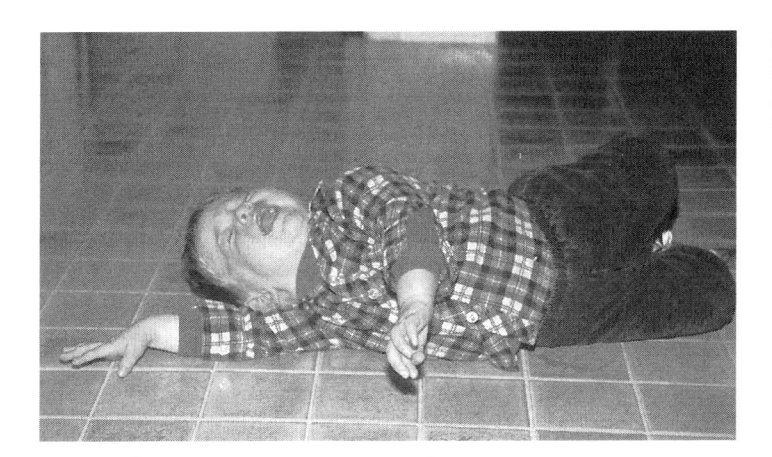

Esse é um momento genuíno de estresse ou simplesmente uma tentativa de chamar a atenção?

claro para dar atenção às crianças que precisam disso quando *não* estão se comportando mal; use a oportunidade para "incluí-las" – ao contrário de afastá-las com o castigo. Estabeleça períodos para se focar em uma única criança ou em um pequeno grupo que precisa de atenção mais intensa do que conseguem em grupos maiores. Stanley Greenspan (1990), chama essa abordagem de "hora do chão", porque o adulto fica direto no chão com as crianças, sem dirigi-las, mas permanecendo plenamente à disposição para responder a elas.

O comportamento da criança é uma resposta à sensação de impotência? Exemplo: um bebê morde sempre que se sente frustrado ou quer algo.

Crianças que se sentem impotentes precisam entrar em contato com o seu próprio poder; nesse caso, a criança usa seus músculos mais poderosos da maneira mais forte que conhece. (Veja mais informações sobre mordidas e sobre o que fazer a respeito no quadro *Dicas e técnicas*, a seguir.) Há diversas maneiras de ajudar essas crianças, como ensinar habilidades, atribuir responsabilidades, incentivá-las a se expressar e ensinar a linguagem como forma de expressão.

A criança aprendeu esse comportamento sendo recompensada por ele no passado? Exemplo: Quando lhe foi pedido para entrar para o almoço, Taylor grita "não" e corre para o outro lado. A professora presta muita atenção em Taylor, falando, repreendendo e ameaçando até que, finalmente, ela conseguiu colocá-lo para dentro com promessas de que ele pode sentar ao seu lado no almoço.

Quando tal situação se torna um padrão, as crianças aprendem que o comportamento desafiador costuma lhes dar atenção especial. A maneira de se alterar o padrão é removendo a recompensa; é importante compreender os princípios da teoria da aprendizagem. A melhor abordagem para alterar comportamentos indesejados é não permitir que eles comecem. Se a professora no exemplo tivesse se conscientizado dos efeitos de sua resposta para a rebeldia de Taylor, ela poderia considerar maneiras alternativas de levá-lo ao almoço, mas agora é tarde; ela precisa trabalhar novamente com Taylor não dando tanta atenção a sua rebeldia e, em vez disso, recompensando-o quando ele cooperar. Tal sistema de retreinamento é chamado de **modificação de comportamento**.

modificação de comportamento Forma de treinamento sistemático que tenta alterar padrões inaceitáveis de comportamento. Envolve reforçar comportamentos aceitáveis em vez de prestar atenção e, assim, recompensar comportamentos inaceitáveis.

Essa criança compreende claramente por que o seu comportamento é inadequado? Exemplo: Mike está tostando um waffle de brinquedo. Quando ele o tira do brinquedo, Stefane vem e o tira de sua mão. Ele protesta, mas ela

DICAS E TÉCNICAS

Mordidas: um problema universal dos bebês

Gritos enchiam o corredor do programa de educação infantil que eu estava visitando. "Parece que os jacarezinhos estão com tudo", comentou a diretora, que estava me apresentando o lugar. "Esta é a sala dos bebês", explicou ela em resposta ao meu olhar de dúvida. "Só espero que o Tubarãozinho não esteja atrás da Princesa de novo", ela adicionou criticamente.

Ela explicou a referência aos jacarés: "Chamamos os bebês de 'jacarezinhos' porque eles estão sempre se mordendo". Ela não precisava me dizer que eles mordiam, isso eu sabia por experiência própria.

Os bebês mordem porque não conseguem expressar seus pensamentos e sentimentos muito bem, então eles usam as bocas de maneira mais direta para ganhar poder. Morder é um comportamento mais fácil de se compreender do que de controlar. Ainda assim, é o nosso dever controlá-lo – não depois do fato, mas antes de acontecer. *Prevenção* é a palavra-chave. Você não ignoraria um bebê com uma arma carregada nas mãos e uma boca cheia de dentes, para alguns deles, é igual a uma arma carregada. E como não é possível tirar os dentes deles, você *precisa* impedi-los de usá-los em outras pessoas. Eis quatro dicas para prevenir as mordidas.

Seja vigilante. Sempre que dois bebês estão juntos e um deles é conhecido por morder, supervisione de perto. Você deve impedir as mordidas até que as crianças aprendam outras formas de expressar seus desejos e afetos, de tocar e explorar os outros, de atender a suas necessidades, de pedir atenção e de se sentirem poderosos.

Ajude os bebês a se sentirem poderosos dando-lhes escolhas e oferecendo desafios que exijam força e habilidade. Alimente a necessidade da criança de se sentir empoderada, em vez de negar. Quando as crianças são criadas de modo a se verem como pequenas, fracas e inadequadas, suas necessidades de poder crescem, às vezes a um tamanho monstruoso. Quanto mais impotentes elas se sentem, maior a possibilidade de usar seus músculos mais fortes – a mandíbula!

Encontre objetos para que as crianças utilizem sua agressividade simbolicamente. Crocodilos de brinquedo podem ser úteis para esse propósito, ou você pode tentar fantoches que "mordem" sem machucar.

Ensine os bebês a se defenderem – a não sofrerem mordidas. Com isso, não quero dizer que é necessário ensinar as crianças a morder primeiro ou a se vingar. A melhor forma de explicar essa dica é oferecendo a minha versão da história de "O Jacaré e a Princesa".

A princesa está brincando inocentemente com uma bola amarela quando vem o Jacarezinho, a criança que já a mordeu muitas vezes. O Jacarezinho quer a bola amarela – ou talvez ele só queira provar de novo o gosto do bracinho macio da princesa. Ele se aproxima dela com a boca aberta, mas hoje é diferente. Agora, a Princesa está armada com habilidades de autodefesa não violentas.

Primeiro, ela levanta a mão e diz, em sua voz mais firme: "Pare!" Ao mesmo tempo, com a outra mão, ela puxa um anel de morder do bolso e gentilmente o coloca na boca que se aproxima. Surpreso, o Jacarezinho começa a morder o anel em vez dela.

---

o ignora e se afasta com o waffle. O professor fala à Stefane: "O Mike não gosta quando você tira as coisas das mãos dele. Ele fica bravo, olha para o rosto dele! Mike, diz para a Stefane como você se sente".

As crianças precisam aprender sobre como as suas ações afetam as outras pessoas. O trabalho do educador infantil é ajudá-las a compreender facilitando a comunicação – de ambos os lados do conflito.

Mas e se o professor tivesse ficado zangado com o comportamento da Stefane e interviesse de maneira mais agressiva para que ela devolvesse o waffle? Se Stefane se recusasse, o professor se veria em uma situação de perde-ganha. Agora ele tem algo a perder, dependendo do desfecho. Ele vai recuperar o waffle e devolvê-lo ao Mike, ou a Stefane vai vencer e continuar com ele? O professor pode se lembrar de momentos de injustiça de sua própria infância e querer resolver de vez uma velha rixa recuperando o waffle e punindo Stefane.

Como se pode ver, é importante confiar na autorreflexão e na consciência para não impor julgamentos dos adultos e punições, para, em vez disso, utilizar ferramentas de orientação. Quando estiver diante de um mau comportamento que ative sentimentos fortes, analise a situação calmamente fazendo-se essas duas importantes perguntas: será que realmente quero alterar o comportamento ou o que me interessa mais é me vingar pelo que a criança fez? O que me interessa mais: vencer essa disputa ou alterar o comportamento?

A vingança é um motivador tão poderoso que, às vezes, os adultos têm sentimentos muito fortes sobre "fazer a criança provar do próprio veneno" ou "dar o que ela merece". Mas descontar sentimentos raivosos em uma criança é uma maneira ineficaz de alterar o comportamento.

Alguns adultos enxergam vencer disputas de poder como a melhor forma de ganhar o respeito da criança, mas não esqueça que, onde há um vencedor, há também um derrotado. Perder pode afetar o autorrespeito e a autoestima da criança, assim como destruir qualquer relacionamento que vocês tenham desenvolvido até o momento. Em um confronto com uma criança, é importante assumir uma atitude para resolver o problema, em vez de uma posição de poder. O objetivo da resolução de problemas deve ser fazer tanto o adulto quanto a criança sair se sentindo bem com a solução. Soluções em que todos ganham são as melhores para qualquer conflito.

Se você realmente quiser alterar comportamentos inadequados, em vez de fazer "justiça" com raiva ou exercer o seu poder sobre uma criança, considere algumas das alternativas à punição que exploramos neste capítulo.

Lembre-se: você é aliado da criança quando se trata da orientação. O seu objetivo é ajudá-las a se tornarem seres socializados, prevenindo ou transformando comportamentos problemáticos e auxiliando-as a desenvolver controles internos para regular o próprio comportamento.

UMA HISTÓRIA PARA TERMINAR

Como professora, aprendi desde cedo que dar escolhas às crianças previne muitas formas de confrontos. Em vez de dizer: "Não, você não pode fazer isso", aprendi a dizer: "Se você quiser brincar com o porquinho-da-índia, precisa ser muito gentil. Se você quiser brincar de algo mais pesado, vá brincar com os animais de pelúcia". Havia me especializado em dar escolhas. "Você quer tomar o medicamento por conta própria ou devo buscar a colher?"; "Está pronta para trocar as fraldas ou quer esperar até terminar de brincar no escorregador?"; "Você quer subir na mesa do fraldário por conta própria ou quer que eu te levante?". Ter uma escolha dá à criança uma sensação de poder – uma oportunidade de decisão diante de um adulto insistente.

Não é como se eu nunca dissesse não, mas guardava os "nãos" para as ocasiões mais importantes, assim eles eram dramáticos o bastante para ter significado real. E como sabia que as crianças imitam os adultos, dizer não a cada coisinha voltaria na forma das crianças dizendo não para mim.

Sabendo sobre o poder dos exemplos, portanto, não deveria ter ficado surpresa no dia em que busquei meu filho de 4 anos na pré-escola. Ele subiu no banco do carro, esperou que eu o prendesse com o cinto e me olhou bem nos olhos e anunciou, com uma voz que muito se assemelhava à minha: "Você tem duas escolhas, mãe. Você pode me levar para brincar na casa de um amigo ou me levar para a loja e me comprar um brinquedo". Ir para casa não estava entre as "minhas opções". Mas, por sorte, uma das alternativas que ele propôs era aceitável para mim, então, arranjei uma visita à casa de um amigo.

Tenho pensado naquela ocasião desde então e comecei a me preocupar com os aspectos de manipulação na abordagem do meu filho. Parecia diferente quando era eu que propunha as escolha; não gosto de ser manipulada! Mas, então, decidi que poderia ver o episódio a partir de outro ponto de vista: eu poderia considerar as escolhas oferecidas pelo meu filho como um meio de abrir um diálogo. Se eu não tivesse gostado de nenhuma das opções, poderia ter respondido com outras opções minhas, e talvez pudéssemos ficar negociando até alcançar um acordo mútuo.

RESUMO

Recursos *on-line*

Visite **www.mhhe.com/gonzalezfound6e** para acessar recursos para estudo e *links* relacionados a este capítulo (em inglês).

Orientar o comportamento das crianças em direções positivas começa pela compreensão das expectativas de comportamento adequadas ao seu nível de desenvolvimento. É tentador responder ao mau comportamento com punições, mas palmadas e outras formas de punição – tanto mentais quanto físicas – têm efeitos colaterais como raiva, humilhação, revanchismo, perda de autoestima e dano ao relacionamento adulto-criança. O objetivo da orientação nos programas de educação infantil é ajudar as crianças a aprender a se controlar e, ao mesmo tempo, desenvolver uma consciência saudável. Existem seis ferramentas de orientação que o educador infantil pode usar no lugar da punição: castigo, consequências, estabelecimento e manutenção de limites, redirecionamento, ensinar a expressão de sentimentos e demonstrar comportamentos pró-sociais. O comportamento das crianças é a sua maneira de dizer aos adultos o que elas precisam. Há seis questões a considerar quando se tenta entender a mensagem subjacente do mau comportamento: (1) As necessidades básicas da criança estão sendo atendidas? (2) O ambiente é adequado à criança? (3) O comportamento da criança é uma busca por atenção? (4) O comportamento da criança é uma resposta à sensação de impotência? (5) A criança aprendeu esse comportamento sendo recompensada por ele no passado? (6) Essa criança compreende claramente por que o seu comportamento é inadequado?

QUESTÕES PARA REFLEXÃO

1. Como você se sente quando uma criança diz algo que não é verdade? Você acha que ela está mentindo? Como você reage? Você conta mentiras? Você acha que há vezes em que mentir não machuca – ou, pelo contrário, pode fazer o bem? Qual é a sua visão sobre a honestidade como o valor mais importante? Você acha que suas ideias, seus sentimentos e suas visões têm relação com a sua cultura?

2. Você levou palmadas quando era criança? Como você se sente a respeito? Qual é a sua reação à posição oposta que o texto assume sobre o assunto?

3. Quais são os seus pontos de vista e sentimentos sobre a autoridade na vida das crianças pequenas? O que você quer dizer quando usa a palavra *autoridade*? Você considera seus pontos

de vista, sentimentos e significados como uma questão cultural?
4. Qual é a sua experiência usando castigos? Você já foi posto de castigo quando era criança? Você usou essa abordagem quando adulto? Como você se sente a respeito? Você concorda com a visão do texto?
5. Você teve reações ao quadro *Foco na Diversidade* intitulado "Diferentes perspectivas sobre a disciplina: uma história pessoal"? Quais foram?
6. Quais são alguns exemplos de limites na sua própria vida? Você já testou esses limites? Por quê?

EXPRESSÕES-CHAVE

Quantas das próximas palavras você consegue utilizar em uma frase? Você sabe o que elas significam?

orientação 106
castigo 111

limites 112
modificação de comportamento 123

NOTA

1. Yale University Child Study Center no *site* Educational Week (c2014).

6

O professor como modelo

MODELANDO A RESOLUÇÃO DE PROBLEMAS NÃO VIOLENTA
Buscando informações
Reconhecendo alternativas
Considerando as consequências
As muitas raízes da violência
MODELANDO A AUTOESTIMA
Modelando a virtude
Modelando o poder
Modelando a significância
Modelando a competência
MODELANDO A EQUIDADE
MODELANDO A APRENDIZAGEM, O DESENVOLVIMENTO E A COGNIÇÃO
Prática reflexiva e a importância da observação
Construindo um currículo emergente
UMA HISTÓRIA PARA TERMINAR

NESTE CAPÍTULO VOCÊ IRÁ DESCOBRIR
- como a violência na adolescência tem suas raízes nos anos pré-escolares;
- o que os adultos podem fazer para ajudar as crianças pequenas a encontrar alternativas à agressão durante um conflito;
- como ensinar as crianças pequenas a considerar as consequências de agir agressivamente;
- como a autoestima dos adultos afeta a autoestima das crianças;
- quatro aspectos da autoestima;
- o que significa "foco antipreconceito";
- exemplos de comportamento adulto que passam mensagens preconceituosas (com base no sexo) às crianças;
- por que o professor precisa ser um aprendiz;
- por que a observação é uma habilidade importante para o educador infantil;
- o que é um "currículo emergente".

> **A TEORIA POR TRÁS DA PRÁTICA**
>
> **Modelando como uma estratégia de ensino**
>
> Modelar parece uma abordagem tão simples; será que realmente funciona? Sim! Especialmente quando você não quer. A modelagem é o ato de imitar, sendo também conhecida no meio científico como "aprendizagem observacional". As crianças observam e escutam as pessoas ao seu redor e, posteriormente, exibem os mesmos comportamentos. Em alguns estudos clássicos, Albert Bandura e colaboradores demonstraram como, ao verem um adulto ficar agressivo, as crianças têm maior propensão a apresentar o mesmo comportamento, dada uma situação semelhante. O comportamento não agressivo é modelado também. Albert Bandura (1989) chamou aquilo que ele estava estudando de teoria da aprendizagem social, mas posteriormente alterou o nome para teoria sociocognitiva. O motivo para essa alteração é que as crianças não apenas imitam, mas repetem o que veem, ouvem e lembram e atribuem um significado compreendendo algumas das regras gerais. Elas não modelam o comportamento de qualquer um; pelo contrário, têm maior probabilidade de imitar as pessoas que percebem como poderosas ou aquelas que veem sendo recompensadas pelo seu comportamento.
>
> Fonte: Bandura (1989)

Alguns educadores acreditam que tudo o que ensinamos somos nós mesmos; essa frase é o tema deste capítulo, junto do ditado "macaco vê, macaco faz".

A imitação é uma das formas de as crianças aprenderem, e elas copiam o comportamento dos adultos. Os adultos servem de exemplo para as crianças o tempo todo, quer saibam ou não. Marion Cowee diz que, se você quer saber como é seu desempenho como professor, observe as crianças brincando na escola. Veja o quadro *Vozes da experiência*, na página 133. Utilizar conscientemente a **modelação** como método de ensino é uma das formas mais poderosas de se influenciar o comportamento das crianças. O problema é que o efeito de modelação não pode ser ligado ou desligado à vontade; as nossas ações ensinam o tempo todo, mesmo quando não estamos dando bons exemplos.

Como estudante de cursos de formação em educação infantil, você deve perceber a importância de estar ciente do próprio comportamento. Se você gritar para um grupo de crianças ficar quieto, elas provavelmente começarão a falar mais alto. Se você lhes der uma aula sobre compartilhar, mas não dividir com elas as suas uvas, a sua aula terá menos impacto do que o seu comportamento.[1]

O que você *faz* transmite uma mensagem mais forte do que o que você *diz*. É por isso pregar para as crianças não funciona muito bem. É importante completar suas palavras com ação – dando o exemplo. Veja o quadro *A teoria por trás da prática* para ver uma pesquisa que sustenta essa ideia.

A ideia de tantos olhos observando as suas ações o tempo todo pode fazer aflorar as tendências perfeccionistas de qualquer um. O perfeccionismo, ou o medo de cometer erros, pode criar tanto estresse que passe a dificultar a tomada de decisões. Lilian Katz (1977), uma pesquisadora de educação infantil, chama essa condição de "paralisia por análise".[2] É claro, todos gostaríamos de demonstrar nosso melhor comportamento ao trabalhar com crianças, mas nós somos seres humanos, e não santos. Nós queremos modelar a nossa humanidade.

Este capítulo observa muitas maneiras em que os adultos influenciam as crianças por meio da modelação, incluindo o desenvolvimento da autoestima nas áreas da virtude,

modelação Método de ensino e ferramenta de orientação em que a atitude ou o comportamento do adulto se torna um exemplo que a criança imita, conscientemente ou não.

> **DICAS E TÉCNICAS**
>
> **Crianças são frágeis**
>
> Um garotinho machucou o cotovelo, deslocando-o quando a professora tentou impedi-lo de sair correndo para a rua. Não foi culpa de ninguém; a professora estava tentando protegê-lo, mas quando ela segurou o seu braço e o puxou, ele acabou se machucando. Ela não tinha ideia do que poderia acontecer e se sentia muito mal.
>
> As crianças são frágeis e podem se machucar quando as tratamos muito bruscamente. Sacudir bebês, mesmo um pouco, pode causar lesão cerebral; os músculos não são fortes o bastante para controlar o peso da cabeça quando ela balança para a frente e para trás.
>
> É difícil de compreender o conceito de ser firme mas gentil. Às vezes, precisamos ser duros e firmes, mas *nunca* podemos ser brutos. Alguns adultos que são brutos com as crianças também são brutos consigo. Eles ainda não aprenderam que ser gentis consigo é o primeiro passo para ser gentil com as crianças, e é muito importante ser gentil com elas. Afinal, queremos que aprendam a ser gentis, mas como podem ser se os seus modelos são brutos?

do poder, da significância e da competência. Iremos examinar como os adultos transmitem mensagens sobre o respeito e a valorização da diversidade por meio dos exemplos que dão. Por fim, este capítulo explora como os adultos podem servir de modelo sendo, eles mesmos, aprendizes. Para começar, contudo, vamos ver alguns métodos para modelar a resolução de problemas de forma não violenta.

Modelando a resolução de problemas não violenta

Atualmente, a violência é uma preocupação de todos, sendo importante olharmos de perto o papel do educador infantil na prevenção da violência. As tendências de violência começam cedo: pré-escolares agressivos arriscam se tornar adolescentes violentos quando ninguém lhes ensina maneiras construtivas e pacíficas de responder aos conflitos. Para ensinar às crianças a diferença entre ser assertivo e agressivo, os cuidadores e os educadores infantis devem, eles mesmos, modelar abordagens não violentas para a resolução de problemas.

Quando as crianças estão sendo agressivas, muitos adultos tendem a intervir de maneiras tão agressivas quanto – senão mais que – o comportamento das crianças. Em vez de demonstrar calma e gentileza, eles ficam com raiva e explodem verbal e (às vezes) fisicamente. (O assunto da modelação da gentileza aparece no quadro *Dicas e técnicas*.)

A violência começa nos anos iniciais; apesar de não rotularmos a violência como tal no início da infância, as raízes da agressividade nociva que se transforma em violência adolescente costumam ter origem nas experiências pré-escolares. Quando as crianças pequenas não aprendem habilidades de resolução de problemas, elas recorrem a táticas "físicas". Se querem um brinquedo, tiram-no de outras crianças. Se alguém esbarra acidentalmente nelas, elas empurram o agressor de volta.

Apesar de esses comportamentos poderem vir a se transformar em violência, agarrar, empurra e até bater são normais para os mais jovens. As crianças que os exibem não são más, só precisam de ajuda para encontrar outras formas de resolver problemas e expressar os seus sentimentos.

Três padrões de pensamento que começam nos anos iniciais foram identificados em adolescentes violentos. Durante conflitos, eles (1) se recusam a buscar informações, (2) possuem uma visão reduzida sobre como responder e (3) são incapazes de considerar as consequências de suas ações. Todos esses

Essa professora está tentando mostrar aos seus alunos uma abordagem de resolução de problemas melhor do que as táticas físicas que eles vinham utilizando.

padrões de pensamento estão presentes em crianças pequenas também, mas, para que esses padrões se tornem arraigados, depende das experiências infantis. Vamos ver alguns modos pelos quais os adultos podem modelar comportamentos para substituir essas maneiras equivocadas de pensar.

Buscando informações

Os adolescentes violentos não buscam informações sobre o que está realmente acontecendo em um conflito; eles assumem uma posição "aja primeiro, pergunte depois" e raramente possibilitam o benefício da dúvida, em geral vendo todos os outros como inimigos em potencial. Esse hábito de pensamento começa cedo; o pré-escolar interpreta um esbarrão acidental como algo intencional, por exemplo, e tentar convencê-lo do contrário não costuma funcionar. É por isso que modelar a busca por informações é tão importante.

Para ensinar as crianças a evitar conclusões precipitadas, você deve evitar esse mesmo hábito. Ao buscar informações antes de tomar uma decisão, você modela uma abordagem de resolução de conflitos importante para as crianças.

Considere esse exemplo de uma professora que não sai em busca de informação e não sabe como ajudar as crianças a resolver seus conflitos: um menino grita "Ele me empurrou!". A professora chega prontamente à cena, acreditando no acusador e assumindo o seu lado, apesar de não ter visto o que aconteceu. Ao "agressor", a professora diz bruscamente: "Não empurre os outros! Isso não é legal, eles não gostam! Se empurrá-lo de novo, você vai ter que ficar de castigo".

Essa abordagem não trata do que realmente aconteceu, como cada criança se sentiu com a situação, o que estava por trás dos seus sentimentos ou o que aconteceu antes do grito. As crianças não foram apoiadas de modo a impedir que o mesmo incidente se repetisse no futuro.

Agora, vamos ver um exemplo contrastante: a professora vê o empurrão e imediatamente se aproxima buscando informações. Ela não interroga as crianças, mas expressa em palavras o que viu.

PROFESSORA: Parece que você empurrou o Jerad, Nick.
NICK: É, eu o empurrei. Olha o que ele fez comigo.

Nick ergue o braço com uma marca vermelha. A professora olha para o Jerad esperando o que ele tem a dizer. Ela fica esperando.

VOZES DA EXPERIÊNCIA

Crianças como espelhos dos professores

Você se pergunta como as crianças o veem como professor? Descobri que a melhor maneira de saber é prestando atenção às crianças quando brincam de "escola". Observe quem quer ser o professor e ouça como o outro reage. Eles imitam o som e a linguagem corporal do professor, às vezes, claramente apreciando o poder proporcionado pelo papel. Já vi crianças que achavam que a maneira certa de ler um livro era segurá-lo aberto virado para fora, para que todas as crianças pudessem enxergar, como na hora da história! Assim como aprendemos as concepções das crianças sobre a vida doméstica no canto da casinha, aprendemos sobre suas concepções da sala de aula quando brincam de escola. Às vezes, já comecei a brincar de escola com as crianças para aprender o modo como elas percebiam o mundo da escola e as relações de poder dentro delas. Lillian Katz disse uma vez que as crianças são antropólogos naturais. Na sociodramaturgia que é a representação da escola, usamos sua mímica natural para aprender como elas nos veem como professores e compreender que comportamentos estamos modelando.

—Marion Cowee

JERAD: Ah, eu não quis fazer isso. Você estava na minha frente, mas eu não te vi.

NICK: E por que você não olhou?

Jerad fica em silêncio, ele não tem uma explicação. A professora ajuda a manter a conversa em andamento para extrair mais informações sobre o que aconteceu.

PROFESSORA: Então, você esbarrou no Nick?

JERAD: [*Falando baixo*] Bom, eu meio que esbarrei nele com um bloco.

PROFESSORA: Com um bloco ...

JERAD: [*Demonstrando*] Eu estava carregando ele assim.

PROFESSORA: E você bateu no Nick ...

JERAD: Não foi de propósito.

NICK: Até parece!

PROFESSORA: [*Para o Nick*] E você ficou bravo quando o bloco atingiu o seu braço.

NICK: Sim.

PROFESSORA: Então, você empurrou o Jerad.

NICK: Sim.

PROFESSORA: Será que não havia outro jeito de dizer como você se sentia quando o bloco atingiu o seu braço?

JERAD: Ele poderia ter me dito que tinha ficado bravo.

NICK: Mas ele me machucou.

PROFESSORA: Você se machucou ...

JERAD: Eu não queria te machucar, Nick.

NICK: Bom, tenha mais cuidado na próxima vez!

É tentador fazer um julgamento rápido e resolver o problema por conta própria, mas essa abordagem é quase sempre menos efetiva do que conversar para descobrir a perspectiva de cada criança na situação. Ao fazer os dois lados conversarem a respeito, você modela uma abordagem de busca de informações e de resolução de problemas que as crianças irão acabar por adotar, substituindo o hábito de chegar a conclusões precipitadas.

Ajudar as crianças a esclarecer situações buscando mais informações deve ser feito na hora, no momento das dificuldades. É mais eficaz quando a "conversa" ocorre antes da briga começar, por isso é necessário estar supervisionando diligentemente para chegar a tempo de impedir a agressão, mas vale a pena. Mas mesmo que você não consiga chegar rápido o bastante e a briga evoluir para algo físico, ainda é importante resolver a situação quando os dois lados tiverem parado de se machucar.

Reconhecendo alternativas

Durante um conflito, muitas crianças têm uma visão limitada sobre como responder ao problema. Elas podem ver apenas uma saída – agressão física.

Quando os adultos demonstram agressão física diante do conflito – tal como agarrar um brinquedo das mãos de uma criança que o arrancou de outra – eles modelam a mesma agressão que estão tentando impedir. Para modelar uma abordagem de resolução de problemas, você deve considerar a gama de alternativas à agressão e, quando tiver uma noção delas, poderá ajudar fazendo um comentário do tipo: "O que será que você poderia fazer se ele tem um brinquedo que você quer?". Vejamos a cena em que uma criança arranca um brinquedo da outra, agora com a presença de um adulto que incentive as crianças a pensarem em alternativas à agressão.

Blake arranca uma caminhãozinho de Haley, que está brincando na caixa de areia. Haley pula e tenta pegá-lo de volta, mas Blake o joga por cima da cerca. Haley grita e bate em Blake. O professor chega e separa os dois, gentil mas firmemente, colocando-se entre eles. Ele segura Blake pela mão quando ele tenta ir embora.

O professor começa explicando o que vê – duas crianças zangadas. Ele declara os fatos, sem interpretação ou julgamento. Blake e Haley começam a falar ao mesmo tempo, cada um tentando explicar o seu ponto de vista.

PROFESSOR: Esperem um pouco, assim eu não entendo vocês. [*Ele se vira para Haley*] O que está acontecendo aqui?
HALEY: [*Chorando*] Ele pegou o meu caminhão.
PROFESSOR: Diga a ele como você se sente.
HALEY: [*Gritando*] Eu vou bater em você por pegar o meu caminhão.
PROFESSOR: [*Falando de maneira calma e compreensiva*] Você está muito zangada porque o Blake pegou o seu caminhão.
BLAKE: Não era seu!
HALEY: [*Gritando*] Sôr...
PROFESSOR: Fale com ele.
HALEY: [*Falando em tom ameaçador*] Me dá o caminhão!
BLAKE: Eu não posso.
PROFESSOR: Vocês dois querem o caminhão.

O professor está abaixado, segurando gentilmente as mãos das crianças. Ele deixou sua posição entre eles, permitindo que fiquem de frente um para o outro. "Como será que podemos resolver esse problema?", ele diz e espera.

A cena continua, com as crianças redefinindo o problema – nenhuma delas tem o caminhão agora. Elas discutem os seus sentimentos e o que podem fazer em relação à situação. O professor faz muito mais do que ouvir e falar, permanecendo calmo e não agressivo durante todo o processo, modelando para as crianças a equanimidade diante do conflito.

Por fim, os dois chegam a uma compreensão razoável de seus sentimentos e passam a trabalhar em busca de uma solução. A primeira questão é como trazer o caminhão novamente para o pátio. A situação, é claro, envolve o professor, já que nenhum dos dois pode deixar o pátio. O professor concorda em ajudá-los a trazer o caminhão de volta, mas não antes de resolverem o problema que deu início ao conflito.

As duas crianças conversam a respeito, com o professor ajudando a identificar possíveis soluções. Os três finalmente decidem que a Haley fica com o caminhão, já que ela é quem estava brincando com ele, mas o Blake não fica muito contente com essa decisão. Ele quer brincar também, então, eles pensam um pouco mais. Será que outro caminhão ajudaria? Será que eles podem se revezar? O professor continua perguntando: "Como vocês vão resolver esse problema?". Por fim, eles concordam em se revezar. O professor liga para o vizinho, que aceita devolver o caminhão por cima da cerca.

Pode parecer que resolver esse problema tenha demorado mais tempo do que o necessário; de fato, a resolução de problemas com as crianças exige muito tempo no começo, mas é um tempo bem investido. A compensação vem aos poucos, quando começam a melhorar na resolução dos seus próprios problemas até que não precisem mais dos professores para cada briguinha.[2]

Para aumentar as habilidades de resolução de problemas das crianças, não ofereça uma lista de soluções alternativas; pelo contrário, estimule-as a pensar por conta própria. Se as crianças não conseguirem pensar em uma solução construtiva, continue perguntando: "Como vocês podem resolver esse problema?". No início, elas podem pensar que você as está testando, e que haveria uma resposta certa em mente; elas podem responder ao seu "jogo adulto" com silêncio. Contudo, se você continuar incentivando-as a criar suas próprias abordagens, elas irão acabar pensando em alguma coisa. Lembre-se: é importante ficar em silêncio após perguntar: "Como vocês podem resolver esse problema?".[3]

Alguns professores de licenciatura aconselham a nunca oferecer soluções, mas, na minha experiência, não faz mal incentivá-las com pequenas sugestões (andaimes). Ainda assim, sugiro fazer isso apenas após períodos de silêncio, para dar às crianças uma chance de responder por conta própria. É interessante como o silêncio cria um vácuo que precisa ser preenchido.

Também é bom ensaiar a resolução de problemas durante a hora da roda. Pegue algum desses conflitos fictícios, ou um conflito de verdade, e discuta alternativas à agressão e possíveis consequências de cada alternativa. Discuta cada solução em termos de aceitabilidade para você e para as crianças envolvidas; você precisa estar aberto às ideias criativas delas, mas também precisa apontar as soluções inadequadas e não construtivas. Ensaios em cenários não emocionais podem preparar as crianças a responder a conflitos reais de maneiras não agressivas.

O seu tom de voz em um conflito é extremamente importante. Ele deve ser *firme* para que as crianças saibam que você está falando sério quando diz: "Não vou deixar você machucar ninguém nem ninguém machucar você". O seu tom de voz também deve transmitir *empatia:* "Sei o quanto você quer aquele caminhão. Você não gosta que ele tire o caminhão das suas mãos". Você deve assumir uma *atitude de resolução de problemas:* "O que você pode fazer em vez de agarrar ou bater?". E, por fim, você deve ser *persistente*. Espere, deixe as crianças chegarem a soluções e insista que elas continuem negociando quando as soluções não funcionarem. "O que mais será que vocês poderiam tentar?" é uma frase que você precisa repetir com frequência.

Considerando as consequências

Crianças com tendências à violência não consideram as consequências. Por meio do diálogo calmo, você pode ajudá-las a compreender os efeitos de suas ações. Voltemos ao exemplo de Blake e Haley. Sem dar lições de moral, o professor conecta as consequências ao comportamento: "Quando você tira o caminhão da Haley, vocês não podem brincar juntos porque ela fica zangada. Você jogou o caminhão por cima da cerca e agora não tem mais ele".

Não é fácil se restringir de fazer repreensões; só lembre, uma frase ou duas são tudo o que é necessário. E, é claro, *nunca* diga "Eu avisei". Nenhuma criança (nem adulto, na verdade) gosta que lhe digam que outra pessoa sabe mais do que ela. Essa frase deprecia a criança, e pessoas depreciadas podem perder a confiança em suas habilidades de resolver problemas.

Duas abordagens para considerar as consequências funcionam bem. Uma é ajudar as crianças a compreender com antecedência quais podem ser as consequências da agres-

feedforward Ferramenta de orientação que ajuda as crianças a compreender antecipadamente quais são as consequências de certos comportamentos (geralmente comportamentos inaceitáveis). Só é *feedforward* se for apresentado em um tom neutro, sem ser ameaçador nem apresentar juízo de valor.

são. Essa abordagem foi chamada de *feedforward*. É claro, o *feedforward* só funciona se todos os adultos em um programa tiverem tolerância zero para com a agressão. Se a supervisão for frouxa e inconsistente, as crianças aprendem que, se sua agressão for escondida dos adultos, elas podem se safar com o que quiserem; nesse caso, o mais provável é que a agressão de fato aumente.

Para conversar sobre isso *antes* da agressão ocorrer, os adultos devem estar vigilantes, antecipar problemas e chegar à cena do possível conflito imediatamente. Uma vez lá, eles podem ajudar as crianças a compreender os efeitos de suas ações sobre os outros. Transmitir às crianças a ideia de que a antecipação pode prevenir problemas é importante!

Uma segunda abordagem é permitir que as crianças vivenciem em primeira mão o resultado de suas ações, quando for possível fazê-lo sem promover o aprofundamento da agressão. Blake aprendeu uma lição quando jogou o caminhão sobre a cerca: ele não pôde brincar com ele. Ele poderia ter aprendido outra lição se o vizinho não estivesse em casa ou se tivesse se recusado a devolvê-lo.

Você percebeu que o professor que estava ajudando Blake e Haley a solucionar o conflito era do sexo masculino? Você irá encontrar professores homens ao longo deste livro; talvez eles apareçam com maior frequência do que nos cenários de educação infantil da vida real. A ausência de homens trabalhando com crianças pequenas é um problema sério que precisa ser corrigido pelo campo e pela sociedade. Pense a respeito desse efeito de modelação. As crianças que crescem em famílias com a ausência do pai podem não ter modelos masculinos realistas. Se você observar os estereótipos masculinos retratados na mídia – programas de televisão, desenhos e comerciais – irá encontrar pouquíssimos exemplos de homens gentis, amáveis ou carinhosos. Como é que os meninos podem alcançar o seu pleno potencial se os seus modelos de masculinidade forem excessivamente duros, agressivos e violentos? Como as garotas podem aprender o que esperar de um homem se a maioria dos que elas conhecem vem da mídia? Como garotos e garotas podem ampliar sua visão dos papéis de gênero se os seus exemplos – reais ou midiáticos – só se enquadram em definições estreitas de masculinidade e feminilidade? Essas são questões importantes com as quais as famílias, as instituições educativas e a sociedade em geral devem se preocupar.

As muitas raízes da violência

A modelação dos adultos e as intervenções bem-feitas ajudam a ensinar às crianças abordagens não violentas aos conflitos. Infelizmente, outros fatores opõem-se a essas lições, como quando as crianças veem violência em casa, nas ruas ou na TV. Da mesma forma, as crianças vítimas de abuso sofrem um efeito mais forte de modelação do que o exibido em sala de aula e, portanto, arriscam-se a se tornarem eles mesmos perpetradores de abuso infantil.

Não existe uma única solução para a violência. Se quisermos viver em uma sociedade pacífica, devemos assumir uma abordagem multifocada. Mas existe uma forma de *começar*, que é efetivamente modelar técnicas de resolução de problemas não violentas no programa de educação infantil.

Nesta seção, examinamos de perto três padrões de pensamento que estão nas raízes da violência: (1) uma falha ao buscar informações durante o conflito, (2) uma visão limitada sobre como responder ao conflito e (3) uma incapacidade de considerar as consequências da agressão. Quando reconhecemos que o comportamento violento começa como uma forma de abordar os problemas nos anos iniciais, podemos ver a importância do nosso trabalho com crianças pequenas na criação de uma sociedade futura não violenta. A menos que modelemos para as crianças as muitas maneiras alternativas de resolver problemas, elas continuarão usando formas agressivas que lhes vêm tão naturalmente na infância.

Alguns educadores infantis relatam observar mais instâncias de violência e agressão durante os períodos em que as crianças brincam em lugares abertos, o que pode se dever a diversos motivos. Em alguns programas, a área externa é compartilhada com outras turmas, e o número de crianças pode ser superestimulante e incontrolável. Outro problema surge quando as atividades externas são encaradas como um recreio, com poucos recursos à disposição. Também pode acontecer de funcionários com menos tempo de treinamento, ou até mesmo voluntários, serem responsáveis pela supervisão, em vez dos professores que sabem como facilitar a resolução de problemas.

Algumas pessoas pensam que a solução é eliminar as atividades externas, o que acaba se tornando uma questão de saúde, visto que as crianças não conseguem o ar fresco e o exercício de que necessitam, trancadas em lugares fechados o dia todo. O Instituto Pikler, mencionado em capítulos anteriores, vê o ar fresco como vital. Desde a infância, as crianças passam uma boa parte do dia do lado de fora – verão e inverno. Elas comem do lado de fora no verão e fazem o cochilo do lado de fora o ano todo. Apesar de consumir tempo vestir as crianças em roupas de inverno para sair todos os dias, o tempo gasto fazendo isso não é considerado um desperdício, mas parte da forma como crianças e adultos formam laços. É um momento particular com o cuidador, rico em atenção pessoal, linguagem, toque e todos os outros comportamentos que constroem as relações, que é uma abordagem efetiva à prevenção de violência. Ar fresco e exercício também ajudam a evitar a violência. Os efeitos do ar fresco no comportamento são notáveis até para o observador mais casual. As crianças se dão incrivelmente bem umas com as outras, e incidentes de agressão são muito menores no Instituto Pikler do que nos programas infantis comuns. As crianças são extraordinariamente saudáveis, e o seu apetite é incrível.

Apesar de ar fresco e exercícios serem importantes, as crianças precisam mais do que isso quando saem para a rua. Quando saem para correr em um pátio cercado e pavimentado com brinquedos de plástico colorido, sua experiência é muito diferente de quando a área externa é um cenário natural. Quando a área externa é considerada um ambiente de aprendizagem e explorar a natureza é parte do currículo, a experiência das crianças é aprimorada, e elas se transformam em pessoas mais saudáveis e equilibradas; elas tornam-se pessoas menos propensas a comportamentos violentos. Ao final deste capítulo, elencamos sugestões de leitura adicional sobre esse assunto.

Outro fator de violência é a baixa autoestima, sendo que, nesse caso, o efeito da modelação também é muito poderoso. A seção a seguir observa cuidadosamente quatro aspectos da autoestima: virtude, poder, significância e competência.

Modelando a autoestima

Apesar de haver um número cada vez maior de livros e artigos sobre como aumentar a autoestima das crianças, alguns negligenciam dizer o quanto o grau de autoconfiança do adulto influencia a da criança. Adultos com baixa autoestima são modelos ruins para as crianças e dão maus exemplos.

O que é um mau exemplo? Ser um bom educador infantil significa *nunca* cometer erros? É claro que não! Isso seria como pedir a professores e cuidadores que sejam sobre-humanos. Não queremos que as crianças tenham modelos que jamais poderiam alcançar.

Todos temos pontos fracos e todos cometemos erros, mas é como você aceita a sua fraqueza humana que fornece um exemplo vivo para as crianças. Você se aceita ou é excessivamente crítico de si? Você esconde os seus erros das crianças? Você se perdoa pelos seus erros e depois encontra formas de resolvê--los? As respostas a essas perguntas fornecem pistas sobre o seu nível de autoestima e o tipo de modelo que você fornece às crianças.

Adultos com boa autoestima que atuam bem em suas vidas modelam atitudes e comportamentos que podem contribuir para o sucesso das crianças e para o desenvolvimento da sua própria autoestima. Já foi dito que você não pode dar às crianças algo que você não tem, um ditado que tem grande significado quando se trata da autoestima. Contudo, se depois de ler esta seção você decidir que é uma pessoa com baixa autoestima, não desista. A maioria de nós passa por períodos em que duvidamos de nós. O fato de estar lendo este livro significa que você está trabalhando para se aperfeiçoar. O autoaprimoramento é um reforço para a autoestima, e milhares de livros estão disponíveis sobre o assunto. Dê uma olhada nas livrarias ou na biblioteca mais próxima.

As seções a seguir exploram quatro aspectos da autoestima e como modelá-los. Esses quatro elementos vêm do trabalho de Stanley Coopersmith (1967), que foi um dos pesquisadores pioneiros da autoestima. Ele escreveu um livro clássico – o primeiro do seu tipo – em 1967 chamado *The antecedents of self-esteem*.[4] Coopersmith desenvolveu uma teoria, a qual é discutida no quadro *A teoria por trás da prática*. As próximas seções tomam essa teoria e realizam suas quatro dimensões na prática.

Modelando a virtude

Virtude é uma palavra antiquada que não costuma ser vista em livros educacionais. É uma palavra que evoca outros conceitos, como integridade, moralidade, honestidade, caráter, respeitabilidade – todos os conceitos que se relacionam com "ser bom". Mas o que significa ser bom?

Considere e seguinte situação: a professora tem um papel vermelho brilhante que ela está guardando para um projeto do Dia dos Namorados, escondido no topo do armário. Uma criança que está cortando tiras de papel colorido pede um pouco de papel vermelho, que não é uma das cores disponibilizadas na mesa. A professora se sente mal por negar o seu pedido, mas não quer tirar o papel especial. Ela tem medo de que as outras crianças queiram também, e daí não irá sobrar nada para o projeto que ela havia planejado. Então, em vez de dizer a verdade e lidar com possíveis problemas, ela finge não haver papel vermelho. É claro que essa não é um grande mentira, mas pode sair errado. Se ela for pega, pense no que essa professora está modelando.

Que mensagem essa resposta passa para as crianças que souberem que há mais papel vermelho?

Eis outra situação que envolve fazer o que é certo de acordo com a lei. Uma professora e um grupo de crianças com 5 anos estão saindo para dar uma volta. Eles querem atravessar a rua para olhar mais de perto uma árvore com folhas coloridas. A professora olha de um lado para o outro da rua, e não há carros vindo. Contudo, a meia quadra de distância, vê-se uma faixa de segurança com um semáforo. Se a professora decidir não cruzar a faixa de pedestres, que mensagem isso passa para as crianças, que estão apenas aprendendo as leis que foram criadas para sua própria segurança?

Apesar de, às vezes, ser tentador utilizar a maneira mais fácil ou cômoda para se livrar de uma tarefa, é importante *sempre* optar por fazer a coisa certa. A autoestima depende em certa medida daquilo que você considera virtuoso. Quando se importa com a sua integridade, você fornece um bom modelo para as crianças, o qual se relaciona com a integridade delas e, portanto, com a sua autoestima.

Modelando o poder

Um segundo aspecto da autoestima é o poder. "Poder" é uma palavra que nunca escutei enquanto cursava a licenciatura, mas todos

> **A TEORIA POR TRÁS DA PRÁTICA**
>
> ### As dimensões da autoestima
>
> Em seu livro pioneiro, *The Antecedents of Self-Esteem,* Stanley Coopersmith (1967) dividiu a autoestima em quatro elementos. Segue uma lista dos elementos, com uma curta descrição de cada um.
>
> - Virtude: fazer o que é certo, quer seja de acordo com um conjunto de normas ou código moral ou com as próprias normas e noções de moralidade.
> - Poder: o sentimento de que se tem a habilidade de viver a própria vida, de ter suas necessidades atendidas e de ser você mesmo. Além disso, é o sentimento de que se pode influenciar os outros.
> - Significância: o sentimento de ser amado e cuidado por aqueles que são importantes em sua vida.
> - Competência: a habilidade de ser bem-sucedido, especialmente em áreas que se consideram importantes.

sentimos poder em muitas áreas de nossas vidas. Vou começar explicando duas visões do poder. O tipo de poder em que a maioria das pessoas pensa é o que chamaremos de "poder de dominação", que dá a uma pessoa poder sobre outra ou sobre algo; em outras palavras, tem a ver com controle. Ditadores, por exemplo, têm esse tipo de poder. Se esse fosse o único significado da palavra "poder", pessoas mais fracas e mais gentis seriam, por definição, impotentes.

Mas existe outro tipo de poder – um poder que vem de dentro de cada um de nós que nos permite viver nossas vidas, atender às nossas necessidades e ser quem somos. Esse tipo de poder é o que chamaremos de "poder pessoal"; não tem nada a ver com dominar ou controlar os outros. A palavra *poder* vem do latim e significa "ser capaz".

O poder de dominação difere do poder pessoal como a **agressividade** difere da **assertividade.** Uma pessoa agressiva quer avançar a qualquer preço, com pouca consideração pelos outros. No entanto, uma pessoa assertiva luta pelo que precisa e expressa suas necessidades e desejos de modo a reconhecer e respeitar o que as outras pessoas precisam e querem.

É bom deixar claro que tipo de poder as crianças irão aprender com você. Se você tem mania de controle e quer sempre manter as crianças na rédea curta, estará exibindo poder de dominação. Mesmo que você as domine de maneiras gentis ao manipulá-las continuamente, você ainda assim estará modelando uma maneira dominante de se relacionar com os outros.

Essa discussão da manipulação nos remete novamente à questão de usar os elogios para manipular as crianças. Considere a cena a seguir: o educador infantil está tentando conduzir uma atividade em grupo, mas as crianças estão fazendo muito barulho e bagunça, apesar de seus esforços de fazê-las se sentar em silêncio. Ela está ficando frustrada e nervosa quando finalmente recorre a uma técnica manipulativa. Em uma voz falsamente melodiosa, ela diz: "Estou gostando como a Jéssica está sentada tão quieta e atenta. Como você é boa ouvinte, Jéssica!".

O objetivo principal da professora aqui não era elogiar o comportamento de Jéssica, e sim manipular as outras crianças a se aquietarem e ouvir. A tentativa da professora foi desonesta e desrespeitosa. Mas lembre-se: se você for respeitoso com as crianças e para as suas necessidades, e se respeitar a si mesmo, estará exibindo poder pessoal.

agressividade Qualidade de poder de dominação que resulta em fazer o que quer (às vezes de maneiras hostis e prejudiciais) sem consideração pelo bem-estar dos outros.

assertividade Qualidade de lutar por suas próprias necessidades de modo a reconhecer e respeitar o que os outros precisam e querem.

Os adultos que desenvolvem uma boa noção de poder pessoal e são assertivos em suas interações com os outros dão bons modelos para as crianças. Eles demonstram maneiras construtivas de realizar mudanças. Por exemplo, durante uma visita a um posto de bombeiros, um deles fica falando extensivamente sobre "tempos de resposta". Sentindo que as crianças estão perdendo interesse, a professora intervém e diz: "Infelizmente, está acabando o nosso tempo, e antes de irmos, as crianças queriam saber se podem olhar o seu chapéu". Nesse exemplo, a professora responde de maneira construtiva para restaurar o interesse das crianças enquanto respeita os sentimentos do bombeiro.

Explicamos como os educadores infantis usam os andaimes para incentivar as crianças a resolver os seus problemas e, assim, desenvolver poder pessoal. As crianças vivenciam o poder pessoal constantemente quando são apoiadas em suas explorações do mundo, umas das outras e de si mesmas. Em vez de sobrepujar as crianças, os adultos devem ajudá-las a esclarecer suas necessidades, seus desejos e inclinações. Ao apoiá-las a encontrar soluções quando há obstáculos, os adultos ensinam as crianças a respeitar os outros assim como a se afirmarem quando necessário. E, quanto mais o poder pessoal é usado, mais ele cresce.

Instruir as crianças a atravessar na faixa de segurança ensina a obedecer à lei.

Modelando a significância

Coopersmith e seus seguidores identificam o terceiro aspecto da autoestima como a "significância". Esse terceiro elemento relaciona-se à sensação de sentir-se amado e cuidado. Ele está ligado ao poder pessoal porque, quanto mais nos importamos conosco de maneira saudável, maior a probabilidade dos outros se importarem conosco.

É importante compreender que todos temos um papel ao nos tornarmos quem somos. Somos participantes ativos no desenvolvimento da nossa própria autoestima. Se não nos sentirmos amados, então, é necessário tentar enxergar o que podemos fazer para nos tornarmos mais amáveis. Ou talvez seja uma questão de dar mais amor para ganhar mais em troca.

Cada um de nós tem responsabilidade por nossa própria autoestima. Ninguém pode nos dar isso, e nem os eventos de nossas vidas determinam nossa autoestima. Trata-se de como *escolhemos* responder aos próprios eventos que constroem ou desgastam a nossa autoestima. Não quero com isso sugerir que as vítimas sejam responsáveis pelas coisas ruins que lhes aconteçam, mas são responsáveis por ver com atenção como impedir de serem vitimizadas novamente. Do contrário, elas podem viver o resto de suas vidas nesse papel, e sua autoestima irá sofrer como resultado. É um círculo vicioso – baixa autoestima contribui para a vitimização, e ser uma vítima contribui para a baixa autoestima. Ser resgatado pode funcionar temporariamente, mas, para uma

As recompensas emocionais por trabalhar com crianças pequenas são muitas.

mudança permanente, a vítima tem de tomar algumas decisões para mudar as coisas.

Essa ideia de responsabilidade pela própria autoestima aplica-se tanto a adultos como a crianças. Você não pode dar autoestima às crianças, mas pode promover oportunidades para que elas se sintam bem consigo mesmas – ainda assim, não há garantias de que elas irão tirar vantagem disso. Você pode dizer e até demonstrar para as crianças que elas são amáveis, mas não pode fazê-las aceitar o amor oferecido.

Uma criança passa a se sentir importante por meio de suas interações diárias com os outros. Um professor pode aumentar seus sentimentos de significância tratando-a com respeito, dando-lhe atenção adequada e ajudando-a a criar apegos saudáveis com as outras crianças. Mas como a criança escolhe aceitar o que lhe foi dado é uma decisão própria.

Os adultos fornecem bons modelos para as crianças quando mostram que eles mesmos se sentem importantes. Ter orgulho do seu trabalho como educador infantil e demonstrando respeito e carinho pelos outros funcionários são duas das melhores formas de modelar a importância para as crianças pequenas.[5]

Um aviso: às vezes, a noção de autorrespeito atrapalha o ganho de significância nos olhos dos outros. Devemos reconhecer que algumas pessoas sentem-se atraídas pelo campo da educação infantil porque trabalhar com crianças aumenta seus sentimentos de significância. Não há nada de errado em desfrutar as recompensas emocionais de trabalhar com crianças pequenas; é uma das melhores partes de ser um profissional da educação infantil. É ótimo quando uma criança chega de manhã com um grande abraço para a professora. E também pode ser recompensador quando uma criança não quer ir embora com os pais no fim do dia. Mas o professor que personaliza essa exibição de afeto pode não estar enxergando os possíveis motivos por trás da vontade de não ir embora da criança: ela pode ter dificuldades com transições; ela pode estar zangada com os pais por terem deixado ela ali o dia todo; ou ela pode estar envolvida em uma disputa de poder.

De qualquer modo, é importante que os educadores infantis observem com cuidado o significado que suas relações com as crianças representam. Por exemplo, uma professora de férias que retorna às aulas e fica desapontada que tudo correu bem em sua ausência pode depender demais do trabalho como fonte de autoestima. Os professores que usam as crianças para atender a suas próprias necessidades de se sentirem amados estão fazendo um desserviço para elas. É importante que eles tenham uma vida social e emocional fora das aulas que estejam equilibradas com as relações de carinho que eles tenham com as crianças sob seus cuidados.

Modelando a competência

O quarto elemento da autoestima é a competência. Muitas perguntas surgem quando se discute a competência. E se eu não me vejo como uma pessoa muito competente? Mas o que significa ser competente? O que irá acontecer com a competência das crianças se elas forem educadas por alguém como eu, que não tem competência?

Lembre-se: você tem responsabilidade por sua própria autoestima, podendo fazer algumas escolhas, incluindo como você se sente em relação ao próprio nível de competência e o que pode fazer a respeito. Na superfície, o aspecto da competência parece ser o mais injusto de todos. Algumas pessoas parecem ter nascido competentes; elas parecem ser mais inteligentes, habilidosas e talentosas do que outras. Mas a injustiça é resultado de um sistema de valores que considera certas habilidades e talentos mais importantes do que outros.

A criança que aprende a ler sozinha aos 4 anos é a maravilha do programa pré-escolar, e a professora que está fazendo doutorado pode ser alvo da inveja de seus colegas. O gênio matemático de 7 anos pode empolgar mais os professores do que outra criança com habilidades sociais superiores. O pequeno artista pode receber mais atenção por sua criatividade, mas provavelmente não tanto quanto a criança academicamente dotada. E uma pensadora original, que vê potencial muito além do que os professores enxergam, pode receber uma resposta inteiramente diferente – ressentimento e repreensão – em vez de ser valorizada por suas habilidades.

A competência não é unicamente uma questão de talento, apesar de o talento ajudar as pessoas a adquirir novas habilidades com mais facilidade. Algumas pessoas têm dificuldades com tudo o que aprendem, mas isso não quer dizer que não possam exceder o nível de habilidade de uma pessoa talentosa. Uma pessoa dedicada ao trabalho duro pode alcançar muitas coisas, mesmo sem talentos extraordinários.

O elemento da competência, do modo como influencia a autoestima, não é necessariamente uma questão do quão hábil ou talentoso se é, mas como você aborda os desafios. Os melhores modelos para as crianças são adultos que abordam a aprendizagem como um desafio agradável, em vez de algo a ser evitado ou uma tarefa terrível. Na verdade, se você for uma dessas pessoas para quem compreender algo não é fácil, mas mesmo assim se esforça até tornar-se mais habilidoso, você é um modelo ainda melhor do que a pessoa que acha que aprender é fácil.

O efeito modelador é mais produtivo quando as crianças veem os adultos aprendendo. Por exemplo, um assistente familiar que engole seus medos e bravamente se senta diante do computar novo ensina às crianças uma valiosa lição sobre a aprendizagem persistente e paciente, do mesmo modo como o professor que tenta desentupir o vaso antes de chamar o encanador. Os adultos nesses exemplos modelam a competência por meio da resolução de problemas. Às vezes, os papéis são invertidos, e as crianças modelam competência para adultos (veja o quadro *Dicas e técnicas*, na página 143).

Modelando a equidade

Quando as crianças observam como os adultos abordam (ou evitam) situações de aprendizagem, elas frequentemente descobrem papéis de gênero implícitos. Quando um parafuso se solta de um brinquedo de madeira e a professora o deixa guardado para que seu marido o conserte depois, a criança aprende a mensagem de que só um homem pode usar ferramentas – essa é uma forte mensagem sobre papéis de gênero. Da

> **DICAS E TÉCNICAS**
>
> ### O efeito modelador funciona para os dois lados
>
> Às vezes a criança é o modelo para o adulto. O meu filho Adam me ensinou a confrontar o desconhecido com coragem e curiosidade. A lição que deu um dia há muito tempo em um *shopping*. Adam (que devia ter 8 anos) e eu paramos para ver por que havia uma multidão dentro de uma loja de computadores. Tudo o que conseguíamos ver eram cabeças, mas lá adiante uma tela brilhou. Curioso, Adam foi se espremendo até ficar à frente da multidão, quando o homem no computador mencionou que ele deveria tomar o seu lugar. O meu filho, que nunca havia tocado em um computador na vida, deu um passo adiante sem hesitação. Nesse momento, eu já havia conseguido me aproximar o bastante para ver o que estava acontecendo.
>
> Adam leu uma pergunta na tela: "Qual é o seu nome?". Ele procurou cuidadosamente as letras no teclado, usando um dedo para inserir as letras B-U-R-R-O.
>
> "Olá, Burro", as palavras na tela responderam alegremente. A multidão deu uma risada. A tela continuou a rolar. "Você está pronto para fazer algo delicioso para comer? Pressione 'S' para Sim ou 'N' para Não". Adam apertou S, e uma lista de receitas apareceu. Ele escolheu uma aleatoriamente.
>
> "Tudo bem, Burro, vou ensinar a fazer frango à *cacciatore*", disseram as palavras na tela. O público riu novamente.
>
> "Quantas pessoas você vai alimentar?", a tela perguntou a Adam. Olhando para os números no alto do teclado, Adam apertou um e seis zeros a seguir.
>
> O computador não hesitou: "Tudo bem, Burro, pegue 250 mil frangos, lave-os e corte-os". O público ao redor do computador explodiu em gargalhadas.
>
> O computador continuou, inconsciente das porções ridículas. "A seguir, pegue 500 mil dentes de alho e corte-os em cubos". O computador prosseguiu, pedindo milhares de galões de óleo de oliva e milhões de pitadas de pimenta. O público ao redor do computador se divertia bastante. Meu filho encontrou seu nicho – e não era cozinhar para uma multidão.
>
> Ainda fico admirada com a forma como Adam caminhou na direção do computador e começou a apertar as teclas. Eu jamais teria tido essa confiança.
>
> Hoje, Adam é engenheiro, e continua me ensinando. Eu o vejo assumindo projetos sobre os quais ele sabe muito pouco a respeito e fico observando enquanto ele vai em busca de tudo o que precisa saber. Ele é um ótimo modelo para sua mãe, que frequentemente treme diante do desconhecido.
>
> Fonte: Adaptado de Gonzalez-Mena (1995b).

mesma forma, se um professor diz que eles precisam esperar sua colega, uma mulher, chegar para começarem a fazer pão ou se ele se recusar a trocar fraldas, ele pode estar passando às crianças mensagens sobre "trabalho de mulher".[6]

Quando você demonstra conceitos amplos de papéis de gênero e capacidades, você ajuda as crianças a se enxergarem como seres capazes de diversas maneiras. Para modelar a equidade, você deve aprender a fazer coisas que não fez antes. Além disso, tenha cuidado para evitar declarações como "Preciso de um menino forte para me ajudar a carregar esse quadro pesado". Em vez disso, peça ajuda de uma "criança forte".

Um programa teve problemas com alguns dos garotos mais velhos, que passavam bastante tempo mostrando a todos como eles eram fortes e durões. A diretora decidiu que eles precisavam ser expostos a uma ideia diferente de masculinidade, e os meninos foram realocados para ajudar na sala de bebês com regularidade. O objetivo da diretora – que deu certo – era dar aos meninos uma chance de abandonar sua faceta de durão, expandindo a ideia do que os homens podem fazer e apreciar.

Louise Derman-Sparks e Julie Olsen Edwards (2010) e Derman-Sparks (1989) escreveram sobre outros aspectos da diversidade além do gênero. Raça, cultura, língua e habilidade são áreas em que um **foco antipreconceito** é importante. O que é um foco antipreconceito? É uma abordagem ativista para a valorização da diversidade e promoção da equidade. O objetivo é ajudar as crianças a aceitar, respeitar e celebrar a diversidade. Elas devem compreender que o preconceito não é justo e aprender como reagir a isso.

foco antipreconceito
Abordagem ativista para a valorização da diversidade e promoção da equidade ao ensinar as crianças a aceitar, respeitar e celebrar a diversidade conforme se relaciona ao sexo, à raça, à cultura, à língua, à habilidade e assim por diante.

O primeiro passo importante de uma abordagem antipreconceito é modelar uma atitude positiva com relação à diversidade. Louise Derman-Sparks definiu diversas áreas de preconceito para ajudar os adultos a descobrir seus próprios preconceitos em campos como raça, sexo, cultura e habilidades. Os educadores infantis devem compreender o que uma atitude antipreconceito envolve e trabalhar em cima disso. Para tanto, você precisa se conscientizar dos próprio preconceitos inconscientes – pôr para fora atitudes ocultas e examiná-las. Às vezes, trabalhar com outro adulto ou sair do programa pode ajudar a revelar essas atitudes.

Por exemplo, uma professora assoava o nariz das crianças de bom grado quando necessário. Mas quando esse nariz era de um filho de imigrantes, ela dizia: "Vá buscar um lenço e assoe o nariz". Quando o seu tratamento diferencial lhe foi apontado, ela ficou surpresa; ela não estava ciente de que tratava um grupo diferentemente do outro. Sob questionamento, ela se aprofundou na questão e admitiu que tinha medo de doenças que achava que um filho de imigrantes pudesse ter. Ela não havia pensado sobre como os dois grupos de crianças podiam ver as suas ações. Quando lhe foi apontado que a principal diferença entre os dois grupos era o tom de pele, ela ficou chocada. Ela não teve intenção de transmitir o racismo como uma atitude para as crianças. Em outra instância, uma diretora que se sentia desconfortável ao redor de pessoas com deficiências recusou-se a matricular uma criança de 5 anos com retardo de desenvolvimento. Sua explicação era que a criança não sabia usar o banheiro, então, o programa não teria condições de acomodá-la. Quando lhe foi apontado que o programa tinha um fraldário – além de diversas crianças pequenas que usavam fraldas – ela se conscientizou dos próprios preconceitos.

Muitos comportamentos preconceituosos são inconscientes, e uma grande dose de inequidade sequer é fruto de comportamento individual, mas de um preconceito institucional. Se um programa conta apenas com candidatos brancos de classe média quando há uma vaga de emprego, o preconceito pode se dar a um nível institucional; o preconceito pode existir no próprio programa ou ele pode ser imposto por tendências culturais ou sociais. O preconceito também se aplica à pessoa de cadeira de rodas que é qualificada para trabalhar como educador infantil, mas que não consegue passar pela porta para fazer a entrevista.

Quando você se conscientiza das próprias atitudes ocultas, você dá o primeiro passo na direção de se tornar um bom modelo para as crianças. O próximo passo é fazer algo em relação a essas atitudes.

Modelando a aprendizagem, o desenvolvimento e a cognição

Pode ser estranho pensar no educador infantil como um aprendiz. É claro, você tem de aprender a se tornar um educador infantil – um professor. Então, o seu papel principal não seria ensinar ou, pelo menos, facilitar a aprendizagem? Sim, mas, para fazer isso, você deve aprender continuamente. Este capítulo já examinou diversas áreas da aprendizagem adulta, como aumentar sua

Fundamentos da educação infantil **145**

competência e descobrir seus preconceitos com relação à diversidade. O final deste capítulo irá mostrar como planejar um currículo emergente, isso é, um currículo que se desenvolve a partir dos interesses das crianças *e* dos adultos. Você verá como um educador infantil deve ser mais do que apenas um aprendiz disposto e apto, mas também um mestre aprendiz; afinal, é você quem dará o exemplo às crianças.

Mas o que significa ser um mestre aprendiz? O que você precisa aprender quando tiver completado sua formação em educação infantil? Trocando em miúdos, você precisa aprender sobre cada criança – no todo, uma tarefa altamente competitiva. Do que o Trevor precisa nesse estágio de desenvolvimento? Do que ele precisa em particular para essa semana? E para hoje? Do que ele precisa agora nessa situação? E quanto à Nicole? As necessidades dela e de Trevor são semelhantes? Como ela irá reagir se eu abordá-la de determinada maneira? Quais são os seus medos? Quais são os seus pontos fortes?

Essa menina está brincando de ser professora?

Os professores devem "aprender" cada criança observando-as de perto e ouvindo-as com atenção.

> **DICAS E TÉCNICAS**
>
> **Habilidades de observação: o exercício da maçã**
>
> Para ilustrar as habilidades de observação em minhas aulas de licenciatura, entrego uma maçã a cada aluno com uma instrução: "Conheça a sua maçã". Esse exercício serve como quebra-gelo e, ao mesmo tempo, ensina os alunos a se focarem com atenção. Quando os alunos já estão bem familiarizados com as suas maçãs, peço para que eles "apresentem" a duas outras pessoas na sala, descrevendo suas características únicas. Por fim, peço para os alunos colocarem suas maçãs em uma cesta. Ao final da aula, passo a cesta pela sala e peço para os alunos encontrarem a sua maçã.
>
> Mesmo quando há 40 maçãs na cesta, os alunos sempre conseguem identificar a sua. O que começou como uma maçã velha torna-se uma maçã especial quando eles prestam bastante atenção. Além disso, os alunos "se apegam" à sua maçã após alguns poucos minutos de observação. A observação é uma ferramenta poderosa!

Prática reflexiva e a importância da observação

A prática reflexiva ajuda a desenvolver habilidades afiadas de observação, que lhe permitem conhecer cada criança individualmente e a turma como um todo. Quando você presta atenção às crianças, promove o apego, aumenta o respeito e abre novos pontos de vista. E as crianças que ficam em volta de adultos observadores podem elas mesmas adquirir essa forma de aprendizagem. O quadro *Dicas e técnicas* diz o que alguns alunos aprenderam só de observar uma maçã de perto.

Um dos objetivos da observação é descobrir quais são as preferências de cada criança. Todos aprendemos melhor se aquilo que aprendemos se relaciona com algo que seja importante para nós. Além do óbvio nível de interesse, a preferência de uma criança pode constituir o fundamento para a futura aprendizagem. Um exemplo de Seymour Papert (1980), um pesquisador da inteligência artificial que estudava com Jean Piaget, mostra como o seu interesse por engrenagens se relaciona com seus estudos em matemática.

> Antes de ter 2 anos, eu havia desenvolvido um intenso envolvimento com automóveis. Os nomes das partes do carro constituíam uma porção substancial do meu vocabulário. Tinha especial orgulho de conhecer as partes do sistema de transmissão, a caixa de câmbio e, acima de tudo, o diferencial. Isso ocorreu, é claro, muitos anos antes de eu compreender como as engrenagens funcionavam; mas, quando entendi, brincar com elas tornou-se o meu passatempo preferido. Amava girar objetos circulares um contra o outro, em movimentos semelhantes às engrenagens, e, naturalmente, o meu primeiro "Mec-Bras" foi um sistema de engrenagens grosseiro. Tornei-me um perito em girar rodas na minha cabeça e em criar correntes de causa e efeito. Esse gira para esse lado, enquanto aquele deve girar daquele jeito...[9]

Construindo um currículo emergente

As crianças são incentivadas a demonstrar preferência por algo quando os professores demonstram os próprios interesses. Por exemplo, uma amiga minha, Joan, é conhecida como a mulher-gato na pré-escola onde dá aula, porque ela fica falando dos seus gatos para as crianças. Em outro programa, uma professora compartilhou sua preferência e conhecimento sobre rochas; as crianças aprenderam a identificar diferentes tipos, e algumas também ficaram bastante interessadas a respeito. Quando compartilhamos nossos interesses com as crianças, seja verbal ou fisicamente, mostramos para elas que é bom trazer a própria individualidade para a escola. Mostramos para elas que o programa de educação infantil é um lugar onde elas podem trazer suas preferências e, talvez, até aprofundá-las.

Encontrar os interesses das crianças como indivíduos e como turma é o primeiro passo no desenvolvimento do currículo emergente. Como já mencionado, um currículo emergente é um plano de ensino que se baseia nos interesses e nas necessidades das crianças, em vez de em um livro ou nas ideias do professor. Um currículo emergente depende bastante do fato de o adulto ser um aprendiz. (JONES; NIMMO, 1994). De que outra forma podem-se descobrir os interesses e as necessidades das crianças? Você precisa *aprender* sobre elas – por meio da observação.

A melhor forma de explicar o conceito de currículo emergente é mostrando. O exemplo a seguir acontece em um programa de cuidado domiciliar, mas um currículo emergente é igualmente possível em um programa em centro educacional.

Julie está ocupada ajudando Brianna, uma menina de 2 anos, a ficar em cuidado domiciliar por mais tempo. Apesar de ela já estar trabalhando meio período há um ano, hoje é o seu primeiro dia de trabalho integral. A mãe dela está no hospital com complicações pós-parto, e Brianna não está levando as mudanças em sua vida bem.

Brianna fica próxima de Julie constantemente e chora por longos períodos, dificultando que Julie preste atenção nas outras crianças. Por sorte, Julie tem muita coisa para elas fazerem, então, elas continuam bem enquanto Julie atende às necessidades de Brianna. Os dois garotinhos passam grande parte do tempo com giz, papel e tesoura, Julie nota. Em um momento da manhã, ela os observa tentando fazer aviões de papel. Eles não entendem muito de aerodinâmica, mas se divertem dobrando aleatoriamente e tentando fazer suas folhas amassadas voarem.

No dia seguinte, havia várias mudanças no ambiente quando as crianças chegaram. Uma área da sala de recreação foi montada como uma sala de bebês, completa com bonecas e acessórios, como berços, mamadeiras, bicos e cobertas. Brianna está intrigada pela organização e fica muito menos apegada e chorosa. Julie percebe que Brianna brinca de bebê em vez de brincar *com* um bebê. Ela tira as bonecas do bercinho, sobe nele, puxa a coberta e fica deitada ali chupando dedo. Ela obviamente ainda não está pronta para o papel de mãe; ela precisa explorar o que significa ser um bebê por um tempo, mas Julie estará pronta para incentivá-la a trocar de papel quando chegar a hora.

Quando os dois garotos passam correndo depois, eles pegam uma das bonecas que Brianna jogou mais cedo. Ela pula gritando: "É meu!", e sai do berço para ir atrás deles. Julie observa, mas não faz nada ainda, porque os garotos estão se dirigindo para a área que ela organizou especialmente para eles. Ela espera para ver o que irá acontecer. Quando os garotos veem a "atividade com aviões", eles jogam a boneca na direção de Brianna e começam a explorar os materiais e livros que Julie trouxe para eles da sua própria biblioteca.

Brianna, segurando a boneca, também está interessada. Juntas, as três crianças experimentam os aviões de plástico que estão na mesa, folheiam um livro com imagens de aviões e se sentam com outro que ensina a fazer aviões de papel. Cada um tenta dobrar alguns aviões com as folhas de papel que Julie deixou na mesa. Logo, contudo, eles se desinteressam, porque fazer dobraduras é muito difícil. Julie faz algumas sugestões, mas eles perdem interesse e migram, com os aviões de plástico na mão, para a área dos blocos, onde os três começam a construir um aeroporto.

Julie não vê as duas atividades como um fracasso, mas como um primeiro passo. Mais tarde, após a hora da soneca, as crianças em

zona de desenvolvimento proximal Crianças mais velhas ajudam as menores a realizar tarefas que, sozinhas, elas não conseguiriam.

desempenho assistido Esse princípio sugere que as crianças não possam ter um desempenho tão bom por conta própria em determinados casos do que se contassem com ajuda de uma pessoa mais habilidosa.

idade escolar chegam e encontram as duas atividades desafiadoramente organizadas. "Olha, aviões!", diz uma menina de 8 anos entusiasmada, correndo para a mesa com papel, livros e aviões de plástico. Ela imediatamente pega uma folha e começa a dobrar um avião. Os dois meninos pré-escolares trocam para a mesa para observá-la. Logo, eles começam a dobrar também – um deles copiando todos os movimentos dela. A outra criança faz mais dobras aleatórias e acaba com uma folha toda amassada. "Começa assim", ensina a menina mais velha, fazendo uma demonstração. Quando ele erra uma dobra, ela se estica e faz por ele. (Veja o quadro *A teoria por trás da prática*, na página 149, para aprender como a menina está demonstrando a teoria de Lev Vygotsky.)

Enquanto isso, outras duas crianças pré-escolares se encaminham para as bonecas. Brianna segura firme a boneca para passar a mensagem "é meu". Elas encontram duas outras bonecas e diversas mamadeiras, e as três se sentam contentes e ficam um bom tempo alimentando os seus bebês, enquanto conversam sobre as dificuldades de ser mãe.

Mas nenhuma atividade acaba aqui. Ao longo da semana, Julie mantém a sala de bonecas cheia de itens de interesse. Um dia ela está repleta de comidas de bebê e babeiros, que várias crianças experimentam. Após alimentar as bonecas, elas tentam alimentar umas às outras, com Julie por perto para garantir que a brincadeira continue higiênica. Outro dia, Julie pega carrinhos de bebê para as crianças poderem se levar para passear.

Julie também faz uma atividade com aviões posteriormente. A mesa dos aviões continua montada manhã e tarde a semana toda. Quando ela tem uma oportunidade, Julie fica perto da mesa e ouve a conversa das crianças. Às vezes, ela escreve o que elas dizem para ter pistas sobre o que já sabem e em que áreas ela pode ajudá-las a aprender mais. As crianças compreendem o que ela está fazendo e por quê; ela está se mostrando uma aprendiz, pesquisadora até. Julie também está sendo mediadora para a aprendizagem das crianças ao ajudá-las a dar significado ao seu ambiente e às suas experiências.

Na semana seguinte, todos no programa conseguiam dobrar um tipo de avião, e vários aprenderam diversos estilos. As crianças também viram Julie trabalhando em alguns padrões de dobradura bem complicados. Diversas crianças aprenderam a fazer a distinção entre planadores e aviões e fizeram desenhos mostrando os conceitos e o que lhes permite voar.

As crianças também construíram um aeroporto de blocos e pintaram um mural para o seu aeroporto. Julie pega sua câmera digital e tira uma foto para pendurar próxima ao mural.

Todos fazem uma saída de campo para a praça, para lançar seus aviões do topo do escorregador. Criando uma atmosfera experimental, Julie desafia as crianças a observar atentamente ao lhes fazer perguntas: "Será que tamanho faz diferença?", "Os mais pesados voam mais rápido do que os mais leves?", "A cor faz diferença?". Não está claro se Julie sabe as respostas para essas perguntas, mas ela está obviamente interessada em descobrir. Contudo, ela não insiste, visto que as crianças estão mais interessadas em lançar os aviões no ar do que em analisar o seu voo. Elas adoram subir os degraus do escorregador, jogar os aviões no ar e depois descer o escorregador e sair correndo atrás deles.

Elas não estão fazendo experimentos científicos, mas Julie está atenta ao que acontece. Ela quer saber quais voam mais longe e mais rápido. Na volta para casa, ela aprende, a partir das conversas das crianças, que elas estavam prestando atenção e fazendo comparações por conta própria. Uma menina pega na mão da Julie e pergunta: "A cor faz dife-

A TEORIA POR TRÁS DA PRÁTICA

Zona de desenvolvimento proximal

A cena de uma criança ajudando outra a dobrar aviões de papel ilustra um importante conceito identificado pelo teórico russo Lev Vygotsky, chamado de **zona de desenvolvimento proximal** (ou, conforme a abreviação, zdp). Vygotsky descreveu como crianças mais velhas podem ajudar as menores a realizar tarefas que, sozinhas, elas não conseguiriam, e é exatamente isso o que aconteceu na cena. Quando a criança mais velha ajudou um dos meninos a dobrar um avião, ela demonstrou outro dos conceitos de Vygotsky – **desempenho assistido**. O princípio do desempenho assistido sugere que as crianças não poderiam ter um desempenho tão bom por conta própria em determinados casos do que poderiam se contassem com ajuda de uma pessoa mais habilidosa. Apesar de alguns educadores infantis, especialmente aqueles que seguem o trabalho de Jean Piaget, desestimularem ajudar as crianças a fazerem coisas que elas não conseguem por conta própria, outros não veem nada de errado no desempenho assistido. Veja o quadro *Pontos de vista*, na página 150, para mais informações sobre essa controvérsia.

---

rença?". Julie diz que acha que não, mas as duas entram em um longo debate sobre o efeito do peso do avião no voo, que leva a uma nova área de indagação. Quando chegam em casa, Julie puxa uma balança, e as duas começam a fazer experimentos com o *design* e o peso. Julie está tão interessada quanto a menina, e ambas fazem anotações sobre suas descobertas para compartilhá-las com as outras crianças.

Julie também tira fotos dos aviões e dos experimentos deles. Ela escreve os comentários e as estimula a escrever (ou, no caso das crianças menores, a ditar) seus pensamentos sobre os desenhos dos aviões que continuam produzindo. O interesse de Julie no que elas fazem passa às crianças a mensagem de que essas são atividades importantes. Além disso, ela não manda os desenhos para casa para os pais colarem na geladeira. O que as crianças estão produzindo são dados de pesquisa, não arte. Elas precisam revisar seus dados periodicamente para examinar suas hipóteses anteriores, jogar fora o que não serve e refinar suas ideias. Julie vê a coleção de desenhos como forma de tornar o processo mental das crianças visível – não apenas para benefício dela, mas das próprias crianças.

Enquanto isso, outra área de questionamento surge: um dos meninos, que foi quem deu início a esse projeto, percebe que a semente que ele pegou no caminho de volta da praça também "voa". "Olha, um helicóptero!", ele diz, soltando-a e observando-a girar em direção ao solo.

Padrão do programa NAEYC 2
Currículo

Agora, portanto, Julie tem outros caminhos a seguir enquanto a turma estuda o voo. Eles vão juntos à biblioteca em busca de livros sobre helicópteros e sementes, planejam caminhadas para encontrar sementes e criar experimentos para ver quais voam melhor e começam a conversar sobre uma saída de campo até o aeroporto.

Então, um dia, antes de as crianças chegarem, a avó de Brianna telefona para Julie. Acontece que a mãe de Brianna, que recebeu alta do hospital na semana anterior, teve de ser internada novamente, sendo levada por uma ambulância no meio da noite. A avó está preocupada com a reação de Brianna ao ver sua mãe sendo levada em uma ambulância com as sirenes ligadas. Quando Brianna chega à casa de Julie no dia seguinte, ela encontra uma ambulância, uma viatura e outros carros na mesa de areia. Ela não quer falar sobre os seus sentimentos ou sobre sua

> **PONTOS DE VISTA**
>
> **O quanto você deve ajudar as crianças?**
>
> Por muitos anos, os cursos de formação para professores de educação infantil ensinaram uma abordagem em que não se podia auxiliar as crianças. Não importava muito se elas tinham sucesso ou não em suas empreitadas; o objetivo é que elas fizessem as coisas por conta própria. O processo, afinal, era mais importante do que o desfecho. A única exceção a essa regra era quando a segurança estava envolvida.
>
> E, então, veio a Reggio Emilia, o famoso programa de educação infantil do norte da Itália. Os professores de lá não são instruídos a "se afastarem". Parte dessa abordagem se deve à sua própria cultura; os italianos tendem a ser pessoas mais envolvidas, além de serem mais coletivistas em sua orientação social e menos individualistas. Mas as teorias de Lev Vygotsky – que estão atraindo atenção renovada – também entram em jogo. Vygotsky acreditava que ajudar as crianças a realizar algo era mais importante do que deixá-las tentando sozinhas e, possivelmente, falhar.
>
> A arte é uma área em que a comparação entre os dois pontos de vista gera importantes questionamentos. As crianças devem aprender a desenhar realisticamente? As crianças devem receber aulas de arte formais, trabalhando com modelos? Ou devem pintar, desenhar ou esculpir sozinhas, da maneira que bem entenderem? Se a arte é autoexpressão, quanto do ensino dos adultos adiciona ou subtrai do próprio estilo das crianças? "Dar um empurrãozinho" é ajudá-las?
>
> O ponto de vista principal sobre a educação infantil nos Estados Unidos é que as crianças não devem ser ensinadas a aprender a desenhar realisticamente com o uso de modelos. Em vez disso, elas devem pintar, desenhar ou esculpir sozinhas como bem entenderem. A arte é considerada autoexpressão, e o ensino adulto subtrai do estilo próprio da criança. Ainda assim, como mencionado anteriormente, pontos de vista diferentes predominam em outros lugares. As crianças nas escolas Reggio criam incríveis desenhos e esculturas com a ajuda dos professores. E, na China, os adultos dão aulas formais de arte, ensinando técnicas específicas de pintura em vez de deixar as crianças explorarem os materiais sozinhas e se expressarem livremente.

mãe, mas passa uma grande parte do tempo fazendo barulhos de sirene e batendo os carros uns nos outros. Por fim, Brianna enterra todos os carros na areia e sai à procura da boneca de bebê.

E assim acontece na casa de Julie, cuidadora domiciliar, professora e aprendiz. Como se pode ver, seu currículo emergente se baseou nos interesses e nas necessidades das crianças, não se limitando apenas ao desenvolvimento e à aprendizagem das crianças nas áreas da cognição e do desenvolvimento socioemocional, mas expandindo o conhecimento de Julie também.

Julie exibe as qualidades de uma mestre aprendiz e serve de excelente modelo para as crianças. Você consegue ver a riqueza da aprendizagem que as crianças – e Julie – tiveram nesse exemplo de currículo emergente? Pense de que forma o projeto de longo prazo (e atualmente em andamento) de voo difere de uma unidade semanal sobre transporte. Na primeira, cada projeto se conecta e "emerge" dos interesses e das respostas das crianças às atividades fornecidas; um exemplo da última seria um currículo "enlatado" em que as crianças cantam sobre aviões, trens e ônibus, colorem figuras impressas e fazem projetos de arte com colagem. O propósito de explorar o currículo emergente de Julie é demonstrar como os adultos podem modelar atitudes de aprendizagem positivas ao se envolverem ativamente na aprendizagem *das e junto com as* crianças.

UMA HISTÓRIA PARA TERMINAR

"Esse é um mosquito pés-de-canudinho", disse-me minha filha. "Hmmmm", falei. "Muito interessante..." Dei uma breve olhada na criatura achatada em suas mãos, enrolei-a em um pedaço de papel, coloquei minha filha e o inseto dela no carro e fui em direção à biblioteca. Era hora da aula de ciência.

"Vamos aprender mais sobre insetos", anunciei, conduzindo-a pelas portas da biblioteca. Enquanto eu passava pela seção dos insetos, ela se dirigiu para os livros ilustrados. Enquanto eu pesquisava mosquitos, ela saiu para brincar na grama.

Procurei, procurei e procurei, mas não consegui encontrar a categoria de "pés-de-canudinho". Por fim, encontrei um nome que provavelmente se referia à criatura que ela me mostrou, e, chamando-a de volta, lhe mostrei aquele que devia ser o nome correto do inseto. "Hmmmm", ela disse, e se afastou para olhar as vitrines de exibição.

Aluguei três livros, esperando que ela os lesse em casa quando não houvesse tantas distrações. Minha filha jamais encostou neles. Por fim, na data de devolução, toquei no assunto novamente e sugeri que ela aprendesse mais sobre mosquitos e outros insetos, incluindo os seus nomes adequados.

"Ah", ela respondeu, "não me importo com os nomes deles, gosto de inventar mesmo. Chamei aquele de mosquito pés-de-canudinho por causa das listras nas pernas. Lembra como ele era?" Não. Eu não havia prestado atenção nem às pernas nem ao nome que ela havia inventado quando descobri que estava "incorreto".

Encontrei a espécime enrolada em papel em uma das páginas dos livros. De fato, ele tinha listras nas pernas, igual aos canudinhos antigos. "Ah, entendi", eu disse, "você é uma boa observadora", acrescentei, um tanto tardiamente.

Tinha boas intenções, mas a minha atenção não estava focada no lugar certo. Em vez de ser sensível ao que a minha filha estava tentando me dizer, eu me foquei demais em dar uma aula na qual ela não estava interessada. Ela não se importava com a classificação de insetos feita por outra pessoa; ela estava mais interessada em inventar a própria. Ela estava tendo uma atitude científica em suas habilidades de observação, e eu deveria ter percebido isso. No fim das contas, fui uma observadora menos eficaz do que ela em relação ao mosquito.[7]

RESUMO

Recursos on-line

Visite **www.mhhe.com/gonzalezfound6e** para acessar recursos para estudo e *links* relacionados a este capítulo (em inglês).

É importante que os adultos estabeleçam um exemplo para as crianças sob seus cuidados. O estabelecimento de modelos é um método poderoso de ensino às crianças. Em programas de educação infantil, os adultos devem modelar (1) gentileza e resolução de problemas sem violência; (2) autoestima em relação a virtude, poder, significância e competência; (3) uma aceitação e respeito pela diversidade; e (4) uma atitude positiva em relação à aprendizagem. O educador infantil deve exercer o papel de professor, assim como o de mestre aprendiz. Para ser um mestre aprendiz, o educador infantil deve observar e aprender com (e junto das) crianças para criar um currículo emergente que facilite o desenvolvimento físico, social, emocional e cognitivo.

QUESTÕES PARA REFLEXÃO

1. Já foi dito que tudo o que ensinamos somos nós mesmos. Se essa afirmação for verdadeira, o que é que você ensina (ou irá ensinar) às crianças? Seja bem específico.
2. Você já disse algo como: "Estou agindo igual à minha mãe (ou pai)"? Você está ciente de como a modelação funciona em sua vida? Puxamos às pessoas mesmo em aspectos que não gostaríamos. Reflita em como a modelação influenciou você.
3. Se você acredita em ensinar as crianças a compartilhar, como pode modelar o compartilhamento para elas?
4. Você é perfeccionista? Você deseja modelar o perfeccionismo para as crianças?
5. Lembre-se de um momento em sua vida em que trataram você de maneira mais dura do que o necessário. Você aprendeu algo a partir dessa experiência que possa ajudar com o seu trabalho com as crianças?
6. O quão bem você consegue ter suas necessidades atendidas atualmente? O que a sua resposta pode ter a ver com o trabalho com crianças pequenas?
7. O quanto você se sente amado pelas pessoas em sua vida? A sua resposta afetaria o seu trabalho com crianças pequenas?
8. Qual o papel do preconceito em sua vida e como ele o influenciou? Como você se sente em relação a assumir o papel de educador antipreconceito como profissional da educação infantil?
9. Você é um aprendiz? Como pode modelar ser um aprendiz para as crianças pequenas?

EXPRESSÕES-CHAVE

Quantas das próximas palavras você consegue utilizar em uma frase? Você sabe o que elas significam?

modelação 130
feedforward 136
agressividade 139
assertividade 139

foco antipreconceito 144
zona de desenvolvimento proximal 148
desempenho assistido 148

NOTAS

1. Ao escrever essas palavras, me ocorreu que, por necessidade, os cuidadores e professores pré-escolares costumam ir contra a própria lição de compartilhar; o que pertence ao adulto e é usado por ele em um programa costuma ser inadequado para as crianças. Tesouras afiadas, por exemplo, precisam ser mantidas longe das mãozinhas, e os professores não costumam deixar as crianças brincarem com suas posses pessoais. Vale a pena pensar sobre como criar uma lição de compartilhamento da vida real, em que você pode compartilhar algo seu com elas periodicamente. Deixado ao acaso, você provavelmente não será um bom modelo de compartilhamento.
2. Alguns professores reclamam que não têm o luxo de passar muito tempo com um problema quando o resto das crianças precisa de supervisão. Esse protesto está no centro da argumentação que busca uma melhor proporção entre adultos e crianças e maior suporte financeiro para creches e programas de educação infantil. Para todos nós que nos preocupamos em eliminar a violência adulta por meio da educação de crianças pequenas, devemos ter os recursos – financeiros e humanos – que nos permitam ensinar às crianças comportamentos não violentos. A cena sobre a qual você acabou de ler é uma das mais efetivas – embora demorada – de ensinar essas lições.
3. Vi essa abordagem pela primeira vez quando Magda Gerber, uma terapeuta infantil especializada, demonstrou-a em um programa que se tornou o Resources for Infant Educator (RIE) atual. Usei essa abordagem desde então, e continuo maravilhada com o seu resultado! Se você conversar com as crianças sobre os seus problemas (é como fazer comentários esporti-

vos, sem juízo de valor), elas acabam se cansando do problema ou encontrando uma solução. Até mesmo as menores conseguem!
4. Outros pesquisadores compartilham as ideias de Coopersmith, mas empregam palavras diferentes. Susan Harter, por exemplo, usa as palavras aceitação, poder e controle, virtude moral e competência em *Developmental perspectives on the self-system* (HARTER, 1983).
5. Infelizmente, devido às atitudes da sociedade, ter orgulho da sua profissão nem sempre é fácil para o educador infantil. Quando os profissionais são mal pagos, desconsiderados e explorados, eles têm de fazer um esforço especial para reforçar seu sentimento de significância. Eles precisam ser lembrados de que fazem parte de uma equipe valiosa de educadores infantis. Como Lynn Graham (uma das revisoras deste livro e professora pela Iowa State University) afirma, temos "o futuro sentado no nosso colo". Se todos os educadores infantis se lembrarem deste fato com regularidade, então, o respeito próprio e os sentimentos de significância devem seguir naturalmente.
6. Contudo, no último exemplo, ele também pode estar se protegendo de alegações de abuso infantil. Infelizmente, os homens estão mais vulneráveis à suspeita de comportamento criminal do que as mulheres, e alguns se recusam a trocar fraldas ou de ajudar a usar o banheiro para se proteger.
7. Adaptado de Janet Gonzalez-Mena (1994).

7
Modelando relações adultas em cenários de educação infantil

Trabalhando uns com os outros: relacionamentos com outros educadores infantis

Sendo sensível à diversidade cultural

Reconhecendo algumas diferenças no modo como os adultos abordam problemas

A importância da autenticidade

Lidando com diferenças entre adultos por meio do diálogo

Professores dialogando: um exemplo

Trabalhando com familiares: os relacionamentos dos educadores com as famílias

Fazendo as famílias se sentirem parte do programa

Respeitando a diversidade

Foco na inclusão: um tipo especial de parceria

Reconhecendo que os papéis dos pais e dos cuidadores são diferentes

Lidando com conflitos com os pais

Facilitando a comunicação com as famílias

Apoiando as famílias

Uma história para terminar

Neste capítulo você irá descobrir

- como as relações adultas modelam as maneiras de as crianças interagirem com os outros;
- que a modelação adulta ensina as crianças a lidar com conflitos e apreciar a diversidade;
- por que os adultos devem ser autênticos;
- como distinguir uma discussão de um diálogo;
- como colegas de trabalho podem usar o diálogo para resolver diferenças;
- por que os educadores infantis têm de se focar nas famílias, e não só nas crianças;
- algumas maneiras de fazer as famílias se sentirem inclusas no programa de educação infantil;
- por que os educadores infantis precisam ser sensíveis aos pais que reclamam;
- como lidar com conflitos com os pais;
- que tipos de questões culturais e linguísticas podem surgir entre pais e cuidadores;
- como usar o processo de REREN para resolver conflitos;
- os quatro desfechos possíveis para os conflitos entre pai e cuidador;
- como os educadores infantis facilitam a comunicação com as famílias;
- o propósito dos grupos de apoio aos pais.

A educação infantil enfoca os relacionamentos, o que reflete o primeiro padrão da NAEYC. De maneira resumida, a NAEYC quer que os programas promovam relações positivas entre todas as crianças e adultos. Apesar de este capítulo específico se focar nas relações entre os adultos, as crianças ainda estão no cerne da questão. As crianças aprendem sobre interações assistindo aos adultos modelarem interações saudáveis com os outros, sejam colegas de trabalho, outros funcionários, especialistas externos ou pais. Assim, este capítulo trata sobre as relações entre profissionais e entre educadores infantis e famílias. Este capítulo está na primeira metade de livro, e não no final, devido à importância do assunto. Mantendo a abordagem não tradicional deste livro, a educação dos pais não se trata de um capítulo separado, mas de uma parte deste capítulo sobre os adultos desenvolvendo e mantendo relações uns com os outros. Apesar do foco dos programas de educação infantil ser as crianças, as relações dos adultos são de extrema importância ao cuidado e à educação dessas crianças.

> **Padrões do programa NAEYC 1 e 7**
> Relacionamento e Famílias

A importância das relações adultas nem sempre é reconhecida nos programas de educação infantil. Em alguns programas, os adultos não são estimulados a conversar entre si, portanto, as crianças não veem relações adultas sendo estabelecidas e mantidas. Essa tradição de dar toda a ênfase às crianças data desde o período em que os programas de meio período eram muito mais presentes do que os programas de tempo integral; nessa época, as crianças passavam a maior parte do dia em casa com a família, onde podiam observar os adultos se relacionando entre si. Hoje, contudo, muitas crianças passam muito mais tempo nos programas de cuidado; na verdade, muitas passam uma boa parte da infância lá. Assim sendo, torna-se imperativo que essas crianças vejam os adultos se relacionando entre si no ambiente de educação infantil – de fato, pode ser a única oportunidade delas para tal.

Além disso, as crianças começam a compreender a maturidade observando os adultos. Se elas só veem os adultos interagindo com crianças o dia todo, todos os dias, elas acabam sem saber como os adultos se relacionam entre si. E se os seus principais modelos de relacionamento adulto vêm da TV, imagine o que elas aprendem sobre relacionamento adulto.

Os relacionamentos entre adultos em situações de cuidado infantil influenciam o ambiente mesmo que as crianças não tenham consciência dessas relações.

> **DICAS E TÉCNICAS**
>
> **Olhos suaves**
>
> Educadores e cuidadores infantis experientes desenvolvem poderes de observação que lhes permitem ver a cena como um todo e, ao mesmo tempo, se focar nos detalhes. Chamado de *olhos suaves*, por George Leonard, um filósofo educacional, essa habilidade também pode ser chamada de foco duplo, sendo utilizada na supervisão com foco duplo. O termo "olhos suaves" refere-se à habilidade que permite ao educador infantil conversar com outro funcionário ou com um pai e continuar ciente do que se passa no resto da sala ou do pátio. Essa habilidade de prestar atenção aos detalhes enquanto se foca no quadro geral costuma ser uma característica que distingue os professores iniciantes dos veteranos. Os iniciantes precisam praticar a técnica dos olhos suaves para permanecer alertas a tudo, mesmo durante uma conversa.
>
> Olhos suaves, de acordo com a definição de Leonard, é mais do que simplesmente ver; também inclui ouvir e sentir o que mais está acontecendo. Olhos suaves é uma técnica valiosa – jogadores de basquete, de futebol e praticantes de Aikido a dominam. E os educadores infantis precisam dela também.

Este capítulo é dividido em duas partes: relacionamentos entre funcionários e relacionamentos entre os funcionários e os familiares.

Trabalhando uns com os outros: relacionamentos com outros educadores infantis

A menos que os cuidadores infantis trabalhem sozinhos, as relações adultas são parte do ambiente de educação infantil. As crianças observam os adultos para ver como eles constroem relacionamentos entre si, expressam afeto, comunicam sua raiva, ouvem empaticamente, definem problemas, encontram soluções e respondem a desafios e conquistas. (Você pode estar se perguntando como os funcionários se relacionam uns com os outros enquanto supervisionam as crianças. O quadro *Dicas e técnicas* explica como um método de supervisão de foco duplo funciona para promover as relações adultas enquanto apoia a aprendizagem e o desenvolvimento e, ao mesmo tempo, mantém as crianças seguras e cuidadas.)

O melhor ambiente de trabalho, é claro, é aquele em que os funcionários trabalham em equipe e suas relações são saudáveis e funcionais. Isso não significa que os membros da equipe devem ter todos a mesma origem ou que devem pensar e agir da mesma forma; a diversidade é um benefício. Ainda assim, até mesmo adultos com relacionamentos saudáveis e benéficos periodicamente se desentendem. O conflito, se for lidado de maneira saudável, pode adicionar vitalidade ao programa. Porém, quando as diferenças não são toleradas e o conflito é suprimido, as crianças aprendem as lições erradas.

Em nossa sociedade diversa, é importante que as crianças aprendam não só a tolerância, mas também aprendam a apreciar a diversidade. As lições são mais efetivas quando as crianças têm modelos adultos que lhes mostram como lidar com o conflito e com as diferenças. Até mesmo quando os funcionários e os familiares têm origens semelhantes, ainda é possível explorar e apreciar as diferenças, já que as pessoas nunca são exatamente iguais. Você não precisa trazer trajes do Velho Mundo ou receitas exóticas para demonstrar as diferenças. Sentimentos, atitudes, gostos, inclinações, valores, objetivos, modos de pensar e maneiras de abordar os problemas são todas formas de demonstrar variações individuais.

A questão básica para cada adulto em um programa de educação infantil é: "Como

Essas crianças podem estar refletindo os relacionamentos saudáveis e equitativos que veem os professores modelando entre si.

devo cuidar de mim para ficar emocional e fisicamente disponível para as crianças sob meus cuidados?". A segunda questão é: "Como posso me dar bem com outros adultos que precisam atender às próprias necessidades assim como se relacionar comigo e cuidar das crianças?". Essas perguntas devem ser feitas continuamente – não só em longo tempo, mas em uma referência diária e às vezes até de minuto a minuto. O quadro *Foco na diversidade*, na página 159, mostra como um cuidador familiar lidou com as necessidades do programa e da família.

Sendo sensível à diversidade cultural

Os professores de educação infantil diferem-se entre si quanto às suas perspectivas em relação à natureza da infância, ao que as crianças precisam, a como devem ser cuidadas e até mesmo sobre o que "educação" significa.

> **FOCO NA DIVERSIDADE**
>
> **Cuidado familiar: atendendo às necessidades da família**
>
> Ao discutir relações adultas, os cuidadores familiares têm de lidar com questões diferentes das tratadas pelos professores de centros educacionais. Pense na família do cuidador familiar. O que se deve levar em conta para garantir que os direitos, as necessidades e os desejos dos membros da casa não sejam negligenciados pelo bem do programa de cuidado infantil?
>
> Uma cuidadora decidiu que tinha de ter o consentimento total de todos os membros da família antes de trabalhar. Ela percebeu que o seu trabalho teria impacto em todos eles, porque se passava em sua casa. De início, ela redigiu um contrato destacando os direitos e as responsabilidades de cada membro da família. Ela o apresentava a eles, que se sentavam para discutir e revisar o contrato até que estivessem dispostos a assiná-lo. O processo de negociação considerava as seguintes questões: o quanto precisamos compartilhar o nosso espaço (tanto quartos comuns quanto privados) e nossas posses (como brinquedos, jogos e equipamentos)? O quanto teremos de ajudar? Além disso, como mãe de crianças pequenas, a cuidadora precisava se fazer duas perguntas: como irei diferenciar os meus papéis de "mãe" e de "cuidadora"? Como irei lidar com questões de "equidade"?
>
> Pensar sobre essas questões antes que elas se tornassem focos de discussão fazia sentido. E a família levou seus direitos e responsabilidades a sério. Esse trabalho de cuidado infantil não atrapalhou a família tanto quanto em outras casas, onde essas questões não eram tratadas antes do tempo.
>
> Esse exercício não foi só valioso para as relações familiares, como também ajudou a cuidadora e redigir contratos para os pais. Quando ela abriu o seu negócio, cada pai recebia um contrato escrito com tudo detalhado com clareza. Ela ainda usa o mesmo contrato, mas ele foi modificado ao longo do tempo conforme o surgimento das necessidades.

Por exemplo, em inglês, a palavra *education* está associada a assuntos acadêmicos; já em português "educação" se refere à criação de uma pessoa. Para os falantes de inglês, uma pessoa bem educada (*well-educated*) é alguém que obteve um nível de sucesso acadêmico relativamente alto; para os falantes de português, uma pessoa "bem educada" é alguém que conhece o decoro social e que respeita os demais.

Então, imagine como dois adultos diferentes – um vindo de um contexto de língua inglesa, e o outro, de um contexto de língua portuguesa – podem abordar a "educação" de uma criança. Imagine também como devem abordar o cuidado e a educação de um grupo de crianças pequenas. Para trabalharem juntos, os dois professores terão de explorar ativamente suas diferenças culturais, além de usar comunicação construtiva e habilidades para o manejo de conflitos. Se forem bem-sucedidos, ambos os professores darão ótimos exemplos para as crianças sobre como serem sensíveis às culturas.

Reconhecendo algumas diferenças no modo como os adultos abordam problemas

Uma professora que trabalha em um centro de cuidado infantil tem problemas com outra professora. Digamos que ela acha que sua coprofessora, Dolores, mima as crianças demais. Dolores quer fazer tudo pelas crianças em vez de incentivá-las a fazer coisas por conta própria. Como a primeira professora pode resolver esse problema? A seguir constam seis abordagens que ela pode usar. Ela pode

- confrontar Dolores e dizer que quer falar sobre o problema;
- conversar com Dolores, mas só dar pistas sobre o problema sem dizer exatamente o que ela está pensando;

- conversar com a diretora sobre Dolores e deixar a questão nas mãos dela;
- ignorar o problema, fingir alegria e não conversar com ninguém;
- conversar com uma terceira parte sobre o problema e pedir que essa pessoa aja como mediadora;
- conversar com todos, exceto Dolores.

Note como algumas dessas abordagens são semelhantes à forma como as crianças resolvem problemas: elas (1) enfrentam a pessoa diretamente, (2) se retraem e fingem que o problema não existe ou (3) correm para o adulto encarregado. Há alguns paralelos interessantes aqui!

Como você se sente em relação às abordagens precedentes provavelmente é determinado por duas coisas: (1) como você acha que o problema *deveria ser* abordado e (2) como você está acostumado a lidar com os problemas. A sua cultura e os seus valores também ditam como você vê cada uma dessas abordagens.

Por exemplo, você pode rotular a professora de "fofoqueira" se ela falar com todos sobre o problema exceto Dolores. Ou você pode acreditar que é importante para a professor ter uma variedade de opiniões e *feedback* antes de tomar decisões sobre o problema com Dolores.

O poder pode ser uma questão de discussão ao lidar com problemas. Se, por exemplo, você temer as consequências do confronto direto, pode evitar essa abordagem. Se, por outro lado, acreditar que a comunicação direta é importante, você pode criticar pessoas que evitam esses problemas, em vez de enfrentá-los. Você pode até dizer: "Vá direto ao ponto", sem perceber que a outra pessoa acha que é você quem tem de descobrir qual é o ponto.

Falhas de comunicação devido a diferenças transculturais podem ocorrer de muitas maneiras. Por exemplo, falar indiretamente sobre um problema é uma maneira aceita de se comunicar em algumas culturas. É insultante colocar tudo abertamente e, assim, negar à outra pessoa a oportunidade de definir a questão. É como fazer um quebra-cabeça e deixar a última peça para a outra pessoa; algumas pessoas consideram agressivo encaixar essa peça se você é quem está apresentando o problema. Nesse caso, a pessoa A acha que a pessoa B "está enrolando", e a pessoa B pensa que está assumindo a abordagem correta para resolver o problema.

Eis outro exemplo de problema de comunicação transcultural: a pessoa A acredita que, se você tem problemas, é necessário declará-los abertamente; ela fica irritada quando as outras pessoas esperam que "leia a sua mente". "Expresse em palavras!" é o seu lema. Quando ela se encontra com a pessoa B, que utiliza pistas não verbais e maneiras indiretas de comunicar um problema, a pessoa A ignora a mensagem completamente.

A pessoa B está acostumada com pessoas competentes em "ler a sua mente"; ela espera que todos consigam. Contudo, quando ela se encontra com a pessoa A, ela fica surpresa quando não recebe resposta às suas mensagens não verbais. Após repetidas tentativas de comunicação indireta, ela acaba expressando seu problema em palavras. Mas as palavras não são fortes o bastante. Para a pessoa A, elas soam como um *pequeno* problema. Uma vez mais, a pessoa A ignora a reclamação, considerando-a irrelevante.

Esses tipos de problemas apresentam oportunidades para os adultos explorarem a comunicação transcultural e para as crianças os observarem fazendo. É claro, as crianças nem sempre estão presentes para observar; algumas discussões ocorrem em reuniões, intervalos ou depois que as crianças já voltaram para casa. Mas não é impossível resolver alguns problemas na presença das crianças.

Naturalmente, os adultos devem ser sensíveis quanto aos seus problemas e garantir que eles não afetem as crianças negativamente. No entanto, lembre-se de que, se o conflito está no ar e ninguém fala sobre ele, as crianças ainda assim vão perceber. E o que elas acham que está errado pode ser pior

> **DICAS E TÉCNICAS**
>
> **Comunicação com compaixão**
>
> Em seu livro *Living nonviolent communication*, Marshall Rosenberg (c2012) se concentra em quatro componentes da comunicação que ele chama de observação, sentimento, necessidades e pedidos. Ele explica que a observação é olhar para a ação de outro por quem você tenha sentimentos. Ele se foca nesses sentimentos como algo diretamente relacionado ao que é observado e se conecta com as necessidades e os valores que estão por trás desses sentimentos. O último componente, pedido, expressa em palavras um pedido de ação que você necessite. Esses componentes dão conta de metade do processo. A outra metade envolve ouvir a outra pessoa – ouvir enfaticamente o que a outra pessoa diz em resposta ao que foi observado, aos seus sentimentos, às suas necessidades e ao seu pedido. Essa não é uma fórmula, nem são passos, mas uma alteração de consciência. Pode-se pensar nisso como comunicação com compaixão pelo outro. A questão é mudar de uma comunicação que ataca e que causa uma resposta defensiva para uma comunicação que promova a conversa até as partes se entenderem.
>
> Fonte: Rosenberg (c2012).

do que a realidade. Elas podem até pensar que o problema está relacionado com elas, quando na verdade envolve apenas os dois adultos.

Muitas pessoas acreditam que as crianças nunca devem ser expostas a discussões entre adultos. Mas, se não forem, como irão aprender a administrar e a resolver problemas? E irão crescer com a expectativa irreal de que os adultos sempre se dão bem? O mais provável é que elas sejam afetadas por sutilezas negativas e acabar com modelos ruins de resolução de problemas. Para ensinar métodos de resolução de problemas às crianças, você mesmo precisa utilizá-los, com outros adultos.

A importância da autenticidade

Qual o significado da "autenticidade" no ambiente de educação infantil? Significa ser você mesmo ao redor das crianças, assim como dos adultos. Seja autêntico e compassivo ao mesmo tempo. Para fazer isso, dê uma olhada na visão de Marshall Rosenberg, do que ele chama comunicação não violenta, no quadro *Dicas e técnicas*. Rosenberg adiciona compaixão à comunicação, resultando em relacionamentos mais harmônicos com os outros adultos. Essa abordagem funciona para crianças também! As crianças precisam estar ao redor de adultos "autênticos" e compassivos, e não de adultos que exibem sentimentos forçados, como aquele que sempre fala em uma voz melodiosa e exibe um sorriso engessado no rosto, mesmo quando está chateado ou triste. Como as crianças vão descobrir o que chateia as pessoas se são continuamente expostas a carapaças felizes e agradáveis de pessoas, em vez de seres humanos "reais"?

Crianças que não veem a autenticidade nos seus professores costumam provocar – na forma de mau comportamento – para extrair algum tipo de reação "humana" da pessoa embaixo da carapaça. Morder costuma funcionar e provocar a pessoa "real". Palavrões às vezes funcionam também.

Lidando com diferenças entre adultos por meio do diálogo

O que acontece quando dois adultos discordam veementemente? Como eles podem lidar com o conflito e ainda servir como bom modelo para as crianças? Uma das melhores alternativas para a discussão é **dialogar**. Dia-

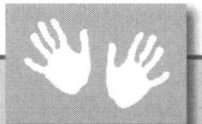

> **DICAS E TÉCNICAS**
>
> **A linguagem corporal do conflito**
>
> Após assistir repetidamente a uma gravação de discussões ensaiadas, comecei a identificar certos tipos de linguagem corporal que as duas pessoas usavam para convencer a outra de que o seu ponto de vista era correto. Elas costumavam ficar firmes e imóveis enquanto ouviam – assumindo uma postura defensiva. Quando era sua vez de falar, elas se inclinavam para a frente e faziam gestos de corte ou de empurrão com as mãos. Só de olhar para elas, era possível dizer que estavam "brigando" sobre alguma coisa. Elas estavam em uma situação em que alguém venceria e o outro perderia, o que era óbvio mesmo sem ouvir o que estavam dizendo.
>
> Também assisti a segmentos de diálogos ensaiados e percebi como a linguagem corporal era diferente. Quando dialogavam, as pessoas também demonstravam grande emoção conforme e firmeza corporal, mas usavam seus corpos e vozes diferentemente. O objetivo do diálogo é abrir caminhos de comunicação para compartilhar e compreender perspectivas diferentes; de fato, os gestos dos atores refletiam a sua atitude – especialmente as mãos. Em vez de balançar os punhos cerrados fazendo movimentos de corte ou de empurrão, suas mãos costumavam estar abertas; suas mãos refletiam sua cabeça – ou talvez fosse o contrário.
>
> Então, como se muda de uma discussão para um diálogo no calor do momento? Comece notando sua linguagem corporal. Às vezes, tudo o que você precisa fazer é ajustar sua linguagem corporal que o resto irá segui-la.
>
> Depois, é uma simples questão de ouvir a outra pessoa. Realmente ouvir, sem fazer julgamentos e se focar no que está sendo dito, em vez de coletar munição para o próximo ataque. Realmente ouvir a outra pessoa é extremamente simples – mas não é fácil.

logar é uma abordagem para o conflito com o objetivo de chegar a um acordo e de resolver os problemas. A ideia por trás do diálogo não é vencer o conflito, mas compreender a perspectiva da outra pessoa e encontrar a melhor solução para todos os envolvidos. Eis um resumo das diferenças entre discutir e dialogar:

dialogar Abordagem ao conflito cujo objetivo é chegar a um acordo e resolver problemas.

- O objetivo de uma discussão é vencer; o objetivo de um diálogo é coletar informações.
- Quem discute afirma; quem dialoga pergunta.
- Quem discute tenta persuadir e convencer; quem dialoga busca aprender.
- Quem discute considera o seu ponto de vista melhor; quem dialoga está disposto a compreender múltiplos pontos de vista.

Tente assistir a duas pessoas que discordam; sem ouvir o que elas estão dizendo, você pode adivinhar, a partir de sua linguagem corporal, se elas estão tendo um diálogo ou uma discussão (veja o quadro *Dicas e técnicas*).

A maioria das pessoas aborda um conflito tentando corrigir a outra pessoa, em vez de explorar o problema ou de ouvir a sua perspectiva. Sempre que você pensa que alguém está errado, pare e se pergunte: "Qual deve ser a razão para o seu comportamento ou ponto de vista?". Considere que você pode ter uma falha de conhecimento, em vez de presumir que a outra pessoa está errada. Não tire conclusões precipitadas. Use o diálogo para resolver as coisas.

Voltemos à Dolores, que estava "mimando" as crianças demais. Imagine que você é a outra professora, que desaprova os seus métodos. Você entenderia por que ela fazia tanto pelas crianças, em vez de incentivá-las a fazer mais coisas por conta própria? Talvez sua abordagem fosse culturalmente motivada. Talvez em seu ponto de vista, as crianças fossem seres preciosos que precisassem de cuidado. Ou talvez ela tivesse uma ideia diferente sobre a independência e se preocupasse mais em manter as crianças conectadas ou apegadas. Ou talvez não tivesse nada a ver com a cultura, e sim com a sua história pessoal. Talvez ela tivesse um filho que morreu muito jovem, ou talvez ela não tivesse sido cuidada quando criança. É surpreendente o que se pode descobrir por meio do diálogo.

O propósito do diálogo é enxergar uma perspectiva diferente da sua. Note, contudo, que compreender a perspectiva não significa aceitá-la. Após vocês dois *se entenderem*, ainda é necessário chegar a uma solução.

Frequentemente, o que começa como uma situação de "ou isso ou aquilo" termina bastante diferente ao final do diálogo. Apesar de inicialmente parecer haver apenas duas opções, ao conversar as pessoas em conflito costumam descobrir uma terceira, ou até mesmo quarta ou quinta, opção que transcende a dicotomia do "se eu estou certo, você deve estar errado", ou "se não fizermos do meu jeito, fazemos do seu jeito".

Professores dialogando: um exemplo

Vejamos como funciona o diálogo entre duas professoras infantis que têm abordagens diferentes para as atividades de artes. Dawn e Amy trabalharam em salas separadas até agora; elas estão prestes a começar a ensinar em conjunto na mesma sala de aula e precisam planejar projetos de artes juntas.

Dawn defende a livre expressão artística. Para ela, o propósito da arte é permitir que as crianças explorem os materiais de qualquer maneira criativa que queiram. Em sua antiga sala de aula, ela sempre disponibilizou cavaletes, massinha de modelar (às vezes, argila), papel, tesouras, canetas hidrográficas, fita adesiva, adesivos e furadores – todos para as crianças usarem quando quisessem. Dawn não lhes dizia o que fazer; em vez disso, ela se afastava para observar como as crianças usavam os materiais. Ela é fortemente inclinada na direção da perspectiva de que as crianças devem usar sua imaginação, e não ser inibidas por orientações ou ideias de certo e errado.

Amy desaprovava o tipo de "arte" produzida na antiga sala de aula da Dawn. Ela raramente encontrava projetos interessantes ou atraentes; muitos consistiam em folhas aleatoriamente cortadas e coladas com pouquíssimo valor estético ou expressivo. O objetivo de Amy para as crianças é criar algo que elas tenham orgulho. É por isso que Amy prefere atividades artísticas temáticas representativas, em vez de abstratas. Em sua sala de aula antiga, ela passou muito tempo cortando formas e fez as crianças as colarem em folhas de papel ou em colagens. Ela gostava da ideia de mandar algo para casa que os pais pudessem colar na geladeira. Ela fazia questão de dizer às crianças que elas haviam feito algo que deixaria seus pais orgulhosos. A teoria de Amy é que, quando os pais elogiam os filhos, as crianças se sentem recompensadas e motivadas a se esforçar ainda mais da próxima vez.

Amy e Dawn se sentam juntas para conversar sobre sua abordagem diferente para a arte. Eis o que acontece quando elas discutem em vez de dialogar.

AMY: Dawn, as suas crianças só ficam fazendo bagunça na mesa de arte. Elas não aprendem nada quando se sentam e ficam fazendo rabiscos. Você não dá nenhuma estrutura e não tem nenhuma atividade. Proponho usar esse livro para planejar o currículo de artes.

DAWN: Por quê? Para as minhas crianças fazerem aqueles projetinhos que ficam parecendo todos iguais? Isso não é arte, é perda de tempo.

AMY: [*Ficando brava*] Nem me venha com perda de tempo. As suas crianças é que estão perdendo tempo.

Amy levanta a sai da sala, irritada. O planejamento acabou por ora.

Agora vejamos uma cena de planejamento que incorpora o diálogo.

Amy: Tenho um livro com ideias de arte. Por que você não pega e diz o que acha? É uma abordagem diferente da que você usa.

Dawn: São ideias criativas? Adoro ir atrás de boas ideias, mas gosto de arte livre, e não de projetos fixos.

Amy: Bom, esses são os tipos de projetos que uso. Acho que você não gosta deles, não é?

Dawn: Acho que eles sufocam a criatividade das crianças. Você não concorda comigo, não é?

Amy: Como as crianças podem ser criativas se não desenvolvem habilidades?

Dawn: Então, você acha que todas essas orientações e modelos ajudam as crianças a aprender a fazer as coisas?

Amy: Sim. Do contrário elas ficam divagando com cola e tinta. Mas acho que isso não é um problema para você. Você se preocupa mais com o processo do que com o produto, certo?

Dawn: Certo. Acho que fazer é o que conta, e não o resultado. Mas parece que você quer que elas levem algo para casa de que possam se orgulhar.

Amy: Não só as crianças, mas os pais também. A maioria dos pais gosta de ver um produto e de ter algo que possam elogiar. Faz eles pensarem que estamos desenvolvendo um bom trabalho aqui. Eles se sentem bem em relação aos filhos e se sentem bem em relação a nós.

Dawn: Então, se sentir bem e sentir orgulho são os seus objetivos principais? Isso me parece superficial em comparação com a satisfação de explorar, experimentar e tomar a iniciativa. Não acho que as crianças tenham esse tipo de satisfação quando seguem orientações e copiam um modelo.

Amy: Nunca ouvi você falar assim antes. Não concordo, mas entendo o seu ponto de vista.

Essas duas recém começaram a lidar com o seu conflito e, provavelmente, vão precisar de outras conversas como essa para decidir como planejar o currículo de arte, mas o diálogo ajudou a discutir suas diferenças, como a compreender o ponto de vista de uma e de outra e desenvolver um relacionamento. A discussão não teve nenhum desses benefícios, tendo, na verdade, atrapalhado o seu relacionamento.

Amy e Dawn reconheceram seus sentimentos e perspectivas ouvindo uma à outra. Ouvir é uma habilidade importante que o educador infantil deve desenvolver, não só com o propósito de ouvir o que as crianças têm para dizer, mas também para ouvir o que os seus pares pensam. A abordagem do diálogo para compreender perspectivas diversas e construir relacionamentos saudáveis funciona igualmente bem entre profissionais e entre profissionais e familiares, o assunto da próxima seção.

Trabalhando com familiares: os relacionamentos dos educadores com as famílias

Iniciantes no campo da educação infantil costumam não compreender o papel da família nos centros de cuidado infantil. Eles tendem a se focar na criança sem perceber quem é o verdadeiro cliente – a família. Um programa não pode educar ou cuidar da criança sem levar a família em conta. No quadro *Vozes da experiência*, na página 165, Ethel Seiderman fala sobre como foi importante para uma família de imigrantes encontrar um centro "com um ar familiar" para o seu filho. Seiderman é a fundadora do Parent Services Project, que ajuda os centros de cuidado familiar a se focar mais na família.

Duas abordagens comuns para o foco na família são chamados de "educação dos pais" e "envolvimento dos pais". Essas duas abordagens podem se sobrepor consideravelmente, como mostrado nas descrições a seguir.

> **VOZES DA EXPERIÊNCIA**
>
> ### Sentindo-se em casa no cuidado infantil
>
> Lejana e Davko chegaram aos Estados Unidos em 1995. Quando morava na Bósnia, Lejana era engenheira química, e Davko era um caminhoneiro. Não é nem preciso dizer que suas vidas são muito diferentes nos Estados Unidos. Lejana agora trabalha em um escritório e vai para a escola à noite. Davko trabalha para uma companhia de queijo.
>
> Lejana e Davko frequentaram o cuidado infantil quando eram pequenos, como costuma acontecer em seu país. Os dois pais trabalhavam, mas ainda passavam tempo com eles e com os amigos. Nos Estados Unidos, eles sentem falta da proximidade com a família e da amizade dos vizinhos; eles moram em um complexo de apartamentos com muitas crianças, mas elas não saem para brincar. Há pátios, mas ninguém parece brincar neles. Os vizinhos não ficam no mesmo lugar tempo o bastante para fazer amizades. A maioria das crianças muda de casa três ou quatro vezes antes de chegar aos 10 anos.
>
> O que fez grande diferença em suas vidas foi encontrar o centro de cuidado infantil para seu filho, Gianni. Eles descrevem o centro como "amistoso", "muito europeu". Lembra-os dos centros de cuidado no seu país porque "tem um coração". Eles apreciam o fato de que Gianni está em um lugar afetuoso e tem uma refeição quente todos os dias na escola enquanto está longe dos pais. Eles gostam de piqueniques familiares, de acampar e de reuniões com os pais. Eles nunca vão esquecer a primeira vez que fizeram casinhas de biscoito com as crianças e os pais no centro.
>
> A família escolheu esse centro porque estava dentro do seu orçamento e ficava próximo do local de trabalho de Davko. O centro é tão especial que eles continuaram com ele mesmo tendo trocado de trabalho, bem mais longe. Eles continuaram porque "se sentem em casa". Eles esperam que o seu próximo filho, que deve chegar em dezembro, tenha uma vaga quando for a hora. O seu conselho para pais que procuram um centro de cuidados é encontrar um que tenha "um coração". Ele será um local onde os filhos e a família podem crescer felizes juntos.
>
> —Ethel Seiderman

A educação dos pais pode ser tão formal quanto aulas tradicionais, ou tão informal quanto oficinas ocasionais ou sessões noturnas sobre matérias específicas, como disciplina. A educação dos pais também pode ocorrer quando os pais trabalham nas salas de aula como assistentes. A maioria dos pais tem algo a ganhar com esse tipo de educação; contudo, o currículo deve ser culturalmente sensível e responsivo aos objetivos dos pais. Os melhores programas de educação continuamente avaliam as necessidades e os interesses dos pais, em vez de impor um currículo predeterminado ao grupo.

O envolvimento dos pais pode ou não incluir a educação dos pais. Programas que assumam a abordagem do envolvimento dos pais pode requerer que eles ajudem em sala de aula ou com a manutenção dos equipamentos, do prédio ou do pátio do programa. Sinais de uma abordagem de envolvimento são pais consertando triciclos, levando aventais para lavar ou passando uma manhã por semana para trabalhar em sala de aula. A educação dos pais, se estiver inclusa, pode ocorrer quando eles trabalham em sala de aula com os filhos, podendo também incluir aulas separadas, oficinas ou reuniões informais. O envolvimento dos pais em algumas dessas atividades pode ser uma exigência ou uma escolha, dependendo do programa.

Uma terceira abordagem, que difere da forma que vê os pais, é chamada de abordagem "pais como parceiros" ou abordagem "famílias como parceiros". Apesar de tanto a educação quanto o envolvimento dos pais poder fazer parte dessa abordagem, o foco se dá na parceria, em vez da educação ou do envolvimento. A educação é o resultado

> **Padrão do programa**
> **NAEYC 7**
> Famílias

de uma parceria, e não o contrário. O envolvimento que surge naturalmente das parcerias ganha um senso de igualdade e significa muito mais do que exigir que os pais cumpram tarefas, como consertar triciclos, lavar aventais ou passar uma manhã por semana no programa. Quando os programas veem as famílias como parceiros, eles as envolvem em suas decisões. A colaboração é uma parte-chave dessa abordagem. Além disso, esses programas incluem famílias inteiras também. Como resultado, as famílias ainda podem realizar tarefas como consertar triciclos, mas a decisão de fazê-lo vem da parceria, e não se origina de uma exigência do programa. O desafio para muitos programas é descobrir como criar uma parceria. Para mais informações sobre parcerias com as famílias de crianças com necessidades especiais, veja a seção *Foco na inclusão*.

Fazendo as famílias se sentirem parte do programa

Para as famílias se sentirem parceiras do programa, primeiro elas precisam sentir que fazem parte dele. Eis algumas formas pelas quais os educadores infantis podem fazer os familiares se sentirem incluídos:

- Torne a entrevista de matrícula um *diálogo* de troca de informações. Evite jargões que os familiares não compreendam. Se a entrevista não puder ser conduzida na língua da família, use tradutores.
- Crie um ambiente receptivo e proporcione móveis de tamanho adulto e um local para a reunião. O ambiente deve ser montado para que crianças que não estão matriculadas no programa se sintam confortáveis e bem-vindas quando acompanharem os pais ou outros familiares.
- Encontre maneiras de refletir a língua e a cultura natal da família no programa.
- Ofereça diversas informações sobre criação em um balcão ou quadro perto da entrada. Lembre-se de ter essas informações para cada grupo linguístico do programa.
- Considere as necessidades familiares em todas as questões.
- Inclua representantes familiares nas decisões que afetem seus filhos ou o programa. Use tradutores quando necessário.

Uma entrevista de matrícula é um bom momento para começar a fazer a família sentir-se bem-vinda.

- Crie um programa de apoio e de educação dos pais com base no que as famílias querem ou precisam. Use tradutores quando necessário.
- Forneça *links* para recursos comunitários pertinentes quando necessário.

A entrevista de matrícula é um bom momento para fazer a família sentir-se bem-vinda. O objetivo da entrevista é aprender sobre a criança e a família e ensiná-los sobre o programa. É também uma oportunidade de começar a criar o relacionamento que é tão importante para a comunicação entre pais e professores para solucionar problemas futuros.

Conforme mencionado anteriormente, a entrevista de matrícula deve ser uma *troca* de informações de mão dupla. Em algum momento, você deve expor a família à filosofia do programa e explorar com ela de que forma essa filosofia se encaixa com suas ideias sobre o cuidado e a educação infantil.

Respeitando a diversidade

Você deve entrar na entrevista de matrícula com a mente aberta sobre a família. No quadro *Vozes da experiência*, na página 168, Holly Elissa Bruno, uma consultora de educação infantil e apresentadora conhecida internacionalmente, conta uma história sobre sua dificuldade de aceitar uma família que não era o que ela esperava. Se você considerar a família nuclear – mãe, pai e filhos – como a norma, você pode ter dificuldades de se relacionar com famílias que diferem desse modelo. Existem famílias com um só pai, famílias em que os avós criam os netos, famílias de mesmo sexo, famílias ampliadas e redes de parentes. Tenha a mente aberta e não se restrinja a um modelo sobre os outros. Tenha cuidado para não usar termos como "uma família desestruturada". Além disso, pense sobre as práticas comuns de criar presentes para o dia dos pais ou das mães. Algumas crianças irão se sentir excluídas? O que se pode fazer para que elas sintam que sua família é reconhecida e respeitada?

Os cuidadores, professores ou diretores precisam ter uma visão ampla das estruturas familiares. Eles precisam entender a estrutura de autoridade em determinada família. Se a mãe é o principal contato com o programa, mas ela não tem poder de decisão, é um boa ideia descobrir quem tem. Às vezes, é o pai, ou pode ser o familiar mais velho. É importante ter esse tipo de informação ao marcar reuniões.

Por fim, é importante reconhecer que você pode encontrar pais cujos métodos de criação, ética ou estilo de vida você desaprove. Você pode até sentir que precisa resgatar uma criança desses pais. Fique tranquilo que esse é um estágio natural do seu desenvolvimento profissional; querer salvar as crianças é uma reação normal. No entanto, você deve ir além disso e compreender que salvar as crianças dos pais não é o seu trabalho; em vez disso, trabalhe *com* as famílias para proporcionar o melhor cuidado e a melhor educação para os seus filhos.

Foco na inclusão: um tipo especial de parceria

Declaração de posicionamento da NAEYC sobre inclusão

Quando crianças identificadas com necessidades especiais entram no programa, é requerido um processo específico pelo Individuals with Disabilities Education Act (**IDEA**) para criar um plano que atenda às suas necessidades. O plano gerado para bebês e crianças que começam a caminhar e suas famílias é chamado de "plano de serviço familiar individualizado" (**IFSP**). Crianças em idade escolar e pré-escolar precisam de um "programa de educação individualizado" (**IEP**). Para criar o IFSP ou o IEP, uma equipe de especialistas multidisciplinares se une para trabalhar em colaboração com uma família sobre objetivos adequados e significativos para a família e a criança com necessidades especiais. Os objeti-

> **VOZES DA EXPERIÊNCIA**
>
> **Deparando-se com os próprios preconceitos**
>
> Você já se viu nessa situação: você se acha uma pessoa aberta e respeitosa para com as diferenças, até que algo inesperado aparece em sua vida?
>
> Eis o que aconteceu comigo. Conheci a mãe de Thomas, Jane. Jane era muito alta e tinha ombros largos para uma mulher. Sua voz era baixa e profunda. Ela era amistosa, articulada e claramente tinha muito amor pelo filho. Enquanto eu ouvia, Jane me explicou que havia sido o pai de Thomas, Joseph. Jane disse que sempre se sentiu uma mulher por dentro e, ao crescer, decidiu que deveria ser por fora quem ela sempre soube que era por dentro. Jane explicou o longo processo pelo qual passou até se tornar uma mulher. Comecei a me sentir desconfortável enquanto ouvia. Ela estava trazendo perguntas nas quais nunca havia pensado. Perguntas como: o que significa ser mulher? Como somos definidos pelo nosso gênero? Então, pensei em Thomas. Qual era a experiência dele? Ele era evitado pelos seus amigos? E, *então*, comecei a pensar no relacionamento entre Jane e sua esposa.
>
> Ao final, agradeci Jane pela conversa e fui para o carro cheia de perguntas, confusão e tristeza. Quem me dera poder ser maravilhada como uma criança e com o mesmo grau de expectativas. Agora o meu desafio é deixar de lado essas perguntas, essa confusão e os sentimentos de tristeza para poder me relacionar com Jane com o mesmo respeito que tenho pelos outros pais.
>
> —**Holly Elissa Bruno**

vos dependem dos desafios e das expectativas do indivíduo com necessidades especiais. Por exemplo, um objetivo para uma criança com problemas emocionais pode ser estabelecer e manter uma amizade com uma criança no programa. Um objetivo para uma criança com dificuldades físicas pode ser aprender a usar o banheiro. Um objetivo para uma criança com dificuldades de linguagem pode ser aumentar o vocabulário. Os objetivos de longo prazo se relacionam com esses objetivos e descrevem exatamente o que será realizado, em que grau, e como avaliar se ele foi atingido. A família também se envolve neles e pode dar sugestões sobre como atingi-los. As decisões se relacionam com a educação, mas, dependendo do grau de deficiência, podem ser bem diferentes dos objetivos educacionais comuns.

A ideia por trás desse processo é deixar as famílias aproveitarem o conhecimento dos especialistas enquanto ela continua sendo quem vai tomar as decisões. De certa maneira, o desfecho do plano ou do programa é menos importante do que o processo em si. Quando o processo funciona, os pais chegam aos programas de educação infantil com experiência em trabalhar em parceria com um profissional. Parcerias com profissionais, quando funcionam, dão aos pais o poder de cuidar dos próprios filhos. Quando os pais ou a família ficam em segundo plano diante das decisões do profissional, eles podem se sentir impotentes e até desconectados do próprio filho. Quando famílias assim discordam do profissional acerca do que o seu filho necessita, elas podem abrir mão do seu poder de decisão e deixar a criança nas mãos de pessoas que não a conhecem, nem a sua cultura, nem o que eles fazem.

Pais de filhos com necessidades especiais não são todos os mesmos, é claro, mas uma coisa que eles têm em comum é a necessidade de maior compreensão e conforto dos professores ou cuidadores infantis. Muitos passaram por tremendas reviravoltas emocionais. Imagine os muitos sentimentos que pais de crianças com necessidades especiais devem passar: tristeza, raiva, medo, desapontamento e frustração. Poucos pais estão preparados para o nascimento de um filho com necessidades especiais, e a maioria tem dificuldades para entender e lidar com as dificuldades que lhes foram impostas. Quando chegam ao programa de educação infantil, eles podem ter passado por uma série de traumas, conversado com inúmeros profissionais e possivelmente sido rejeitados por outros programas que não tinham as condições de atender às necessidades especiais do seu filho. Eles podem se sentir ansiosos, estressados e talvez isolados. Eles podem se sentir preocupados por ter de equilibrar as exigências e os horários do programa com a doença e os serviços de intervenção do seu filho, incluindo consultas médicas ou terapêuticas.

Alguns pais lidam bem com os seus sentimentos; alguns até os expressam abertamente. Outros que não são tão capazes de lidar e que podem ocultar os seus sentimentos (até de si mesmos) podem expressar sua emoção de maneira inesperada, às vezes se focando em algo que nada tem a ver com o que está realmente incomodando. É importante manter essas circunstâncias específicas em mente quando trabalhar com os pais de crianças com necessidades especiais. Eles precisam de toda a compreensão e apoio que você puder dar.

Se os pais de uma criança com necessidades especiais precisarem reclamar e criticar, é importante entender o que está por trás de sua insatisfação. É claro, nem todos reclamam e criticam; eles são tão variados quanto os outros pais. Contudo, uma coisa que eles têm em comum é a necessidade de apoio dos membros e cuidadores do centro de educação infantil.

Reconhecendo que os papéis dos pais e dos cuidadores são diferentes

As famílias e os cuidadores exercem dois papéis distintos, mas são papéis que exigem o apego da criança. A família tem um apego próximo e de longo prazo com a criança. A família também proporciona os laços com o passado da criança e a visão do seu futuro. Já o papel do cuidador é manter a distância ideal, que lhe permita um apego de curto prazo, mas não intenso demais (KATZ, 1977).

Ao contrário da família, o cuidador não tem laços com o passado ou o futuro da criança (com exceção aos efeitos de seu cuidado e educação). O foco do relacionamento entre o cuidador e a criança está no *presente*. O relacionamento é temporário; a criança frequentemente avança ao próximo ano quando vai ficando mais velha, e às vezes a associação se encerra abruptamente porque a família vai se mudar ou porque o cuidador se demite.

Portanto, é importante reconhecer que você deve sempre evitar um apego muito íntimo com a criança. Isso não significa que você deve evitar qualquer forma de apego; apego é uma característica da criança. As crianças precisam de um relacionamento com alguém que elas se importam – e com alguém que se importe com elas.

Os adultos mais importantes da vida da criança – tanto os que ficam em casa quanto os que ficam no centro infantil – devem trabalhar juntos (GONZALEZ-MENA; STONEHOUSE, 1995). Quando ambos os lados compreenderem que seus objetivos envolvem o melhor para a criança, eles podem acabar com a maioria das discussões devido a essa confiança.

Lidando com conflitos com os pais

Este capítulo começou estudando como os profissionais podem abordar e resolver diferenças entre si. Contudo, os conflitos não ocorrem apenas entre os membros da equipe; às vezes, eles também envolvem os pais. Conflitos entre pais e cuidadores são um dos aspectos mais complicados do trabalho do educador infantil.

Quando as famílias chegam ao programa, o educador infantil busca criar um relacionamento cordial e amistoso com elas. Infelizmente, não é incomum ver uma família reclamar ou criticar o programa. Você pode ter dificuldades em manter um relacionamento saudável com uma família que não faz nada além de criticar o programa. No entanto, esteja ciente de que as reclamações são, muitas

> **PONTOS DE VISTA**
>
> ### Assumindo outra perspectiva
>
> A seguir estão algumas reclamações que cuidadores e professores têm em relação aos pais. Veja se você consegue assumir a perspectiva dos pais ao responder cada um desses questionamentos. Você consegue imaginar um diálogo em que os pais conseguiriam convencer o cuidador ou professor a ver a situação do seu ponto de vista?
>   Por que alguns pais
>
> - se recusam a ir embora prontamente após dizer tchau?
> - saem de fininho sem dar tchau?
> - sempre parecem estar com pressa?
> - sempre criticam o programa?
> - dão tanta moleza para os filhos?
> - são tão rígidos com os filhos?
> - ficam chateados quando os filhos se sujam?
> - fazem pressão nos estudos?
>
> Os pais também têm problemas com professores e cuidadores. Tente assumir a perspectiva do cuidador ao responder a cada um dos questionamentos a seguir. Imagine um diálogo em que o cuidador ou professor conseguisse fazer os pais verem a situação do seu ponto de vista.
>   Por que o cuidador/professor do meu filho não
>
> - facilita para que saia de manhã?
> - para de me incomodar para dar tchau quando vou embora?
> - deixa meu filho mais limpo?
> - ensina o meu filho a ler?
> - exige que o meu filho demonstre mais respeito pelos adultos?
> - faz as crianças sentarem mais?
> - faz as crianças ficarem quietas?
> - deixa o programa mais como uma "escola"?

vezes, uma forma de a família expressar sua preocupação. A culpa pode estar por trás desse comportamento; talvez eles quisessem que a criança ficasse em casa o tempo todo. Ou talvez os pais estejam inconscientemente com ciúmes, porque acham que o seu filho esteja sendo mais bem cuidado ali. Independentemente dos motivos, tenha cuidado para não alimentar essa preocupação, culpa ou ciúme. Se você entrar em uma competição com os pais, a criança ficará no meio e pode ficar agoniada diante de sua lealdade dividida. (Lidar com conflitos com famílias que têm filhos com necessidades especiais requer muito cuidado por parte dos cuidadores. A seção anterior discute os desafios específicos dessas famílias e como o educador infantil deve estar sensível a suas necessidades e sentimentos.)

Algumas famílias não apresentam problema algum, chegando e imediatamente confiando seus filhos ao cuidador ou ao professor em questão. Mas outros pais chegam com ideias do que querem para os filhos. Eles têm suas próprias crenças sobre criação, educação infantil e disciplina. Os conflitos costumam surgir entre pais e profissionais infantis quando há uma quebra de entendimento sobre a perspectiva da outra pessoa em relação a questões ligadas à educação infantil. O quadro *Pontos de vista* lista algumas reclamações comuns expressas tanto por pais quanto por cuidadores. Use esse quadro como um exercício para testar sua habilidade de passar de uma perspectiva para a outra. Se você tiver dificuldades para alterar o seu ponto de vista, entreviste alguns pais e cuidadores e peça para que eles expliquem seu ponto de vista.

Diversidade: demonstrando sensibilidade para diferenças culturais ou linguísticas. A comunicação entre pais e cuidadores infantis nem sempre é fácil, mas é vital. Quando o cuidador e a família vêm de culturas diferentes, a comunicação pode ser um desafio, quer eles falem línguas diferentes ou a mesma.

No caso em que a família e o cuidador falam línguas diferentes, é importante encontrar formas de se comunicar; um tradutor pode ser necessário. Apesar de ser melhor não usar a criança para traduzir, se o seu inglês for relativamente fluente, ela pode ajudar a resolver alguns problemas menores de comunicação. Note, contudo, que depender da criança para traduzir para os pais coloca a criança na posição de ser o ente mais capacitado. Tal inversão de papéis pode alterar as relações familiares. Além disso, se o assunto da conversa for a criança, ela ficará em uma posição constrangedora.

Traduzir é um trabalho delicado, que exige um conjunto de habilidades específicas. Há sempre a pressão sobre o tradutor para que ele transmita uma mensagem com precisão – o tipo de pressão que não se deve colocar sobre as crianças. Além do mais, elas não têm a maturidade para discutir conceitos adultos em duas línguas. Elas podem facilmente cometer erros que interferem drasticamente na comunicação entre os adultos.

Uma única palavra, se mal traduzida, pode apresentar um enorme problema. Pense, por exemplo, na história de uma criança que precisava de cirurgia. Seus pais não falavam o idioma, então, um tradutor foi chamado. Ele explicou a situação e pediu que os pais assinassem o formulário de consentimento. Eles se recusaram. Após horas de conversa, eles ainda não mudavam de ideia. Foi só quando a situação ficou desesperadora que chamaram um segundo tradutor e eles finalmente concordaram com a operação. O que aconteceu é que o primeiro tradutor erroneamente usou a palavra "amputar" em vez de "operar" em sua tradução. Não é nenhuma surpresa que eles tenham recusado; imagine o que eles devem ter pensado!

A comunicação pode ser um problema até entre pessoas que falam a mesma língua. Vejamos um exemplo de uma mãe e uma cuidadora que vêm de diferentes culturas e que têm visões distintas acerca do uso do banheiro.

A mãe matricula o filho em um programa infantil, tendo começado a ensiná-lo a usar o banheiro antes mesmo que o bebê conseguisse ficar de pé. Ela não está fora da realidade, tem apenas uma forma diferente de enxergar o treino do banheiro. O método da mãe é antecipar a necessidade do filho de urinar e segurá-lo sobre o penico. Ela tem tido sucesso até o momento e eliminou a necessidade de fraldas durante o dia.

A perspectiva da cuidadora é bem diferente; ela caracteriza o processo como "treino do banheiro" e não acredita que ele deve começar antes de aprender a caminhar. A abordagem da cuidadora é esperar que a criança apresente sinais de que está pronta, como conseguir segurar a urina por períodos cada vez maiores de tempo. Ela acha que aprender a usar o banheiro exige certa maturidade e considera esse um importante passo na direção da independência.

Um conjunto de valores está por trás da abordagem da mãe, e outro conjunto está por trás da abordagem da cuidadora. A mãe valoriza a *interdependência,* e a cuidadora, a *independência.* O termo "interdependência" às vezes é chamado de "dependência mútua". Muitos educadores – especialmente aqueles que dão muito valor à independência – não pensariam em estabelecer a dependência como um objetivo do seu currículo de educação infantil.

Obviamente, essa mãe e a cuidadora têm ideias muito diferentes. Elas precisam conversar; ou seja, precisam estabelecer um diálogo. E será mais fácil para elas se comunicarem se já tiverem estabelecido as bases de um relacionamento. É por isso que é importante, para os educadores infantis, estabelecer um relacionamento com cada família desde o primeiro dia.

Os conceitos de independência e interdependência também tendem a se confrontar quando se trata da alimentação. Imagina uma cuidadora e uma mãe que têm pontos de vista diferentes no que tange às habilidades de autoajuda. A mãe valoriza uma refeição limpa, asseada e ordenada, que ela consegue dando de comer na boca do filho. Para ela, a hora da refeição é um momento especial em que ela e o filho se conectam. Ela gosta de alimentá-lo, e não pretende abrir mão disso.

Sensibilidade à língua, à cultura e às diferenças de idade é sempre importante.

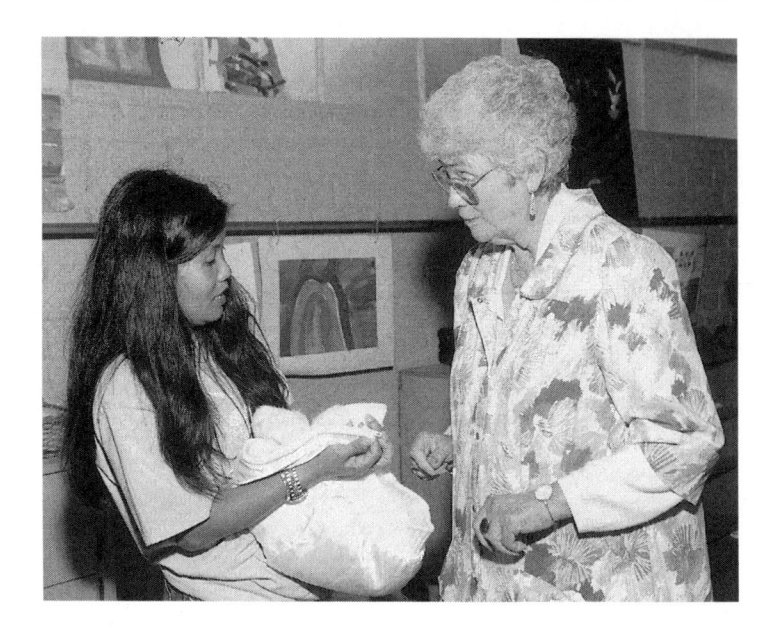

A cuidadora, no entanto, está em choque. O seu objetivo é fazer as crianças, até os bebês, se alimentarem sozinhos em nome da autonomia. Ela considera a independência algo tão importante que está disposta a suspender sua preocupação com a limpeza e a ordem enquanto elas comem. Ela não gosta de dar de comer na boca, exceto no começo, e considera essa prática algo que atrapalha o desenvolvimento.

Métodos "certos" e "errados" estão amarrados a culturas e valores, então, não existe forma de a mãe ou de a cuidadora "vencer" a disputa em relação ao uso do banheiro ou da alimentação. A única resposta é a comunicação. Deve haver uma troca para os adultos se entenderem bem o bastante para compartilhar o cuidado da criança. De novo, se elas já tiverem desenvolvido um relacionamento antes de entrar em conflito, a comunicação deve ser facilitada.

REREN Acrônimo que lista todos os elementos necessários para resolver um conflito por meio do diálogo: reflexão, explicação, razão, entendimento e negociação. REREN é um processo holístico e, como tal, não é uma série de passos que devem sempre ocorrer na mesma ordem; o acrônimo é uma sugestão, e o processo pode ser repetido tanto quanto necessário.

Resolvendo conflitos. Para resolver esses problemas, as partes envolvidas precisam praticar o diálogo. Os elementos primários do diálogo são falar e ouvir e, em uma situação de resolução de problemas, negociar. Os elementos necessários para resolver um conflito podem ser divididos da seguinte forma:

Reflexão

Explicação

Razão

Entendimento

Negociação

Note que esse é um acrônimo fácil de lembrar e que descreve os elementos de um processo holístico que pode ser repetido tanto quanto necessário, embora não descreva passos que ocorrem sempre na mesma ordem. Os elementos estão listados sequencialmente apenas para facilitar a memorização. Agora, vamos examiná-los individualmente.

- *Reflexão*. Durante um conflito, deixe claro para a outra pessoa que os sentimentos dela são bem-recebidos e aceitos. Reflita-os com palavras como "Estou vendo como você ficou chateado com essa situação". Também reflita pensamentos e ideias: "Acho que o que você quer di-

zer é...". A reflexão abre a comunicação e permite o diálogo. Continue refletindo até compreender o ponto de vista da outra pessoa. A reflexão também pode ser entendida como autorreflexão. Note as suas reações. No que você está pensando? O que está sentindo? O que essa discussão está causando em você? Evite expressar autorreflexões para a outra pessoa até ter compreendido a sua perspectiva – coloque-se no lugar dela. Lembre-se de que a comunicação envolve escutar – e não só falar.
- *Explicação*. Em algum momento durante o conflito, expresse o seu pensamento em palavras e/ou sentimentos: "Eis o que eu acho (sinto)...".
- *Razão*. Dê sua razão para o que está pensando ou sentindo: "E é por isso que...".
- *Entendimento*. Tente ver o conflito de ambos os pontos de vista. Você não precisa dizer nada; basta ter clareza. Ouça com atenção e tente realmente entender a outra pessoa. Também tente entender a si mesmo: se você for ambivalente, provavelmente irá ficar na defensiva e atrapalhar o processo REREN.
- *Negociação*. Comece a buscar soluções quando as duas partes tiverem clareza sobre as questões e suas perspectivas distintas. "O que podemos fazer em relação a essa situação?" é uma boa abertura para essa etapa do processo REREN.

Se a negociação fracassar e a comunicação se perder, volte e reinicie a sequência REREN. A reflexão sempre ajuda a abrir o processo novamente.

O processo REREN gera soluções. Discussões geram descontentamento. Vamos examinar as duas abordagens ao conflito no exemplo a seguir.

O cenário é um centro de cuidado infantil, por volta das 17 horas. Uma mãe nova ao programa chega para buscar a filha e descobre que suas roupas estão manchadas de comida. Ela reclama à cuidadora.

MÃE: Por que as roupas da minha filha estão sujas de comida? Não quero que ela fique assim no fim do dia!

CUIDADORA: Sinto muito. Tivemos espaguete no almoço e suco de uva no lanche. Ela se recusou a usar um babador.

MÃE: *[Perplexa]* Ainda não entendi como ela ficou suja de comida.

CUIDADORA: *[Confusa]* As crianças pequenas não são organizadas para comer, você sabe.

MÃE: É claro que sei disso. É por isso que você precisa alimentá-las! Se você tiver cuidado quando alimentá-las, as suas roupas vão ficar limpas sem precisar de um babador.

CUIDADORA: Alimentar uma criança de 3 anos? Não damos comida na boca das crianças, só dos bebês. Os pré-escolares podem se alimentar sozinhos.

MÃE: Se alimentar sozinhos? Isso é ridículo. Eles só fazem bagunça com a comida.

Essas duas estão só se aquecendo para uma boa discussão. A seguir, mostramos o que poderia ter acontecido se elas decidissem utilizar o processo REREN:

CUIDADORA: Acho que temos ideias distintas sobre crianças pequenas e o que elas precisam. Conte-me mais sobre o que você faz em casa.

MÃE: Bom, dou de comer para os meus filhos até eles conseguirem usar talheres sem se sujar.

CUIDADORA: Você não se incomoda de ter de fazer isso em todas as refeições por tanto tempo?

MÃE: É claro que não, adoro fazer coisas pelos meus filhos. Eu me sinto bem.

Cuidadora: Você gosta de dar de comer para os seus filhos.

Mãe: Claro, você não?

Cuidadora: Acho que não. Nunca tive um filho da idade da sua. Mas não me incomodo de alimentar os bebês. É apropriado porque eles precisam de ajuda.

Mãe: Então, você não acha apropriado ajudar uma criança de 3 anos?

Cuidadora: Sim, ajudá-las com botões, a amarrar os cadarços, a arrumar a cama depois da soneca. Isso não tem problema.

Mãe: Não tem problema, mas não é bom?

Cuidadora: Não me sinto bem quando as crianças dependem de mim. Gosto quando elas são independentes.

Mãe: Bom, temos pontos de vista diferentes. Adoro mimar os meus filhos, assim como adoro ser mimada também. Acho ótimo.

Cuidadora: Essa é uma forma diferente de encarar a situação. Então, o que vamos fazer em relação às nossas diferentes abordagens quanto à alimentação?

Mãe: E quanto às roupas sujas?

Quatro desfechos para conflitos. Os dois adultos no exemplo REREN estão se escutando. Suas diferenças podem ser resolvidas de uma dessas quatro maneiras (GONZALEZ-MENA, 1992). Qualquer uma dessas resoluções é satisfatória, contanto que *ambas* as partes concordem. O objetivo é uma situação em que todos saiam ganhando.

- *Resolução por meio da educação da mãe.* Neste desfecho, a mãe altera sua abordagem em relação à questão (muitos programas de educação infantil oferecem cursos de educação para os pais, cujo objetivo é informá-los das teorias e das práticas de educação infantil que servem de fundamento para a filosofia e o currículo do programa). Se a mãe compreender o ponto de vista da cuidadora e concordar que faz sentido, ela pode estar disposta a alterar sua própria prática. Se ela ficar feliz com a mudança, as duas chegarão a uma solução satisfatória. Contudo, elas não chegariam a uma conclusão satisfatória se (1) a mãe tivesse de abrir mão de um valor que considera muito importante ou se (2) a mãe se sentir desconectada do resto da família ou dos outros membros da sua cultura.
- *Resolução por meio da educação da cuidadora.* Nesse desfecho, a cuidadora muda sua abordagem em relação a essa questão. A mãe pode convencer a cuidadora de que, por exemplo, o seu método de dar de comer é importante para a sua filha, para sua cultura e para o seu sistema de valores. O conflito pode ser resolvido se a cuidadora enxergar que a independência e a interdependência não são valores mutuamente exclusivos, ou se ela puder suspender seu próprio valor em nome da aceitação cultural. Contudo, as duas partes não chegariam a uma solução satisfatória se (1) a cuidadora abandonar seus próprios valores e se sentir desconfortável ou se (2) concordar em dar de comer para a criança mas se sentir ressentida.
- *Resolução por meio de educação mútua.* Nesse desfecho, tanto a cuidadora quanto a mãe podem alterar sua abordagem em relação à questão. Se ambas puderem ver o ponto de vista da outra, elas podem chegar a algum acordo que respeite as duas perspectivas. Talvez elas concordem que a cuidadora pode continuar ensinando habilidades de autoajuda na escola e fazer a criança usar roupas velhas durante a refeição, enquanto a mãe irá continuar a lhe dar de comer na boca em casa. Ou talvez a mãe venha ao meio-dia para alimentar a filha. Essas serão soluções satisfatórias se ambas as partes se sentirem bem com isso.

Se uma ou ambas as partes sentirem que tiveram de abrir mão ou ceder, elas podem ter sentimentos desconfortáveis quanto ao resultado do conflito. No entanto, elas também podem usar o que é chamado de "terceiro espaço", que é uma abordagem nomeada por Isaura Barrera, professora de educação especial pela Universidade do Novo México, em Albuquerque. O terceiro espaço vai além de ceder. As partes em questão alcançam o terceiro espaço quando passam do pensamento dualista – "é do meu jeito ou do seu jeito" – para o pensamento holístico, que se torna o "nosso jeito", sendo satisfatório para todos!

- *Sem resolução*. Nesse desfecho, nem a cuidadora nem a mãe mudam sua abordagem em relação ao problema. Tal desfecho é uma situação sem vencedores, em que nenhum dos adultos respeita o ponto de vista do outro e o conflito continua ou aumenta. Mas, felizmente, uma resolução sem vencedores *pode* se tornar uma situação em que todos saem ganhando. Ambas as partes podem ser sensíveis e respeitosas e, devido aos seus diferentes valores, concordar em discordar. Nessa situação, habilidades de *gerenciamento de conflitos* são essenciais. Ambas as partes aprendem a lidar com suas diferenças de maneira honesta. Contanto que ambas confiem que a outra tem os melhores interesses da criança em mente, esse não é necessariamente um desfecho ruim. De fato, quando as culturas entram em conflito, essa pode ser a melhor resolução de todas. Nenhuma parte precisa ceder, e nenhum lado precisa abandonar os seus valores culturais.

Muitas forças cooperam para levar nossa sociedade à homogeneização. Ao valorizar a diversidade cultural, resistimos a essas forças. É importante reconhecer que o objetivo da nossa sociedade pluralista não é o separatismo. Uma sociedade é um grupo de pessoas que vivem juntas, e não separadas. O objetivo do pluralismo é criar uma sociedade unificada (e não uniforme) em que a diversidade é reconhecida, aceita e celebrada.

Os programas de educação infantil são microssociedades em que cuidadores, professores, famílias e crianças podem praticar fazer parte de uma sociedade maior. A sociedade da educação infantil tem uma visão saudável da diversidade ao respeitar e até incentivar as diferenças.

Facilitando a comunicação com as famílias

A forma de estabelecer relacionamentos e proporcionar uma atmosfera solidária para as famílias é por meio da comunicação. Isso significa que famílias e cuidadores devem conversar regularmente, embora, ao considerar a natureza do educador infantil, isso nem sempre seja fácil. A seguir constam algumas ideias sobre como facilitar e promover a comunicação com os pais.

- *Esteja disponível.* Conversas rápidas na hora da chegada e da partida acrescentam minutos preciosos de comunicação. Para facilitar a comunicação entre adultos pela manhã, por exemplo, tente estabelecer uma atividade interessante para as crianças quando elas chegam com os pais.
- *Seja informativo.* Os pais apreciam saber o que se passou durante o dia. Mantenha anotações para que possa ser específico: a hora da última refeição do bebê, o canto que a criança inventou no balanço, a empolgação da menina de 4 anos ao ver uma borboleta sair do casulo, a emoção de um garoto de 7 anos ao acertar sua primeira cesta no aro alto. É importante conversar sobre os problemas também, mas não se foque só neles.
- *Seja receptivo.* A comunicação é uma rota de duas vias. Forneça informações e se mostre aberto a recebê-las. Faça os pais se sentirem confortáveis com essa troca.
- *Desenvolva habilidades de escuta.* Tente ouvir além das palavras dos pais para descobrir suas mensagens ocultas. Se o pai

Os professores e os familiares devem conversar regularmente, mas isso pode ser difícil quando o único momento de conversa é durante a chegada e a partida.

expressar um sentimento, identifique-o e o passe ao pai para abrir canais de comunicação: "Você parece preocupado". Essa abordagem funciona tanto com adultos quanto com crianças.
- *Identifiquem problemas juntos.* Apesar de você ser o especialista em desenvolvimento infantil, os pais são os especialistas nos próprios filhos. Quando surgem problemas, inicie um diálogo em vez de decidir uma solução e apresentá-la aos pais. Trabalhem juntos para chegar a uma solução.

Apoiando as famílias

Neste capítulo, exploramos alguns comportamentos específicos que fazem os pais se sentirem apoiados. Uma das formas mais importantes de apoiar os pais é *respeitar as diferenças* escutando-os. Alicia Lieberman (1995), uma pesquisadora com anos de experiência trabalhando com famílias e crianças, diz: "Esteja ciente de que as práticas dos pais estão relacionadas com os seus valores. Se você tentar mudar as práticas, poderá estar passando sobre os valores das famílias." Tenha muito cuidado antes de "educar" os pais acerca de suas ideias sobre o que é "certo" para as crianças. Compreenda seu sistema de valores e respeite-o.

Reconheça também que é sua responsabilidade *criar um relacionamento* e mantê-lo ativo. Tente desenvolver um relacionamento a partir do primeiro dia e continue a desenvolvê-lo independentemente dos obstáculos que encontrar.

Apesar de poder ser muito mais fácil só cuidar da criança e esquecer os pais, você não pode fazer isso. De acordo com Lieberman (1995), você deve *se preocupar com o bem-estar dos pais* porque ele está diretamente relacionado ao bem-estar da criança. Se, por exemplo, uma mãe tiver problemas seguidos para se despedir ao deixar a criança, você pode começar a pensar: "Se ela saísse mais rápido, sua filha não ficaria tão chateada. É ela que está causando o problema!". Adultos que sofrem ao deixar os filhos frequentemente têm problemas não resolvidos de separação. Esses problemas afetam muito mais a criança do que simplesmente ao dar tchau de manhã. Portanto, é importante que você não desconte a preocupação dos pais, mas a leve em conta e encontre formas de ajudá-los para superar essas questões.

Da mesma forma, quando uma criança tem problemas e é necessário chamar uma reunião, concentre-se nos pais, e não na criança. Sem interrogar ou dar conselhos – dois métodos que colocam os pais na defensiva – abra a comunicação fazendo perguntas: "Como vocês se sentem com o que está acontecendo?", ou "Esse problema está afetando vocês?".

Outra forma de ser solidário é *ajudar os pais a apreciar e curtir ainda mais seus filhos*. Desenvolva suas próprias técnicas de observação para ajudar os pais a verem todas as coisas maravilhosas que estão acontecendo com seus filhos. Essa é uma função importante no relacionamento com os pais. Mesmo quando há problemas com as crianças, dê ênfase aos pontos positivos e resista à tentação de se focar no lado negativo. (LIEBERMAN, 1995).

Um professor ou cuidador perceptivo pode ajudar os pais a entender melhor os filhos e a antecipar suas necessidades. E um pai perceptivo pode ajudar o professor ou cuidador a fazer o mesmo. É uma questão de aprimorar suas habilidades de observação e aprender a ler pistas comportamentais. O que significa quando o bebê empurra a garrafa para longe? Ele não quer mais? Está distraído? Precisa arrotar? Ou é outra coisa? Por que o bebê está resistindo deitar por conta própria? Ele não está com sono? Está sentindo falta de um bichinho de pelúcia ou cobertor especial? Dormir o faz sentir vulnerável? Por que a criança de 4 anos odeia brincar no pátio e evita sair? Aconteceu algo em sua experiência no ambiente externo que a tenha desestimulado? Por que a criança de 7 anos briga durante o tema de casa todos os dias? Essa é uma nova disputa de poder, ou está acontecendo outra coisa?

Muitas dessas perguntas não podem ser respondidas pelo educador infantil sozinho; ele precisa da visão e das ideias dos pais, que podem ver um lado inteiro da criança que o cuidador não consegue (e o oposto também pode ser verdade). É por isso que é importante compartilhar informações.

Outro componente da solidariedade para os pais e as famílias é *ajudar os pais a se apoiarem*. O educador infantil não pode fazer tudo. A relação entre pais e educadores costuma ser o dobro da relação entre crianças e educadores. Então, como eles podem se relacionar com as crianças e, ao mesmo tempo, dar a cada pai o apoio de que eles precisam?

A resposta é fazer os pais se apoiarem. Você pode ter de facilitar seu encontro dando os nomes e os telefones dos outros pais (com sua permissão, é claro). Mas ao indicá-los uns aos outros, os pais têm a oportunidade de se unir com outros pais que já tiveram ou estão lidando agora com problemas semelhantes – grandes ou pequenos. Só conversar com outros pais pode proporcionar o apoio emocional necessário para lidar até com grandes problemas.

UMA HISTÓRIA PARA TERMINAR

Quando entrei para o campo da educação infantil como assistente em uma pré-escola de meio período, logo aprendi que a sala de aula e o pátio eram montados como lugares especiais – quase sagrados – para as crianças. O foco estava nas necessidades, na educação e nos sentimentos delas. Os sons que permeavam a sala de aula e o pátio deveriam ser os sons das crianças e não dos adultos. Entendia-se que os adultos estavam lá para as crianças, não para si mesmos, e muito menos para conversar entre si. A hora dos adultos era durante as reuniões, às vezes nos intervalos – se houvesse um espaço afastado das crianças. Os adultos que se encontravam na cozinha conseguiam conversar, mas se houvesse crianças por perto, então, as conversas eram desaprovadas.

Essa experiência como assistente era diferente dos meus hábitos como mãe jovem. Costumava passar muito tempo sentada conversando com os meus amigos enquanto as crianças brincavam ao nosso redor. No meu novo papel, precisava me habituar à ideia de que estava cercada de adultos interessantes, mas precisava ignorá-los a menos que alguma preocupação sobre as crianças nos unisse.

Lembro como a sala e o pátio eram organizados. Não havia móveis para os adultos, nem do lado de dentro nem do lado de fora. Não havia bancos que nos convidassem a sentar; a ideia era ficar de pé e ir aonde estava a ação. Os adultos eram posicionados em "estações" espalhadas para garantir que todo o espaço seria supervisionado.

Mas os adultos são como ímãs; eles gravitam na direção dos outros. Frequentemente, dois se viam próximos o bastante, e toda a vez em que me permitia conversar me sentia culpada porque sabia que era inadequado. E, é claro, se uma professora estivesse olhando, sentia uma crítica silenciosa e rapidamente me afastava do outro adulto.

Então, imagine a minha surpresa ao descobrir que alguns programas de cuidado em tempo integral eram diferentes da minha experiência em uma pré-escola de meio período. Em alguns programas em tempo integral, os adultos supervisionam as crianças e conversam entre si ao mesmo tempo. No entanto, na maioria dos programas, tal comportamento não é sancionado, mas tende a ocorrer.

Os adultos em programas de cuidado infantil exibem graus variados de desconforto em relação a conversar no espaço das crianças. Refleti muito sobre esse assunto e cheguei à conclusão de que é necessário se relacionar com outros adultos, assim como com as crianças. É claro, deve haver um equilíbrio: os adultos não podem negligenciar as crianças porque estão muito ocupados "batendo papo", mas, ao mesmo tempo, relacionar-se apenas com crianças o dia inteiro todos os dias não é natural nem benéfico para adultos ou crianças. Hesito em fazer tal afirmação em um livro criado para treinar os educadores e cuidadores infantis. A minha própria formação me incentivou a resolver todas as questões adultas fora do horário de trabalho, mas hoje questiono essa abordagem.

RESUMO

Recursos *on-line*

Visite **www.mhhe.com/gonzalezfound6e** para acessar recursos para estudo e *links* relacionados a este capítulo (em inglês).

Os relacionamentos adultos no programa de educação infantil são extremamente importantes. As crianças aprendem formas de interagir, demonstrar seus sentimentos e resolver conflitos observando os adultos. Já os adultos modelam interações maduras e resolução de problemas para as crianças. Os adultos abordam a solução de problemas de muitas maneiras e, quando se esforçam para aceitar as diferenças dos outros, também modelam o respeito pela diversidade. Por fim, os adultos que agem naturalmente e se comportam de maneira genuína modelam a autenticidade.

Adultos em uma relação de trabalho com outros adultos também devem aprender a distinguir entre discutir e dialogar em um conflito. O objetivo da discussão é vencer; o objetivo do diálogo é ganhar informações e compreender o ponto de vista do outro. Os diálogos têm muito mais possibilidade de levar a uma resolução satisfatória do que uma discussão. E quando os adultos ensinam as crianças a dialogar, demonstrando como fazê-lo em seus próprios relacionamentos, a lição é duas vezes mais forte.

Os educadores infantis criam relacionamentos entre si e também com as famílias no programa. É importante que os educadores infantis vejam a família como o cliente e a incluam no programa. Para criar relacionamentos com as famílias, é importante reconhecer maneiras em que os papéis de pai e de cuidador diferem.

Ocasionalmente, surgem conflitos entre pais e cuidadores, e é importante que o educador infantil reconheça que muitos conflitos se devem a diferenças emocionais, culturais e linguísticas. Uma processo para solucionar conflitos é chamado de REREN, que significa: reflexão, explicação, razão, entendimento e negociação. Os conflitos resolvidos pelo processo REREN podem resultar em quatro desfechos possíveis: (1) resolução por meio da educação dos pais, (2) resolução por meio da educação do cuidador, (3) resolução por meio de educação mútua e (4) sem resolução.

É trabalho do educador infantil apoiar as famílias (1) respeitando as diferenças, (2) criando e mantendo um relacionamento, (3) demonstrando preocupação pelo bem-estar dos pais, (4) ajudando os pais a apreciar e curtir mais os filhos e (5) criando grupos de apoio entre os pais.

QUESTÕES PARA REFLEXÃO

1. Você é uma pessoa que busca relacionamentos e é boa em desenvolvê-los e mantê-los? Se não, como você se sente em relação à definição de que a educação infantil trata de relacionamentos? O que você pode fazer para aumentar seu interesse e suas habilidades em desenvolver e manter relacionamentos?
2. Você é uma pessoa colaboradora ou competitiva? Como as suas inclinações podem afetar sua carreira como educador infantil?
3. Pense em um momento em que você teve problemas com alguém. Como você abordou o problema? Você utilizou uma das abordagens listadas no Capítulo 7?
4. Você frequentou algum programa de educação infantil quando criança? Se sim, o que você sabe sobre o papel desempenhado pelos seus pais no programa?
5. Você já agiu como tradutor para os seus pais? Se sim, como você se sentiu? Que conselhos você teria para educadores infantis que precisam se comunicar com pais que não falam a sua língua?
6. Como você se sentiria ao ver um adulto dando de comer na boca de uma criança de 3 anos? Explique suas ideias acerca da situação. Você acha que os seus sentimentos e a sua perspectiva estão relacionados à sua cultura?

EXPRESSÕES-CHAVE

Quantas das próximas palavras você consegue utilizar em uma frase? Você sabe o que elas significam?

dialogar 162
IDEA 167
IFSP 167
IEP 167
REREN 172

PARTE II

Fundamentos para apoiar o desenvolvimento e a aprendizagem

Os capítulos da Parte II se focam em planos de desenvolvimento e de aprendizagem tanto de maneiras tradicionais quanto inovadoras. Tradicionalmente, os ambientes têm um papel importante no desenvolvimento e na aprendizagem na educação infantil, então, esta parte começa com um capítulo sobre a montagem do ambiente físico. O próximo capítulo vai além das condições físicas e lida com as condições sociais, emocionais e culturais que também compõem o ambiente. Dedicar um capítulo inteiro para o ambiente socioemocional não é muito tradicional, mas você verá a necessidade disso quando descobrir que essas condições, como afeto, respeito, proteção e receptividade, são fundamentais para o desenvolvimento e para a aprendizagem. As últimas pesquisas sobre o desenvolvimento cerebral validam esse capítulo. Você não irá necessariamente encontrar as qualidades mudando os móveis de lugar; você precisa saber planejar para elas. O capítulo lida com os detalhes e os "comos". Alguns desses detalhes relacionam-se com algumas questões especiais das crianças em programas de inclusão.

Você pode ter percebido agora que a diversidade cultural aparece em todos os capítulos deste livro, assim como nos quadros *Foco na diversidade*. No capítulo sobre o ambiente socioemocional, a cultura ocupa uma seção inteira e diversas pessoas me sugeriram que essa longa seção sobre cultura deveria ter um capítulo próprio, colocado ao final do livro. Discordo, acho que deveria aparecer no começo, mas cheguei a um entendimento e coloquei-a em um capítulo intermediário. A cultura é uma grande força em nossas vidas que, é claro, nos acompanha no trabalho em creches e em programas de educação. A questão é que muitos percebem justamente porque ela está tão presente em nós. Se eu tivesse colocado um capítulo sobre cultura ao final do livro, teria dado um selo de universalidade a tudo o que veio antes. A mensagem teria sido: "Ah, além disso, existem diferenças culturais". Isso é como escrever P.S. em uma carta – algo que foi esquecido até ser quase tarde demais. Então, a cultura está em toda parte, além de ser uma característica proeminente no capítulo sobre o ambiente socioemocional.

Um capítulo inteiro sobre rotinas de cuidado é incomum quando o assunto é como se planejar para o desenvolvimento e a aprendizagem. Aqueles que trabalham com bebês e crianças pequenas podem gostar, mas outros já reclamaram que o capítulo não é pertinente para crianças mais velhas. Eles simplesmente não veem a relevância se trabalham com crianças com mais de 3 anos. Ainda defendo que as rotinas e o cuidado físico são temas importantes para qualquer um que trabalhe com crianças. Um dos motivos é que a idade em que o cuidado físico por parte dos adultos torna-se desnecessário varia muito, dependendo da família e da cultura. Além disso, com a sociedade se encaminhando na direção da inclusão total, crianças com necessidades especiais que frequentam a pré-escola, o jardim de infância ou os anos escolares iniciais com colegas com desenvolvimento normal ainda podem precisar do tipo de cuidado físico descrito neste capítulo. Todos os educadores infantis devem saber como fornecer cuidado físico de maneira a promover os relacionamentos, a aprendizagem e o desenvolvimento.

As informações sobre as idades e os estágios de desenvolvimento se encontram no Capítulo 11. A matéria em si é tradicional, mas a localização das informações não. Apesar de as informações sobre idades e estágios serem fundamentais, elas não aparecem antes do Capítulo 11. Por quê? Quero que os estudantes prestem atenção nas crianças por mais tempo, antes de aprender sobre estágios de desenvolvimento. Do contrário, eles ficam muito focados na teoria dos estágios e passam a ter dificuldades de pensar além disso. Minha professora e mentora, Magda Gerber, costumava dizer a alunos e profissionais: "Venham à criança com uma mente aberta e deixem que ela ensine vocês". Ao chegar cheio de informações sobre idades e estágios, você vê o que espera ver e deixa passar outros aspectos importantes. Além disso, se você está observando há algum tempo, já deve ter notado alguns padrões que lhe serão familiares ao ler o Capítulo 11. Você constrói a própria teoria enquanto observa, está se tornando o teórico de estágios. Criar uma teoria é ainda melhor do que memorizar uma, de acordo com outra de minhas professoras, Betty Jones, do Pacific Oaks College.

No Capítulo 12, você estará pronto para aprender algo sobre a avaliação – uma questão muito importante no campo da educação infantil atualmente. Esse capítulo se foca mais no tipo de avaliação recorrente que ajuda a planejar e relatar os tipos de experiências que se relacionam tanto às necessidades especiais quanto aos interesses individuais e coletivos. O capítulo de avaliação é o ponto alto da Parte II.

Montando um ambiente físico

8

MONTANDO ÁREAS DE ATIVIDADE

Foco na inclusão: modificando o ambiente para necessidades especiais

Centros de cuidado físico

Áreas de brincadeiras infantis

Centros de interesses

Espaços de aprendizagem motora ampla

OUTRAS CONSIDERAÇÕES PARA AMBIENTES DE EDUCAÇÃO INFANTIL

"Dimensões"

Espaço

Quantidade de coisas para fazer

Padrões de circulação

Equilíbrio

UM AMBIENTE SEGURO E SAUDÁVEL

Garantindo a adequação ao nível de desenvolvimento

Fornecendo proteção

Foco na inclusão: ambientes seguros para todos

Avaliando a segurança do ambiente

Higiene e limpeza

O AMBIENTE COMO REFLEXO DOS OBJETIVOS E PRINCÍPIOS DO PROGRAMA

Individualidade

Independência e interdependência

Cooperação

Autenticidade

O exterior e a natureza

Exploração

Estética

AMBIENTES PARA VÁRIOS TIPOS DE PROGRAMAS

Centro de cuidado infantil em turno integral

Cooperativa com os pais de meio período

Pré-escola Head Start de meio período

Cuidado infantil para crianças em idade escolar

Educação familiar a domicílio

Programas de jardim de infância e de educação primária

UMA HISTÓRIA PARA TERMINAR

NESTE CAPÍTULO VOCÊ IRÁ DESCOBRIR

- so que é uma "área de atividade";
- o que considerar quando se monta um ambiente infantil;
- o que é um "espaço para brincadeiras";
- como se planejar para os padrões de circulação;
- como criar um equilíbrio no ambiente;
- como criar um ambiente seguro e saudável que é adequado ao nível de desenvolvimento;
- como ajustar o ambiente de modo a facilitar a supervisão;
- como avaliar a segurança de um ambiente;
- como o ambiente reflete os objetivos e os valores de um programa.

> ### A TEORIA POR TRÁS DA PRÁTICA
>
> **A importância do ambiente**
>
> Alguns dos grandes teóricos da educação infantil escreveram sobre a importância do ambiente para o desenvolvimento e a aprendizagem das crianças. Por exemplo, Loris Malaguzzi, o guia visionário dos programas educacionais da Reggio Emilia, no norte da Itália, considerava o ambiente como professor, assim como Maria Montessori, a primeira mulher médica da Itália, que iniciou um movimento com uma pré-escola em Roma chamada Lar das Crianças, em 1907. Materiais especializados em Montessori ainda são encontrados em pré-escolas ao redor do mundo, assim como as cadeirinhas e mesas que ela criava de acordo com o tamanho das crianças.
>
> Emmi Pikler, que estabeleceu uma creche residencial conhecida como Instituto Pikler, em Budapeste, tinha grande preocupação com a questão do ambiente e o que constava nele. Uma característica incomum é que os móveis e equipamentos para comer e se limpar eram duplicados no ambiente externo, para que as atividades pudessem ser realizadas facilmente tanto do lado de dentro quanto de fora. Do lado de dentro, Pikler dava grande atenção aos tipos de chão e coberturas porque queria que os bebês tivessem toda a liberdade possível para se mover. Os pisos de madeira fornecem uma superfície sólida. Os bebês mais jovens recebiam uma roupa de pano fina – mas sem tapetes ou almofadas para atrapalhar a sua movimentação. Os brinquedos no Instituto Pikler são simples – criados para explorar e aprender, em vez de simplesmente entreter.

Nos níveis educacionais mais altos (como ensino médio e superior), os professores passam muito tempo criando lições. Nos programas de educação infantil – sejam de atenção familiar, centros de cuidado ou programas de meio período ou de tempo integral –, os educadores despendem muito tempo e energia criando ambientes que aprimorem o processo de ensino-aprendizagem. As aprendizagens se constroem nas interações com as crianças pequenas e com outras pessoas e coisas presentes no ambiente.[1] Este capítulo se foca nos aspectos físicos do ambiente. Dois dos padrões da NAEYC estão relacionados a este capítulo:

- O padrão de programa 5 sobre saúde requer que os programas protejam as crianças de doenças e de ferimentos, sendo essa a função de um ambiente bem-pensado e mantido.
- O padrão de programa 9 se sobrepõe ao padrão 5 e requer que o programa forneça ambientes físicos interno e externo adequados e bem-mantidos, incluindo instalações, equipamentos e materiais, para facilitar a aprendizagem e o desenvolvimento infantil e dos funcionários. Para esse fim, um programa estrutura um ambiente seguro e saudável.

Em outras palavras, o ambiente é um professor, indicando que não basta simplesmente ter um espaço amplo para as crianças brincarem e jogar brinquedos de plástico no meio. Deve-se planejar o que vai no ambiente e combinar essas ideias com as necessidades, os níveis de desenvolvimento e os interesses das crianças. Você precisa planejar não só *o que* colocar no ambiente, mas também *como* organizá-lo. Veja o quadro *A teoria por trás da prática* para exemplos de teóricos que enfatizavam a importância de um ambiente cuidadosamente planejado e organizado para crianças pequenas.

O primeiro passo para planejar o ambiente é saber o padrão de licenciamento do seu estado; essas regulamentações irão ditar muitas de suas decisões de planejamento. Também é importante compreender as implicações do ambiente ao se relacionar com questões de responsabilidade.

> **Padrões do programa NAEYC 5 e 9**
>
> Saúde e Ambiente físico

Ao montar o ambiente físico, os organizadores do programa devem prever o tipo de

Muitas das aprendizagens nos ambientes de educação infantil vêm das interações das crianças com objetos e materiais colocados pelos adultos.

atmosfera que querem criar. Para que o cenário se pareça com um lar acolhedor, uma instituição impessoal ou um espaço de caos, diversos fatores são necessários. Tanto centros de cuidado quanto ambientes de atenção familiar costumam se parecer mais com "escolas" do que com um "lar". Alguns organizadores de programas acreditam que um ambiente institucional é a melhor forma de promover a aprendizagem. Este livro, contudo, sugere que um ambiente caseiro é mais adequado para crianças pequenas (veja o quadro *Pontos de vista*, na página 187, para ver evidências científicas reveladoras).

A tendência atual parece apontar mais para o modelo da escola – dê uma olhada na história do jardim de infância. A partir do seu nome, pode-se imaginar que os primeiros jardins de infância eram mais naturais e bonitos do que uma sala retangular com um pátio com piso de concreto do lado de fora. Atualmente, alguns são mais caseiros do que outros, dependendo da professora, mas quase todos os jardins de infância de escolas públicas consistem em uma sala de aula básica e fria.

Infelizmente, muitas pré-escolas e locais de cuidado infantil seguem o modelo da escola, sendo que alguns programas até funcionam em salas de aula de escolas públicas; nesse caso, o desafio dos professores é suavizar e aquecer o ambiente. Outros programas se baseiam em cenários mais caseiros, mas muitos organizadores lhe dão uma atmosfera escolar – talvez porque eles nunca tenham observado outros modelos.

Montando áreas de atividade

O ambiente de educação infantil deve ser dividido em áreas específicas. Os programas de educação familiar e alguns centros têm de planejar o seu espaço para servir a diversos propósitos ao longo do dia, então, seu ambiente difere dos programas criados e organizados para cuidar de grupos. Por exemplo, em alguns centros familiares, as mesas usadas para brinquedos, jogos, materiais manipulativos e atividades artísticas podem ter de servir também como mesas para refeição. E o espaço de brincadeira pode se encher de berços dobráveis na hora da soneca (apesar de esse plano não funcionar com bebês, que dormem de acordo com seu próprio horário; eles precisam ter um espaço separado para sonecas que não dependa das áreas de brincadeiras ou da alimentação). Alguns centros foram organizados com instalações separadas para comer e dormir; e alguns também têm oficinas e áreas artísticas em separado.[2]

PONTOS DE VISTA

Programas de educação infantil: devem ser mais como a casa ou como a escola?

Um estudo clássico conduzido por pesquisadores do Pacific Oaks College, em Pasadena, estudou as vantagens dos programas de educação infantil que funcionavam fora de casa e de pequenos centros caseiros (PRESCOTT, 1978). Em comparação com programas escolares grandes, as crianças passavam muito menos tempo esperando – esperando na fila para usar o banheiro, para lavar as mãos, para ir para a rua. No cenário caseiro, a espera ocupava apenas 3% do tempo das crianças; no cenário escolar, 25% (2 das 8 horas) eram gastos esperando.

A tomada de decisão era outra vantagem dos programas caseiros: aqui, as crianças tomavam 80% das decisões sobre o que queriam fazer; nos programas escolares, as crianças tomavam apenas 42% das decisões, e os adultos decidiam o resto. Além disso, eram os adultos que iniciavam e encerravam as atividades nos programas escolares, enquanto em programas caseiros as crianças decidiam quando iniciar, quanto tempo ela duraria e quando fariam outra coisa. Em outras palavras, as crianças tinham permissão para seguir os próprios interesses e o ritmo no cenário caseiro. Algumas das mais importantes tarefas da infância são (1) descobrir quem você é, do que você gosta e como fazer escolhas e (2) desenvolver uma noção de tempo. Essas tarefas são mais bem realizadas em um ambiente caseiro, onde as crianças podem estruturar o próprio tempo.

A pesquisa do Pacific Oaks também mostrou que, em programas domiciliares, as crianças tinham cinco vezes mais contato um a um ou compartilhado (junto de duas ou três outras crianças) com um adulto. Nos programas escolares, as crianças tinham muito mais possibilidade de andar em grupos de 10 a 12 crianças na maior parte do dia. Não é difícil de ver as implicações de pouca privacidade das crianças, de poucas interações um a um e de pouco acesso pessoal à atenção dos adultos.

Os adultos estavam mais disponíveis nos centros domiciliares, além de serem mais propensos a facilitar a aprendizagem do que exigir obediência. O comportamento das crianças também era marcadamente diferente em cada cenário. Nos programas escolares, as crianças tendiam a interagir com os adultos de maneira unilateral; elas passavam muito mais tempo resistindo ou respondendo às expectativas dos adultos. Já as crianças em programas domiciliares exibiam maior variedade de comportamentos saudáveis: elas iniciavam contato e respondiam aos adultos e a outras crianças, além de terem maior propensão a se envolver física e socialmente ao dar ordens, escolher atividades, intrometer-se – alegre ou agressivamente – nas brincadeiras, pedir ajuda e expressar suas opiniões.

Em um ambiente de educação infantil, os materiais, o espaço e os equipamentos para cada uma das áreas devem ser adequados para a idade específica das crianças que o utilizam. Por exemplo, um programa para bebês tem exigências diferentes das de um programa para crianças que já caminham, que serão diferentes das de um programa para crianças em idade escolar. O tamanho dos móveis deve ser adequado ao tamanho das crianças; não adianta colocar bebês em cadeiras de pré-escola, com seus pés balançando acima do chão, e esperar que eles se habituem. Móveis confortáveis e de tamanho adequado devem ser fornecidos para crianças de qualquer tamanho e faixa etária. Da mesma forma, ao planejar um ambiente, considere as necessidades e habilidades específicas das crianças. Brinquedos de escalar devem ser bem menores para bebês e crianças pequenas do que os utilizados pelas crianças mais velhas. Materiais para crianças em idade pré-escolar e em idade escolar podem incluir diversas partes e peças, mas os bebês e as crianças menores não devem ter acesso a itens pequenos o bastante para engasgá-las. Em programas para bebês, deve-se prestar muita atenção no chão, onde eles ficam deitados ou engatinham. É seguro? O que um bebê vê quando está deitado no chão em um espaço seguro? A única forma de descobrir é deitar e experimentar. Há alguma luz que ofusca os olhos nos bebês? E a luz do sol? O teto torna-se importante para bebês imóveis que estão deitados de costas. O mesmo é verdade para crianças que ainda não se locomovem de qualquer idade. Um erro que alguns centros infantis às vezes cometem é o uso de luzes no alto em áreas onde os bebês deitam de costas e ficam olhando para o teto. É importante levar em conta a visão das crianças menores. De novo, tente assumir a perspectiva de cada criança que usa o espaço, especialmente aquelas que não conseguem alcançar os objetos e materiais com os quais elas deveriam brincar. O que elas conseguem alcançar? A disponibilidade dos brinquedos e dos materiais também é importante.

Foco na inclusão: modificando o ambiente para necessidades especiais

Declaração de posicionamento da NAEYC
sobre inclusão

centros de cuidado físico
Áreas do ambiente de educação infantil que são designadas e equipadas para cozinhar, comer, limpar, lavar as mãos, trocar fraldas e dormir.

Para algumas crianças, considerar idades e estágios não é o bastante. Crianças com habilidades distintas precisam de tipos diferentes de adaptação. Por exemplo, uma criança pode ter tamanho e idade o bastante para estar em um ambiente pré-escolar, mas não ter vontade ou capacidade de manter objetos pequenos longe da boca. Ou uma criança com enormes dificuldades mentais pode estar em um estágio no qual as outras crianças caminham, mas ela ainda não consegue se mover. Assim, devem ser feitas alterações no ambiente para que ela possa percorrê-lo em uma cadeira de rodas, sendo carregada, ou em algum aparelho que ela possa usar para se empurrar. O posicionamento adequado é um importante requisito para crianças que não conseguem sentar em segurança. Fitas antiderrapante nas cadeiras ou em almofadas para preencher espaços podem ajudar. Uma toalha enrolada pode fazer maravilhas para uma criança que precisa de apoio nas costas e dos lados. Um banco pequeno pode dar segurança adicional à criança se seus pés não encostarem no chão.

Como se pode ver, há muitos detalhes a considerar quando se planeja o ambiente de educação infantil. Para começar, veremos o programa dividido em atividades específicas – relacionadas ao cuidado físico e às necessidades e relacionadas ao trabalho e à brincadeira das crianças.

Centros de cuidado físico

O programa de tempo integral está cheio de atividades: culinária, alimentação, limpeza, lavagem de mãos, uso do banheiro, troca de roupas. Cada uma dessas atividades necessita de espaço (que irei chamar de **centros de cuidado físico**) e equipamentos. O programa de meio período envolve uma versão modificada dessa variedade de atividades, já que as crianças vão para casa dormir e, talvez, comer. Ainda assim, a atenção às necessidades físicas das crianças deve ser o foco de qualquer programa de educação infantil.

Na educação infantil, aprender e ensinar não estão restritos a matérias "acadêmicas"; os processos de ensino e aprendizagem estão *sempre* em funcionamento. A aprendizagem e o ensino ocorrem no banheiro, na cozinha, na área da soneca, no fraldário e em outros lugares em que nunca pensamos. Talvez você nunca tenha considerado que os centros de cuidado físico podem ser tanto externos quanto internos. No Instituto Pikler, em Budapeste, onde eles utilizam uma abordagem internacionalmente reconhecida para cuidar de crianças com menos de 3 anos desde 1946, a área externa é tão importante quanto a interna – não só para a aprendizagem e para o desenvolvimento, mas também para o cuidado físico. Por exemplo, no verão, as crianças se alimentam na área externa, mas não é só de vez em quando – como em piqueniques ou ocasiões especiais –, mas o tempo todo. As crianças dormem na área externa o ano todo – elas têm dois conjuntos de cama: as usadas para a área externa, e as para a área interna. Até mesmo recém-nascidos são expostos ao ar fresco em uma varanda protegida por tela. Os benefícios de saúde são notáveis.

Bebês e crianças que começam a caminhar em muitos programas nos Estados Unidos são os que passam menos tempo em áreas externas. A reclamação é que, em estações muito frias, é muito trabalhoso vesti-las para sair e tirar suas roupas para entrar novamente. No Instituto Pikler, colocar e tirar as roupas é uma parte importante do programa, em que vários objetivos são atingidos. Um objetivo é o apego ao cuidador; o tempo que se passa junto é considerado valioso e é cuidadosamente realizado, para que as interações promovam o relacionamento. Outro objetivo é que as crianças aprendam a cooperar com o cuidador desde o nascimento, para que, ao crescerem, comecem a cuidar cada vez mais das próprias vestimentas – não porque elas sejam obrigadas, mas porque querem ajudar e porque têm interesse em aprender a fazer as coisas por conta própria.

As crianças aprendem em todos os minutos. O que elas aprendem é determinado, em certa medida, pela forma como o ambiente está montado. Deb Curtis, professora, congressista e consultora internacionalmente reconhecida, além de ter escrito muitos livros, descobriu como a localização da mesa do fraldário transformou o ato de trocar as fraldas em um evento social, em vez de um ritual íntimo. Veja a história em *Vozes da experiência*, na página 190.

Se o ambiente for caótico, com adultos correndo desordenadamente, as crianças irão aprender lições diferentes das que forem aprendidas por aquelas expostas a um ambiente calmo e ordenado. Note a diferença nas duas cenas a seguir.

Nessa primeira cena, a cuidadora está prestes a trocar uma fralda. Ela aproxima-se de um menino de 6 meses que está em um tapete explorando uma bola macia. A cuidadora explica que está na hora de trocar as fraldas e estica os braços para a criança. Ela espera uma resposta e, lentamente, levanta o menino e o carrega para o outro lado da sala.

Quando o menino está no balcão do fraldário, a professora pode se concentrar nele, porque já preparou a área para a troca; tudo o que ela precisa está ao alcance da mão. Então, a troca de fralda prossegue em um ritmo tranquilo, com a professora envolvendo a criança no que está acontecendo. O bebê, mesmo muito jovem, é um participante, em vez de mero objeto. Os dois são parceiros no processo, e o ambiente apoia sua interação. A criança aprende mais sobre o seu corpo e seus processos, além de ter uma lição sobre trabalho em equipe.

Como mostrado nessa cena, é importante que os cuidadores reservem tempo para uma interação um a um durante a troca de fraldas, além de ser importante que as outras crianças permaneçam em segurança. Um ambiente organizado para as brincadeiras ajuda os adultos ao ocupar as crianças que não estão trocando as fraldas com coisas interessantes para fazer. Quando mais de um cuidador está presente, o responsável pela troca de fraldas pode dedicar toda a sua atenção à criança com quem está trabalhando. Essa é uma vantagem do trabalho em equipe; quando o cuidador está sozinho, ele precisa tirar vantagem da técnica do foco duplo, que lhe permite se focar no bebê enquanto permanece consciente do que está acontecendo na sala.

Quando nem tudo está organizado, é fácil para as crianças e para o professor se distraírem, e é bem provável que o professor se apresse para terminar o seu trabalho e colocar a criança no chão. Essa criança não aprendeu sobre trabalho em equipe, nem sobre o foco concentrado. Talvez o que ela tenha aprendido seja a considerar a troca de fraldas como uma interrupção irritante, em vez de uma oportunidade de aprender mais sobre o seu corpo e de ficar a sós com o professor.

O que esses dois exemplos mostram é que o ambiente pode facilitar o processo de

> **VOZES DA EXPERIÊNCIA**
>
> ### Um local para o fraldário
>
> Sempre pensei na mesa do fraldário em uma sala, contra a parede, protegida para dar conta da saúde, da segurança e da privacidade, e que fosse um local calmo para promover intimidade entre a criança e o cuidador. Mas as minhas ideias mudaram drasticamente no ano em que fui professora de crianças até 3 anos em uma sala onde a mesa de troca de fraldas ficava quase no meio do local.
>
> Era uma mesa de madeira linda, com escadinhas para as crianças subirem. Como não cabia contra nenhuma de nossas paredes, a diretora nos orientou a pendurar uma parede de plástico de 1,20 m em três lados ao redor da mesa. No início, achei esse arranjo desanimador, mas depois comecei a notar o relacionamento que as crianças tinham com ele. Elas amavam subir as escadas sozinhas e, quando chegavam ao topo, adoravam a visão que tinham do alto. Acho que para elas era algo poderoso e estimulante; como chegar ao topo de uma montanha, ficar bem na ponta e ver a vastidão que está lá embaixo.
>
> Não preciso nem dizer que era um lugar popular e que, a cada vez que a fralda era trocada, muitas outras crianças ficavam ao redor da mesa, esperando a vez delas de subir (quer precisassem trocar as fraldas ou não!). O interesse das crianças em explorar essa visão das alturas me estimulava a demorar mais na troca e ficar olhando com elas; essa se tornou minha hora de "pegar leve", de ficar presente com as crianças e de saborear o ponto de vista delas. Por fim, comecei a ajudar duas ou três a passar tempo no topo compartilhando a visão antes de começar a trocar as fraldas.
>
> Quando eu estimulava uma a deitar para trocar as fraldas, e ajudava as outras a descer, começava um jogo novo. As crianças que esperavam a sua vez interagiam alegremente, observando, conversando e rindo comigo, com a criança que eu estava trocando e com as outras através da parede de plástico. Eles ficavam nas pontas dos pés para ver, até que uma delas descobriu como usar o banquinho da pia. Em pouco tempo, achei um banco baixo e outra cadeirinha para servir de plataforma permanente ao redor do fraldário.
>
> Essa pequena alteração no ambiente, baseada em observações do que interessava e do que alegrava as crianças, gerou muitas "festas de fraldas" ao longo do ano. Essa experiência me ajudou a aprender muito sobre como ver o ambiente. Apesar de, no início, eu temer um pouco essa organização, que não batia com as ideias que eu tinha do processo de troca de fraldas, as crianças me ensinaram a alegria de compartilhar essa tarefa (que tantas vezes é considerada mundana ou até desagradável). Percebi que o ambiente não pode ser um local estático, ele deve evoluir com as limitações e as possibilidades de espaço e, mais importante, refletir a forma como as crianças e os adultos vivem juntos. Quando vemos por esse lado, os nossos dias com as crianças podem ser calmos, ricos e recompensadores!
>
> —Deb Curtis

ensino-aprendizagem durante os momentos de cuidado.

Áreas de brincadeiras infantis

Após o período de recém-nascidos, quando os bebês ainda estão se adaptando, eles não precisam de muito espaço, e suas principais atividades se relacionam mais às rotinas envolvidas com suas necessidades físicas. Eles precisam de locais tranquilos onde possam dormir e acordar com segurança sem estímulos indevidos. Ao crescerem, eles precisam de mais espaço, onde possam se deitar e se esticar, balançar e se mover o máximo possível. Esses locais podem ser considerados áreas de brincadeiras e devem ser protegidos de bebês que já conseguem engatinhar e de crianças mais velhas. A superfície onde os bebês ficam deve ser firme, e o espaço, amplo o bastante para conter mais de um bebê, de modo que eles fiquem cientes da presença dos seus pares. Eles irão começar a interagir com outros bebês se tiverem acesso a eles, além de interagirem com qualquer adulto que esteja na área de brincadeiras. O papel do adulto nesse momento é ser responsivo ao que os bebês iniciarem e protegê-los dos seus pares que quiserem explorar os ouvidos e os olhos.

Alguns poucos objetos simples devem ser disponibilizados nessa área próximos o bastante para que os bebês possam pegá-los. Um cachecol de lã do tamanho de um guardanapo grande dá um ótimo brinquedo para o bebê pegar, segurar e manipular. Apesar de a tendência atual ser colocar os bebês de pé e prendê-los em diversos tipos de suportes, há uma enorme vantagem em permitir que eles fiquem deitados de costas, sem restrições de movimento. Pesquisas do Instituto Pikler, de Budapeste, mostram as evidências das vantagens para o desenvolvimento da liberdade de movimentação para os bebês.

O espaço de brincadeiras deve ser expandido com o aumento das capacidades dos bebês. Observações atentas dos bebês se movendo livremente mostram que eles se tornam ágeis muito antes de se virarem ou de começarem a engatinhar. Observações no Instituto Pikler mostram como os bebês mais jovens se deslocam de um local para o outro serpenteando. Eles também usam seus pés e pernas para se mover em círculos, ao redor da cabeça. Essa habilidade de mudar de localização pode acontecer muito antes de o bebê começar a virar de lado e de barriga. Os bebês que são postos de pé ou sentados em banquinhos, balanços, cadeiras, assentos de carro e outros aparelhos não têm a vantagem de desenvolver os músculos que os bebês que se movimentam livremente desenvolvem.

Quando os bebês começam a engatinhar, eles precisam de espaços mais amplos e de objetos para que possam engatinhar por cima, contra eles ou ao seu redor. Quando eles se levantam e começam a caminhar, precisam de espaços ainda mais amplos, podendo se aproveitar dos centros de interesses, que são o foco da próxima seção.

Centros de interesses

Em programas de educação infantil, as pessoas tradicionalmente pensam nos **centros de interesses** como o principal local de ensino-aprendizagem. Eles incluem o espaço do chão, o equipamento e os materiais para exploração, como blocos macios para crianças menores e blocos e brinquedos de madeira para as maiores; brinquedos manipulativos, incluindo quebra-cabeças; materiais sensoriais; materiais e projetos de escrita; materiais de leitura; equipamentos para brincadeiras dramáticas, como utensílios domésticos, móveis e brinquedos; atividades científicas e naturais; animais de pelúcia; materiais de arte; instrumentos musicais; brinquedos para movimentos; e atividades de matemática e culinária. Todas essas atividades devem se adequar à idade e aos estágios de desenvolvimento das crianças da turma. Também deve haver uma área com materiais para projetos que não se enquadrem nas categorias acima. Animais de estimação da sala de aula também podem ser incluídos nos centros de interesses. (Veja o quadro *Pontos de vista* para duas visões diferentes sobre ter animais de estimação em programas de educação infantil.) Uma cuidadora domiciliar não teria todos esses materiais e equipamentos à disposição todos os dias, mas, ao longo de um período, a maioria das categorias na lista deve ser disponibilizada para as crianças.

centros de interesses Incluem espaço no chão, equipamentos e materiais para brincadeiras, interação e exploração.

Em climas temperados, algumas das atividades de interesse podem ser realizadas do lado de fora. Até mesmo centros de cuidado físico podem ser montados do lado de fora.[3] Dependendo dos seus valores, você pode acreditar que ar fresco e luz do sol são vitais para a saúde e se organizar de tal modo que as crianças comam e durmam em ambientes abertos. Em certo grau, essa noção está ultrapassada nos Estados Unidos, mas outros países ainda têm varandas ou áreas externas para dormir.[4] Veja o quadro *Dicas e técnicas* para saber mais a respeito das inclinações das crianças sobre ficar na área externa.

PONTOS DE VISTA

Duas visões sobre animais em sala de aula

Por um lado, algumas pessoas acreditam que as crianças precisam aprender a se relacionar com os animais, e que a sala de aula infantil é um bom lugar para desenvolver essa relação. Os animais propiciam maravilhosas experiências sensoriais responsivas. As crianças aprendem sobre responsabilidade quando ajudam a alimentar e a cuidar dos animais, e algumas se beneficiam emocionalmente por meio de sua relação com eles. Além do mais, famílias têm bichos de estimação, e ter um animal em sala de aula lhe dá um ar mais caseiro.

Todos os tipos de animais de estimação são adequados, desde ratos, *hamsters* e porquinhos-da-índia, que ficam presos na gaiola, até coelhos que ficam livres e usam a gaiola como um local base. A maioria dos programas em centros educacionais não tem gatos ou cachorros, mas alguns programas de educação familiar têm. Alguns programas até têm animais de fazenda, quando têm espaço.

Por outro lado, há uma visão oposta. Algumas pessoas consideram que ter animais confinados é ruim, especialmente quando eles ficam presos em gaiolas. Nessa visão, ter um bicho de estimação é limitador e degradante para o animal, além de passar uma mensagem errada sobre o lugar que os seres humanos ocupam na natureza. De acordo com esse ponto de vista, ao manter bichos de estimação, os seres humanos mantêm animais para seu próprio prazer, sem consideração pelos sentimentos deles. Animais em sala de aula são arrastados de um lado para o outro, pegos em posições estranhas e acariciados quando estão tentando dormir. Os animais devem ser livres para ser o que são, e *não* engaiolados, amarrados, presos e transformados em brinquedos.

Espaços de aprendizagem motora ampla

Atividades motoras amplas para bebês e crianças bem pequenas são muito mais simples do que para crianças mais velhas. Elas foram discutidas brevemente na seção "Áreas de brincadeiras infantis". Atividades motoras amplas para bebês mais velhos e crianças em idade pré-escolar incluem correr, alongar-se, escalar, pular, rolar, balançar, arremessar e (no caso de crianças mais velhas) jogar – em outras palavras, atividades que usam os músculos grandes dos braços, das pernas e do tronco. A categoria de aprendizagem motora ampla inclui exercícios vigorosos, assim como desenvolvimento de habilidades.

O tempo e o clima ditam quando a aprendizagem motora ampla ocorre na área externa, interna ou em ambas. Alguns programas podem fazer provisões de atividades motoras amplas em áreas internas e externas para o ano todo. Outros programas têm de limitar essas atividades à área externa porque não há espaço para movimento ativo na área interna. E como alguns programas são localizados em regiões com longas estações de frio, calor ou chuva, as áreas internas são montadas especialmente para desenvolver habilidades motoras amplas e/ou para realizar brincadeiras vigorosas, envolvendo atividades com músculos grandes. Alguns programas têm salas para atividades internas/externas semelhantes a varandas adaptadas para as quatro estações. Outras montam brinquedos de escalar conforme o necessário ou fornecem outras atividades motoras amplas em espaços internos apenas em algumas ocasiões.

Mas, independentemente da organização ou do clima, todos os programas de educação infantil devem ter **espaços para movimentos motores amplos,** onde as crianças podem usar os seus corpos de muitas maneiras diferentes. Quanto mais velhas as crianças atendidas, maior deve ser o espaço. Como já foi dito, bebês que engatinham e crianças pequenas precisam de pouco espaço para pra-

---

espaços para movimentos motores amplos Áreas internas e externas especialmente criadas para o desenvolvimento de habilidades motoras amplas e/ou diversas brincadeiras envolvendo atividades com músculos grandes, como correr, se alongar, escalar, pular, rolar, balançar, arremessar e (no caso das crianças mais velhas) jogar.

DICAS E TÉCNICAS

Qual era o seu local preferido quando criança?

Pense no seu local preferido quando criança. Era um local isolado do lado de fora, longe dos olhos dos adultos? Pense no que tornava esse local específico tão atraente para você e use sua própria experiência como um guia para criar ambientes especiais para as crianças pequenas.

A maioria das pessoas com quem falei relata que seus locais preferidos na infância eram esconderijos do lado de fora: atrás da garagem ou no estacionamento de trás, ou no alto de uma casa na árvore. Criar esconderijos para as crianças pode ser um problema. Onde elas gostam de ficar não é necessariamente compatível com os requisitos de logística e de segurança que uma turma exige. Ainda assim, é bom lembrar que as crianças gostam de se afastar de grupos grandes e gostam de ficar em ambientes ao ar livre.

---

ticar suas habilidades motoras amplas, podendo até dirigir motocas no ambiente fechado. Crianças em idade escolar, contudo, precisam de um pátio maior – e de um ginásio em regiões com verão ou inverno extremo.

Outras considerações para ambientes de educação infantil

Quanto espaço é o bastante? Existe uma quantidade apropriada de equipamentos e de materiais para as crianças escolherem? E quanto aos padrões de circulação? Como impeço as crianças de se baterem no espaço de brincadeiras? E quanto ao equilíbrio? Os objetivos e valores do programa se refletem no ambiente? Todas essas questões são pertinentes para o planejamento do ambiente para o cuidado e a educação de crianças pequenas?

"Dimensões"

Elizabeth Jones (c1978), uma pesquisadora infantil, discute as cinco dimensões a seguir de um ambiente de aprendizagem em seu livro *Dimensions of Teaching: learning environments* (PRESCOTT, 1999):

- *A dimensão macio/duro*. As crianças precisam de um equilíbrio entre superfícies e objetos macios e duros em seus ambientes. Ambientes institucionais tendem a ser duros para que superfícies e objetos sejam mais fáceis de limpar, mas as crianças pequenas precisam de tapetes grossos, lençóis macios, animais de pelúcia, móveis aconchegantes, colchonetes, almofadas e colos. Do lado de fora, as superfícies macias são encontradas na grama, na areia, na água, nas bolas macias e, uma vez mais, nos colos. Um ambiente macio é *responsivo*.

  As crianças também precisam de objetos duros (como brinquedos de madeira) para ter sensações diferentes. A dureza faz parte dos ambientes infantis, assim como a maciez; deve haver um equilíbrio. Mas se lembre de que quanto menor a criança, mais o equilíbrio deve pender para a maciez.

- *A dimensão da intrusão/privacidade*. O ambiente deve permitir tanto máxima intrusão quanto privacidade. Para ilustrar essa dimensão, comecemos com o termo "intrusão". A intrusão é qualquer coisa do ambiente externo – físico, visível ou audível – que pode ser internalizada, fornecendo interesse e novidade. Por exemplo, uma janela baixa é uma valiosa forma de intrusão; se aberta, permite que as crianças vejam o que está acontecendo do lado de fora, para ouvir trabalhadores consertando a rua, por exemplo. Outra forma desejável de intrusão são pessoas de fora

Áreas de privacidade devem ser disponibilizadas para as crianças que precisam ou querem ficar sozinhas.

que entrem no ambiente das crianças – o técnico do telefone, pais que buscam os filhos, visitantes, etc. Sabendo que intrusão excessiva pode perturbar o ambiente de cuidado infantil e transtornar algumas crianças, você deve compreender a necessidade de estímulo delas e tentar manter o nível adequado de intrusão.

A privacidade, o segundo elemento dessa dimensão, também deve ser propiciada para que as crianças que queiram ficar sozinhas – seja por si mesmas ou com outras crianças – encontrem espaços onde possam se afastar do restante da turma. É claro, a supervisão deve ser sempre considerada, mas existem maneiras de criar espaços privados onde ainda seja possível observar. Uma forma simples é afastar um sofá da parede. Plataformas, sótãos, esconderijos e camas também criam ambientes reclusos.

Para algumas crianças com necessidades especiais, especialmente as que são facilmente superestimuladas, ter um local para escapar pode ser uma necessidade. Certifique-se das necessidades de privacidade das crianças e do nível adequado de intrusão, garantindo que sejam cumpridos.
- *A dimensão da mobilidade.* Alta mobilidade e baixa mobilidade devem se equilibrar nos programas infantis. As crianças devem ser livres para se mover à vontade, sem ter de esperar a hora de ir para a rua para realizar movimentos vigorosos. Da mesma forma, as crianças precisam de um tempo para relaxar, ouvir uma história ou brincar em silêncio.
- *A dimensão aberta/fechada.* A dimensão tem a ver com escolhas. Um exemplo de abertura seriam prateleiras abertas baixas contendo brinquedos para as crianças selecionarem, se quiserem. No entanto, o ambiente deve ter algum depósito fechado – em geral alto – que é usado para regular escolhas, guardar a bagunça ou trancar itens venenosos ou perigosos.

A abertura tem a ver com a organização dos móveis e das divisórias. Uma boa organização é ter abertura da altura aproximada de sua cintura para cima para facilitar a supervisão, e espaços fechados da altura da cintura para baixo para impedir que as crianças menores se sintam sobrepujadas pelo grande espaço.

A dimensão aberto/fechado também tem a ver com a questão de se algum brinquedo ou material tem uma solução ou apenas um tipo de uso (como um quebra-cabeças) ou se estimula múltiplos tipos de exploração (como animais de pelúcia, massinha de modelar e brincadeiras com água). Crianças com menos de

2 anos precisam de muito mais materiais abertos do que fechados. Mas, aos 3 anos, elas já gostam e se beneficiam de materiais abertos e fechados.
- *A dimensão simples/complexa.* Quanto mais complexo um material ou brinquedo (ou combinação de materiais e brinquedos), maior o número de maneiras de as crianças usá-los. Areia, água e utensílios combinados simulam mais ideias e usos do que qualquer um dos três sozinho. Os cuidadores descobriram que, quando as crianças se envolvem em atividades complexas, o foco de atenção aumenta.

A natureza tem complexidade intrínseca, e o pátio deve ser o mais natural possível. Rusty Keeler (c2008), autor do livro *Natural Playscapes,* defende a aproximação da natureza com o pátio escolar. Ele gosta de ver pátios onde as crianças possam correr, escalar, cavar e brincar de faz de conta, entre outras coisas. E, talvez o melhor de tudo, onde as crianças possam usar suas "vozes externas" à vontade! Atividades que costumam acontecer no ambiente interno, como arte, música e a hora da história podem acontecer na área externa também. Uma boa ideia que Keeler sugere é plantar um "círculo de árvores" que mudem conforme a estação. Pode se tornar um local de reunião para grupos, para brincar de faz de conta e até para realizar encontros entre pais e professores.

Espaço

O espaço do ambiente deve ser coerente com o tamanho da turma e levar em conta a idade das crianças que o utilizam. Os bebês precisam de muito pouco espaço se comparados às crianças em idade escolar, que precisam de espaço para correr e participar de brincadeiras organizadas. O espaço recomendado é um mínimo de 10 metros quadrados por criança.

O tamanho da turma é outra consideração importante. Aqui, é importante fazer a distinção entre a relação adultos-crianças e tamanho da turma. Um programa pode obedecer à relação recomendada de adultos-crianças e ainda assim ter turmas muito grandes. Por exemplo, cinco salas com dois adultos e 12 crianças são muito diferentes de uma sala com 10 adultos e 60 crianças, mesmo que a relação adultos-crianças seja a mesma em ambas.

As turmas precisam de espaços discretos próprios, separados de outras turmas. O ambiente deve ser organizado com barreiras para reduzir o número de distrações audíveis e visuais da turma e ajudar cada criança a se focar nos colegas e nos adultos.

Louis Torelli e Charles Durrett (1995), especialistas na organização de ambientes infantis, apontam que, com uma turma pequena – com, digamos, seis alunos – a recomendação de 10 metros quadrados por criança se torna muito pequena. Eles recomendam mais – até 15 metros quadrados por criança – para que o ambiente seja mais espaçoso.

Como se pode ver, o espaço em proporção ao tamanho da turma é importante. Espaço demais tem seus próprios problemas. Coloque 12 crianças em idade escolar em um ginásio e você verá o caos, a menos que limite o uso do espaço. Doze pré-escolares em um pátio enorme também são difíceis de supervisionar. O objetivo deve ser alcançar o espaço ideal, não o máximo ou o mínimo. E, é claro, existem regulamentos a seguir, então, às vezes não há maior escolha em relação ao espaço fornecido.

Quantidade de coisas para fazer

Ao organizar um ambiente para brincar, é importante fornecer escolhas às crianças. A questão é: quanta escolha? Em certa medida, essa pode ser uma questão cultural. Uma sala ou um pátio recheados com muitos brinquedos ou atividades podem estimular demais ou distrair as crianças; da mesma forma, um ambiente mal-equipado pode criar problemas quando as crianças tiverem de começar a inventar maneiras de se manterem ocupadas que nem sempre são positivas.

Uma forma de avaliar o ambiente é contar os "espaços de brincadeiras". Por exemplo, há seis espaços de brincadeiras na mesa com massinha, seis cadeiras e uma pilha de massinha de modelar grande o bastante para ser dividida em seis. O cavalete tem dois espaços de brincadeiras – um em cada lado (ou quatro, se as crianças compartilharem papel e tinta). O canto das brincadeiras dramáticas, onde quatro crianças podem se sentar confortavelmente, conta como quatro espaços de brincadeiras. E do lado de fora, o balanço tem quatro espaços de brincadeiras, e os triciclos contam como mais seis. Ao planejar um ambiente, use a seguinte regra geral: quando uma criança muda de atividade, deve haver dois ou três espaços de brincadeiras para escolher; contudo, se houver menos espaços, suas escolhas serão limitadas, e elas terão de ficar esperando em filas para fazer algo que querem (KRITCHEVSKY; PRESCOTT; WALLING, 1969).

Padrões de circulação

A organização adequada da casa orienta que as pessoas não devem precisar passar pelo meio de uma sala para chegar a outra. O mesmo princípio pode ser aplicado para o estabelecimento de um programa domiciliar ou centro educacional.

Em qualquer tipo de ambiente de cuidado infantil, os padrões de circulação não devem passar pelo meio de áreas de atividade ou centros de interesse, se possível. Para bebês e crianças bem pequenas, um *layout* recomendado é dispor as áreas de atividade contra as paredes, com o espaço central aberto para o trânsito (TORELLI; DURRETT, 1995). Para os pré-escolares, organize "rotas" que claramente levem as crianças de uma atividade para a outra (KRITCHEVSKY; PRESCOTT, 1969). E, para crianças de todas as idades, é importante organizar áreas que sejam atraentes. A organização e a disposição dos equipamentos, dos materiais e dos suprimentos são importantes. (As Figs. 8.1, 8.2 e 8.3 ilustram planos de organização de salas de aulas para bebês, crianças bem pequenas e pré-escolares.)

Equilíbrio

Pense sobre o ambiente em termos de equilíbrio. Deve haver áreas silenciosas e áreas mais barulhentas, assim como áreas para atividades em grupos pequenos, em grupos grandes e individuais. Considere, também, como equilibrar as atividades de acordo com o desenvolvimento físico, cognitivo e socioemocional das crianças.[5]

O equilíbrio é uma consideração-chave ao se avaliar o ambiente. Por exemplo, o ambiente deve estimular tanto atividades silenciosas quanto barulhentas, mas deve ser organizado de modo que os espaços silenciosos sejam separados dos espaços barulhentos; não ponha a biblioteca próximo à área de música. Além disso, tente equilibrar atividades com motricidade fina e atividades de motricidade ampla. Dê ferramentas, brinquedos, materiais e equipamentos que estimulem as habilidades motoras amplas e finas. De novo, separe os dois tipos de atividades; quebra-cabeças não devem ser colocados próximos da caixa de areia ou sob a estrutura de escalar.

Disponha espaços para uma criança, para várias crianças ou, se apropriado, para um grande grupo de crianças. Nem todo programa terá amplo espaço para permitir que grupos grandes fiquem juntos no ambiente interno; nesse caso, considere sair ou reorganizar os móveis para acomodar números maiores.

Considere as necessidades de todas as crianças ao organizar o ambiente; nesse cenário, o conceito de "criança como um todo" deve orientar a organização. O cuidado infantil não se trata apenas de cuidado físico. Programas de enriquecimento infantil não tratam apenas de desenvolvimento intelectual. E, apesar de alguns pais matricularem seus filhos em programas de educação infantil principalmente por suas experiências sociais, nenhum programa é puramente social, também.

Não é possível separar a "criança como um todo" em partes; cada área do desenvolvimento está ligada para formar a criança individual. Mas a criança individual não é uma

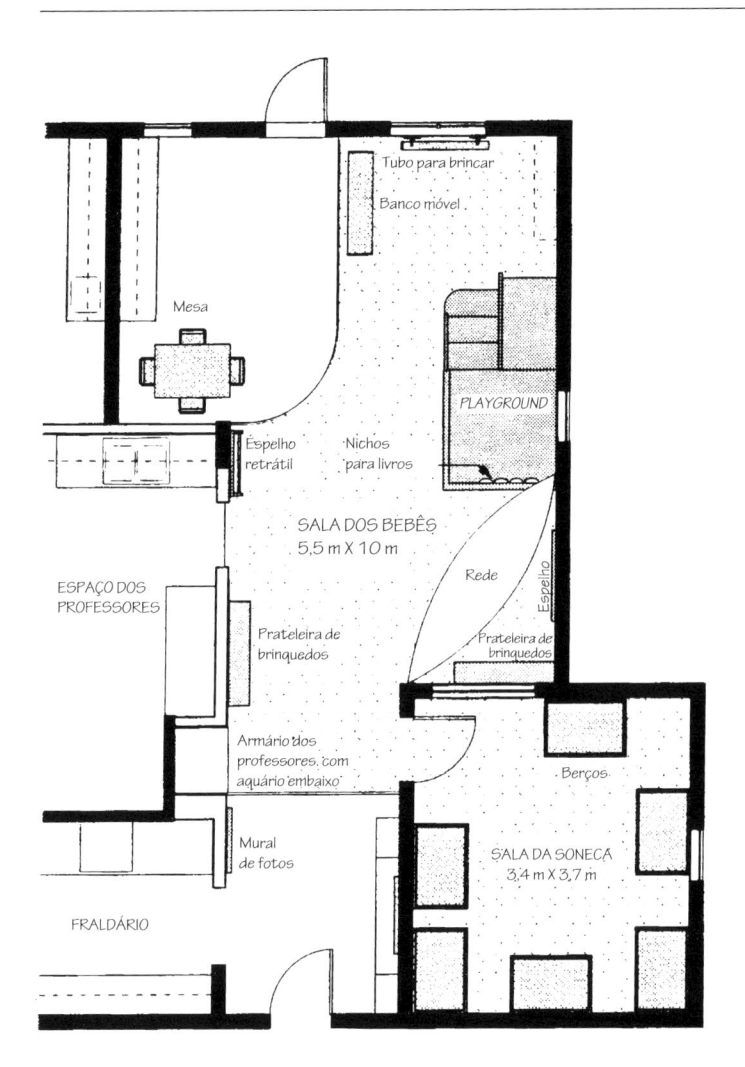

FIGURA 8.1 Sala de aula para bebês.

entidade isolada; ela surge em um contexto social maior. A única abordagem sensata para suprir as necessidades de todas as crianças é a partir de um ponto de vista holístico e equilibrado para o planejamento do ambiente.

Um ambiente seguro e saudável

Medidas de saúde e segurança são um pré-requisito básico para programas de educação infantil, independentemente do ambiente. Nesta seção, iremos observar com mais atenção os elementos específicos de um ambiente seguro e saudável.

As medidas necessárias para tornar um ambiente seguro dependem da idade e das capacidades das crianças. Cada ambiente deve ser avaliado de acordo com sua adequação ao nível de desenvolvimento, e mesmo em ambientes seguros, a supervisão e a proteção por parte dos adultos são necessárias. Iremos explorar cada um desses fatores e revisitar algumas informações do Capítulo 2. Para informações sobre adaptar um ambiente para crianças com necessidades especiais, veja o quadro *Foco na diversidade*, na página 200.

> **Padrões do programa**
> **NAEYC 5 e 9**
>
> Saúde e
> Ambiente físico

Figura 8.2 Sala de aula para crianças bem pequenas.

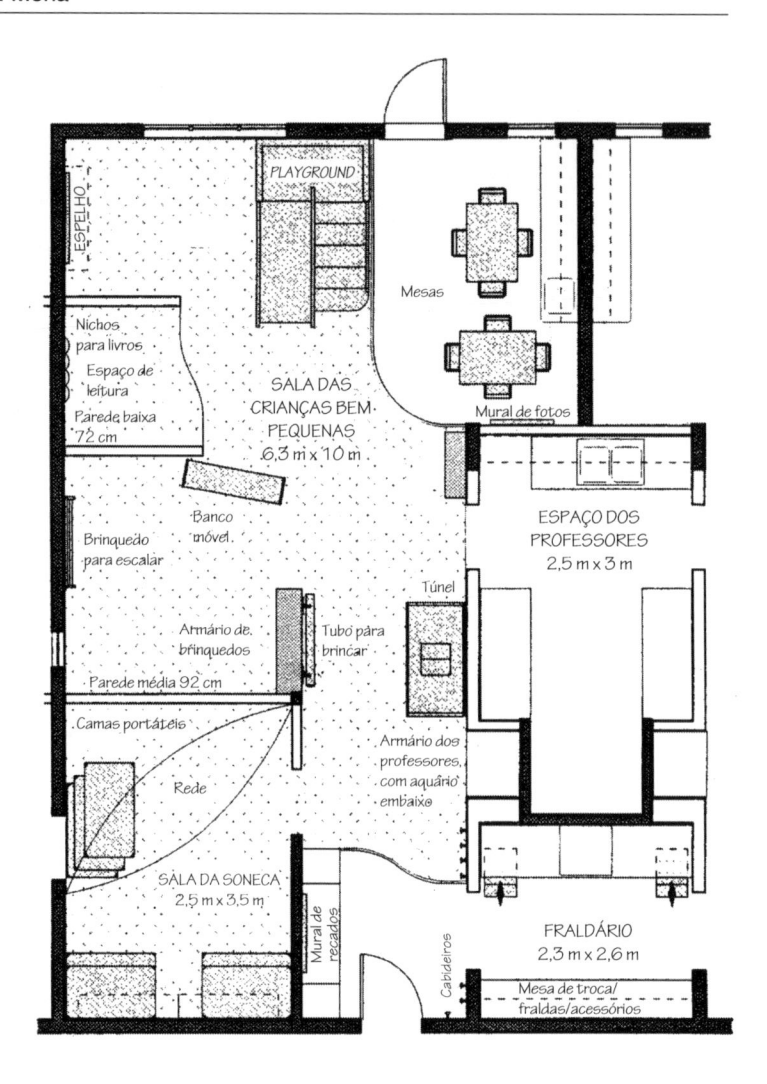

Garantindo a adequação ao nível de desenvolvimento

Um dos primeiros requisitos de um ambiente seguro é que ele seja adequado ao nível de desenvolvimento. Crianças pequenas que brinquem em um pátio para crianças em idade escolar arriscam se machucar quando tentam subir no alto do escorregador, por exemplo. Bebês engatinhando em uma sala organizada para crianças em idade pré-escolar podem se deparar com diversos objetos perigosos para colocar na boca.

Quando as crianças são separadas por idade, tornar o ambiente seguro vira uma questão simples de determinar a escala, o tamanho, o tipo de brinquedo, os equipamentos e os materiais adequados para a idade e o estágio específico. Contudo, é bem possível cuidar das crianças com segurança em turmas com idades mistas. As pessoas fazem isso em casa o tempo todo – quando cuidam da família ou quando montam um programa de educação domiciliar. É necessário um pouco de consideração e atenção, mas não é difícil montar um ambiente seguro para diversas idades.

Às vezes, para tornar um ambiente mais seguro, é necessário proteger as crianças me-

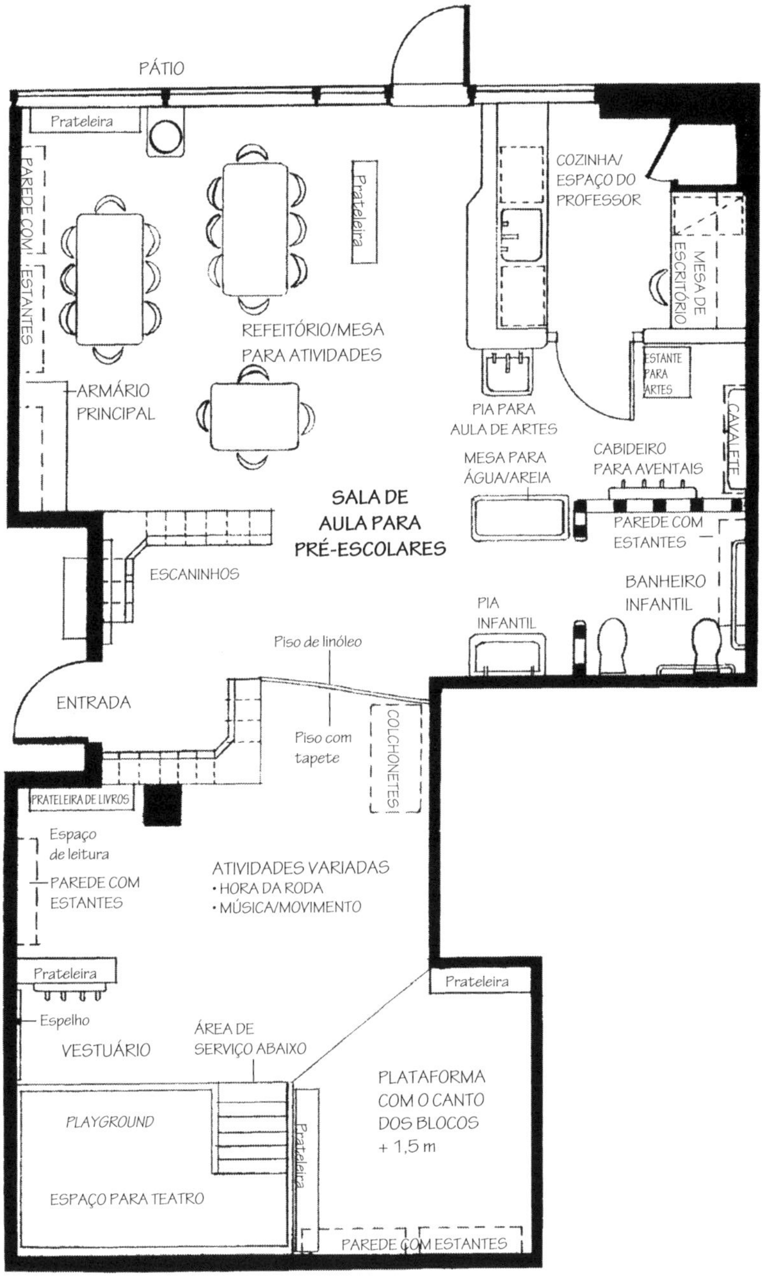

Figura 8.3 Sala de aula pré-escolar.

nores de equipamentos muito grandes para elas: os bebês não conseguem subir no berço onde crianças em idade escolar irão ler, porque o primeiro degrau da escada é muito alto para eles. As crianças pequenas não podem morder as peças dos quebra-cabeças para as crianças maiores porque eles ficam guardados em prateleiras altas e são usados na mesa da cozinha, em vez de em mesas baixas. A construção que as crianças maiores estão criando

> **FOCO NA DIVERSIDADE**
>
> ### Adaptando um ambiente para crianças com necessidades especiais
>
> É importante reconhecer que o modo como o ambiente é organizado influencia a forma de interação das crianças. Se um programa incluir crianças com necessidades especiais, certas modificações podem ser realizadas ao ambiente físico, de modo que ele tenha a mesma influência positiva sobre crianças com deficiências que tem sobre seus pares com desenvolvimento normal.
>
> Ao adaptar um ambiente para crianças com necessidades especiais, uma das primeiras coisas que educadores e cuidadores devem considerar é a quantidade de espaço que o programa oferece à turma. Alguns programas precisam de salas maiores ou mais espaçosas para acomodar mais adultos, que podem ser necessários para ajudar as crianças com necessidades especiais, ou de espaço extra para equipamentos como cadeiras de rodas, andadores e rampas de acesso.
>
> Outro aspecto da organização da sala que deve ser levado em conta é onde os materiais são colocados. Todas as crianças devem ter acesso aos materiais na sala, além de se sentirem estimuladas a pegar os materiais por conta própria. Se as crianças ainda não conseguirem caminhar, elas podem engatinhar ou se arrastar até os materiais. Mas, se conseguirem caminhar, podem se utilizar dos móveis para ajudá-las a alcançar os materiais. Móveis resistentes são sempre importantes, mas se torna uma necessidade para as crianças que precisam se apoiar em prateleiras e mesas para ficar de pé ou se equilibrar. Tapetes ou chão não escorregadios também são essenciais para essas crianças.
>
> O nível de desordem em uma sala também é uma importante consideração. Para muitas crianças, o caos e a desordem se ajustam ao seu estilo de vida. Contudo, nem todas as crianças progridem nesse tipo de ambiente. Por exemplo, crianças com deficiência visual moderada ou grave precisam que o ambiente fique organizado, além de os móveis e o arranjo se manterem exatamente os mesmos para que tenham segurança ao se movimentar sem bater em nada. Turmas grandes e um nível de som alto também podem distrair e transtornar algumas crianças. E aquelas que têm deficiência visual também têm problemas para entender pistas sonoras quando há muito barulho; elas se saem muito melhor quando as turmas são pequenas e o nível de som é controlado.
>
> Por fim, alguns programas incluem observações como uma atividade corriqueira. A inclusão de uma sala de observação com vidro escurecido é uma das maneiras mais úteis de impedir os observadores de atrapalhar a aula.

fica guardada em um cercadinho, e assim os bebês não podem alcançá-la. Uma cerca na porta entre a sala de estar e a cozinha dá às crianças maiores acesso ao micro-ondas, ao passo que protege as menores de se queimar. Como se pode ver, a organização do espaço e o uso de barreiras são fatores importantes para manter o ambiente seguro.

Além do mais, tenha em mente que as crianças com deficiências físicas podem necessitar de considerações especiais de segurança. Uma criança que use cadeira de rodas ou andador pode se movimentar livremente pelas áreas do programa e do pátio? As rampas de acesso para cadeira de rodas têm a altura adequada?

Fornecendo proteção

Em nome da saúde e da segurança, garanta proteção ambiental às crianças que necessitem. Por exemplo, os bebês que ainda não se locomovem devem ficar fora do caminho dos que já conseguem engatinhar. Imagine o quão assustador deve ser ficar parado sem proteção enquanto pessoas maiores ficam caminhando de um lado a outro ao seu redor. Monte uma cerca em um canto da sala ou use móveis como barreiras, mas não isole os bebês em berços; os berços devem ser reservados para dormir. Os bebês em geral aprendem a distinguir a hora de dormir da hora de acordar por pistas no ambiente, e manter os bebês no

Essa sala mostra a boa organização do espaço e o uso adequado de barreiras para manter as crianças em segurança.

berço para protegê-los pode confundir suas pistas sobre a hora de dormir.

Se só houver um bebê que não consiga engatinhar na sala, usar um cercadinho pode ser uma boa ideia. O propósito não é confinar, mas proteger o bebê. E, quando ele já tiver idade o bastante para engatinhar, o cercadinho deixará de ser apropriado, pois será muito limitante; o bebê que engatinha deve ter liberdade para se mover. Alguns programas criam "cercadinhos embutidos", grandes o bastante para conter vários bebês e um adulto. Esse tipo de cercado tem um efeito bem diferente dos pequenos e portáteis, que restringem os movimentos dos bebês.

Um desafio é criar espaços recolhidos, privados e seguros e, ao mesmo tempo, manter todas as áreas da sala ou do pátio visíveis aos olhos dos adultos. Uma forma que um centro de cuidado infantil superou esse desafio foi construindo caixas de madeira com pequenos buracos de entrada. Em cada caixa cabiam duas crianças, e lá elas podiam se sentir sozinhas, mas não deixavam de ser supervisionadas. As caixas tinham o topo aberto, para que os adultos pudessem olhar para dentro e ver o que acontecia. Uma mesa com um lençol para cobri-la pode servir para o mesmo propósito, se você deixar as costas descobertas, afastá-la da parede e pendurar um espelho inquebrável ao lado.

Estruturas de escalar, escorregadores e balanços, sejam no ambiente aberto ou fechado, precisam de superfícies seguras para aparar quedas. É importante saber se a superfície considerada passou por testes de segurança; nem todos os tapetes, materiais acolchoados e carpetes conseguem absorver a força de uma queda e impedir lesões. Certifique-se de que os materiais selecionados atendem aos padrões de segurança para quedas ou batidas.

Foco na inclusão: ambientes seguros para todos

Tanto o ambiente interno quanto o externo devem ser analisados para que sejam feitas as adaptações que permitam a todas as crianças participar da melhor maneira possível. Isso significa que as crianças que tenham necessidades especiais devem se sentir seguras diante de brincadeiras mais agressivas, comuns entre crianças em idade escolar e pré-escolar. Aqui, a supervisão por parte dos adultos torna-se necessária. As crianças precisam aprender a ser cuidadosas com colegas que não sejam tão resistentes ou ágeis quanto elas, e é papel dos adultos ensiná-las.

Não é necessário dizer que crianças em cadeiras de rodas precisam de rampas e de amplo espaço onde manobrar, além de superfícies seguras para passar. Carpetes fofos e caminhos com areia não servem. Superfícies macias são desafiadoras para crianças com bengalas, muletas e andadores também.

Crianças com deficiências visuais necessitam de espaço consistente e protegido.

> Declaração de posicionamento da NAEYC:
> sobre inclusão

Se o educador infantil trocar os móveis de lugar constantemente, essas crianças podem ficar confusas ou perdidas. É melhor deixar tudo como está ou, se necessário, trocar apenas um móvel e ajudar a criança a se acostumar com essa mudança antes de alterar outras coisas. Outra sugestão de brincadeiras seguras na área externa para crianças com deficiência visual é levá-la ao pátio enquanto conversa sobre a localização das coisas e dos seus amigos. Dê à criança a chance de se orientar quanto à localização – a caixa de areia fica próxima da trilha, a mesa de piquenique está ao lado da árvore. Provavelmente haverá um especialista trabalhando com a família que possa lhe dar outras ideias sobre como auxiliar a criança a se tornar independente diante do novo ambiente. Ajude-a na nova área ou peça a ajuda de outra criança. Pense em brinquedos que façam barulho, como bolas com guizos, para que possam ser facilmente encontradas. É melhor ter mais de uma bola dessas, para que as outras crianças também possam brincar. Na caixa de areia, diga o que está disponível e quem está brincando; fique por perto para ajudar a criança a se enturmar e a interagir com seus pares.

As crianças com deficiências auditivas precisam de um ambiente visual particularmente interessante. Além disso, deve-se prestar atenção ao nível de barulho da sala. Para crianças com audição normal, já é desafiador distinguir um barulho do outro em um ambiente caótico, mas, para crianças com deficiência auditiva, pode ser impossível. Elas devem ter um ambiente silencioso que lhes permita distinguir vozes e compreender conversas, se isso estiver dentro de suas possibilidades. Crie uma atmosfera mais tranquila abafando o som ambiente com coberturas macias nas paredes, no chão e nos móveis. *Contudo, lembre-se de que qualquer material à prova de som que você decida usar deve primeiro cumprir os padrões de proteção contra incêndio.*

Avaliando a segurança do ambiente

Garantir um ambiente seguro exige tomar uma posição ao nível da criança para enxergar o ambiente a partir do seu ponto de vista. Como o mundo seria se os seus olhos ficassem no seu calcanhar ou canela (no caso de quem engatinha) ou nos seus joelhos? Engatinhe pela sala ou pelo pátio e veja como são as coisas que você montou ou movimente-se pelo ambiente com uma filmadora baixa. Você pode encontrar problemas de segurança que não percebeu antes com sua visão alta. Você também pode encontrar problemas estéticos ao observar as costas e o forro dos móveis e equipamentos que não são visíveis de cima.

Higiene e limpeza

O Capítulo 2 examinou alguns procedimentos de higiene importantes, e aqui, iremos nos concentrar em seis considerações do ambiente.

1. *Lavar as mãos.* Muitas doenças se espalham por causa das mãos sujas, desde o resfriado comum até doenças graves. O ambiente deve ser organizado de modo a facilitar a lavagem das mãos a qualquer momento. Ter de ir a outra sala para se limpar pode reduzir o número de funcionários presentes, aumentando a tentação de não sair para se limpar. Lavar as mãos, contudo, *jamais* deve ser deixado de lado.

    Sempre lave as mãos com sabonete líquido (sabão em barra espalha germes) e água quente antes e depois de trocar fraldas, antes de preparar a comida, antes do almoço, depois de alimentar as crianças e em qualquer momento que entrar em contato com fluidos corporais. Lave as mãos das crianças com frequência também, incluindo as mãos dos bebês; e use água corrente, e não baldes comuns a todos. Se não houver água corrente à disposição (no pátio, por exemplo), use jarros para derramar água sobre as mãos. Qualquer pessoa que observe um programa de educação infantil deve ver a lavagem de mãos ocorrendo continuamente ao longo do dia.

2. *Troca de fraldas e uso do banheiro.* Estabeleça e use um procedimento higiênico de troca de fraldas em uma área feita especificamente para trocar fraldas. Doenças se espalham pelas fezes, e o tipo de organização dessa área pode fazer uma grande diferença ao proteger todos do contato com matéria fecal. O fraldário deve ser localizado próximo de uma pia (que não pode exercer a função de mesa da cozinha). Deve haver amplo estoque para que todos os materiais necessários para a higienização (fraldas, lenços ou panos, lencinhos umedecidos, papel toalha, pote de lixo lacrado, etc.) estejam próximos.

Para crianças mais velhas, deve haver um banheiro por perto, para que possam utilizá-lo de acordo com suas necessidades. O ideal é que haja duas pias – uma para os adultos, e uma baixa o bastante para as crianças.

A equipe também deve ser treinada a lidar com sangue e outras secreções corporais que podem espalhar doenças; aids e hepatite B são exemplos de doenças que podem se espalhar se não forem tomadas as devidas precauções. O ambiente deve ser organizado de modo a minimizar os riscos de saúde; por exemplo, luvas de látex devem estar acessíveis à equipe o tempo todo, não devendo ser guardadas em salas ou prédios separados. Em um programa, cada professora tinha uma pochete contendo luvas plásticas que ficava pendurada na porta e que elas vestiam quando saíam.

3. *Higienização.* Todo programa de educação infantil deve ter um procedimento estabelecido de higienização. Todos os brinquedos para crianças e infantes, que tendem a colocar coisas na boca, devem ser limpos diariamente com uma solução de água sanitária ou em um lava-pratos com água quente suficiente para realizar a higienização. Guarde todos os itens de limpeza em um armário trancado e em uma localização adequada.

4. *Pertences pessoais.* As crianças precisam aprender a guardar seus pertences pessoais. Itens como pentes, escovas de dente, roupas, mamadeiras, panos, toalhas e lençóis não devem ser compartilhados. Rotule todos os pertences pessoais e guarde-os nos escaninhos das crianças, no banheiro (como escovas de dente) ou em caixas ou sacolas separadas em um armário (como roupas extras). Refrigere as mamadeiras das crianças.

5. *Preparo e armazenamento da comida.* O preparo e o armazenamento adequado das comidas é obrigatório. Monte a cozinha longe do banheiro e do fraldário. Essa área deve ter uma pia de uso exclusivo para o preparo e a limpeza da comida; o ideal é que haja duas pias – uma para adultos, e outra baixa o bastante para as crianças. Higienize as mamadeiras e os talheres, assim como a mesa antes das refeições e dos lanches. A cozinha deve ser equipada com uma geladeira a 4 °C ou menos.

6. *Áreas de soneca e de repouso.* As áreas de soneca e de repouso requerem atenção especial. Camas, colchonetes ou berços devem ser espaçados conforme a regulamentação, sendo o padrão um mínimo de 1 m entre elas. As crianças devem ter seus próprios lençóis e cobertas, que devem ser lavados regularmente. Camas, colchonetes e berços devem ser limpos com uma solução de água sanitária pelo menos uma vez por semana, ou mais se necessário. A roupa de cama de cada criança deve ser guardada separadamente, para que não haja contato entre elas, evitando-se, assim, a propagação de germes ou parasitas (como piolhos ou oxiúros).

> **VOZES DA EXPERIÊNCIA**
>
> **Um lugar para famílias também!**
>
> Quando o programa da Srta. Dee Dee realizou um autoestudo para ser acreditado pela NAEYC, sua sala e seu método de ensino refletiam a maioria dos aspectos que nossa profissão define como "melhores práticas". Mas, quando comecei a mostrar fotos de outras salas de aula que eu estava visitando ao redor do país, Srta. Dee Dee e eu começamos a ver sua sala com um novo olhar. Sim, cumpria todos os padrões de qualidade, mas o que tinha ali que fosse único a ela e a sua turma de crianças? Concordamos que essa semelhança entre todas as salas de aula não era algo bom, e sugeri que ela pensasse em como os *chefs* nos restaurantes criam "pratos especializados", uma mistura pessoal de ingredientes de qualidade combinados de maneira única. Junto de seus colegas, começamos a explorar os princípios específicos que eles queriam refletir em suas salas. Fizemos saídas de campo para galerias e lojas que nada tinham a ver com a infância, mas que tinham características, exposições e organizações interessantes para analisarmos. Nós nos perguntamos: por que vocês acham que eles colocaram isso aqui? O que as pessoas que criaram esse ambiente têm como princípios? Se você passasse dias nesse ambiente, como se sentiria?
>
> A Srta. Dee Dee decidiu que queria salas de aula focadas na família, e isso significava repensar como sua sala estava mobiliada e organizada. Para pais e tias, avós, primos, irmãos mais velhos e mais novos se sentirem confortáveis nesse espaço? O que seria necessário mudar? A Srta. Dee Dee percebeu que primeiro precisaria fazê-los entrar e se sentir confortáveis o bastante para ficar e conversar. Ela conseguiu cadeiras grandes e acolchoadas para sua sala, renovando-as com coberturas novas. Lentamente, ela afastou-as da porta, acrescentando um escabelo, plantas, uma lâmpada e uma estante com livros. Ela começou a pedir fotos da família e, com cada uma, se desdobrava para encontrar um local especial onde pudesse ser vista. É claro, isso gerou interesse nas crianças e em outras famílias, e não apenas só mais fotos, como também histórias e objetos familiares tornaram-se parte do ambiente. Sua música de entrada foi trocada para "We are family", das Pointer Sisters. Em anos posteriores, a Srta. Dee Dee levou seu livro de assinaturas para o interior da sala e criou rotinas em que as crianças convidavam seus familiares a parar e brincar, olhar histórias documentadas de suas atividades ou pedir aos adultos que "contassem o seu dia". O valor da iniciativa da Srta. Dee Dee estava evidente – esse era uma local que unia a família toda.
>
> —**Margie Carter**

O ambiente como reflexo dos objetivos e princípios do programa

O ambiente deve refletir os objetivos e princípios do programa. Leia o texto em *Vozes da experiência* para uma história sobre esse assunto, por Margie Carter. Carter é uma educadora infantil, consultora e apresentadora internacionalmente reconhecida, bem como autora de livros e vídeos sobre educação infantil. Se você observasse um programa, que pistas ambientais refletiriam os seus princípios? Por exemplo, como você saberia se um programa específico valoriza a independência e a individualidade? E quanto à cooperação, à autenticidade e à exploração?

Individualidade

Muitos programas têm escaninhos individuais onde as crianças mantêm seus pertences, em vez de uma área comum de armazenamento. Além de serem eficientes, os escaninhos também promovem a individualidade. Da mesma forma, pedir aos pais que costurem etiquetas com os nomes do filhos em suas roupas é outra maneira de promover a individualidade. Certamente, esses nomes também facilitam aos professores para identificar itens perdidos, além de refletir a ideia de que cada criança é um indivíduo com pertences.

Outra forma de promover a individualidade é exibir o nome e a foto da criança em seu escaninho ou em outra localização proeminente. Sim, essas ideias são convenientes para os professores e ajudam as crianças a se desenvolver simbolicamente, mas, talvez mais importante, elas também passam a mensagem de que cada criança é um indivíduo único.

Independência e interdependência

Um ambiente de educação infantil organizado para que as crianças sejam responsáveis por si mesmas reflete um programa que valoriza a independência. Por exemplo, quando as mesas do fraldário têm escadas, até as crianças mais jovens são estimuladas a ser independentes. Alguns programas têm áreas de arte onde diversos materiais ficam sempre à disposição para que as crianças façam tudo por conta própria. Alterações podem ser feitas para que elas mesmas se sirvam de comida e de bebida usando pratos e jarras pequenos.

Um ambiente organizado para promover a interdependência seria diferente do que acabamos de descrever. Em vez de ficar em prateleiras baixas e abertas, os materiais, os suprimentos e os equipamentos poderiam ser guardados em armários altos. (O quadro *Foco na diversidade* contrasta os aspectos ambientais entre um programa que promove a independência de um que promove a interdependência.) As crianças teriam de pedir ajuda; nesse programa, elas poderiam ser carregadas ou ficar no colo mais frequentemente do que em um programa mais focado na independência. A relação entre adultos e crianças teria de ser maior, porque as crianças necessitariam de mais auxílio. Uma forma de cuidar desse problema pode ser misturar as faixas etárias para que as crianças mais velhas assumam responsabilidade pelas mais novas; é assim que funciona em muitas famílias que se focam na interdependência.

Cooperação

A cooperação é uma qualidade amplamente promovida que transcende a maioria dos limites culturais. A maioria das pessoas independentes e individualistas demonstra grande apreço pela cooperação, apesar de poderem rejeitar o ensino da interdependência entre as crianças pequenas.

Um exemplo de ambiente que promove a cooperação é aquele em que há muitas áreas pequenas onde duas ou três crianças podem trabalhar e brincar juntas. Uma sala de aula ou pátio grande e aberto dificilmente estimula a cooperação, visto que, ao menos em parte, convida interações mais breves.

Há muitas maneiras criativas pelas quais os adultos podem promover a cooperação entre crianças, como selecionar equipamentos que necessitem de duas pessoas para serem usados. Balanços e gangorras são exemplos de equipamentos que exigem esforço cooperativo; você não tem como usar a gangorra adequadamente sozinho, não importa o quanto tente. Apesar de tanto os balanços quanto as gangorras serem considerados inseguros hoje, alguns programas encontraram maneiras de incentivar a cooperação por meio do uso de outros equipamentos.[6] Por exemplo, blocos de madeira grandes exigem duas pessoas para carregá-los, assim promovendo a cooperação. Triciclos construídos para dois e triciclos com bancos para o passageiro são outros exemplos de equipamentos que incentivam a cooperação. Da mesma forma, macas na área dramática necessitam de uma criança de cada lado; para empinar pipa, são necessárias duas; trenós podem acomodar duas ou três crianças; e pelos menos duas são necessárias para brincar de pega-pega.

Projetos cooperativos de arte incluem pintar murais (para crianças mais velhas) e desenhar com giz de cera em uma folha grande em um cavalete (para crianças menores). As crianças também podem pintar com os dedos diretamente no cavalete, em vez de em folhas de papel separadas. Uma colagem

> **FOCO NA DIVERSIDADE**
>
> ### Como o ambiente reflete os objetivos do programa
>
> Independência e individualidade são dois valores fundamentais promovidos pela NAEYC em sua revisão de 1997 da *Developmentally Appropriate Practice* (prática adequada ao nível de desenvolvimento). Esse mesmo documento, contudo, manda que o contexto cultural seja levado em conta ao se tomarem decisões no programa de educação infantil. Como discutido, algumas culturas incentivam a interdependência nas crianças pequenas. As listas a seguir ilustram como o ambiente pode ser organizado de modo a promover a independência e a interdependência, respectivamente.
>
> **CARACTERÍSTICAS AMBIENTAIS QUE PROMOVEM A INDEPENDÊNCIA**
>
> - As prateleiras ficam baixas, abertas e são convidativas para as crianças pegarem suprimentos e materiais por conta própria.
> - Ganchos para casacos são pendurados baixo, em fácil alcance para as crianças.
> - Degraus no balcão do fraldário permitem que as crianças subam por conta própria.
> - Jarros pequenos são fornecidos para que as crianças sirvam as próprias bebidas.
> - Pratos e colheres pequenos estimulam as crianças a servir a própria comida.
> - Panos ficam disponíveis para as crianças limparem seus respectivos lugares na mesa após a refeição ou o lanche.
>
> **CARACTERÍSTICAS AMBIENTAIS QUE PROMOVEM A INTERDEPENDÊNCIA**
>
> - Materiais e suprimentos são guardados em prateleiras altas e armários fechados.
> - Os ganchos para casacos ficam na altura dos adultos.
> - Não há degraus para o balcão no fraldário.
> - Jarros, pratos e talheres são grandes e reservados para uso adulto, apenas.
> - Tarefas e materiais de limpeza ficam reservados para uso dos adultos, apenas.
>
> Alguém que valorize muito a independência e a individualidade veria a segunda lista como algo extremamente negativo, visto que as características do programa promovem a dependência nos adultos. Já alguém que viesse de uma cultura que valoriza a interdependência veria a sala de aula onde os adultos fazem coisas para as crianças como um ambiente construtivo: nessa visão, as crianças observam os adultos, que modelam comportamento cooperativo, e as crianças os imitam fazendo coisas umas pelas outras. Talvez elas peguem o espírito do auxílio e até ajudem os adultos sem serem obrigadas a fazê-lo. Limpar mesas – não só seu espaço pessoal, mas a mesa toda – torna-se algo que elas podem *querer* fazer. Elas podem não servir a própria comida, mas pode apostar que algumas crianças vão servir comidas para as bonecas em um canto. Em um grupo com diferentes faixas etárias, as crianças mais velhas podem estar mais inclinadas a ajudar as menores em salas de aula onde a independência e a individualidade são estimuladas.
>
> Como educador infantil, seja sensível aos pais cujas abordagens de criação sejam diferentes das promovidas pelo seu programa. Se surgir algum conflito filosófico, lembre-se de que é necessário dialogar. A ideia não é "educar" os pais na esperança de que eles abandonem os seus valores; pelo contrário, o seu objetivo é seguir as diretrizes da NAEYC e ver se existe algum modo de cruzar os valores do programa com os promovidos pelos pais. No mínimo, você deve tentar entender como adequar o programa à criança, em vez de esperar que ela se ajuste ao programa.

pode tornar-se uma atividade cooperativa de arte dispondo-se uma folha de papel *contact* em uma parede ou mesa com o lado grudento para cima. Garrafas de cola compartilhadas também promovem a cooperação, e argila e massinha de modelar podem ser usadas como materiais cooperativos quando o processo é enfatizado em vez do produto. Ou seja, em vez de as crianças levarem para casa o que fizeram, a argila ou a massa de modelar são guardadas novamente para serem usadas cooperativamente.

Nesse ambiente, há espaço para atividades cooperativas em larga escala ao mesmo tempo em que a criança sentada na mesa pode trabalhar por conta própria.

Autenticidade

A autenticidade é um valor? Se não, talvez devesse ser. Você já pensou sobre o que uma criança "aprende" com réplicas criadas a partir de coisas reais? As crianças não deveriam aprender em primeira mão sobre seu ambiente e cultura tendo contato com objetos reais? Elas não deveriam ter coisas reais para tocar – como um ninho de pássaro, em vez de apenas fotos?

Se a autenticidade for um valor para você, organize o ambiente com coisas reais, como ferramentas em vez de imitações de plástico. É muito mais satisfatório bater pregos reais com um martelo de verdade do que pregos de plástico com um martelo oco. A maioria das cozinhas de brinquedo são cheias de utensílios de tamanho infantil, mas apresente uma cozinha de verdade às crianças e você verá sua curiosidade florescer. Um programa tem uma "gaveta da cozinha" cheia de objetos reais para as crianças usarem, além de versões de brinquedo na área da casinha.

Em uma fazenda histórica, uma das casas tem um sótão designado especificamente como área de brincadeira para as crianças explorarem. E um programa de educação infantil traz aparelhos quebrados, como um secador ou rádio, deixando que as crianças os "consertem" desmontando-os com ferramentas reais.

Além de expor as crianças a objetos reais, um programa que promova autenticidade pode fornecer experiências "reais". Fora da sala de aula, as crianças podem criar diversas experiências divertidas por conta própria que professores e cuidadores jamais considerariam. Quando criança, uma de minhas atividades favoritas era mexer nas gavetas e, quando pediam, organizar e limpar tudo. Meu sonho quando criança era ter um sótão cheio de coisas antigas para brincar (FASOLI; GONZALEZ-MENA, 1997).

A autenticidade também inclui refletir no ambiente os interesses das pessoas que o utilizam – crianças e adultos. Escolas Reggio Emilia propiciam esse tipo de autenticidade; seus projetos são "autênticos" – ou seja, de interesse real por motivos reais – e não atividades inventadas criadas sobretudo para promover o desenvolvimento de habilidades.

A autenticidade também se reflete em como o ambiente é decorado. Considere a diferença entre decorar a sala de aula com personagens bonitinhos de desenho e exibir pôsteres de arte, fotos, trabalhos das crianças e objetos naturais.

O exterior e a natureza

As crianças costumavam brincar livres na natureza antigamente, quando a maioria crescia no interior e o cenário natural fazia parte de suas vidas. Quando as famílias se mudaram para as cidades, a natureza não estava tão acessível, mas ainda encontravam formas de manter contato com a natureza. Hoje as coisas são diferentes. Parte do motivo são todos os prédios, o asfalto e o cimento. Mas a segurança é o principal motivo por que muitas crianças ficam confinadas do lado de dentro e não têm experiência com a natureza, ou mesmo apenas do lado de fora, em contato com o ar fresco. Quando saem, é apenas sob estrita supervisão dos adultos.

Tudo parece mais perigoso hoje – o sol, a poluição, insetos portadores de doenças (como mosquitos e carrapatos) estão entre os fatores que mantêm as crianças do lado de dentro. Em vez de explorar a natureza, muitas famílias ou as mantêm em casa ou as levam de carro a aulas estruturadas e atividades esportivas. Elas não têm a chance de explorar livremente ou de se familiarizar com a natureza em um ambiente aberto.

As experiências das crianças hoje as deixam desinformadas e desinteressadas em questões ambientais. Muitos de nós se desconectaram tanto de suas origens naturais que não reconhecem mais sua dependência básica da natureza como uma condição de crescimento e de desenvolvimento. Só assistir ao *National Geographic* e a canais sobre a natureza não é o bastante. A mensagem que as crianças extraem desses programas é que a natureza é algo exótico e distante – que não faz parte de suas vidas. Quando as crianças crescem sem apreciar a natureza ao seu redor e os benefícios que podem extrair dela, elas se tornam adultos que não valorizam a sua preservação. Os resultados são a destruição e a exploração da natureza, que irá continuar aumentando. Quando as crianças têm contato com a natureza e entendem os benefícios pessoais de interagir com ela, elas compreendem muito melhor a necessidade de preservá-la (KELLERT, 2002; MOORE, 2004; PYLE, 2002).

O exterior e a natureza são altamente valorizados em dois programas de educação infantil modelos: o Instituto Pikler, em Budapeste, na Hungria, e o Pacific Oaks Children School, em Pasadena. O primeiro é uma creche residencial principalmente para crianças com menos de 3 anos, e o outro é um programa de cuidado e educação servindo famílias com crianças de 6 meses até o jardim de infância. As crianças nesses dois cenários recebem uma boa oportunidade inicial de apreciar o exterior e vivenciar um ambiente mais natural. Elas passam uma boa parte de cada dia do lado de fora onde elas não só se exercitam, mas também exploram e aprendem. O lado de fora é considerado pelo menos um ambiente educacional tão importante quanto os espaços internos. No Instituto Pikler, eles descobriram ao longo dos anos que as crianças não só são mais saudáveis quando passam tempo do lado de fora, como seu apetite aumenta muito. É um verdadeiro prazer observar os mais jovens apreciarem cada mordida de suas refeições simples e altamente nutritivas, do que ficarem fazendo exigências e reclamando. Esses dois programas são modelos sobre como usar o ambiente externo como uma sala de aula, e não apenas um lugar para correr no recreio.

Exploração

Explorar por conta própria é um tipo de valor relacionado à proximidade da natureza, além de também se relacionar com a autenticidade. Um programa que estimule as crianças a explorar deve ter um ambiente que grite "me explorem!" e que seja organizado com segurança de modo a oferecer diversos materiais e equipamentos estimulantes. A exploração livre requer tempo e espaço, para permitir que as crianças experimentem o que há por lá e sintam-se livres para tentar novas maneiras de fazer as coisas. Um ambiente que não seja interessante ou variado o bastante necessita de maior direcionamento e orientação dos adultos, assim reduzindo as possibilidades da exploração livre.

No entanto, se o objetivo do programa é fazer as crianças prestarem mais atenção aos adultos no ambiente, remover as coisas interessantes desse espaço irá promover esse objetivo. Considere como você pode organizar um ambiente que enfatize a interação humana e tire o foco da interação com objetos físicos.[7]

Como mencionado sobre a autenticidade, o ambiente deve refletir as pessoas no programa – tanto individual quanto coletivamente. Um bom ambiente diz aos visitantes algo sobre as crianças e os adultos, sobre quem o utiliza, e talvez até algo sobre os pais; por exemplo, os ambientes nas escolas Reggio refletem o fato de que a estética é importante para professores e pais, também (ver a seção a seguir) (NEW, 1990).[8]

Estética

Em muitos centros ou áreas de brincadeira em centros domiciliares, você precisa procurar bem até encontrar algo belo. Cuidado infantil e estética não andam juntos, necessariamente. Talvez a falta de estética seja um sinal dos tempos – um sinal de que outras considerações têm prioridade sobre a beleza.

Frequentemente, os adultos decoram ambientes com objetos que eles consideram refletir os gostos das crianças; penduram desenhos comerciais nas paredes para fazer a sala parecer infantil. Mas, às vezes, eles acabam tornando a sala excessivamente estimulante e perdem a oportunidade de ajudar as crianças a apreciar a estética. Infelizmente, algumas crianças nunca têm a oportunidade de explorar, compreender e apreciar o conceito de "beleza" em sua forma mais básica.

Mas a estética nem sempre é deixada de lado. No apogeu das Escolas Infantis Britânicas (uma abordagem da educação infantil observada no Reino Unido na década de 1960), alguns programas reservavam uma área só para a estética; uma exibição visual especial era criada com o único intuito de ter algo bonito de se ver. A estética continua viva e saudável na América do Norte também. Observei muitos ambientes que professores e cuidadores organizaram de maneira a serem visualmente agradáveis. No entanto, é incrível quantas crianças não veem nada em seu ambiente além de objetos de plástico e equipamentos supercoloridos, sem nenhum apelo estético.

Em alguns programas, os materiais de arte são organizados atrativamente. A mesa de arte, em si, fica parecendo um trabalho artístico. Com o uso, ela fica bagunçada, mas os adultos podem pedir a ajuda de uma ou duas crianças para criar ordem novamente em meio ao caos. Às vezes, as crianças reorganizam os materiais por iniciativa própria.

Atualmente, a Reggio Emilia representa a principal escola infantil em ambientes estéticos. Apelo visual (para crianças e adultos) é uma consideração de primeira importância na organização dos espaços (NEW, 1990).

Ambientes para vários tipos de programas

Conforme discutido no Capítulo 1, os programas de educação infantil variam de acordo com tamanho, localização, duração e assim por diante. Além disso, o tipo de programa afeta a forma como o ambiente é organizado. Um centro de cuidado infantil de tempo integral, cujos programas funcionam desde a primeira hora da manhã até o início da noite, será diferente de uma pré-escola de meio período. Nesta seção iremos comparar as considerações ambientais de seis tipos de programas.

Centro de cuidado infantil em turno integral

No centro de cuidado infantil em turno integral, algumas crianças ficam mais tempo do que os funcionários. Nesses programas, o início e o final do dia são chamados de **cuidado adjacente**. O grupo da manhã é pequeno e engloba crianças de idades distintas, que se encontram em uma sala

cuidado adjacente Cuidado infantil que vai além do programa diário regular. Pode ser oferecido em um centro de cuidados para bebês e crianças pequenas durante a manhã e a tarde, e quando há menos crianças presentes. O cuidado adjacente também é oferecido em alguns programas para crianças em idade escolar, antes e depois das aulas.

especial montada especificamente para grupos de diferentes faixas etárias. Assemelha-se mais a uma sala familiar do que a uma escola e tem móveis e tapetes macios, além de uma atmosfera tranquila. As crianças que ficam até tarde também vão para essa sala, onde podem se acalmar e relaxar após um dia ocupado e barulhento. Elas também podem ajudar com as tarefas para o dia seguinte, visto que há lavadoras e secadoras próximas da sala principal. Não é incomum entrar e ver as crianças dobrando roupas com os adultos. Irmãos costumam se encontrar e ficar abraçados dormindo nos cantos dos sofás.

Durante o "horário comercial", as crianças ficam em salas separadas por idade organizadas especificamente para o seu estágio de desenvolvimento, com móveis pequenos e materiais e equipamentos apropriados, além de suprimentos que promovem a aprendizagem, a criatividade, a imaginação, o desenvolvimento físico e a interação social. Elas fazem as refeições e os lanches nas mesmas mesas onde fazem pintura e tiram a soneca na mesma sala onde, em outros momentos, fazem construções com blocos, resolvem quebra-cabeças e brincam de casinha.

Cooperativa com os pais de meio período

Como o centro de cuidado infantil em turno integral, a cooperativa com os pais de meio período costuma ter salas específicas para diferentes faixas etárias. As crianças chegam depois do café e saem antes do almoço, então, a manhã costuma ser reservada a atividades animadas, algumas das quais são cheias de bagunça. A hora do lanche pode ser uma questão formal em alguns programas, mas em outros é algo casual que costuma ser feito do lado de fora, havendo pouco tempo de preparo e de limpeza. Sem a necessidade de ficar limpando a mesa para refeições e lanches e de reorganizar os móveis para a hora da soneca, os funcionários em programas de meio período têm outro tipo de trabalho. Pode haver menos transições e menos ênfase em um roteiro estrito devido à ausência de pressão para reordenar o ambiente constantemente.

Em cooperativas, as crianças às vezes ajudam com a limpeza no final da seção; depois disso, elas vão para a casa, dormem e tomam banho. A professora e seus assistentes terminam de limpar e de pôr tudo em ordem, podendo, ao final do processo, ter um período tranquilo para se preparar para as atividades do dia seguinte.

Pré-escola Head Start de meio período

Apesar de muitos programas Head Start atualmente terem um espaço próprio de operação, existe um número considerável de programas (assim como de cooperativas de meio período) que precisam compartilhar o seu espaço com outro programa ou instituição. Programas que dividem espaço com a aula dominical da igreja são um exemplo de espaço compartilhado; frequentemente, a mesma sala precisa ser esvaziada durante a semana para reuniões noturnas da igreja, e nas sextas-feiras acontecem diversas atividades, quando os funcionários correm por todo o lado para trancar equipamentos e materiais a distância dos estudantes de domingo.

Como um centro de turno integral ou cooperativa de meio período, um típico programa Head Start é dividido em turmas com uma faixa etária específica; não costuma haver cuidado adjacente. As refeições são servidas – tanto o café da manhã quanto o almoço.

Cuidado infantil para crianças em idade escolar

Ambientes para cuidado infantil antes e depois das aulas têm formatos diversos, mas normalmente funcionam fora das escolas de ensino fundamental. Costumam funcionar nas escolas. As crianças se encontram antes do horário da escola em salas de aula especiais ou, talvez, em uma sala multipropósito. Quando as aulas começam, elas vão para a sala de aula. Nos sistemas escolares com programas de jardim de infância de meio período, as crianças frequentam os programas de cuidado infantil antes ou depois das aulas. (As crianças podem frequentar a mesma escola em que o programa de cuidado infantil se encontra ou podem ter de ser transportadas a outro local para frequentar o programa de jardim de infância.) Ao meio-dia, os estudantes da tarde voltam à sua sala de aula, e os da manhã chegam ao jardim de infância. Quando as aulas da escola acabam, o resto das crianças chega, e a turma cresce drasticamente. Algumas crianças em idade escolar também são cuidadas em programas de cuidado domiciliar. Cada ambiente responde às necessidades das crianças em idade escolar de maneira levemente diferente.

Educação familiar a domicílio

O programa de cuidado domiciliar serve a muitos propósitos; ele abriga a família que ali vive e fornece um ambiente adequado para as crianças que passam a semana lá. Como o programa é localizado na igreja, as decisões devem ser tomadas em relação ao espaço e aos equipamentos compartilhados. Deve-se providenciar um local para armazenar pertences da família, e como a casa costuma ser transformada em um local para a família à noite e aos finais de semana, os equipamentos, materiais e suprimentos de cuidado infantil devem ser guardados (com exceção da sala que funciona como o ambiente principal de cuidado infantil – frequentemente a sala familiar). Contudo, devido ao tamanho de alguns equipamentos, dificilmente todos desapareçam; o quarto principal pode conter um berço; a sala de jantar, cadeiras altas; e o banheiro, um banquinho, um penico e outros acessórios de cuidado infantil.

Como muitos programas em centros educacionais, o ambiente serve a mais de um propósito e tem de ser continuamente reorganizado durante o dia e após o horário de funcionamento. Já que provavelmente não existe um intervalo entre a hora que as crian-

Programas de meio período, como o Head Start, costumam compartilhar espaço com algum outro tipo de programa, como uma escola dominical.

ças vão embora e a família chega em casa, o cuidador tem pouco tempo para planejar o dia seguinte e arrumar o ambiente.

Programas de jardim de infância e de educação primária

Os programas de jardim de infância e de educação primária têm diversas formas e durações. Tradicionalmente, a professora trabalhava sozinha em uma sala de aula pequena com um grupo de crianças de mesma idade. Hoje, contudo, algumas escolas oferecem programas com turmas de crianças com idades mistas. Tais programas podem ter salas combinadas para duas turmas, como alunos de jardim de infância e de 1º ano no mesmo ambiente. Ou pode ser um programa de educação primária que acomode um grupo de crianças com diferença ainda maior de idade, como dos 5 aos 8 anos, por exemplo. Nesses programas, o professor pode continuar sozinho ou pode contar com um assistente, com pais voluntários ou com especialistas em sala de aula para ajudá-lo.

Se essas salas de aula estiverem em uma escola, elas sempre serão mais ou menos as mesmas, independentemente da organização das crianças. As salas são de tamanho semelhante, com um banheiro no final do corredor, a menos que sejam montadas como no jardim de infância, caso em que os banheiros ficariam na mesma sala ou adjacentes a ela. As salas de aula do jardim de infância mais provavelmente terão pias e áreas para brincadeiras, em vez de salas montadas para alunos de 1º a 3º anos. Em estações frias, pode haver um espaço para brincar do lado de dentro, onde as crianças possam se mover livremente, assim como áreas externas. Em estações moderadas, as brincadeiras vigorosas tendem a acontecer do lado de fora.

UMA HISTÓRIA PARA TERMINAR

Iniciei minha carreira de professora pré-escolar como voluntária em um programa Head Start que compartilhava espaço com a escola dominical em uma igreja. Toda segunda-feira de manhã, trabalhávamos muito para tirar os brinquedos e os equipamentos dos armários e substituir as imagens de Jesus rodeado de carneiros com fotos multiculturais, refletindo as crianças e famílias no programa. Era como o ato de um *show* em que tínhamos de trocar tudo com grande velocidade: no início do dia, o ambiente tinha um sabor distintamente cristão, mas antes de as crianças chegarem, ele era transformado em uma sala de aula de jardim de infância que refletia os diversos interesses dos jovens.

Quando as crianças entravam, elas passavam por uma exibição de ciências próxima de uma mesa verde, onde uma professora as recebia e lhes dava seus crachás. Após conversar e experimentar os objetos científicos, as crianças, agora identificadas, partiam para uma das muitas áreas de atividades. Uma olhada rápida ao redor da sala mostrava tudo o que havia: um centro de vestimentas com roupas penduradas atrativamente em ganchos; o canto da casinha, com pia, fogão, mesa e muitas bonecas; os cavaletes, de pé e prontos com pincéis e copos com tintas coloridas; e a área dos blocos, transbordando de pilhas e pilhas de blocos organizados em prateleiras abertas. Na prateleira mais alta da ala dos blocos, de fácil alcance, ficavam acessórios para os blocos, como bonequinhos, carrinhos e móveis em miniatura. Um aconchegante canto dos livros convidava as crianças a se acomodar em uma almofada e escolher um dos diversos livros à disposição. Aqueles que se sentissem inspirados a experimentar com a escrita poderiam levantar e se dirigir a uma área equipada com todos os tipos de ferramentas de escrita e papel.

Dava muito trabalho organizar e reorganizar o ambiente todos os dias, mas valia a pena. Às vezes, ver e ouvir as crianças brincando me fazia desejar voltar a ser uma estudante de licenciatura nesse tipo de ambiente.

RESUMO

Recursos *on-line*

Visite **www.mhhe.com/gonzalezfound6e** para acessar recursos para estudo e *links* relacionados a este capítulo (em inglês).

Para saber como organizar o ambiente, o educador infantil deve considerar as necessidades físicas, cognitivas e sociais das crianças – sendo que todas se sobrepõem. O ambiente é um professor importante, então, é necessário planejamento cuidadoso; nos programas de educação infantil, ele deve ser dividido em área de cuidado físico, área de interesses e espaços para movimentos motores amplos. Outros fatores de planejamento ambiental incluem espaço, opções de atividades, padrões de circulação, equilíbrio e saúde e segurança.

O ambiente reflete os príncipios do programa. Se o programa valoriza a independência, o ambiente será organizado de modo que as crianças possam fazer as coisas por conta própria. Se valorizar a cooperação, a organização da sala e as opções de brinquedos irão estimular as crianças a brincar juntas. Um programa com foco antipreconceito terá uma aparência ligeiramente diferente de um programa com uma abordagem multicultural sem ênfase no ativismo. Outros valores que podem ser refletidos pelo programa de educação infantil incluem autenticidade, exploração, interação humana e estética.

Os ambientes de educação infantil variam de acordo com a matrícula no programa, com a localização e com o caso de as crianças serem separadas por idade. Apesar de haver algumas semelhanças entre os seis programas discutidos, cada tipo de programa de educação infantil deve planejar e organizar o seu ambiente para dar conta das necessidades específicas das crianças que atende.

QUESTÕES PARA REFLEXÃO

1. Você está ciente dos ambientes onde passa o seu tempo? O quanto eles afetam você? Dê um exemplo de um ambiente que tenha um efeito negativo sobre você. E um que tenha efeito positivo.
2. Qual era o seu local preferido quando criança? De que forma você poderia recriar esse local favorito em um programa de educação infantil?
3. Quais são as suas reações pessoais a um ambiente que promove independência e individualidade? De onde você acha que vêm essas reações? Você acha que a sua cultura influencia as suas reações? Quais são as suas reações pessoais a um ambiente que promove dependência? De onde você acha que vêm essas reações? Você acha que a sua cultura influencia as suas reações?

EXPRESSÕES-CHAVE

Quantas das próximas palavras você consegue utilizar em uma frase? Você sabe o que elas significam?

centros de cuidado físico 188
centro de interesses 191
espaços para movimentos motores amplos 192
cuidado adjacente 209

NOTAS

1. Alguns dos grandes teóricos e práticos da educação infantil escreveram sobre a importância do ambiente. Loris Malaguzzi, da Reggio Emilia, considerava o ambiente um professor. Maria Montessori também enfatizava as qualidades de ensino do ambiente. E Jean Piaget considerava o ambiente importante ao proporcionar oportunidades das crianças interagirem com objetos e com os outros. Emmi Pikler pensava muito sobre o que faria parte do ambiente no Instituto Pikler; não só nos móveis, que eram especialmente desenhados para as crianças de cada faixa etária, mas também nos brinquedos para encorajar a manipulação.
2. Os centros de cuidado infantil da Reggio Emilia, na Itália, são famosos pelos seus ateliês, que funcionam como uma combinação entre oficina/estúdio de arte.
3. No Pacific Oaks College and Children's School, em Pasadena, na Califórnia, o ambiente exter-

no é a maior área de trabalho e de brincadeiras. A ideia é que, se algo pode ser aprendido do lado de dentro, provavelmente pode ser aprendido do lado de fora também.
4. Conforme a estação, as crianças dormem e comem do lado de fora em Lóczy, o orfanato na Hungria onde Magda Gerber, uma famosa especialista infantil, desenvolveu sua filosofia RIE. RIE significa Resources for Infant Educarers (Recursos para Educadores Infantis).
5. Como mencionado, nem todos acreditam fortemente em independência e individualidade. Se você acredita no desenvolvimento de habilidades de autoajuda e organizar o ambiente para promover a independência, é importante discutir esse assunto com os pais. Se houver discordância (entre um cuidador/professor e um pai, ou entre os próprios educadores), abra um diálogo e discuta as suas diferenças. (Veja o Capítulo 7 para uma revisão do diálogo.)
6. O livro de George Forman e Fleet Hill (c1984) sobre brincadeiras construtivas traz muitos exemplos de materiais e equipamentos que promovem a cooperação.
7. Ainda estou para ver um bom exemplo de programa de educação infantil que enfatize a interação humana sobre a exploração. Na minha experiência, agrupar crianças em ambientes esparsos cria uma situação em que os adultos precisam ser bons animadores ou usar técnicas de controle de multidões. Na verdade, nenhuma dessas situações parece promover o valor da interação humana.
8. Realmente, qualquer um que tenha visto a exibição da Reggio Emilia sempre se impressiona pela qualidade estética da exibição e das fotos de documentação. Os trabalhos das crianças obviamente recebem muita atenção e respeito; não há indícios de alguém pegue o trabalho das crianças, rabisque um nome embaixo e cole-o em algum lugar aleatório com dois pedaços rasgados de fita adesiva.

Criando um ambiente socioemocional

9

QUALIDADES DO AMBIENTE SOCIOEMOCIONAL
Respeito
CORDIALIDADE, CUIDADO, ACEITAÇÃO, PROTEÇÃO E RESPONSIVIDADE
Continuidade
Foco na inclusão: a sensação de fazer parte
O PROGRAMA DEVE SE FOCAR NA COMUNIDADE OU NO INDIVÍDUO?

QUESTÕES CULTURAIS
A cultura de origem da criança
A natureza dinâmica da cultura
A EVOLUÇÃO DA CULTURA DE EDUCAÇÃO INFANTIL
UMA HISTÓRIA PARA TERMINAR

NESTE CAPÍTULO VOCÊ IRÁ DESCOBRIR

- que fatores influenciam a criação de um ambiente socioemocional saudável e seguro;
- como os adultos tratam as crianças com respeito, e o que acontece quando não tratam;
- por que os adultos não devem falar sobre as crianças na frente delas;
- por que um educador infantil deve ser mais como uma mãe do que como um "sargento";
- o que atrapalha a continuidade – um importante ingrediente dos programas de educação infantil;
- por que há opiniões contraditórias quanto ao foco dos programas de educação infantil, no indivíduo ou na comunidade;

- que existe uma cultura infantil que frequentemente difere da das famílias e dos funcionários;
- uma forma de enxergar os conflitos nas prioridades culturais;
- que a opressão afeta os objetivos da educação das crianças em algumas famílias;
- que a cultura é dinâmica e está sempre mudando;
- por que é importante para as crianças aprenderem sua cultura;
- o modo como a cultura infantil está evoluindo.

O ambiente socioemocional do programa de educação infantil é mais difícil de detectar do que o ambiente físico, mas nem por isso ele deixa de existir ou de afetar todos em seu meio. Deve-se dedicar tanto cuidado e consideração no planejamento de um ambiente socioemocional saudável e seguro quanto no planejamento de um ambiente físico. Apesar de os padrões de programas da NAEYC mencionarem apenas o ambiente físico, é possível relacionar outros padrões ao ambiente socioemocional, conforme explicado neste capítulo. O Padrão 3, chamado de "Ensino", diz que um programa que satisfaça esse padrão usa abordagens efetivas e adequados ao nível de desenvolvimento, à cultura e à língua de modo a aumentar a aprendizagem e o desenvolvimento das crianças no contexto dos objetivos curriculares do programa. A lógica que está por trás é a de que os professores que otimizam as oportunidades de aprendizagem das crianças usam abordagens que contemplem as suas diferenças, incluindo interesses, experiências, estilos de aprendizagem, necessidades e capacidade de aprender. Quando os professores abordam a aprendizagem das crianças dessa forma, eles criam um ambiente socioemocional positivo. O Padrão 7, "Famílias", também se relaciona com o ambiente socioemocional, conforme o programa reconhece a primazia das famílias das crianças e cria relações colaborativas com elas. Sensibilidade à diversidade, à língua e à cultura faz parte desse padrão e, assim, oferece um acréscimo ao clima socioemocional do programa.

Qualidades do ambiente socioemocional

Muitos aspectos dos ambientes socioemocionais e físicos se sobrepõem. O modo como o ambiente físico é organizado afeta diretamente as qualidades do ambiente socioemocional. Algumas das qualidades ambientais exploradas no Capítulo 8 foram cooperação, equidade, autenticidade, exploração e estética; já este capítulo irá se focar na qualidades socioemocionais do respeito, da cordialidade, do cuidado, da aceitação, da proteção, da responsividade e da continuidade.

Respeito

O que significa criar um ambiente respeitoso? O princípio básico das práticas de educação de muitas culturas é ensinar as crianças a respeitar os adultos. Mas o que significa, para um adulto, respeitar as crianças? Magda Gerber, uma reconhecida terapeuta infantil e especialista em infância, falava e escrevia mais sobre o respeito do que sobre qualquer outro conceito. De acordo com Gerber, o respeito pode ser resumido como: tratar uma criança, independentemente da idade, como um ser humano plenamente constituído, em vez de como um objeto.

Padrões do programa NAEYC 3 e 7
Ensino e Famílias

De que modo os adultos tratam as crianças como objetos? Considere a seguinte cena: uma cuidadora com um bebê no colo está apoiada na cerca, falando com a professora do outro lado que, nesse momento, supervisiona uma turma de crianças com 4 anos que estão brincando em uma caixa de areia. A cuidadora diz à professora como sua manhã está sendo horrível com o bebê, que está chorando em seus braços. Ela tenta animá-lo erguendo-o nos braços e fazendo cócegas, mas ele se debate. Por fim, ela o joga no ar e o segura, rindo de seus berros. Esses berros são de terror ou de alegria? Ela não sabe, nem se importa.

Enquanto isso, a professora caminhou até o local onde duas crianças estão começando a discutir. Ela vem por trás de uma delas e, sem falar nada, pega-a no colo abruptamente, carregando-a para o outro lado da caixa de areia; a criança fica assustada.

O que tem de errado com esse cenário? Você enxerga os sinais de desrespeito? A cuidadora estava discutindo sobre o bebê na frente dele; talvez ele não conseguisse entender o que estava sendo dito, mas provavelmente suspeitava que era ele o assunto. Ela estava agindo como se ele não estivesse lá. Sem tentar descobrir por que ele estava chorando, ela decidiu distraí-lo, sem dar importância ao que ele precisava. Talvez ela estivesse *se* divertindo com o bebê.

Fazer cócegas como forma de distração é desrespeitoso. Por exemplo, você pensaria em fazer cócegas em um professor chato ou em um fiscal de trânsito que estivesse lhe dando uma multa? Não. Só usamos as cócegas como forma de distração contra aquele que não têm poder de nos impedir. Jogar o bebê no ar também foi desrespeitoso – além de ser absolutamente inseguro. "Jogue bolas, não crianças" deveria ser o lema de todo adulto que convive ou trabalha com crianças.

Da mesma forma, a professora pré-escolar não disse à criança o que ela estava fazendo, nem por quê. Ela simplesmente a pegou do chão como um saco de batatas e moveu-a para outro local. Como você se sentiria se isso fosse feito com você? Essa mesma professora deve organizar a hora da roda colocando fisicamente as crianças nas cadeiras, a menos que elas se organizem por conta própria rapidamente. Ela provavelmente vê isso como uma forma de agilizar as coisas, mas o que ela está fazendo é tratar as crianças como objetos. É provável que ela também alinhe as crianças puxando, arrastando e empurrando-as até que elas fiquem corretamente posicionadas.

Note a falta de comunicação com as crianças na cena. Não houve tentativa de observar o que estava acontecendo ou de tentar entender que necessidades estavam sendo expressas. Esses adultos não deram ouvidos às crianças, nem interagiram com elas, exceto de maneiras físicas para distraí-las ou manipulá-las.

Para resumir os comportamentos adultos desrespeitosos:

- Falar sobre uma criança, mesmo um bebê, na frente dela como se não existisse.
- Ignorar os sentimentos da criança.
- Distrair uma criança quando ela está infeliz.
- Tratar as crianças como objetos.
- Recusar-se a ouvir uma criança.

Vejamos uma cena diferente que mostra como os adultos tratam as crianças com respeito. Kayla, um bebê, está deitada em um lençol brincando com uma bolinha macia. Ela olha para cima e vê sua cuidadora se aproximando. A cuidadora vem pela frente, não pelas costas, porque não quer surpreender a Kayla. Ela acha mais respeitoso permitir que a menina antecipe o que está para acontecer. Ela diz para a Kayla, ao se abaixar e esticar os braços: "Eu vou te pegar no colo agora. Nós vamos para a rua". Ela espera, observando a resposta de Kayla, que balança um pouco e se inclina na direção dela. "Ah, então, você me entendeu, é?" Ela sorri e pega Kayla no colo.

A diretora passa por ali e fala com a cuidadora: "Como está a Kayla hoje?". Em vez de iniciar uma discussão com a diretora sobre como a Kayla está se sentindo e o que aconteceu em casa naquela manhã, ela olha para a menina, incluindo-a na conversa: "Acho que você está se sentindo bem, não é?". Ela tem informações para transmitir à diretora, mas decide guardá-las para mais tarde, evitando falar sobre a Kayla e sua situação domiciliar diante dela. Ela está tratando a Kayla como um ser humano digno de respeito, mesmo que seja apenas um bebê.

Eis outra cena que ilustra como o respeito é uma habilidade aprendida: "Como eles são fofos. Nossa, são adoráveis!", diz uma nova assistente em um programa pré-escolar. O professor se lembra de quando se sentia assim em relação às crianças, mas já ultrapassou esses sentimentos e consegue vê-las como indivíduos, sem falar nelas como se fossem macacos em um zoológico, exibidos para o seu entretenimento. Ele também aprendeu outras formas de respeitar as crianças: ele não conversa com elas com uma voz melosa, como se fossem bonecas de cabeça oca; e se relaciona com elas em seu próprio nível, mas com o mesmo respeito que demonstra pelos colegas e pelos mais velhos. Ele afirma que vai separar um tempo no encontro dos funcionários para ajudar sua nova assistente a compreender o que significa respeitar as crianças.

> **DICAS E TÉCNICAS**
>
> **Como o respeito se relaciona com as vestimentas**
>
> Vestir as crianças em roupas "bonitinhas", como se fossem bonecas, demonstra falta de respeito, de acordo com Magda Gerber. Roupas bonitas não têm problema, contanto que sejam confortáveis e não restrinjam os movimentos. Mas os bebês que tentam engatinhar em vestidos arrufados estão sendo definitivamente atrapalhados; engatinhar torna-se praticamente impossível com os joelhos presos na saia. Da mesma forma, as crianças pequenas e pré-escolares com solas derrapantes não conseguem correr, escalar ou pular sem medo de escorregar. E roupas com cores claras acumulam mais manchas do que vestimentas mais escuras. É claro, como vestir os filhos é uma questão que os pais devem resolver, mas há momentos em que as roupas das crianças são dirigidas pelo programa. Quando as crianças precisam usar roupas bonitas, porém desconfortáveis, que elas não querem vestir, o respeito torna-se uma questão importante.
>
> Contudo, em geral o educador infantil está do outro lado dos problemas com as roupas, tentando fazer os pais vestirem os filhos com roupas simples que não preocupem ninguém. É fácil informar os pais durante a matrícula e por meio de folhetos informativos ou manuais sobre as vestimentas consideradas adequadas pelo programa. Alguns pais já sabem que é melhor mandar seus filhos com roupas para brincar e não têm problema algum com isso. Já outros pais não gostam tanto de vestir "inadequadamente" os seus filhos para ir ao que eles consideram a "escola". Assim como é importante para os educadores infantis respeitar as crianças, também é importante que eles respeitem os pais. Respeitar os pais não significa enviar orientações sobre as roupas, mas dialogar para compreender as atitudes deles. As habilidades de administração de conflitos entram em jogo aqui, à medida que os dois lados tentam resolver suas diferenças.

(Veja o quadro *Dicas e técnicas* para ter uma visão aprofundada sobre o respeito.)

Essa é uma questão muito importante, e até o momento só mostramos alguns poucos exemplos de como demonstrar respeito pelas crianças. Mas a melhor forma de compreender o respeito é colocar-se no lugar das crianças. Você se sentiria respeitado se alguém o tratasse da mesma forma como você trata as crianças? Antes de passarmos à próxima questão, devemos apontar que a melhor forma de obter o respeito das crianças é respeitando-as em troca. Dessa forma, você demonstra esse comportamento e conquista o respeito; e existe uma grande diferença entre exigir respeito e merecê-lo.

Cordialidade, cuidado, aceitação, proteção e responsividade

As crianças pequenas precisam ser tratadas com cordialidade e ternura, elas precisam de uma "mamãe ganso", e não de um "sargentão". Imagine a mamãe ganso: suas penas oferecem proteção quente e confortável aos filhotes pequenos quando eles correm na noite para se reconfortar em sua penugem macia. Mas eles não se protegem só à noite; eles também buscam o calor da mãe sempre que o perigo os ameaça. Quando eles se assustam ou quando sentem frio, eles recebem o que precisam, quando precisam. Eles recebem calor, proteção, cuidado e responsividade.

As crianças pequenas nos programas de educação infantil podem não precisar exatamente de uma "mamãe ganso", mas eles necessitam de todas essas qualidades de proteção, de cuidado e de responsividade no ambiente, qualidades que podem vir tanto de homens quanto de mulheres. Quando elas ficam assustadas – seja por causa de perigos imaginários ou reais – devem buscar o calor da asa protetora de alguém (figurativamente falando). Quer seja um homem ou uma mulher que lhes ofereça proteção e cuidado, isso

As crianças precisam que os adultos respondam de maneira compreensiva e cordial.

não importa; o que importa é que essa pessoa responda de maneira compreensiva e cordial.

De novo, pode ser bom ver a falta dessas qualidades justamente para compreender a sua importância. Imagine um menino que não está se sentindo bem e começa a chorar. Em vez de um adulto responsivo, compreensivo e cordial, quem o atende é alguém que não se importa. Seu objetivo é parar a choradeira, então, ele tenta reposicionar o menino girando-o de maneira bruta e insensível. Isso não funciona, e o menino chora ainda mais. A pessoa o pega no colo e o alimenta, apesar de ele ter comido há pouco tempo. De repente, ele vomita. O adulto o afasta de seu corpo de maneira agressiva. "Olha o que você fez", ele diz duramente, tentando limpar o vômito de sua roupa com o pano que vinha carregando no ombro. Ele coloca o menino chorando no berço e sai para se lavar. Depois de terminar, ele volta para lhe dar atenção e vê que o menino está dormindo. O adulto se senta, aliviado.

Eis outra cena: Jenna, uma menina de 4 anos, está com saudades da mãe. Ela fica chorando na janela, onde a viu pela última vez. Ignorando Jenna, a professora trabalha ao seu redor, organizando a sala e cumprimentando as outras crianças quando chegam. Quando Jenna agarra o avental da professora quando ela passa, sua mão é arrancada brutalmente, e a professora diz: "É melhor parar com esse choro, mocinha! Não vai adiantar nada, a sua mãe não vai voltar!". Não há nenhuma "mamãe ganso" nesse adulto. Nenhuma cordialidade, compreensão, conforto ou proteção.

Ainda outra cena: Jackson ficou horas esperando pela bolinha vermelha e, agora, finalmente conseguiu pegá-la. Ele começa a brincar com ela alegremente embaixo do aro, preparando-se para arremessar quando um apito soa. "Hora de voltar", a professora anuncia em voz alta. Jackson corre para o outro lado, segurando a bolinha com força. A professora o apanha por trás da jaqueta. "De jeito nenhum, mocinho! Não me ouviu apitar? Agora já terminou". Jackson se solta, joga a bola com toda a força para o outro lado do pátio e se atira no chão, batendo e chorando.

"Chega disso. Você está de castigo!", diz a professora severamente, carregando-o para uma cadeira dentro da sala, ao lado da janela. Ele se senta encolhido e olha melancolicamente para a bola do lado de fora, no canto do pátio, onde ele a arremessou; lágrimas escorrem por suas bochechas. Sem "mamãe ganso" para Jackson, sem compreensão para sua frustração e raiva, sem calor ou abraços. E nada de conforto, dizendo-lhe que ele terá outra chance de brincar com a bola.

O que essas três cenas ilustram é que, quando você se sintoniza com o que as crianças estão sentindo, pode reconhecer e aceitar o que elas estão tentando expressar e, assim, responder de maneira calorosa e atenciosa. E quem não prefere a proteção e o calor de uma "mamãe ganso" à brutalidade e insensibilidade de um "sargentão"?

Continuidade

Cordialidade, cuidado, aceitação, proteção e responsividade são todas qualidades que ajudam os adultos a estabelecer relacionamentos com as crianças pequenas. Mas uma qualidade adicional é necessária – a continuidade. As crianças precisam de firmeza por parte das pessoas ao seu redor para se sentir confortáveis, seguras e protegidas em um programa fora de casa. A continuidade é um ingrediente vital do ambiente socioemocional (LALLY, 1995). Ainda assim, dois fatores atrapalham a continuidade na educação infantil. O primeiro fator que iremos examinar é a rotatividade pessoal; professores vêm e vão com frequência, especialmente em programas de educação infantil. Os motivos são simples: trabalho duro e salário baixo.

A continuidade do cuidado é um indicador da qualidade do programa de educação infantil, mas a qualidade tem um custo alto. Em vez de reconhecer e admitir que compensação financeira e qualidade andam de mãos dadas, os consumidores e os financiadores continuam permitindo que muitos profissionais deixem esse campo. Eles saem porque não aguentam mais o salário baixo e a falta de benefícios.

Vamos ver a diferença entre dois programas – um com grande rotatividade de profissionais, e outro com baixa rotatividade. O centro de cuidado infantil ABC sempre teve altas taxas de rotatividade e de absenteísmo entre seus profissionais. Então, quando a pequena Clara chega na segunda-feira, ela nunca sabe quem vai encontrar lá. Ela está começando a conhecer a professora Dana e gosta muito dela. Ela espera que a professora esteja lá hoje.

Clara precisou de muito tempo para se aproximar de Dana por causa de sua experiência com a outra professora, a Lena. Clara amava a Lena e sempre ficava ansiosa para revê-la, mas certo dia, quando ela chegou, Lena não estava mais lá, e a diretora assumiu o seu lugar. Clara nunca soube o que aconteceu com a Lena, só que ela não iria mais voltar. A menina ficou muito triste e até hoje fica chateada quando pensa na Lena.

Mas depois começou a conhecer a Dana, que finalmente chegou para o lugar da Lena após uma série de substituições. Então, semana passada, de repente a Dana também não estava mais lá. Clara achou que a Dana também tinha ido embora, mas ela veio fazer uma visita antes da hora da soneca e disse para a Clara que precisava ficar na sala dos bebês. Clara não entendia por quê. O problema é que, apesar de Dana ter sido designada à turma de Clara, a diretora teve de deslocá-la para a sala dos bebês semana passada porque uma das cuidadoras ficou doente e a substituta que a diretora encontrou não tinha certificação para trabalhar com bebês. Então, a substituta assumiu o lugar de Dana na sala de Clara.

Todo esse "troca-troca" não é culpa de ninguém, mas a menina está sofrendo com dificuldades de se ligar com alguém no programa.

Agora, vamos comparar o programa ABC com o programa XYZ. Estéfano é um menino de 4 anos matriculado no centro de cuidado infantil XYZ. Ele se sente bem ligado a diversas pessoas nesse programa de cuidado infantil. Estéfano veio ao programa com 6 meses e teve a mesma cuidadora, a Sra. Jones, desde os 3 anos. Ele adorava a Sra. Jones! Então, ele passou à sala da pré-escola, onde ele se apegou à professora Janice. Ele ainda podia visitar a Sra. Jones no programa infantil, que ficava adjacente à sua sala de pré-escola.

Por um tempo, Estéfano teve permissão para ir de um programa ao outro durante um período de transição, mas o ambiente mais desafiador e interessante da pré-escola o chamava, e em breve ele estava passando a maior parte do seu tempo lá. Janice o conhece muito bem agora, e ele a conhece também; sua relação é muito próxima, e ele ainda pode ver a Sra. Jones. Estéfano gosta muito disso.

Eis outro exemplo de continuidade em um programa de educação infantil – dessa vez, em um centro domiciliar. Jamal tem ido ao mes-

mainstreaming Termo que significa colocar as crianças com necessidades especiais em programas que cuidam de crianças que estão se desenvolvendo normalmente. Em alguns desses programas, o suporte a crianças com necessidades especiais pode ser mínimo, então, aqueles que não conseguem lidar com situações cotidianas podem nunca se sentir parte do local.

integração Integração de crianças com necessidades especiais em programas com seus pares com desenvolvimento normal e apoio para que se sintam incluídas. Parte da integração é dar atenção às interações entre os dois grupos de crianças. O objetivo é que todas as crianças participem do programa o máximo possível.

inclusão total Conceito que vai além da simples inclusão de crianças com necessidades especiais em qualquer cenário que seja o ambiente natural dos seus pares com desenvolvimento normal. A inclusão total significa que essas crianças, independentemente de suas deficiências, estarão sempre integradas ao ambiente natural e que os serviços sejam o mais culturalmente normativos possível.

ambiente natural Cenário (como casa ou programa de educação infantil) onde crianças com deficiências irão encontrar os seus pares com desenvolvimento normal. Um ambiente natural pode ser definido pelo fato de que ele continuará existindo independentemente da presença de crianças com deficiências.

normalização Termo que significa que serviços como programas de educação infantil fornecidos às crianças com necessidades especiais se baseiem em circunstâncias o mais culturalmente normativas possível.

mo centro de cuidado domiciliar desde que era um bebê. Agora ele tem 7 anos e considera essa a sua segunda casa. Sua cuidadora, Bárbara, está no ramo há aproximadamente 10 anos, e às vezes as crianças maiores, que costumavam frequentar o centro, vêm visitar, dando a Jamal uma sensação de fazer parte de uma grande família. Como ele é o único filho em sua família, ele se beneficiou de viver em dois mundos – um em sua casa, e outro na casa de Bárbara.

O segundo fator que atrapalha as conexões de longo prazo entre crianças e adultos e a continuidade em programas de educação infantil é o fato de que muitos seguem o modelo de agrupar as crianças por ano escolar. Como as séries nas escolas aumentam ano a ano, alguns profissionais veem essa como uma forma de administrar os programas de educação infantil também. De fato, alguns aprofundam ainda mais essa ideia agrupando as crianças de acordo com estágios de desenvolvimento (ver o Capítulo 11). Assim, bebês que ainda não conseguem engatinhar ficam em uma sala com um ou mais cuidadores. Quando começam a engatinhar, eles são deslocados para um ambiente mais sofisticado com outros cuidadores, adequadamente treinados. Caminhar é o próximo estágio, que requer um novo ambiente e novos especialistas. Após os 2 anos, a ascensão ocorre anualmente. A partir daí, as crianças estarão tão habituadas a ver adultos indo e vindo que podem até evitar se sentir muito apegadas a uma pessoa.

Foco na inclusão: a sensação de fazer parte

Todo mundo quer se sentir parte de algum lugar, mas as crianças com necessidades especiais podem ter maiores preocupações nesse sentido do que as outras. Um pouco do vocabulário especializado pode ajudar a entender o histórico da inclusão das crianças com deficiências aos lugares que frequentam. Primeiro veio o *mainstreaming*, que significa colocar as crianças com necessidades especiais em programas que cuidam de crianças que estão se desenvolvendo normalmente. Nesses programas, o apoio a crianças com necessidades especiais é mínimo; a ideia é colocar as crianças em situações comuns do cotidiano e esperar que elas não afundem. A **integração** dá um passo muito além do *mainstreaming* e significa que se dá atenção às interações entre crianças com necessidades especiais e seus pares com desenvolvimento normal, de modo que elas possam participar da melhor maneira possível. A **inclusão total** vai além e significa que as crianças, independentemente de suas deficiências ou necessidades, serão sempre integradas em qualquer que seja o **ambiente natural** de seus pares com desenvolvimento normal. A ideia é a **normalização**, que significa que serviços como os programas de cuidado e educação infantil para crianças com necessidades especiais se baseiam em circunstâncias mais normativas possíveis (culturalmente falando).

São necessárias todas essas palavras especializadas para dizer o que, para Linda Brault (2003),[1] é bastante simples:

> É uma questão de se sentir parte de um lugar. As crianças e suas famílias querem se sentir parte da comunidade, querem se sentir aceitas independentemente de habilidade, raça, credo ou etnia. Agrupar as crianças não é o

bastante. Pessoas que trabalham em cenários com experiências bem-sucedidas relatam que não viam a criança com deficiência como um convidado ou um estranho, mas como um membro do grupo. Os funcionários e a família trabalhavam juntos, às vezes com a assistência de especialistas já envolvidos com a criança, para adaptar as atividades, modificar o ambiente e auxiliar a criança em suas interações com os outros.

A inclusão é um direito, não um privilégio, de acordo com o **Americans with Disabilities Act**. Além disso, a NAEYC endossou o posicionamento do Council for Exceptional Children's Division for Early Childhood sobre inclusão e criou um próprio apoiando a integração por meio do conceito de que programas de qualidades e adequados ao nível de desenvolvimento devem ficar à disposição de todas as crianças e suas famílias. Ajudar *todas* as crianças a se sentir parte do ambiente por meio de programas de inclusão total beneficia as crianças com necessidades especiais. Elas têm maior oportunidade de se sentir parte da comunidade onde podem observar e imitar os outros na tentativa de se tornarem mais independentes e confiantes. Elas aprendem a lidar e a solucionar problemas desenvolvendo habilidades sociais, que as ajudam a desenvolver um autoconceito positivo. Crianças com desenvolvimento normal também se beneficiam ao reconhecer os pontos fortes e fracos de crianças com habilidades variadas e ao aprender a se sentir confortáveis com pessoas diferentes. Ajudar os outros e aprender a expressar carinho, preocupação e compaixão também pode beneficiá-las. Ambos os grupos ganham ao explorar novos aspectos da amizade.

O programa deve se focar na comunidade ou no indivíduo?

Você pode pegar um grupo de crianças pequenas e transformá-las em uma "comunidade"? O que significa fazer parte de uma "comunidade"? Uma comunidade pode consistir em um grupo de mesma idade ou deve compreender idades diversas? Um programa de educação infantil pode se qualificar como comunidade? E deveria?

Por um lado, alguns educadores infantis acreditam que o programa deve se focar nas crianças como indivíduos, em enfatizar o fato de fazerem parte de um grupo – quer seja composto pelas crianças e os adultos na sala de aula, na escola, no bairro ou na sociedade como um todo. Afinal, as crianças pequenas estão recém desenvolvendo sua individualidade; por que introduzir a ideia de que elas devem fazer parte de um grupo? Esses educadores se preocupam que a ideia de comunidade pressione as crianças a se conformar, em vez de se desenvolver a seu próprio modo.

Por outro lado, alguns educadores infantis acreditam fortemente que nenhuma criança é jovem demais para se sentir parte de algo. O conceito e a realidade do "grupo" são importantes de se discutir. As crianças podem ser simultaneamente indivíduos *e* membros do grupo.

Se o objetivo principal de um programa de educação infantil for estabelecer uma noção de comunidade, que tipo de comunidade seria? O programa deve se tornar uma extensão da comunidade onde as crianças passam fora do centro? O programa se localiza na comunidade próxima em que todas ou a maioria das crianças vive? (Programas de educação infantil costumam ser diferentes das escolas comunitárias, já que não atendem à comunidade onde se encontram. As famílias costumam percorrer distâncias para levar seus filhos ao programa que melhor atende a suas necessidades, gosto, renda e condições de matrícula.) Mesmo que a maioria das crianças venha da comunidade em que o programa se

> **Declaração de posicionamento da NAEYC**
> sobre inclusão
>
> **Padrão do programa NAEYC 8**
> Comunidades
>
> **Americans with Disabilities Act** Lei de 1992 (Public Law 101-336), também chamada de ADA, que define a deficiência, proíbe a discriminação e exige que empregadores, transportadoras e outras agências públicas disponibilizem meios de acesso em locais de trabalho, instalações públicas e serviços de transporte.

localiza, ele deve, nesse caso, ser uma extensão da comunidade? E se a comunidade tem uma alta incidência de crimes violentos e relacionados a drogas? (TOBIN; WU; DAVIDSON, 1990).

Todas essas questões devem ser consideradas antes de decidir se um programa deve incorporar o conceito de comunidade em seu currículo. É claro, há outras opções além de se focar na criança ou na comunidade. Por exemplo, é possível se focar no indivíduo *e* na comunidade ao mesmo tempo. Ou talvez você queira basear o programa em um modelo familiar. Em programas de educação familiar e centros educacionais pequenos em que crianças de idades variadas são atendidas, um modelo familiar é mais fácil de reproduzir do que em um programa onde as crianças sejam divididas por faixa etária, as turmas sejam muito grandes e o ambiente é mais institucional do que doméstico. Mas mesmo em programas maiores e separados por idade, uma versão modificada do modelo familiar ainda pode ser criado.

Em relação ao modelo familiar, há algumas questões a se considerar: você quer que o programa reproduza a casa das crianças? O programa deve ser o mais doméstico possível para cada criança ou deve buscar ser diferente?

Questões culturais

As culturas das famílias devem afetar os tipos de decisões que são tomadas sobre o ambiente socioemocional do programa de educação infantil. Se as culturas representadas pelos funcionários e pela administração (no caso dos centros) refletirem as culturas das famílias, essas decisões serão mais fáceis.

É importante pincelar algumas ideias básicas sobre a cultura antes de seguir explorando o assunto. A cultura é invisível. Já foi dito que as pessoas passam por sua cultura da mesma forma que um peixe passa pela água. A água é tão presente na vida do peixe que o único momento em que ele se dá conta dela é quando ele se vê cercado de ar.

Estamos imersos em nossa cultura da mesma forma que os peixes estão imersos na água. Podemos não nos dar conta do quanto a nossa cultura influencia os nossos atos, os nossos pensamentos e as nossas próprias percepções. A cultura determina tudo o que fazemos – desde o nosso comportamento pessoal (a forma como sentamos, nos portamos, caminhamos, cruzamos as pernas ou gesticulamos) até o nosso comportamento interativo (o quão próximos ficamos dos outros, que tipo de contato visual fazemos ou como enviamos e interpretamos mensagens). Regras não escritas governam todos os aspectos do nosso comportamento – regras em que muitos de nós sequer pensamos até alguém quebrá-las. De fato, violações às nossas regras culturais podem nos deixar abalados, mas elas enriquecem nossas experiências e nos expõem a novas formas de ser e de pensar.

Os peixes morrem fora da água, mas os seres humanos têm mais sorte; quando nos encontramos em uma cultura diferente, nós não só sobrevivemos, como também crescemos a partir da experiência. Ao aprender com as outras culturas, passamos a entender melhor as outras pessoas e a nós mesmos.

As crianças começam a aprender a ser membros de sua própria cultura desde o nascimento. Vejamos como duas mães, Rebeca e Joana, socializam os seus bebês: Rebeca segura seu bebê, Emília, nos braços. Ela sorri e faz um ruído alegre. Rebeca sorri de volta a imita os barulhinhos da filha. Ela faz a filha sorrir estralando a língua e abrindo bem os olhos com surpresa. Diante do riso da menina, Rebeca balança-a de leve, e ambas começam a rir alto. Rebeca dá um grande abraço e funga no cangote de Emília, que solta um grito de alegria. Rebeca segura-a distante de seu corpo e começa a balançá-la, fazendo-a rir ainda mais. Ambas parecem felizes e empolgadas. Por fim, as respostas de Emília passam a ser menos entusiásticas, e sua mãe entende que esse é um sinal para se acalmar.

Joana, por outro lado, assume uma abordagem contrária em relação a sua filha, Suzana. Diante do primeiro sorriso e som de Suzana, Joana responde cordialmente, sorrindo e conversando baixinho com ela. Mas quando Suzana começa a se animar e a chutar, Joana reduz ainda mais suas expressões faciais e começa a falar cada vez mais baixo. Em vez de ficar empolgada também, ela se torna mais contida. Ao contrário de Rebeca, que continuava aumentando a resposta e estimulando Emília até ela não aguentar mais, Joana acalma sua filha. Ela segura Suzana e emite sons baixos para acalmá-la. Quando Suzana começa a pular, Joana a segura ainda mais apertado e balança-a gentilmente, cantando uma canção de ninar lenta e rítmica. Ela acaricia suas costas gentilmente, de uma forma que ela sabe que irá acalmá-la, e funciona.

Essas duas mães têm intenções bem diferentes, mas ambas se comportam de maneiras culturalmente adequadas. Rebeca envolveu-se com a filha; quanto mais animada a bebê ficava, mais feliz ficava sua mãe. Rebeca gosta de ver sua filha empolgada; ela acha que estímulos são bons para ela. Ela mesma gosta de interações animadas, então as incentiva. Rebeca também está atenta aos sinais da filha de que ela já teve estímulos o suficiente, então para antes de ir longe demais. Com sua abordagem vivaz, Rebeca está ajudando a filha a se tornar um membro de sua cultura – uma cultura que valoriza a empolgação, o estímulo e as trocas animadas.

Joana, por outro lado, achava que sua filha corria o risco de ficar hiperestimulada. Ela se preocupa quando os bebês ficam muito agitados e acha que bebês calmos e quietos são melhores do que os animados e barulhentos. Em sua cultura, a tranquilidade e a serenidade são duas qualidades altamente valorizadas. Joana está ensinando sua filha a ser calma, está ensinando sobre equanimidade.

Uma dessas mães está certa, e a outra está errada? Você não pode responder a essa pergunta sem levar em conta o contexto cultural. (Veja o quadro *Foco na diversidade* para uma discussão mais aprofundada sobre essa questão.)

Imagine que Emília está crescendo e se tornando a criança animada que sua mãe esperava, e que Suzana está se desenvolvendo como uma jovem calma e controlada. Como as duas garotas responderiam à pré-escola? O que Emília acha chato e desinteressante, Suzana pode considerar superestimulante, assustador ou inquietante. É claro, tal previsão é muito simplista. É impossível dizer como as duas crianças irão se tornar baseando-se simplesmente em como elas socializavam quando bebês. A genética também contribui e, além disso, há diferenças pessoais dentro de cada cultura. As pessoas que compartilham uma mesma cultura não são todas iguais! O povo de Rebeca não é igualmente animado, e o de Joana não é todo plácido. As variações podem ser infinitas, mas ainda assim há uma linha cultural que une a todos. Os nossos valores individuais, nossos modos e nossa maneira de ser são todos influenciados pela cultura. A cultura é a moldura que segura todo o resto.

Certos aspectos da cultura são bem visíveis – comida, vestimentas, música, arte, literatura, feriados. E alguns aspectos aparecem no comportamento – incluindo o modo como as pessoas criam seus filhos. Práticas de educação costumam se basear nas crenças culturais do que as crianças precisam, como elas aprendem e se desenvolvem e até de qual seria sua natureza básica.

Em qualquer programa de educação infantil, pode haver muitas culturas operando ao mesmo tempo. Existem as diferentes **culturas de origem** das crianças, assim como as culturas de origem dos funcionários e cuidadores (que pode ou não se manifestar, dependendo do seu treinamento). E se os funcionários ou os cuidadores foram treinados como educadores infantis, existirá uma terceira cultura – qual seja, a **cultura de educação infantil**.

cultura de origem A vida familiar da criança, que engloba crenças culturais, objetivos e valores – incluindo como ela se manifesta nas práticas de educação.

cultura de educação infantil Cultura (amplamente irreconhecida) que resulta do treinamento em educação infantil e se relaciona à cultura dominante da sociedade, embora não seja exatamente igual a ela.

Atualmente, a cultura de educação infantil reflete, em grande parte, suas raízes europeias,

FOCO NA DIVERSIDADE

Normal *versus* diferente

Você se identificou mais com Rebeca ou com Joana? Você acha que uma se identificava como "normal" e a outra como "diferente"? Como a cultura é tão invisível, algumas pessoas, especialmente as que fazem parte da cultura normativa, acham que não têm uma cultura. Elas se consideram "regulares", "comuns", "normais". Elas podem considerar os outros como "étnicas", mas se veem como alguém sem cultura ou etnia.

Mas todos nós temos uma tendência ao pensamento etnocêntrico; em outras palavras, fazemos as coisas do *nosso próprio* lugar e vemos o mundo a partir da nossa própria perspectiva étnica. A maioria das pessoas se sente tentada a considerar o seu jeito o *certo*. Medimos o mundo a partir do nosso próprio parâmetro cultural.

Declarações de posicionamento da NAEYC: sobre práticas adequadas ao nível de desenvolvimento e respostas à diversidade linguística e cultural

mas a grande ênfase na cultura europeia-americana começou a diminuir um pouco. Dois documentos da NAEYC são parcialmente responsáveis por criar a consciência da necessidade de mudar. O primeiro documento, uma definição de posicionamento de 1995, diz: "Todas as crianças do país merecem uma educação infantil que seja responsiva às famílias, às comunidades e às origens raciais, étnicas e culturais." (NATIONAL ASSOCIATION FOR THE EDUCATION OF YOUNG CHILDREN, 1995). O segundo documento, o *Developmentally appropriate practice in early childhood*, orienta a tomada de decisão dos profissionais em três áreas de conhecimento – o que é adequado ao nível de desenvolvimento, o que é adequado ao indivíduo e o que é adequado à cultura (BREDEKAMP; COPPLE, 1997).

Um terceiro documento, também publicado pela NAEYC, influenciou os dois primeiros. Louise Derman-Sparks e a Antibias Task Force publicaram *Anti-bias curriculum:* tools for empowering young children (DERMANSPARKS, 1989), trazendo raça, cultura, língua e outras áreas de preconceito à atenção do país.

Lideranças profissionais e a implantação de fundamentos estão acarretando mudanças em todos os níveis. A cultura de educação infantil está se expandindo para além de suas

As crianças são indivíduos, assim como membros de seu grupo, sua comunidade ou cultura.

raízes europeias-americanas de modo a refletir cada vez mais as diversas culturas dos muitos profissionais e das famílias que atendem. Programas de licenciatura estão expandindo a sua visão, e educadores infantis estão se tornando mais responsivos às diferenças culturais das famílias e a suas práticas de educação.

A cultura de origem da criança

As crianças levam a sua cultura ao programa de educação infantil, mas o que elas trazem pode ou não ser reconhecido pelos educadores. Capítulos anteriores exploraram as diferentes visões sobre a promoção de independência *versus* a promoção de interdependência nas crianças pequenas, mas a seção a seguir foi escrita para ajudar a entender as atitudes e os comportamentos parentais no contexto de um quadro cultural mais amplo.

Prioridades culturais: independência ou interdependência? Marion Cowee fala sobre sua experiência com uma mãe que dava mais ênfase à interdependência do que ela. Veja o quadro *Vozes da experiência*, na página 228. Bebês recém-nascidos veem-se diante de duas grandes tarefas: (1) tornar-se indivíduos independentes e (2) estabelecer conexões com os outros. O trabalho dos pais é ajudar os filhos com essas tarefas.

Parece lógico que os pais se focariam em ambas, mas não é o caso. A maioria dos pais, conscientemente ou não, escolhe uma tarefa ou a outra. Sua escolha depende dos seus objetivos, que são frequentemente dominados por sua cultura. O resultado é que a criança passa a definir o "eu" como sua própria cultura define o conceito. Duas dessas definições são

- O eu é um indivíduo separado e autônomo cujo trabalho é crescer e se desenvolver da melhor maneira possível para se tornar parte de um grupo maior. Satisfação e/ou realização pessoal são o mais importante.
- O eu está inerentemente conectado, não separado, e é definido em termos de relacionamentos. As obrigações para com os outros são mais importantes do que satisfação ou realização pessoal.

Que tipos de diferenças aparecem quando um pai incentiva a independência e o outro se foca no reforço às conexões? Pais que valorizam mais a independência costumam incentivar as habilidades de autoajuda. Eles dão uma colher ao bebê quando ele faz 1 ano; eles ensinam o bebê a dormir sozinho no berço. Autoconfiança, autoafirmação e autoexpressão são os objetivos dos pais que se focam na independência, sendo a autoestima o resultado a ser alcançado. Tais crianças se adaptam bem aos programas de educação infantil que promovem os mesmos objetivos.

Pais focados na independência também ensinam os filhos a se conectar com os outros, mas dão muito menos ênfase ao desenvolvimento dessas habilidades. "Ele vai aprender a compartilhar quando estiver pronto", diz um pai que acredita que o seu filho deve se tornar um indivíduo que entenda o conceito de propriedade antes de poder aprender a compartilhar.

Os pais que estão mais preocupados com a habilidade dos seus filhos de manter conexões têm uma visão diferente. Eles se preocupam que os filhos fiquem independentes demais, então se focam na criação de relações interdependentes. Uma mulher asiática em uma conferência explicou-me certa vez como a dependência funciona em um ciclo: "Primeiro você depende dos seus pais, e depois eles dependem de você. É assim que deve ser".

Às vezes, os pais que se focam na interdependência minimizam a propriedade e insistem em compartilhar desde o início. Eles podem não se preocupar muito com as habilidades de autoajuda e continuar dando de comer aos filhos por vários anos – às vezes até os 4. A hora da refeição representa uma oportunidade de conexão para pais e filhos – uma oportunidade que esses pais não têm pressa em abandonar. Alguns professores ficariam chocados ao ver uma criança de 3 anos querendo ser alimentada. Da mesma forma, os pais que esperam que seus filhos sejam ali-

> **VOZES DA EXPERIÊNCIA**
>
> **Mantendo um relacionamento positivo diante das diferenças**
>
> Eu achava a Yin superprotetora. Ela vinha todo o almoço e dava de comer na boca da sua filha Casey, de 4 anos (que, ainda por cima, era grande e robusta para a idade). Tentei convencer a Yin gentilmente de que a Casey podia se cuidar sozinha e que essas habilidades de autoajuda seriam importantes para que ela se desse bem no jardim de infância no ano seguinte. Sua mãe continuava vindo todos os dias para alimentá-la. Disse à Yin que a Casey era a única criança cujo pai vinha lhe dar de comer, mas ela respondeu que se preocupava que Casey não estivesse comendo tudo, então continuou vindo todos os dias. Percebi que estava lutando uma batalha perdida, então, falei brincando para a Yin: "você não vai conseguir fazer isso quando ela estiver no jardim de infância". Terminamos o ano letivo com um relacionamento positivo, apesar de a Casey continuar sendo alimentada na boca pela mãe. Um ano depois, Yin e Casey voltaram para nos visitar e perguntei como estava sendo o almoço na escola. Yin orgulhosamente anunciou que havia conseguido um emprego no colégio como supervisora do refeitório! Ela não dava mais de comer à sua filha, mas se certificava de que ela comia o bastante. Essa experiência me ensinou o poder da cultura; não é algo que se possa afastar por meio da lógica ou da culpa. Por um decreto unilateral de minha parte, eu poderia ter forçado uma parte importante da cultura daquela família a se tornar ausente em minha escola, mas isso poderia ter destruído a confiança e a alegria que essa família sentia.
>
> —Marion Cowee

mentados no centro educacional podem ficar surpresos e desapontados com a política do programa de desenvolver habilidades de autoajuda.

Enquanto pais que enfatizam a independência rejeitam os "afagos" e os "mimos" às crianças, os pais focados na interdependência não veem nada de errado com isso. Fazer coisas pelos filhos, até mesmo atividades que eles podem realizar por conta própria, dá aos pais sentimentos calorosos e positivos. Eles podem inclusive chegar a desestimular a independência quando as crianças começam a se afirmar. Existe uma palavra em japonês que significa algo como "graciosamente aceitar ajuda". A ideia é ensinar crianças com uma mentalidade independente a deixar os outros ajudá-las até quando elas não precisam de ajuda.

Os pais que promovem as relações interdependentes são menos determinados a ensinar seus bebês a dormir sozinhos à noite. Eles sentem menos ansiedade ao promover a autoexpressão, a autoajuda e *até a autoestima*. De fato, qualquer traço que inicie com o prefixo "auto" é suspeito. Esses pais não querem criar filhos *egoístas*, mas crianças que colocam os outros em primeiro lugar.

Essas abordagens da independência e da interdependência representam duas maneiras diferentes de buscar satisfazer suas necessidades. Os pais que defendem a independência ensinam aos filhos que é sua responsabilidade cuidar das próprias necessidades à medida que se tornam mais capacitados. Mas as crianças que crescem em famílias "centradas no outro" aprendem que as necessidades dos outros devem ser o seu foco, e não as próprias necessidades. Contudo, eles ainda irão satisfazer as próprias necessidades, pois quando cuidam das dos outros, os outros cuidam das deles. As necessidades são satisfeitas nas duas casas, mas o processo é diferente em cada uma.[2]

Os adultos com mentalidade independente e os adultos "centrados nos outros" frequentemente passam por desentendimentos. Os primeiros criticam a criança que fica parada esperando um pai colocar o seu casaco: "Não tem desculpa para uma criança ser

Crianças que crescem em famílias "centradas no outro" aprendem a se ajudar, em vez de se focar apenas em si mesmas.

tão incapaz". Os últimos criticam os pais que permitem que as crianças não cumprimentem adequadamente os avós: "Não tem desculpa para ela desrespeitar os mais velhos". O que, para um, é uma questão menor, para o outro torna-se um problema moral.

É claro, a maioria das crianças, independentemente da forma como são educadas, crescem e se tornam indivíduos independentes *e* pessoas que constroem e mantêm relacionamentos. As crianças realizam ambas as tarefas, mesmo que seus pais tenham se focado exclusivamente em uma. De fato, os pais esperam que os seus filhos sejam independentes e conectados ao mesmo tempo, mas eles se esforçam mais para ensinar o traço que consideram mais importante e deixam para o acaso o traço com o qual se preocupam menos (ou trabalham nele de maneira irregular). A maioria dos pais nunca toma uma decisão consciente sobre o seu foco, porque vem de um valor cultural profundamente arraigado.

Opressão. Ainda assim, há alguns pais que tomam decisões conscientes para orientar os seus filhos a se tornarem independentes ou interdependentes; seu objetivo deliberado é contrapor-se aos efeitos da opressão, como o racismo. Um pai se foca firmemente em estabelecer o seu filho como o membro de um grupo, como parte de seu povo, em vez de valorizar a ideia de ser um indivíduo único; o pai vê o grupo como um escudo entre a criança e a dura realidade. Quando as crianças recebem mensagens negativas sobre elas e sobre o seu povo de parte da sociedade, elas precisam do grupo para validar uma realidade diferente ao seu respeito. Os pais tentam preparar os filhos para a dura realidade de como o mundo irá tratá-los quando eles deixarem a segurança do lar conectando-os firmemente ao próprio povo. Seus métodos de criação relacionam-se a esse objetivo da conexão.

Já alguns pais que fazem parte de grupos oprimidos assumem uma abordagem contrária. Eles ensinam os filhos a serem independentes e a valorizar sua individualidade como forma de enfrentar a opressão. Em ambos os casos, a motivação dos pais não se baseia principalmente na cultura, tratando-se de uma resposta à história e às condições sociais atuais.[3]

A cultura de origem e como ela se relaciona à cultura de educação infantil. O desafio para o educador infantil é conscientizar-se das motivações dos pais, de como a cultura funciona, e o que mais, como a opressão, pode influenciar as práticas de criação dos pais. Com essa consciência deve vir o respeito pelos outros, o que nos traz de volta ao início do capítulo, que começou analisando o respeito. Ao mesmo tempo em que os educadores infantis são receptivos e respeitosos, eles também devem ajudar os pais a compreender o seu próprio comportamento melhor. Às vezes, a motivação, os objetivos e o comportamento dos pais são inconsistentes. Nesse caso, o professor pode ajudá-los a descobrir e a lidar com essas inconsistências.

Por exemplo, uma mãe nova chega com seu filho de 4 anos no centro educacional e, durante a entrevista de matrícula, ela diz à diretora que seu filho precisa de muita disciplina e que é importante dar-lhe palmadas quando ele se comporta mal. A diretora respeitosamente explica que palmadas não são permitidas. A mãe insiste que essa é uma questão cultural para ela, e que a diretora deve orientar as professoras a dar palmadas em seu filho, ou ele ficará mal-educado e descontrolado e não os respeitará. Para essa mãe, esse comportamento é o pior de todos os pecados.

A diretora, ao assumir essa posição em relação às palmadas, não está apenas seguindo ordens legais, mas está refletindo sua cultura de educação infantil, que ela adquiriu além da própria cultura. Antes de entrar no campo da educação infantil, essa diretora costumava dar palmadas nos próprios filhos. Ela acreditava nas palmadas; na verdade, achava que elas eram um ingrediente vital para controlar o comportamento. Agora, ela vê a disciplina como uma diretriz, em vez de controle de comportamento, e tem uma visão bem diferente sobre as palmadas. Ela *tornou-se* um membro da cultura de educação infantil.

Ao continuar a entrevista, a diretora descobre que a mãe tem objetivos pacifistas para o seu filho; seu posicionamento é fortemente contrário à violência. Gentilmente, a diretora aponta que o uso das palmadas pela mãe irá trabalhar contra os objetivos que ela definiu.

A mãe, no início, não está convencida, mas a discussão continua com a diretora esperando que a mãe perceba que as palmadas são contraproducentes para o seu objetivo.

A natureza dinâmica da cultura

A cultura não é algo imutável. Indivíduos mudam, famílias mudam, e a cultura também. Eles nunca permanecem estáticos, especialmente quando se deparam com outras culturas. A cultura está sempre em evolução.

As culturas mudam, sim. Mas, como educadores infantis, devemos dar uma boa olhada no papel do programa na evolução da cultura das crianças. Algumas chegam com uma cultura de origem diferente da que encontram no programa de educação infantil. Quer as crianças mantenham a própria perspectiva cultural, quer expandam ou modifiquem-na por completo e assumam a cultura do programa depende de muitos fatores, incluindo mensagens não ditas da cultura dominante e da mídia. Outro fator é a idade das crianças. Quanto maior a idade da criança ao entrar em um programa culturalmente diferente, menor a probabilidade de perder a própria cultura, especialmente se estiver bem arraigada em sua língua ou cultura de origem. São as crianças menores as mais suscetíveis à influência da cultura dominante.

Os cuidadores infantis precisam estar especialmente atentos a questões de diversidade. É fácil ignorar diferenças sutis entre os estilos dos cuidadores que terão grande impacto nos bebês. Considere o seguinte exemplo: Angel vira seus olhos grandes e castanhos na direção de sua cuidadora, Kimberly. A pele escura de Angel contrasta com a palidez do braço de Kimberly, onde ela está aninhada. Kimberly fala com Angel com uma voz suave. Como a Angel encara essa situação? Ela se sente um pouco desconfortável. Será que ela nota que a maneira como Kimberly a pega no colo é diferente de sua mãe? A voz e a linguagem corporal de Kimberly também são diferentes.

Os bebês se adaptam; eles são pegos de maneiras distintas por diferentes pessoas. Por que não podemos simplesmente presumir que Angel irá se habituar à Kimberly e que tudo ficará bem? Muitos educadores infantis acreditam que a exposição desde cedo a um ambiente multicultural torna as crianças mais abertas à diversidade. Mas isso é verdade? A infância é mesmo a hora de iniciar essa exposição?

O problema é que não sabemos exatamente como os bebês se tornam membros de sua cultura. Não sabemos se a exposição desde cedo a diversas culturas deixa-os mais abertos ou mais confusos. Se, de fato, eles ficam confusos, não sabemos se irão superar a confusão ou se irão se transformar em biculturais (ou até multiculturais) – esse não é um resultado inevitável. Algumas crianças que não receberem fortes mensagens culturais podem crescer e se tornar culturalmente despreparadas. Normalmente, as crianças assumem a cultura principal e rejeitam a própria.

Eis outro exemplo mais drástico de um bebê respondendo a práticas diversas. Michel fica empolgado quando vê uma tigela e uma colher. Ele mexe as pernas e balança os braços, mas quando Helen o senta na cadeira e põe uma tigela para ele comer com as mãos, ele fica sentado ali e não faz tentativa alguma de se alimentar. No começo, ele se mostra estressado. Por fim, ele se joga para trás na cadeira, com um olhar confuso. Sua mãe explica mais tarde que ele foi ensinado desde cedo a não tocar na comida com as mãos. Na verdade, ele costumava comer no colo da mãe, enrolado em uma coberta para impedi-lo de interferir no processo. Obviamente, ele não sabe como reagir a esse novo arranjo.

Na família de Michel, a independência não é um objetivo. Essa família acredita que as crianças nascem com um traço teimoso e independente (em algumas mais forte do que em outras) que deve ser enfraquecido. As práticas de educação dos pais são realizadas de modo a desenvolver a proximidade e a interdependência. Eles se preocupam que seus filhos fiquem muito independentes e não precisem mais deles. A proximidade e a interconectividade são prioridades para a família, em vez da autossuficiência, que eles consideram ser uma característica que se desenvolve naturalmente, educando as crianças para ela ou não.

A maneira como um bebê é tratado é um dos principais fatores em sua socialização e no desenvolvimento de sua futura personalidade. Quem o bebê é (autoidentidade) e como ele se relaciona com os outros são influenciados pelos meses e anos iniciais (LALLY, 1995).

Também é importante compreender que as práticas de educação dos pais são realizadas para preparar as crianças para a vida adulta na cultura daquela família (ROGOFF, 2003). Os cuidadores precisam se conscientizar dos possíveis efeitos que eles podem ter nos bebês que têm origens diferentes das suas.

O número cada vez maior de programas de educação infantil demonstra a importância de se considerar a consequência da exposição do bebê a ambientes transculturais. Os bebês estão recém aprendendo sobre sua cultura, então, o que acontece quando ele – que ainda não incorporou todas essas regras e comportamentos –passa os dias com pessoas de culturas distintas? Ele irá se tornar automaticamente bicultural? Talvez. Mas muitos fatores estão em jogo, incluindo mensagens não ditas de membros da cultura dominante. (Apesar de esse fator ter impacto maior sobre as crianças mais velhas, é difícil dizer com que idade as crianças começam a absorver mensagens não ditas.) Se as crianças aprenderem a enxergar sua cultura de origem como inferior, elas podem ter uma visão negativa sobre si mesmas. Naturalmente, elas querem fazer parte da "cultura superior", podendo rejeitar partes de si e de suas famílias.

É claro, questões de diferenças culturais não estão limitadas à infância. Tem-se dado muita atenção aos estágios iniciais porque é lá que tudo começa, mas a questão das diferenças culturais e da necessidade de sensibilidade cultural prevalece durante toda a educação infantil e além. Por exemplo, crianças de todas as idades que vierem de uma cultura que considera o orgulho como uma grande fraqueza, até um pecado, terão problemas em salas de aula onde dá-se ênfase ao orgulho pessoal. Como essas crianças irão lidar com esses dois estímulos distintos? Irão aprender a sentir orgulho em sala de aula e a desligar esses sentimentos em casa? Ou irão escolher uma visão cultural em detrimento da outra? Quantas irão levar para casa a visão do professor e resistir aos ensinamentos da família daí por diante? E, se resistirem a esse aspecto da cultura, irão resistir a outros aspectos também? Imagine o que acontece com as crianças que são colocadas nessa situação.

Para crianças sob cuidado infantil, sensibilidade e responsividade cultural podem fazer uma grande diferença: se irão continuar firmemente arraigadas a sua cultura, se irão assumir a cultura dominante ou se irão vacilar entre as culturas sem se sentir parte de nenhuma (PHILLIPS, 1995).

A evolução da cultura de educação infantil

Os educadores infantis devem aprender a respeitar as diferentes práticas e, ainda assim, ser profissionais e compartilhar sua especialidade. É importante reconhecer que as famílias mudam quando entram em contato com educadores infantis de diferentes origens, mas os educadores mudam também. A aculturação é um processo de duas vias. Alguns valores e práticas antigos permanecem intactos, alguns permanecem, mas com modificações, e outros são rejeitados em favor de outros, mais recentes (PATEL; POWER; BHAVNAGRI, 1996). Esse processo possibilita às crianças, às famílias e aos educadores operar flexivelmente em duas ou mais culturas.

A cultura não é estática. A cultura da educação infantil é tão suscetível a mudanças quanto qualquer outra. Se os educadores infantis abrirem a mente o bastante, às vezes serão eles que irão sofrer transformações ao se deparar com maneiras distintas de ser e de pensar. Ser um bom educador infantil envolve dar e receber. Às vezes, ensinamos os outros, e às vezes somos nós que aprendemos. Quando um educador infantil adota uma perspectiva diferente e muda a prática de um programa, ele expande os parâmetros da cultura de educação infantil.

UMA HISTÓRIA PARA TERMINAR

Certa vez, frequentei um seminário em um instituto para estudantes de licenciatura a respeito de diversidade linguística e cultural na educação infantil. Os apresentadores falavam sobre a "cultura da educação infantil", mas eu não tinha certeza de que isso realmente existia. No entanto, um exercício provou a mim e ao grupo que, de fato, *existe* uma cultura de educação infantil que une os profissionais.

Os líderes dividiram os participantes em três grupos. A tarefa do primeiro grupo era se focar nos pais; a do segundo, nos professores; e a do terceiro, nas crianças: as orientações foram escritas em três cartões, sendo bastante simples. "Liste as características de um(a) bom(boa) ... e as de um(a) mau(má) ..." Os espaços em branco estavam preenchidos com "pai/mãe", "professor" ou "criança", dependendo do grupo.

O grupo que tirou o cartão dos pais foi direto ao trabalho; eles não tiveram dificuldades em criar uma lista. O grupo com o cartão dos professores também não teve problemas; estava claro para eles quais eram as características distintas dos bons e dos maus professores.

Fiquei no grupo que cuidava das crianças. Tivemos enormes dificuldades para completar a nossa tarefa. Primeiro, concordamos que não havia crianças "más"; não é a criança que é má, e sim o seu comportamento. Mas depois discutimos que não deveríamos nem usar a palavra "má" – comportamento inaceitável, comportamento antissocial, comportamento agressivo, mas não *mau* comportamento.

Estávamos nos sentindo frustrados e indignados com essa tarefa. Não havíamos nem compreendido como lidar com os nossos sentimentos e com a tarefa quando fomos notificados de que o exercício havia acabado e era hora de nos reportarmos à turma. Tínhamos de tomar uma decisão rápida.

Quando chegou a nossa vez de compartilhar as listas, explicamos que nos recusamos a realizar a tarefa porque concordávamos que não havia crianças "más". "Todas as crianças são boas", dissemos enfaticamente. Os líderes que pensaram na tarefa assentiram. "Viram", disseram eles, "essa é a cultura da educação infantil em funcionamento!". O que aprendemos é que concordávamos porque, mesmo sem saber, compartilhávamos uma cultura proveniente de nosso treinamento e de nossas experiências profissionais. Se o grupo tivesse sido composto de pessoas escolhidas aleatoriamente na rua, elas possivelmente não teriam concordado que não há crianças "más", nem que não existe "mau" comportamento.

RESUMO

Recursos on-line

Visite **www.mhhe.com/gonzalezfound6e** para acessar recursos para estudo e *links* relacionados a este capítulo (em inglês).

O ambiente socioemocional do programa de educação infantil deve transmitir respeito, cordialidade, cuidado, aceitação, proteção e responsividade. Mas essas qualidades, isoladamente, não são o bastante para criar um ambiente saudável e seguro; a continuidade é o ingrediente final. Dois obstáculos à continuidade encontrados no campo da educação infantil são a rotatividade pessoal e a troca anual das crianças de uma sala de aula a outra. Devem-se providenciar alterações para crianças com necessidades especiais. Diversas considerações culturais devem ser levadas em conta ao se planejar o ambiente socioemocional da educação infantil. A primeira consideração é se ele deve se focar nas crianças individualmente ou na comunidade – ou se deve organizar o programa seguindo um modelo familiar. Outro aspecto cultural que o programa de educação infantil deve levar em conta é a diferença entre filosofias de famílias que se focam na independência e as que se focam na interdependência das crianças. O desafio é aprender a respeitar a cultura de origem e, ao mesmo tempo, cumprir as responsabilidades profissionais da cultura da educação infantil. Como a cultura evolui continuamente, a cultura das famílias – e até dos funcionários – não irá permanecer a mesma; assim como a cultura da educação infantil.

QUESTÕES PARA REFLEXÃO

1. Você se lembra de alguma ocasião em que foi tratado com desrespeito? O que aconteceu? Como você se sentiu? Lembre-se de uma ocasião em que foi tratado com respeito. O que aconteceu? Como você se sentiu? Como você pode usar sua própria experiência para ajudá-lo a tratar as crianças com respeito?
2. Você está ciente da natureza socioemocional dos ambientes onde passa o seu tempo? Você consegue separar os efeitos dos aspectos físicos dos aspectos socioemocionais? Dê um exemplo de aspecto socioemocional de um ambiente que tenha um efeito negativo sobre você. E de um que tenha efeito positivo. Como o ambiente socioemocional dessa sala de aula o afeta? O que você mudaria para criar um efeito mais positivo?
3. Onde você se sente mais confortável, seguro, feliz e criativo hoje? O quanto dos seus sentimentos são resultado do ambiente socioemo-

cional? Você tem ideias sobre como os ambientes físico e socioemocional interagem para criar uma sensação de "lar"?
4. Nomeie a sua cultura. Se você tiver dificuldades, talvez pense que não tenha uma cultura. Você tem. Todo mundo tem uma cultura, quer tenham consciência disso ou não. Considerando que você tem uma cultura, como acha que aprendeu sobre suas regras?
5. Qual o papel que você acha que a cultura tem na determinação dos ambientes socioemocionais que o fazem se sentir confortável e em casa?
6. Quais as suas experiências com os conflitos entre "comunidade e individualidade"? Os objetivos de construir uma comunidade são compatíveis com a aprendizagem para ser um indivíduo? Onde terminam os direitos do indivíduo e começam os direitos da comunidade? Quais são as suas ideias, seus sentimentos e suas experiências sobre o assunto?
7. Os seus pais e/ou a sua família dão forte prioridade à independência ou mais à interdependência? Como você sabe? Que fatores específicos na forma como você foi criado indicam que um ou o outro era a prioridade? Por que você acha que os seus pais e/ou sua família tinham essas prioridades?
8. Quais são as suas experiências com a opressão? O que as suas experiências o fizeram acreditar sobre como trabalhar com as crianças para superar os efeitos da opressão?

EXPRESSÕES-CHAVE

Quantas das próximas palavras você consegue utilizar em uma frase? Você sabe o que elas significam?

mainstreaming 222
integração 222
inclusão total 222
ambiente natural 222

normalização 222
Americans with Disabilities Act 223
cultura de origem 225
cultura de educação infantil 225

NOTAS

1. Linda dirige um programa que promove a inclusão total de crianças com necessidades especiais em programas de cuidado e educação para bebês-infantes. O programa, Beginning Together, faz parte do California Institute for Human Services.
2. Um projeto realizado pela WestEd na Califórnia por diversos anos chama-se Bridging Cultures, e ele examina de perto questões como independência e interdependência usando uma estrutura de individualismo e coletivismo. Diversos livros e artigos relacionados a esse projeto estão inclusos nas referências. O último foco desse projeto em andamento são o cuidado e a educação infantil. Esse projeto resultou em um módulo de treinamento. Veja Zepeda et al. (2006).
3. Essas informações sobre opressão vêm de comunicações pessoais de Intisar Shareef, Ed.D.

Rotinas

10

CUIDADO COMO CURRÍCULO
Interações sincrônicas
Apego
ROTINAS DE CUIDADO FÍSICO
Alimentação
Uso do banheiro
Repouso

Higiene e vestimenta
Foco na inclusão: adaptando rotinas para crianças com necessidades especiais
OUTRAS ROTINAS
Transições
Hora da roda
UMA HISTÓRIA PARA TERMINAR

NESTE CAPÍTULO VOCÊ IRÁ DESCOBRIR

- por que o cuidado é considerado parte do currículo;
- o que são as interações sincrônicas e como elas criam apego;
- quatro rituais do cuidado;
- o que e como dar de comer às crianças;
- como questões de alimentação variam de acordo com a idade;
- como tornar a troca de fraldas uma experiência valiosa para o bebê;
- o conceito de prontidão no uso do banheiro;
- que existe mais de um método de ensinar a usar o banheiro;

- como o repouso varia de acordo com a idade;
- que questões culturais e relacionados ao desenvolvimento envolvem a higiene e as vestimentas das crianças pequenas;
- o que é "transição";
- como passar de um "caos" a um ritual;
- como lidar com chegadas e partidas emocionalmente carregadas;
- como a hora da organização funciona em diferentes programas;
- como funciona a hora da roda.

Rotinas diárias formam a estrutura do dia das crianças pequenas; algumas crianças dependem delas para se sentirem seguras. Até mesmo os adultos se familiarizam com elas e gostam de certos tipos de estrutura. Assim como as rotinas diárias variam de pessoa para pessoa e de lar para lar, elas também variam entre programas de educação infantil. Em alguns programas, as rotinas diárias refletem uma estrutura mais aberta, e a sequência geral dos eventos move-se com o ritmo e o fluxo da turma; em outros programas, as rotinas diárias são precisamente divididas em segmentos de tempo e reguladas pelo relógio. (São 10 horas – hora de lanchar.) Mas não importa que tipo de roteiro o programa infantil siga, há certas rotinas que devem ocorrer diariamente (ver o quadro *Dicas e técnicas*, na página 238).

Este capítulo se foca em quatro rotinas de cuidado – alimentação, uso do banheiro, repouso e higiene e vestimenta – e como elas formam uma parte integral do plano de ensino do programa de educação infantil. Também iremos examinar as transições e a hora da roda, duas rotinas que também funcionam como componentes importantes do currículo. E, o mais importante, iremos discutir como essas diversas rotinas devem ser realizadas de maneira que sejam adequadas à idade, interativas e instrutivas.

Se este capítulo tivesse sido escrito exclusivamente para professores da pré-escola, jardim de infância e anos escolares iniciais, ele teria um foco diferente; em vez de dar mais ênfase aos elementos das rotinas físicas, iria se concentrar mais em tempos de transição e cronogramas. Quando as crianças vão ficando mais velhas, a ênfase no envolvimento do professor em suas necessidades e cuidados físicos diminui. Mas, como os programas para bebês e crianças que começam a caminhar estão crescendo rapidamente, todas as pessoas envolvidas na educação infantil precisam ter pelo menos noções dos elementos essenciais do cuidado e da educação. Não que este capítulo também não seja pertinente para crianças mais velhas. O cuidado físico e a atenção dos adultos continuam sendo importantes durante toda a educação infantil, mesmo quando o uso do banheiro passa a ser uma questão privada; e as crianças irão continuar aprendendo sobre alimentação e nutrição, mesmo depois de não precisarem mais ser alimentadas na boca. Na verdade, o número de obesos do país mostra que devemos intensificar a educação das crianças sobre nutrição e exercícios enquanto elas ainda estão formando seus hábitos.

Cuidado como currículo

O educador infantil deve reconhecer que as crianças estão *sempre* aprendendo – mesmo quando elas estão envolvidas com atividades como comer, usar o banheiro, descansar, arrumar-se e vestir-se. Essas atividades de cuidado consomem uma boa parte do tempo do programa e podem ser consideradas uma bênção ou maldição, dependendo do ponto de vista. Elas são uma maldição para quem não consegue ver o seu significado, e uma bênção para educadores infantis que consideram as rotinas de cuidado como uma forma de compartilhar momentos interativos e frequentemente íntimos com as crianças. Rotinas de cuidado proporcionam oportunidades de interação – as quais aumentam o relacionamento e desenvolvem apego.

Apesar de os padrões de programa da NAEYC não associarem o cuidado ao currículo, é fácil estabelecer essa conexão simplesmente justapondo o Padrão 1 sobre relacionamentos com o Padrão 2 sobre o currículo. Ao ler os dois padrões com a ideia de que o cuidado é um comportamento focado nos objetivos, fica fácil de ver como profissionais bem treinados podem usar o cuidado para criar relacionamentos positivos com as crianças, conforme estabelecido pelo Padrão 1, que trata da promoção de relacionamentos. A ideia por trás do Padrão 1 é:

> Relações positivas são essenciais para o desenvolvimento da responsabilidade pessoal, para capacidade de autorregulação, para interações construtivas

Padrões do programa NAEYC 1 e 2

Relacionamento e Currículo

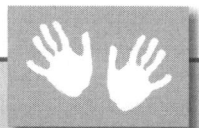

> **DICAS E TÉCNICAS**
>
> **Elementos de uma estrutura diária**
>
> Quer um programa infantil siga um roteiro aberto, quer siga um roteiro fechado e bem estruturado, os elementos a seguir devem fazer parte da rotina diária:
>
> - *Inícios e fins.* Deve haver um início e um fim para o dia ou para a sessão, quer para o indivíduo, quer para a turma. Cada criança deve receber algum tipo de saudação ou despedida, mesmo que a chegada e a partida sejam escalonadas.
> - *Atenção às necessidades.* Indivíduos – tanto crianças quanto adultos – devem poder ter suas necessidades atendidas com razoável prontidão sem ter de se ater a um roteiro muito rígido ou a um ritmo inflexível por parte da turma.
> - *Equilíbrio.* Deve haver um equilíbrio adequado ao desenvolvimento entre (1) liberdade individual e consideração da turma, (2) desafio e segurança e (3) estabilidade e flexibilidade.
> - *Escolhas.* Cada dia as crianças devem ter oportunidades de decidir como passar o tempo. Esse tipo de tomada de decisão é uma prática importante para o futuro, dá às crianças uma chance de perceber as consequências de suas escolhas, ajuda-as a determinar do que gostam e do que não gostam e, assim, empodera as crianças.
> - *Coisas para fazer.* O equipamento, os materiais e as atividades disponíveis devem ser interessantes, adequados conforme a idade e a cultura e devem ajudar as crianças a estabelecer conexões cognitivas e significativas para elas.
> - *Oportunidades variadas.* Deve haver oportunidades para jogos e trabalhos em ambientes abertos e fechados, tanto para atividades silenciosas quanto ativas. As crianças também devem ter oportunidades diárias para brincar e trabalhar sozinhas, em duplas ou em trios, em grupos pequenos e, quando adequado, em grupos maiores.
> - *Ênfase na criança como um todo.* As crianças devem ter experiências diárias que ampliem sua mente e o seu corpo, reconheçam os seus sentimentos e facilitem as suas habilidades sociais.
> - *Relacionamento.* Ajudar as crianças a estabelecer conexões umas com as outras e com os educadores deve ser uma das prioridades todos os dias.
> - *Educação.* O ambiente, as atividades planejadas e os projetos devem proporcionar aprendizagens significativas e aprofundadas, além de um desenvolvimento diretamente relacionado à vida e aos interesses das crianças. Além disso, os adultos devem estar atentos e se aproveitar das oportunidades de aprendizagem e desenvolvimento não planejadas. Os adultos devem tomar cuidado para não deixar que esses momentos de ensino se percam.

com os outros e para desenvolver domínio sobre as funções acadêmicas. (NATIONAL ASSOCIATION FOR THE EDUCATION OF YOUNG CHILDREN, c2005, p. 9).[1]

Ao terminar este capítulo, você deve entender que o Padrão 2 também se aplica, porque os cuidados promovem a aprendizagem e o desempenho em cada um dos domínios a seguir: estético, cognitivo, emocional, linguístico, físico e social. Até mesmo a lógica por trás do padrão se encaixa, porque o cuidado pode incorporar, conforme afirma o padrão:

> [...] conceitos e habilidades assim como métodos efetivos para promover a aprendizagem e o desenvolvimento. Quando informado sobre o conhecimento dos professores acerca de cada criança, um currículo bem-articulado (cuidador) orienta os professores de modo a proporcionar às crianças experiências que promovam o crescimento em uma ampla gama de conteúdos e áreas de desenvolvimento. (NATIONAL ASSOCIATION FOR THE EDUCATION OF YOUNG CHILDREN, c2005).

Sandy Baba compartilha a sua experiência criando um currículo infantil que se enquadra nos padrões de programa da NAEYC e que faz sentido. Veja a história em *Vozes da experiência*.

Fui ensinada pela minha mentora, Magda Gerber, que o cuidado é o currículo. Tive a oportunidade de viajar para Budapeste, na Hungria, cinco vezes para visitar o Instituto Pikler, o orfanato onde Magda recebeu o seu treinamento e desenvolveu sua filosofia. Filosofia essa que serve de base para este livro e que é usada hoje pelo Resources for Infant Educarers (RIE) para preparar educadores infantis e pais dos Estados Unidos. Essas viagens para Budapeste abriram os meus olhos para uma compreensão mais aprofundada de como o cuidado se torna o currículo. As cuidadoras lá são chamadas de enfermeiras, e elas são treinadas para dar atenção individual focada durante as rotinas de cuidado. Magda ensinava sobre a sincronia, mas nunca vi tal sincronia enquanto passava pelas enfermeiras vestindo as crianças ou dando-lhes banho (ou alimentando as menores). Como na maior parte do tempo as crianças estão em grupos, e como esse é um centro de cuidado 24 horas, as enfermeiras fazem uso dos momentos de cuidado para interagir com cada criança individualmente, o que faz da linguagem parte importante da interação. É possível ver tanto a aprendizagem quanto a proximidade do seu relacionamento só de observar a enfermeira realizando as rotinas de cuidado. Nenhuma outra hora do dia é tão rica quanto essas interações face a face durante o cuidado. Quando o cuidado recebe a importância que lhe é dado no Instituto Pikler, é fácil de relacioná-lo aos Padrões 1 e 2 da NAEYC sobre relacionamentos e currículo. Veja o quadro *A teoria por trás da prática* para dar uma olhada no trabalho da Dra. Emmi Pikler, a fundadora do Instituto Pikler.

Após ir para Budapeste e ver com os meus próprios olhos o contraste entre um programa que considera o cuidado um plano de aprendizagem fundamental e um programa comum nos Estados Unidos, estou cada vez mais convencida de que este é um importante capítulo do livro. As crianças que são cuidadas em grupos, mesmo que não seja em um ambiente residencial, precisam de atenção individualizada, o que só acontece se as rotinas de cuidado forem consideradas momentos importantes da aprendizagem.

Interações sincrônicas

A qualidade das interações entre adultos e crianças faz uma grande diferença no desenvolvimento de relacionamentos. As crianças

Cuidadores familiares precisam planejar o seu espaço para que ele sirva a mais de um propósito e seja adequado à idade das crianças presentes.

> **VOZES DA EXPERIÊNCIA**
>
> **Com o que se parece um currículo infantil?**
>
> Eu me lembro vividamente de minha luta, durante o segundo ano de curso, para criar um projeto para o quadro de avisos. A sala de aula tinha seis bebês, e o meu projeto era exibir um currículo infantil no quadro de avisos para que os pais e as famílias soubessem o que os bebês faziam em sala de aula com os professores durante o dia. Dia após dia, pensava em como seria o currículo, mas não fazia ideia de como dar início ao projeto. Pesquisei na biblioteca esperando encontrar um exemplo de currículo infantil, mas isso não ajudou. As perguntas e os desafios que continuava tendo eram: "Então, o que é um currículo infantil? Por que é tão difícil elaborar um?".
>
> Por causa dessa dificuldade, comecei a refletir sobre as rotinas das crianças em sala de aula. Comecei a pensar em Zoe, um bebê de 4 meses. Ela normalmente gostava de brincar no chão, balbuciar com uma professora e pegar no sono por conta própria, enquanto Joey, um bebê de 6 meses, gostava de ser pego no colo e que lhe lessem alguma coisa antes de tirar uma soneca. Após refletir sobre as rotinas individuais das crianças, como seria possível criar um roteiro em que todos se encaixassem? De repente, uma luz se acendeu na minha cabeça e percebi que não havia um currículo "estabelecido" para bebês. Os bebês não precisam de um roteiro como as crianças mais velhas, já que têm seus próprios horários para dormir, comer, brincar e explorar. Cada momento em que sentiam o mundo era uma experiência de aprendizagem.
>
> Quando penso nisso agora, fico feliz por não ter encontrado nada para pôr no quadro de avisos como se fosse um currículo infantil! No entanto, criei um fluxograma para mostrar aos pais o que os professores faziam em sala de aula para auxiliar o desenvolvimento dos seus bebês durante as rotinas diárias. Tendo passado por essa "dor" profissional, me sinto perfeitamente tranquila com os bebês, porque realmente compreendi o que eles necessitam e posso comunicar às famílias o que elas podem fazer para auxiliar o desenvolvimento dos seus filhos.
>
> —**Sandy Baba**

interação sincrônica Interação coordenada em que uma pessoa responde à outra rapidamente, de modo que uma resposta influencie a outra em um tipo de reação em cadeia rítmica que cria conexões.

precisam de diversas interações face a face com os adultos todos os dias; elas precisam que os adultos lhes deem atenção, respondam a elas e respeitem quem elas são. A sincronia é o que faz essas interações funcionarem. Para ilustrar, vamos ver um exemplo de **interação sincrônica**.

Davi é um bebê faminto! Ele acabou de acordar e está gritando muito. Sua cuidadora, Joana, está correndo para aprontar a sua garrafa. Ela fala alto para reafirmar que está indo. É difícil dizer se ele a ouve devido à altura dos seus gritos. Por fim, ela chega lá com tudo pronto. Ele se acalma um pouco ao ouvir a voz dela dizendo que vai pegá-lo no colo. Ela estende os braços e ele se projeta ligeiramente adiante. Ela sabe que ele está respondendo a ela.

Pouco tempo depois, ambos estão sentados confortavelmente próximo à janela. Joana aninha a cabeça de Davi no seu braço e segura sua cabeça ligeiramente mais alto do que o resto do corpo. Ela pega a mamadeira e roça o bico de leve em sua bochecha. Ele se vira imediatamente naquela direção, e o bico desliza suavemente em sua boca. Davi fecha os olhos e chupa furiosamente a mamadeira. Ele não pausa ou respira por aparentemente muito tempo. Por fim, ele para um pouco, soltando o bico, mas logo se projeta contra a mamadeira e começa de novo.

Joana não conversa nem o distrai de maneira alguma. Ela sabe que ele precisa se focar em comer. No final, ele se acalma e a cuidadora começa a falar com ele. "Você estava com muita fome", ela diz. "Nossa, olha como você comeu!" Ele para de chupar por um minuto, solta o bico de novo, encara-a nos olhos e abre um grande sorriso. A seguir, ele volta a dar atenção à sua tarefa: esvaziar a mamadeira e encher o seu estômago.

A TEORIA POR TRÁS DA PRÁTICA

Emmi Pikler, MD

A pesquisa inicial sobre o desenvolvimento motor amplo da Dra. Emmi Pikler mostrou os benefícios do papel ativo do bebê em seu próprio desenvolvimento, quando lhe era permitido liberdade de movimentação. Ela defendia nunca colocar os bebês em posições que eles não conseguem assumir sozinhos, uma noção drástica para as pessoas que estão ansiosas para acelerar o desenvolvimento. Pikler prosseguiu com sua pesquisa após fundar o orfanato denominado de Lóczy, nome da rua onde fica, e que agora se chama Instituto Pikler. Pikler treinava cada cuidadora (chamadas de enfermeiras) para criar um tipo especial de relacionamento entre elas e o pequeno número de crianças sob seus cuidados. A ideia é que, quando cada criança tem um relacionamento particularmente íntimo com um adulto, o cuidado torna-se uma atividade educacional e, até, terapêutica. Fora dos momentos de cuidado, as crianças recebem uma grande dose de liberdade, para se desenvolverem independentemente dos adultos. Anna Tardos, filha de Emmi Pikler, atualmente dirige o instituto e dá continuidade ao trabalho que sua mãe começou. Para ler mais sobre o Instituto Pikler e encontrar mais recursos, leia *Lóczy*, de Myriam David e Genevieve Appell (2001).

* Você consegue ver a sincronia nessa interação? Joana estava sintonizada em Davi. Ela sabia exatamente do que ele precisava e como providenciar. Ela inclusive sabia que não devia enfiar a mamadeira em sua boca. Em vez disso, ela roçou o bico em sua bochecha, ativando seu reflexo de busca. Ações pequenas assim dão poder às crianças: foi Davi quem colocou o bico na boca, e não Joana. Ela só estabeleceu as condições para que ele pudesse fazê-lo. Joana sabia quando falar e quando ficar quieta. Ela conseguiu extrair um sorriso dele, o que, por sua vez, a fez sorrir e a deixou contente. Esses dois estavam em perfeita sincronia.

Não é necessário dar de mamar muitas vezes para que Davi e Joana desenvolvam uma relação íntima. Como a Joana é a principal cuidadora de Davi, é ela quem normalmente o alimenta. Tal conduta também ajuda a promover o seu relacionamento.

O que você acabou de ver foi uma cuidadora e um bebê em uma interação sincrônica. Agora vejamos como um professor e uma aluna da pré-escola interagem sincronicamente.

Renata está parada no pátio sozinha, cabisbaixa. O professor Teodoro se aproxima e põe a mão no seu ombro. Ela olha para ele, que pergunta: "Aconteceu alguma coisa?".

"Eu não estou me sentindo bem", Renata responde baixinho. O professor fica de joelhos e a encara nos olhos. Uma grande lágrima escorre pela sua bochecha.

"O que foi?", pergunta o professor, e Renata subitamente se joga em seus braços, segurando-o com firmeza. Ele abraça firme e sente que ela dá um grande suspiro.

Ele está prestes a tocar a testa para ver se ela está doente, quando ela fala: "Eu estou com saudades da minha mãe". Ela se afasta dele e se vira de costas, encarando o chão. Ele fica parado esperando, sem ir até ela. Ela se vira e diz, com raiva: "Elas são tão más!".

"Más!", repete o professor Teodoro, esperando o que mais ela vai dizer. Ela começa a se mover na direção dele, que estende a mão. Ela pega, e ele sente que ela está tremendo. "Eles disseram que eu não poderia brincar". Ela está puxando ele agora, levando-o pelo pátio até a caixa de areia.

"Posso brincar, sim", ela grita com três garotas que estão cavocando. Ela segura firme a mão do professor. "Venha, você pode brincar", diz uma das garotas. "A gente nunca disse que você não podia!". "Tá, mas o balde verde é meu", grita Renata. A mesma garota dá de ombros e empurra o balde na direção dela.

Renata solta a mão do professor e agarra o balde. Ela se senta e começa a enchê-lo de areia.

O professor se abaixa até ficar na altura de seu rosto. "Está tudo bem agora?", ele pergunta suavemente. Ela dá um sorriso – um bem grande. Não são necessárias palavras; seu sorriso diz tudo. "Então, não vai precisar de mim agora?", ele pergunta, afastando-se. Ela o dispensa com um gesto majestoso e continua cavocando.

Essas interações – entre Joana e Davi e entre o professor Teodoro e Renata – são como estabelecer conexões que acabam formando um relacionamento. Com muitas conexões, essas crianças e os adultos podem se apegar uns aos outros – se é que ainda não estão apegados.

Apego

apego Laço duradouro de afeto entre uma criança e seu cuidador, dando à criança a sensação de amparo e segurança. Desenvolver um apego confiável e seguro por meio da consistência, da responsividade e da previsibilidade mostra às crianças que o cuidador irá atender às suas necessidades, deixando-as livres para explorar o ambiente.

Por que o **apego** é importante na educação infantil? Nos níveis mais altos da educação, ninguém se preocupa se os alunos se apegam ao professor. É claro, ajuda se os alunos gostarem do professor, mas o desenvolvimento de uma ligação íntima não é necessariamente um pré-requisito para a aprendizagem. No entanto, na educação infantil é diferente, porque o apego é uma parte vital da atmosfera de aprendizagem. As crianças pequenas sentem-se seguras quando estão apegadas, portanto, têm mais liberdade para aprender. Além disso, quando os adultos e as crianças desenvolvem apego, eles se compreendem melhor; os adultos podem ser professores mais efetivos, e o processo de ensino-aprendizagem é mais aprimorado.

Como o apego auxilia o mútuo entendimento? Quanto mais jovem a criança, mais o adulto deve utilizar a comunicação não verbal para compreender as necessidades dela e onde estão suas falhas de aprendizagem. O apego proporciona uma proximidade que facilita a comunicação e a compreensão. Pense nas pessoas que você conhece bem e com quem tem intimidade, que podem enviar sinais que você enxerga mas que os outros podem não perceber. Por exemplo, conheço um garoto que não costuma expressar a sua raiva abertamente, mas vira o rosto de determinada maneira e cantarola uma canção – sempre a mesma – quando está frustrado ou chateado. Também conheço uma garota que mexe no cabelo quando está cansada e um bebê que cospe para cima quando está com medo.

A comunicação é difícil em situações em que você não conhece as crianças e precisa determinar do que elas precisam e o que estão tentando expressar. Quando você não consegue entender o que elas estão dizendo nem ler os seus sinais, é mais provável que você projete suas próprias necessidades nas crianças do que se a comunicação entre vocês fosse boa. Por exemplo, você pode colocar roupas demais em uma criança ativa porque você sentiu frio por estar há muito tempo parado. Da mesma forma, se você estivesse com fome ou sono, poderia alimentar um bebê ou colocá-lo para dormir prematuramente.

O apego não só facilita a comunicação e ajuda o adulto no papel de cuidador e facilitador do processo de ensino-aprendizagem, como também é vital para o desenvolvimento das crianças pequenas. É claro, o apego mais importante deve se dar em casa, como normalmente acontece. A maioria das crianças já é apegada a um adulto quando chega ao programa de educação infantil, então, o que ocorre no programa é um apego secundário. O objetivo não é substituir o apego primário, mas atender a uma necessidade de conexão íntima enquanto a criança fica longe da família. As crianças precisam ficar ao redor de adultos que demonstram se importar com elas pessoalmente. Elas precisam que os adultos estejam em sintonia com elas para criar os tipos de interação que levam ao desenvolvimento de relações íntimas e duradouras. Os programas de educação infantil não podem simplesmente educar e cuidar das crianças sem considerar as suas necessidades de apego.

Existem muitos modelos de cuidado, não apenas um, mas também existe um limite para o número de cuidadores com quem uma criança consegue se relacionar. Por exemplo, um programa infantil pode ter muitos bebês e muitas cuidadoras, assim impedindo inadvertidamente o apego entre adultos e crianças. Para ajudar a resolver esse problema, o programa pode usar aquilo que se convencionou chamar de **sistema de cuidado primário**.

Independentemente de como é feito, é importante que bebês e crianças desenvolvam relacionamentos e se sintam conectados a um ou mais adultos no programa. Às vezes, tais conexões precisam ser planejadas, porque não acontecem automaticamente. É assim que o conceito de cuidado primário surgiu, quando ficou claro que os programas precisavam construir mecanismos de conexão.

Rotinas de cuidado físico

Esta seção se foca no modo como realizar rotinas em quatro áreas: alimentação, uso do banheiro, repouso e higiene e vestimenta. Além disso, são apresentadas algumas maneiras de tornar os tempos de transição mais fáceis, para que as crianças passem de uma atividade a outra.

Alimentação

Bebês. Durante os primeiros meses de vida, os bebês se alimentam apenas de leite materno ou de leite artificial. As mães – e os pais – que estão dispostos a tirar um tempo a mais e se esforçar para vir e alimentar os seus bebês periodicamente são muito bem-vindos. Para as mães que dão de mamar no peito, deve-se proporcionar um espaço privado e tranquilo. Para o cuidador, essa função pode nem sempre ser fácil por causa do tempo (se o bebê estiver com fome e a mãe não estiver lá, ele tem um problema!), mas vale a pena a dedicação extra para que o bebê possa mamar no peito e/ou ter um tempo a sós com a sua mãe.

Bebês que tomam leite na mamadeira também precisam de privacidade e de tranquilidade, para que não sejam distraídos da alimentação. Os bebês devem ficar no colo quando se alimentam e *jamais* ficar sozinhos com a mamadeira. Bebês sozinhos na cama com uma mamadeira são uma receita para o desastre: eles podem se engasgar e correm o risco de sofrer infecções nos ouvidos e nos dentes. Além disso, eles perdem a intimidade de ficar no colo e ser atendidos durante o processo de alimentação. A alimentação pode ser uma experiência íntima e emocional, a qual promove os relacionamentos.

Lembra-se da cena com a Joana e o Davi? Aquele exemplo ilustra não apenas como um bebê deve ser alimentado, mas também como a alimentação contribui para a intimidade. Joana e Davi estavam em sincronia. Joana demonstrou o seu conhecimento sobre bebês em geral e sobre Davi em particular, e Davi demonstrou que sabia como interagir com Joana, começando com os primeiros gritos para informá-la de que estava acordado e com fome e terminando com um grande sorriso que a aproximou dele.

De acordo com Erik Erikson, uma grande tarefa da infância é estabelecer um confiança básica. As rotinas de cuidado contribuem para essa tarefa quando são realizadas no momento adequado com entusiasmo, sensibilidade e receptividade.

O acréscimo de sólidos à dieta (além do leite) normalmente começa por volta dos 6 meses. Sólidos podem ser evitados até a criança ter 1 ano, dependendo da família, do conselho do pediatra ou da política do programa. Costuma ser melhor deixar a família assumir a responsabilidade de dizer quando e como começar a dar sólidos. Uma regra geral é introduzir um alimento novo (batido) por vez e começar só com o gosto. Acrescen-

> **sistema de cuidado primário** Sistema de cuidado em que os bebês e as crianças são divididos e confinados (em grupos de três ou quatro) a cuidadores específicos, que se tornam responsáveis por atender às suas necessidades e manter registros. O objetivo dessa abordagem é promover a intimidade e o apego, mas não a exclusividade. Um importante aspecto desse sistema é que cada criança conheça e se relacione com outros cuidadores, também.

te uma colherada por dia e, em uma ou duas semanas, o bebê estará comendo uma porção de quantidade razoável. O motivo para dar um tipo novo de comida por vez é detectar possíveis sensibilidades; se um bebê tivesse uma reação alérgica após comer um cozido com oito ingredientes distintos, seria difícil dizer qual alimento causou o transtorno.

Não acrescente açúcar, sal ou outros temperos; o sabor natural da comida é tudo do que os bebês precisam. Tome bastante cuidado para evitar sabores e cores artificiais.

Uma das tarefas do bebê é explorar o mundo, e a comida é o meio perfeito. É importante permitir que os bebês façam bagunça na hora da refeição e que tenham bastante tempo para comer. Comer com as mãos dá às crianças a chance de se alimentar sozinhas (apesar de algumas culturas desestimularem isso). A criança pode inclusive se responsabilizar pela própria alimentação comendo de colher; mas cuidado, pois existem ideias distintas acerca disso em diversas culturas.

Os bebês precisam sentar em cadeiras altas para comer? Apesar de ser uma prática comum por conveniência – para colocar a criança no nível do adulto – é possível administrar um programa de educação infantil sem uma única cadeira alta. Bebês muito jovens para sentar podem ser pegos no colo, o que permite maior contato físico e intimidade. Bebês que se movimentam podem sentar em uma mesa baixa com uma cadeira na qual podem subir e descer por conta própria. Esse arranjo dá mais autonomia e poder de decisão aos bebês, que não precisam esperar o adulto vir soltá-los da cadeira

Crianças pequenas. A principal tarefa das crianças que começam a caminhar é tentar fazer as coisas por conta própria e demonstrar independência. Se promover a independência for o objetivo do programa e da família, então, as crianças devem ter permissão de ajudar não só com o processo de alimentação, mas também com a preparação da comida, na medida da sua capacidade. Dar às crianças que começam a caminhar escolhas limitadas também ajuda a evitar as disputas de poder que surgem tão facilmente. Elas precisam de paciência e compreensão. Também é importante perceber que o apetite das crianças costuma diminuir drasticamente quando começam a aprender a caminhar; o bebê que era um grande comilão pode se tornar uma criança que começa a caminhar que mexe na comida e só dá algumas mordidinhas de vez em quando.

Comer deve ser uma ocasião social prazerosa.

Crianças em idade pré-escolar e escolar. As crianças nessa idade estão começando a se alimentar adequadamente. Comparadas com os adultos, elas ainda fazem bagunça, mas comparadas com bebês ou crianças que começam a caminhar, elas são incrivelmente organizadas. Elas podem ser incluídas na preparação das refeições e na limpeza. Crianças nessa idade precisam aprender sobre nutrição para que possam tomar boas decisões alimentares ao crescerem. Os hábitos se formam cedo, e é responsabilidade dos adultos ajudar as crianças pequenas a formar hábitos alimentares saudáveis desde a juventude.

A pirâmide alimentar deve servir como guia nutricional; ela define os tipos de comidas e as proporções adequadas que constituem uma dieta saudável. As crianças – e todos nós, na verdade – precisam muito mais de grãos, frutas e vegetais do que de gordura, óleo, açúcar e carne. Ingerir proteína o bastante é, evidentemente, necessário para crescer, mas a proteína vem em muitas formas – não só em carnes e outros produtos animais. Grãos e outros legumes são boas fontes de proteína.

Com o aumento da obesidade, os educadores infantis precisam prestar atenção ao seu papel na intervenção de certos padrões que são recomendados desde cedo. Apesar de a obesidade ter muitas origens – genética, padrões familiares e estilo de vida – o principal problema é que as crianças que estão obesas comem muito e se exercitam pouco. Até mesmo crianças pequenas tendem a comer grandes porções de comidas açucaradas com alto conteúdo de gordura. Doses regulares de televisão também contribuem para a obesidade. O estilo de vida é estabelecido desde cedo, então a responsabilidade de garantir que ele seja saudável recai para os educadores infantis.

Comer em qualquer idade pode ser uma ocasião social prazerosa, então o ambiente deve ser organizado de modo a estimular a interação. Uma turma com diversas crianças sentadas em pequenos grupos ao redor de mesinhas proporcionam conversas melhores do que uma massa de crianças em uma longa mesa de piquenique. Se a independência é um objetivo compartilhado pelo programa e pelas famílias, as crianças podem aprender a se servir sozinhas desde cedo, ganhando poder de decisão sobre sua comida e sobre as quantidades que querem comer. Alguns programas que só servem um lanche transformam essa hora em uma atividade com liberdade de escolha, adotando uma abordagem voltada à responsabilidade pela própria comida.

Uso do banheiro

Bebês e crianças que começam a caminhar. Trocar as fraldas é uma rotina, mas deve ser mais do que só mais uma rotina. A troca de fraldas deve ser altamente individualizada e interativa. Elsa Chahin, uma especialista em lactação e bebês, treinadora e professora de RIE (Resources for Infant Educarers), escreve sobre como usar a troca de fraldas para desenvolver a conexão pessoal, em vez de encará-la apenas como uma tarefa trabalhosa, na história de *Vozes da experiência*.

A forma como as fraldas são trocadas é importante; para se sentirem respeitadas, as crianças devem ser tratadas como seres humanos no fraldário. Não basta oferecer um brinquedo para entreter a metade de cima do corpo do bebê enquanto se lida com a metade de baixo de maneira pragmática. A "criança inteira" está presente no fraldário e deve ser reconhecida como tal. As crianças devem ser incorporadas no processo, sendo parte de uma equipe, e não apenas um objeto a ser manipulado. Explicar o que está acontecendo e pedir a ajuda e a cooperação delas são importantes.

Durante a troca de fraldas, a criança aprende sobre o próprio corpo e suas sensações, processos e produtos, além de perceber como o adulto se sente sobre o seu corpo e seus produtos. Se os adultos ensinarem vergonha, a criança aprende vergonha. Se a abordagem do adulto for natural e receptiva, a criança aprende que usar o banheiro é algo normal. É difícil tornar a troca de fraldas algo

As crianças devem ser incorporadas ao processo de troca de fraldas de modo que se sintam parte de uma equipe – e não ser distraídas com outros objetos.

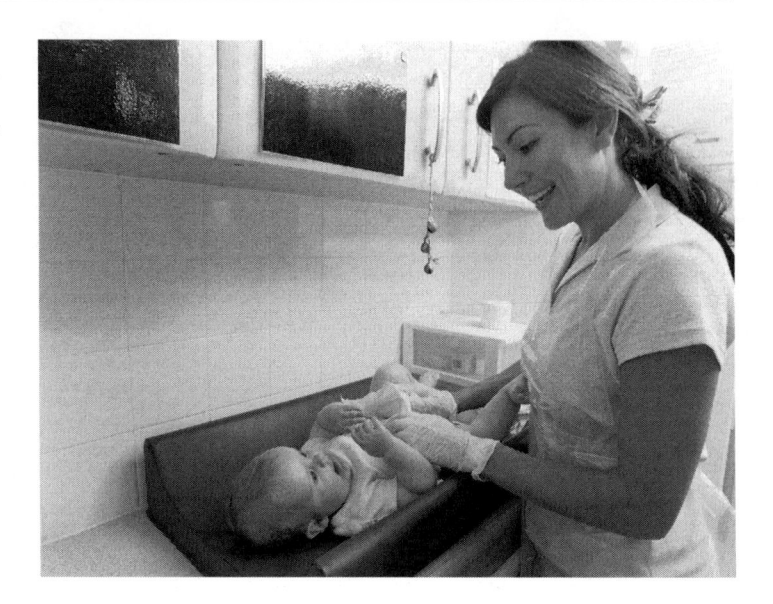

significativo quando a criança está distraída com um brinquedo ou algum outro meio de entretenimento durante o processo.

A troca de fraldas é uma experiência social, tanto quanto uma rotina de cuidado. Durante a troca de fraldas, adultos e bebês compartilham uma interação íntima e desenvolvem o seu relacionamento.

Quando os adultos não valorizam as rotinas de cuidado, especialmente a troca de fraldas, eles tendem a estabelecer um processo quase "industrial". Em geral, a pessoa com o *status* mais baixo é quem fica encarregada do fraldário o dia inteiro. Mas esse tipo de abordagem elimina muitos dos benefícios recentemente descritos.

Como a troca de fraldas, o uso do banheiro – ou treino do banheiro – tem de ser realizado com sensibilidade para com a criança e a família, e não adotar uma política generalista. O melhor em geral é que a família assuma a responsabilidade e o programa siga suas preferências. Veja o quadro *Pontos de vista* para duas perspectivas sobre o treino do banheiro.

Crianças em idade pré-escolar e escolar. A maioria das crianças em idade escolar e pré-escolar já aprenderam a usar o banheiro. Com exceção de acidentes ocasionais, elas não precisam muito dos adultos para usar o banheiro, embora talvez precisem ser relembradas de puxar a descarga e lavar as mãos depois. Elas também podem precisar de uma mãozinha para se arrumar, fechar o zíper e abotoar as roupas. E, em caso de acidentes, é uma boa ideia ter uma muda de roupas à disposição.

Alguns programas marcam uma hora para usar o banheiro, especialmente aqueles que não têm banheiros convenientemente localizados. Outros programas estabelecem uma hora para usar o banheiro com base na ideia de que as crianças se beneficiam ao sintonizar o seu ritmo corporal ao ritmo da turma. Ainda assim, muitos educadores infantis não gostam dessa abordagem, visto que levar todas as crianças ao banheiro ao mesmo tempo envolve muitas filas e tempo de espera, além de dar muito pouca ênfase às necessidades individuais.

Repouso

Bebês. A hora do repouso para os bebês é altamente individualizada. Quando eles dormem, como eles dormem, que sinais eles pas-

> **VOZES DA EXPERIÊNCIA**
>
> **Vivendo cada momento**
>
> Frequentemente recebo a mesma pergunta dos participantes nas minhas oficinas: "Como posso tornar a troca de fraldas uma experiência prazerosa, especialmente quando é realizada tantas vezes ao longo do dia?". Começo compartilhando uma história que ouvi sobre Napoleão, quando se preparava para uma batalha. Ele estava sendo vestido pelo seu ajudante, que, nervoso e com pressa, não estava fazendo um bom trabalho. Napoleão falou: "Vá devagar, estou com pressa". Às vezes, na nossa urgência de fazer as coisas, esquecemos de prestar atenção ao momento; ficamos menos focados, menos eficientes, e acabamos levando mais tempo do que se tivéssemos feito devagar desde o início. E, muito possivelmente, no fim, nos esquecemos de aproveitar a experiência.
>
> Pergunto aos participantes se uma resposta simples poderia ser *estar presente*. Quando se está focado no momento, não é possível se apressar, porque o tempo não existe. Podemos ler os sinais da criança e nos sincronizar com as suas necessidades, respondendo ao que é ditado naquele momento específico. Sugiro que eles dediquem aquele momento a estabelecer uma conexão com a criança.
>
> "Isso importa mesmo para a criança?", é uma pergunta que escuto com frequência. As crianças vivem no momento; para uma criança, tudo o que importa é o presente. Conto uma história sobre um menino de 3 anos, Leonardo, que estava em casa pintando com o dedo quando seu pai, que estava viajando, telefonou. A mãe falou com ele por alguns minutos e mencionou que o Leonardo estava pintando algo especial para o papai. Quando Leonardo pegou o telefone, o pai lhe perguntou: "O que você está fazendo, querido?", e sem esperar por uma resposta do filho, ele prosseguiu: "A mamãe me disse que você está pintando". Leonardo respondeu: "Não, papai". "Como assim, querido? A mamãe me disse que você está pintando". Leonardo respondeu com confiança: "Não, papai. Eu *tô* falando contigo".
>
> Quase consigo enxergar o papai batendo na própria testa depois que o filho o lembrou de que no momento ele estava falando.
>
> Toda criança tem o seu próprio ritmo. Quando desaceleramos para entrar no ritmo natural delas e nos abrimos ao presente, podemos ver a magia acontecendo. O resultado é que a criança pode curtir a troca de fraldas, o adulto pode ir embora com um sorriso por ter compartilhado uma experiência prazerosa, e ambos podem estar ansiosos pela próxima oportunidade de estabelecer essa conexão.
>
> —Elsa Chahin

sam aos cuidadores para informá-los de que estão cansados e até mesmo que cuidadores eles preferem são questões que dependem do que os bebês estão habituados. Os bebês também podem preferir diferentes posições para dormir, mas é importante que os cuidadores saibam que devem colocá-los para dormir de costas ou de lado, e *não* de barriga. Estudos concluem que quem dorme sobre o estômago apresenta maior risco de sofrer de Síndrome de Morte Súbita Infantil (SMSI).

Abordagens culturais relacionadas ao repouso variam muito. Apesar de a abordagem mais comum na educação infantil ser colocar os bebês para dormir no berço em um quarto quieto e escuro, longe da área de atividade, nem todas as crianças estão habituadas a dormir assim. Alguns bebês nunca passam muito tempo separados e sozinhos em um berço; em vez disso, seus primeiros meses são passados no colo ou na cama com alguém. Eles comem, dormem e mamam durante as atividades diárias, criando o seu próprio padrão de ritmo. Pessoas que acreditam em roteiros estritos, espaço privado e tempo a sós, até para bebês, podem discordar dessa abordagem ao cuidado infantil.

Crianças bem pequenas e pré-escolares. Marcar horas específicas para a soneca depende da filosofia do programa ou de regulamentações externas. Alguns adultos se sentem perfeitamente confortáveis encaixando

PONTOS DE VISTA

Duas visões sobre o treino do banheiro

Quando as crianças estão prontas para praticar o uso do banheiro? Essa é uma pergunta que deve ser considerada a partir de duas perspectivas distintas. A cultura da educação infantil concorda com os especialistas em educação infantil: o treino do banheiro é mesmo "treino do banheiro", e é parte de um currículo que promove a independência. O treino para usar o banheiro não pode começar até a criança ter idade suficiente para ter necessidades independentes. A criança também deve estar pronta em três áreas. Primeiro, ela deve estar fisicamente pronta (ou seja, ela pode "segurar" por um período de pelo menos uma hora ou mais; várias horas é um indicador melhor de preparo). Segundo, ela deve estar intelectualmente pronta (ou seja, ela compreende quando e como usar o banheiro). E terceiro, ela deve estar emocionalmente pronta (em outras palavras, ela deve estar *disposta* a usar o banheiro). Quando as três áreas do preparo ocorrem juntas, a aprendizagem do banheiro costuma ser fácil e bastante rápida. Esse é um ponto de vista.

Mas eis outro. Algumas pessoas acreditam que o treino do banheiro deve começar no nascimento, ou logo depois. Ao tentar ler os sinais de preparo da criança, o adulto captura os dejetos corporais em um pinico ou privada. Por fim, a criança fica melhor em enviar sinais, e o cuidador em interpretá-los. Além disso, o adulto pode incentivar a criança a se soltar com um sinal – normalmente um som do tipo *shhshhshh*.

Defensores do treino do banheiro frequentemente respondem à segunda técnica sarcasticamente: "Ah, é o adulto que é treinado, e não o bebê. É impossível treinar bebês". Eles acreditam que a independência é o objetivo do treino do banheiro, e não a interdependência. Mas os defensores da segunda abordagem veem as coisas de outra maneira: "Por que esperar e lidar com todas aquelas fraldas? Fora que eu gosto de ajudar as crianças, mesmo que seja inconveniente para mim". Para esse indivíduo, o treino do banheiro é um projeto conjunto que estabelece a interdependência. Além disso, proporciona ao adulto e à criança um tipo diferente de oportunidade de trabalharem e aprenderem juntos.

---

crianças de até 2 anos em uma programação adequada à rotina do programa. A hora da soneca vem depois do almoço, e as crianças aprendem a entrar no ritmo e esperar. A soneca dura um tempo determinado; as crianças que não conseguem dormir o tempo todo aprendem a ficar paradas e descansar até que o resto da turma acorde. Essa abordagem funciona melhor quando os adultos acreditam firmemente que uma programação para a soneca é do maior interesse da criança e da turma.

Mas nem todos os adultos veem a hora da soneca da mesma forma. Alguns querem que as crianças aprendam a ler os seus próprios sinais corporais e que elas descansem quando estão cansadas, e não quando o relógio diz que é hora. Eles acreditam que é importante para as crianças aprenderem a cuidar de suas próprias necessidades, em vez de subordiná-las a uma rotina de horário.

As crianças menores e os pré-escolares descansam em colchonetes ou berços e podem ter lençóis ou cobertas preferidas para dormir. Esses "objetos de transição" confortam as crianças que sentem mais saudades da família na hora da soneca, quando a sala está em silêncio e não há atividades para distraí-las dos seus sentimentos. Além disso, deitar para dormir faz algumas crianças se sentirem vulneráveis. Abrir mão do controle para dormir é difícil para algumas crianças, especialmente em um lugar novo. Faça o que puder para ajudá-las a se sentirem seguras, protegidas e confortáveis.

Alguns programas têm um ritual para a hora da soneca que é idêntico todos os dias. Os cuidadores mudam o ambiente na hora da soneca para sinalizar às crianças que é hora de ficar quietas e descansar; eles podem apagar a luz, guardar os brinquedos, tocar ou cantar uma música tranquila ou até massagear as costas das crianças. A hora da soneca costuma ser precedida por um momento de tranquilidade. O professor ou cuidador pode ler uma história para relaxar as crianças antes de irem para o berço. Quanto maior o número de sinais que as crianças receberem sobre o que está para acontecer, mais fácil será para elas se acalmarem.

Crianças em idade escolar. Crianças em idade escolar podem ter um período de repouso, mas raramente tiram uma soneca obrigatória, como os pré-escolares. Ainda assim, é importante que elas tenham onde descansar quando se sintam cansadas ou precisem ficar sozinhas. Ficar em público o dia todo é difícil para algumas crianças; elas precisam de um tempo afastadas. Organizar o ambiente para proporcionar espaços semiprivados e quietos é importante. Um programa tinha um *closet* largo cheio de almofadas e livros onde as crianças podiam ir quando quisessem um lugar tranquilo para relaxar ou para ler.

Higiene e vestimenta

Bebês. A limpeza dos bebês ocorre depois da troca de fraldas e das refeições e logo antes de ir para a casa. Lembre-se de sempre usar um pano limpo e uma toalha para cada criança. Troque a roupa dos bebês quando ficar molhada ou suja.

Crianças bem pequenas, em idade pré-escolar e escolar. A maioria das crianças em programas de meio período não precisa de muita higiene, exceto para aprender a lavar as mãos após usar o banheiro e antes das refeições. São as crianças pequenas que ficam o dia todo e tiram sonecas que precisam de mais atenção. Ao final da hora da soneca é uma boa oportunidade de avaliar a necessidade de higienização de cada uma. A maioria das crianças precisa ser penteada quando levanta (alguns pais podem ficar irritados se chegarem e virem os seus filhos despenteados).

As crianças podem, é claro, aprender a se vestir sozinhas e devem ser incentivadas a fazê-lo, especialmente as em idade pré-escolar e escolar. Entretanto, lembre-se de que oportunidades de cuidado individual e interação afetuosa podem ser perdidas quando os cuidadores se atêm a uma regra estrita de nunca fazer nada que as crianças não possam fazer por conta própria. Algumas crianças gostam de ser penteadas, mesmo quando conseguem fazer isso sozinhas; é bom. Até mesmo crianças que conseguem amarrar os próprios cadarços podem simplesmente estar atrás de um pouco de atenção e cuidado especial. Seja sensível às necessidades das crianças e certifique-se de oferecer atenção individual até para as mais competentes.

Note, uma vez mais, que pode haver crianças capazes e dispostas de tomar conta de si mesmas, mas vêm de famílias que enfatizam a interdependência e que, portanto, rejeitam a ideia de que as crianças façam tudo por conta própria. Cuidado com essas diferenças culturais e tente compreender as perspectivas da família e da criança.

Vestir as crianças toma muito tempo! Sair para a rua em um tempo frio, por exemplo, exige bastante tempo e esforço por parte das crianças e dos adultos. Mas, quando você vê a vestimenta como uma parte do currículo – uma chance de desenvolver relacionamentos, um momento de dar atenção individual – a questão do tempo pode não ser tão importante assim. Não é perda de tempo, é parte do currículo. Quanto mais as crianças podem se ajudar, mais fácil é para todos, e menos tempo elas precisam esperar para sair.

Foco na inclusão: adaptando rotinas para crianças com necessidades especiais

Alimentação. Algumas crianças com necessidades especiais podem precisar de ajuda na hora das refeições. É importante receber informações dos pais sobre maneiras específicas de alimentar os seus filhos. Soluções criativas podem ajudar a atenuar alguns dos obstáculos à alimentação. Por exemplo, uma criança com pouco controle sobre os lábios pode precisar de um canudo, em vez de beber diretamente do copo. Algumas crianças podem precisar de massagens nas bochechas ou na garganta para mastigar e engolir. E um massageador de gengiva pode ajudar a "despertar" a boca e tornar a criança mais consciente das sensações orais e se preparar para comer. Além do mais, algumas comidas têm texturas problemáticas para crianças com transtornos neurológicos; comida batida (como um purê) pode ser a melhor opção, mesmo que a criança já não seja mais um bebê. Passar lentamente de comida em forma de purê para texturas mais sólidas pode dar à criança a chance de desenvolver habilidades de mastigar e engolir.

> **Declaração de posicionamento da NAEYC**
> sobre inclusão

Independentemente da idade ou de circunstâncias especiais, comer deve ser uma experiência social prazerosa e saudável e deve ser considerada parte integrante do programa de educação infantil.

Uso do banheiro. A idade ou o estágio podem não ter nada a ver com a necessidade de alguns aspectos do cuidado físico. Por exemplo, algumas crianças levam muito mais tempo do que outras para controlar a bexiga e o intestino, sendo que algumas podem nunca conseguir. Isso não deve afastá-las de ambientes naturais, nos quais conviveriam com seus pares com desenvolvimento normal. De fato, a lei afirma que as crianças não podem ser rejeitadas porque estão de fraldas, mesmo que os professores não tenham experiência com isso. É por isso que este capítulo é relevante para *todos* os educadores infantis, e não apenas especialistas em bebês. É importante realizar a troca de fraldas e estimular o uso do banheiro de maneira afetuosa e voluntária, jamais com má vontade. Se lhe parecer que uma criança precisa aprender a usar o banheiro, mas não está entenden-

> **Padrão do programa NAEYC 8**
> Comunidades

do, converse com a família e com os especialistas que podem estar trabalhando com eles. Descubra qual é o plano deles para o treino do banheiro, sua rotina e suas expectativas. O que está acontecendo em casa? O que eles esperam de você? Como ocorre com todas as outras questões, a melhor abordagem é trabalhar em equipe!

Repouso. Apesar de as informações sobre a SMSI fazerem parecer que todos os bebês devem obrigatoriamente dormir de costas, ainda assim é importante compreender e pesar os fatores de risco relacionados com o posicionamento dos bebês com necessidades especiais. Descubra com a família qual é a posição mais segura para dormir. Se eles não souberem ou não tiverem certeza, peça para perguntarem ao pediatra ou a outro especialista que conheça o seu filho. Alguns bebês não podem dormir de costas, e você precisa saber quais são.

Certifique-se de que as necessidades de todas as crianças são reconhecidas e atendidas. Algumas crianças, quer tenham necessidades especiais ou não, têm menos energia do que outras. Algumas são clinicamente frágeis, e repouso suficiente é importante para manter o seu sistema imunológico na melhor forma possível. Também se certifique das diferentes respostas aos estímulos. Uma sala de aula agitada e barulhenta pode ser cansativa para algumas crianças, e elas podem ter dificuldades para relaxar e descansar sem um lugar tranquilo para tal. Pode ser desafiador atender às necessidades de todas as crianças, mas o seu objetivo deve ser esse.

Higiene e vestimenta. Pode ser útil saber de antemão a quantidade e o tipo de ajuda que cada criança precisa. Você também pode saber o posicionamento da família sobre habilidades de autoajuda, que pode ser uma questão cultural para ela. Ao considerar o desenvolvimento de habilidades de autoajuda, é importante não ter o mesmo tipo de expectativas para todas as crianças, independentemente dos objetivos das famílias. Conhecer as características típicas dos estágios de desenvolvimento pode enganá-lo para esperar de uma criança mais do que ela é capaz, em alguns casos. Algumas abordagens específicas à vestimenta podem ajudar quando se trata de posicionamento. Você quer que as crianças fiquem em posições nas quais elas se sintam seguras e tenham maior liberdade de movimentação. Algumas técnicas específicas podem ser aprendidas com os seus familiares ou especialistas: por exemplo, você precisa saber como colocar o braço de uma criança na manga de maneira que os seus músculos fiquem relaxados; e também precisa saber como colocar calças naquele bebê sem cruzar suas pernas.

Ansiedade de separação pode surgir na hora da chegada. As crianças se sentem inseguras – e os pais podem se sentir ambivalentes também.

Outras rotinas

Esta última seção estuda diferentes tipos de transição, tanto os que ocorrem entre atividades e os que coincidem com a chegada e a partida diária das crianças. A hora da organização é um tipo especial de transição. Por fim, abordaremos a hora da roda – outra rotina encontrada na maioria dos programas.

Transições

Transições são as passagens entre um lugar e outro ou uma atividade e outra. Incluídas na categoria de transições estão chegadas e partidas no programa, assim como a hora da higiene. Em alguns programas, todas as transições são acompanhadas por um período de higiene; em outros, a higiene é feita só uma ou duas vezes por dia ou sessão.

As transições ocorrem com a frequência em que as crianças mudam de atividade, tanto em grupo como individualmente. Na maioria dos programas, o dia é cheio de transições que fazem a ponte (temporal e espacial) entre atividades e rotinas. Dependendo de como o programa é organizado, a turma pode passar por transições a cada poucos minutos ou passar várias horas sem; além do mais, o fluxo da turma e as necessidades do adulto podem influenciar o número de transições. Alguns adultos gostam de uma programação fixa que se move com rapidez; eles gostam de mudança. Outros estão dispostos a deixar as coisas fluírem com mais naturalidade e passar em um ritmo mais lento, o que resulta em menos transições.

Pense no ritmo e no tempo; as necessidades das crianças devem ser a consideração principal. Você acha que as crianças precisam de muitas mudanças, ou é o conceito de "chatice" dos adultos que motiva o ritmo e o tempo? Um programa com um ritmo rápido pode se basear na ideia de que as crianças não conseguem se concentrar por muito tempo – na verdade, frequentemente a atenção dos adultos também é limitada. A atenção das crianças é influenciada por diversos fatores, muitos dos quais são o ritmo e as expectativas dos adultos. Quando os adultos acham que as crianças vão ficar en-

transições Passagens entre um lugar e outro ou uma atividade e outra. Exemplos de transições incluem chegadas e partidas, a hora da higiene e sair para a rua. As transições ocorrem com a frequência em que as crianças mudam de atividade, tanto em grupo como individualmente.

tediadas, eles rapidamente passam a criança de uma coisa para a outra sem permitir-lhe aprofundar a exploração, as atividades ou os projetos; a mensagem que eles passam é que nada permanece igual por muito tempo. É isso o que realmente queremos para as crianças? Um programa com um ritmo acelerado, com cenas que mudam constantemente, é semelhante a um clipe musical – cheio de imagens momentâneas que deixam meras impressões, em vez de conceitos duradouros.

Precisamos aumentar a atenção das crianças, e não restringi-las. Precisamos incentivá-las a se envolver e a explorar mais, mas isso não irá acontecer se lhes dermos apenas pedaços e fragmentos de atividades.

As transições devem ser abordadas como rituais, mas às vezes elas podem ser caóticas, e por isso deve-se pensar e planejar a forma como elas são realizadas. Apesar de a maior parte das ideias aqui se relacionar com crianças de todas as idades, em alguns casos as transições para bebês e crianças que começam a caminhar são um pouco diferentes. Para facilitar as transições, torne o mundo o mais previsível possível. Quando as crianças sabem o que vai acontecer, elas podem cooperar mais facilmente do que se as ações dos adultos forem surpreendentes. Até mesmo bebês bem pequenos, quando sabem o que vai acontecer, aprendem a responder de maneiras que ajudem o adulto. Quando a cooperação se torna um hábito desde a infância, aqueles períodos não cooperativos que fazem parte do desenvolvimento da maioria das crianças passam mais rápida e tranquilamente. Os adultos não ficam zangados, porque sabem que o espírito cooperativo ainda está lá, e é a isso que apelam.

As transições podem ser difíceis ou fáceis, dependendo da turma e da habilidade dos adultos em lidar com elas. A seguir, listamos algumas maneiras de garantir transições tranquilas entre atividades para crianças mais velhas:

- Avise as crianças de antemão para que elas possam se habituar à ideia de que a atividade atual irá terminar.
- Tente organizar as transições de modo que as crianças não fiquem muito tempo esperando. Problemas de comportamento costumam coincidir com períodos de espera. Costuma haver uma solução para evitar que as crianças formem filas na hora de lavar as mãos: se elas forem chamadas em pequenos grupos por vez, as outras podem continuar o que estão fazendo sem ter de ficar esperando. Em alguns programas, as crianças desperdiçam quase um quarto do dia assim!
- Elimine áreas caóticas e cheias na sala de aula ajustando a programação ou reorganizando o ambiente físico. Se, por exemplo, os escaninhos estiverem todos no mesmo lado da sala e todo mundo se dirigir a eles ao mesmo tempo, o espaço pode ficar apertado, resultando em cotoveladas.
- Não espere até todas as crianças estarem presentes e prestando atenção para começar a próxima atividade; em vez disso, comece assim que as primeiras crianças chegarem, assim já haverá alguma atividade quando as outras forem para lá.

Chegadas e partidas. Um tipo especializado de transição ocorre quando as crianças chegam ao programa e, depois, quando elas vão embora. Esses momentos são as maiores transições de todas, porque as crianças trocam um ambiente e um grupo de pessoas por outro. A ansiedade de separação pode ter um importante papel na hora da chegada, pois não são só as crianças que podem se sentir inseguras durante essa transição, como também os pais.

A chegada pode dar o tom do dia inteiro e criar um ato de malabarismo para o educador infantil. É um grande desafio receber as crianças e os pais, fazê-los se sentirem bem-vindos, trocar informações, ajudar com os sentimentos de separação, sendo compreensivo, reconfortante e solidário, e cuidar o resto da turma ao mesmo tempo. Um ambiente bem-preparado ajuda muito ao atrair as crianças a materiais, brinquedos e atividades interessantes e, com isso, facilitar a separação.

Se choro, protestos e raiva fizerem parte da separação, é importante aceitar os sentimentos e prosseguir devagar. Mostre aos filhos e aos pais que você se importa com os seus sentimentos e demonstre confiança no bem-estar da criança. Para algumas crianças, a presença dos pais por um tempo facilita a transição; para outras, causa ansiedade.

Algumas crianças se sentem reconfortadas por um objeto de transição, tal como uma coberta ou brinquedo favorito; pode ser algo que elas tragam de casa ou algo que elas peguem do próprio programa. Algumas crianças se sentem reconfortadas por um ritual de transição. Por exemplo, o ritual de transição de uma criança era entrar com a mãe, ser recebida pela professora, pegar o seu crachá na mesa de entrada, dar um beijo de tchau no rosto da mãe e abanar o crachá para ela, correr para o seu armário para guardar as coisas, correr de volta para a janela e abanar o crachá pela última vez para a mãe, ficar na janela até o carro desaparecer de vista e, depois, ir até a professora para pendurar o seu crachá na roupa. A menina ficava bem quando conseguia realizar todo o ritual, mas, dada qualquer mudança, ela ficava transtornada e precisava de atenção especial para deixar a mãe e fazer a transição para a sala de aula.

Ao fim do dia ou da sessão, as rotinas de partida também podem ser emotivas. Algumas crianças ficam encantadas ao ser pegas, enquanto outras ficam chateadas. Às vezes, é uma questão de momento. A primeira criança a ir pode não se sentir pronta, e a última criança pode se sentir abandonada.

É importante compreender por que uma criança ignora os pais, corre para o outro lado, se joga no chão, começa a se comportar de maneira inaceitável e protesta sobre ir embora assim que os pais entram pela porta. Não presuma automaticamente que ela não ama os pais ou tem medo deles. (Educadores infantis inexperientes às vezes suspeitam de abuso quando veem uma criança resistindo a ir para casa.) Mas existem diversos outros motivos:

- A criança pode estar envolvida em uma atividade que ela não quer parar.
- A criança pode resistir a *todas* as transições, inclusive ir para casa.
- A criança pode ficar brava com os pais por terem-na deixado lá o dia todo; o reaparecimento do pai à noite pode provocar esse sentimento e fazer a criança desprezá-lo como forma de punição.
- A criança pode se sentir tão aliviada por ver os pais novamente que o estresse que ela esteve guardando o dia todo se manifesta, porque ela se sente segura o bastante para se descontrolar.
- A criança pode testar para ver o que irá acontecer se dois adultos poderosos estiverem na sala e ela se comporta de maneira inaceitável. Eles ficarão tão ocupados conversando que não irão notar? Ficarão em dúvida sobre quem é o responsável por orientar a criança nessa situação? Algumas crianças só querem descobrir o que acontece.

É surpreendente, mas não incomum, quando uma criança que reclama e protesta por ter de ficar no programa de manhã tem exatamente a mesma reação quando está na hora de ir embora. Veja o quadro *Dicas e técnicas* para um exemplo desse fato.

Organização. A organização é um tipo especial de transição, e se os adultos a considerarem muito trabalhosa, as crianças pensarão da mesma forma. Mas a organização, quando se transforma em um hábito, passa a ser mais um ritual do que um trabalho. Um programa, por exemplo, ensinava às crianças que toda atividade tem um ciclo e que a higiene faz parte disso. No início, as crianças precisavam ser lembradas de encerrar o ciclo quando abandonavam os brinquedos e materiais ou se levantavam da mesa sem limpar seus pratos e copos. Mas, no fim das contas, elas começaram a pensar igual às suas professoras e tinham a sensação de que o processo não estava terminado se não completassem o ciclo.

> **DICAS E TÉCNICAS**
>
> ### O que tem de errado com o Christopher?
>
> "O que tem de errado com o Christopher?", certa vez me perguntou uma aluna minha. "Ele chora quando o pai ou a mãe o deixa na creche de manhã e vai embora e chora de novo quando um deles volta para buscá-lo à tarde".
>
> "Talvez ele tenha um problema de transição", respondi. "Ele chora ou protesta em outros momentos? Ele tem problemas para seguir rotinas estabelecidas, como sentar na hora da roda ou voltar para dentro quando é chamado?".
>
> "Ele realmente tem todos esses problemas que você mencionou. É difícil fazer ele parar de fazer alguma coisa e de começar a fazer outra. A mãe dele diz que tem os mesmos problemas em casa".
>
> Dei a essa estudante cinco sugestões:
>
> - Não force nem incite. Isso cria resistência. Compreenda que essa criança leva mais tempo para aceitar mudanças e que as transições lhe causam infelicidade. Se você for o tipo de pessoa que passa por transições rapidamente sem dificuldades, pode ser muito difícil de entender alguém que tem.
> - Crie uma rotina consistente. Um fluxo previsível de atividades pode ajudá-lo a antecipar os padrões da programação e a desenvolver habilidades e maneiras de lidar com problemas.
> - Prepare a criança para transições informando-a antes que elas ocorram. Por exemplo, avise antes de começar a organização ou alerte-o alguns minutos antes da chegada dos pais.
> - Permita bastante tempo para as transições, mas não fique chateada se isso nem sempre funcionar. Às vezes, a resistência à mudança de atividade dura exatamente o tempo que ela tem para resistir.
> - Acima de tudo, tente ser paciente e compreensiva em relação a esse problema. Pode ser que Christopher nunca *goste* das transições, mas fique tranquila que o choro vai passar!

Essa é uma maneira de encarar a hora da organização. Aqui vai outra: o cenário é uma pré-escola. Diversos centros de atividade são montados em duas salas que se abrem uma para a outra. Acima de cada centro de atividade há um quadro negro com um pedaço de giz preso por um barbante, a uma altura que somente as professoras conseguem alcançar. Nesses quadros negros, as professoras escrevem os nomes das crianças presentes usando cada um dos centros durante a manhã; quando chegava a hora da organização, as professoras deixavam como responsáveis as crianças que brincaram em seu respectivo centro. Superficialmente, esse parecia um sistema funcional, mas na prática as crianças tentavam enganar o sistema.

Veja três garotinhos passando de uma sala à outra. Eles ficam no canto dos blocos e estão prestes a construir uma estrutura quando um deles vê a professora se aproximando. Eles pulam e saem correndo antes que ela os veja brincando. Seu senso de oportunidade é perfeito, e ela passa batido. A seguir, eles vão para o armário de roupas. Eles passam um tempo nas prateleiras, jogando roupas no chão depois de prová-las – sempre à espreita para garantir que não serão pegos. E eles nunca são surpreendidos, porque sempre saem antes que alguém chegue e note a bagunça. Por fim, uma volta rápida pela mesa de tintas lhes dá tempo o bastante para aprontar, mas eles não ficam tempo o bastante para colocarem seus nomes no quadro negro.

Esses meninos são muito espertos, sabem o que estão fazendo. Quando chega a hora da organização, as salas estão uma bagunça, mas ninguém conseguiu responsabilizar esses garotos por nada. Eles sorriem triunfalmente quando vão para a rua.

Obviamente, a abordagem de policiamento, conforme ilustrada nessa cena, é ineficaz. Mas não é só a abordagem à organização que importa. A disposição física do ambiente também pode facilitar o processo de organização. Um ambiente que está em ordem e que tem um lugar para tudo é muito mais fácil de organizar do que um ambiente que parece quase tão caótico organizado como quando está bagunçado.

Alguns educadores infantis criam um sinal eficiente para indicar às crianças que arrumação está para começar. Alguns cantam uma música enquanto o processo está ocorrendo para que as crianças saibam que esse é um momento especialmente dedicado à essa atividade – a organização. Outros professores fazem as crianças arrumarem as coisas ao longo do dia, em vez de estabelecer um período específico para isso. Um programa facilitava a organização arrumando áreas em que as crianças não estavam brincando antes de começar a organização oficial e penduravam placas de "fechado" nessas áreas.

A placa de "fechado" é um exemplo de como a organização pode ser uma atividade "cognitiva". Quando as crianças associam brinquedos com placas, símbolos ou imagens que indicam o seu lugar na prateleira, elas estão realizando um tipo de jogo de associação. Quando elas arrumam a área da casinha, guardando lençóis em uma gaveta e toalhas na outra, elas estão categorizando. Quando elas penduram os utensílios de cozinha em uma tábua com ganchos e os símbolos dos objetos específicos, elas estão trabalhando a percepção visual e o desenvolvimento simbólico. Contar partes dos jogos e dos quebra-cabeças para garantir que todas as peças estejam lá é outra atividade cognitiva. Essas são apenas algumas atividades de organização que contribuem para o desenvolvimento do raciocínio e de conceitos matemáticos. Se você procurar, encontrará várias outras.

Hora da roda

A **hora da roda** costuma ser o principal momento do dia – uma rotina favorita que se transforma em ritual. A maioria dos programas, com exceção dos programas para bebês, tem ao menos uma vez ao dia um momento em que as crianças se juntam em um grupo (ou vários). A hora da roda pode ser na hora da chegada. Contudo, em situações de cuidado infantil, as crianças nem sempre chegam ao mesmo tempo; a hora da roda pode ocorrer no meio da manhã – antes ou depois de brincar na rua – logo antes ou depois do almoço ou no fim do dia (ou até mesmo diversas vezes ao longo do dia).

O objetivo dessa reunião varia em programas de educação infantil. Se o foco do programa é promover a sensação de que as crianças fazem parte da turma, elas podem se juntar em pelo menos uma ou duas sessões por dia.[2] Alguns educadores infantis veem a hora da roda como uma preparação para o jardim de infância. Eles acreditam que as crianças precisam de prática para sentar, ouvir e participar em atividades em grupo. Outros profissionais a veem como uma hora de ensino ou de discussão. E ainda há outros que projetam na hora da roda exercícios relacionados à "criança como um todo": eles oferecem atividades musicais e de movimentação, jogos cognitivos e perceptivos e um momento de histórias (tanto contação de histórias quanto leitura em voz alta de livros infantis).

Um currículo antipreconceito pode usar a hora da roda como uma oportunidade de conversar sobre questões raciais, culturais, sexuais e de habilidade (DERMANSPARKS, 1989). Os professores usam "bonecas personagens" para discutir incidentes reais ou imaginados e pedir que as crianças resolvam problemas e compreendam diferentes valores: "Como você se sentiria se fosse a Maria?", ou "O que o Marco deveria fazer em relação a essa situação?", ou "Isso é justo?". Cada uma das bonecas personagens têm atributos únicos (de raça, cultura, etnia, sexo, classe ou habilidades). Às vezes, os professores inventam histórias recorrentes sobre as bonecas para expandir os horizontes das crianças.

Bebês. Alguns programas de bebês têm uma "hora da roda" com músicas e jogos ou atividades de movimentação sim-

hora da roda Período durante o qual as crianças se juntam para participar de atividades especialmente planejadas, com música, contação de histórias, atividades de movimento ou discussões. O conteúdo, a duração e a frequência da hora da roda variam de acordo com a idade e com as necessidades de desenvolvimento das crianças.

A hora da roda às vezes é o ponto alto do dia do programa.

ples, mas esses programas às vezes são mais para os adultos do que para o entretenimento ou para a aprendizagem dos bebês. Os bebês se beneficiam mais das situações em grupo que surgem espontaneamente, ao encontrarem os outros e os adultos quando estão no chão. Bebês que não conseguem se locomover dependem que outras pessoas venham e criem a "experiência em grupo".

Crianças que começam a caminhar. Elas se beneficiam de experiências em grupo de curto prazo, se tiverem liberdade de ir e vir e se o grupo for bem pequeno. É importante não esperar que esses grupos fiquem sentados quietos e escutem por mais de 10 minutos. Na verdade, muitos programas esperam até a pré-escola para começar uma rotina regular de juntar todo o grupo.

Manter as crianças presentes e atentas requer técnicas eficazes, algumas das quais podem enviar mensagens negativas às crianças sobre sua necessidade natural de explorar, sair e voltar, tocar os outros e os objetos ao seu redor e percorrer o ambiente. As crianças pequenas devem se sentir bem sobre o que fazem naturalmente, e restringir seus comportamentos instintivos é uma desvantagem de se tentar realizar uma experiência em grupo semelhante à hora da roda da pré-escola. Na verdade, muitas horas em grupo ocorrem espontaneamente em programas infantis: um criança traz um livro para a professora e, quando elas se sentam para ler, de repente o seu colo está cheio de crianças ansiosas para ver o livro. A maioria não fica por muito tempo, mas outros ficam até o final do livro, e até mais.

Crianças em idade pré-escolar e escolar. Alguns educadores infantis usam as sessões em grupo para conversar, resolver problemas e fazer discussões. Ainda assim, é importante ter expectativas adequadas para as crianças pequenas. A maioria das crianças de 3 anos não consegue ficar parada nas sessões em grupo por muito mais tempo que as crianças de 2 anos. Crianças de 4 e 5 anos se saem muitos melhor em sessões de discussão do que as crianças pequenas. É claro, a maioria das crianças em idade escolar já tem maturidade e experiência para ser bons integrantes da turma e extrair muito das horas em grupo.

Para ser bem-sucedida, uma hora da roda deve ser

- adaptada à faixa etária.

- adequada à capacidade de focar atenção do grupo.
- planejada com atividades adequadas à idade e ao momento para que todas as crianças tenham a oportunidade de participar.
- realizada em uma área ampla o bastante para que as crianças se sentem confortavelmente, seja em colchonetes, cadeiras ou em um tapete, para que todas consigam ver a professora.
- planejada com antecedência para que as crianças não precisem esperar que a professora localize e organize materiais ou auxílios musicais e visuais.
- uma escolha, de acordo com as necessidades e habilidades de desenvolvimento das crianças.

A hora da roda é precedida por uma transição durante a qual as crianças passam do que estiverem fazendo para se juntar ao grupo. Professores habilidosos começam com algumas músicas preliminares, teatrinhos ou atividades para recepcionar as crianças, individualmente ou em grupos, à turma. É mais fácil para crianças juntarem-se a um grupo que já esteja envolvido em alguma atividade interessante do que ficar sentadas até a turma inteira se reunir e esperar algo acontecer. Também é mais fácil para as crianças se comportarem de maneiras socialmente aceitáveis em um grupo que já está ativamente envolvido do que em um que está apenas esperando.

UMA HISTÓRIA PARA TERMINAR

Sou uma pessoa que tem problemas com transições, então, entendo aquelas crianças que nunca querem parar o que estão fazendo para começar outra coisa – e menos ainda quando se trata de um lanche ou de uma soneca! E mesmo quando a hora da soneca acabou, levantar é tão difícil quanto me acalmar para dormir.

Demorei uma vida para começar a gostar de levantar cedo ou querer ir para a cama à noite. Odeio me preparar para uma viagem, mas tenho dificuldades para retornar à minha vida normal quando volto para casa. Me demoro para entrar no banho, mas quando entro não quero sair. Em outras palavras, tenho problemas para começar e tenho problemas para parar; não sou boa com transições. Até o meu nascimento reflete o tema de resistência a mudanças; evitei nascer o máximo que consegui. Duas semanas depois da data prevista, finalmente fiz minha estreia no mundo. Isso sim que é se enrolar!

Ainda luto contra mudanças: acabar um relacionamento, se mudar, trocar um emprego por outro. Essas são grandes mudanças, e, como a maioria das pessoas, as considero dolorosas. Mas também sofro com transições pequenas. Até me levantar da mesa quando terminei de comer é algo que demoro para fazer.

O meu problema com transição me faz parecer uma "lerda". E, como levo tanto tempo para realizar mudanças, frequentemente me atraso quando preciso ir a algum lugar. Para um observador objetivo, pode simplesmente parecer que preciso de mais tempo para fazer as coisas, e, portanto, começar mais cedo deveria ajudar. Mas não. Como estou resistindo à *mudança,* resisto exatamente pelo tempo que tenho para resistir. Posso me dar uma hora a mais, mas continuo me atrasando porque uso esse tempo extra para me arrumar e, assim, demorar para sair. Começar mais cedo não me livra da minha lerdeza; só a prolonga.

Não tenho solução. Mas a vantagem de ter esse problema é que compreendo perfeitamente as crianças que sofrem do mesmo mal. Nós só não gostamos de mudança!

RESUMO

Recursos *on-line*

Visite **www.mhhe.com/gonzalezfound6e** para acessar recursos para estudo e *links* relacionados a este capítulo (em inglês).

O cuidado faz parte do currículo, e não algo que é necessário ultrapassar para chegar ao currículo. As rotinas de cuidado proporcionam oportunidades para interações sincrônicas, as quais levam ao apego. Nos programas de educação infantil, o apego é importante para a segurança e o bem-estar das crianças, aumentando suas oportunidades de aprendizagem. O currículo de educação infantil inclui quatro rotinas de cuidado físico – alimentação, uso do banheiro, repouso e higiene e vestimenta. Como sempre, variações culturais entram em jogo durante a administração dessas rotinas. Dois outros tipos de rotinas são as transições e a hora da roda. As transições são essas pontes entre um lugar e outro e entre duas atividades. As transições mais emotivas e que merecem atenção especial dos pais e dos cuidadores são a hora da chegada e da partida. A hora da roda é considerada, por uns, uma preparação para o jardim de infância; para outros, é um momento de discussão e de apresentação de novas experiências.

QUESTÕES PARA REFLEXÃO

1. Você é uma pessoa muito focada no roteiro? Por que você é como é? Como você acha que se encaixaria na maioria dos programas de educação infantil? Como você se sente em relação às suas respostas a essas perguntas?
2. Pense em um momento em que você desenvolveu uma interação sincrônica – quando você entrou em sintonia com alguém. Descreva. Qual foi a sensação? Como você se beneficiou? Você pode usar a sua experiência para ajudar a reconhecer a sincronia no cuidado?
3. Quais são as suas experiências pessoais em relação à alimentação? Como você pode usar suas experiências para ajudar o seu trabalho com as crianças pequenas?
4. Você costuma tirar sonecas? Você sempre foi assim? Como os seus hábitos de dormir se relacionam com a maneira como você compreende as necessidades de sono e as demandas do programa que o educador infantil precisa equilibrar?
5. Você se lembra de quando aprendeu a usar o banheiro? Você acha que há algum problema relacionado? Quais são as suas ideias e os seus sentimentos sobre treinar os filhos de outras pessoas a usar o banheiro?
6. Você é uma pessoa que tem "problemas de transição"? Você consegue entender uma criança que tem?
7. Como você se sente a respeito da organização? Que grau de organização deve ser mantido nos ambientes infantis? Em que medida as próprias crianças devem ser as responsáveis por isso? Quais eram os seus problemas quanto à "organização" quando criança (se é que havia)?

EXPRESSÕES-CHAVE

Quantas das próximas palavras você consegue utilizar em uma frase? Você sabe o que elas significam?

interação sincrônica 240
apego 242
sistema de cuidado primário 243
transições 251
hora da roda 255

NOTAS

1. O primeiro padrão para a acreditação de programas na NAEYC é "Relacionamento". O raciocínio por trás desse padrão afirma que interações respeitosas, sensíveis e responsivas promovem a sensação de segurança e a autoconfiança das crianças Os relacionamentos também ajudam as crianças a desenvolver responsabilidade social, autorregulação e habilidades para se dar bem com os outros.

2. Em 1997, durante uma visita ao Napa Valley College, Amelia Gambetti (das escolas Reggio Emilia) afirmou enfaticamente a importância da hora em grupo para ajudar as crianças a se sentirem conectadas às outras e a se considerarem parte de um grupo.

11

Tarefas de desenvolvimento como currículo: como apoiar as crianças em cada estágio

Do que as crianças precisam: uma visão ampla
Estágios de desenvolvimento
Bebês pequenos
Bebês que se locomovem
Crianças bem pequenas

Crianças de 2 anos
Crianças de 3 anos
Crianças de 4 anos
Crianças de 5 anos
Crianças em idade escolar
Uma história para terminar

Neste capítulo você irá descobrir
- por que este capítulo não se chama "preparação";
- o que as crianças podem fazer e do que elas precisam em oito diferentes estágios de desenvolvimento;
- por que tabelas de desenvolvimento são insuficientes para determinar o que as crianças precisam;
- dois outros conhecimentos fundamentais que determinam do que as crianças precisam em que estágio;
- como as expectativas para o desenvolvimento diferem de cultura para cultura;
- como os portadores de necessidades especiais são crianças primeiro e crianças com deficiência depois;
- como ajudar um bebê pequeno a desenvolver a confiança;
- como ajudar as necessidades de exploração dos bebês que se locomovem;
- como expandir os horizontes das crianças que começam a caminhar;
- como é a autonomia em crianças de 2 anos;
- como ajudar as crianças de 3 anos a aumentarem sua competência;
- como ajudar no desenvolvimento da iniciativa em crianças de 4 anos;
- como expandir o mundo de uma criança de 5 anos;
- como promover a aprendizagem entre crianças em idade escolar.

Neste capítulo, veremos a sequência de desenvolvimentos das crianças pequenas em termos de oito estágios únicos. Os estágios abrangem as idades do nascimento até os 8 anos. A pergunta feita por este capítulo é: do que as crianças precisam em termos de apoio dos adultos e de recursos em cada estágio de desenvolvimento? A pesquisa sobre o desenvolvimento infantil tem como objetivo compreender a criança, e a partir dela sabemos o que esperar e como atender às suas necessidades em diferentes estágios.

> **Padrões do programa NAEYC 1, 2, 3 e 4**
> Relacionamento, Currículo, Ensino e Avaliação
>
> **efeito cascata** Resultado de expectativas e abordagens adequadas para crianças mais velhas que constam em programas para as mais novas com o objetivo de prepará-las para o futuro.

A National Association for the Education of Young Children (NAEYC) dá grande valor às perspectivas de desenvolvimento. Os padrões de programas para a acreditação da NAEYC usam a palavra *desenvolvimento* em praticamente todos os seus padrões (com exceção de um), seja no próprio padrão ou na justificativa por trás dele. A única exceção é o Padrão 5: Saúde. Além disso, a palavra *desenvolver* ocorre 19 vezes nos nove padrões restantes. As palavras que usamos mostram nossos valores e pontos de vista. Isso também vale para as organizações. Lembre-se de que nem todos usam conceitos de desenvolvimento para explicar como as crianças crescem e mudam, mas isso não invalida os padrões da NAEYC; só serve para lembrar que respeitar a diversidade significa honrar múltiplas perspectivas até nos mais bem-pesquisados conceitos básicos, como os padrões de desenvolvimento.

Este capítulo poderia se chamar "Preparação". Uma importante pergunta que os pais de pré-escolares fazem para os professores é: "Você está preparando o meu filho para o jardim de infância?". Os pais de alunos do jardim de infância querem saber se o programa os está preparando para o 1º ano. Pais de alunos do 1º ano têm a mesma preocupação em relação ao 2º ano, e assim por diante. A ideia do desenvolvimentista sobre "estar preparado" pode ser diferente da do público geral. O que o professor da pré-escola faz é dar à criança uma boa educação pré-escolar, porque é disso que ela precisa para se preparar para o jardim de infância. Crianças de 5 anos são diferentes das de 4 anos. Elas não precisam de um programa de jardim de infância; elas precisam de um programa de pré-escola. O mesmo vale para o jardim de infância. Preparar-se para o 1º ano não significa fazer trabalho de 1º ano. Significa fazer trabalho de jardim de infância.

Quando expectativas e abordagens adequadas para crianças mais velhas começam a aparecer em programas para as mais novas, isso é chamado de **efeito cascata**. Por exemplo, as crianças frequentemente aprendem a fazer coisas para as quais não estão prontas com a desculpa de que, assim, ficarão. É mais ou menos como fazer uma pessoa de 40 anos usar um andador para se preparar para a velhice. Para levar esse efeito ao extremo, imagine que alguém que aprendeu sobre a importância do primeiro ano de vida para o desenvolvimento cerebral decidiu preparar os bebês para o jardim de infância. Essa pessoa, então, coloca os bebês em pequenas classes e lhes dá tarefas para fazer. Obviamente, essa atividade seria inadequada. Ainda assim, para alguns pais, fazer crianças menores ou de 2 anos se sentarem por um longo período na hora da roda não parece equivocado. O fato de que algumas crianças estejam aprendendo a dizer os dias da semana não significa muito quando você começa a pensar que muitas delas sequer compreendem corretamente a diferença entre hoje, amanhã e ontem. Esses números do calendário, independentemente do quão bonitos sejam, não significam nada para elas.

James Hymes, um pioneiro da educação infantil, enfatizava que a forma de preparar as crianças para o ano seguinte era incentivá-las a fazer o que elas precisam agora. Cada estágio de desenvolvimento tem um conjunto específico de características e limitações. Em vez de empurrar a criança ao próximo estágio, estimulando o bebê que engatinha a caminhar, por exemplo, comemore o fato de que ele engatinha. Quando as crianças tiverem realizado completamente o que elas precisam fazer em cada estágio de desenvolvimento, elas automaticamente passam ao próximo estágio. Os educadores infantis não devem queimar etapas, e sim dar às crianças bons fundamentos sobre o que elas precisam fazer e entender. "Empurrar" as crianças para dominar além de suas habilidades é descartar informações que temos sobre as diferentes necessidades de cada estágio de desenvolvimento. É sobre isso que fala este capítulo: preparar as crianças para o que vem a seguir atendendo por completo suas necessidades no estágio de desenvolvimento atual.

Este capítulo não substitui um curso sobre desenvolvimento infantil; todo estudante que se preparar para uma carreira na educação infantil deve estudar o desenvolvimento infantil. Nesse curso, os estudantes aprendem sobre os estágios de desenvolvimento e as características específicas de cada um deles, assim como suas limitações e desafios. O objetivo deste texto é examinar o papel do educador infantil ao responder a essas características e desafios.

Do que as crianças precisam: uma visão ampla

É importante que o educador infantil compreenda os estágios de desenvolvimento e incorpore-os em seu trabalho. Todo educador infantil deve conseguir responder a uma pergunta como "Do que as crianças de 4 anos precisam?", com algumas informações específicas sobre o desenvolvimento. No entanto, você não pode se basear apenas em tabelas de desenvolvimento para determinar o que uma criança determinada precisa em cada estágio. As informações sobre o desenvolvimento são importantes, mas elas são limitadas, porque representam apenas um corpo de conhecimento. Você também precisa levar em conta diferenças individuais, contexto familiar, cultural e social, assim como o contexto imediato em que se faz a pergunta.

Quando você pergunta "Do que a criança precisa?" e consulta o seu conhecimento sobre o indivíduo, a resposta à qual você chega pode ser diferente da resposta dada pelo estágio de desenvolvimento. Talvez essa criança tenha ganho um irmão e esteja explorando como seria ser um bebê novamente, ou (um exemplo ainda mais traumático) talvez a sua mãe tenha morrido e ele esteja agindo como uma criança menor. Ele não vai precisar do que todas as crianças de 4 anos necessitam. Suas necessidades são individualmente determinadas pelas suas circunstâncias.

Ao levar o *indivíduo* em consideração, você também deve observar as informações culturais. Você não pode tomar decisões sobre as necessidades da criança sem observar o contexto familiar. Qual é a maneira culturalmente adequada de observar as necessidades dessa criança? Como os objetivos, as percepções e as crenças dessa família influenciam as informações que temos sobre idades e estágios?

Para resumir, os três enfoques do conhecimento que você deve consultar sempre que tomar decisões sobre as necessidades das crianças são (COPPLE; BREDEKAMP, C2009, C2006; COPPLE; BREDEKAMP; GONZALES-MENA, 2001):

Idade e estágios de desenvolvimento

Diferenças individuais

Contexto cultural.

Para mostrar como esses três enfoques do conhecimento interagem, consideremos alguns exemplos – os primeiros dois irão estudar crianças que estão em situações semelhantes em duas culturas distintas.

> **Declaração de posicionamento da NAEYC**
> sobre prática adequada ao nível de desenvolvimento

Imagine uma menina de 3 anos; ela é cuidadosa, tímida e temerosa. Ela vive na Itália, e hoje é o seu primeiro dia na pré-escola. Ela chega do lado de fora com os olhos para o chão; ela não se vira para a professora, que está sentada ao lado da porta, pronta para recebê-la. Sua timidez será levada em conta, mas, nessa idade, espera-se que ela cumprimente os adultos de maneira socialmente adequada; as saudações são consideradas expectativas adequadas ao seu nível de desenvolvimento. A timidez é uma variação individual dessa criança específica, mas não é vista como desculpa para desrespeitar os mais velhos. Ao entrar na sala, ou a mãe ou a professora – ou ambas – irão se certificar de que ela realize a saudação de maneira apropriada.

Agora imagine que essa garota de 3 anos, cuidadosa, tímida e temerosa, vive nos Estados Unidos, e que esse também é o seu primeiro dia de pré-escola. Ela também entra na sala com a cabeça baixa, mas, em vez de ser interrompida para cumprimentar a professora, ela segue andando e passa por ela. A professora nessa cena irá cumprimentá-la, mas sem esperar uma resposta. Ela irá desculpar a criança, tanto porque ela é tímida quanto porque ela ainda é jovem. A mãe provavelmente dirá algo para reassegurar a professora de que, quando sua filha se sentir mais à vontade, ela irá naturalmente responder às saudações, à sua própria maneira.

Por fim, vamos explorar outro exemplo do contexto da educação infantil nos Estados Unidos. Digamos que a criança não é mais uma menina tímida de 3 anos, e sim uma menina agitada e extrovertida de 4 anos. Ela entra na sala de aula e, sem nem olhar, passa correndo pela professora, que está agachada na porta, pronta para cumprimentá-la. Ela imediatamente começa a conversar com duas crianças na mesa com massinha de modelar. Provavelmente ninguém vai dizer nada a respeito do comportamento da garota, que ignorou a professora. A professora e a mãe devem dizer que aquela criança é um indivíduo independente que demonstra iniciativa.

Conforme os dois últimos exemplos ilustram, o respeito pelos mais velhos vem em segundo lugar em relação a outros valores da educação infantil nos Estados Unidos.[1] O quadro *Foco na diversidade*, na página 265, contém mais informações sobre como o contexto cultural afeta as percepções dos adultos acerca dos estágios de desenvolvimento e das expectativas de comportamento.

Como se pode ver, os estágios de desenvolvimento por si só fornecem um quadro incompleto da criança; eles não passam de guias gerais baseados em médias. Eles não falam nada sobre os indivíduos – e cada criança é um indivíduo, incluindo as com necessidades especiais. As crianças com necessidades especiais são crianças primeiro e crianças com deficiência depois. É importante que quem trabalha com esse tipo de criança compreenda a sequência normal de desenvolvimento e enfatize a *criança* em todas as crianças. Mas se lembre de usar as normas de desenvolvimento apenas como diretrizes, e não como regras rígidas. Evite comparar as crianças com características gerais. Profissionais com treinamento especial em avaliações podem usar as características de desenvolvimento para mapear e planejar o progresso, mas é importante que professores iniciantes não se preocupem com como a criança "deveria ser". Em vez disso, aprenda a ver o que ela pode fazer e ajude-a a desenvolver essas habilidades. Trabalhe com necessidades imediatas, em vez de focar em um objetivo de desenvolvimento muito distante.

As tabelas de desenvolvimento podem ou não ajudar a compreender as crianças com necessidades especiais, particularmente aquelas que não se enquadram em nenhuma categoria. A sequência de desenvolvimento pode ser a mesma (apesar de nem sempre), mas as idades podem apresentar grande variação. Além disso, a família de uma criança com necessidades especiais é igual a qualquer outra, na medida em que criam seu filho em um contexto cultural que deve ser levado em conta. As habilidades e o progresso da criança podem ser diferentes em uma família que valorize a independência e as habilidades de autoajuda do que em uma que valorize a interdependência entre seus membros. O modo como a família enxerga sua situação (como bênção ou como algo ruim) também fará diferença na maneira como ela responde

FOCO NA DIVERSIDADE

Cronogramas culturais e de desenvolvimento

A cultura afeta três aspectos da criação: crenças sobre o que as crianças podem e devem fazer, valores e objetivos parentais e práticas de criação. Combinados, esses três aspectos afetam as expectativas dos adultos sobre quando e o que as crianças devem fazer.

Pesquisas mostram que as crenças das mães sobre o cronograma do desenvolvimento são influenciadas pela sua cultura (EDWARDS; GANDINI, 1989). As mães esperam que os filhos demonstrem seus valores culturais antes de comportamentos que sua cultura não valoriza. Por exemplo, um grupo de mães de São Francisco esperava que os seus filhos começassem a falar e lidassem com os pares muito antes de esperar que eles demonstrassem controle emocional, cortesia e obediência. Já mães de Tóquio tinham ideias muito diferentes sobre a idade em que controle emocional, cortesia e obediência devessem aparecer; como elas valorizavam esses comportamentos, esperavam que eles aparecessem muito antes do que as mães de São Francisco. As mães de Tóquio não davam tanto valor à verbalização ou ao relacionamento com os pares; elas esperavam que esses comportamentos se desenvolvessem posteriormente.

Outro exemplo de valores contrastantes envolvia mães italianas de uma cidade próxima a Roma e um grupo de mães de Boston. As mães italianas esperavam que as crianças engatinhassem, comessem sozinhas e se sentassem por conta própria mais tarde do que as mães de Boston. O primeiro grupo parecia não incentivar esses comportamentos, enquanto o segundo sim.

Quando professoras de duas cidades em países distintos (Amherst, Estados Unidos, e Pistoia, Itália) foram testadas quanto a suas expectativas sobre o cronograma do desenvolvimento, ficou claro que tanto sua experiência com crianças quanto seu treinamento em desenvolvimento infantil moldou suas percepções. A cultura também era um fator, mas não tinha a mesma força que exercia sobre os pais. Os dois grupos de professoras concordava com a sequência de desenvolvimento; apenas a época diferia para itens específicos. Por exemplo, as professoras norte-americanas achavam que a habilidade de cortar com uma faca ocorria por volta dos 4 anos, enquanto as italianas achavam que ocorria mais de um ano depois disso. As professoras norte-americanas esperavam que as habilidades sociais de lidar com os colegas se desenvolvesse antes do que as professoras italianas, ao passo que as italianas esperavam que as habilidades sociais com os adultos se desenvolvesse antes do que as professoras norte-americanas. Além disso, as duas culturas valorizavam essas habilidades diferentemente. As professoras norte-americanas davam maior valor à independência e à individualidade, ao passo que as professoras italianas viam a solidariedade familiar como algo a ser enfatizado.

à experiência de ter um filho com necessidades especiais. A família que vê a dependência como ruim pode se esforçar mais para promover a independência, ou, se a mesma família acreditar que a criança nunca será completamente independente, pode acabar desistindo e institucionalizá-la. No entanto, a família que vê a dependência como bênção pode não propor a independência nem sentir que ela precise ser cuidada longe de casa. É importante lembrar que não há certo nem errado, apenas diferenças de perspectiva que exigem compreensão por parte dos educadores infantis.

Estágios de desenvolvimento

O restante deste capítulo se concentra especificamente no corpo de conhecimento voltados aos estágios de desenvolvimento – uma ferramenta-chave para compreender as necessidades infantis. Comecemos com os bebês.

Bebês pequenos

Os bebês pequenos são definidos como bebês que ainda não se locomovem e variam, em idade, de recém-nascido até entre 5 e 11 meses, aproximadamente. Os bebês nessa idade dependem dos outros para atender às suas necessidades. Geralmente o seu desenvolvimento é rápido e passa por mal conseguir levantar a cabeça até rolar de lado e ficar de joelhos e começar a engatinhar.

Desenvolvimento físico e aprendizagem.
O desenvolvimento dos bebês se dá da cabeça aos pés e é chamado de **desenvolvimento cefalocaudal**; isso significa que os bebês começam a controlar primeiro os músculos localizados ao redor da cabeça e, depois, dos músculos localizados mais abaixo. O desenvolvimento também é **proximodistal**, o que significa do meio às extremidades. Você pode observar essas duas progressões facilmente: os bebês levantam a cabeça antes do peito, controlam os braços antes das mãos, e as mãos antes dos pés.

No início, seus movimentos são reflexivos: os braços balançam e as mãos seguram sem intenção consciente. É bom pegar um bebê no colo e sentir sua mãozinha apertando os seus dedos. Isso é um reflexo; aproveite-o, mas não o use. Apesar de ser tentador, não ponha chocalhos nas mãos de bebês muito jovens! Até que o reflexo de preensão passe, eles não conseguem se desvincular do chocalho, e goste ou não, acabam batendo na própria cabeça. Eles não têm controle.

Por fim, os bebês aprendem a controlar seus movimentos, e muitos dos reflexos iniciais passam a sumir. Eles começam a alcançar e a agarrar objetos à vontade. Nesse ponto, é adequado deixar à disposição coisas que eles podem alcançar, pegar e pôr na boca. Bebês jovens são muito orais (como Freud teorizava; ver o Cap. 1). Espere que eles coloquem tudo na boca e lembre-se de que comer é uma de suas maiores necessidades e prazeres. Essa deve ser uma experiência instigante e satisfatória, porque não só atende às suas necessidades físicas, como também ajuda-os a aprender a ter confiança.

Para dormir, os bebês precisam de um berço confortável e aconchegante, apesar de ser importante compreender que nem todas as culturas usam um berço, especificamente. Nos Estados Unidos, contudo, costuma-se

desenvolvimento cefalocaudal Padrão de desenvolvimento dos seres humanos que progride da cabeça em direção aos pés.

desenvolvimento proximodistal Padrão de desenvolvimento dos seres humanos que progride do meio do corpo em direção às extremidades.

Uma "conversa" entre um adulto e um bebê.

concordar que os bebês precisam de berços para dormir com segurança e proteção e sem perturbações. Porém, eles não devem ficar o tempo todo no berço, que deve servir mais como um lugar para dormir do que para viver.

Os recém-nascidos preferem ficar enrolados em uma coberta quente e apertada, no colo ou em um espaço confinado, quer estejam dormindo ou acordados. Mas, ao crescerem, eles precisam de mais espaço para se mover e de um horizonte mais amplo para ver. Quando acordados, os bebês pequenos devem passar mais tempo em um cercado ou colchonete ou cobertor localizado em um espaço seguro, para que possam se mover livremente. No Instituto Pikler, em Budapeste, aos 3 meses de idade os bebês são considerados prontos para espaços maiores, sendo colocados por um período de tempo em um cercado com outros bebês. A superfície é cuidadosamente considerada – ela deve ser de madeira e dura o bastante para que o bebê sinta o efeito da gravidade. A superfície dura, coberta com um pano leve, dá ao bebê a habilidade de se mover livremente; e, mesmo que inicialmente ele não vá a lugar algum, ele ainda está movendo o seu corpo. Tapetes macios, quadrados de isopor e colchas atrapalham sua movimentação.

Desenvolvimento socioemocional e aprendizagem. Os bebês pequenos precisam ver rostos humanos, especialmente os de pessoas a quem eles estão se apegando. Eles têm muito interesse em todos os mistérios da face humana e aprendem desde cedo a imitar suas várias ações. Eles estabelecem contato visual, mas "sorrisos" não são intencionais nas primeiras semanas; o sorriso social intencional só aparece mais tarde.

Os bebês jovens precisam de muitas interações respeitosas, sensíveis e responsivas. Quando uma interação é iniciada – seja pelo bebê ou pelo adulto –, uma reação em cadeia ocorre: o adulto responde ao gesto do bebê, o bebê responde ao gesto do adulto, e essa interação pode continuar por alguns minutos.

Esse tipo de interação ensina ao bebê o revezamento, a prática de esperar a sua vez em uma interação, que é vital durante uma conversa. Essa aprendizagem inicial será aplicada mais tarde, quando a linguagem se tornar importante para a comunicação.

Durante essas interações, preste atenção em sinais de que a criança já teve suficiente contato humano. O bebê que parecer subitamente entediado ou sonolento está desligando – uma pista de que a interação já ocorreu por tempo demais. Ou talvez o bebê se vire para o outro lado. A menos que ele esteja brincando, é provável que já tenha sido o suficiente. Se ele mantiver a cabeça virada ou continuar olhando para o outro lado, essa é uma mensagem clara de que já basta.

A necessidade mais importante do bebê pequeno é se apegar a pelo menos uma pessoa. O apego não ocorre simplesmente alimentando a criança e realizando outros deveres do cuidado; essas atividades devem ser acompanhadas de contato humano. A combinação de comida, calor, conforto humano e o tipo de interação descrito anteriormente contribuem para o desenvolvimento do apego, que nos leva à confiança (o primeiro estágio psicossocial de Erik Erikson; ver o Cap. 1). Quando suas necessidades são atendidas pronta e sensivelmente, os bebês passam a confiar no mundo como um lugar amigável. E, se as suas necessidades forem negligenciadas ou atendidas com frieza ou severidade após longos períodos de espera, os bebês passam a ver o mundo como um lugar hostil.

Os bebês gostam de todo tipo de conversa. Fale com eles para confortá-los, assegurá-los e prepará-los para transições. Os bebês pequenos ficam cada vez mais capazes em demonstrar que sabem diferenciar as pessoas que conhecem das que não conhecem. No fim, a maioria demonstra algum tipo de cautela em relação a estranhos. Eles precisam ficar cercados de pessoas familiares, especialmente aquelas com quem estão apegados, para ajudar a superar esse medo.

Desenvolvimento cognitivo e aprendizagem.

Durante os primeiros meses da infância, a cognição concentra-se nos músculos e nos sentidos – é por isso que Piaget a chamava de **cognição sensório-motora**. Como os bebês jovens têm uma necessidade e o desejo de explorar o mundo físico, o seu posicionamento físico é importante. Deitados de costas, os bebês têm uma visão mais ampla do que há ao seu redor e podem ouvir com os dois ouvidos ao mesmo tempo. Deitar com o rosto virado para cima também lhe dá a liberdade de usar os braços e as mãos.

cognição sensório-motora Estágio cognitivo descrito por Jean Piaget que ocorre do nascimento aos 2 anos. Durante esse estágio, a cognição das crianças se desenvolve por meio do movimento e da exploração sensorial do mundo físico.

Os bebês pequenos precisam de estímulo sensorial e de um mundo físico para explorar, mas estímulos em excesso ignoram suas necessidades individuais. O contato humano é uma das melhores experiências sensoriais para as primeiras semanas e meses. Por fim, os bebês podem alcançar brinquedos e outros objetos que eles gostem de manipular.

O apego também está relacionado ao desenvolvimento cognitivo (assim como ao desenvolvimento físico e socioemocional). Tratar um pai ou cuidador diferente das outras pessoas é um comportamento de apego que sinaliza desenvolvimento cognitivo. Cautela com estranhos é outro. Ambos os comportamentos mostram que os bebês podem discernir entre pessoas familiares e desconhecidas.

Bebês que se locomovem

Todo um mundo novo se abre aos bebês quando eles aprendem a se locomover. Sua mobilidade diferencia suas necessidades das dos bebês mais jovens. A variação da idade em que a mobilidade começa vai de 5 a 11 meses, sendo a média por volta dos 7 meses, quando o bebê começa a se locomover, seja engatinhando, rastejando (o mais comum), rolando ou qualquer outro meio que a criança invente para se movimentar. Esse estágio dura até o bebê conseguir caminhar sozinho, o que em geral acontece em algum momento dos 9 aos 17 meses (varia muito de um bebê para o outro).

Desenvolvimento físico e aprendizagem.

Os bebês que se locomovem, mais comumente referidos como "engatinhantes", precisam de espaço para se mover. Um cercado de tamanho padrão é muito limitante e, portanto, é um ambiente inadequado para eles. Como os bebês amam explorar, proporcione muitos objetos interessantes e, mais importante, um ambiente seguro para suas explorações. É necessário proporcionar proteção, especialmente em ambientes para idades variadas, onde os bebês engatinhantes arriscam se machucar. Se a oportunidade se fizer presente, eles colocarão coisas pequenas na boca ou lápis no nariz (ou nos olhos), então, mantenha objetos pequenos e afiados longe do seu alcance. Eles também enfiam coisas em tomadas e mastigam cabos elétricos, então, jamais deixe uma tomada destampada ou uma extensão plugada na parede com uma ponta solta. Vários bebês já viram um cabo solto e o colocaram na boca, resultando em um choque terrível. Não basta simplesmente monitorar essas coisas; *elas devem ser cobertas, guardadas em lugares altos ou removidas da área.*

Você pode até pensar que pode ensinar os bebês a não tocar nas coisas, e que tudo ficará bem. Por favor, reconsidere. Os bebês que se locomovem estão no "estágio do toque"; é isso que eles estão programados para fazer. Se você tiver de inibir esse impulso em prol da segurança, os efeitos podem ser longos e duradouros. Algumas crianças que desde cedo são ensinadas a não tocar ou explorar perdem o seu desejo (e até sua capacidade) de vivenciar o mundo de maneiras novas, de usar os seus sentidos e de vivenciar experiências inovadoras. Queremos que os bebês peguem e experimentem coisas diferentes. Essa é a melhor maneira de aprender. Organize um ambiente para que essas necessidades naturais sejam incentivadas, e não reprimidas.

Além disso, considere a necessidade dos bebês de explorar verticalmente. A maioria irá aprender a ficar de pé em algum momento e começar a passear se segurando no que estiver disponível. Planeje o ambiente de modo a incluir corrimãos, sofás e mesas baixos – o que proporcionar um apoio seguro para as crianças que estiverem ansiosas por ficar de pé mas ainda não conseguem por conta própria.

Além disso, organize o ambiente para que os bebês não necessitem constantemente do auxílio dos adultos. Suas necessidades de desenvolvimento os estimulam a aprender novas habilidades; eles não precisam de um adulto para ensiná-los a ficar em pé ou caminhar. (Veja o quadro *Dicas e técnicas*, na página 270, para uma perspectiva sobre esse assunto.)

Desenvolvimento socioemocional e aprendizagem. O bebê deve demonstrar sinais de apego a um cuidador principal e usar essa pessoa como uma base segura a partir da qual explorar. O medo de separação começa por volta dos 9 meses, e os bebês podem protestar ao serem deixados no programa de educação infantil. Além disso, dependendo da rotatividade dos professores e da capacidade deles de trabalharem em conjunto, os bebês que se locomovem também podem protestar quando o seu cuidador principal sai da sala.

Os bebês nesse estágio precisam de oportunidades de se afirmarem e de praticarem habilidades iniciais de autoajuda. Eles também precisam que os adultos interpretem os efeitos de suas ações sobre os outros, ajudem-nos a expressar seus medos de separação e a aceitar os seus sentimentos e auxiliá-los a desenvolver habilidades de superação. Os adultos devem expressar sentimentos honestos e fornecer bons modelos para as crianças.

Como os bebês que se locomovem às vezes têm boa vontade, os adultos gostam de ensinar-lhes truques que eles acham que impulsiona o seu desenvolvimento social, como abanar para se despedir ou brincar de "adoletá". Mas aqui é importante lembrar-se dos princípios das interações respeitosas. Não peça para os bebês exibirem truques bonitinhos, mesmo que eles pareçam gostar. Isso é explorar as crianças para entretenimento adulto. Como os adultos frequentemente interagem com os bebês dessa forma, essa última frase pode ter sido um choque para você. Mas pense nisso. Você gostaria de ser tratado como um animal de circo?

Desenvolvimento cognitivo e aprendizagem. Os bebês que se locomovem podem começar a se lembrar de jogos, brinquedos e pessoas de dias anteriores, assim como começar a antecipar o retorno das pessoas. Eles estão começando a trabalhar no que Piaget chamava de **permanência do objeto** – ou seja, estão começando a entender que as coisas ainda existem, mesmo quando não podem mais ser vistas. Eles puxam a coberta de algo que eles viram escondido. Brincar de "achou!" ajuda a desenvolver essa habilidade. Essa brincadeira dá aos bebês controle sobre fazer as pessoas desaparecer e voltar; como tal, é um jogo de poder, mesmo que pareça servir apenas à diversão.

permanência do objeto
Marco cognitivo descrito por Jean Piaget que ocorre na segunda infância, quando os bebês desenvolvem a compreensão de que objetos e pessoas continuam existindo mesmo quando não podem ser vistos.

Os bebês precisam de um ambiente que permita a resolução de problemas, a exploração e vivências interessantes. Bebês engatinhantes gostam de se mover livremente pelo chão e de parar na hora em que querem investigar uma série de objetos interessantes (e seguros). Eles podem resolver problemas manipulativos, devendo encontrar muitas oportunidades no seu ambiente. Por exemplo, os bebês gostam de tirar as coisas do lugar e colocá-las de volta. Eles têm apreço especial por objetos do mundo adulto, como potes e panelas, colheres de madeira e assim por diante.

Eles também estão interessados em descobrir as consequências de suas ações. A intencionalidade já se faz presente; os bebês testam coisas realizando experiências, como jogar comida no chão, para ver o que acontece depois. Paciência e compreensão são necessárias com crianças nessa idade.

> **DICAS E TÉCNICAS**
>
> **De quanta ajuda os bebês precisam para aprender a se locomover?**
>
> Magda Gerber (1991), uma especialista em bebês norte-americana, afirma: "Não coloque bebês em posições que eles não conseguem assumir por conta própria[1]." Os bebês não podem ser postos para sentar antes de conseguirem se sentar sozinhos. Eles não podem ser postos de pé antes de estarem prontos para levantar sem ajuda. Nunca caminhe com um bebê segurando suas mãos; seus primeiros passos devem ser dados por conta própria.
>
> Gerber baseia suas ideias em pesquisas que Emmi Pikler, uma pesquisadora húngara e pediatra, realizou no final da década de 1930. Gerber foi treinada por Pikler, e, a partir dos métodos e das abordagens usadas por Pikler, Gerber criou uma filosofia para o cuidado infantil amplamente reconhecida nos Estados Unidos. Na época, entre as décadas de 1960 e 1970, quando a estimulação era a principal abordagem ao cuidado infantil, Gerber foi a primeira a descrever como tratar os bebês com respeito. Suas ideias, que eram consideradas radicais na época, agora são amplamente aceitas entre profissionais da educação infantil.
>
> "Nunca force o desenvolvimento", afirma Gerber (1991). Permita que os bebês se desenvolvam no seu próprio tempo e à sua própria maneira. Ela tem sentimentos muito fortes quanto a marcos e cronogramas de desenvolvimento. Ela urge pais e cuidadores a se preocuparem com a *qualidade* do desenvolvimento em cada estágio, e não com a idade em que eles aparecem.

Os bebês prestam atenção a conversas e podem responder com palavras. Alguns engatinhantes mais velhos podem executar comandos simples e usar palavras como "mamãe" e "papai"; eles podem também usar entonação e repetir uma sequência de sons. É importante conversar com os bebês e ler livros com eles.

Por fim, devido à sua mobilidade, a interação com os pares é uma experiência nova para bebês que engatinham. Eles se enxergam como alguns dos "objetos interessantes" no ambiente, e uma das suas responsabilidades como educador é ajudá-los a aprender a interagir sem se machucar.

Crianças bem pequenas

Os bebês se tornam mais independentes quando começam a caminhar. Isso pode acontecer no início dos 9 meses ou no final dos 17, sendo a média de 11,7 meses. Mas lembre-se: nem todas as crianças se enquadram nas normas, e nem devem.

Desenvolvimento físico e aprendizagem. As crianças precisam se mover. No início, praticar a caminhar consome toda a sua atenção. Pode ser difícil se levantar e abaixar, então, eles não passam tanto tempo explorando objetos no chão quanto costumavam. Contudo, quando desenvolvem a habilidade de se sentar no chão após ficar em pé, eles continuam como antes, explorando tudo o que encontram. Às vezes, eles gostam de carregar coisas.

Quando começam a caminhar, o fazem com instabilidade; seus pés precisam ficar afastados para fornecer uma ampla base de apoio. Conforme isso fica mais fácil, as crianças começam a correr e até a subir escadas se apoiando no próximo degrau ou no corrimão; se abaixar, porém, é mais difícil para elas. Elas precisam de diversos brinquedos em prateleiras mais baixas para escolher, como bonecos, casinhas, potes cheios de objetos, copos, colheres e assim por diante. O ambiente deve ser previsível e interessante; varie os brinquedos para manter a novidade.

As crianças precisam de muito exercício e não precisam ficar restritas em suas atividades motoras amplas, como correr, rolar e escalar. Apesar de alguns adultos acreditarem que tais atividades só podem ser realizadas em áreas

DICAS E TÉCNICAS

Conquistando confiança

Observe a Natacha. Ela tem 18 meses e foi matriculada em um centro de cuidado infantil por seis meses. Quando ela chega de manhã, sua mãe senta no chão, no meio da sala, por alguns minutos para ajudar sua filha a se habituar antes de sair.

Natacha fica empolgada com o lugar. Ela corre para a cuidadora, puxa a perna de sua calça e continua vendo algumas bonecas que foram organizadas de maneira atraente na parede. De repente, ela para. Sua mãe continua lá? Ela olha pela sala. Sim, lá está ela. Ela corre para a mãe e se joga no seu colo. Mas apenas por um minuto.

Ela se levanta do colo da mãe e engatinha para ver o que tem de novo na sala. Ela pega uma bolsa e a leva no braço quando outra criança se aproxima e agarra a bolsa. O ato a derruba, e ela cai nas fraldas. Ela parece surpresa, depois estressada. Imediatamente, ela começa a explorar a sala. Ah, lá está a Mãe! Ela fica de pé e caminha com dificuldades até lá, quando ganha um carinho e um abraço. É tudo o que ela precisava. Então, Natacha volta a brincar.

Espere um minuto! A mãe está levantando. Está dando tchau. Oh, não! Felizmente, a cuidadora vem até ela. Natacha levanta os braços como se dissesse: "Me pega". A cuidadora entende. "Tchau, Mamãe", a cuidadora lhe diz. Natacha abana relutantemente e tenta descer. Ela fica na janela, com lágrimas nos olhos. Depois ela se vira em busca da cuidadora. Lá está ela, no chão, próximo de onde sua mãe estava. Ela corre até a cuidadora e sobe no seu colo.

---

externas (o que pode ser verdade para crianças mais velhas), as crianças menores devem ter permissão de correr, andar em brinquedos com rodinhas e brincar em escorregadores plásticos do lado de dentro. Aprender a usar seus corpos e suas habilidades em desenvolvimento rápido é extremamente importante para elas, que não podem só ficar sentadas do lado de dentro esperando a hora de sair.

O ambiente também deve ser organizado para estimular o desenvolvimento motor fino. Exemplos de atividades motoras finas são encaixar contas grandes, manipular blocos grandes de Lego e comer com as mãos ou uma colher. Tirar a roupa é outra atividade motora fina que algumas crianças que começam a caminhar podem fazer; no entanto, para algumas, essa atividade ainda pode ser muito difícil.

Desenvolvimento socioemocional e aprendizagem. As crianças que começam a caminhar demonstram mais independência do que os bebês que se locomovem. Eles exploram mais, mas ainda precisam de uma pessoa segura com quem contar. (Veja o quadro *Dicas e técnicas* para um exemplo.) O apego, tanto em casa quanto no programa infantil, lhes permite liberdade de exploração. A sensação de segurança é um requerimento vital para a exploração e o crescimento.

As crianças pequenas, como têm mais capacidade de causar problemas do que antes, precisam de limites. Elas dependem de orientação dos adultos e entendem muito do que lhes é dito, além de elas mesmas usarem a linguagem. E até podem fazer o que mandam às vezes, apesar de frequentemente demonstrarem alguns sinais de resistência.

As emoções durante essa etapa são intensas e, rapidamente, passam de um extremo ao outro. O medo também pesa na vida de uma criança, podendo criar dificuldades de sono, problemas de separação e outras complicações. Seu principal medo está associado com a perda dos pais. Esconde-esconde e jogos de "perseguição", inventados por eles, lhes dão algum controle sobre isso e sobre recuperar as pessoas quando as querem de volta. O esconde-esconde ajuda a reafirmar que as coisas não desaparecem permanentemente. E quando brincam de perseguição, provam a si mesmas que os adultos as querem, quando as perseguem na brincadeira.

Outra grande preocupação das crianças é quanto ao funcionamento do próprio corpo; elas tentam entender como ele funciona e buscam controlar suas funções. Elas também têm medo de perder partes do seu corpo.

Desenvolvimento cognitivo e aprendizagem. As crianças estão começando a fantasiar e a brincar de faz de conta. E apesar de ainda adorarem atividades físicas e explorar, elas gostam de resolver problemas simples de raciocínio. Elas também experimentam e testam as coisas – frequentemente de maneiras que você não gostaria. Quando elas estão no modo exploração, não estão focadas em objetivos; mas em outros momentos, estabelecem um objetivo e vão atrás dele. Porém, nessa idade, elas podem ser facilmente distraídas quando outra coisa lhes chama a atenção. As crianças pequenas adquiriram a permanência do objeto de Piaget: elas sabem que uma coisa existe, mas que não conseguem enxergá-la. Não é mais possível remover um objeto proibido (como o controle remoto da TV), dar um brinquedo e supor que elas esquecerão tudo a respeito do objeto que foi retirado.

Elas podem reduzir sua fala quando começam a caminhar, mas não por muito tempo. Pouco depois, rapidamente acrescentam novas palavras ao seu vocabulário. A maioria ama livros, e mais do que ver alguém lendo, elas gostam de "ler" por conta própria, segurando o livro, proferindo palavras ou fazendo sons e virando as páginas. Elas apontam para as imagens e às vezes as nomeiam.

Elas imitam ações a partir de sua memória, demonstrando que estão progredindo, visto que antes só conseguiam imitar modelos fisicamente presentes. Pensar ainda é orientado à ação (ou seja, as crianças precisam usar seus corpos para resolver problemas na maior parte do tempo), mas estão começando a construir um conjunto de símbolos e imagens em sua mente, preparando-se para resolver problemas de cabeça. Elas aprendem muito resolvendo problemas, então, é importante não fazer tudo por elas. Retirar as crianças de problemas nos quais estão trabalhando é uma maneira pela qual os adultos às vezes limitam sua prática de resolução de problemas – uma importante habilidade intelectual.

Crianças de 2 anos

As crianças de 2 anos estão em uma idade "intermediária" na educação infantil. Alguns programas de educação infantil conseguem juntar essas crianças em uma turma própria, que é o cenário ideal. Contudo, outros programas frequentemente as agrupam com bebês e crianças bem pequenas, ou com crianças de 3 e 4 anos. Quando são agrupadas com crianças mais jovens, têm de lidar com um ambiente que não apresenta desafios o bastante para elas, que são muito velhas para a turma pequena. Ainda assim, quando são agrupadas com pré-escolares – o arranjo mais comum – elas frequentemente se envolvem em disputas de poder. As crianças de 2 anos já estão lidando com questões de poder relacionadas com o seu estado de desenvolvimento, e ficar por último só acrescenta mais problemas. A menos que os professores e cuidadores sejam extremamente vigilantes, algumas crianças de 2 anos em programas pré-escolares acabam se tornando agressivas aos 4 anos; quando (após alguns anos sendo dominadas) elas finalmente são grandes o bastante para se defender, elas exageram.

Desenvolvimento físico e aprendizagem. As crianças de 2 anos precisam de espaço para caminhar, correr, se esconder, perseguir, escalar, engatinhar, rolar, empurrar coisas e andar em brinquedos com rodinhas. Elas podem não estar prontas para pedais, mas gostam de passear por aí. Elas precisam de coisas para explorar, arremessar, desmontar e remontar, jogar fora e preencher. Com esses tipos de necessidade, é fácil ver por que elas não se encaixam tão bem em um ambiente pré-escolar. Elas preferem arremessar um quebra-cabeça para ouvir as peças batendo no chão do que ficar sentadas pacientemente para montá-lo.

Crianças pequenas apreciam oportunidades de explorar e manipular objetos.

Uma criança de 2 anos pode investigar coisas na mesa de ciências rapidamente com uma lente de aumento; mas, quando tiver terminado, é provável que ela pegue uma sacola grande no canto da casinha, coloque todos os objetos científicos ali e jogue-os do lado de fora, na caixa de areia. Esse é um comportamento normal para crianças de 2 anos.

Crianças de 2 anos estão desenvolvendo um grande interesse em como o seu corpo funciona. Controle da bexiga e do intestino acabará se tornando um dos focos. Eles fazem parte do estágio anal de Freud e do estágio de autonomia de Erikson (ver o Cap. 1). A alternativa é tornar o treino do banheiro uma atividade autônoma, em vez de uma disputa de poder. Quando você pode trabalhar em parceria, em vez de tentar dominar a criança, o treino do banheiro torna-se a aprendizagem do banheiro e procede com mais tranquilidade. Algum tempo antes de fazer 3 anos, a maioria das crianças consegue se manter seca durante o dia, mas acidentes acontecem, e nesses momentos você deve ser paciente com elas.

Desenvolvimento socioemocional e aprendizagem. As crianças de 2 anos se caracterizam pelo rápido desenvolvimento de sua autonomia. Elas descobrem que podem se afirmar e que não precisam aceitar tudo. Algumas dizem não em todas as oportunidades que aparecem, especialmente se elas ouvem não dos adultos ao seu redor. Às vezes, elas não querem dizer nada com isso; só estão medindo o seu poder. "Eu faço" é outra expressão que elas usam porque querem ser um indivíduo independente. E então vem o famoso "Eu! Meu!", que mostra que elas estão começando a se ver como possuidores. Até entenderem que podem possuir objetos, elas têm dificuldades com o conceito de compartilhar. As crianças de 2 anos precisam de adultos compreensivos em suas vidas que as ajudem a se sentir poderosas e independentes, mas que também as protejam e valorizem.

O medo pode afetar o comportamento das crianças de 2 anos, especialmente o da separação. Medo quanto ao controle dos processos corporais também pode surgir, especialmente quando elas aprendem a usar o banheiro prematuramente – antes de terem as habilidades físicas de que necessitam. Algumas se preocupam com as diferenças de sexo: "Por que ela não tem um pênis?" e "O meu vai sumir?". Medo do desconhecido afeta a todos, mas, para as crianças de 2 anos, esse sentimento pode se tornar gigantesco. Elas tentam entender as coisas, mas, sem habilidades de raciocínio mais amadurecidas, acabam chegando a conclusões equivocadas. Elas precisam de ajuda para solucionar as coisas e de alguém que lhes dê explicações claras. Elas também precisam de oportunidade para saciar suas ansiedades. Acessórios na área de brincadeira incentivam-nas a encenar situações de faz de conta que elas podem controlar.

Se a criança de 2 anos for "destronada" como bebê da família por um recém-nascido, seu comportamento pode ser afetado. Às vezes, demora até o irmão mais novo começar a andar para a ameaça se tornar real, mas frequentemente já nas primeiras semanas ou meses a criança de 2 anos demonstra algum transtorno. Regredir, ou retornar temporariamente a um estágio anterior de desenvolvimento, é uma resposta comum quando perde seu lugar. Talvez o seu raciocínio limitado seja mais ou menos assim: "Se eu for um bebê de novo, talvez ganhe a mesma atenção que o meu irmão está ganhando".

As crianças de 2 anos precisam de cuidadores e professores que tenham resolvido os seus próprios problemas de controle. Do contrário, eles irão bater cabeça enquanto o adulto tenta controlar a criança e a criança tenta tomar o poder em suas mãos.

As crianças de 2 anos podem brincar com as outras, mas frequentemente se envolvem em brincadeiras paralelas (ver o Cap. 4), em vez de interagir. Na brincadeira paralela, duas ou mais crianças brincam lado a lado, conversando ao mesmo tempo e afetando a brincadeira uma da outra. A brincadeira paralela funciona como dois alunos no laboratório de informática, cada um trabalhando no seu computador e lidando com problemas separados. As pessoas nos computadores frequentemente falam sozinhas em voz alta, e às vezes se conectam com o que o seu vizinho está dizendo e fazendo sem interagir diretamente. Assim como estudantes no laboratório de informática precisam de equipamentos idênticos, as crianças de 2 anos também precisam de brinquedos iguais para auxiliar sua brincadeira paralela. Em um programa para crianças de 2 anos, é melhor ter diversas cópias do mesmo brinquedo do que uma ampla variedade de objetos.

Desenvolvimento cognitivo e aprendizagem. O raciocínio de uma criança de 2 anos não se baseia em lógica, mas em medos pessoais e desejos. Elas acham que desejar torna as coisas verdadeiras: se ficam zangadas com o seu irmãozinho e ele fica doente, elas acham que causaram a doença. Elas precisam de adultos que compreendam o seu raciocínio e ajudem a entender o que realmente aconteceu.

O desenvolvimento cognitivo da criança de 2 anos está em ritmo acelerado. Muitas habilidades físicas e mentais estão florescendo. Sua capacidade de usar símbolos e imagens para pensar está aumentando, e elas podem fazer comparações e estabelecer relações entre dois objetos. Com suas frases curtas, elas podem se comunicar efetivamente; e compreendem ainda mais do que são capazes de dizer. Elas estão se tornando menos egocêntricas e podem identificar a angústia de outras pessoas e demonstrar compaixão.

Elas precisam de adultos que entendam as rotinas diárias da alimentação, do uso do banheiro e da higiene como oportunidades para aprenderem sobre os adultos, o mundo e as habilidades que possuem de controlar o próprio corpo e o comportamento. Elas precisam de adultos que (1) compreendam que brincar é aprender e (2) forneçam objetos e materiais adequados para brincar.

As crianças de 2 anos precisam de um ambiente interno e externo previsível. Elas gostam de livros de todos os tipos, desenhos, músicas, fantoches e projetos de arte que lhes permitam explorar diversas mídias sem modelos, instruções ou ênfase no produto. Comida como um material de arte em programas infantis é uma questão de debate, porque crianças nessa idade precisam aprender a distinguir entre comida que vai na boa e outros materiais e objetos que não vão. E apesar de massinhas de modelar com cheiro, canetas hidrográficas e tintas para dedo serem populares, elas podem confundir algumas crianças com menos de 3 anos que ainda não têm discernimento sobre o que podem ou não comer.

Crianças de 3 anos

As crianças de 3 anos já superaram a maioria dos desafios que enfrentaram quando tinham 2 anos. Elas estão cada vez mais independentes, sem ter de apelar a confrontos para isso. Elas costumam ser mais fáceis de lidar e mais cooperativas do que quando tinham 2 anos. Elas também têm mais confiança, embora ain-

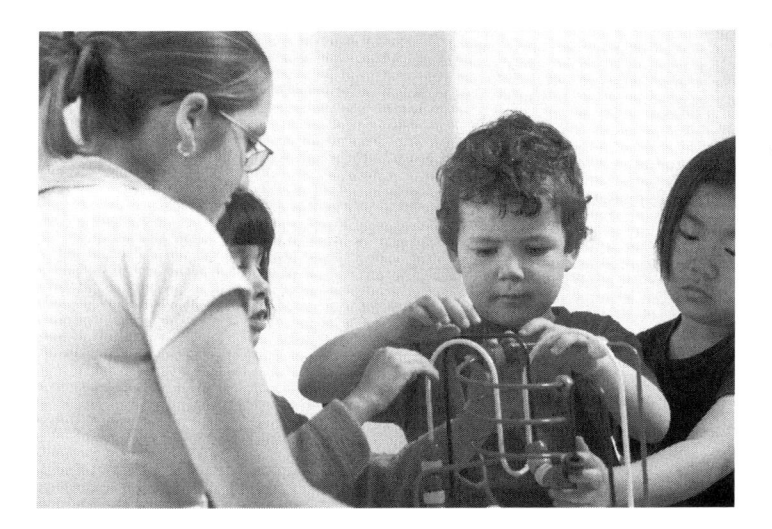

As crianças de 3 anos trabalham suas habilidades motoras finas. Essa está muito focada em passar as contas pelo fio.

da tenham dificuldades para julgar comportamentos inseguros. Se as crianças de 3 anos forem agrupadas com crianças mais velhas, elas podem tentar imitar o seu comportamento; elas precisam ser atentamente vigiadas para o seu próprio bem. Além disso, também precisam de ajuda para lidar com a frustração de não conseguir (ou não ter permissão para) fazer o que querem. É necessário sensibilidade para ajudá-las a conservar sua autoconfiança *e* mantê-las seguras ao mesmo tempo.

Desenvolvimento físico e aprendizagem. As crianças de 3 estão trabalhando suas habilidades motoras finas. Elas podem montar um quebra-cabeças de três a seis peças sem sentir a necessidade de jogar ou arremessar as peças. Elas começam a cortar com a tesoura. Suas habilidades de autoajuda estão surgindo! Elas podem se alimentar e se vestir (embora ainda tenham dificuldades para lidar com botões, zíperes e fechos) e precisam de muitas oportunidades distintas para usar suas habilidades motoras finas em desenvolvimento.

Suas habilidades motoras amplas estão aumentando também. Elas podem pedalar um triciclo por um curto espaço, balançar no balanço após um empurrão inicial, subir escadas alternando os pés, pegar uma bola com as duas mãos e até dar uma cambalhota para a frente. Elas precisam – e querem – praticar essas habilidades, então, o ambiente deve ser organizado de acordo.

A maioria das crianças de 3 anos consegue usar o banheiro e já começa a se controlar à noite também. Os banheiros devem ficar em um local adequado e ser acessíveis às crianças quando elas necessitarem – e não de acordo com um horário fixo. Elas ainda podem precisar de um pouco de ajuda para se vestir especialmente quando têm necessidade de usar o banheiro com urgência, então, deve haver ajuda prontamente disponível.

Desenvolvimento socioemocional e aprendizagem. As crianças de 3 anos estão começando a entender o conceito de compartilhar e de se revezar; elas nem sempre estão dispostas, mas, quando querem, podem fazê-lo. Você deve incentivá-las a compartilhar e a se revezar, mas nem sempre espere que elas obedeçam. As crianças de 3 anos se tornaram mais cooperativas, e a maioria costuma obedecer aos pedidos dos adultos. Elas se relacionam com as outras crianças e, às vezes, brincam com elas, mas em outros momentos costumam se envolver em brincadeiras paralelas. Apesar de conseguirem ficar sentadas por períodos maiores e ouvir uma história, é melhor limitar a hora em grupo a um número pequeno de crianças e a curtos períodos de tempo. As crianças de 3 anos gostam mais das atividades em grupo quando sabem que estão livres para ir e vir conforme sua vontade.

As crianças dessa faixa etária se tornam ligeiramente menos egocêntricas, mas ainda têm dificuldades para se relacionar com os sentimentos das outras pessoas se não estiverem se sentindo da mesma forma no exato momento. Elas podem ter prazer com atos destrutivos porque não conseguem vê-los de nenhum ponto de vista além do próprio: esmagar um tatu-bola não tem um significado emocional maior do que cortar um pedaço de papel ao meio.

A iniciativa está crescendo nas crianças de 3 anos. Elas têm a imaginação para sonhar com grandes empreendimentos, muitos dos quais não irão funcionar ou devem ser limitados ou proibidos. É importante não freá-las com rispidez ou restringi-las desnecessariamente, visto que estão começando a descobrir quem são e o que podem fazer. Elas precisam ter liberdade de escolha para tentar implementar os projetos que planejam.

Apesar de haver sinais de maior maturidade, elas podem facilmente regredir a comportamentos mais infantis: quando ficam chateadas, podem chorar, chupar o dedo ou gritar. Seja tolerante com comportamentos mais imaturos e nunca as repreenda duramente, nem as ridicularize.

Desenvolvimento cognitivo e aprendizagem. As crianças de 3 anos estão desenvolvendo sua habilidade de classificar e nomear. A maioria conhece pelos menos 10 partes do corpo, pode organizar os objetos em categorias e nomeá-las e estabelecer distinção entre grande e pequeno, curto e comprido, leve e pesado. Em um ambiente rico com muitas possibilidades, as crianças podem praticar e aumentar essas habilidades. Elas precisam de objetos e de materiais, de outras crianças e de adultos que as ajudem e facilitem sua aprendizagem. Elas precisam de apoio dos adultos para sua curiosidade natural e de oportunidades para explorar relações de causa e efeito.

As crianças de 3 anos não costumam seguir regras, ou porque não as compreendem ou porque não conseguem se lembrar delas. Assim, abordagens de orientação não devem depender de regras. (Veja o Cap. 5 para mais informações sobre o assunto.)

Suas habilidades linguísticas estão se desenvolvendo também. As crianças de 3 anos podem falar sobre o passado, o presente e o futuro e podem explicar acontecimentos sequencialmente. A sala de aula ou o centro de cuidado deve ser um lugar movimentado com muitas coisas acontecendo. Não se deve esperar que as crianças fiquem quietas, e sim incentivá-las a falar tanto quanto conseguirem.

Crianças de 4 anos

As crianças de 4 anos estão ficando mais maduras, mas ainda aprendem fazendo. Elas precisam de diversas oportunidades para interagir com o mundo externo para compreendê-lo de maneira cada vez mais complexa e racional. Apesar de elas estarem se encaminhando para o jardim de infância, é importante não impor atividades do jardim de infância ao currículo. Abordagens muito acadêmicas ignoram as necessidades das crianças aqui e agora.

Não faça as crianças de 4 anos se sentarem e ficarem escutando por longos períodos ou fazerem tarefas porque você acha que é isso que o jardim de infância vai exigir. Em vez disso, dê a elas a oportunidade de serem crianças de 4 anos. Atender às necessidades de desenvolvimento das crianças dessa faixa etária é a melhor forma de prepará-las para quando tiverem 5 e forem para o jardim de infância.

Desenvolvimento físico e aprendizagem. As crianças de 4 anos continuam aperfeiçoando as habilidades que começaram a adquirir quando tinham 3. Elas podem usar tesouras com maior controle e podem cortar formas simples. Elas podem resolver quebra-cabeças, fazer construções com blocos mais com-

"Olha! Eu consigo afivelar a sandália."

plexos, além de estarem começando a fazer desenhos com formas mais definidas. Suas habilidades motoras amplas também estão se desenvolvendo. Elas podem correr com facilidade e trocar de direção; subir e descer escadas usando pés alternados; pular; ficar em um pé só; andar de triciclo dobrando esquinas e percorrendo corredores, até andar de ré; e arremessar, rebater e pegar uma bola. Elas precisam de muitas oportunidades para realizar todas essas atividades e ainda mais. Deve haver equilíbrio entre atividades motoras amplas e finas, e, quando possível, elas devem ter a possibilidade de passar do ambiente externo para o interno com regularidade.

As habilidades de autoajuda também estão se desenvolvendo, e as crianças de 4 anos precisam de estímulo e de oportunidades para praticá-las. Agora, elas já podem satisfazer habilmente muitas de suas necessidades, como abotoar e desabotoar suas roupas e fechar e abrir o zíper de suas jaquetas. Na hora da refeição e do lanche, elas podem se servir e usar facas, garfos e colheres. A maioria não suja mais a cama à noite e, se necessário, levanta para ir ao banheiro.

Desenvolvimento socioemocional e aprendizagem. As crianças de 4 anos também precisam ser estimuladas a fazer coisas pelos outros. Com suas habilidades motoras finas cada vez mais competentes, elas podem ajudar os adultos a abotoar o suéter e fechar a jaqueta das crianças menores. Elas também precisam ser estimuladas e de oportunidades para cooperar. Os adultos que servem de modelo e ensinam habilidades pró-sociais ajudam as crianças a se relacionarem com os outros de maneira positiva. Técnicas positivas de orientação ajudam as crianças a se aterem aos limites e a adquirir autoconfiança ao mesmo tempo. Como com qualquer outra criança, expectativas comportamentais adequadas são importantes.

Se as crianças de 4 anos obtiverem sucesso quando procurarem ajuda, elas serão incentivadas a buscar auxílio quando necessitarem. Elas podem manter conversas com os adultos e com outras crianças. Elas conseguem prestar atenção por mais tempo; não é incomum que elas trabalhem em algo por 20 a 30 minutos, ou mais. E é mais provável que elas peçam por algo que querem ou precisem de outra criança, em vez de simplesmente pegar. Elas compreendem quando fizeram algo errado e, às vezes, pedem desculpas mesmo sem serem requisitadas. Elas se revezam com mais facilidade, especialmente quando forem ensinadas a fazê-lo, se envolvem em atividades e projetos cooperativos com outras crianças. Comportamento socialmente aceitável é um conceito com significado para elas.

As crianças de 4 anos podem passar mais tempo em grupos grandes do que as de 3, mas devem passar a maior parte do tempo conforme sua escolha – seja sozinhas ou em pequenos grupos informais. Atividades muito difíceis, em turmas grandes e conduzidas pelo professor, ainda são inadequadas.

Desenvolvimento cognitivo e aprendizagem. As crianças de 4 anos adquiriram uma compreensão maior de quantidade, formato e tamanho. A maioria consegue reconhecer e nomear cores familiares. Elas podem recontar uma história, mantendo os fatos e a ordem correta. Elas se lembram das letras das músicas e conseguem cantá-las. Elas estão começando a compreender a localização relativa dos objetos e conseguem diferenciar "do lado" de "em cima", por exemplo, dependendo da sua experiência. A maioria pode compreender e executar uma série de três comandos (apesar de nem sempre estarem dispostas a tal).

Apesar de as crianças de 4 anos exibirem habilidades cognitivas cada vez mais desenvolvidas, continue proporcionando experiências concretas de aprendizagem, e não atividades abstratas com papel e caneta. O ambiente deve estimular a liberdade de escolha na maior parte do tempo. Além disso, forneça oportunidades de desenvolver as habilidades cognitivas incentivando pequenos grupos de crianças a trabalharem em projetos de longo prazo.

Estimule e alimente a curiosidade deles pensando na sua própria curiosidade infantil. Tudo no ambiente socioemocional deve estimular a curiosidade, em todos os estágios.

Se elas estiverem em um ambiente rico, com muitas palavras e páginas escritas, muitas crianças irão demonstrar sinais de sua alfabetização emergente (veja mais sobre isso no Cap. 13). Suas habilidades emergentes de alfabetização devem encontrar muitas oportunidades de desenvolvimento. As crianças precisam ver como a leitura e a escrita são úteis por meio da exposição a experiências significativas, e não de aulas mecânicas e repetitivas. Livros, histórias, saídas de campo, notas de agradecimento, placas e a escrita das histórias, dos poemas e das canções das crianças são todas parte de um currículo de alfabetização emergente. Elas precisam de muitas oportunidades de brincar com a escrita por meio de pinturas, desenhos, cópias e da invenção dos próprios símbolos, transpostos para o papel. Falar e ouvir também fazem parte (de certa maneira, são a parte mais importante) do currículo de alfabetização emergente.

Crianças de 5 anos

As crianças de 5 anos estão passando pela maior fase de transição, e às vezes parece que elas não se encaixam em nenhum programa que não seja pensado especificamente para elas. Elas podem não achar muitas coisas para fazer em um ambiente montado para crianças de 3 ou 4 anos e podem ficar perdidas em um ambiente pensado para crianças em idade escolar. Ser o mais novo ou o mais velho em uma turma pode ser um problema.

Crianças de 5 anos são sociais e gostam de amizades e de atividades em grupo. Suas habilidades físicas e cognitivas estão em pleno desenvolvimento; elas gostam de aperfeiçoar o que já conseguem fazer, além de enfrentar novos desafios.

Desenvolvimento físico e aprendizagem. As crianças de 5 anos em geral gostam de exibir suas habilidades motoras. "Olha para mim!", dizem elas, quando caminham em uma trave de equilíbrio ou muro baixo, tentam dar cambalhotas ou aprendem a pular. Andar de triciclo é fácil, e uma criança experiente pode manobrá-lo em um espaço apertado mesmo com uma carga atrás. Se houver bicicletas disponíveis, algumas das crianças podem ter interesse em aprender e a habilidade para tal. Equilibrar-se em um pé só, pular e saltitar já são atividades realizadas com facilidade. As habilidades motoras finas permitem que algumas das crianças de 5 anos comecem a realizar padrões intricados, trabalhar com escritas inventadas e reproduzir formas e letras. Elas já podem lidar com botões e zíperes pequenos, e algumas conseguem amarrar os próprios cadarços – mas, para outras, essa habilidade virá posteriormente.

Elas precisam de muitas oportunidades para praticar habilidades antigas e desafiar-se com novas. Elas estão adquirindo um julgamento mais capacitado e precisam praticar assumir riscos dentro de limites. Além disso, seu mundo também está se expandindo, e elas precisam de mais espaço para se mover, assim como oportunidades para participar da comunidade.

Desenvolvimento socioemocional e aprendizagem. As crianças de 5 anos podem ser cooperativas. Elas estão se tornando mais sociais e até tendo impulsos mais generosos. Elas brincam com os outros de maneiras cada vez mais complexas, especialmente em suas brincadeiras dramáticas, em que criam uma realidade toda sua sobre quem é o que e que eventos ocorrem em qual ordem: "Faz de conta que você está em um barco e eu estou na água, e você precisa me salvar antes que os bandidos cheguem". Um ambiente rico, com muita liberdade, escolhas, recursos e auxílio dos adultos ajuda as crianças de 5 anos a se aprofundar ainda mais em suas brincadeiras e projetos.

A empatia é um sentimento que as crianças estão começando a desenvolver, e às vezes elas podem se colocar no lugar de outra pessoa. Elas estão mais habilidosas em compartilhar e se revezar e podem ser afetivas e carinhosas, especialmente com crianças menores. Elas precisam de oportunidades para aprender sobre outras perspectivas e para se relacionar com as pessoas positivamente. Os adultos ensinam e facilitam o desenvolvimento de habilidades sociais.

O seu senso de humor está progredindo, e algumas das suas piadas estão começando a fazer sentido, apesar de as crianças de 5 anos ainda acharem graça em coisas que os adultos não compreendem. É importante demonstrar o seu próprio senso de humor para incentivar as crianças a explorar o próprio. Além disso, modele a curiosidade para estimular as crianças a serem inquisitivas.

As crianças de 5 anos têm maior controle emocional e estão aprendendo a diferença entre sentir uma emoção e agir com base nesse sentimento. Elas ainda precisam da ajuda dos adultos para encontrar maneiras de expressar seus sentimentos sem machucar ninguém.

Desenvolvimento cognitivo e aprendizagem. Para algumas crianças de 5 anos, as habilidades cognitivas estão começando a demonstrar visíveis competências de alfabetização. As crianças nessa idade começam a distinguir letras, números e palavras; elas leem placas familiares e brincam com escritas inventadas. Sua compreensão de diferentes conceitos está se desenvolvendo: elas demonstram compreensão de "mesmo" e "diferente"; "tamanho", "forma" e "cor"; e "mais" e "menos", para citar alguns exemplos. Elas podem colocar um número pequeno de objetos em ordem de tamanho ou de comprimento e conseguem dizer qual é o primeiro, o segundo ou o último em uma série. Algumas das crianças de 5 anos estão começando a discernir a passagem do tempo, e elas sabem para que serve um calendário. Muitos programas realizam "sessões de calendário", que fazem sentido para essas crianças, apesar de as mais jovens considerarem esse um misterioso ritual.

Os tipos de jogos, atividades e projetos pelos quais as crianças de 5 anos se sentem atraídas desenvolvem e refinam ainda mais suas diversas habilidades cognitivas. É importante observar atentamente as crianças para saber que desafios apresentar para aprofundar seus interesses singulares e ajudá-las a prosseguir o seu desenvolvimento.

Todas as crianças devem passar o dia em um ambiente rico de palavras, mas, aos 5, elas devem ter muitas oportunidades de descobrir e brincar com palavras em formas variadas, como estampas, selos e letras magnéticas. Elas devem entrar em ambientes com palavras usadas para diversos propósitos: em placas, livros, anotações e rótulos. E, apesar de a maioria delas não ter o desenvolvimento cognitivo para ler no mesmo nível das crianças nos anos escolares iniciais, elas estão chegando lá. Quando estiverem realmente prontas, também terão desenvolvido a habilidade de sentar em silêncio por longos períodos. Aos 5, elas precisam ter permissão (e, quem sabe, ser gentilmente estimuladas), mas *não pressionadas* a desenvolver a alfabetização convencional.

Cuidado com a competição. As crianças são expostas à valorização social em muitos aspectos de suas vidas e podem trazer sua competitividade ao programa de educação infantil, mas não estimule esse comportamento. As crianças pequenas ganham muito mais quando o programa enfatiza a cooperação, em vez da competição.

Crianças em idade escolar

Esse estágio compreende crianças dos 6 aos 8 anos. E, como este é um livro introdutório, o seu alcance é amplo. Como tal, qualquer leitor que planeje trabalhar com crianças em idade escolar vai precisar procurar em outras fontes para aprender mais sobre as características e as necessidades de desenvolvimento dessas idades. No entanto, para o propósito deste livro, traçaremos um panorama geral das necessidades comuns das crianças dos 6 aos 8 anos. A discussão a seguir se aplica a crianças em programas adequados ao desenvolvimento e de cuidado infantil. Muitas crianças nessa faixa etária chegam ao programa de educação infantil em busca de cuidado adjacente – o horário que precede e que imediatamente sucede ao horário das aulas. Contudo, quer elas frequentem o programa o dia todo ou apenas algumas horas do dia, os princípios se mantêm os mesmos.

Desenvolvimento físico e aprendizagem. As crianças em idade escolar já são competentes em suprir suas próprias necessidades se tiverem sido trabalhadas. Elas desenvolveram as habilidades motoras finas e amplas de que precisam para os anos escolares iniciais. Suas habilidades motoras finas lhes permitem usar tesouras com mais habilidade e desenhar imagens cada vez mais reconhecíveis (se assim desejarem, mas a arte abstrata também faz parte de seu repertório, caso tenham escolha). A maioria das crianças em idade escolar tem habilidades motoras finas para, pelo menos, escrita e leitura rudimentar, apesar de o grau de competência variar.

Os adultos não precisam se preocupar tanto com as necessidades de cuidado físico das crianças nessa idade quanto com bebês e crianças que iniciam a caminhar. A principal questão é dar-lhes liberdade para tomar conta de suas próprias necessidades físicas. A ida ao banheiro deve ser uma questão individual, conforme a necessidade, e não algo que precisa esperar até o "intervalo". Na verdade, em um programa adequado ao nível de desenvolvimento para crianças nessa idade, as necessidades e as habilidades físicas são bem integradas no currículo, e não há "intervalo" da aprendizagem, mesmo que atividades externas garantam diferentes tipos de experiência.

As crianças dos 6 aos 8 anos continuam aprimorando suas habilidades de coordenação, o que não é um feito fácil, considerando as mudanças rápidas pelas quais seus corpos estão passando. As crianças nessa faixa etária podem controlar os seus movimentos e unificá-los em sequências como saltar, dar cambalhotas e usar um balanço. Elas podem arremessar, chutar e apanhar uma bola. Elas precisam de muitas oportunidades para sair e fazer tudo isso! E, com o aumento das suas habilidades cognitivas, elas podem participar de jogos que exigem o cumprimento de certas regras. Elas também podem cooperar o bastante para participar de jogos em equipes. Crianças com necessidades especiais devem ser acomodadas de modo que possam participar da melhor maneira possível. Crianças motivadas a assumir riscos devem encontrar oportunidades de fazê-lo com segurança, com um pouco de ajuda dos adultos para prevenir situações perigosas. Acima de tudo, não enfatize a competitividade, já que o objetivo é ajudar as crianças a se sentirem bem consigo mesmas e com o que conseguem fazer, e não se compararem umas com as outras.

Desenvolvimento socioemocional e aprendizagem. Assim como ocorre com as crianças pequenas, o currículo deve integrar a criança como um todo; os aspectos sociais do programa não devem ser separados dos aspectos emocionais, físicos e cognitivos. Crianças nessa idade ainda estão "aprendendo a aprender" e devem se sentir bem consigo mesmas.

Uma das habilidades nas quais elas devem ter trabalhado é a resolução de conflitos. Em uma sala de aula em que a professora diz às crianças como elas devem se comportar e estabelece punições para maus comportamento, a resolução de conflitos pode acabar sendo plenamente ignorada. Para viver no mundo, as crianças devem saber o que fazer quando alguém discorda delas e ambos os lados querem fazer as coisas do seu jeito.

A sobreposição emocional de cada experiência de aprendizagem é uma parte integral do todo. Isso é verdade para todos os estágios, mas está sendo enfatizado aqui porque, às vezes, os educadores consideram que as crianças em idade escolar estão prontas para estudar a matéria ou se focar em habilidades acadêmicas independentemente de como elas se sentem ou se elas se veem como aprendizes competentes. É muito importante, nos anos iniciais, que as crianças não sejam comparadas umas às outras ou a um padrão que identifique alguma como superior e as outras como inferiores. É por isso que se deve evitar competição. Todas as crianças devem ter a chance de se verem como aprendizes, independentemente do seu grau de realização. Sentimentos positivos acerca de si mesmas ajudam as crianças a se tornarem bons aprendizes, ao passo que sentimentos negativos atrapalham e minam a sua confiança.

Desenvolvimento cognitivo e aprendizagem. As crianças em idade escolar precisam aprofundar suas habilidades de pensar logicamente. Entretanto, reconheça que elas ainda pensam em termos do mundo concreto. Elas não são capazes de pensamentos abstratos que envolvem raciocínio sofisticado, variáveis e proposições até ficarem mais velhas e alcançarem o estágio das operações formais de Piaget. Enquanto isso, crianças nessa idade permanecem firmemente no estágio que Piaget chamava de **operações concretas**.

Elas estão desenvolvendo sua habilidade de representar simbolicamente (além das imagens mentais que costumavam usar para brincadeiras de faz de conta); agora elas já podem armazenar e recuperar memórias de ação para incorporar em seus jogos e criações. Agora, elas podem usar símbolos para ler e escrever em maior ou menor grau, dependendo do indivíduo.

Programas para idade escolar (assim como programas para crianças menores) devem incluir crianças com necessidades especiais. Quando crianças com necessidades especiais chegam já se considerando aprendizes e concluem a etapa com a mesma atitude, o programa foi bem-sucedido. Para realizar esse objetivo de valor, essas crianças devem ser consideradas indivíduos únicos, com padrões e momentos específicos de desenvolvimento. Você deve permitir que elas se movam no próprio ritmo e não sejam pressionadas.

Talvez a habilidade mais difícil de não pressionar seja a leitura. Dá-se tanta ênfase à "idade certa" que a criança deve ter em cada ano escolar que é importante lembrar que nem todas as crianças vão ler aos 6 anos; algumas aprendem antes, algumas um pouco depois, e outras levam muito mais tempo. Crianças com alfabetização precoce não serão necessariamente leitores melhores, mesmo que sejam no começo. No fim, as habilidades de leitura ficam niveladas.

Matemática, estudos sociais, arte, música, drama, dança e ciência são assuntos pertinentes para crianças nessa idade (e mais jovens), mas, de novo, não devem ser aprendidas separadamente; essas matérias devem ser cuidadosamente integradas no currículo.

Os conteúdos de estudos sociais, em especial, podem ser vistos como "desenvolvimento socioemocional"; o programa de educação infantil torna-se um laboratório de relacionamentos humanos em que as crianças aprendem na

operações concretas Estágio cognitivo descrito por Jean Piaget durante o qual as crianças (dos 7 aos 11 anos) podem usar aquilo que Piaget chama de "operações mentais" para pensar o mundo concreto. Nessa idade, as crianças ainda não são capazes de pensamentos puramente abstratos que envolvem levar em conta variáveis ou criar proposições.

prática, a partir de experiências imediatas, como ser um indivíduo e ainda se dar bem com o grupo. Elas praticam seu relacionamento uns com os outros enquanto trabalham suas habilidades sociais, exploram valores e têm oportunidades de planejar, compartilhar e trabalhar cooperativamente com os outros.

UMA HISTÓRIA PARA TERMINAR

Como mãe de um bebê que nasceu prematuro e que teve retardo de desenvolvimento, tive problemas toda vez que ia ao fraldário do programa infantil que frequentávamos juntos. O que mexia com os meus sentimentos era uma tabela pendurada na parede logo acima da mesa do fraldário. Odiava aquela tabela e tentava nem olhar na sua direção; não queria medir o progresso do meu filho tendo como parâmetro as normas delineadas pela tabela.

Nunca consegui "localizá-lo", porque não conseguia trocar suas fraldas e ajustar os cálculos à sua prematuridade simultaneamente. Ele nasceu de uma gestação de 27 semanas – três meses adiantado. Nunca soube bem onde ele ficava naquela tabela, mas sabia que ele não se equiparava. É claro, a minha experiência no fraldário era completamente irracional; sabia que as crianças com necessidades especiais não se encaixam bem nos cronogramas de desenvolvimento ou nas normas etárias. A minha cabeça me dizia para esquecer a tabela, mas os meus sentimentos não me permitiam.

A avaliação constante dos diversos especialistas no programa contava uma outra história. O meu filho foi acompanhado por um patologista da fala, por um terapeuta físico, um terapeuta ocupacional e um especialista em desenvolvimento. Esses especialistas trabalhavam conosco e me ajudavam a ver o que ele precisava. Além disso, eu tinha uma assistente social carinhosa e compreensiva. Esses profissionais estavam sempre em busca de sinais de progresso, e os encontravam. Lidar com eles era diferente de lidar com aquela tabela fria e velha no fraldário. Tinha raiva toda vez que olhara para aquela tabela, que parecia apontar um dedo acusatório, para o meu filho e para mim.

Acho que essa experiência me tornou uma educadora infantil mais compreensiva. Hoje, tenho consciência de que as tabelas não contam a história toda, mas é difícil convencer os pais disso. Tenho muito cuidado ao usar idades e estágios como forma de medida e de cronograma. Enfatizo que eles servem como ferramentas que nos ajudam a entender o que as crianças precisam, e não como maneiras de julgar as crianças e os seus pais.

RESUMO

Recursos *on-line*

Visite **www.mhhe.com/gonzalezfound6e** para acessar recursos para estudo e *links* relacionados a este capítulo (em inglês).

Informações de desenvolvimento baseadas no que se sabe sobre idades e estágios é apenas uma das três bases de conhecimento para tomar decisões sobre o que as crianças precisam; o educador infantil deve consultar (1) conhecimento do desenvolvimento, (2) conhecimento da criança individualmente e (3) conhecimento do contexto cultural. As expectativas para o desenvolvimento diferem de cultura para cultura. Considerar o indivíduo também é importante para as crianças com necessidades especiais, porque elas podem não progredir de acordo com as normas ou cronogramas de desenvolvimento.

O programa de educação infantil atende a crianças do nascimento aos 8 anos. Divididas em oito estágios, as necessidades de desenvolvimento das crianças pequenas são as seguintes (resumidamente): (1) crianças pequenas precisam de um relacionamento de confiança; (2) bebês que se locomovem precisam de liberdade para explorar com segurança; (3) as crianças bem pequenas precisam de liberdade para expandir os seus horizontes; (4) as crianças de 2 anos precisam de liberdade para ser mais autônomas; (5) as crianças de 3 anos precisam de oportunidades para expandir sua competência; (6) as crianças de 4 anos precisam de apoio para desenvolver um senso de iniciativa; (7) as crianças de 5 anos precisam de apoio para lidar com o seu mundo cada vez maior; e (8) as crianças em idade escolar precisam ser estimuladas a se ver como bons aprendizes.

QUESTÕES PARA REFLEXÃO

1. Qual a importância de uma criança pequena aprender a cumprimentar uma pessoa mais velha e aprender outras formas semelhantes de demonstrar respeito? Você acha que a sua resposta está relacionada à sua cultura?
2. Você já foi comparado à norma e ficou em desvantagem? Se sim, que efeito isso teve em você? Como você acha que passar a mensagem de que as crianças não se comparam afeta a elas?
3. Se você fosse tivesse um filho com necessidades especiais, você acha que consideraria isso uma bênção, uma maldição ou ambos?
4. De qual estágio do seu desenvolvimento você se lembra melhor? Por quê?
5. Você se lembra de quando aprendeu a ler? Se sim, do que você se lembra e como pode usar sua experiência para trabalhar de maneira mais eficiente com as crianças pequenas?
6. Considerando que todos nós temos "necessidades especiais", mesmo que elas não sejam aparentes, que necessidades especiais você tem?

EXPRESSÕES-CHAVE

Quantas das próximas palavras você consegue utilizar em uma frase? Você sabe o que elas significam?

efeito cascata 262
desenvolvimento cefalocaudal 266
desenvolvimento proximodistal 266

cognição sensório-motora 268
permanência do objeto 269
operações concretas 281

NOTA

1. Esse exemplo se baseia em minha própria experiência transcultural e em informações obtidos no artigo de Carolyn P. Edwards e Leilla Gandini (1989).

12
Observação, registro e avaliação

OBSERVAÇÃO
REGISTRO
Registros anedóticos
Observações de registro corrente
Registros de incidentes
Diários
Fotografias, gravações e vídeos

Checklists e mapeamento
Amostras de tempo
AVALIAÇÃO
Avaliando as crianças
Avaliando o programa
UMA HISTÓRIA PARA TERMINAR

NESTE CAPÍTULO VOCÊ IRÁ DESCOBRIR
- como a observação, o registro e a avaliação são processos interligados;
- como usar uma série de registros de incidentes para compreender programas comportamentais;
- como um diário pode ser mantido por mais de uma pessoa;
- o valor de fotos, gravações e vídeos como registros;

- o que são as *checklists*;
- como usar o "mapeamento";
- o que as amostras de tempo podem revelar;
- o que são portfólios e o que eles podem conter;
- abordagens para avaliar a aprendizagem e o desenvolvimento das crianças;
- algumas maneiras de avaliar a efetividade do programa.

> **FOCO NA DIVERSIDADE**
>
> **Respostas cultural e linguisticamente adequadas às necessidades das crianças latinas**
>
> Um estudo buscou examinar os tipos de respostas dadas à educação e às necessidades linguísticas peculiares das crianças latinas, sendo relatadas: práticas cultural e linguisticamente adequadas ao desenvolvimento linguístico e à alfabetização; avaliações infantis; abordagens para apoiar a equidade e a diversidade; e o envolvimento parental (BUYSSE et al., 2004). Essas abordagens reportadas por 117 administradores estatais representavam aquelas que foram recomendadas ou que estavam sendo usadas na educação infantil ou em programas de intervenção para famílias latinas e seus filhos. Os administradores geralmente concordavam sobre a importância de preservar a língua materna das crianças, para garantir que elas não ficassem alienadas de suas famílias ou comunidades.

Como saber se as crianças estão se desenvolvendo e aprendendo? Essa é uma pergunta que os educadores infantis devem se fazer continuamente. O que as crianças fazem para mostrar que estão se desenvolvendo e aprendendo? O que fazer para criar oportunidades para que elas possam mostrar? Como os pais e as crianças sabem que eles estão aprendendo e se desenvolvendo? O motivo por que os educadores infantis devem aprender a observar, registrar e avaliar a aprendizagem e o desenvolvimento é responder a essas perguntas. O propósito é dar notas ou categorizar as crianças? Absolutamente não! O propósito de se usar esses três processos interligados é conhecer a turma e cada criança nela. O objetivo é compreender a criança no contexto do programa e além – entender a criança no contexto da casa, da família e também da cultura. Veja o quadro *Foco na diversidade* para ter informações sobre as necessidades de um grupo particular de crianças – as latinas.

Padrão do programa NAEYC 4
Avaliação

Nas palavras do Padrão de Programa 4 da NAEYC:

> O programa é informado por abordagens de avaliação correntes, sistemáticas, formais e informais para fornecer informações sobre a aprendizagem e o desenvolvimento das crianças. Essas avaliações ocorrem no contexto de comunicações recíprocas com as famílias e com sensibilidade para o contexto cultural em que as crianças se desenvolvem. Os resultados das avaliações são usados em benefício das crianças, ao informar decisões sensatas sobre o desenvolvimento delas, do ensino e do programa. (NATIONAL ASSOCIATION FOR THE EDUCATION OF YOUNG CHILDREN, c2005, p. 10).

Você não irá realizar avaliações formais imediatamente, mas Patricia Nourot apresenta, em sua história em *Vozes da experiência*, uma estratégia de avaliação que qualquer um pode usar.

O que os educadores infantis fazem com o que aprendem sobre cada criança individualmente e sobre a turma? Eles usam o que aprendem como um recurso para estabelecer objetivos e implementar o processo de ensino-aprendizagem. Planejar para o desenvolvimento e para a aprendizagem envolve proporcionar oportunidade para diversas experiências, criar projetos, fornecer recursos e analisar, acrescentar e reorganizar o ambiente. Além de se focar nas crianças, os educadores infantis também olham para si e para a sua própria efetividade, além da do programa. Um programa infantil trata de aprendizagem e de desenvolvimento – da aprendizagem e do desenvolvimento de todos, crianças e adultos igualmente.

Por meio de histórias e exemplos, este capítulo explora a avaliação efetiva que inclui observações e registros (às vezes, chamados de documentação). Você também irá aprender sobre o desenvolvimento de portfólio, uma ferramenta de avaliação importante e recorrente para os educadores infantis.

Para entender como a observação, os registros e a avaliação são, na verdade, um processo sincrônico, vamos dar uma olhada no cenário a seguir. Cátia é professora de crianças de 4 anos. Todos os dias ela e a outra professora da turma fazem uma hora da roda, chamada de "notícias da manhã", começando com uma canção matinal que incorpora o nome de todas as crianças. Esse ritual inicial não só permite que as crianças ouçam o seu nome ser repetido pela turma, como também reforça a memória de Cátia sobre quem está presente e quem está ausente. Mais tarde, ela preenche a chamada e escreve registros anedóticos sobre cada criança. Agora, porém, ela está sentindo o humor do grupo e de cada indivíduo.

A sessão de notícias ajuda Cátia a entrar mais na mente e no coração das crianças, ao ouvi-las relatar o que há de novo em sua vida. Cátia faz algumas anotações em uma folha grande enquanto as crianças falam, representando visualmente o que estão dizendo. Mais tarde, ela irá recopiar, aumentar e pendurar as "anotações de notícias" para os pais verem e comentarem quando forem buscar os filhos. Ela também irá escrever anotações próprias com base nos assuntos específicos que parecerem atrair as crianças.

As notícias matinais são uma entre muitas fontes de ideias e diretrizes curriculares para Cátia e sua coprofessora. As duas se juntam na hora da soneca e repassam as anotações em busca de ideias de projetos para aumentar e aprofundar os interesses das crianças. Seu plano depende de sua observação e registro dos interesses das crianças.

Mais tarde, Cátia apronta um grupo pequeno de crianças para sair e realizar um tipo diferente de atividade de observação e registro. Semana passada, eles plantaram uma estaca no pátio no dia do início da primavera. As crianças agora pegam giz, papel e lápis para registrar suas novas observações com base na sombra da estaca.

Elas realizam um estudo preliminar na sala de atividades antes de sair. Cátia pergunta: "Onde vocês acham que a sombra vai estar e como acham que ela será?". Algumas crianças falam, enquanto outras desenham sua ideia de como será a sombra. Uma das crianças vai até o quadro de avisos, onde diversas imagens

"Conte-me mais. Eu vou escrever o que você disser".

VOZES DA EXPERIÊNCIA

Avaliação por meio da interação

Uma maneira de ficar com as crianças é juntar-se à sua brincadeira como um "jogador paralelo". Ao fazer anotações sobre o que observo durante as nossas brincadeiras, sou capaz de avaliar a aprendizagem e o desenvolvimento das crianças. A armadilha, é claro, é garantir que é a intenção da criança, e não a minha, oriente a brincadeira, e que as perguntas que eu faço sejam "autênticas", demonstrando curiosidade genuína sobre os pensamentos e sentimentos delas.

Por exemplo, Tamara, uma menina de 3 anos, está brincando em uma mesa baixa com blocos grandes. Eu a observo colocar dois blocos em conjunto e formar uma torre e, depois, conectar mais dois em cima, formando um topo horizontal. Estou curiosa quanto à sua brincadeira com os blocos, mas não quero interromper, então me sento ao seu lado e começo a minha própria estrutura com blocos, imitando o que ela está fazendo. Ela se vira para mim, seu rosto iluminado de prazer. "Olha, profe, nós duas fizemos um T!". Ela traça a forma da letra "T" em sua estrutura e, depois, na minha.

"É verdade", respondo. "T de Tamara", ela observa. A seguir, ela nomeia todas as cores em sua estrutura e na minha. "Temos amarelo, azul e vermelho", ela nota. Tocamos os blocos coloridos juntas, falando em uníssono: "Amarelo, azul, vermelho".

Começo a fazer uma estrutura padrão com os meus blocos (vermelho, azul, vermelho, azul) e Tamara logo me segue. Fazemos construções em silêncio por alguns minutos e Tamara liga as duas linhas de blocos azuis e vermelhos que fizemos. "Azul-vermelho, azul-vermelho, azul-vermelho" ela repete ao tocar cada bloco. Por um breve período, sinto-me tentada a perguntar quantos blocos ela irá usar ou entrar em uma discussão sobre a criação de estruturas, mas me contenho e digo: "O que você acha sobre os nossos blocos azuis e vermelhos?". Tamara responde: "Estamos construindo uma ponte para o trem e, quando o vermelho e o azul forem amigos, vai ser uma ponte mágica".

"Obrigada por brincar comigo", digo quando nos levantamos para organizar as coisas e guardar os blocos. "Claro, sempre", ela sorri e caminha para a hora da roda.

Escrevo essa história no bloco que carrego no bolso e, mais tarde, penduro essa anotação com a data no seu arquivo. Também escrevo uma nota para mim, dizendo que Tamara está usando estruturas, pode formar a letra "T" e sabe os nomes das cores. Penso em como posso estender os conceitos que ela revelou em sua brincadeira por meio de algumas atividades de padronização com rochas e conchas na semana que vem e como podemos, em grupos pequenos, formar as letras iniciais dos nomes de todas as crianças com os blocos. Meus planos curriculares evoluíram a partir da brincadeira de Tamara.

—Patricia Nourot

---

da última observação foram penduradas. Ela as estuda com cuidado. Cátia ouve e escreve as respostas das crianças à sua pergunta. Algumas ideias são improváveis, mas Cátia ouve todas, feliz por lhe darem pistas sobre a forma como pensam. Ela não faz correções, sabe que elas estão "construindo" conhecimento, e não quer interferir nesse processo.

No primeiro dia, Cátia e as crianças estudaram o movimento da sombra durante as horas do programa, saindo de hora em hora para desenhar seu formato e sua posição; elas fazem marcas de giz com cores diferentes para registrar suas observações e estudar essas marcas mais tarde. Agora elas estão estudando as mudanças ao longo da semana, sendo que Cátia precisa planejar cuidadosamente, para levá-los para a rua exatamente no mesmo horário. Ela pede ajuda às crianças para ficar de olho no relógio para que estejam prontas para a observação exatamente às 10h.

O ponteiro está a 5 minutos das 10 quando elas se arrumam para sair. "Que cor de giz iremos usar para marcar a sombra de hoje?", pergunta Cátia. Duas crianças travam um breve debate sobre a cor que escolheram; cada uma quer uma cor diferente, e começam a discutir. A discussão é rapidamente resolvida por uma terceira criança, que lembra que ambas as cores já foram usadas. Roxo é a cor que eles decidem, e a hora está certa. A criança que desenhou ontem escolhe alguém para desenhar hoje, enquanto as outras observam atentamente para garantir que o desenho está certo, e, quando ele está pronto, Cátia tira uma foto.

"O que vocês acham?", ela pergunta. "A sombra está diferente de ontem?". Examinando com cuidado, as crianças decidem que não. Cátia revisa o dia anterior com elas. Quando comparam as diferentes marcas de giz ao longo de uma semana, elas percebem uma leve diferença. Elas trabalham em um registro de suas observações e especulam sobre o que faz a sombra se mover. Cátia registra a sua conversa. Enquanto elas trabalham, uma sombra se projeta diante do sol. Uma garotinha percebe a mudança na luz e imediatamente para de desenhar, dizendo: "E a sombra agora?". Ela se abaixa para ver mais de perto. "Vejam o que aconteceu!".

Cátia pede para elas compararem como a sombra era antes e como ela está agora. Ela sugere que as crianças desenhem a nova versão, e elas começam a trabalhar. Um menino faz um desenho do céu, com uma nuvem cobrindo o sol. Cátia tira duas fotos – uma do céu e da nuvem e outra da estaca e do chão para comparar com a que ela tirou sob a luz do sol.

Muita observação e documentação estão acontecendo aqui. As crianças e Cátia registram o processo em que estão envolvidas enquanto exploram o movimento do sol e seus efeitos na sombra da estaca. Cátia guarda seus registros e volta a disponibilizá-los quando as crianças continuam com o projeto das sombras; os desenhos e os registros escritos ajudam na memorização e na compreensão.

Por meio desse tipo de observação, registro e avaliação, as crianças estabelecem conexões e ganham continuidade em seus processos mentais e nas atividades. Da mesma forma, as observações e os registros dos adultos permitem avaliações recorrentes, em que os adultos aumentam sua compreensão do entendimento e dos interesses das crianças.

Agora que já vimos o quadro geral, iremos examinar cada elemento da observação, do registro e da avaliação a partir do ponto de vista do educador infantil. Iremos nos focar primeiro na observação.

Observação

A observação como habilidade foi introduzida no início deste livro e foi discutida ao longo dos capítulos. Há muitos exemplos de como os profissionais usam a observação, a reflexão e os registros para aprimorar o seu trabalho com as crianças. Às vezes, você pode ter de ir além da observação e da reflexão para testar a sua hipótese. A seguir, trazemos o exemplo de uma cuidadora domiciliar utilizando a observação. Verônica está sempre atenta a problemas de audição nas crianças que ela cuida. Sua própria filha teve um problema de audição que não foi detectado até os 3 anos, quando um pediatra descobriu o problema e passou a trabalhar para corrigi-lo. Verônica vai sempre lembrar o dia em que sua filha veio empolgada da garagem gritando: "Mãe, Pai, o rádio fala!". Aparentemente, sua filha nunca havia conseguido escutar o rádio que seu pai ouvia quando estava trabalhando.

Verônica se preocupa com duas das crianças atualmente matriculadas em seu programa. Nenhuma parece reagir a barulhos do modo como a cuidadora acha que elas deveriam. Um bebê consegue dormir apesar de qualquer barulho. Ela mostrou para a mãe dele batendo palmas bem alto perto do berço. Sem o menor movimento, o bebê continuou dormindo calmamente. A mãe diz para a Verônica que seu filho está simplesmente habituado ao barulho. Ele é adotado, e por muito tempo morou em um lugar onde, de acordo com a assistente social, o nível de barulho era extraordinariamente alto. Contudo, a mãe promete que vai investigar o assunto. No fim das contas, a audição do bebê é normal. Sua mãe está certa, ele ignora o barulho.

A outra criança com quem a Verônica demonstra preocupação é um menino de 4 anos que frequentemente não responde quando ela fala com ele. Como essa falta de reação é uma nova constatação, Verônica está preocupada que haja algum problema em casa ou que ele esteja passando por algo em seu programa. Mas então ela percebeu que ele respondia quando via o seu rosto quando ela falava com ele. Ela expressa sua preocupação aos pais, que também concordam em verificar a audição do filho. No final, ele tem fluido atrás dos tímpanos, o que afeta sua audição. O problema desaparece com o tratamento, e a criança volta a responder como antes.

Verônica é uma boa observadora e também reflete sobre o que observa. Além do mais, ela tem habilidades de resolução de problemas. Devido à sua abordagem assertiva, ela previne os possíveis atrasos de linguagem que às vezes resultam de deficiências de audição.

Eis aqui um diferente exemplo de como a observação e a reflexão compensam. Esse exemplo ocorre em um centro de cuidado. Brittany é uma menina de 3 anos pequena, magra e bastante delicada. Ela está na pré-escola faz um mês e, agora, parece estar gostando muito. Ela fala muito sobre seu amigo Giovanni, cuja família acabou de vir do México. Todo dia ela acorda ansiosa pelo programa e entra alegremente no carro.

Mas, de repente, as coisas começaram a mudar. Antes de sair de casa, ela protesta e diz que não quer ir para o centro de cuidado. Ela precisa ser forçada a entrar e a sair do carro. Às vezes, ela começa a chorar quando a mãe vai embora, mas supera rapidamente. A mãe de Brittany expressa sua preocupação para a professora e pergunta se ela entende o que está acontecendo. A professora explica que esse é um padrão comum: às vezes, problemas de separação não atingem as crianças antes das primeiras semanas. É bem possível que Brittany esteja simplesmente expressando ansiedade de separação com atraso. A mãe aceita a informação e sai. Já a professora, por sua vez, decide observar a Brittany mais de perto para ver o que pode aprender. E, realmente, ela aprende muito.

No dia seguinte, quando Brittany chega, a professora a cumprimenta como sempre, mas fica observando a menina, só para ver o que acontece quando ela chega na aula. Brittany demonstra indícios de lágrimas, mas que não se materializam. Ela não está chorando, mas parece apreensiva. Ela se afasta da professora e vai em direção à mesa com a massinha de modelar e, enquanto enrola uma bolinha distraidamente, de tempo em tempo olha para a porta. Pensando na mãe, decide a professora.

Brittany fica de olho na porta enquanto vai para a mesa com quebra-cabeças. A porta abre, e quem entra é o Giovanni. Ele a vê imediatamente e corre na sua direção, ao passo que ela levanta da mesa e se afasta. Ele parece animado enquanto continua a persegui-la, estendendo os braços como se quisesse dar um grande abraço, mas, quando a alcança, sua tentativa desajeitada acaba jogando-a no chão. Ele senta nela, tagarelando alegremente. Ele tem o dobro do seu peso, e ela mal consegue se mover, mas consegue sair de baixo dele assim que a professora chega para ajudar. Brittany parece entender que a saudação terminou e que não precisa mais se preocupar, então, os dois se sentam alegremente na mesa com os quebra-cabeças.

A professora tem seu próprio quebra-cabeça para resolver. Ela continua observando Brittany e Giovanni. O que ela vê são duas crianças de 3 anos que gostam da companhia um do outro, apesar de não falarem a mesma língua. Após outra manhã observando, um fato ocorrido começa a ficar evidente. Giovanni chega depois da Brittany e vai cumprimentá-la entusiasmado, exatamente como no dia anterior. Giovanni derruba a Brittany e senta nela.

O que acontece é que Giovanni não conhece as palavras para cumprimentar sua amiga, então ele usa o corpo. Ele é grande e não percebe que jogar o seu peso não é o mesmo que lhe dar um abraço; ele não compreende o efeito de sentar nela. A professora decide alterar esse padrão e lhe ensina palavras e atos gentis que passem sua mensagem sem machucar a Brittany. Ela também ajuda a Brittany a entender que ele não quer assustá-la nem machucá-la. Não demora muito para alterar esse padrão a acalmar a ansiedade dela. No fim das contas, não foi a ansiedade de separação, e sim o medo da Brittany da saudação diária do Giovanni que mudaram sua atitude com relação à escola.

Registro

Apesar de, na história anterior, observação e reflexão terem sido o suficiente para solucionar o mistério, nem sempre é assim. Frequentemente é necessário fazer mais do que simplesmente observar para entender o que está acontecendo; é preciso criar algum tipo de registro sobre o que se vê. Com um registro para revisar, às vezes são percebidos padrões que não seriam evidentes por meio da observação e da reflexão sozinhas. O registro pode ajudar a avaliar o comportamento e a forma de pensar das crianças (individualmente ou em grupos) e a avaliar a efetividade do ambiente também. As seções a seguir descrevem diversos métodos de registro.

Registros anedóticos

Registros anedóticos são um meio de criar descrições escritas curtas de um incidente ou algo notável sobre uma criança. Lembre-se de colocar a data, porque, quando for revisar, pode ser possível identificar um padrão ou progressão.

Registros anedóticos podem se basear em reflexões – lembranças de coisas que aconteceram naquele dia. Às vezes, também é possível anotar as coisas enquanto elas acontecem; tenha um caderno pequeno ou cartões e um lápis a mão para ajudar a fazer essas anotações na hora. Use o caderno ou os cartões para fazer anotações rápidas de conversas, poemas das crianças e músicas que elas cantem no balanço, por exemplo. Você pode aprender alguma coisa lendo essas anotações mais tarde ou pode usá-las como amostras de linguagem ou exemplos de criatividade da criança.

Observações de registro corrente

Enquanto os registros anedóticos são, em geral, reflexões ou anotações curtas de algo que vale a pena registrar em papel, uma **observação de registro corrente** é uma descrição detalhada do que está acontecendo enquanto acontece. O objetivo dos registros correntes é capturar todo o comportamento enquanto ocorre. A ideia é escrever a observação com tanto detalhamento e tanta descrição que quem estiver lendo consiga "enxergar" o que o observador viu. Ele funciona melhor quando se foca em uma só criança, mas é claro que também é possível registrar interações. O problema é conseguir anotar tudo. É preciso prática para redigir uma boa observação de registro corrente. Não dá para escrever frases inteiras ou completas durante a observação, ou a ação acaba antes de ser possível registrá-la. Você ainda vai estar olhando para a folha quando a criança tiver ido fazer outra coisa. Anotações rápidas e breves são a resposta para o problema, mas elas precisam ser escritas imediatamente após o fim do período de observação. Do contrário, você se arrisca a esquecer o que as anotações significam e os detalhes que as acompanham.

Eis aqui um exemplo de observação de registro corrente. O cenário é uma manhã em uma sala de aula da pré-escola. A criança é um menino de 5 anos com necessidades especiais que faz parte de um programa de inclusão. A observadora realizou observações informais sobre essa criança em diferentes horários da manhã ao longo dos últimos três dias. Tudo o que ela sabe sobre ele é o que ela viu,

registros anedóticos Método de documentação que brevemente descreve uma atividade, uma breve conversa, uma música, e assim por diante. Os registros anedóticos podem se basear em reflexões ou ser escritos no momento.

observação de registro corrente Método de documentação que fornece uma descrição escrita, objetiva, passo a passo do que está acontecendo enquanto acontece. Um registro corrente pode incluir interpretação dos adultos quanto ao significado dos comportamentos observados, mas deve separar dados objetivos de comportamentos subjetivos.

Uma observação de registro corrente é uma descrição passo a passo do que está acontecendo enquanto acontece.

mas não tem conhecimento algum sobre a sua origem. Ela tenta registrar apenas o que vê, sem interpretações, porque ela não acha que entenda o menino o bastante para compreender o comportamento que está vendo. O propósito da observação é tirar informações do especialista que visita regularmente para ajudar as professoras que trabalham com esse menino.

10h J. está caminhando devagar na frente da janela, passando uma colher de madeira por um radiador abaixo dela. A colher faz uma série de sons de batida, e o menino ri, mas não demonstra alegria em seu rosto; na verdade, ele tem uma expressão vazia. Seus olhos estão fixos na colher. Ele caminha até o fim do radiador, se vira abruptamente e começa de novo. Ele repete exatamente a mesma ação e a mesma risada. Seus braços balançam para cima e para baixo enquanto a colher bate no radiador, seus pés movem-se mecanicamente pelo chão e sua expressão não muda. Quando chega até o outro lado do radiador, ele se vira do mesmo modo e começa tudo de novo. Ele está na terceira repetição quando a professora se aproxima e segura o seu braço. Com a outra mão, a professora pega a colher, dizendo gentilmente: "Você gostaria de vir e se sentar para comer?".

10h02 J. não protesta quando a colher é removida de suas mãos. Ele para de se mover, fica imóvel e começa a encarar o teto com os olhos bem abertos. A professora segura os seus braços e lentamente o leva até a mesa do lanche. J. vai sem resistir, mas nunca olha para a professora ou para onde estão indo. Ele fica olhando para o vazio.

10h04 J. se senta rigidamente em um banco já quase todo ocupado por crianças. Ele continua olhando para o teto, sua cabeça inclinada para trás e as mãos no colo. Ele não se move nem faz som algum, seu rosto não demonstra expressão. Uma criança vem e se senta ao seu lado, mas ele não presta atenção. Ele parece inconsciente do que acontece ao seu redor ou, se tem consciência, não dá o menor indício. Ele não demonstra qualquer reação, até que a professora coloca um prato de *pretzels* e bolachas na sua frente. Ele se volta para a comida e a encara brevemente, deixando um sorriso leve cruzar seus lábios e depois desaparecer. A seguir, ele levanta a mão direita na direção do prato e pega um biscoito, realizando um movimento mecânico. Ele coloca o biscoito na boca, mastiga e engole.

10h06 Seus colegas estão cantando uma música com a professora, que está sentada de frente para J., que não presta atenção e, pelo contrário, se foca no processo de pegar todos os biscoitos do prato e comê-los um a um.

10h08 J. terminou os seus biscoitos. Ele muda de posição colocando a perna esquerda por baixo do seu corpo. Ele continua rígido. Ele pega um *pretzel*, segura entre o dedão e o indicador e o coloca na mesa, ao lado do prato. Depois, ele pega outro metodicamente e o coloca em cima do primeiro. Ele continua empilhando *pretzels* um a um, observando o que está fazendo mas sem demonstrar interesse real.

10h10 A menina ao lado dele começa a empilhar os *pretzels* também, mas J. não presta atenção. Outra criança está começando a empilhar os *pretzels*, e as duas conversam entre si e sobre o que J. está fazendo. J. não olha para elas nem responde, mas continua empilhando *pretzels* até o seu prato ficar vazio e ele ter uma torre alta ao lado.

10h12 A professora retorna à mesa com uma jarra e começa a distribuir copos com suco. Ela vê a pilha de *pretzels* e lembra as crianças de que elas não devem brincar com a comida. "Se vocês não vão comer, levantem e joguem fora", diz a professora.

10h14 "Para o alto e avante" canta J. em uma voz que tenta imitar a professora. Ele relaxa na cadeira. Seus músculos estão mais soltos agora que já ficaram tão retesados. Sua cabeça se inclina um pouco para trás, e ele começa a olhar para o teto, repetindo, "Para o alto e avante". A criança ao lado se estica e derruba a torre de *pretzels*, mas J. não percebe. Ele parece completamente absorto no teto e em repetir a frase.

Registros de incidentes

Às vezes chamados de amostragem de evento, os **registros de incidentes** narram um tipo específico de ocorrência repetida do início ao fim. Por exemplo, você pode observar incidentes agressivos envolvendo a turma ou uma criança específica. Observe e registre tudo o que aconteceu antes, durante e depois de cada incidente; ao fazer isso, você pode conseguir ver padrões que sugerem por que os incidentes ocorreram.

No caso de incidentes agressivos, pode ser que uma criança bote tudo para fora sempre que chegue a determinado nível de frustração. Quando você reconhecer o padrão, você pode intervir antes que a criança atinja o seu limite. Ou talvez haja uma criança que bata nos outros sem razão aparente – sem demonstrar emoções ou dar sinais de antemão. Não se sabe por que ela está fazendo isso, mas, ao registrar alguns incidentes, você pode perceber que ela bate para conseguir o que quer: atenção. Na verdade, agora que você identificou o padrão, pode ser surpreendente quanta atenção ela recebe por bater. Um tapa rápido e um grito da criança agredida trazem pelo menos um adulto (e às vezes até dois) correndo para conversar, tocar ou reconhecer de algum modo a existência dessa criança. Não importa se o adulto a está repreendendo; para uma criança com grande necessidade de atenção, qualquer tipo já basta.

É claro, é difícil registrar incidentes e responder a eles – especialmente em casos de agressão. Você não ficaria sentado escrevendo se visse que uma criança estava prestes a se machucar. Para escrever registros de incidentes, é necessária a presença de outro adulto para lidar com os problemas para que o observador não precise trocar de papel e se tornar o mediador.

Diários

Alguns educadores infantis consideram os diários um importante meio de registro. Os diários podem conter todo tipo de redação: registros anedóticos, observações correntes, registros de incidentes. Eles também podem conter desenhos ou fotografias.

Um diário pode ser uma ferramenta de mão dupla; ou seja, tanto os pais quanto o

> **registros de incidentes ou amostragem de evento** Método para documentar um tipo específico de ocorrência repetida do início ao fim. Às vezes chamado de "amostragem de evento", os registros de incidentes se focam em um entre vários comportamentos, como incidentes agressivos ou separação entre pais e filhos.

Os registros de incidentes podem esclarecer padrões que ocorrem em uma sala de aula ou com crianças específicas.

educador podem contribuir. Alguns programas deixam o diário com a criança; ele vai para casa à noite e volta ao centro de manhã para que todos tenham uma chance de escrever nele. Usado dessa forma, o diário torna-se um meio importante de comunicação com os pais. A partir do diário, os pais ficam sabendo um pouco do que aconteceu enquanto estiveram ausentes, e a professora pode se manter a par do que ocorre em casa.

Para bebês e crianças que começam a caminhar, o diário pode ser usado para registrar especificidades como trocas de fraldas, tipo de alimentação e quantidade consumida e hora da soneca. O diário também pode ir além do comum e prestar relatos do humor da criança, suas interações e atividades. Diários para crianças em idade pré-escolar e escolar normalmente se focam em atividades, interações, interesses e incidentes. Quando as crianças conseguem escrever por conta própria, elas podem contribuir para o diário e praticar sua escrita.

checklist de desenvolvimento Método de documentação e avaliação do desenvolvimento das crianças. Uma *checklist* de desenvolvimento pode ser dividida em categorias específicas, como física, psicomotora, cognitiva, socioemocional e linguística.

Fotografias, gravações e vídeos

Capturar os processos e os produtos das crianças em seus trabalhos e brincadeiras pode ser útil tanto para professores quanto para pais. Os professores podem ajudar as crianças a se aprofundar em suas explorações sobre vários assuntos, registrando entrevistas e conversas a respeito, assim como a Cátia fez com seus alunos na cena de abertura deste capítulo. Capturar interações ou conversas da turma pode fornecer registros valiosos, se for feito com frequência o bastante para que as crianças não se sintam distraídas pelo processo.

Checklists e mapeamento

***Checklists* de desenvolvimento** podem ser úteis para identificar o progresso, contanto que não sejam usados como "boletins". Apesar de um profissional experiente com conhecimento sobre níveis de desenvolvimento poder avaliar as crianças informalmente sem uma *checklist*, a maioria dos educadores infantis tem dificuldades de se manter a par de especificidades sem algum tipo de estrutura. As *checklists* fornecem essa estrutura. As *checklists* costumam ser divididas em "áreas" de desenvolvimento – por exemplo, "física" ou "psicomotora", "cognitiva" e "socioemocional". Às vezes, "linguagem" é uma categoria separada, mas pode ser incluída entre os desenvolvimentos "cognitivos".

A Figura 12.1 ilustra uma parte de uma *checklist* de desenvolvimento. Você vai notar que essa *checklist* inclui diversos comportamentos de autoajuda na categoria "habilidades motoras finas". As habilidades de autoajuda variam de acordo com perspectivas culturais sobre a independência *versus* a interdependência. Se a criança observada vem de uma família que valoriza a interdependência, em detrimento da independência e da individualidade, tais habilidades de autoajuda podem não se manifestar antes dos 4 anos. A criança pode nunca ter tido a oportunidade de usar uma faca, abotoar suas roupas ou se alimentar por conta própria. Nesse caso, é importante não julgar as habilidades de autoajuda da criança, visto que elas não significam nada para ela durante esse período em específico. Ao usar as *checklists* (como em qualquer outro aspecto do programa de educação infantil), lembre-se de se certificar do contexto cultural.

Uma ***checklist* ambiental** é outro método para documentar o uso e a eficácia da organização física. Por exemplo, ao registrar o lugar onde estão as crianças em curtos intervalos de tempo, é possível discernir padrões de comportamentos individuais e em grupo. Analise a Figura 12.2. Por que Maria nunca entrou na área de brincadeira dramática? Ela também nunca entrou na área dos blocos. Na verdade, após olhar a *checklist*, pode-se ver que Maria nunca saiu da mesa de artes durante o tempo em que foi observada. A Maria tem algum interesse em arte ou há algo mais acontecendo? Se observações subsequentes mostrarem que Maria nunca passa tempo livre longe da mesa de artes, você provavelmente vai querer saber por quê, em um ambiente tão interessante e instigante, Maria limitou suas opções tão drasticamente. Ela precisa ampliar suas experiências, ou você deve alimentar o seu interesse artístico?

Olhe novamente para a Figura 12.2. O que ela lhe diz sobre Chris? Ele se move muito, indo para uma nova área a cada 15 minutos. Por quê? Ele é rejeitado pelas outras crianças brincando na área? Ele é inquieto? Ele é novo no programa e só está tentando experimentar tudo? É claro, não se pode responder a essas perguntas revisando só essa tabela (que representa pouco mais de uma hora), mas você

> ***checklist* ambiental**
> Método de documentar a organização e/ou o uso do ambiente em um programa de educação infantil. Uma *checklist* ambiental pode ser usada para avaliar o uso que cada criança faz do ambiente ou a efetividade da organização.

Habilidades motoras

Habilidades motoras amplas

A criança foi vista:

- ❏ pedalando um triciclo
- ❏ pulando em um pé só
- ❏ se equilibrando em um pé só
- ❏ pulando obstáculos
- ❏ caminhando em uma trave de ginástica olímpica
- ❏ pegando uma bola com as duas mãos
- ❏ jogando uma bola pequena por cima do ombro
- ❏ subindo e descendo escadas alternando os pés

Habilidades motoras finas

- ❏ comendo sem ajuda de outra pessoa
- ❏ segurando giz de cera ou lápis usando dois dedos e o polegar
- ❏ empilhando 10 blocos
- ❏ servindo água ou leite direto de uma jarra
- ❏ pregando com um martelo
- ❏ colocando contas em um colar
- ❏ abotoando e desabotoando a própria roupa
- ❏ usando uma faca para espalhar

FIGURA 12.1 Amostra de uma *checklist* de desenvolvimento para crianças de 4 anos.

Checklist
Como as crianças usam o ambiente interno

Observador _____ Data _____

Período de observação N.º 1 10h15   N.º 2 10h30   N.º 3 10h45
                       N.º 4 11h00   N.º 5 11h15   N.º 6 11h30

Insira o número do período de observação nas colunas das diferentes áreas para cada criança

Nome da criança	Kai	Sonia	Kelly	Maria	Chris
Blocos	1 2 3 4 5	1 2 4 5	1 2		
Mesa de arte		3		1 2 3 4 5 6	5
Cavaletes			3	1	
Teatro			4 5		6
Manipulativos	6	6	6		2
Área de música					
Área dos livros					3
Mesa de ciências					4

Figura 12.2 Amostra de *checklist* ambiental.

mapeamento Método de documentar como uma criança determinada age no ambiente de educação infantil. Usando o mapa de uma sala ou área, o responsável pelo registro anota a rota da criança e registra atividades e interações com outras crianças ou adultos. Pontos iniciais e finais são anotados também durante a observação. Mapeamentos também podem ser usados para avaliar o uso e a efetividade do próprio ambiente.

pode ver que ele passou por seis áreas de atividades nesse curto período e, portanto, pode ser necessário observar e documentar mais.

E quanto a Kai, Sonia e Kelly? Kai passou uma hora inteira com os blocos. Sonia ficou lá a maior parte do tempo, exceto por uma passagem rápida pela mesa de artes. Ela retornou aos blocos e ficou lá até Kai sair, indo depois se juntar a ele e a Kelly na área manipulativa. Os três começaram juntos no bloco às 10h15 e terminaram juntos nos manipulativos às 11h30. Isso é um padrão? Transformaram-se em um trio? Por que você quer descobrir isso?

O **mapeamento** serve a um propósito semelhante ao de uma *checklist* ambiental, ajudando a entender como cada criança age no ambiente. O mapeamento é particularmente útil com os bebês que engatinham – crianças que tendem a se movimentar muito. Por meio do mapeamento, pode-se ver aonde eles vão e quais são os seus padrões. Está vendo como Carley, na Figura 12.3, interage apenas com adultos, nunca com crianças? Isso acontece porque o mapeamento foi feito na primeira hora da manhã? Talvez víssemos outro padrão em um horário diferente. Compare o mapa de Carley com o de Blake, na Figura 12.4. Ele nunca interage com ninguém e não costuma usar os brinquedos – pelo menos, não durante o período do mapeamento. Ele parece perambular a esmo. Talvez você pu-

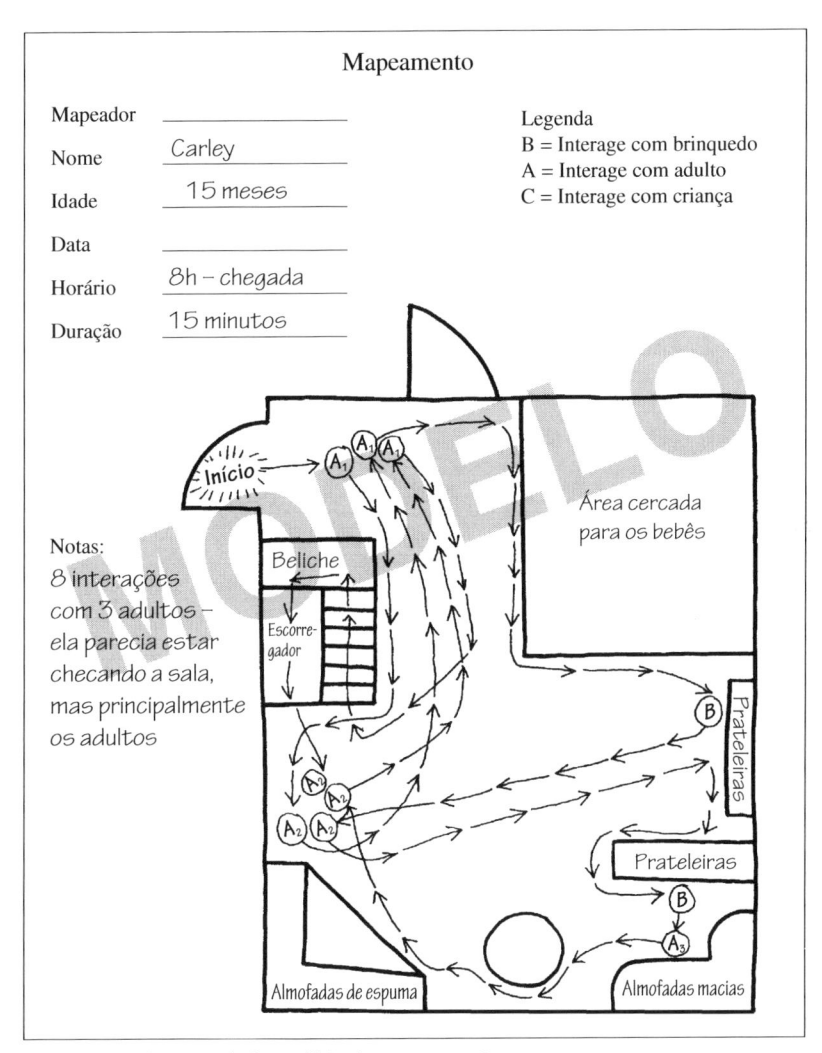

FIGURA 12.3 Amostra de formulário de mapeamento.

desse identificar isso sem o mapeamento, mas colocar a imagem no papel facilita ver e rever com os outros.

Amostras de tempo

Coletar **amostras de tempo** de alguns comportamentos-alvo de pequenos grupos de crianças é outra forma de aprender sobre padrões individuais e em grupos. Quantas crianças de 3 anos na amostra na Figura 12.5 estavam atentas e ativamente envolvidas na hora da roda? Quantas não estavam? O que essa observação pode lhe dizer sobre as crianças ou sobre como a hora da roda está sendo conduzida? E o que pode dizer sobre a adequação dessa atividade específica para crianças nessa idade?

Para melhor compreender essa amostra, ajudaria saber o que estava acontecendo em cada um dos períodos de tempo. Às 10h, a professora começou com uma atividade de pintura. Só uma criança estava participando, mas outras duas

amostra de tempo Técnica de documentação que envolve coletar amostras de comportamentos-alvo de grupos de crianças com um período de tempo específico em mente como forma de aprender sobre padrões individuais ou em grupo.

Mapeamento

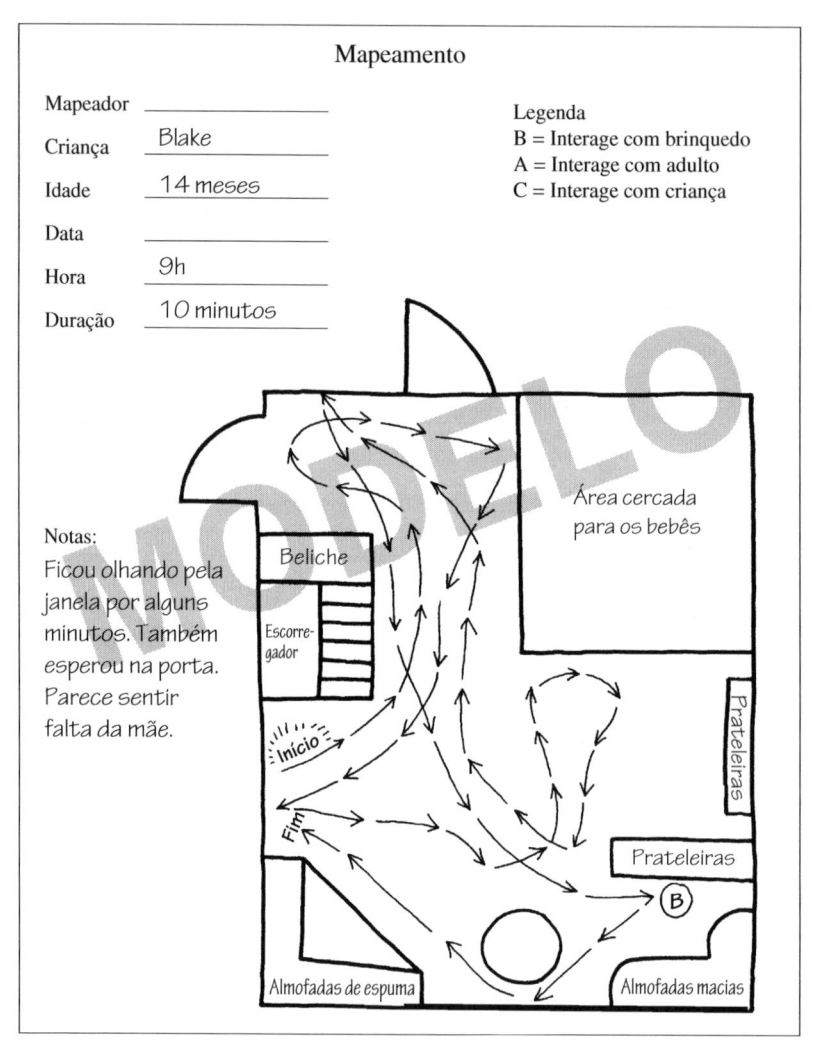

Mapeador _____
Criança Blake
Idade 14 meses
Data _____
Hora 9h
Duração 10 minutos

Legenda
B = Interage com brinquedo
A = Interage com adulto
C = Interage com criança

Notas:
Ficou olhando pela janela por alguns minutos. Também esperou na porta. Parece sentir falta da mãe.

(Área cercada para os bebês; Beliche; Escorregador; Início; Fim; Prateleiras; Prateleiras; Almofadas de espuma; Almofadas macias; B)

MODELO

FIGURA 12.4 Amostra de formulário de mapeamento.

estavam presentes. A Criança 4 não estava incomodando ninguém; ela estava mexendo nos cadarços. A Criança 5 estava tentando sair, mas a professora a trouxe de volta. E tudo foi ladeira abaixo a partir desse momento. A professora trouxe um calendário às 10h03. Desse momento até às 10h09, ela perdeu a maioria do grupo. Ela teve dificuldades para recuperar a sua atenção quando se aprontou para ler uma história. Ela leu a história entre 10h10 e 10h20. A atenção das crianças variou na maior parte do tempo. No entanto, ela conseguiu recuperar a atenção de todos no fim, quando brincaram de faz de conta. Três das cinco crianças pularam, conforme a brincadeira proposta, enquanto as outras duas ficaram olhando. Se você fosse essa professora e percebesse que as crianças não estavam participando muito na hora da roda, o que faria?

Avaliação

Estudamos vários métodos de observação e de registro e, como não é possível separar a avaliação desses métodos, começamos a

Amostra de tempo

Observador _____ Data _____

Duração __24 minutos__ Intervalo __3 minutos__

Descrição do cenário __hora da roda com crianças de 3 anos__

Hora	Criança 1	Criança 2	Criança 3	Criança 4	Criança 5
10:00	A	A	P	E	AF
10:03	A	I	P	E	T
10:06	O	A	E	T	AF
10:09	O	I	I	I	E
10:12	O	E	I	AF	I
10:15	E	AF	T	O	AF
10:18	O	A	A	A	E
10:21	O	A	O	E	AF
10:24	A	P	P	P	A

CÓDIGO:
A = atendendo ao que estava acontecendo
P = participava do que estava acontecendo
O = obediente, mas não atendia ou participava
I = interagia com outra criança – não atendia
E = envolvido consigo mesmo – não atendia
T = tentando ter a atenção do professor – não atendia
AF = afastando-se do grupo – não atendia

Figura 12.5 Formulário de amostra de tempo.

explorá-la também. Esta seção busca discutir com mais profundidade como avaliar os processos de aprendizagem das crianças e seu desenvolvimento como indivíduos e como grupo.

Também iremos estudar o papel da avaliação para analisar o programa em termos de sua efetividade ambiental e de sua habilidade de atender às necessidades e de cumprir os objetivos das crianças, das famílias e da comunidade como um todo. Para começar, vejamos a avaliação das crianças.

Avaliando as crianças

Diagnóstico e prescrição *versus* avaliação autêntica. Vamos comparar dois programas com abordagens de avaliação muito diferentes. O Programa 1 usa uma *checklist* de desenvolvimento padronizada, que é administrada a cada seis meses. Se os professores virem uma criança demonstrando uma habilidade específica da *checklist* durante o andamento natural do programa, eles dão a ela crédito por ser "aprovada" no item. Contudo, se não observarem essa habilidade específica, eles informalmente "testam" a criança. Eles separam uma semana para o procedimento de teste para que possam ter certeza sobre o que ela pode ou não fazer.

A ideia é compreender onde as crianças estão no seu desenvolvimento e apontar áreas em que elas precisam melhorar. A ideia é tratar dessas áreas criando atividades e exercícios para crianças individualmente e para a turma ao longo do ano. Doze meses depois, eles reavaliam para ver o desenvolvimento de cada criança. Eles também notam quais crianças ficam abaixo da norma em habilidades específicas e relatam aos pais na reunião de avaliação tanto as áreas de progresso quanto as que ainda precisam melhorar.

Esse método se baseia no mesmo método de diagnóstico e prescrição que os médicos usam para determinar o que há de errado com um paciente e que tratamento é necessário. Veja o quadro *Pontos de vista* para a visão dos pais sobre como essa abordagem de avaliação funciona.

avaliação autêntica Método de avaliar as crianças de acordo com o que elas sabem, conseguem fazer e pelo que se interessam, o que pode ser aplicado ao planejamento contínuo do currículo. A avaliação autêntica evita comparar crianças a uma norma ou atribuir notas a elas, além de evitar testes padronizados, que mensuram habilidades isoladas e parcelas de conhecimento fora de contexto.

O Programa 2 tem uma abordagem e um propósito diferentes para a avaliação. Ele usa diversos métodos de maneira contínua ao longo do ano, incluindo muita observação e documentação. Ele considera o que faz em nome da avaliação como parte do processo de ensino-aprendizagem, e não algo separado. Ele não usa suas avaliações para "graduar", categorizar ou comparar as crianças às outras ou a uma norma, nem nunca fala em "passar" ou "reprovar".

O objetivo da sua abordagem de avaliação é descobrir mais sobre cada criança e sobre a turma, assim como documentar seus processos e seu progresso. É mais fácil para esse programa ter uma ideia real porque a sua avaliação é contínua, e não periódica, buscando entender as crianças em um contexto natural, em vez de como elas se saem em situações de teste. Esse programa usa o que aprendeu para descobrir interesses individuais e coletivos e planejar um currículo emergente que responda a seus interesses e necessidades. Os professores também realizam muita autorreflexão, avaliando tanto sua efetividade quanto a do seu programa.

Em que esses programas se assemelham? Ambos os programas se focam no desenvolvimento e ambos avaliam "a criança como um todo", observando as três áreas do desenvolvimento: física, cognitiva e socioemocional; e ambos os programas querem o melhor para as crianças. No entanto, apesar das semelhanças, eles têm visões muito diferentes sobre como avaliá-las e como aplicar os seus achados.

O Programa 1 usa uma abordagem de diagnóstico e perspectiva muito limitado e se foca mais nos pontos fracos do que nos fortes. Ele representa uma abordagem momentânea, em vez de um projeto contínuo, além de ter uma orientação do tipo "passar/reprovar", a qual pode ser desanimadora para os pais e para os filhos.

O Programa 2 usa o que se chama de **avaliação autêntica**, que é uma maneira muito mais ampla de observar o progresso das crianças e como ele se relaciona aos objetivos curriculares. Em vez de se focar apenas nos pontos fracos, a avaliação autêntica busca o que as crianças sabem, fazem e no que se interessam, usando os resultados para o planejamento contínuo. A avaliação autêntica passa aos professores uma noção sobre os processos de pensamento das crianças – noção essa que revela falhas e erros de compreensão. Toda essa informação proporciona aos professores ideias para criar projetos que aprimorem as habilidades das crianças, aprofundem os seus interesses e as ajudem a cobrir falhas de compreensão e esclarecer equívocos. As crianças não "perdem nota" pelo que não sabem ou não conseguem fazer, mas recebem oportunidades para continuar aprendendo. A avaliação autêntica evita mensurar habilidades isoladas e parcelas de conhecimento fora de contexto. A avaliação autêntica contrasta fortemente com os tipos de testes padronizados que ignoram o dia a dia das crianças e que não são adequados ao nível de desenvolvimento nem mensuram itens relacionados ao currículo real.

PONTOS DE VISTA

A visão de uma mãe sobre a abordagem de diagnóstico e prescrição da avaliação

Eis aqui a minha experiência com a pré-escola e com a forma que avaliaram o progresso da minha filha. Quando explicaram como funcionava, pareceu tudo certo. Ela é a minha primeira filha na pré-escola, então, imaginei que haveria um "boletim" no fim do ano, como no ensino fundamental. Só que não tivemos um boletim, e sim uma reunião com a professora.

Não tive problemas com isso no 1º ano, exceto quando fui ver a *checklist* que me mostraram na reunião, e vi que a minha filha tinha sido reprovada em algumas coisas que sei que ela é capaz. Não sei se ela estava tendo um dia ruim quando fizeram a avaliação ou o quê.

No 2º ano, eu me voluntariei para trabalhar na sala de aula da minha filha e ver como o processo de avaliação funcionava e não gostei. Eles pegaram a lista e marcaram todas as áreas que a minha filha estava atrasada. Agora vi que ela teve sorte por ter ido mal em alguns itens em que ela é capaz, porque os professores a estimularam a continuar tentando, e isso a deixou feliz. Acontece que ela é uma garotinha que gosta de ficar sentada em silêncio, na sala de atividades, e brincar de boneca.

Seu desempenho motor amplo, de acordo com o que me disseram, está abaixo da média, então, estão trabalhando nisso. Ao olhar aquela *checklist*, sei que ela foi reprovada em muitos itens, então, acho que ela está muito atrás das outras crianças, e eles estão trabalhando para corrigir os seus problemas. Eles insistem que ela passe mais tempo do lado de fora, e a forçam a usar o escorregador, que ela detesta. Ela até gosta de balanços, mas toda vez que ela sobe em um, vem uma professora incomodá-la dizendo que ela precisa aprender a suspender os pés. Ela nunca gostou muito de sair, mas agora está começando a odiar o ambiente aberto, com toda essa ênfase no que eles chamam de "desenvolvimento de habilidades". Eu me sinto frustrada ao ver que eles dão muita atenção aos pontos fracos dela e tendem a ignorar os seus pontos fortes! Acho que essa abordagem não evidencia uma imagem muito positiva dela mesma.

Portfólios. Como se pode ver, a avaliação autêntica é usada para muitos propósitos, e uma das suas ferramentas é o **portfólio**. Os portfólios são coleções de amostras de trabalho das crianças; eles documentam tanto o processo quanto o produto e podem ser usados como ferramentas de avaliação contínuas, assim como formas de documentar o melhor trabalho das crianças, servindo como registro final de suas realizações.

Quando o Programa 2 começou a aprender sobre a avaliação autêntica, começou a criar portfólios para cada criança. De repente, acabou a prática de enviar para casa todos os trabalhos das crianças ao fim do dia. E, como elas estavam habituadas à ideia de fazer coisas para levar para casa, no início elas resistiram em não levar os seus projetos, mas as professoras deixaram claro que essa mudança era necessária. Se tudo fosse para casa todos os dias, haveria poucos trabalhos contínuos, e cada projeto era necessariamente pequeno e restrito ao seu próprio âmbito, visto que precisava ser completado em uma única sessão.

O Programa 2 começou a apresentar mais projetos contínuos e de longo prazo, durando um período de vários dias. Essa mudança possibilitou dizer para as crianças: "Isso não está pronto, então, deixe aqui para trabalhar mais amanhã". As professoras também criaram projetos colaborativos envolvendo diversas crianças, então, não ficava claro quem deveria levar o projeto para casa. As crianças começaram a ver que as coisas estavam diferentes agora e ficaram mais dispostas a ir embora sem levar cada trabalho que fizeram ao longo do dia.

> **portfólio** Uma das ferramentas da avaliação autêntica. Os portfólios são coleções de amostras de trabalho das crianças; eles avaliam tanto o processo quanto o produto. Professores, crianças e pais podem contribuir para os portfólios para ampliar a avaliação de modo a refletir o progresso no desenvolvimento tanto em casa quanto no programa.

Os portfólios podem conter fotos ou vídeos de processos como o trabalho cooperativo dessas duas crianças na construção em blocos.

No início, o programa coletava e guardava os trabalhos da semana e, na sexta-feira, pedia que as crianças selecionassem uma de suas produções para guardar no portfólio. Dessa forma, as crianças se envolviam em um processo de seleção e de autoavaliação. As professoras prestavam atenção no porquê de as crianças escolherem certos trabalhos. Elas escreviam textos, que também se tornaram parte do portfólio. Os adultos aprendiam mais sobre as crianças, que, por sua vez, aprendiam mais sobre si mesmas. E como elas guardavam um trabalho no portfólio, às vezes as crianças queriam repetir algo – fazê-lo diferente ou elaborá-lo mais. As professoras estimulavam suas inclinações e passavam a ver o valor de revisitar antigas ideias. Agora, as coletas para o portfólio são um processo contínuo, com as crianças e os adultos decidindo juntos o que deve constar.

Quando um programa decide usar um portfólio para fazer a avaliação, ele deve decidir o que a coleção irá refletir e que meios serão usados para avaliá-la. Os portfólios podem ser um registro de uma ou duas áreas do desenvolvimento (como desenvolvimento físico e cognitivo, por exemplo) ou podem cobrir todas as áreas. Os portfólios podem conter desenhos, rabiscos e escrita convencional ou inventada pelas crianças, assim como listas de livros lidos por (ou para) elas, de modo a registrar seu processo de alfabetização. Fotos ou vídeos dos processos (como a construção de uma estrutura em blocos ou a criação de um projeto de carpintaria) também podem ser incluídos, talvez acompanhados de comentários dos adultos e das crianças para proporcionar uma visão mais completa do processo do que sua simples apresentação visual. Palavras acrescentam muito. Da mesma forma, os projetos prontos devem ser documentados por texto e imagens. O que a Karen falou sobre sua escultura completa em Lego? O que as crianças que construíram o sistema de barragens e canais na caixa de areia têm a dizer a respeito? Além disso, peça para as crianças fazerem desenhos dos seus processos e produtos. Os desenhos, junto dos comentários das crianças, podem ser muito úteis para revelar como a criança entende o mundo. Registros de interações e conversas entre as crianças, assim como entrevistas, também têm valor.

Tudo o que for acrescentado ao portfólio deve ser identificado, com uma data e uma explicação do cenário, das circunstâncias e muitas outras informações pertinentes sobre o item.

Os portfólios são contribuições maravilhosas para as reuniões com os pais, porque fornecem exemplos concretos do trabalho e das brincadeiras das crianças. Os pais podem *ver* como a criança está progredindo; o portfólio desfoca a reunião do âmbito teórico e a leva ao mundo real. Além dos professores e das crianças, os pais também podem fazer sua contribuição ao portfólio. Assim como o diário, que pode ser usado como registro de mão dupla em alguns programas, o portfólio também pode ser usado para refletir a vida da criança no programa *e* em casa. Os pais podem contribuir com desenhos, entrevistas, comentários e outros tipos de documentação sobre o que acontece em casa. Após isso, a reunião com os pais torna-se uma conversa recíproca, em vez de uma reunião unilateral em que o professor faz todos os relatos e os pais não passam de meros ouvintes. Assim, a avaliação torna-se mais ampla e reflete o processo de desenvolvimento e o progresso em mais de um ambiente, além de ajudar a aproximar o lar da escola – um dos principais objetivos do programa de educação infantil. Não é só o que acontece com a criança quando ela está no programa que importa, mas também o que acontece em casa.

Autoavaliação. As crianças devem ser responsáveis por uma parte da própria avaliação. A autorreflexão e a autoavaliação são habilidades importantes de se aprender cedo, e os adultos ajudam a desenvolver tais habilidades quando pedem a opinião das crianças: "O que você acha sobre o que acabou de acontecer?", ou "Do que você gosta mais no seu trabalho?".

A avaliação não é construtiva quando existe pressão sobre o desempenho e para obter sucesso de acordo com algum padrão. Quando um professor, conscientemente ou não, enfatiza as respostas "certas" recompensando-as, as crianças aprendem cedo a agir como se compreendessem coisas que não entendem. Questioná-las ou sondá-las para identificar essa situação envolve uma habilidade delicada. Precisamos ajudar as crianças a dizer com confiança: "Não sei. Não entendi. Me explique melhor". Não deve haver vergonha ligada a tais frases, mas quantos de nós admitimos que não entendemos algo? A maioria de nós aprendeu a esconder seu desconhecimento, e devemos ter cuidado para não fazermos o mesmo com as crianças que educamos. Não podemos analisar ou aprofundar a aprendizagem se negarmos nossas próprias áreas de ignorância ou escondermos que não sabemos algo de nós mesmos e dos outros.

Avaliando o programa

Analisando o ambiente. Os instrumentos de registro usados para avaliar indivíduos também podem ser usados para avaliar o programa. A Figura 12.6 apresenta um padrão de uso do ambiente interno durante uma brincadeira livre entre crianças de 4 e 5 anos. Essa *checklist* ilustra quais centros de atividade são ignorados e quais são mais atraentes para meninos e meninas. É possível ver na Figura 12.6 que os meninos nunca chegam perto da área de brincadeiras dramáticas, as meninas nunca se aproximam dos blocos, e ninguém chega perto dos livros. Durante a reunião da equipe, os professores precisarão pensar em como mudar o ambiente para ambos os sexos usarem todas as áreas. Bonecos pequenos na área dos blocos vão interessar as meninas? Água na pia de brinquedo, na área dramática, vai atrair os meninos? Além do mais, o que podemos fazer a respeito da área dos livros? (O que acontecia é que a área dos livros ficava localizada em um canto elevado nos fundos, e nem os professores costumavam ir até lá. Quando mudaram para um local mais próximo e deixaram um adulto responsável pela área, todas as crianças começaram a frequentá-la.)

Checklist
Uso do ambiente interno

Observador _____ Data _____

Hora	9:30		9:40		9:50		10:00		10:10		10:20		10:30	
Meninos Meninas	Mo	Ma	Mo	Ma	Mo	Ma	Mo	Ma	Mo	Ma	Mo	Ma	Mo	Ma
Blocos	4	2	3	0	4	0	4	0	3	0	4	0	3	0
Mesa de artes	2	2	1	0	2	3	1	3	2	2	0	0	0	0
Cavaletes	0	1	1	1	0	0	2	0	1	1	0	0	0	2
Teatro	0	3	0	3	0	4	0	4	0	2	0	4	0	6
Área manipulativa	2	2	3	3		1	2	2	1	1	2	3	3	2
Área de música	1	0	0	0	3	2	1	0	1	3	2	0	0	0
Área dos livros	0	0	0	0	0	0	0	0	0	0	0	0	0	0
Mesa de ciências	1	0	3	2	0	1	0	1	1	2	3	1	2	2

Figura 12.6 Amostra de *checklist* ambiental.

O mapeamento também pode lhe dizer como o ambiente está sendo usado. Por exemplo, uma comparação entre mapas, como o ilustrado na Figura 12.7, foi feita para observar um problema em um programa para bebês e crianças pequenas: os brinquedos ficavam frequentemente jogados, e nunca na área à qual pertenciam. Os movimentos de várias crianças foram mapeados, com atenção particular ao seu comportamento com os brinquedos. Descobriu-se que a atividade favorita delas era pegar os brinquedos, levá-los de um lugar ao outro e depois soltá-los. A Figura 12.7 mostra que, em 15 minutos, uma criança espalhou seis brinquedos em locais diferentes.

Depois que os professores desse programa descobriram esse padrão, fizeram uma reunião para falar a respeito. Uma sugestão foi mudar o comportamento das crianças por meio de uma técnica de recompensa dos comportamentos desejados. Esse plano foi abandonado depois que os professores perceberam que o que as crianças estavam fazendo era perfeitamente normal para elas, e que eles deveriam encarar seus atos como uma "atividade de caminhada", e não como mau comportamento. Eles decidiram abandonar a regra de que os brinquedos tinham uma área própria e que não podiam ser levados dali. Ao alterar a regra e suas próprias expectativas, eles aliviaram muitas de suas próprias frustrações em relação a manter o ambiente sempre em ordem. Eles conseguiram resolver a questão do lugar das coisas usando o fato de que as crianças gostavam de carregar as coisas de um lugar ao outro.

Avaliando o programa de diferentes perspectivas. Desde o Capítulo 1, este livro vem discutindo o valor da autorreflexão. Os educadores infantis profissionais não só fazem perguntas sobre o ambiente e sobre as crianças (individual e coletivamente), mas também avaliam a si mesmos; não para se dar notas, mas para aprender mais, para melhorar, para

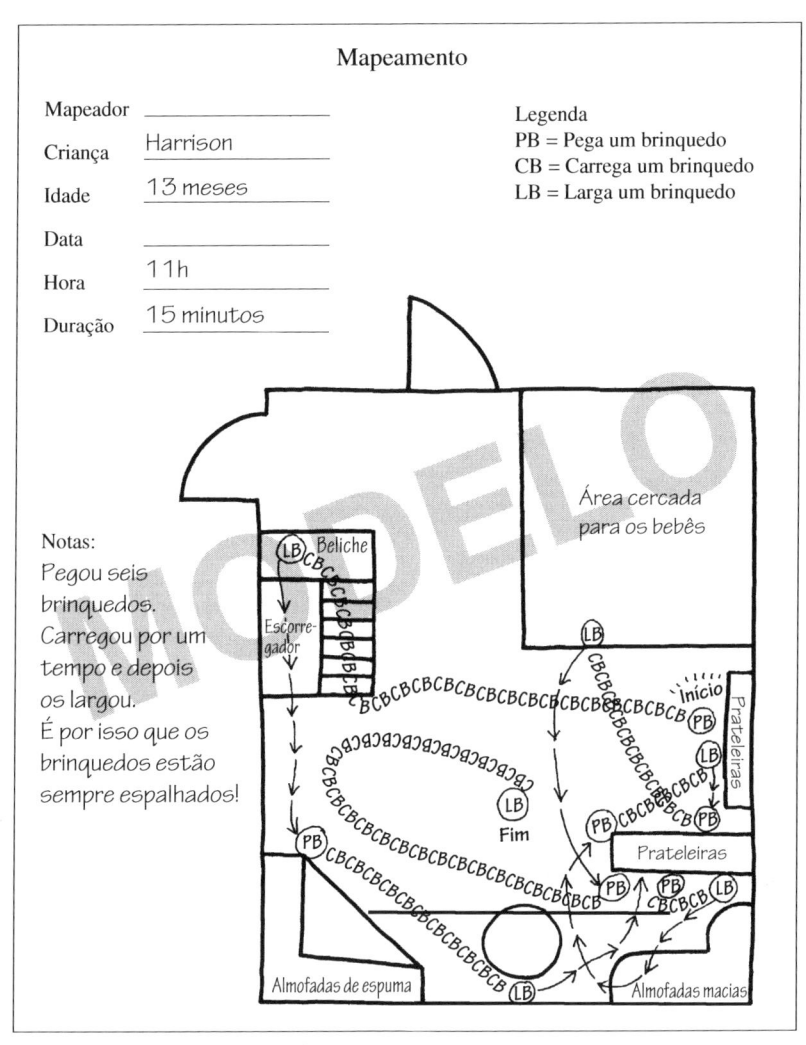

FIGURA 12.7 Amostra de formulário de mapeamento.

descobrir seus próprios pontos fortes e, por fim, para usar todo o seu conhecimento para aprimorar o programa.

A reflexão é um elemento-chave para avaliar compreensivamente o programa, conforme recomenda Lilian Katz (1995), uma pesquisadora infantil.[3] Ela sugere olhar o programa de muitos ângulos. Se você começar a ver o programa do ponto de vista das crianças: como seria esse programa para uma criança de 2 anos? E para uma de 4 anos? E de 6? Esse é um lugar em que todos têm suas necessidades atendidas? Esse é um lugar caloroso e amigável, com coisas interessantes para fazer? Esse é um lugar em que é possível crescer, desenvolver-se e sentir-se bem consigo mesmo?

Você também pode olhar como esse programa é visto pelos administradores, pelos financiadores, pela diretoria? (Essa costuma ser a visão prevalente, porque quem está no topo costuma ser o mais envolvido com a avaliação do programa.) Como esse programa se enquadra nos regulamentos e atende aos padrões? Quais são os seus pontos fortes e que áreas precisam melhorar?

Observe o programa do ponto de vista dos professores: como é trabalhar aqui? Esse é um lugar em que você encontra apoio para suas ideias? Esse é um lugar em que você pode exercer a sua criatividade? Você pode crescer e se desenvolver? O seu trabalho lhe dá satisfação e um sentimento de realização?

Tente ver o programa do ponto de vista dos pais: esse é um lugar confortável e receptivo onde eles se sentem bem-vindos? Esse programa promove uma abordagem em equipe que inclui os pais? Esse programa leva em conta seus valores culturais, mesmo que tenha de aumentar o seu escopo e se desenvolver para tal? Esse é um programa em que todas as famílias se sentem "incluídas"?

Por fim, imagine o ponto de vista da comunidade: o público compreende o papel do programa e como ele beneficia a comunidade? Existe uma conexão entre o programa e a comunidade? O programa reflete a comunidade de diversas maneiras?

UMA HISTÓRIA PARA TERMINAR

Para mim, a coisa mais difícil de observar sou eu mesma. A época mais difícil para me observar é quando estou envolvida com meus próprios sentimentos, e sou pega quando as crianças mexem comigo.

Funciona mais ou menos assim: uma criança exibe algum comportamento que já foi testado antes e que se provou efetivo. Aí, respondo de maneira completamente previsível.

Assim que uma criança aprende que um comportamento específico obtém determinada reação de mim, ela detém um pouco de poder que não tinha antes. Quando descobrimos que temos, o poder é algo que todos gostamos de usar, e as crianças não são uma exceção.

Logo, um padrão é firmemente estabelecido. Quando uma criança precisa se sentir poderosa, basta me achar e mexer comigo. E, *voilà*, fico emotiva. É claro, sou uma profissional, então, não fico na escola do mesmo jeito que ficaria em casa. Ainda assim, mesmo sob o meu comportamento profissional, as crianças que fazem isso sempre conseguem ver meu verdadeiro eu: o ser humano emocional.

Não é que não queira que as crianças me vejam como um ser humano emocional, mas prefiro me relacionar sem precisar desse tipo de tática. É por isso que me esforcei tanto esses anos todos para mudar alguns padrões.

O segredo para retirar o poder desse tipo de comportamento é ser *inconsistente*; responder de maneira surpreendente. Sim, eu sei, todos aprendemos a importância da consistência. Mas, nesse caso, a inconsistência é necessária. O problema é que é fácil pensar e falar sobre mudar sua própria resposta quando ninguém está mexendo com você, mas é difícil lembrar-se de se afastar e se observar no momento em que isso está acontecendo.

É possível ensaiar de antemão diversas respostas alternativas. Eu poderia ignorar o comportamento e simplesmente me afastar. Poderia calmamente redirecioná-lo. E, se eu fosse muita boa em ser inconsistente, poderia simplesmente rir; isso pegaria a criança de surpresa. O que ficou claro para mim é que a única coisa necessária para acabar com um padrão é realizar alguma mudança pequena na resposta típica. É algo simples, mas é incrivelmente difícil se afastar de uma situação emocional por tempo o bastante para se lembrar de que há alternativas.

Certa vez, alguém disse que a liberdade está no espaço entre o estímulo e a resposta, e é nisso que estou trabalhando: reconhecer e usar esse espaço. É necessária uma grande dose de autoconhecimento. Não é fácil, mas, ao praticar a auto-observação, agora consigo parar e ponderar o momento em que querem mexer comigo em vez de reagir automaticamente.

RESUMO

Recursos *on-line*

Visite **www.mhhe.com/gonzalezfound6e** para acessar recursos para estudo e *links* relacionados a este capítulo (em inglês).

O principal propósito da observação e dos registros é coletar informações que facilitem o planejamento do currículo, o que envolve a criação de projetos, o fornecimento de recursos e a análise, o acréscimo ou a alteração do ambiente. Os educadores infantis precisam se tornar bons observadores e aprender maneiras de registrar suas observações. Por meio da observação atenta e do registro (às vezes, chamado de "documentação"), eles buscam conhecer a turma e cada criança individualmente. Os instrumentos usados pelos educadores infantis para registrar informações incluem registros anedóticos, observações de registro corrente, registros de incidentes, diários, fotografias, gravações (em áudio e/ou vídeo), *checklists*, mapeamentos, amostras de tempo e portfólios. Eles usam o conhecimento adquirido com esses instrumentos para planejar objetivos imediatos e de longo prazo, tendo em mente que esses objetivos representam valores que devem levar em conta tanto o contexto familiar quanto o cultural. Os educadores infantis também se autoavaliam para determinar seu próprio desempenho, assim como a do programa. Uma avaliação compreensiva envolve analisar o programa em termos de sua habilidade de atender às necessidades e de cumprir os objetivos das crianças, das famílias e da comunidade.

QUESTÕES PARA REFLEXÃO

1. Você é um bom observador? Explique a sua resposta.
2. Você se lembra de alguma vez em que percebeu algo que as outras pessoas não viram? O que foi e por que só você notou?
3. Você se lembra de um momento em que alguém estivesse observando você? Qual é a sensação de ser observado?
4. Você já observou uma criança e percebeu que ela estava desconfortável com isso? O que você pode fazer para deixar a criança mais confortável nessa situação?
5. Se você fosse a professora da hora da roda descrita na seção "Amostras de tempo", o que faria se percebesse que as crianças não estavam prestando atenção?
6. Quais são as suas próprias experiências com avaliações no ambiente educacional? É possível relacionar essas experiências ao que você está aprendendo sobre avaliação neste livro?

EXPRESSÕES-CHAVE

Quantas das próximas palavras você consegue utilizar em uma frase? Você sabe o que elas significam?

registros anedóticos 291
observação de registro corrente 291
registros de incidentes ou amostragem de evento 293
checklist de desenvolvimento 294

checklist ambiental 295
mapeamento 296
amostra de tempo 297
avaliação autêntica 300
portfólio 301

PARTE III

Planejando para a aprendizagem e o desenvolvimento, propiciando a curiosidade, a alegria e o encantamento das crianças

De certa forma, os últimos três capítulos deste livro são os mais e os menos tradicionais ao mesmo tempo – dependendo do estudo e da perspectiva do leitor. O Capítulo 13 segue à risca a tradição infantil, mas os Capítulos 14 e 15 se enquadram nas disciplinas usadas e compreendidas pelo público geral e pelos professores de crianças mais velhas. Os educadores infantis não denominam as matérias da mesma forma. Em vez disso, tendemos a categorizar a aprendizagem e o desenvolvimento nas áreas física, cognitiva e socioemocional – aquilo que chamamos de "três domínios da criança como um todo". Garantimos que o nosso planejamento para experiências educacionais cubram essas três áreas sem pensar se elas se chamam estudos sociais ou ciências.

Outras maneiras tradicionais de categorizar a aprendizagem e o desenvolvimento é por meio de "centros" ou "áreas". Esses são locais estabelecidos em sala de aula, e às vezes no ambiente externo também, onde as crianças podem ter experiências interativas e empíricas com materiais, seja individualmente ou em grupos pequenos. Muitas vezes as áreas são abertas, e as crianças podem explorar e usar os materiais como quiserem. Outras vezes, podem ter "cartões de tarefas" com sugestões, ou até mesmo atribuições, do que fazer. Algumas das áreas podem ter os mesmos nomes dos assuntos da Parte 3, por exemplo: a área de artes, a área de música e a mesa de ciências. Mas algumas são bem diferentes. Dê uma olhada no "canto dos blocos", por exemplo, que dá conta dos três domínios mas não se encaixa em nenhuma disciplina conhecida pelo público em geral. E quanto à "área de brincadeiras dramáticas", outro centro tradicional em um ambiente de educação infantil? E não se esqueça da mesa com a massinha de modelar. Essas áreas foram exploradas no capítulo anterior sobre o ambiente físico.

Para manter o tema da diversidade, optei por explicar abordagens do currículo de diversas maneiras distintas. Essa última maneira foi criada para ajudar você e aqueles que não conhecem a educação infantil a ver que a aprendizagem é um ato contínuo. As aulas dadas nos anos escolares mais avançados, e até na faculdade, têm suas raízes – seus fundamentos – nas experiências oferecidas aos mais jovens na educação infantil. Não temos aulas de língua ou trabalhos sobre a língua, mas o desenvolvimento e a aprendizagem linguística são uma parte vital do todo. A alfabetização é uma ferramenta linguística – uma forma de usar a língua mais remotamente e de registrá-la mais permanentemente por meio de símbolos visuais ou táteis (no caso do braille). Um programa pode ter uma abordagem formal para o ensino de matemática, tal como tratar os conceitos matemáticos durante atividades em grupos pequenos ou durante a hora da roda. Muitos programas têm uma "mesa matemática" com materiais manipulativos. Contudo, essas atividades matemáticas óbvias não devem tirar o foco das oportunidades matemáticas de muitas outras experiências. Trabalhos com blocos de madeira são altamente matemáticos, por exemplo. Pode parecer que as crianças estão usando os blocos apenas para propósitos imaginativos, mas na verdade elas estão desenvolvendo habilidades matemáticas concretas também, quando substituem dois blocos pequenos por um bloco comprido ou juntam dois triângulos para formar um quadrado. Outras áreas com grande potencial para aprendizagem matemática incluem a caixa de areia e a mesa com água.

O ensino de ciências vai muito além da mesa de ciências, dos projetos ou dos experimentos científicos (adequados ao nível de desenvolvimento). O professor que vir a ciência em tudo pode trazer os conceitos científicos em qualquer experiência. A chave para facilitar o processo de ensino-aprendizagem é se manter adequado ao nível de desenvolvimento.

O último capítulo analisa a arte, a música e os estudos sociais. Quando cortam o financiamento das escolas públicas, as primeiras matérias a serem eliminadas são arte e música, porque, aos olhos de muitos, elas são supérfluas. Na educação infantil, arte e música são matérias básicas que envolvem aprendizagem holística. Os estudos sociais quase nunca são chamados assim, mas, se você observar abordagens da educação infantil, verá que sempre têm estudos sociais. Quase sempre há um foco inicial no autoestudo – talvez uma unidade chamada "tudo sobre mim", com o objetivo de aumentar a autoconsciência, a autoimagem e a autoestima. O movimento no "currículo dos estudos sociais" vai do eu para os outros, e você verá isso todos os dias quando os professores orientam e facilitam interações. A comunidade também faz parte do progresso dos estudos sociais, seja vivendo nela ou estudando-a.

É importante chamar os conteúdos com os nomes de disciplinas tradicionais do mundo adulto? Talvez não, mas usar nomes que são facilmente reconhecidos pelo público geral ajuda a imagem da educação infantil. Somos uma parte válida do sistema educacional e precisamos ser reconhecidos por uma sociedade que tende a pensar em qualquer um que trabalha com crianças pequenas e com o jardim de infância como "babás".

O final do Capítulo 15 coloca todo o tema holístico do livro em foco, discutindo como os educadores infantis integram o programa. A criação de uma teia organizada por tópicos é uma estratégia para a integração, sendo explicada e ilustrada.

Então, agora você está pronto para a seção final do livro. Aproveite!

13

Aprimorando a aprendizagem e o desenvolvimento das crianças por meio da linguagem e da alfabetização emergente

LÍNGUA E DIVERSIDADE

COMO FACILITAR O DESENVOLVIMENTO LINGUÍSTICO

Facilitando o desenvolvimento linguístico em bebês e crianças que começam a caminhar

Facilitando o desenvolvimento linguístico em crianças de 2 anos

Facilitando o desenvolvimento linguístico em crianças de 3, 4 e 5 anos

Facilitando o desenvolvimento linguístico em crianças em idade escolar

Alfabetização emergente

Uma abordagem de prontidão à leitura *versus* uma abordagem de alfabetização emergente

Alfabetização emergente em bebês e crianças que começam a caminhar

Promovendo o desenvolvimento da alfabetização emergente em crianças de 3, 4 e 5 anos

Promovendo o desenvolvimento da alfabetização emergente em crianças em idade escolar

UMA HISTÓRIA PARA TERMINAR

NESTE CAPÍTULO VOCÊ IRÁ DESCOBRIR

- o que a língua permite que as crianças façam;
- como a língua deve ser aprendida em contexto;
- algumas questões que envolvem a educação bilíngue;
- como algumas crianças arriscam perder sua língua materna quando frequentam um programa de educação infantil exclusivamente em inglês;
- como os adultos facilitam o desenvolvimento linguístico;
- que papel as brincadeiras de faz de conta exercem no desenvolvimento linguístico;
- por que uma criança pequena pode dizer "ele machuca eu";
- que papel a discussão tem no desenvolvimento linguístico;
- como uma abordagem de alfabetização emergente difere de uma de prontidão para a leitura;
- como uma abordagem de alfabetização emergente se aplica aos programas para bebês e crianças que começam a caminhar;
- como professores e cuidadores facilitam a alfabetização emergente em programas para pré-escolares e alunos do jardim de infância;
- como professores e cuidadores facilitam a alfabetização emergente em programas para crianças em idade escolar.

Não se pode escrever um livro sobre a educação infantil sem mencionar a aprendizagem e o desenvolvimento linguístico em todos os capítulos, e este livro não é exceção. A linguagem e a comunicação subjazem a todos os aspectos da educação infantil discutidos até o momento. A aprendizagem linguística depende da nossa cognição. Usamos a língua para pensar, e pensamos quando usamos a língua. Muitas pessoas consideram os dois processos como um só, ou, pelo menos, como dois processos intimamente relacionados. A cognição, ou seja, a aquisição de conhecimento por meio dos sentidos, das experiências e do pensamento, seja especificamente mencionada ou não, está incorporada nos últimos três capítulos.

Lembre-se: este livro se baseia em uma abordagem holística. Apesar de este capítulo se focar na língua, é impossível discutir a linguagem sem considerar a criança como um todo. A língua envolve habilidades físicas, perceptivas, mentais e sociais. A emoção também está envolvida, visto que os sentimentos afetam o desenvolvimento linguístico, assim como a língua é usada para expressar sentimentos.

Comecemos com algumas definições. A palavra *língua* pode ser definida como "a formação e a comunicação de informações, pensamentos e sentimentos por meio do uso de palavras". A aprendizagem e o desenvolvimento linguístico às vezes também envolvem a produção e a compreensão da palavra escrita; em outras palavras, linguagem é conversar, compreender, ler e escrever. A língua é ativa e receptiva – ou seja, transmitimos (conversa) e recebemos (compreensão). Ao estudar a aprendizagem e o desenvolvimento linguístico desde o início da vida, sabemos que a compreensão vem primeiro e, depois, vem a conversa. O mesmo vale para a aprendizagem de uma segunda língua (em qualquer idade); a maioria dos aprendizes iniciais podem compreender mais do que conseguem dizer – a princípio.

Alfabetização emergente é definida como o processo contínuo de alfabetização, ou seja, aprender a ler e a escrever. A alfabetização emergente está incluída nesse pacote holístico do desenvolvimento linguístico e começa no nascimento. Lembre-se, o propósito da linguagem – seja oral ou escrita – é a comunicação.

> **Padrões do programa NAEYC 2 e 3**
> Currículo e Ensino

O que a língua permite que as crianças façam? Ela ajuda a realizar conexões cognitivas, a esclarecer suas necessidades, a coletar informações, a denominar objetos e experiências e a armazená-las simbolicamente para que as crianças possam lembrar e falar sobre elas posteriormente. O desenvolvimento linguístico também envolve a categorização e a classificação em um nível cada vez mais complexo. Além disso, permite que as crianças planejem como organizar e ordenar suas experiências, além de aumentar sua habilidade de lidar com diferentes situações. Por fim, a língua permite que as crianças usem o seu raciocínio.

Vejamos como a habilidade de classificação se desenvolve: "Cãozinho", diz a cuidadora, apontando para uma imagem. "Cãozinho", imita o bebê. No dia seguinte, andando de carro, a criança vê uma vaca. "Cãozinho", ela diz, apontando. "Não, não é um cãozinho, é uma vaca!", diz a cuidadora. Nesse momento, a criança pode ou não aceitar a denominação. Se ela classificar animais com quatro patas como "cãozinho", ela pode demorar a compreender que essa é uma categoria diferente de animais. No fim das contas, ela vai entender que existem hierarquias de classes; ou seja, "animais" é a categoria maior em que "cães" e "vacas" se encaixam como subcategorias separadas. E depois, vai ver que existem classes menores de cães e vacas, como Labradores, Cocker Spaniels e Bassett Hounds, assim como Jerseys, Herefords e Angus. Por sua vez, a categoria "animais" cai em uma categoria ainda maior, como, digamos, "seres vivos".

Leva anos para as crianças entenderem esse tipo de coisa, mas elas acabam conseguindo. E descobrem que uma coisa ou um ser podem fazer parte

> **alfabetização emergente**
> Processo holístico contínuo de alfabetização – ou seja, aprender a ler e a escrever. A alfabetização emergente contrasta com a abordagem de prontidão para a leitura, que enfatiza o ensino de habilidades isoladas, em vez de permitir que a alfabetização se desenvolva naturalmente em um ambiente rico em textos.

de muitas categorias ao mesmo tempo. Uma adulta pode ser professora, mãe e filha. Uma criança pode ser chinesa, norte-americana, cristã e nova-iorquina.

Só aprender que seres e coisas têm classificações é um grande passo à frente. No começo, são os adultos que fornecem as classificações, mas logo a própria criança já aponta e pergunta: "O que é aquilo?".

Como mencionado anteriormente, é difícil separar a língua da cognição; sabemos o que uma criança está *pensando* ao ouvir o que ela está *dizendo*. Jean Piaget e Lev Vygotsky criaram as suas teorias do desenvolvimento cognitivo observando e ouvindo crianças.

língua materna Língua falada em casa. Para muitas crianças, essa língua é o inglês, mas, para muitas outras, trata-se de um idioma diferente. O termo também pode ser usado para uma maneira específica de falar inglês, que difere do que se chama "inglês padrão".

A língua é adquirida, não aprendida.[1] Você não precisa criar aulas de língua para ensinar as crianças. A língua é aprendida em contexto. As crianças usam a linguagem que tiverem para falar com os adultos e com outras crianças, e, quando a outra pessoa responde, elas tentam entender a mensagem e responder de maneira que mantenha a conversa em andamento.

Língua e diversidade

Declaração de posicionamento da NAEYC/RA
Alfabetização: respondendo à diversidade linguística e cultural

Que língua os programas de educação infantil devem enfatizar? Para muitos leitores, essa pergunta pode ser confusa. Você pode não estar ciente das questões complexas que envolvem essa questão aparentemente óbvia. Você pode não estar ciente da declaração de posicionamento da National Association for the Education of Young Children quanto à diversidade cultural e linguística. A declaração, de 1995, é clara:

> Para o melhor desenvolvimento e aprendizagem de todas as crianças, os educadores devem *aceitar* a legitimidade da língua materna das crianças, *respeitar* (ter em boa conta) e *valorizar* (estimar, apreciar) a cultura de origem e *promover* e *incentivar* o envolvimento ativo e o apoio de todas as famílias, incluindo agregados e unidades familiares não tradicionais. (NATIONAL ASSOCIATION FOR THE EDUCATION OF YOUNG CHILDREN, 1995).

Como tem sido apresentado ao longo deste livro, a declaração enfatiza que os educadores infantis reconheçam e respeitem a língua e a cultura de origem das crianças. Quando eles o fazem, os laços entre a família e os programas são fortalecidos, o que proporciona maiores oportunidades de aprendizagem, visto que as crianças pequenas se sentem apoiadas, incentivadas e conectadas.

Mas e quanto à criança cuja **língua materna** é o inglês? Não deve haver motivo para que uma criança cuja primeira língua seja o inglês não aprenda uma segunda língua (ou terceira, se ela já tem duas). Crianças no mundo todo aprendem duas, até três línguas, desde o nascimento. É possível para as crianças aprenderem duas línguas em programas de educação infantil? Sim. Isso é bom para elas? Essa resposta já não é tão clara.

Para a criança aprender duas línguas de uma vez nos anos iniciais, depende dos fatores de risco associados com a perda de sua língua materna. Se a criança vem de um lar onde se fala inglês e a família quer que a criança aprenda uma segunda língua, os fatores de risco são mínimos. Contanto que a segunda língua seja ensinada de maneira natural e significativa por algum falante competente, a criança pode se tornar bilíngue em alguns anos, além de aprender a ler nas duas línguas, se for exposta a textos das duas. Com o aumento no número de crianças cuja língua materna não é o inglês nas pré-escolas, o antigo debate sobre o que é melhor (salas de aula bilíngues ou exclusivamente em inglês) voltou a ser discutido. Por um lado, existem cada vez mais pesquisas indicando que salas de aula bilíngues são melhores para *todas* as crianças; não apenas social, mas cognitivamente. Já faz tempo que muitas pessoas consideram o bilinguismo um problema nos Estados Unidos, em vez de uma bênção. De acordo com Fred Genesse, existem muitos mitos associados ao bilinguismo – por exemplo, que as crianças não têm capacidade de aprender mais de uma língua por vez. Outro mito é que atrasos de desenvolvimento estão associados com a aprendizagem de duas línguas. Em todo o mundo, as crianças crescem em lares bi e trilíngues, e suas famílias nunca consideraram aprender várias línguas um problema; pelo contrário, elas estão muito conscientes das vantagens de ter competência em mais de uma língua.

Antes de buscar um objetivo bilíngue na educação infantil, é importante compreender o que cada família quer para o seu filho, e o que a criança precisa. Questões emocionais entram em cena aqui. Frequentar um ambiente bilíngue aumenta a sensação de bem-estar e de segurança da criança, ou não? O programa tem funcionários que falem a língua materna da criança? Se não, ela se sente confortável sem ter alguém que fale ou que compreenda a sua língua? No quadro *Vozes da experiência*, Rebeca Valdivia, uma especialista em educação bilíngue, compartilha a história de Noemi, a qual está relacionada a algumas dessas questões.

Nos Estados Unidos, existem **programas de imersão linguística** com objetivos bilíngues, em que a criança é exposta apenas à língua-alvo. A abordagem parece funcionar para a maioria das crianças falantes de inglês; contudo, crianças falantes de outras línguas que estão em programas exclusivamente em inglês muitas vezes fracassam. Frequentemente, elas entram em programas de imersão em que o objetivo não é a educação bilíngue. Pelo contrário, espera-se que elas aprendam inglês rapidamente, e ninguém se importa se elas não usam mais sua língua materna. Essa abordagem subtrai, em vez de somar, e tem graves implicações para o potencial bilíngue, o autoconceito e a identidade da criança, assim como para suas conexões com a família e com outros membros de sua cultura natal.

Nos Estados Unidos, é muito diferente para uma criança que fala inglês frequentar um programa de imersão em espanhol, por exemplo, do que para uma criança que fala espanhol frequentar uma sala de aula exclusivamente em inglês. Os fatores de risco para perder sua língua materna são muito menores para a falante de inglês; ela está cercada pelo inglês em casa e nos seus arredores e irá reter a língua materna mesmo que aprenda outra língua. Contudo, a criança falante de espanhol em um programa em inglês pode se voltar contra a sua língua materna se inadvertidamente captar a mensagem de que o inglês é melhor do que a sua língua (BUYSSE et al., c2004; AUGUST; GARCIA, 1988; FILLMORE, 1991).[2]

Programas de imersão linguística estão presentes faz tempo, mas muitas mudanças têm ocorrido recentemente. Hoje em dia, muitos programas de imersão com objetivos linguísticos estão se mostrando eficazes tanto para falantes de inglês quanto para aprendizes de inglês cuja língua materna é outra.

É importante observar como uma criança está se desempenhando no programa de imersão linguística. A criança se sente isolada e sozinha? Algumas crianças em programas de educação infantil se sentem assustadas e solitárias, mesmo que estejam cercadas de pessoas que falem a sua língua. A separação de suas famílias é uma questão importante para algumas crianças, que pode ficar ainda mais difícil se for combinada com problemas de comunicação. Imagine como seria passar longas horas em um ambiente onde ninguém falasse a sua língua – ou, pior ainda, onde ninguém sequer entendesse a sua língua. É claro, muitas crianças, assim como adultos, já passaram por situações em que superaram

programas de imersão linguística O propósito desses programas é aprender uma língua diferente da língua materna da criança. Quando crianças que correm o risco de perder a língua materna são colocadas em programas de imersão linguística, o resultado costuma ser a substituição de sua língua materna pelo inglês. Uma abordagem que teve resultados mais positivos nos Estados Unidos são os chamados programas de imersão bilíngue. Nessa abordagem, metade das crianças tem o inglês como língua materna, e a outra metade vem de outro grupo linguístico (como o espanhol). Nessa situação, cada grupo aprende a língua do outro ouvindo as instruções em ambas as línguas. As crianças têm maior possibilidade de desenvolver o bilinguismo em programas de imersão bilíngue.

> **VOZES DA EXPERIÊNCIA**
>
> **Como a língua de Noemi irá se desenvolver?**
>
> Noemi tem 4 anos e alguns problemas de desenvolvimento relacionados ao seu diagnóstico de síndrome de Down. Ela está matriculada em uma aula especial da pré-escola pela manhã e em um programa inclusivo de desenvolvimento à tarde. Noemi tem uma irmã de 11 anos, Margarita, que frequenta a escola local, onde as aulas são em inglês. Margarita é uma aluna excelente, tendo recebido diversos prêmios acadêmicos ao longo do ano. Os dois pais de Noemi falam espanhol e atualmente estão matriculados em aulas de inglês como segunda língua (ESL) na escola local. A mãe de Noemi trabalha como faxineira e seu pai trabalha em construção. Devido ao alto custo de vida de sua cidade, sua família mora em um apartamento minúsculo de um só quarto. Os sonhos deles para suas filhas é que elas sejam membros funcionais da sociedade, estudem e sejam felizes.
>
> A mãe de Noemi e Margarita se orgulha de passar tempo com cada uma das filhas para aprimorar a sua aprendizagem. Ela tem ímãs com as letras do alfabeto na geladeira, jogos de memória e de associação, quebra-cabeças, um cavalete de artes e alguns livros infantis em casa. Ela sabe que livros são importantes, então leva as filhas duas vezes por mês para escolher livros novos. Antes de Margarita chegar em casa da escola, Noemi dá uma volta pela praça da vizinhança com a sua mãe, que nomeia objetos, lugares e pessoas ao longo do caminho.
>
> Uma das assistentes da professora, no programa de desenvolvimento à tarde, é bilíngue e usa o espanhol com as crianças de tempos em tempos. As crianças bilíngues nesse programa se sentem confortáveis usando o espanhol quando estão brincando juntas. Noemi conversa muito mais nesse programa, sendo que as professoras veem ela como um dos líderes da turma. As professoras na aula da manhã veem Noemi como uma criança tímida e retraída. Como resultado, muitos dos objetivos do seu plano de educação individualizado se foca na língua e na comunicação. Quando Noemi chega em casa, ela mostra o seu lado barulhento e ativo. A mãe dela diz que Noemi "canta" junto com música *country* e popular. Ela conhece cerca de 10 palavras em espanhol e as utiliza eficientemente, variando a entonação ou o volume e acompanhando o seu discurso de gestos. Ela é popular com as outras crianças pequenas no prédio, que falam espanhol quando estão brincando juntas.
>
> Os pais de Noemi se preocupam porque não sabem exatamente como se dará o seu desenvolvimento linguístico quando ela crescer. Todos os serviços especializados oferecidos a Noemi e a sua família até o momento foram em inglês, incluindo sua fonoaudióloga. Apesar de eles desejarem que Noemi aprenda bem o inglês, assim como sua irmã, eles também não querem que ela perca o espanhol.
>
> —**Rebeca Valdivia**

suas inseguranças iniciais em um período relativamente curto. Ainda assim, esse tipo de experiência tem efeitos diferentes sobre pessoas diversas; para algumas, eles podem ser duradouros e danosos para sua identidade e autoestima.

Um melhor modelo para os anos iniciais é um cenário bilíngue ou multilíngue, onde as línguas maternas das crianças sejam faladas por um ou por vários funcionários. As crianças podem ou não ouvir inglês nos seus primeiros anos, mas elas definitivamente precisam ouvir sua língua materna para desenvolvê-la, para se sentirem bem e para desenvolver um forte apego com suas famílias (SOTO, 1997).

Talvez você tenha a impressão de que a maioria das crianças nos Estados Unidos venha de lares onde se fala inglês, mas isso não é verdade. (Mesmo que fosse, a educação bilíngue continuaria sendo valiosa para qualquer país que desejasse produzir cidadãos bilíngues capazes de funcionar efetivamente em mais de um ambiente linguístico.)

A preservação da língua materna é importante! A educação bilíngue deve ser sensível e realizada no momento adequado. Pense no que perdemos quando essas crianças trocam a sua língua materna pelo inglês, o que comumente ocorre quando não se tomam medidas para valorizá-la e preservá-la; não são só as crianças que perdem oportunidades de desenvolvimento cognitivo e emocional, mas nós, como sociedade, desperdiçamos cidadãos bilíngues. Por essas razões, a NAEYC defende a responsividade e sensibilidade cultural e linguística na sua declaração de posicionamento (NATIONAL ASSOCIATION FOR THE EDUCATION OF YOUNG CHILDREN, 1996).

Laurie Makin, Campbell e Jones-Diaz (1995) em Sidney, na Austrália, têm estudado a preservação da língua materna nos programas de educação infantil há algum tempo. No seu livro, *One childhood, many languages*, eles listam os seguintes princípios para orientar educadores infantis (MAKIN; CAMPBELL; JONES-DIAZ, 1995, p. 69):

- As famílias são participantes-chave na aprendizagem infantil.
- As línguas que as crianças trazem para os programas de educação infantil devem ser mantidas e desenvolvidas.
- Os programas de educação infantil devem ser cultural e linguisticamente relevantes.
- Em ambientes enriquecidos com diversas línguas, todas as crianças podem explorar as línguas dos outros, assim como a própria.
- Crianças bilíngues têm necessidades linguísticas e abordagens individuais específicas para aprender idiomas.
- Ser bilíngue é benéfico para todas as crianças.

Como facilitar o desenvolvimento linguístico

Então, supondo que a primeira pergunta foi respondida (que língua o programa de educação infantil deve enfatizar?), a próxima pergunta a ser feita é: como os adultos ensinam idiomas – sejam um, dois ou três – para crianças em programas infantis?

Como mencionado anteriormente, a língua é adquirida (não ensinada) por meio de interações com outras pessoas. A aprendizagem de um idioma é um processo tanto interno quanto externo, que depende do nível de desenvolvimento e das necessidades da criança, assim como das pessoas e do ambiente e dos tipos de interações linguísticas que lá ocorrem. Vygotsky assumia uma visão interacional do desenvolvimento linguístico, descrevendo como os adultos ajudam as crianças a progredir nessa área. Ao usar um método de assistência chamado de "andaime", os adultos levam as crianças ao que chamamos de "zona de desenvolvimento proximal". Quando os adultos se conscientizam do nível atual de habilidade linguística e de desenvolvimento cognitivo das crianças, assim como do que deve vir a seguir, eles podem fornecer os estímulos adequados para aumentar a aprendizagem e a compreensão delas (VYGOTSKY, 1962; c1987).

O desenvolvimento linguístico é facilitado quando se formam relacionamentos e quando as pessoas envolvidas têm interesses comuns para conversar. Mas a pergunta é: sobre o que o educador infantil deve falar com as crianças para facilitar o seu desenvolvimento linguístico, criando apego e formando relacionamentos? Lilian Katz tem algumas ideias sobre conversas entre adultos e crianças para a pré-escola e acima. Ela observou salas de aula infantis por muitos anos e afirma que os relacionamentos entre professores e alunos nos Estados Unidos se focam principalmente nas rotinas e nas regras da sala ou nas próprias crianças – sua conduta e desempenho. Nenhum desses assuntos proporciona uma conversa particularmente interessante.

No entanto, as observações de Katz nas escolas da Reggio Emilia, na Itália, revelam que os relacionamentos (e, portanto, as conversas) nesses programas se focam em projetos que refletem o profundo interesse tanto das crianças quanto dos adultos. Escreve Katz (1994):

> Tanto as crianças quanto os professores parecem estar igualmente envolvidos no progresso do trabalho, nas

ideias exploradas, nas técnicas e materiais a serem usados e no progresso do próprios projetos.

Adultos e crianças trabalham em conjunto, com as crianças assumindo o papel de aprendizes. Tal colaboração é diferente de um professor instruindo e dirigindo os alunos em um monólogo unilateral. Também é diferente de conversar com eles sobre regras e condutas adequadas ou elogiá-los pelo seu desempenho.

Que outros tipos de conversas são adequadas? Algumas conversas podem ser brincalhonas e despropositadas, como quando as crianças exploram a língua e os sons e os adultos respondem alegremente. Esse tipo de interação é divertida e incentiva o uso criativo da língua, além de promover relacionamentos entre as crianças e os adultos.

Facilitando o desenvolvimento linguístico em bebês e crianças que começam a caminhar

Na primeira infância, interações afetivas e divertidas compõem a base do desenvolvimento linguístico, visto que os bebês aprendem a participar de conversas por meio de interações não verbais e depois, finalmente, por meio de vocalizações (LALLY; MANGIONE; YOUNG-HOLT, c1992). O adulto, é claro, pode usar a linguagem verbal desde o início, mesmo que o bebê não consiga decodificar palavras individuais. Mas lembre-se, a compreensão do bebê vem muito antes de sua primeira palavra. Observe adultos e bebês e você verá que suas interações envolvem muito mais do que trocas linguísticas. Os adultos imitam os bebês, e os bebês imitam os adultos. O quanto o adulto fala pode depender do seu temperamento, da sua personalidade e até da sua cultura. (Veja o quadro *Foco na diversidade*, para uma discussão das diferenças culturais nos estilos de comunicação entre bebês e adultos.)

Os adultos facilitam a aprendizagem da língua quando usam os andaimes – ou seja, quando estimulam as crianças e oferecem maneiras sutis de fazê-las entender o que está sendo dito. A maioria dos adultos também emprega naturalmente classificações nas suas conversas e tendem a usar frases mais curtas que se referem ao que a criança consegue ver ou fazer. Repetir o que a criança diz da maneira correta e com a pronúncia adequada parece ser algo natural a muitos adultos.

Como forma de ilustrar isso, vejamos um exemplo de interação entre um cuidador e uma criança pequena: o cuidador diz: "Vá buscar o seu casaco". A criança fica impassível, então, o cuidador fala: "Nós vamos sair. Está frio na rua". O cuidador pausa, olhando para ela, mas a sua expressão não muda. "Você precisa do casaco". Ele mostra o próprio casaco. "Eu coloquei o meu; você precisa do seu". A criança parece ter dúvidas. "O seu casaco está naquele gancho". A criança fica parada, olhando do cuidador para o gancho. "Vá buscar", ele diz. "Casaco?", pergunta a criança. "Isso, pegue o seu casaco. É o azul". Ele aponta para o casaco azul no gancho. "Sair?" diz a criança, olhando para os casacos. "Isso, vamos sair para a rua agora", diz o cuidador.

A "expansão" é outro método valioso de facilitação do desenvolvimento linguístico em qualquer idade; pode não vir naturalmente para todos os adultos, mas é facilmente aprendido. Eis aqui um exemplo de expansão: "Mamãe!", diz a criança, olhando saudosamente para a porta. A forma como a professora/provedora/cuidadora responde depende se são 8h05 da manhã ou 16h15 da tarde. Às 8h05, o adulto diria: "Sim, você está com saudades da sua mamãe. Ela foi trabalhar. Ela volta à tarde". Às 16h15, o adulto diria: "Sim, está quase na hora da mamãe. Ela vai entrar por aquela porta!". A criança pode não compreender o conceito de "à tarde" ou "quase na hora", mas, ouvindo essas frases em contexto, logo ela irá desenvolver os conceitos de "passado" e "futuro" para acrescentar ao seu entendimento do aqui e agora.

Como se pode ver, conversas com crianças de até 2 anos costumam ser sobre o presente ou sobre o passado ou o futuro imediatos. As rotinas de cuidado, por exemplo, são assuntos legítimos de conversa, mas ela tam-

> **FOCO NA DIVERSIDADE**
>
> **Contrastes culturais nos estilos de comunicação com os bebês**
>
> Em algumas culturas, interações não verbais são componentes mais importantes da comunicação com bebês do que em outras. Por exemplo, em culturas em que os bebês são constantemente carregados ou ficam próximos dos seus cuidadores, interações verbais não são essenciais à comunicação; quando um bebê chora, o cuidador vem imediatamente acariciá-lo, apertá-lo ou balançá-lo para acalmá-lo. Contudo, em outras culturas, os bebês dormem em berços em salas separadas e andam em carrinhos de bebês, em vez de serem carregados. Quando esses bebês choram, seus cuidadores – que podem estar em salas separadas ou não podem vê-los pela capota do carrinho – podem usar palavras ("Estou aqui. Não se preocupe, estou chegando.") para reassegurá-los de que o cuidado e a atenção estão a caminho.
>
> Estudos clássicos comparando mães japonesas com mães norte-americanas revelam diferenças em como elas se comunicam com os seus bebês (CAUDILL; WINSTEIN, 1974; CLANCY, 1986). Pense em duas mães, Rebeca e Joana, interagindo com os seus bebês de maneiras distintas. Joana é muito menos animada em suas respostas e conversas do que Rebeca. Como Joana, as mães japonesas tendem a usar comunicação indireta. Elas valorizam a intuição; têm tanta empatia quanto as mães norte-americanas, mas não sentem a necessidade de transpor seus pensamentos e sentimentos em palavras. A empatia não verbal é o objetivo. No entanto, apesar de nem todas as mães americanas serem tão animadas quanto Rebeca, muitas valorizam a comunicação direta e a utilizam para se conectar com os seus bebês e estimulá-los.

bém depende da responsividade às iniciativas e reações da criança.

Facilitando o desenvolvimento linguístico em crianças de 2 anos

As conversas das crianças de 2 anos em geral contêm palavras relacionadas com experiências diárias e que descrevem ações e objetos. Elas podem pôr em palavras o que estão fazendo, além de serem capazes de usar sua língua e sua imaginação em brincadeiras dramáticas. Vemos a seguir uma cena que ilustra o desenvolvimento linguístico e simbólico aos 2 anos.[3]

A. tirou o tênis do pé com uma mão, voltou-se para sua cuidadora, sorriu e disse: "Tiro o tênis". Ela ergueu o tênis para mostrá-lo à cuidadora. "Sim, estou vendo que você consegue tirar o tênis sozinha", respondeu a cuidadora. A. colocou o tênis no chão e tirou o outro. "Agora você tirou os dois", disse a cuidadora. A. ficou olhando para os cadarços por dois segundos e, então, engatinhou na direção de uma bola que estava por perto. Ela a pegou e a colocou de volta no chão. A bola rolou para longe. Ela olhou para a bola e disse: "Não", apontando para ela com o dedo. Depois, ela olhou para a cuidadora e sorriu. A cuidadora expandiu o que ela disse e colocou em palavras o que ela percebia dos sentimentos da criança: "Você não queria que a bola rolasse". A. engatinhou até a bola e ergue-a próximo à sua bochecha. Ela largou a bola e soltou uma risada alta. Depois, ela correu pela sala para pegar uma boneca de bebê. Ela pegou a boneca e trouxe-a para a cuidadora. Ao caminhar, ela olhou para a boneca e disse, repetidamente: "Bebê". Ela passou pela cuidadora e foi se sentar próximo à janela, de costas para a sala, e deitou a boneca no colo. Ela disse: "Bebê vai nanar", para ninguém em específico. Então, ela beijou a boneca e disse: "Boa noite. Bons sonhos". A. fechou os olhos e fingiu roncar.

O que vemos nessa cena é uma garotinha com uma cuidadora por perto que se junta à sua brincadeira respondendo às iniciativas da criança. Note como, no começo, a cuidadora responde expandindo o que A. disse. Ao final dessa

A língua é adquirida, não aprendida.

cena, contudo, A. entra no próprio mundo e já não envolve mais a cuidadora, que adequadamente se mantém em silêncio. A. fala sobre o que está fazendo. Ela passa de um modo realista para um modo de faz de conta: ela conversa com a cuidadora, com a bola e com a boneca. Ela diz "boa noite" para a boneca do mesmo modo como um adulto diria para ela. Ela simboliza o sono roncando; é uma boa imitadora.

Facilitando o desenvolvimento linguístico em crianças de 3, 4 e 5 anos

A abordagem de projetos é uma maneira que os professores da pré-escola e do jardim de infância têm de facilitar o desenvolvimento linguístico em seus alunos. Crianças de 3, 4 e 5 anos têm maior probabilidade de participar de conversas que se baseiem em projetos. Seus projetos são mais complexos e mais longos do que os dos bebês, e as interações verbais produzidas durante sua execução podem ser tão interessantes para os adultos quanto para as crianças. Enquanto as crianças conversam sobre o que estão fazendo e aprendendo, elas também podem ser incentivadas a simbolizar isso de várias formas: desenhos, diagramas, modelos tridimensionais, ditados e, finalmente, textos próprios (legendas, diários, histórias,

poemas e assim por diante). Uma vez mais, os adultos devem assumir uma abordagem holística à linguagem oral e a outros tipos de símbolos. Reconhecer, valorizar e incentivar as diversas maneiras pelas quais as crianças podem usar símbolos é importante para o desenvolvimento linguístico dessa faixa etária.

E quanto às outras maneiras de facilitar a aprendizagem linguística? Proporcionar modelos linguísticos é uma maneira. (O quadro *Foco na diversidade* ilustra como modelar a linguagem difere entre culturas distintas.) Os adultos também devem permitir e incentivar conversas de todos os tipos; a maioria das crianças gosta de conversar umas com as outras. Quando elas estão ativamente envolvidas em conversas entre si, é importante tentar não interromper. Além disso, certifique-se de que o roteiro de atividades não seja tão movimentado que as impeça de se acomodarem e conversarem entre si. O ritmo adequado pode ser um fator importante na facilitação linguística.

Mas conversar é apenas uma parte da comunicação; escutar é a outra metade. De novo, modelar é a melhor forma de ensinar habilidades de escuta. Pense no que acontece quando servimos de maus exemplos para habilidades de escuta:

- Quando ouvimos vagamente mas não escutamos de fato.

FOCO NA DIVERSIDADE

Estilos de comunicação em culturas de alto e de baixo contexto

Conforme discutido no quadro *Foco na diversidade*, na página 319, os estilos de comunicação diferem entre culturas. Uma maneira pela qual eles diferem é no variado grau de dependência do contexto e da linguagem para se comunicar com os outros. Por exemplo, a cultura norte-americana se enquadra no lado do baixo contexto da comunicação; essa cultura depende muito das palavras para comunicar significado, em vez do contexto. **Culturas de baixo contexto** dão grande valor à linguagem. Em uma interação, uma pessoa de baixo contexto busca comunicar-se de maneira clara e eficiente por meios verbais; o objetivo é ser articulado. E apesar de a língua falada não trazer todo o significado em uma interação, pessoas de baixo contexto dão mais importância a ela do que ao contexto ou do que à comunicação não verbal (tal como a linguagem corporal).

Já uma pessoa proveniente de uma **cultura de alto contexto** extrai informações do contexto e ganha uma quantidade mínima de dados a partir da língua da mensagem. O indivíduo de alto contexto presta muita atenção às pausas, à linguagem corporal, aos sentimentos, aos relacionamentos e ao histórico de tradições compartilhadas com os outros membros da cultura. Os japoneses são um exemplo de cultura de alto contexto (HARRIS; MORAN, 1987). A comunicação para pessoas de alto contexto não é direta, e nem se espera que seja pelos outros membros da mesma cultura. Muitas coisas podem ficar implícitas, porque o significado vem por meio do contexto.

Como se pode imaginar, culturas de alto e de baixo contexto abordam o desenvolvimento linguístico na educação infantil de modo diferente. Culturas de baixo contexto incentivam muito as crianças a falarem. Já a comunicação em culturas de alto contexto depende, em grande parte, do conhecimento tradicional passado dos mais velhos para a geração mais jovem; se esse conhecimento estiver ausente, a comunicação é afetada.

Como a educação infantil se baseia na perspectiva de uma cultura de baixo contexto, é importante que os profissionais da área sejam sensíveis às necessidades das crianças de alto contexto. Essas crianças precisam estar bem embasadas na própria cultura; do contrário, suas habilidades de comunicação interpessoal com os outros membros da sua cultura irão sofrer. Para essas crianças, não se trata apenas de conhecer a sua língua, mas também de utilizar o seu estilo de comunicação eficientemente e de compreender todo o contexto (HALL, 1989).

- Quando ouvimos mas não prestamos atenção.
- Quando ouvimos seletivamente.

Pense na diferença entre as "lições de escuta" e a forma como demonstramos às crianças que estamos dando atenção total ao que elas estão dizendo. O quadro *Dicas e técnicas*, na página 322, descreve quatro níveis de escuta. Como veremos, o nível 4 é o que os educadores infantis devem praticar para facilitar o desenvolvimento linguístico em crianças de todas as idades.

Mas, além de modelar habilidades linguísticas e de escuta, o que mais os adultos podem fazer para facilitar o desenvolvimento linguístico em crianças pré-escolares e do jardim de infância? Abstenha-se de corrigi-las. As crianças corrigem os próprios erros conforme suas percepções e sua memória melhoram e elas adquirem mais conhecimento de mundo. Criança que fala "eu trusse" ou "menas coisas" está apenas começando a aprender as regras estruturais da língua; ela está generalizando a regra do passado ou dos gêneros na língua. Mas, mesmo que ninguém a corrija, ela irá acabar dizendo "eu trouxe" e "menos coisas" quando ouvir as outras pessoas falando.

Ajude as crianças pequenas a expandir o seu vocabulário. Conforme as crianças avan-

cultura de baixo contexto
Cultura que depende muito das palavras para passar mensagens, em vez de enfatizar o contexto.

cultura de alto contexto
Cultura que depende mais do contexto do que das palavras ditas ou da linguagem escrita para passar mensagens.

> **DICAS E TÉCNICAS**
>
> **Quatro níveis da escuta**
>
> Observe esses quatro níveis da escuta. Você tem consciência de quando está ouvindo cada um desses níveis? Com que frequência você escuta no nível 3?
>
> *Nível 1 de escuta* não é exatamente escutar; é simplesmente *audição*. A audição é um processo sensorial associado com a escuta. Para que a audição ocorra, as ondas sonoras precisam ser recebidas, mas o seu significado não é percebido pelo cérebro. Em outras palavras, ouvimos, mas não escutamos; recebemos o som, mas não processamos a mensagem. A habilidade de ouvir costuma ser necessária para que a escuta ocorra, mas a audição, sozinha, não é o bastante para haver comunicação; de fato, pessoas com deficiência auditiva têm a habilidade de escutar.
>
> *Nível 2 de escuta* é um passo acima da audição. As palavras são registradas, mas apenas ligeiramente. O nível 2 da escuta é como estar em um padrão de espera: aguardamos que a outra pessoa pare de falar para que chegue a nossa vez. Gastamos o tempo de espera ensaiando nossa própria mensagem e ouvimos só o bastante para nos conectarmos levemente com o que a outra pessoa está dizendo. Em uma conversa de nível 2, ambas as partes podem ter suas próprias intenções, embora possam não se relacionar muito com os interesses da outra. Uma conversa de nível 2 é semelhante a como as crianças interagem em brincadeiras paralelas.
>
> Outro tipo de escuta nível 2 não é uma conversa, mas ocorre quando simplesmente recebemos informações sem processá-las. A informação entra, mas não é organizada, analisada ou interpretada. Nesse nível, o ouvinte, como um computador, fica indiferente à fonte da informação.
>
> *Nível 3 de escuta* é a escuta verdadeira. Registramos e recebemos o que está sendo dito. Ouvimos atentamente com um propósito específico em mente e separamos tudo o que for irrelevante para esse propósito. No nível 3, escutamos ofensivamente, como um advogado escuta a testemunha do outro lado – tentando pegá-la com suas próprias palavras. Também escutamos defensivamente, como uma pessoa que escuta um vendedor com ceticismo, tentando entender a "pegadinha". As discussões tipicamente passam de um lado ao outro entre escuta ofensiva e defensiva.
>
> *Nível 4 de escuta* é a escuta sincera e aberta. O objetivo é compreender a mensagem enviada. No nível 4 de escuta, estamos ativamente envolvidos com o que o falante está dizendo. No nível 4, estamos recebendo mais do que apenas as palavras. Ao mesmo tempo em que recebemos e escutamos a mensagem inteira, temos a habilidade de interpretar os significados por trás das palavras (notando nuances semânticas e inflexões na voz) e analisar a linguagem corporal e outras pistas contextuais. No nível 4, fazemos tudo isso usando as nossas respostas verbais e não verbais para indicar que entendemos e que temos empatia com o que a outra pessoa quer dizer e com o que ela está sentindo.

çam na pré-escola, o número de palavras que elas usam aumenta espantosamente, e suas frases tornam-se mais longas e complexas. Os adultos auxiliam nesse processo dando muito o que falar às crianças durante projetos e estudando assuntos de interesse. Ao falarem, elas desenvolvem ideias, planejam, deparam-se com problemas, avaliam soluções e começam a prever desfechos e consequências. Elas conseguem fazer um pouco por conta própria, mas ter um adulto por perto para auxiliá-las acrescenta profundidade e amplitude ao processo de pensamento e à língua que o expressa.

Brincadeiras interativas e cooperativas, tais como as que ocorrem na área dramática ou dos blocos, apresentam ricas oportunidades de aprender e praticar sua língua. As crianças podem ou não precisar que um adulto facilite esse tipo de brincadeira, dependendo da qualidade da sua comunicação e das suas habilidades sociais. Vamos ouvir dois garotos tendo uma discussão sobre faz de conta na área de blocos.

"Bruno não gosta mais de brincar de bonecos. Ele se acha muito grande para isso", diz Tim, um menino de 5 anos, para o seu amigo. "É porque ele não sabe brincar como gente grande", diz Paulo. "Ele só sabe brincar de 'bangue bangue' que nem bebê".

"Me expliquem como é", disse a professora, que estava passando e ouviu a conversa. Ela estava curiosa e, além disso, tinha de entregar um trabalho sobre brincadeiras dramáticas para sua aula na segunda-feira. "Bem", respondeu Paulo, "quando você é bem pequeno, você só faz 'bangue, você morreu'. Mas quando você cresce, você faz os bonecos falarem. E quando fica mais velho, você inventa histórias. É isso que a gente faz, pelo menos quando não fica muito ocupado construindo bases e outras coisas *pros* bonecos. A parte da história é o que o Bruno não sabe".

A professora ficou encantada. Um menino de 5 anos acabou de resumir a sequência de desenvolvimento da brincadeira dramática com bonecos. Ela escreveria o seu trabalho sobre como as crianças adquirem um senso de poder criando seus próprios mundos; elas transformam a realidade e praticam o domínio sobre ela, utilizando a língua para realizar tudo isso. Além de um senso de poder pessoal, a professora observou como as crianças desenvolvem habilidades de comunicação sofisticadas por meio de brincadeiras de faz de conta; elas lidam com diversos níveis de comunicação, ao passo que os bonecos interagem e as crianças que os controlam também. Elas também adquirem habilidades sociais ao praticar negociação e cooperação, tanto em nível real quanto dramático. Além disso, elas adquirem habilidades intelectuais significativas construindo imagens mentais e aprendendo a lidar com o mundo de maneira simbólica, assim como praticando sequências de histórias.

Tudo isso passava pela cabeça da professora enquanto ela seguia observando os meninos. Eles estavam dando os toques finais em uma criação complexa de blocos e bonecos. Ela estava pensando em como o seu trabalho estava praticamente se escrevendo sozinho quando, de repente, o alarme de incêndio tocou.

Paulo deu um pulo e foi correndo para a porta assim que ouviu o alarme, mas Tim ficou parado, protestando. "Ah, não. Agora não", gritava. "Não podemos fazer um teste de incêndio agora!". Ele parecia extremamente agitado.

A professora levou-o até a porta e tentou confortá-lo. "Você pode continuar de onde parou quando voltarmos". "Tá bom", disse ele, resmungando. "*Se* eu lembrar onde parei". Ele se virou e viu um boneco pendurado em uma torre pelo pé e outro se escondendo atrás de uma caixa. Os meninos haviam criado duas construções impressionantes, uma com blocos e outra com palavras e ações. Os blocos continuariam ali, mas as palavras provavelmente se perderiam. Ninguém poderia resolver aquele problema para ele, a história foi interrompida.

Ao caminhar pela porta, ele encontrou a própria solução. "Tudo bem", ele disse, sorrin-

Bonecos facilitam o desenvolvimento linguístico, visto que as crianças usam suas vozes para lhes dar diferentes personalidades e papéis.

do para a professora. "Se eu esquecer, quando a gente voltar eu começo outro episódio!".

O desenvolvimento linguístico das crianças é realmente impressionante. Elas não só aprendem todas as habilidades já mencionadas, como também aprendem diferentes maneiras de falar para ocasiões distintas. Os linguistas usam o termo **registro** para descrever essas maneiras diferentes de falar. As crianças falam de um jeito quando conversam entre si, de outro com os pais e também de outro com os professores. A cena a seguir mostra como as crianças alteram o seu registro.

Érica, de 4 anos, está usando o telefone de brinquedo. Ela imita perfeitamente o tom e as convenções da conversa telefônica. "Alô, o papai está? Oi, papai. Estou me divertindo brincando. O que você está fazendo? Tenho que ir agora. Tchau". Depois, ela se senta no chão e engatinha até Charlene, que está parada na pia. "Faz de conta que eu sou o bebê", diz Érica, usando a expressão "faz de conta", que ajuda Charlene a compreender a troca de registro de Érica. A voz de Érica e sua expressão facial mudam quando ela diz: "Preciso xixi, mamãe!", e puxa a blusa de Charlene.

"Pare com isso, bebê!", diz Charlene, duramente. "Não está na hora de ir xixi! Está na hora de comer. Sente na cadeira". Érica obedientemente sobe na cadeira à mesa, e Charlene serve comida de mentira e se senta com ela. Quando a refeição termina, as garotas decidem trocar de atividade. A expressão que sinaliza essa mudança é, mais uma vez, "faz de conta".

"Faz de conta que nós somos médicas e precisamos fazer uma cirurgia", diz Érica, que já não é mais o bebê. Ela alcança uma boneca para Charlene e pega outra para si. Logo, ambas as meninas estão fazendo uma cirurgia nas bonecas usando a mesa da cozinha e facas de brinquedo do armário. Elas mudam o registro novamente. Agora, estão falando como médicas, e não como mamães ou bebês.

Quando a professora diz que está na hora de arrumar as coisas, elas trocam de registro novamente e pedem mais tempo para terminar o que estão fazendo com os seus melhores modos de pré-escolares. Além de mostrar a habilidade de mudar de registro, essas duas meninas, como os meninos na área dos blocos, usam a língua para estabelecer e negociar papéis.

Facilitando o desenvolvimento linguístico em crianças em idade escolar

De que maneira o desenvolvimento linguístico se diferencia para crianças de 6, 7 e 8

registro Estilo particular de linguagem ou de maneira de falar que varia de acordo com as circunstâncias e com o papel que a pessoa exerce no momento.

As brincadeiras interativas, especialmente as dramáticas, apresentam ricas oportunidades de aprender e praticar a linguagem.

anos? Talvez a diferença mais perceptível seja que as crianças nos anos escolares iniciais acrescentem a linguagem escrita a suas habilidades orais. Ler e escrever ajuda a expandir o seu vocabulário, e quando elas chegam aos 8 anos, têm conhecimento aproximado de 20 mil palavras (BERK, 2005). As conversas são mais complexas e duradouras, especialmente com apoio dos adultos. As crianças adquirem habilidades linguísticas como manipular pensamentos, compreender percepções e tentar influenciar as ideias dos outros. Além do mais, as discussões, que incomodam alguns adultos, ainda assim são um passo além das brigas físicas e também fazem parte do desenvolvimento linguístico. Em vez de tentar apenas tolerar discussões, os adultos podem ajudar as crianças a expressar seus pontos de vista com mais clareza.

Uma diferença perceptível entre crianças em idade escolar e pré-escolar é o seu uso do humor. Agora, elas contam piadas engraçadas e adoram trocadilhos, charadas, trava-línguas e palavras secretas. A língua ganha mais funções e torna-se mais uma ferramenta poderosa a adicionar aos prazeres da vida.

Para facilitar o desenvolvimento linguístico, as crianças devem ter muitas oportunidades de manipular objetos reais e aprender por meio da experiência. Apesar de já serem grandes o bastante para ficarem sentadas em silêncio, elas ainda aprendem melhor por meio do envolvimento ativo com pessoas e coisas reais. Elas *constroem* conhecimento, então, precisam de muitas oportunidades desafiadoras para praticar as habilidades de raciocínio que surgem quando elas usam a língua. As brincadeiras continuam sendo importantes para a aprendizagem e devem ser estimuladas.

Modelar boas habilidades de escuta é tão importante para crianças em idade escolar quanto para crianças com 5 anos ou menos. Para comparar a boa escuta com a má escuta, dê uma olhada nas duas cenas a seguir.

Jéssica, uma menina de 7 anos, entra na sala de casa, joga a mochila no sofá e se atira nele, resmungando: "Odeio aquela professora velha! Ela me deu uma prova impossível e, quando eu não consegui fazer, eu queria morrer!".

O adulto reage emocionalmente ao que vê e ouve, em vez de tentar compreender a situação. Olhando a mochila no sofá, responde: "Ora essa, não seja tão dramática. Se você não conseguiu fazer a prova, talvez o problema tenha sido que você não estudou o bastante. E não diga que você odeia alguém, isso não é legal! E você sabe o lugar dessa mochila, então vá guardá-la, mocinha. E, da próxima vez, estude mais!".

Você consegue imaginar a Jéssica se atirando no chão fazendo beiço e deixando a mochila no sofá? A resposta do adulto cortou a conversa com críticas e ordens, reprimendas e conselhos.

Vejamos essa cena novamente, e dessa vez o adulto é uma cuidadora domiciliar com boas habilidades de escuta. Veja como ela abre a comunicação, em vez de encerrá-la.

Jéssica entra, joga a mochila e reclama: "Odeio aquela professora velha!". "Qual professora?", pergunta a cuidadora, ignorando tanto a palavra "odeio" quanto a mochila dela. "Minha professora de educação física", responde Jéssica. "Você está muito brava com ela", diz a cuidadora, expressando os sentimentos de Jéssica em palavras. "Sim, ela nos deu essa prova de aptidão física hoje, e foi muito difícil". Jéssica parece prestes a chorar.

"Você está se sentindo mal porque não foi bem na prova", diz a cuidadora. "É claro que sim. Eu fui a primeira, e todo mundo ficou me olhando, mas eu não consegui! Umas crianças ficaram rindo de mim". A cuidadora tem pena de Jéssica: "É horrível quando riem da gente". "Eu acho que eles estavam nervosos porque eles iam ter de fazer também. Mas eles não precisaram porque a professora descobriu que estava me dando uma prova do 3º ano. Não é à toa que eu não passei, eu não estou no 3º ano!". Uma lágrima escorre pela sua face.

"A sua professora cometeu um erro e lhe deu a prova errada ...", diz a cuidadora, reorganizando a informação. "É, foi um erro bem feio". Jéssica aceita o lenço que a cuidadora alcança. "Eu me esforcei muito, mas não consegui! Me senti muito mal". Jéssica parece estar se sentindo melhor agora. "Consigo imaginar como você se sentiu", diz a cuidadora em uma voz sincera.

Levantando-se abruptamente do sofá, Jéssica termina a conversa fungando profundamente e dizendo: "Bom, eu preciso ver a Júlia. Ela está por aqui? Eu quero saber como estão os gatinhos dela". Pegando a sua mochila, Jéssica sai correndo, satisfeita por ter sido ouvida.

Note a diferença entre a segunda conversa e a original! A cuidadora se focou em ouvir o que estava por trás das palavras de Jéssica, em vez de afirmar seus próprios interesses. Ela incentivou a continuação da conversa para esclarecer qual era o problema. Ela não tirou conclusões precipitadas, nem tentou resolver o problema para a Jéssica. Às vezes, os sentimentos das crianças são tão dolorosos para os adultos que eles rapidamente os rejeitam sem trabalhar neles. Que alívio deve ter sido para a Jéssica ser ouvida em vez de criticada e mandada. Ela não precisava fazer mais nada em relação a esse problema, exceto falar sobre ele. Só expressar os seus sentimentos já a deixou aliviada.

Alfabetização emergente

Em 1985, uma declaração preparada pelo Early Childhood and Literacy Development Committee, da International Reading Association, listava preocupações com as práticas de alfabetização na pré-escola e no jardim de infância hoje (ASSOCIATION FOR CHILDHOOD EDUCATION INTERNATIONAL et al., 1985).[4] Em suma, a declaração expressava preocupações com a ideia de sujeitar crianças com menos de 6 anos a programas rígidos e formais de pré-leitura, com pouca atenção ao seu nível de desenvolvimento ou estilo de aprendizagem. A organização tinha a ideia de que o prazer da leitura deveria ser um objetivo principal, mas ele se perdeu quando o seu foco mudou para habilidades isoladas ou conceitos abstratos. Quando a alfabetização não é integrada à linguagem oral e escrita, as crianças acabam ficando expostas a atividades que enfatizam respostas certas e que suprimem a curiosidade, o pensamento crítico e a expressão criativa. Hoje, essas mesmas preocupações são tão pertinentes quanto em 1985.

Em 1998 a NAEYC e a International Reading Association redigiram uma nova declaração de posicionamento sobre "Aprender a ler e escrever". O argumento por trás da definição pode ser resumido como (INTERNATIONAL READING ASSOCIATION, 1998):

- Aprender a ler e a escrever é de extrema importância para o sucesso da criança na escola e posteriormente na vida.
- Os primeiros anos da infância (do nascimento aos 8) compõem o período mais importante para a alfabetização.
- O principal objetivo dessa declaração de posicionamento é orientar os professores de crianças pequenas e outros profissionais que devem auxiliar a alfabetização infantil.

A International Reading Association fez algumas recomendações em 1985 que são parafraseadas e resumidas na lista a seguir (ASSOCIATION FOR CHILDHOOD EDUCATION INTERNATIONAL et. al., 1985):

- Baseie sua aula no que a criança já sabe sobre a linguagem oral, a leitura e a escrita.
- Respeite a língua da criança na escola, e utilize-a como base para atividades linguísticas que auxiliem na alfabetização.
- Não se concentre em habilidades isoladas, mas em criar experiências e linguagem significativas.
- Integre experiências de leitura com a comunicação em geral (incluindo conversa, escuta e escrita) e com outras áreas de estudo, como arte, matemática e música.

> **Declaração de posicionamento da NAEYC/IRA**
> Aprendendo a ler e a escrever

- Estimule as tentativas das crianças de escrever sem pressioná-las a escrever as letras ou a soletrar as palavras corretamente.
- Permita o risco e a experimentação com conversa, escuta, escrita e leitura.
- Modele o uso da linguagem e da alfabetização.
- Leia regularmente para as crianças.
- Use processos de avaliação adequados à cultura e ao nível de desenvolvimento das crianças (ver o Cap. 12).

As recomendações continuam válidas hoje. Além disso, a Declaração de Posicionamento Conjunta de 1998 afirma que as crianças necessitam de relacionamentos com adultos carinhosos que se envolvam em muitas interações um a um e face a face com elas, de modo a auxiliar o desenvolvimento da linguagem oral e estabelecer os fundamentos da alfabetização. Então, a declaração lista uma amostra de experiências importantes e comportamentos de ensino para as diferentes faixas etárias. Duas dessas experiências para bebês e crianças que começam a caminhar são conversar com eles de maneira simples, responder a suas deixas, compartilhar livros e ler para uma ou mais crianças por vez. Para crianças pré-escolares, a primeira sugestão é formar relacionamentos positivos e atenciosos, envolvendo-se em conversas responsivas com as crianças, modelando a leitura e a escrita e promovendo o interesse e o prazer delas nessas atividades. Mais seis ideias de experiências e comportamentos de ensino se seguem à primeira. A palavra "ensino" não aparece antes das práticas recomendadas para o jardim de infância e os anos iniciais. Entre as atividades de ensino estão experiências diárias de leitura e escrita de diversos tipos de textos, como histórias, listas, mensagens, poemas e relatórios.

Devemos fortalecer nossa determinação de garantir que todas as crianças se beneficiem de experiências positivas que auxiliem o desenvolvimento da alfabetização. Ao mesmo tempo, independentemente da aprendizagem anterior das crianças, as escolas têm a responsabilidade de educar todas e de nunca desistir, mesmo que intervenções posteriores precisem ser mais intensas e difíceis.

> **Declaração de Posicionamento da NAEYC/IRA**
> Aprendendo a ler e a escrever

Uma abordagem de prontidão à leitura *versus* uma abordagem de alfabetização emergente

Compare as duas abordagens a seguir para ajudar crianças antes do 1º ano a aumentar suas habilidades de leitura e de escrita. É fácil descobrir qual segue as recomendações da NAEYC e qual segue as da International Reading Association.

Em um programa A, as crianças aprendem habilidades de prontidão à leitura. Crianças de 3 e 4 anos fazem exercícios para fortalecer seus movimentos de mão da esquerda para a direita – até pinturas com giz de cera ou com tinta de dedo devem ser feitas da es-

As pinturas proporcionam coordenação visual e manual, além de aumentarem a habilidade das crianças de escrever quando elas estiverem prontas.

querda para a direita. Algumas crianças são sino-americanas, e a escrita que elas veem em casa flui de cima para baixo, e não da esquerda para a direita; ainda assim, essa inconsistência é ignorada, porque a alfabetização chinesa não é valorizada por esse programa. Além disso, as crianças aprendem os nomes e os sons das letras do alfabeto durante meia-hora por dia, na hora da roda. As crianças de 3 anos, em especial, têm dificuldades para ficar sentadas em silêncio durante todo esse tempo, mesmo que as professoras tentem tornar as lições divertidas. Após a hora da roda, as crianças vão para os espaços de trabalho preencher fichas fonéticas e praticar a escrita das letras que estão aprendendo. As professoras sentam com grupos pequenos e tentam manter as crianças focadas na tarefa, mesmo que a resistência seja contínua.

Após terminarem a tarefa ou ficarem sentadas por 20 minutos na mesa, as professoras corrigem os seus erros com lápis vermelho e as liberam para brincar na rua. Todas as crianças recebem uma carinha feliz no trabalho quando o levam para a casa; mas, abaixo dessa carinha feliz, o número de erros fica imediatamente óbvio tanto para as crianças quanto para os pais. Muitas das crianças não se importam, mas muitos pais sim. Em nome do desenvolvimento de habilidades de leitura, as crianças recebem giz de cera e livros de colorir todos os dias, com instruções para se aterem às linhas. As professoras explicam para os pais que esse é um importante exercício para desenvolver habilidades motoras finas e coordenação visuomotora.

A abordagem do programa B é bem diferente. Aqui, as experiências para crianças de 3 e 4 anos são integradas ao programa, e não criadas como atividades e lições distintas. As crianças desenvolvem naturalmente sua coordenação visual e manual usando os materiais disponibilizados nas diversas áreas de atividades na sala de aula. Materiais em geral disponíveis incluem contas para encaixar, tábuas e quebra-cabeças. Atividades estabelecidas na área de arte incluem pinturas com o dedo, pinturas no cavalete, desenho livre com giz de cera e caneta hidrográfica, recortes com tesoura e colagem de imagens.

No programa B, as professoras leem livros e contam histórias frequentemente durante a hora da roda, além de períodos com brincadeiras livres. Na maior parte do dia, é possível encontrar crianças na biblioteca, aninhadas em sofás e almofadas olhando para os livros. Pelo menos uma criança consegue ler para si e, às vezes, para as outras. Há quase sempre um adulto com uma criança ou duas por perto ou no colo compartilhando um livro. E, se olhar bem, é possível ver que as línguas das famílias das crianças estão refletidas na seleção de livros. Alguns desses livros são feitos a mão. Na verdade, diversas vezes por semana, as crianças se revezam ditando histórias para uma professora, que pode transformá-las em um livro para uso em sala de aula.

Uma área da sala de aula está sempre cheia de materiais escritos e alguns materiais de arte básicos. As crianças são incentivadas a brincar de escrever, que em geral começa com rabiscos até se desenvolver em uma escrita inventada e, por fim, **ortografia inventada**. O trabalho das crianças não é corrigido; elas corrigem a si mesmas conforme se conscientizam da ortografia convencional e começam a fazer perguntas. Mas, até esse momento, elas criam maneiras de soletrar palavras sem jamais passar por uma aula de fonética formal.

A linguagem oral é considerada uma parte importante desse programa de alfabetização, e as crianças são estimuladas a conversar; umas com as outras e com os adultos. A escuta também é estimulada. A alfabetização é encarada como parte de uma área muito maior do currículo, chamada "comunicação".

Quando comparamos os dois programas, vemos que o programa A está ensinando diversas habilidades isoladamente que não fazem sentido para as crianças. Além do mais, o conceito de prontidão à aprendizagem é desconectado da linguagem oral com significado.

> **ortografia inventada**
> A grafia qua as crianças usam para as palavras quando estão aprendendo as escrever, guiando-se mais pelos sons da língua do que pelas regras ortográficas convencionais. Em outras palavras, elas inventam suas própria ortografia.

As tentativas de escrita das crianças são corrigidas, em vez de estimuladas, e não há criatividade ou experimentação em nenhum dos exercícios que elas realizam. Poucos aspectos dessa abordagem são adequados ao nível de desenvolvimento delas.

Já o programa B assume uma verdadeira abordagem de alfabetização emergente expandindo o que as crianças já sabem da linguagem oral, expondo-as a um ambiente rico de material de leitura e estimulando-as a experimentar com a leitura e a escrita. Tudo o que elas fazem é *significativo*. Não existe pressão sobre o seu desempenho, e elas são apenas incentivadas a utilizar a riqueza de materiais à disposição, alguns dos quais estão obviamente conectados à alfabetização, enquanto outros têm uma conexão menos evidente. As professoras leem para as crianças, assim familiarizando-as com os livros, e contam histórias, expondo-as às convenções da narrativa.

Alfabetização emergente em bebês e crianças que começam a caminhar

E quanto aos bebês e às crianças que começam a caminhar? A alfabetização emergente começa desde os anos iniciais? Sim. Todas as experiências linguísticas são consideradas uma parte emergente da alfabetização. Quando as crianças aumentam suas habilidades verbais, estão se aproximando da capacidade de ler. Acredite ou não, o cuidado é um momento importante para o desenvolvimento da alfabetização Durante essas atividades essenciais do dia a dia, se os cuidadores usarem a língua em contexto, os bebês aprendem vocabulário, como as partes do corpo, sem jamais ter de aprender "lições". Quando as atividades de cuidado são realizadas como interações íntimas entre dois seres humanos, os relacionamentos se desenvolvem. Relacionamentos afetivos proporcionam sentimentos de segurança, sendo importantes para o desenvolvimento do cérebro, que, por sua vez, está relacionado à alfabetização infantil. (GONZALEZ-MENA, c2006).

Os livros fazem parte desse processo; as crianças aprendem as convenções de leitura, como virar a página e segurar o livro com o lado certo para cima. E, talvez o mais importante, quando pequenos números de bebês, crianças pequenas e adultos se aconchegam junto de um livro, as crianças aprendem a associar a leitura com prazer e intimidade. Quando o objetivo é o prazer, os adultos não se sentem obrigados a ler o livro do início ao fim, nem de realizar toda a leitura por conta própria; as crianças pequenas gostam de segurar livros e fazer sua própria "leitura" e virar as páginas. Elas devem ter permissão de lidar com os livros e fingir ler e apontar para as figuras e nomeá-las. Proibir esse tipo de envolvimento ativo na esperança de transformar as crianças em bons "ouvintes" pode destruir o seu prazer com os livros. É necessário ser paciente. No final, elas irão entender que os adultos têm a chave do significado e irão começar a ouvir – quer dizer, até o momento em que elas estarão prontas para ler por conta própria.

As habilidades de escrita começam a se desenvolver em programas infantis quando as crianças pegam seu primeiro salgadinho e, depois, tentam usar gizes de cera e canetas. Rabiscos são valorizados como estágios iniciais da escrita e do desenho. No início, as marcas que ela faz não são tão importantes para a criança quanto a sensação de usar o seu corpo; demora um tempo até ela se focar no produto do seu esforço. No fim, a criança irá prestar atenção ao que acontece quando ela usa os movimentos dos braços e das mãos em conjunto com uma ferramenta de escrita sobre um papel. O progresso continua quando a criança atinge o estágio de nomear ou explicar desenhos ou palavras. Por fim, essas marcas tornam-se reconhecíveis também para os adultos, apesar de esse estágio poder demorar cinco anos ou mais.

Em nome da alfabetização infantil, algumas pessoas colocam rótulos escritos em tudo à vista, na esperança de que os bebês compreendam a conexão entre o objeto e a palavra escrita, mas isso pode tornar o objeto confuso e distrair a criança. É importante reconhecer que os bebês estão aprendendo símbolos e lendo sinais adequados ao seu estágio de desenvolvimento, mas não necessariamente palavras impressas. Eis aqui os tipos de sinais que eles "leem": o ranger da porta abrindo chama a atenção do bebê para o fato de que o pai pode estar entrando para levá-lo para casa; seu casaco nas mãos da professora sinaliza que ele está prestes a se vestir para sair; o cheiro da roupa da mãe o conforta quando o bebê dorme com ele. (Esse é um truque inteligente que alguns cuidadores usam. Eles pedem que a mãe traga alguma peça de roupa com a qual tenha dormido para confortar o bebê que está passando por problemas de separação.) Note que esses exemplos não são exclusivamente visuais, mas estão relacionados a diversos sentidos, conforme é adequado ao desenvolvimento infantil. Todos esses tipos de "leitura" são precursores do reconhecimento visual da escrita. Eles também são mais básicos (como deveriam) do que a compreensão de que palavras escritas significam coisas e que letras escritas significam sons. Em nome da prontidão à escola, alguns adultos sentem a pressão da mensagem que "quanto mais cedo melhor" e, portanto, se apressam em ensinar aos bebês habilidades que eles não podem entender.

Promovendo o desenvolvimento da alfabetização emergente em crianças de 3, 4 e 5 anos

Durante os primeiros 5 anos, sem qualquer lição formal, as crianças realizam muitas coisas:

- Elas começam a entender o valor e as funções das letras.
- Elas aprendem que as palavras escritas contêm significados.
- Elas conectam as palavras escritas com o som. É um momento emocionante quando uma criança percebe que os sons falados podem ser representados com símbolos no papel.
- Elas começam a reconhecer letras no ambiente e a distinguir os nomes dos seus restaurantes favoritos, placas de "pare" e outras sinalizações de trânsito e a reconhecer logotipos e nomes de marcas em produtos familiares, como caixas de cereal.
- Por fim, elas passam a fazer distinção entre desenho e escrita e entre letras e números.
- Elas aprendem a associar livros com leitura e leitura com prazer.

O que os adultos podem fazer para promover esse tipo de desenvolvimento em crianças pequenas? Ajudá-las a criar conexões entre símbolos e objetos. Pendure imagens

Escrever é uma atividade natural para as crianças pequenas, se elas veem alguém dando o exemplo.

nas estantes dos jogos e dos brinquedos para que as crianças associem a figura ao objeto. Desenhe formas de blocos nas estantes para que as crianças consigam fazer a associação entre o formato e o objeto. Use todos os tipos de símbolos. Crie crachás com uma casa desenhada para as crianças usarem quando estiverem brincando na área da casinha.[5] Ensine símbolos universais, como o zero cortado para "proibido" ou as figuras de masculino e feminino nas portas dos banheiros. Depois, acrescente palavras ao lado dos símbolos para as crianças criarem associações verbais também.

Exponha as crianças aos seus nomes por escrito. Betty Jones e John Nimmo (1994), em seu livro *Emergent Curriculum,* descrevem a empolgação de uma menina da pré-escola, Althea, durante um dia de visitação em que ela mostra à sua família os muitos lugares onde o seu nome aparece na sala de aula: na tabela dos ajudantes, no alfabeto que circula a sala (A de Althea), em uma pintura de joaninha que ela fez e escreveu o nome, em um traçado do seu corpo, em um livro que escreveu sobre a sua família e no seu portfólio. Dentro do portfólio, o seu nome aparece inúmeras outras vezes – em todas as páginas, na verdade (JONES; NIMMO, 1994).

Crie um ambiente rico de escrita para que haja muitas frases e palavras. Tente tornar a escrita relevante para algo, em vez de simplesmente colocá-la para ter algo escrito sem sentido. Notas em quadros de avisos no nível dos olhos das crianças têm significado. Uma nota na porta avisando que a turma está em saída de campo tem significado. Uma lembrete escrito para o cozinheiro sobre o piquenique de amanhã tem significado. Notas de agradecimento têm significado. Convites têm significado.

Capture a linguagem das próprias crianças por escrito – histórias ditadas, poesias, rimas, canções; elas podem ser longas ou curtas, ilustradas ou não.

Escrever é uma atividade natural para as crianças. Elas começam quando bebês, com giz de cera e caneta, até que passam a escrever com lápis e a criar letras inventadas. Ter uma área específica da sala de aula equipada com materiais de escrita irá incentivá-las a escrever e auxiliá-las em suas tentativas. Livros em branco (papel grampeado) às vezes proporcionam um incentivo para criar uma história. Letras magnéticas, selos, uma tabela com o alfabeto e um dicionário com imagens são bons recursos para a área escrita.

Estimule as crianças a ler tudo o que encontram, não só as palavras. Elas podem ler suas pinturas, as expressões faciais das pessoas e sinais, como pegadas na areia. (O quadro *Pontos de vista* traz outro exemplo sobre leitura de rastros e traços.)

Promovendo o desenvolvimento da alfabetização emergente em crianças em idade escolar

E quanto às crianças em idade escolar? Conforme as crianças chegam aos 6 anos, sua alfabetização começa a se assemelhar ao que o público geral reconheceria como leitura e escrita. Eles costumam conseguir escrever o próprio nome e outras palavras ao lado, e algumas já estão proficientes em inventar ortografias. Algumas estão começando a se dar conta de que existe uma ortografia convencional. Se as crianças tiverem participado de algum programa ou centro de educação infantil que tenha uma abordagem de alfabetização emergente, elas serão boas em explorar, experimentar e brincar com a linguagem de maneiras criativas – tanto a oral quanto a escrita. Elas realizarão essas explorações sem medo de fracassar ou de cometer erros.

Em algum momento dos próximos anos, elas irão se reconhecer como leitoras e descobrirão que a leitura abre muitas portas e fornece acesso a novas informações, o que irá motivá-las a aprimorar suas habilidades.

Os adultos têm uma grande influência nesse processo. Quando eles valorizam a habilidade de ler, proporcionam recursos e um lugar calmo para ler, além de lerem por conta própria – tanto para as crianças quanto em si-

PONTOS DE VISTA

Pintura com bolinhas de gude e alfabetização emergente

Pinturas com bolinhas de gude são uma atividade popular na pré-escola. O processo tradicional é mais ou menos assim: as crianças rolam bolinhas de gude em tinta e as colocam em uma folha de papel no fundo de uma caixa rasa ou bandeja. Mexendo o recipiente em diferentes ângulos, as bolinhas rolam para um lado, deixando rastros interessantes. As crianças têm uma experiência sensorial desde o momento em que colocam as bolinhas na tinta, depois as pegam e colocam no papel.

Foi sobre essa inocente atividade de artes que surgiu um debate na internet. Em um fórum sobre educação infantil, alguém descreveu algumas variações para a pintura com bolinhas de gude. Uma era usar contas cobertas de tinta e pequenas caixas de joalheria para criar pequenos desenhos; outra era usar ovos de plástico cobertos de tinta (com coisas dentro para fazer barulho quando eles rolavam) e uma grande caixa refrigeradora – com o benefício adicional de que essa atividade exigiria que muitas crianças cooperassem e coordenassem os seus movimentos para curvar a caixa. (Alguém até sugeria usar ovos cozidos em vez de ovos plásticos, o que gerou outro debate, dessa vez em relação ao uso de comida como material.)

A controvérsia sobre a pintura com bolinhas de gude surgiu quando alguém questionou o seu valor. Essa pessoa sugeriu que, apesar de envolver algumas habilidades físicas, as crianças não extraíam muito da atividade; além disso, não seria um trabalho criativo e muito menos uma atividade cognitiva. Diversos argumentos vieram em resposta. Uma mensagem discutia a significância de deixar rastros. De acordo com esse indivíduo, deixar rastros é um conceito básico da alfabetização; as lesmas deixam traços a partir dos quais podemos ver por onde elas passaram. As bolinhas de gude também deixam traços, os quais podemos seguir quando elas rolam de um lado ao outro no fundo do recipiente. Quando as crianças caminham de pés descalços na tinta ou na água e, depois, passam pelo papel ou pelo cimento, elas deixam rastros. E a escrita também é uma forma de deixar rastros. A partir da escrita, podemos seguir os rastros da história.

Apesar de as crianças pequenas não conseguirem estabelecer conexões simbólicas entre a pintura com bolinhas e a escrita, elas se beneficiam ao ver muitos métodos distintos de deixar rastros. Por fim, quando aprendem a escrever, elas entendem algumas das muitas funções da leitura e da escrita.

Após certo tempo, as crianças passam a se ver como leitoras. Os adultos têm uma grande influência nesse processo.

VOZES DA EXPERIÊNCIA

Leitura em família

São 08h16 da manhã, e a minha sala de aula está cheia de leitores, de crianças e bebês a avós. Uma placa amarela brilhante na porta aberta anuncia que este se trata de um Dia de Leitura em Família: todos são bem-vindos, e você pode ler o que quiser, onde quiser.

Betsy está lendo um livro com figuras, "Leia para o seu coelhinho", para a irmã mais nova e sua mãe no canto. Andressa, Lucas e Carlos têm um atlas aberto diante de si e estão alinhados em fila. Eles apontam empolgados para lugares diferentes nos mapas e nas tabelas, "exigindo" seus recursos naturais ou países. Ana e Brigite estão sentadas cada uma ao lado da mãe da Ana, cantando "Atirei o pau no gato" e "Escravos de Jó" (pela milionésima vez esse ano). Jack lê em voz alta, cercado por sua mãe, pai e irmã de 4 anos, que está segurando o próprio livro, imitando todos os comportamentos de leitura do seu adorado irmão mais velho. Daisy e seu pai se abaixam para ver um livro sobre borboletas e, então, caminham até a casinha onde uma lagarta está comendo folhas. O Sr. Brown está discutindo um livro sobre biomas com o seu filho, Marcos. Ele me chama para saber se conheço determinado termo. Trago um dicionário infantil onde encontro a palavra e a definição. Hoje, os avós de Toby vieram visitá-lo (eles moram no sul do estado), então, apareceram para ver como é sua sala de aula. Toby está fazendo um *tour* pelas paredes, pelo seu diário e pela biblioteca.

Carlos corre para me mostrar um exemplo de palavra composta no livro de animais que ele está lendo, já que discutimos esse tipo de palavra recentemente. Juan e sua mãe se ajudam a pronunciar a história em inglês para iniciantes, falando brevemente em espanhol para garantir que estão entendo a história.

No canto dos meus olhos, vejo que Ethan e seu pai estão lendo perto dos computadores. Ethan está radiante porque essa é a primeira vez que um de seus pais veio a uma Leitura em Família. Ele e eu havíamos tentado de tudo para atrair um de seus pais (ou ambos) à sala de aula: convites especiais, lembretes, telefonemas e reuniões. Finalmente, Ethan pode mostrar orgulhosamente o que significa fazer parte da Sala 28 no Dia da Leitura em Família.

Quando toca o sinal às 08h30, todos se aquietam e escutam as notícias e os anúncios sobre os próximos eventos, temas de casa e menções especiais pela leitura em casa. Depois é hora dos beijos, dos abraços e das despedidas. Os pais, irmãos e avós saem primeiro enquanto os alunos colocam os livros de volta nas cestas, nos armários e nas estantes. Ethan, cheio de orgulho, está sentado perto dos amigos. Sorrio para ele e dou uma piscadinha; nós dois sabemos que o pai dele vai voltar para a próxima Leitura em Família.

—**Kitty Ritz**

---

lêncio – eles promovem habilidades de leitura nas crianças. Modelos adultos são importantes. Apesar de talvez não lerem livros na frente das crianças, eles podem demonstrar a importância da alfabetização lendo orientações, receitas, notas e cartas em voz alta. E, é claro, ninguém está velho demais para contar histórias ou ler livros em voz alta; ouvir histórias pode ser um prazer pela vida toda. Kitty Ritz, uma professora do 1º ano, encontrou uma maneira única de tornar a leitura uma questão de família. Veja a história em *Vozes da experiência*.

A escrita progride nos anos escolares iniciais, em que as crianças são estimuladas a escrever todos os dias. No início, elas produzem mais textos expressivos; ou seja, escrevem sobre si mesmas, sobre suas experiências, seus sentimentos e ideias. Elas também começam a escrever histórias com elementos literários, como início, fim, trama e personagens. Elas começam a prestar atenção ao ritmo e aos sons da língua, tentando capturá-los na escrita. Por fim, elas passam aos textos expositivos; ou seja, escrevem para argumentar, persuadir, orientar e explicar.

As crianças devem ser estimuladas a desenhar e a escrever sobre projetos e outras atividades que estão realizando. Um centro de mensagens também pode fazer parte do ambiente, em que os pais e as crianças deixam mensagens para a turma ou para pessoas específicas.

A fluência é ainda mais importante do que a mecânica nesses primeiros anos de escrita.

Por fim, edição, revisão e reescrita podem ser ensinadas, conforme as crianças compreendem a necessidade de aprimorar um texto para uso público. As crianças devem ser incentivadas a ajudar umas às outras com o processo de edição.

UMA HISTÓRIA PARA TERMINAR

Certo dia na faculdade, em uma aula sobre parentagem, eu estava falando aos meus alunos sobre a importância de pôr necessidades e desejos em palavras. Estava determinada a passar a ideia de que os adultos devem modelar uma comunicação afirmativa para as crianças. Perguntei à turma como as crianças irão aprender a se expressar com clareza se os adultos ao seu redor não dão o exemplo. "Não esperem que as pessoas leiam a sua mente", disse, com firmeza. "Diga o que você acha e o que está sentindo. Assim, as crianças irão aprender a colocar suas necessidades em palavras".

Uma aluna levantou a mão acanhada. Ela disse, timidamente, que não entendia o que eu queria dizer. Em uma voz apologética, ela explicou que não achava que as crianças deveriam expressar suas necessidades em palavras. Afinal, de acordo com ela, sua mãe sempre leu a sua mente. Ela nunca precisou dizer o que precisava porque sua mãe sempre soube instintivamente, e ela achava que o objetivo deveria ser ir além das palavras. Quando duas pessoas são muito próximas, elas não precisam conversar para se comunicar, disse ela. Essa aluna era japonesa, e havia vindo aos Estados Unidos para estudar por um ano.

Outra pessoa levantou a mão; dessa vez foi uma mulher mexicana quem falou. "Não vejo nada de errado em ler a mente. É um sinal de intimidade". Ela deu um exemplo de como sua irmã sempre ligava quando ela estava pensando em algo para falar com a irmã.

Percebi que estava falando a partir da minha própria cultura e ignorando os estilos de comunicação de outras culturas. Venho de uma cultura de baixo contexto, onde gostamos de expressar tudo com palavras, ao passo que as alunas que discordavam de mim vinham de culturas de alto contexto, onde a comunicação indireta é importante e as mensagens sem palavras têm grande valor.

RESUMO

Recursos *on-line*

Visite **www.mhhe.com/gonzalezfound6e** para acessar recursos para estudo e *links* relacionados a este capítulo (em inglês).

A língua permite que as crianças criem ligações cognitivas, esclareçam as suas necessidades, coletem informações, classifiquem e categorizem objetos e experiências, armazenem informações simbolicamente e planejem, organizem e ordenem suas experiências.

O programa de educação infantil deve ser sensível às diferentes línguas de suas crianças. Preservar a língua materna é de extrema importância, sendo a educação bilíngue benéfica para todos, inclusive crianças que falam inglês.

As crianças aprendem uma língua mantendo conversas com os adultos e com outras crianças, sendo que o conteúdo dessas conversas se desenvolve com a idade. As conversas dos bebês e das crianças pequenas tendem a ser interações lúdicas, discussões sobre as rotinas de cuidado ou diálogos sobre eventos aqui e agora. Aos 2 anos, as crianças em geral já acrescentaram imaginação a suas conversas e começam a brincar de faz de conta. As conversas das crianças pré-escolares se dão ao redor de projetos. Suas habilidades linguísticas estão se tornando mais sofisticadas; elas podem se comunicar em diferentes níveis, alterar registros e desenvolver histórias. As conversas das crianças em idade escolar são mais complexas e duradouras. Elas gostam de piadas que são compreensíveis até para adultos, além de se envolverem em discussões, que podem ser consideradas uma prática linguística. O papel primário do adulto como facilitador do desenvolvimento linguístico é modelar as habilidades linguísticas e de escuta.

Este livro assume uma abordagem da alfabetização emergente para a leitura e a escrita, que é diferente de uma abordagem da prontidão à leitura, porque é mais holística e integrada, embasando-se em habilidades linguísticas que as crianças já têm do que ensinando habilidades isoladas e fora de contexto. O papel do adulto na alfabetização emergente é estimular a conversa e a exploração linguística em um ambiente rico com textos significativos, incluindo livros. Ferramentas para escrever e desenhar devem ser disponibilizadas diariamente para incentivar as crianças a explorar e a experimentar com a escrita.

QUESTÕES PARA REFLEXÃO

1. Você fala alguma língua além da sua língua materna? Quais foram as suas experiências – e sentimentos – em relação à aprendizagem da sua língua materna?
2. Você já teve experiência com a educação bilíngue?
3. As pessoas liam para você quando criança? Se sim, quais são as suas memórias (se houver) dessa experiência?
4. Quais as suas memórias (se houver) de quando aprendeu a ler?
5. Você é um bom leitor? Por quê?
6. Você fala a língua dos seus antepassados? Se não, por quê? Como você se sente a respeito?

EXPRESSÕES-CHAVE

Você é capaz de usar as palavras a seguir em uma frase? Você sabe o que elas significam?

alfabetização emergente 313
língua materna 314
programas de imersão linguística 315
cultura de baixo contexto 321

cultura de alto contexto 321
registro 324
ortografia inventada 328

NOTAS

1. Lilian Katz usa essa frase ao discutir a questão da aquisição de linguagem. Ela abarca a ideia de que as crianças pequenas não aprendem a língua por meio de lições formais.
2. É importante que as crianças não adquiram o inglês à custa da língua utilizada em sua casa. Programas unicamente em inglês arriscam causar proficiência inadequada tanto no inglês quanto na língua materna, e contribuem enormemente para o fracasso na escola, especialmente entre crianças de baixa renda.
3. Esse exemplo foi inspirado pela observação de Tammy Todd, estudante do Napa Valley College.
4. A nova declaração de posicionamento *Learning to read and write* (INTERNATIONAL

READING ASSOCIATION, 1998) foi endossada pela American Speech-Language-Hearing Association, Association for Childhood Education International, Association of Teacher Educators, Council for Early Childhood Professional Recognition, Division for Early Childhood/Council for Exceptional Children, National Association of Early Childhood Specialists in State Departments of Education, National Association of Early Childhood Teacher Educators, National Association of Elementary School Principals, National Association of State Directors of Special Education, National Council of Teachers of English, Zero to Three/National Center for Infants, Toddlers, & Families. Os conceitos são apoiados pela American Academy of Pediatrics, American Association of School Administrators, American Educational Research Association, e pela National Head Start Association.

5. Essa também é uma técnica útil se você está tentando limitar o número de crianças no espaço. Se um limite razoável forem, por exemplo, quatro crianças na área em determinado momento, só imprima quatro crachás. Crianças sem crachás precisam esperar a sua vez.

Promovendo a alegria em experiências adequadas ao nível de desenvolvimento em matemática e ciências

14

A ABORDAGEM CONSTRUTIVISTA
O que as crianças aprendem?
Como as crianças aprendem?
MATEMÁTICA
Bebês e crianças pequenas e a matemática
Crianças em idade pré-escolar e a matemática
Crianças em idade escolar e a matemática
Conceitos de tempo e espaço
"Matemática do mundo real"
Jogos

CIÊNCIAS
Uma abordagem construtivista *versus* lições formais de ciências
Física e a abordagem de projetos
Química e a abordagem de projetos
Dois conceitos científicos básicos
Estudo da natureza
Projetos de transição
EQUIPAMENTOS E MATERIAIS BÁSICOS PARA A APRENDIZAGEM DE MATEMÁTICA E CIÊNCIAS
UMA HISTÓRIA PARA TERMINAR

NESTE CAPÍTULO VOCÊ IRÁ DESCOBRIR

- o que uma abordagem construtivista do comportamento envolve;
- que tipo de conhecimento relacionado à matemática e à ciência as crianças "constroem";
- o que a matemática tem a ver com bebês e crianças pequenas;
- como as crianças em idade pré-escolar e escolar constroem conhecimento matemático;
- como as crianças pequenas desenvolvem seus conceitos de tempo e espaço;
- o que significa "matemática do mundo real";
- de que forma dominós e jogos de tabuleiro ajudam as crianças a aprender matemática;
- por que uma abordagem construtivista da ciência é melhor do que lições formais de ciências para crianças pequenas;
- como as crianças aprendem física por meio de uma abordagem de projetos;
- como a transformação e a representação se relacionam ao currículo de ciências;
- como as crianças aprendem química por meio de uma abordagem de projetos;
- como as crianças aprendem sobre a natureza;
- alguns exemplos de "projetos de transição";
- alguns materiais e equipamentos básicos que devem fazer parte de todo programa de educação infantil.

Como os adultos ensinam ciência e matemática para as crianças pequenas? A própria pergunta é enganosa. Não ensinamos essas matérias do mesmo modo como elas são ensinadas nos anos escolares subsequentes; em vez disso, observamos, notamos os interesses das crianças, organizamos o ambiente de acordo, fazemos perguntas sensíveis no momento correto e permitimos que as crianças explorem e experimentem. O propósito dessa abordagem é dar oportunidades às crianças de *construir* conhecimento sobre o mundo físico e explorar maneiras de representar suas descobertas simbolicamente.

A abordagem construtivista

A **abordagem construtivista** não foi discutida em detalhes antes deste capítulo, mas é a abordagem básica da aprendizagem que foi ilustrada ao longo de todo o livro. A abordagem construtivista se desenvolveu a partir do trabalho de Jean Piaget. Apesar de discutirmos como ela se relaciona ao ensino de ciências e de matemática, ela pode ser aplicada a qualquer outra categoria da aprendizagem.

Piaget (1970) descreveu três tipos de conhecimento que as crianças adquirem nos seus anos iniciais: físico, lógico-matemático e social. O **conhecimento físico**, que é base do conhecimento lógico-matemático, desenvolve-se conforme as crianças adquirem experiência e questionam o mundo. As crianças ganham conhecimento físico quando descobrem que podem empilhar blocos menores em cima de maiores, mas que o oposto não funciona tão bem. O conhecimento físico ocorre quando elas aprendem que as bolas rolam morro abaixo, não morro acima. As crianças constroem esse conhecimento interagindo com o mundo físico, assim como trabalhando com seus pares e adultos.

O segundo tipo de conhecimento, chamado por Piaget (1970) de **conhecimento lógico-matemático**, trata da relações entre objetos: esse copo é maior do que aquele, mas é menor do que este outro. Quando as crianças exploram e manipulam objetos, elas começam a compreender essas relações, e esse conhecimento passa a se desenvolver em suas mentes conforme elas interagem com o mundo real.

O **conhecimento social** não é o conhecimento do mundo social, mas do mundo físico que só pode ser aprendido socialmente, como as classificações. Por exemplo, uma criança pode brincar com blocos durante semanas e construir uma grande quantidade de conhecimento físico e lógico-matemático, mas ela não pode construir a classificação "blocos"; essa classificação é socialmente determinada. A criança precisa aprender com outra pessoa (geralmente um adulto) que esses itens de madeira são chamados de "blocos" (PIAGET, 1970).

Ao se familiarizar com o trabalho de Piaget, você vai perceber que matemática e ciências são inseparáveis de outros aspectos do currículo. Apesar de este capítulo lidar com a matemática e ciências separadamente, para a abordagem construtivista não é assim que ocorre. Continue lendo e você verá que algumas atividades científicas se assemelham mais a atividades artísticas e que algumas atividades matemáticas podem ocorrer em simples brincadeiras ou em um projeto de culinária. Como a leitura e a escrita, a matemática e as ciências não podem ser separadas uma da outra ou de diversos aspectos da aprendizagem infantil.

> **Declaração de posicionamento da NAEYC/IRA**
> Matemática infantil: promovendo um bom início

abordagem construtivista Visão baseada no trabalho de Jean Piaget, que sugere que as crianças não recebem conhecimento passivamente ao serem ensinadas, mas ativamente, quando o constroem por conta própria.

conhecimento físico Um dos três tipos de conhecimento descritos por Jean Piaget. O conhecimento físico envolve uma compreensão (em termos concretos, em vez de abstratos) de como os objetos e materiais se comportam no mundo físico.

conhecimento lógico-matemático Um dos três tipos de conhecimento descritos por Jean Piaget. O conhecimento lógico-matemático se desenvolve a partir do conhecimento físico e envolve compreender as relações entre objetos por meio da comparação e da seriação.

conhecimento social Um dos três tipos de conhecimento descritos por Jean Piaget. O conhecimento social se relaciona ao conhecimento sobre o mundo que só pode ser transmitido socialmente, como os rótulos dos objetos.

O que as crianças aprendem?

O que as crianças aprendem sobre matemática e ciências durante a primeira infância? As crianças pequenas lidam com conceitos de espaço, tempo, propriedade física, movimentação e evidência. Elas também aprendem sobre mudanças – o que as causa e como ocorrem – e sobre estimativa e previsão. O que acontece com uma abóbora de Halloween se ela ficar muito tempo parada? O que é essa coisa cinza e difusa que cresce na abóbora? Por que ela está desmoronando? Quantos dias leva para ela ficar achatada?

As crianças também aprendem sobre mensurações. Quantas tábuas dessa são necessárias para fechar esse buraco? Qualquer coisa pode ser usada para medir, sejam objetos padronizados ou não. As crianças podem ter interesse em saber o comprimento da tábua em relação aos próprios pés. A tábua tem o mesmo número de "pés" para cada criança? Elas também podem aprender medidas padrão usando regras ou tremas. Além do mais, as crianças podem aprender sobre outros tipos de instrumentos de mensuração, como termômetros, odômetros, velocímetros e relógios.

As crianças pequenas aprendem sobre dinheiro. Em um centro de cuidado infantil, às vezes a diretora permitia que as crianças contassem as moedas do vaso com doações quando só havia algumas crianças presentes. Elas adoravam. As pequenas arrumavam, as mais velhas contavam, empilhavam e registravam. Todas tinham algo para fazer, e a atividade mantinha o seu interesse porque elas sabiam que dinheiro era uma coisa importante para os adultos que pertencia ao "mundo real".

As crianças também começam a aprender sobre a natureza nos anos iniciais. A natureza é especialmente interessante, visto que ela também pertence ao "mundo real", além de ser melhor de aprender sobre ela saindo e explorando.

Como as crianças aprendem?

Como as crianças aprendem sobre o espaço, o tempo, a natureza e assim por diante? Elas aprendem de diversas maneiras. Certamente, muitos materiais, brinquedos e equipamentos convidam as crianças a explorar, experimentar, resolver problemas, interagir e, no fim, construir conhecimento. Os educadores infantis também contribuem para a construção de conhecimento das crianças ao organizar o ambiente para a exploração e a experimentação, propondo perguntas provocativas no momento certo, apontando inconsistências intrigantes e ajudando as crianças a perseguirem áreas de interesse, frequentemente por meio de projetos. (Veja o quadro *Pontos de vista* para duas perspectivas distintas sobre como as crianças aprendem.)

Perguntas, problemas e questões surgem ao longo do dia. Alguns problemas e questionamentos surgem durante as brincadeiras (como usar uma tábua para cobrir um buraco). Os estudos da natureza surgem espontaneamente quando, por exemplo, um pássaro constrói um ninho no pátio, uma aranha tece uma teia em uma estrutura ou uma lesma deixa um rastro no cimento; mas eles também podem ser planejados, como uma saída de campo.

Ao ler este capítulo, tenha em mente que as ciências e a matemática são matérias muito próximas. Na verdade, as seções a seguir são divididas em categorias separadas, mas isso só foi feito para explicar diversos conceitos de maneira mais organizada e eficiente.

Matemática

Quando muitas pessoas pensam em matemática, elas imaginam operações ou, talvez, somas. Mas a matemática na primeira infância engloba uma variedade enorme de pensamentos e atividades muito mais básicas (assim como mais sofisticadas) do que contar e somar.

PONTOS DE VISTA

Duas perspectivas sobre como as crianças aprendem

Uma perspectiva sobre a aprendizagem sugere que os adultos transmitem informações para as crianças. Há muito tempo, na capa de uma edição da revista *Psychology Today*, havia uma imagem de um adulto com uma torneira no lugar da boca, sobre um garotinho com um funil em cima da cabeça. A torneira estava aberta, e a água estava sendo derramada sobre a criança. A imagem representava a criança como um receptáculo vazio que precisava ser preenchido com conhecimento adulto. O que essa imagem mostrava é muito diferente da perspectiva deste livro.

Na visão construtivista, as crianças nascem com um enorme potencial para a construção de conhecimento. Elas não podem fazer tudo por conta própria; em vez disso, precisam interagir com o mundo – com as coisas e as pessoas que o habitam. As crianças estão bem equipadas para isso; desde o nascimento, elas são capazes de atrair os outros e interagir com eles. Elas têm motivações intrínsecas para esticar os braços e segurar, tocar e investigar, balançar e bater, desmontar as coisas e descobrir como elas funcionam. O adulto construtivista irá tirar vantagem da motivação natural das crianças e proporcionar inúmeras oportunidades para que elas explorem, inventem processos, experimentem, descubram conceitos e desenvolvam teorias. Em outras palavras: construir conhecimento do mundo ao seu redor.

A matemática é muito mais do que números e símbolos; é uma maneira particular de olhar o mundo, compreendê-lo, analisá-lo e de resolver certos tipos de problemas. Os símbolos e os processos matemáticos são simplesmente ferramentas. Ensinamos a matemática de trás para a frente quando ensinamos símbolos matemáticos antes de as crianças terem construído algum conhecimento básico e terem começado a considerar o mundo de uma perspectiva matemática.

Bebês e crianças pequenas e a matemática

Quando os bebês percebem que a peça redonda se encaixa em uma parte do quebra-cabeça e a peça quadrada em outra, eles estão fazendo matemática. Discriminar uma forma da outra é uma habilidade de geometria inicial.

Quando as crianças derramam areia na caixa de areia ou água na mesa com água, elas estão aprendendo sobre quantidade, massa e volume. Por fim, com bastante experiência, elas perceberão que a quantidade de areia ou água permanece a mesma, mesmo quando são colocadas em recipientes de formatos diferentes. Essa pode parecer uma conclusão tão óbvia para a maioria dos adultos que frequentemente esquecemos que as crianças precisam aprender esse conceito em algum momento. Piaget chamava esse conceito de "conservação", porque envolvia "conservar" ou manter a ideia de que, apesar de as aparências mudarem, a quantidade ou o número não irão mudar a menos que se adicione ou subtraia algo. Duzentos mililitros de água em uma mamadeira parece diferente de duzentos mililitros em um pote para o gato, mas a quantidade continua sendo a mesma. Os adultos sabem isso logicamente, mas as crianças pequenas precisam adquirir essa compreensão. Até então, elas têm pensamentos mágicos e são facilmente enganadas pela percepção.

Mas até mesmo os adultos podem deixar a lógica de lado e ser enganados pelo que veem. Você já pensou no formato das caixas de cereal? A frente e as costas são altas e largas, mas os lados são curtos. Quando elas ficam nas prateleiras, expostas de frente, parecem conter muito cereal, mas

Padrões do programa NAEYC 2 e 3
Currículo e Ensino

Quando as crianças misturam e derramam areia na caixa de areia, elas estão aprendendo sobre quantidade, massa e volume.

correspondência um para um Compreensão de que contar envolve atribuir um número a cada objeto ou pessoa sendo contada. Essa forma de contar é diferente de recitar números.

elas são exibidas para nos enganar. Na primeira vez em que derramei toda a caixa de cereal em uma sacola de papelão (para pegar o brinde no fundo da caixa), fiquei estupefata ao ver quão pouco cereal tinha naquela caixa grande.

Os adultos podem ter lapsos de lógica e, às vezes, ser enganados pelos seus sentidos, mas as crianças confiam apenas nos seus sentidos – suas percepções. Sei na minha cabeça que 200 mililitros são 200 mililitros. Também sei que três maçãs, sejam inteiras, cortadas ou amassadas, continuam sendo três maçãs; a menos que algo seja adicionado ou subtraído. Já as crianças pequenas não são capazes de "conservar" volume ou número, então elas nunca têm certeza se as três maçãs continuam sendo três ou se magicamente se transformaram em duas ou quatro quando mudaram de forma. Antes de as crianças superarem o pensamento mágico, elas não são capazes de lidar com conceitos matemáticos.

Crianças em idade pré-escolar e a matemática

Apesar de as crianças em idade pré-escolar usarem menos pensamentos mágicos do que as menores, elas ainda não estão livres disso. A matemática ainda precisa ser muito concreta para elas. As crianças de 4 anos estão aprendendo matemática quando brincam com blocos de madeira e com materiais manipulativos. Quando elas colocam guardanapos na mesa para combinar com o número de cadeiras, elas estão demonstrando a habilidade de fazer o que se chama de **correspondência um para um**, um pré-requisito para a verdadeira habilidade de contar. As crianças precisam de muitas oportunidades no mundo concreto para explorar correspondências de um para um antes de perceberem que contar envolve a atribuição de um número a cada objeto ou pessoa sendo contada. Até que consigam fazer isso, a contagem é feita de memória e não é mais significativa do que rimas sem sentido.

Os materiais de matemática devem ser manipulativos para os pré-escolares. Por exemplo, blocos de Lego ajudam as crianças a aprender quantos blocos curtos são necessários para criar um bloco longo. Elas podem não falar a respeito, mas estão aprendendo. No final, elas podem perceber a quantidade e até começar a contar, se lhes parecer interessante ou útil no momento.

Organização e classificação são outras atividades para as quais as crianças são naturalmente atraídas. As antigas caixas de botões exercem fascínio sobre algumas crianças, assim como jarros com porcas e parafusos. Até mesmo uma tigela com milho, feijão ou ervilhas serve de exercício para os dedos e a mente dos jovens. Organizar os objetos de acordo com algum atributo físico óbvio é uma tarefa matemática simples da qual muitas crianças gostam.

A classificação pode ser ainda mais complexa. Incentive as crianças a criar categorias e a decidir por conta própria que objetos devem ser agrupados e por quais motivos, como formato, tamanho, cor, material ou algum outro atributo físico óbvio. Os objetos também podem ser agrupados de acordo com a função (todos esses servem para prender), a localização (eles são todos da cozinha) ou outras classificações mais criativas. Manipular objetos fisicamente enquanto são classificados torna a experiência concreta e, portanto, interessante para crianças pequenas.

Criar gráficos e tabelas e realizar votações são outras atividades úteis para as crianças pequenas. "Qual é a sua cor favorita?" é uma pergunta que um grupo de crianças pode fazer para a turma. Com um pouco de ajuda, elas podem tabelar as respostas. A cor dos olhos é outra pesquisa que pode ser tabelada. Faça as crianças votarem com os corpos: "Todos que querem ir com a mãe do Antônio na saída de campo, fiquem perto da janela. Quem quer ir com a Sally, a cozinheira, fique perto da porta da cozinha". Assim, os adultos podem mostrar às crianças como esse método físico de votação pode ser simbolicamente representado.

Crianças em idade escolar e a matemática

Apesar de algumas crianças em idade escolar estarem prontas para aprender símbolos, elas ainda precisam de experiências concretas para entender a matemática. Muitas das atividades pré-escolares mencionadas também são adequadas para crianças em idade escolar, como a classificação e a construção de gráficos, porém em nível mais aprofundado.

Conceitos de tempo e espaço

Medir o tempo é uma habilidade que as crianças pequenas levam anos para desenvolver por completo. As lições começam quando os adultos ajudam as crianças a notar as várias sequências durante o andamento normal do dia: "Lavamos as mãos antes de colocar o babador e colocamos o babador antes de comer". "Depois da historinha é hora de nanar". "A sua mamãe chega logo depois da profe Cristina sair". Antes que as crianças aprendam a ler os relógios, elas desenvolvem uma compreensão da passagem do tempo, sendo que os adultos as auxiliam com isso.

Alguns professores ajudam as crianças a registrar a passagem do tempo de maneiras criativas: um *timer* de cozinha é uma ferramenta que pode mostrar a passagem de curtos períodos de tempo; com um pouco de paciência, as crianças podem ver o tempo passando no círculo. Uma antiga ampulheta é ainda melhor, visualmente, para demonstrar a passagem do tempo conforme o movimento da areia.

Uma pré-escola tinha um projeto de venda de bolos, e, para ajudar, as crianças se inscreviam para participar de um dos turnos colando uma foto sua em uma folha de papel. Então, a professora escrevia o horário de início e desenhava um relógio, mostrando como os ponteiros deveriam estar posicionados nesse momento. Quando a "grade de horários" ficou pronta, ela foi pendurada para todos verem.

Um exercício diferente de mensuração de tempo foi conduzido em outro programa. As crianças fizeram bolas de neve e as armazenaram no congelador por três semanas. Uma vez por semana, as crianças removiam as bolas e registravam seu tamanho (cada vez menor) em folhas de papel. Outro programa criou um calendário que identificava eventos pessoais das crianças, em vez de feriados nacionais, e ainda outro usou um calendário para distinguir os dias em que havia aula dos dias em que não havia. Eles usavam quadrados vermelhos para indicar os dias em que as crianças estavam trabalhando e quadrados azuis para identificar feriados e finais de semana.

Nos anos escolares iniciais, as crianças estão aprendendo a ler ambos os relógios (digitais e analógicos) e os calendários. Tendo aprendido a lidar com o tempo nesse nível simbólico, elas também devem ter incorporado os conceitos de "hoje" e "amanhã" e ter uma ideia de quanto tempo dura uma hora – ideias que a maioria dos adultos já compreende com certeza, mas que as crianças precisam aprender.

Uma parte da compreensão do tempo é aprender que ele é linear e cíclico – ou seja, ele corre para a frente e também em círculos. As estações e os ciclos da lua são exemplos da natureza cíclica do tempo, sendo que as crianças tendem a se interessar por esses dois tópicos, que são temas encontrados em muitos livros infantis.

As crianças também precisam ter experiência com o espaço: elas aprendem a julgar que objetos cabem em determinados espaços quando guardam brinquedos e materiais após usá-los; elas estacionam triciclos; constroem locais com blocos e depois descobrem o que cabe dentro. Conceitos espaciais fazem parte da aprendizagem no mundo real. Ao desenhar, as crianças têm ainda mais experiências com as relações espaciais.

As crianças podem aprender sobre a passagem do tempo medindo a evaporação de uma bola de neve.

"Matemática do mundo real"

As crianças pequenas desenvolvem o pensamento matemático quando lidam com problemas matemáticos no mundo real. Por exemplo, os professores podem introduzir conceitos matemáticos enquanto se preparam para a hora da roda: "Se temos seis crianças no grupo, quantas cadeiras precisamos para que todos consigam sentar?". As crianças também criar suas próprias experiências com **matemática do mundo real**. Assim que elas começam a compreender quantidades, elas podem começar a contar, a fazer estimativas e a estabelecer comparações: "Ei, ela tem mais uvas do que eu" ou "Não é justo. Ele tem um monte de Legos, e eu só tenho esses".

matemática do mundo real Atividades matemáticas que se relacionam diretamente aos problemas do mundo da própria criança – em comparação com problemas teóricos que nada têm a ver com a sua realidade. A matemática do mundo real é, por vezes, chamada de "matemática autêntica".

Cozinhar é uma ótima atividade do mundo real que envolve diversos conceitos matemáticos. As receitas exigem quantidades exatas de ingredientes (três colheres de sopa disso e meia xícara daquilo), panelas de tamanhos específicos e temperaturas e tempos precisos (cozinhe em 200 °C por 10 minutos).

Jogos

As crianças também progridem matematicamente quando participam de jogos. Dominós requerem correspondência um para um, de modo a combinar os quadrados com pontos iguais. Jogos de dados requerem que as crianças pequenas associem os pontos no dado com as casas no tabuleiro; quando dois dados estão sendo usados, eles tendem a se mover de acordo com o número de espaços em um dos dados e a lidar com outro depois. Após aprenderem a somar melhor, elas dizem: "Então, esse aqui tem cinco... e aqui tem mais cinco". Então, elas se movem cinco casas e depois contam "seis, sete, oito, nove, dez", associando as casas ao número que estão contando no segundo dado. Por fim, elas aprendem as somas de cor: "Ah, sim, cinco mais cinco. Quer dizer que posso andar dez casas".

Ciências

A visão construtivista, na qual este livro se baseia, pensa na criança como um cientista, o que faz sentido se você pensar a respeito. Tanto as crianças quanto os cientistas são curiosos e têm uma tendência natural a descobrir coisas que os intrigam. As crianças se maravilham e se empolgam com o mundo, e os cientistas conseguem manter vivas essas mesmas qualidades infantis. Os cientistas buscam construir novos experimentos, bem como as crianças. Ambos exploram e experimentam ativamente, além de testarem e retestarem as suas teorias.

Qualquer pessoa que busque estudar algo é um cientista (adulto ou criança), quer o seu tópico de estudo seja ou não "científico". Quando as crianças constroem conhecimento, elas agem igual aos cientistas, mesmo quando não estão estudando algo científico. Sempre que as crianças (e adultos) exploram, observam, refletem, descrevem e classificam, estão agindo como cientistas. O principal papel dos adultos ao ajudar crianças cientistas é fornecer recursos, fazendo perguntas provocativas e ajudando-as a descrever, classificar e, em especial, registrar suas descobertas.

Uma abordagem construtivista *versus* lições formais de ciências

Como você verá neste capítulo, assumir uma abordagem construtivista é muito diferente de realizar lições formais de ciência, em que as crianças aprendem classificações, conceitos e processos por meio de imagens, atividades ou experimentos não relacionados. As crianças precisam interagir com outras crianças para construir conhecimento. Quando elas se deparam com problemas físicos no ambiente na presença de outras crianças, elas descobrem que nem todos veem as coisas da mesma forma. Cada um pode ter uma perspectiva completamente diferente acerca de uma questão ou assumir uma abordagem diferente para solucionar um problema. Os adultos não podem substituir as crianças porque eles têm conhecimento demais e autoridade. É por meio da interação com seus pares que elas desenvolvem certas ideias que não teriam de outro modo.

Padrões do programa NAEYC 2 e 3
Currículo e Ensino

Os adultos podem, é claro, compartilhar o seu conhecimento com as crianças, mas, às vezes, eles podem sufocar suas habilidades de resolução de problemas. Um papel útil para os adultos quando uma criança se depara com um problema é fazer uma pergunta, e não fornecer uma resposta. "Como posso fazer para essas duas caixas de leite ficarem juntas?", pergunta a criança. Se o adulto disser: "Use fita crepe", a criança vai correr para pegar a fita em vez de usar sua própria mente. Se, no entanto, o adulto disser: "Será que temos alguma coisa aqui dentro ou no pátio que dê para usar?", a criança vai ter de usar sua própria cabeça em vez de contar com a resposta pronta do adulto.

A sociedade tem pressionado de todos os lados para melhorar a educação por meio da memorização e das aulas diretas, que se focam nas "respostas certas". A visão construtivista enfatiza a exploração e a resolução de problemas em vez da memorização de respostas passadas por uma autoridade (o professor). Peter Johnston (c2012), em seu livro *Opening Minds: using language to change lives*, nos mostra como a atitude dos professores e as palavras que eles usam têm grande efeito no desfecho final. Quando o objetivo é criar aprendizes para a vida toda, o professor não deve dar uma resposta ou solução, mas incentivar as crianças a sair e trabalhar nos problemas com os quais elas se deparam (JOHNSTON, c2012).

Elas podem chegar a soluções nas quais os adultos nunca pensaram. "Será que a clara do ovo serve?", ela se pergunta ao espiar um grupo de crianças na outra sala batendo ovos para fazer merengue. Ela passeia para área das roupas e encontra alguns cintos. "Será que posso prender as caixas de leite juntas?". Então, ela tem uma ideia. "Talvez tenha um galho lá fora que eu possa usar para perfurar as duas caixas e prendê-las juntas assim". "Será que ferramentas de brinquedo funcionariam?". "É claro, tem cola na área de artes, isso pode funcionar". Ela pode não pensar nas soluções óbvias para começar; a mente de uma criança é muito "fresca" e criativa para chegar a simples soluções padrões dos adultos.

Física e a abordagem de projetos

O cenário a seguir apresenta um programa que assume uma abordagem de projetos para a aprendizagem de física: dois garotos estão nos balanços arrastando os pés na areia. Quando eles saem para examinar os rastros que criaram, a professora nota o seu interesse. Um dos meninos sai do balanço e fica olhando o amigo arrastando os pés e continuando seus traços na areia. Depois, o amigo dele sai, gira o balanço, sobe de novo, e tenta ver seus pés criando um desenho espiral. Ele sai, tonto, e olha as marcas. No meio tempo, a outra criança começou a correr ao redor em círculos, arrastando uma pá. Ele também examina o caminho.

A professora percebe toda essa atividade em relação aos traços. Mais tarde, quando os garotos estão sentados perto da área de escrita, a professora sugere que eles tentem desenhar os rastros que observaram. Eles aceitam as sugestões e fazem alguns desenhos, que a professora nomeia e escreve o que as crianças acham a respeito.

transformação e representação Dois processos que distinguem a abordagem construtivista de outras abordagens de ensino-aprendizagem. A transformação envolve processos de mudança, enquanto a representação representa a mudança na forma de traços. As atividades de transformação e representação facilitam o pensamento simbólico das crianças.

No dia seguinte, a professora apresenta a ideia de criar um projeto de marcações aos meninos, no qual três meninas também se interessam. A professora conversa sobre formas de representar os rastros e depois leva o grupo para fora, na área dos balanços, munidos com lápis e papel para anotarem seus registros na hora. Quando as outras crianças saem, a professora coloca uma placa com o aviso "balanços fechados", para que o grupo não seja interrompido no projeto. As outras crianças sabem sobre os projetos e respeitam os direitos do grupo a ter acesso temporariamente exclusivo aos balanços.

Pouco tempo depois, a professora tira a placa dos balanços e convida as cinco crianças a voltarem para a sala. Lá, elas observam um jarro plástico cheio de areia pendurado no teto por uma corda. Abaixo, há uma lona. Quando a professora tira um pedaço de fita do fundo do jarro, a areia começa a escorrer na lona. "Vejamos que tipos de traços vocês podem fazer com esse pêndulo", ela diz. Elas se revezam movendo o pêndulo e olhando os traços. "Eu quero desenhar", diz uma garota. Ela procura a sua prancheta e faz um desenho seguindo o padrão na lona. Antes que ela termine, os meninos se lembram dos círculos que estavam fazendo ontem. Eles encontram seus desenhos pendurados no quadro de avisos e os tiram dali para estudá-los. Eles estão ansiosos para saber se conseguem criar círculos com a areia do pêndulo, mas não é fácil. São necessárias algumas tentativas para mover o pêndulo em círculos.

Imagine quantas formas diferentes esse projeto pode assumir. Que tal um pincel em um barbante? O meio pode ser tinta sobre papel ou água sobre cimento. Os rastros de tinta seriam lembretes permanentes, enquanto os de água seria apenas temporários.

O que estamos vendo em cada um dos experimentos precedentes é o que George Forman e David Kuschner (c1983) chamam de **transformação e representação**. As crianças agem sobre objetos para modificá-los; nesse caso, fazê-los se mover. As representações são os tipos de traços deixados pela transformação. Os meninos descobriram que poderiam criar marcas na areia balançando e arrastando os pés. Eles criaram representações do movimento do balanço. A professora levou isso um passo adiante convidando-os a criar representações das representações – as quais eles poderiam preservar. E, indo ainda um passo além, ajudou-os a explorar o balanço com um pêndulo.

Uma semana mais tarde, voltamos ao mesmo programa e vemos algo acontecendo na área dos blocos. Três das cinco crianças da semana passada, mais duas outras, estão no chão realizando um experimento de física envolvendo um pêndulo: uma bola de tênis presa a um barbante no teto. Essas crianças estão lidando com conceitos de matemática e de ciências em um nível concreto.

Duas das crianças estão trazendo blocos para empilhar abaixo da bola de tênis, que está na mão de outra criança. Três blocos são empilhados quando o garoto com a bola diz: "Assim chega". Ele solta a bola, e ela balança bem acima da pilha. "Errou!", diz o garoto que soltou a bola. "O barbante é muito curto", diz outra. "A pilha não é alta o bastante", diz uma terceira. "Eu acho que os blocos estão no lugar errado", comenta uma quarta, baixinho, mas ninguém a ouve.

Por fim, após mais duas tentativas e erros, outra criança começa a ver que a pilha não foi feita no lugar mais baixo do trajeto da bola. Ele e a menina que mencionou isso da primeira vez tentam falar com o garoto que está segurando a bola. Eles querem que ele solte a bola para verem onde construir a pilha, mas ele se recusa. Então, eles percebem que podem mover os blocos diretamente abaixo de onde o barbante está preso no teto. Eles movem os blocos. "Precisa de mais blocos", diz a menina com voz baixa.

"Quantos mais você acha que precisa?", pergunta a professora. "Uns cento e onzenta!", diz o menino com a bola. "Não tantos", diz outro. "Três", diz a menina.

"Vamos ver se três dão conta", diz o terceiro menino, que já está empilhando mais três blocos. O próximo balanço derruba o bloco mais alto. As crianças batem palmas alegremente. O menino que empilhou os blocos imediatamente monta outro experimento, tirando os dois últimos blocos de cima e colocando um terceiro em pé sobre a estrutura. "E assim?", ele pergunta aos outros. O primeiro menino balança a bola, que derruba o bloco no chão.

Enquanto isso, a menina está falando com a professora: "Eu quero ver o que acontece se aumentarmos o barbante". A professora mostra como alterar o comprimento do barbante, e ela está pronta para outro experimento. Para terminar o trabalho no projeto de hoje, a professora ajuda as crianças a refletir sobre suas observações. No final, ela tira algumas fotos dos diversos experimentos com o pêndulo, organiza os desenhos e pendura-os na parede para que as crianças continuem tendo acesso ao registro do que fizeram e aos resultados. Esse tipo de documentação pode ser usado no futuro para ajudar as crianças a revisitar suas observações, assim como aplicá-las a novos experimentos. Algumas amostras do seu trabalho entrarão em seus portfólios, junto com mais fotos tiradas pela professora.

Química e a abordagem de projetos

Que outros tipos de experimentos "científicos" as crianças pequenas realizam? A seguir, vemos um experimento montado por uma criança sozinha.

É um dia quente e ensolarado, e Rosa encontrou uma poça no canto do pátio. Ela está ocupada levando um balde com areia da caixa de areia até a poça. Quando ela vira o conteúdo do balde na poça, a areia desaparece imediatamente. Rosa retorna para a caixa de areia em busca de mais areia, mas dessa vez ela derrama tudo ao lado da poça, em vez de dentro dela. Então, ela segura um punhado de areia sobre a beira lamacenta da poça, soltando aos poucos. Uma brisa intercepta a areia no ar, e Rosa é arrebatada pelo movimento da areia. Ela olha para a areia na lama. "Açúcar", ela anuncia, percebendo os grãos brancos sobre a lama escura. Ela olha para as suas mãos empoeiradas e as bate, usando-as para empurrar a areia para dentro da lama. Sua mão e a areia desaparecem na lama.

Rosa tem permissão de continuar experimentando por conta própria; ela está matriculada em um programa que vê cada criança como um cientista. Para os professores, Rosa está ocupada construindo conhecimento, e não fazendo bagunça. Mas esse tipo de experimento não é o tipo que muitos professores estimulariam; o quadro *Pontos de vista* lista diversos motivos para isso.

É claro, o experimento de Rosa poderia ser adaptado para outros formatos. Um adulto preocupado com brincadeiras na lama, mas que permitisse às crianças seguir suas ideias e construir conhecimento, poderia montar o experimento em outra parte do pátio, de maneira mais controlada; o experimento poderia ser realizado do lado de dentro, em uma mesa para maior controle. Christine Chaillé e Lory Britain (c1997) descrevem um experimento relacionado em seu livro *The Young Child as Scientist*.

Um menino, Lucas, está sentado à mesa, diante de um pote com farinha, sal, areia, água e óleo. Primeiro, ele faz um experimento acrescentando água a um monte de farinha seca. No início ele usa uma colher para mexer os ingredientes, mas depois passa a usar as mãos, que ele lava ao final. Depois, ele inicia o próximo passo de seu experimento, que é acrescentar sal à água com as mãos; ele sente o sal se dissolvendo. A cena continua e termina alegremente com uma grande bagunça.

Para dar continuidade ao experimento de Rosa, seus professores podem organizar diversos materiais semelhantes aos descritos por Chaille e Britain. O experimento pode não ser tão organizado quanto o de Lucas, mas qualquer professor que organizar uma combinação específica de substâncias deve estar preparado para possibilidades de bagunça (em nome da ciência). E, é claro, se esse tipo de exploração for considerado ciência legítima, todos os elementos do trabalho em projetos podem ser aplicados. O papel do adulto é observar e proporcionar uma aprendizagem maior e mais aprofundada, além de ajudar as crianças a documentar e a registrar suas descobertas e refletir sobre elas.

Dois conceitos científicos básicos

Você não precisa ter diploma em física ou química para ensinar conceitos físicos para as crianças pequenas. Você pode criar toda uma linha de questionamento com base em dois conceitos: movimento e mudança. Revise os experimentos discutidos até o momento neste capítulo. Todos eles se basearam em duas perguntas simples: "Como as coisas se movem?" e "Como as coisas mudam?".

De acordo com Constance Kamii e Rheta DeVries (c1993), pesquisadoras construtivistas, as crianças adquirem "conhecimento físico" observando e criando movimentos e mudanças em objetos.[5] O que vai acontecer com essa areia quando eu despejar água nela? O que irá acontecer quando eu largar essa bola no escorregador?

Kamii e DeVries (c1993) listam quatro fatores que facilitam a construção de conhecimento físico. Primeiro, deve haver uma conexão entre o que a criança faz e como o objeto ou a substância reage. Despejar água na areia e senti-la é melhor do que simplesmente observar um adulto demonstrar o efeito da água na areia. Segundo, a criança deve ser capaz de experimentar coisas diferentes. Sem variação, não há experimentação. Depois que a criança jogar a bola pelo escorregador algumas vezes, ela estará ansiosa para tentar algo novo: "Como areia no escorregar afetaria a bola? E água? Será que um bloco desce do mesmo jeito que a bola? E um carrinho de brinquedo?". Terceiro, quanto mais a criança vir como o objeto ou a substância reagem, melhor. Alguns processos são invisíveis, como a circulação do ar, a eletricidade e a gravidade. De fato, algumas crianças podem aprender sobre tais processos observando seus efeitos, mas elas aprendem mais observando processos que reagem diretamente às suas próprias ações sobre eles. E quarto, quanto mais imediata a reação, melhor; especialmente para crianças pequenas. Misturar tinta têmpera com creme de barbear tem uma mudança imediata, ao passo que cuidar de uma semente é um processo mais longo que requer mais paciência. As crianças mais velhas podem aprender a fazer observações por um período maior de tempo, mas as pequenas apreciam resultados rápidos (KAMIL; DEVRIES, c1993).

PONTOS DE VISTA

O experimento de Rosa com lama e areia

"A areia fica na caixa" é uma afirmação comum ouvida em muitos pátios. De fato, areia custa dinheiro e precisa ser conservada (e até protegida dos gatos da vizinhança). A areia também precisa ser mantida longe da grama, ou irá matar as plantas se for despejada em largas quantidades.

Uma regra para manter a areia na caixa teria dado um fim ao experimento de Rosa, mas a areia não é a única questão aqui. E quanto às roupas dela? Ela certamente exploraria mais a poça, e a lama deixaria manchas permanentes. As roupas dela serão um problema?

"Sim", diriam alguns adultos. Do ponto de vista de um professor ou cuidador, limpar as roupas da Rosa vai acabar dificultando cuidar das outras crianças. Além do mais, existe a questão do **contágio comportamental**; não vai demorar muito até que as outras crianças se juntem e transformem a experiência em um programa coletivo. Alguns educadores infantis não teriam problemas com brincadeiras na lama, mas eles sabem que alguns pais ficariam chateados.

Qual seria o ponto de vista dos pais a respeito de brincadeiras e experimentos na lama? Eis aqui alguns:

- "Eu mando a minha filha bem-vestida para a escola. Somos uma família decente e temos muito respeito pela educação. Quando a minha filha está suja, isso se reflete na nossa família. Não queremos vê-la coberta de lama!"
- "O estereótipo do meu povo é que somos sujos, e eu não quero ajudar a promover esse estereótipo. Quando a minha filha tem lama nas roupas e embaixo das unhas, parece que ninguém se importa com ela. Eu quero que ela seja e *pareça* bem cuidada nesse programa. Eu quero que o mundo saiba que ela tem uma boa mãe que escolheu um programa de educação infantil de qualidade."
- "Ei, eu pago uma fortuna pelas roupas do meu filho, não quero que elas fiquem cheias de lama. Ele pode experimentar com outras coisas além de poças de lama."
- "Eu mando a minha filha com roupas velhas de propósito para ela poder explorar e experimentar até dizer chega. Guardo as roupas boas dela para aquelas ocasiões especiais quando a aparência dela importa. Na escola, quero que ela se sinta livre."
- "Eu não me importo se os meus filhos ficam sujos, mas as meninas precisam ficar bonitas e arrumadas."
- "Eu quero que a minha filha tenha oportunidades iguais. Como ela pode se desenvolver por completo se for excluída de algumas experiências que os meninos têm e só porque ela pode sujar as roupas?"

Mesmo em nome do currículo, professores e cuidadores não podem ignorar as ideias dos pais. Assim como os adultos precisam ajudar as crianças a compreender e a respeitar os pontos de vista dos outros, é importante fazer o mesmo com os pais. Quando reconhecemos, respeitamos e conversamos sobre pontos de vista distintos, podemos assumir uma abordagem cooperativa, que, por sua vez, é mais rica e satisfatória do que pressionar por uma perspectiva única.

Objetos plásticos transparentes são ideias para tornar certos processos visíveis. Lançar carros por tubos plásticos transparentes com diferentes inclinações ajuda as crianças a aprender sobre a relação entre velocidade e ângulo de descida. Ao usar um tubo plástico transparente, as crianças podem ver o processo acontecer diante dos seus olhos. Com um tubo de papelão, os carros desaparecem no tubo e reaparecem repentinamente, assim limitando a observação do processo.

Estudo da natureza

As crianças não podem explorar a biologia e a ecologia da mesma forma como exploram outros ramos da ciência, como a física. Experimentar com objetos inanimados, como um pêndulo, é uma coisa, mas a natureza se constitui de criaturas e organismos vivos. As crianças devem aprender a ter respeito

contágio comportamental Fenômeno que ocorre quando as crianças são influenciadas pelo comportamento umas das outras. É mais perceptível em sua forma negativa, quando as crianças estão fazendo algo que não deveriam.

Os adultos e as crianças mais velhas usam binóculos para estudar a natureza. Essa criança está usando um par de tubos de papelão para improvisar um binóculo. Ela pode usar o seu binóculo caseiro para se focar e observar as coisas como um cientista.

pela natureza; não queremos passar-lhes a mensagem de que elas podem tirar os ovos de um ninho para estudá-los e então desmanchar o ninho para ver como ele é feito.

Ao construir conhecimento sobre a biologia e a ecologia, queremos que as crianças compreendam as conexões entre a natureza e nós mesmos – nossa interdependência. A teia da vida é um conceito importante, e não podemos dar aulas sobre natureza sem ensinar valores também.

As atitudes dos adultos fazem uma grande diferença no que as crianças aprendem. Quando um adulto se mostra um observador interessado, curioso e respeitoso, as crianças provavelmente irão abordar a observação do mesmo modo. Quando a professora demonstra interesse em aprender mais sobre o que as crianças estão estudando, essa também é uma mensagem significativa. Os professores podem modelar o uso de recursos para expandir conhecimento indo atrás de livros e outros acessórios para aprofundar seus estudos.

As crianças de hoje não têm muitas experiências externas na natureza, ao contrário das gerações anteriores. Uma coisa que as crianças estão perdendo são as muitas experiências sensoriais que a natureza proporciona. Crianças que passam os dias em um mundo de plástico sequer sabem como é ficar em um ambiente natural. As práticas educacionais não se focam o bastante na natureza. Devido à pressão imposta sobre os professores de produzir resultados, eles veem a aprendizagem como algo a ser feito em ambientes fechados.

Queremos que as crianças sejam gentis e respeitosas com a natureza, mas também queremos que elas construam conhecimento, o qual elas irão precisar desenvolver na prática. Portanto, o desafio é servir às necessidades e ensinar valores às crianças ao mesmo tempo. Elas não podem realizar experimentos práticos nos animais da mesma forma que realizam com blocos, bolas e pêndulos.

Ainda há muito para se aprender sobre a natureza em sala de aula, como quando os professores trazem objetos naturais para as crianças observarem e estudarem. Instrumentos como lentes de aumento (e, para crianças mais velhas, microscópios) aumentam a observação a olho nu. Alguns professores têm uma "mesa natural" onde eles mesmos colocam objetos ou permitem que as crianças tragam coisas.

Projetos de transição

As crianças podem, contudo, observar transições na natureza. A mudança é um tema comum que permeia todos os ramos da ciência. Algumas transições são muito mais lentas do que outras, especialmente as que ocorrem na natureza. Observar plantas crescendo e ovos chocando pode parecer uma eternidade; nada tão imediato como lançar um brinquedo por um tubo plástico ou misturar água com areia.

Um programa encontrou maneiras variadas de estudar transições depois que um evento empolgante capturou o interesse das crianças: alguma galinhas estavam se aninhando na lona do lado de fora do centro infantil. Galos e galinhas faziam parte do cenário há um bom tempo, mas as crianças nunca haviam visto um pintinho até certo dia de primavera, quando bolinhas amarelas felpudas foram vistas seguindo suas mães. Foi um dia emocionante. As turmas se revezaram para sair em grupos pequenos e observar os pintinhos, e surgiram diversos projetos por causa do interesse das crianças.

Crianças de 2 anos estudando transições. Na sala com as crianças de 2 anos, uma professora decidiu explorar ovos com elas. Eis a cena: Yasmine, junto com três outras crianças, está ouvindo a professora contar uma história. A professora está mostrando imagens de um livro. Em uma página, há a figura de um grande pássaro; na outra, ovos decorados. Yasmine está ouvindo e observando atentamente.

Quando a professora termina a história, ela abre as páginas do livro e as deixa na mesa. Então, ela diz: "Eu vou mostrar ovos de verdade, agora". Ela vai até o balcão e traz um cesto com quatro ovos caipiras e dois ovos brancos para mostrar às crianças. Yasmine estica a mão e passa gentilmente o dedo pelos ovos no cesto. Ela olha do livro aberto para os ovos de verdade e fala: "a mamãe dele, a mamãe dele" para as outras crianças. Então, ela olha para a professora e repete: "a mamãe dele". A professora responde: "Isso mesmo, Yasmine, os ovos vêm dos pássaros". A criança então toca na imagem dos ovos no livro, traçando o seu contorno com o dedo. Ela se vira para o cesto e toca em um ovo de verdade, novamente com o dedo.

A professora pergunta se as crianças gostariam de fazer um desenho, e Yasmine bate palmas animadamente: "Sim!". A professora distribui folhas brancas e canetas coloridas, e Yasmine pega uma caneta marrom e desenha círculos na folha. Depois, ela pega uma caneta azul e faz riscos em ziguezague pelo desenho, anunciando: "Terminei". Parece que ela desenhou os ovos que viu em sua cor natural e acrescentou um traçado azul, como um dos ovos decorados do livro.

A professora tira um ovo caipira do cesto e pergunta à Yasmine se ela quer segurá-lo, ao que ela fica de pé e responde: "Sim!". Ela junta as mãos, com as palmas voltadas para cima, e volta a se sentar. Duas outras crianças soltam as canetas e se aproximam dela. A professora coloca o ovo nas mãos de Yasmine, que o segura e observa com cuidado. Após ficar alguns minutos com o ovo, a professora pede para ela passá-lo a Daniel, que está do lado dela. Ela fica em pé e vira o corpo inteiro, esticando as mãos. Daniel pega o ovo e Yasmine volta a se sentar.

Daniel sacode o ovo rapidamente e o bate contra a mesa, quebrando-o. Yasmine dá um pulo, gritando: "Não!". Ela se vira para a professora: "Ele quebrou o ovo". "Vamos ver o que tem dentro", diz a professora, tirando o ovo de Daniel e colocando-o em um pote.

Não está claro se o projeto foi pensado com o objetivo de examinar ou não o interior do ovo, mas, de todo modo, a professora foi flexível e continuou a lição observando o ovo quebrado e seu conteúdo. Ela obviamente sabia que estava se arriscando entregando ovos para crianças de 2 anos.

No dia seguinte, a professora traz uma caixa de ovos e ajuda as crianças a quebrá-los e a fazer ovos mexidos. No dia seguinte, eles fazem ovos cozidos e têm uma longa sessão descascando-os depois de prontos.

Enquanto eles descascam e comem, a professora os ajuda a refletir sobre suas experiências anteriores com ovos e a comparar ovos crus e cozidos.

Pré-escolares estudando transições. A professora de pré-escola decidiu por uma direção diferente com o interesse gerado pelos pintinhos. Ela trouxe ovos de bicho-da--seda (pontinhos cinzas) e os colocou em uma bandeja forrada com papel limpo, deixando lupas à disposição para as crianças examinarem os ovinhos em forma de "vírgula".

Não demorou muito na sala quente para os pontinhos cinzas começarem a se mexer. Nesse ponto, a professora os transferiu para o fundo de um terrário forrado com papel. Então, começou o ritual diário de coletar folhas frescas e jogar fora as velhas. As crianças dividiram as tarefas, algumas cuidando da comida e da limpeza, e outras tirando fotos e registrando o progresso dos bichos-da-seda. A professora também criou um roteiro delineando quem os levaria para casa cada fim de semana.

Os bichos-da-seda comeram muitas folhas e cresceram surpreendentemente rápido. Quando as crianças ficavam bem quietas, era possível ouvir o barulho dos bichos-da-seda mastigando as folhas. As crianças tiravam fotos duas vezes por semana para documentar o seu progresso, além de manterem registros, darem nomes aos bichos-da-seda e até ditar histórias sobre eles.

Foi um momento empolgante quando o primeiro bicho-da-seda, agora com cerca de 10 cm, começou a fiar. A professora colocou dois gravetos e dobrou muitas folhas de papelão no terrário para que houvesse muitos recantos e reentrâncias em que o bicho-da-seda pudesse tecer o seu casulo. Um após o outo, os bichos-da-seda se dobraram e envolveram em casulos (alguns brancos e outros amarelos) de seda macia.

O trabalho das crianças estava feito, agora elas só precisavam esperar. Elas contaram os dias até a primeira borboleta aparecer. A partir daí, tudo aconteceu rápido, visto que as borboletas acasalaram e as fêmeas colocaram centenas de ovinhos amarelos. Os ovos ficaram por toda parte; alguns alinhados elegantemente em filas, enquanto outros ficaram jogados em padrões aleatórios.

De repente, o processo de acasalamento e deposição de ovos parou. Tudo ficou parado. As borboletas morreram, mas as crianças não ficaram tristes. Elas claramente compreendiam que era o fim de um ciclo, e o início de outro, pois os ovos começaram a ficar cinzas. Agora, eles seriam armazenados no refrigerador e tirados na primavera seguinte.

Esse projeto, contudo, havia acabado esse ano. Tudo foi bem documentado pelas professoras e pelas crianças; as paredes e os portfólios estavam cheios de tabelas, imagens e outros tipos de informação sobre bichos-da--seda e desenvolvimento. O canto dos livros continha três livros novos sobre bichos-da-se-da: um feito por um dos alunos, um produzido em conjunto entre os professores e as crianças e um produzido comercialmente.

Os professores que amam ciências podem ensinar essa matéria a qualquer momento, em qualquer lugar, e planejar materiais e experiências ativas com os quais as crianças podem aprender. Veja o quadro *Dicas e técnicas* para ter ideias sobre como expor as crianças a conceitos científicos, incluindo habilidades que podem adquirir e temas que podem estudar.

Crianças em idade escolar estudando transições. Na sala de aula, surgiu outro projeto relacionado ao nascimento dos pintinhos. Essa professora trouxe ovos férteis para incubação. As crianças ajudaram a montar a incubadora e criaram um sistema para verificar os ovos, virá-los e marcar os dias até chocarem. Esse projeto foi mais lento e menos emocionante do que o dos bichos-da--seda, mas as crianças já tinham idade o bastante para serem pacientes. Elas lançaram os

> **DICAS E TÉCNICAS**
>
> **Habilidades que os cientistas precisam e amostras de temas científicos**
>
> - Exemplos de habilidades que os cientistas precisam: observação, questionamento, investigação, categorização, documentação, reflexão, desenvolvimento de conclusões.
> - Exemplos de ferramentas usadas em investigações científicas: lentes de aumento, binóculos, lanternas, instrumentos de mensuração como fitas métricas e balanças, pranchetas, papel para documentar descobertas, instrumentos de escrita, espátulas para cavar, caixas de armazenamento, livros e guias.
> - Exemplos de temas científicos:
>
>   1. Ar: aprender o que ele pode fazer e como sabemos que ele existe usando pipas, ventiladores e balões.
>   2. Água: explorar as propriedades dos líquidos, aprender sobre fluxo e sobre o que boia e afunda, transformar água em gelo e vapor.
>   3. Gelo: vê-lo derreter e descobrir que objetos ou substâncias derretem o gelo com maior velocidade.
>   4. Vapor: ver a transformação da água pelo calor.
>   5. Clima: observar e mapear mudanças climáticas, medir a chuva e a temperatura.
>   6. Pedras e minerais: observar as diferenças, comparar pesos, aprender nomes.
>   7. Seres vivos: plantar sementes e vê-las florescer, identificar plantas, estudar insetos, aprender sobre animais.
>   8. Os sentidos: aprender sobre os cinco sentidos e seus usos (cheirar caixas, provar gostos, identificar objetos encobertos, identificar sons).
>   9. Como as coisas funcionam: usar ferramentas e desmantelar aparelhos simples, consertar brinquedos.
>   10. O corpo humano: ouvir os batimentos com um estetoscópio, desenhar a si próprio e nomear as partes do corpo, estudar esqueletos.

palpites sobre que ovos chocariam primeiro, e, quando os pintinhos começaram a nascer, as crianças das outras turmas foram convidadas para assistir. As crianças mais velhas se revezaram fazendo a filmagem e, mais tarde, elas se divertiram assistindo à gravação acelerada.

As crianças em idade escolar haviam pesquisado com antecedência como cuidar dos pintinhos recém saídos do ovo e passaram direto ao trabalho de construir um galinheiro para eles. Ir até a loja de rações por si só já foi um projeto interessante. Os diários escritos posteriormente refletiram as diferentes experiências das crianças na loja de rações. As crianças mantiveram registros dos custos envolvidos e fizeram planos para vender os ovos que as galinhas produziriam para recuperar uma parte dos gastos.

Equipamentos e materiais básicos para a aprendizagem de matemática e ciências

Agora você já deve ter uma ideia dos tipos de materiais que são úteis para diversos experimentos e projetos matemáticos e científicos. A seguir, vejamos uma lista com os materiais mais básicos e explicações sobre o seu uso.

- *Hardwood unit blocks* (blocos de madeira dura). Esses blocos são feitos com medidas precisas, com exatamente a mesma largura e comprimento, sendo a unidade básica um quadrado. Dois quadrados formam um retângulo curto, dois retângulos curtos criam um retângulo mais comprido, e assim por diante. A maioria dos educadores infantis considera um

> **DICAS E TÉCNICAS**
>
> **É possível criar um conjunto de blocos?**
>
> Certo dia, uma educadora infantil pediu conselhos pela internet sobre como criar um conjunto de blocos com sobras de madeira. Ela explicou que não tinha dinheiro para investir em um conjunto real, mas queria que as crianças tivessem algum tipo de bloco para brincar. Algumas das respostas a parabenizaram pela iniciativa e deram conselhos sobre como medir adequadamente, polir cantos afiados e preservar a madeira para não ter lascas. Outros disseram que blocos caseiros não teriam as medidas precisas para servir à sua função; eles não se encaixariam bem nem serviriam como ferramentas matemáticas.
>
> De fato, ambas as perspectivas são válidas. Blocos caseiros não são iguais a blocos de madeira dura. Ainda assim, restos de madeira, mesmo sem ter formas de blocos, podem ser usados por crianças para explorar e experimentar com tamanho, equilíbrio, forma e diversos outros conceitos físicos. O fato de que eles são baratos ou gratuitos pode inclusive afrouxar restrições quanto ao seu uso; um bom conjunto de blocos de madeira dura é um grande investimento, e a maioria dos adultos não se sente confortável quando eles são martelados, pintados, mergulhados em água ou jogados fora, como pode acontecer durante experimentações criativas.

conjunto de blocos de madeira dura essencial para os seus equipamentos. Veja o quadro *Dicas e técnicas* para ter outra perspectiva de investimentos nos blocos de madeira.

- *Areia.* A areia é um material versátil que deve estar presente onde quer que as crianças estejam. A areia é útil por si só, mas se torna ainda mais interessante quando coisas são acrescentadas. Ferramentas para escavar e preencher, como baldes, potes, funis, colheres e peneiras são instrumentos tradicionais, mas as crianças costumam desenvolver ideias próprias sobre o que usar na areia; elas gostam de objetos naturais, como gravetos, folhas e pedras. Uma fonte de água acrescenta outra dimensão interessante às brincadeiras com areia. As crianças encontram maneiras próprias de colocar a água na areia e vice-versa, mesmo que essa fonte esteja a alguma distância.
- *Água.* A água é infinitamente interessante, e as crianças podem passar horas explorando as suas propriedades. Mangueiras, bebedouros, pias, mesas com água, baldes, panelas e piscinas de plástico são tipos de equipamento que podem ser usados nas brincadeiras com água. Como a areia, a água é interessante por si só, mas, se você acrescentar outros objetos (ou água a várias substâncias para ver a sua transformação), verá o fascínio das crianças aumentar.
- *Massa de modelar.* Feita com várias receitas de farinha e sal (às vezes cozida, ou não, às vezes de óleo ou creme de tártaro), a massinha de modelar é um material infantil padrão. Fazer massa de modelar é um exercício de transformação tão bom quanto brincar com ela, visto que ela é muito responsiva, podendo ser usada sozinha ou com ferramentas e brinquedos.
- *Argila.* Como a massa de modelar, a argila é responsiva às ações das crianças. Ela pode proporcionar uma experiência sensorial única, especialmente quando combinada com a água. Alguns educadores infantis acreditam firmemente que as crianças pequenas devem ter vários anos de pura exploração e experimentação com argila antes de aprender a criar coisas; eles acreditam que é necessário dar ênfase ao processo de explorar as propriedades da argila, em vez do produto criado. Outros acreditam que a

A argila é responsiva às mãos dos jovens, além de proporcionar experiências sensoriais e permitir às crianças explorar processos de mudança.

massa de modelar e a argila são meios que se prestam a representações simbólicas. Esculturas, como desenhos, podem ser um meio de autoexpressão; de acordo com um ponto de vista, esculpir e desenhar são duas das "cem linguagens das crianças".[1]

- *Equipamentos de escrita, desenho e pintura.* Papéis de todos os tipos, lápis, caneta, giz de cera, tinta têmpera e pincéis, assim como outros equipamentos variados, como barbante, fita, cola e grampos, devem ser disponibilizados para que as crianças os utilizem criativamente, da forma como quiserem.

- *Partes soltas.* Caixas de madeira, escadas, tábuas (rugosas e lisas) e partes soltas de todos os tipos proporcionam às crianças muitas oportunidades de construir e explorar. A partir desses itens, as crianças podem criar rampas, pontes e escorregadores para subir, caminhar, passar por baixo ou escorregar. É claro, é necessário supervisão adulta para garantir segurança.

Essa é apenas uma lista inicial de equipamentos e materiais bem básicos. Use a sua imaginação para criar dezenas de outras coisas para ensinar matemática e ciências, assim como outros aspectos do currículo.

UMA HISTÓRIA PARA TERMINAR

Eu me lembro do dia em que um experimento de ciências saiu do controle. Não queria ensinar ciências, apenas fazer massa de modelar. Juntei os ingredientes e algumas crianças de 3 e 4 anos para me ajudar. Depois, veio a grande questão: de que cor queremos fazer essa massa de modelar? As crianças olharam os diversos potes com tinta têmpera e, quando viram a preta, ficaram empolgados: "Preto!", eles concordaram. E assim ficou decidido.

A cor preta era popular por diversos motivos. Recentemente, a nossa turma vinha falando sobre a escuridão. Era outono, e os dias estavam ficando curtos; o dia das bruxas era logo adiante, e uma aluna começou a falar sobre as aranhas pretas que ela iria fazer.

Então, passamos a misturar os ingredientes secos. Na tigela, colocamos farinha, seguida de sal e, então, um pote inteiro de tinta têmpera. Eu não pretendia usar muita tinta, mas estava de costas quando as crianças colocaram tudo. Nem me importei muito, na verdade, já que a tinta era antiga e, além do mais, poderia deixar a massa bem preta, em vez de cinza escuro. Eu imaginava uma massa de modelar cor de alcaçuz.

O meu grande erro foi quando dei as costas na hora errada de novo, e duas crianças adicionaram água – no dobro da quantidade necessária. Ainda era uma professora inicial nessa época, e não havia aprendido a assumir mais o controle sobre projetos "culinários", nem estava pensando sobre ciência exploratória, também.

As crianças mergulharam colheres e mãos e começaram a misturar; que bagunça. A massa estava puro líquido (um líquido preto). "Mais farinha!", anunciei, marchando até o armário onde guardávamos os ingredientes. Duas crianças me seguiram, escorrendo uma substância que mais parecia alcatrão. Eu as mandei de volta para a tigela.

Cheguei até o armário e – acabou a farinha! No meio tempo, enquanto procurava nos armários, uma criança pegou o pote com tinta preta e colocou o resto. Infelizmente, não engrossou a sujeira, só deixou o tom mais escuro. Estava em pânico procurando a farinha. *Precisa ter* algum agente para engrossar em algum lugar aqui, pensei. Não tinha. Mas as crianças não se importaram. Elas estavam se divertindo brincando com a sopa preta que haviam criado.

A outra professora, que estava do lado de fora, passou para anunciar que estava quase na hora de arrumar tudo. Seus olhos esbugalharam quando ela percebeu o que estava acontecendo. Hora de arrumar – por mim, tudo bem. Achei que era melhor começarmos logo, já que ia demorar para limpar toda a bagunça.

O que eu não havia planejado era o fato de a pia estar do outro lado da sala. Duas crianças foram tropeçando até o outro lado, com aquele líquido escuro escorrendo o tempo todo. As outras observaram o rastro e acharam que era legal, então elas também abandonaram a tigela e correram para o outro lado, acrescentando suas próprias manchas às que já decoravam o chão. Logo, o caminho até a pia estava cheio de pegadas e gotas.

Realmente, estávamos demonstrando a transformação e a representação. As crianças perceberam como a sala estava se transformando, mas não fiz nenhum comentário a respeito porque estava muito ocupada tentando manter a calma. Deveria ter trabalhado com elas na reflexão e na documentação do que havia sido feito, mas estava sem entusiasmo.

Quando as crianças tentaram ajudar, a bagunça ficou ainda maior; a tinta preta não queria sair. Mesmo diluída com água, continuava incrivelmente escura. Até hoje, acho que se passasse por aquela sala, ainda encontraria traços daquele projeto de transformação que saiu do controle! Depois do projeto, aprendi a ser mais organizada, além de fechar bem a tampa da tinta têmpera.

RESUMO

Recursos *on-line*

Visite **www.mhhe.com/gonzalezfound6e** para acessar recursos para estudo e *links* relacionados a este capítulo (em inglês).

Os adultos não *ensinam* matemática e ciências às crianças; eles proporcionam oportunidades de *construir conhecimento*. O seu papel é observar, perceber os interesses das crianças, organizar o ambiente de acordo, fazer perguntas sensíveis na hora certa, permitir que as crianças explorem e experimentem e fornecer recursos quando apropriado. Esse método de ensino se baseia em uma abordagem construtivista da aprendizagem. De acordo com as teorias de Jean Piaget, a abordagem construtivista ajuda as crianças a desenvolver conhecimento físico, social e lógico-matemático.

Os educadores infantis devem contribuir para a construção de conhecimento criando projetos que ajudem as crianças a buscar áreas de interesse. O trabalho com projetos facilita os tipos de interação, exploração e resolução de problemas que resultam na construção de conhecimento e no desenvolvimento conceitual. As crianças também aprendem conceitos matemáticos (como tempo e espaço) por meio de atividades no "mundo real" e de jogos.

Assumir uma abordagem construtivista de ciências é muito diferente de realizar lições formais de ciências e de ensinar as crianças a aprender classificações, conceitos e processos por meio de imagens, atividades ou experimentos não relacionados. A transformação e a representação são dois conceitos científicos básicos que as crianças pequenas exploram ao aprender lições iniciais de física e química. Três das principais perguntas que as crianças fazem são: "Como as coisas se movem?", "Como as coisas mudam?" e "Que traços elas deixam como resultado dos seus movimentos e mudanças?".

Quando as crianças aprendem sobre a natureza, especialmente biologia e ecologia, elas não podem experimentar da mesma maneira que exploram o mundo inanimado. As crianças precisam desenvolver respeito e compreender a nossa interconexão com a natureza. As atitudes dos adultos fazem uma grande diferença no que as crianças aprendem. Quando um adulto se mostra um observador interessado, curioso e respeitoso, as crianças provavelmente irão abordar o estudo do mesmo modo.

O currículo infantil de matemática e ciências depende de alguns materiais básicos: blocos de madeira, areia, água, massa de modelar, argila, materiais de escrita e pintura e partes soltas variadas. Mas isso representa uma lista mínima; utilizando a sua imaginação, os educadores infantis podem criar inúmeros equipamentos e materiais para facilitar todas as áreas da aprendizagem.

QUESTÕES PARA REFLEXÃO

1. O que você lembra sobre sua aprendizagem matemática quando era criança? Pense tanto na aprendizagem formal nas aulas quanto na aprendizagem informal fora da escola. Como você pode usar sua própria experiência para ajudar a si mesmo a entender o que as crianças precisam?
2. O que você lembra sobre aprender ciências? Pense tanto na aprendizagem formal nas aulas quanto na aprendizagem informal fora da escola. Como você pode usar sua própria experiência para ajudar a si mesmo a entender o que as crianças precisam?
3. Como você aprendeu sobre a natureza? Você estudava a natureza em sua escola? Você tinha alguém que amava a natureza e compartilhava essa paixão com você?
4. Como você se sente em relação às crianças se sujarem em nome da exploração e da aprendizagem? Qual o seu ponto de vista em relação às atividades com sujeira? O que você faria se trabalhasse em um programa infantil em que o diretor e os profissionais tivessem uma visão antagônica à sua?
5. Como você se sentiria se uma criança descobrisse que, segurando uma lente de aumento sobre um inseto, no ângulo correto, poderia matá-lo? Você permitiria que a criança continuasse o experimento em nome da ciência?

EXPRESSÕES-CHAVE

Quantas das próximas palavras você consegue utilizar em uma frase? Você sabe o que elas significam?

abordagem construtivista 339
conhecimento físico 339
conhecimento lógico-matemático 339
conhecimento social 339

correspondência um para um 342
matemática do mundo real 344
transformação e representação 346
contágio comportamental 349

NOTA

1. A expressão "uma centena de línguas das crianças" é o nome de um livro e exibição itinerante sobre as escolas Reggio Emilia e sua filosofia educacional. Trata-se também de uma metáfora das diversas formas de comunicação usadas pelas crianças para simbolizar suas ideias, percepções e experiências.

Integrando arte, música e estudos sociais em um currículo holístico

15

Arte
O que as crianças desenvolvem com experiências artísticas?
Facilitando experiências artísticas
Música
Facilitando experiências musicais
Hora da roda: canto
Hora da roda: instrumentos
Movimento criativo

Estudos sociais
Estudos sociais começam com o eu
Do eu para os outros
Do eu e dos outros para a comunidade
Como o educador infantil torna o programa integrado
Criando e explicando o currículo holístico
Uma história para terminar

Neste capítulo você irá descobrir

- como a educação infantil lida com matérias tradicionais como música, arte e estudos sociais;
- como uma atividade "artística" pode, às vezes, parecer um projeto "científico" e vice-versa;
- como, por meio de experiências artísticas inventivas e criativas, as crianças podem desenvolver habilidades físicas e cognitivas;
- como as crianças expressam sentimentos por meio da arte;
- como falar com as crianças sobre a sua arte;
- o que os adultos podem fazer para facilitar o processo artístico;
- por que as crianças se beneficiam de uma abordagem exploratória aberta da música e da arte;
- algumas maneiras diferentes para as crianças fazerem música;
- o que um "canto de música" deve oferecer às crianças;
- como a música pode ser um foco da hora da roda;
- como o estudo do eu, dos outros e da comunidade se enquadra na abordagem dos estudos sociais;
- que papel os adultos exercem na transmissão de preconceitos e imagens negativas para as crianças pequenas;
- o que as crianças aprendem quando estudam "comunidade";
- como os professores criam uma abordagem holística da educação infantil;
- como os educadores infantis podem mostrar aos pais uma abordagem equilibrada.

Ao contrário da educação dos níveis mais adiantados, a educação infantil não pode ser bem dividida em "matérias distintas". Quando você vê crianças ocupadas em uma sala de aula na pré-escola ou em um centro de cuidado domiciliar, por exemplo, você até poderia tentar definir o que elas estão fazendo por meio das disciplinas tradicionais, mas poderia estar errado. Pense na arte, por exemplo. No último capítulo, vimos projetos de ciências que se assemelhavam muito a arte; contudo, o seu objetivo era construir conhecimento físico. Quando as crianças se sentam na "mesa de artes" para usar massa de modelar ou argila, elas estão se envolvendo com arte? E se uma criança está usando a massa de modelar ou a argila para se expressar criativamente, e outra para representar algum conceito ou sentimento? De fato, algumas crianças adoram bater na massinha ou mexer na argila simplesmente pela experiência sensorial – pelo puro prazer da sensação.

O mesmo se aplica aos desenhos. Ao documentar um projeto desenhando girassóis, por exemplo, as crianças estão sendo "artísticas" ou estão "registrando dados"? Quando as crianças pequenas fazem rabiscos com caneta hidrocor, elas estão tendo uma experiência artística, sensorial ou de alfabetização emergente.

Pense na música. Talvez a música seja considerada uma disciplina especializada, mas as crianças incorporam elementos musicais em muitas experiências diárias – quando cantarolam quando andam de triciclo, batem no ritmo no canto da caixa de areia ou inventam uma música quando se deitam para dormir.

E então temos os estudos sociais. Pode-se inclusive dizer que esse livro todo é sobre estudos sociais. Certamente, o ensino de comportamentos pró-sociais é um tema recorrente que permeia todos os capítulos. As crianças pequenas quase nunca são advertidas a "fazer seu próprio trabalho". É difícil distinguir "o trabalho" das crianças de suas brincadeiras. Esses momentos são quase sempre cooperativos. Então, você teria de dizer que praticamente tudo o que acontece em um programa de educação infantil envolve "estudos sociais".

Os estudos sociais começam com o autoconhecimento e passam à aprendizagem sobre os outros. A aprendizagem mais importante envolve se dar bem com os outros, resolver conflitos, cooperar, compartilhar e comunicar. As crianças também aprendem em primeira mão sobre a comunidade como parte do currículo de estudos sociais. Um objetivo importante dos estudos sociais é respeitar a diversidade; ou seja, apreciar diferenças culturais, raciais, de classe, de gênero e de habilidade.

O objetivo deste último capítulo é celebrar a criatividade e a comunidade nas três áreas (arte, música e estudos sociais) e levar a ideia de que todos os aspectos do currículo de educação infantil estão entrelaçados e interconectados. Língua, alfabetização emergente, matemática, ciências, arte, música e estudos sociais ocorrem naturalmente quando as crianças exploram um ambiente rico e bem planejado, seguem seus interesses em projetos, colaboram com os outros e atendem a suas necessidades.

Arte

Mas, afinal, o que é arte e com o que se parece? A arte é a autoexpressão por meio do uso de vários meios. Esse processo criativo envolve algumas ou todas as características a seguir: cor, forma, linha, formato e textura. Para ser classificada como "arte" aos olhos de muitos educadores infantis, uma atividade deve ser aberta para que as crianças possam tomar decisões próprias sobre o processo e o produto. A arte, nesse sentido, difere dos projetos planejados que as crianças completam de acordo com diretrizes ou um modelo, como colar pétalas cortadas em um desenho de flor. Apesar de a arte poder ter a ver com a criação ou organização de elementos de maneira esteticamente agradável, a maioria dos educadores infantis concorda que é o processo, e não o produto, que importa. A arte é uma forma de comunicação

Padrões do programa NAEYC 2 e 3
Currículo e Ensino

que transmite impressões, ideias, percepções e sentimentos. Uma antiga estudante, cujo nome já esqueci, certa vez me disse seu conceito bastante amplo do que é arte: "Arte é a maneira de viver em que você aprecia a beleza em suas infinitas formas. Arte é tudo o que você faz, cada decisão que toma".

A arte não deve ser incentivada em apenas uma área da sala de aula ou do centro de cuidado. A arte pode estar em qualquer lugar. As crianças podem ilustrar seus textos, fazer esboços para seus experimentos científicos ou criar mapas da sala, do pátio ou até da vizinhança. Empreendimentos artísticos podem ser vistos como projetos em si mesmos, incorporados como partes de um projeto ou isolados para uma atividade individual que não está obviamente conectada a mais nada.

As atividades da educação infantil que se enquadram na categoria de arte tendem a ser planas ou tridimensionais. Arte plana inclui pinturas, desenhos e colagens. Arte tridimensional pode ser uma colagem também, dependendo dos materiais usados. Outras atividades artísticas tridimensionais incluem a criação de esculturas com massinha, argila, restos de madeira, papelão e papel machê. No quadro *Vozes da experiência*, Kisha P. W. Champion compartilha a evolução na maneira como ela pensava na arte para crianças pequenas.

O que as crianças desenvolvem com experiências artísticas?

O que as crianças desenvolvem com o que chamamos de "arte"? Conforme as crianças experimentam na mesa de artes, elas desenvolvem suas habilidades motoras finas. Suas percepções se aprimoram quando elas adquirem mais experiência em identificar semelhanças, cores, tamanhos, formatos e texturas. Elas começam a organizar as suas percepções em pensamentos e ações que, posteriormente, se traduzirão em padrões e símbolos. As experiências artísticas dão às crianças oportunidades de inventar e criar enquanto passam a se conhecer melhor, assim como o mundo ao seu redor. Por meio da arte, as crianças expressam sentimentos sobre os quais não podem falar, mas podem colocá-los no papel, espalhá-los no cavalete ou amassá-los na argila. (Para ver duas visões contrastantes sobre os objetivos da arte para as crianças pequenas, veja o quadro *Pontos de vista*.)

Vamos dar uma olhada em como a arte está integrada em uma pré-escola. Essa cena ilustra o que começou como um projeto e ter-

Com os desenhos, as crianças desenvolvem habilidades motoras finas e aprendem a expressar sentimentos difíceis de se falar a respeito.

> **VOZES DA EXPERIÊNCIA**
>
> ### Uma jornada começa com o primeiro passo
>
> Quando entrei para a área da educação infantil, em 1983, a maior parte das informações e do meu treinamento se focava em temas, em atividades pré-estabelecidas e padrões. Éramos estimulados a fazer as crianças colarem bolas de algodão na forma de nuvens em folhas de papel durante a "semana do clima" e peixes coloridos durante a "semana embaixo d'água".
>
> Rapidamente, percebi que estava entediada com as escolhas e sabia que as crianças mereciam mais; mas o quê? Comecei a fazer perguntas e a participar de oficinas, seminários e conferências que estavam voltadas ao que chamávamos de "processo".
>
> Havia todo um mundo novo de conceitos dos quais nunca ouvira falar. Uma simples pergunta como "Isso é um processo ou um produto?" começou uma incrível jornada de descobrimento sobre as verdadeiras habilidades das crianças, proporcionando experiências abertas que lhes permitiram explorar o mundo ao redor e muito mais.
>
> Para meu espanto, quando ofereci oportunidades para as crianças de fazer arte com espremedores, desentupidores, brinquedos infantis e de cachorros, pentes e pares de sapatos usando tinta, massa de modelar, argila e água, descobrimos os padrões, os gráficos e os desenhos detalhados dos objetos mundanos. Com isso, passamos a descobrir os padrões em pratos, bandejas e paredes.
>
> À medida que o processo artístico foi se tornando uma ocorrência diária, as habilidades das crianças de compreender conceitos matemáticos, linguísticos, de leitura e de resolução de problemas se aprofundaram. Com isso, fomos desenvolvendo os experimentos, as descobertas e as conclusões sobre o ambiente da aula e do mundo ao nosso redor.
>
> Às vezes, penso na professora que costumava ser e me sinto triste. Contudo, rapidamente me lembro de que a maioria das grandes obras de arte levou anos, ou décadas, até ficar completa. Um grande professor é aquele que reconhece que sua profissão é uma jornada e que evolui continuamente seu estilo de ensino.
>
> —**Kisha P. W. Champion**

minou como uma possível carreira artística. Certa manhã de primavera, Bo Pik, de 4 anos, e diversas outras crianças descobriram lesmas no cimento da calçada. No início, elas só estavam interessadas em observar como eles se moviam. Quando esse fascínio passou, a professora ajudou a identificar e procurar os rastros das lesmas, que estavam por toda parte!

Então, a professora ajudou a trazer algumas lesmas em uma caixa de papelão forrada com papel para estudo. Ela teve cuidado para explicar a importância de tratar as lesmas com respeito. Após vê-las se movendo pelo papel, a professora levou as lesmas de volta para a rua. Então, as crianças jogaram pó de tinta no papel para destacar seus rastros.

Bo Pik sugeriu colocar as lesmas para andar em papel preto, para ver se os rastros apareceriam sem a necessidade do pó de tinta. Então, elas voltaram para a rua procurar mais lesmas. Não foi fácil encontrá-las nessa segunda vez, porque o sol estava alto e as lesmas foram procurar abrigo, mas, após um tempo procurando, as crianças encontraram algumas lesmas e as colocaram cuidadosamente sobre o papel preto. Elas estavam animadas para ver se os rastros apareceriam como listras brilhantes.

Ao longo dos próximos dias, as crianças tiveram diferentes ideias: colocar as lesmas para andar sobre pó de tinta para criar rastros coloridos, colocá-las sobre vidro para observar seus movimentos por baixo e colocá-las em uma "corrida de obstáculos". Elas descobriram, nesse último experimento, que, quanto mais afiados os objetos sobre os quais elas passavam, mais baba elas produziam.

Algumas das crianças registraram suas descobertas usando papel e lápis. Bo Pik criou um desenho detalhado de uma lesma e depois

> **PONTOS DE VISTA**
>
> **Qual o grau de liberdade da arte?**
>
> Algumas pessoas acreditam que as crianças devem ser incentivadas a representar suas percepções, ideias e compreensões por vários meios artísticos. Quando as crianças usam a arte dessa forma, seu desenvolvimento de conceitos se expande junto com suas habilidades criativas. Ao trabalhar regularmente de maneira representativa, usando diferentes meios, as crianças aprimoram as suas percepções e aumentam suas habilidades físicas, incluindo habilidades motoras finas e coordenação manual e visual. Seus poderes de comunicação também se ampliam quando elas aprendem a usar mais do que a língua oral para expressar ideias e pensamentos.
>
> Um ponto de vista contrastante afirma que "representação" não é arte. Quando os adultos fazem as crianças representarem coisas, elas se afastam da autoexpressão e da exploração livre – duas das características básicas da verdadeira arte. As crianças devem receber materiais para usar da maneira que quiserem, *sem* influência dos adultos. Quando precisam expressar artisticamente suas ideias sobre o mundo, elas são forçadas a realizar processos cognitivos, em vez de artísticos.

saiu para ver as plantas onde encontraram as lesmas. Ela disse que queria desenhá-la no seu *habitat*, em vez de em um experimento. Ela acrescentou plantas ao seu desenho. A seguir, Bo Pik afastou-se do grupo e foi ao cavalete pintar um "quadro de lesmas", mostrando diversas lesmas sob os arbustos cercadas de plantas. O projeto prosseguiu por uma semana, e Bo Pik continuou fazendo registros, desenhando esboços na sua prancheta antes de transformá-los em pinturas.

Bo Pik sempre encontrava novas maneiras de colocar lesmas na sua arte e, por vários dias, criou lesmas de massa de modelar, enrolando "cobrinhas" cuidadosamente e, depois, girando para transformá-las em cascos de lesma. Mesmo após o fim do projeto com as lesmas, Bo Pik continuou criando representações em vários meios, estilizando o seu trabalho ao longo do tempo. Por fim, a lesma tornou-se sua marca registrada; todas as suas pinturas e seus desenhos incorporavam uma lesma em algum lugar.

Então, certo dia, sem explicação, ela passou ao arco-íris como sua marca registrada. A forma em espiral, contudo, continuava aparecendo em suas pinturas, desenhos e, às vezes, construções. É difícil dizer se Bo Pik estava mais interessada nas lesmas ou em sua representação simbólica. A espiral que a deixou fascinada é um símbolo antigo, assim como uma forma que aparece regularmente nos trabalhos das crianças. A mandala, um círculo cruzado, é outra forma que parece ser atemporal e universalmente interessante.

Arte, linguagem e alfabetização emergente entram em jogo enquanto essa menina ilustra o próprio livro.

Facilitando experiências artísticas

O que as crianças pequenas precisam dos adultos para facilitar o processo artístico? Primeiro, saber que o que elas irão fazer será respeitado e, até, valorizado. E é mais fácil valorizar a arte das crianças quando se aprecia tanto o produto quanto o processo e se tem expectativas adequadas à idade. Os rabiscos de uma criança que começa a caminhar não são só rabiscos; são arte adequada à idade.

Segundo, você não precisa expor todos os trabalhos de arte, mas, se optar por exibir alguns, certifique-se de que todas as crianças serão representadas. Quando apenas projetos "escolhidos" são exibidos, as crianças logo aprendem quem tem talento e quem não tem. Da mesma forma, quando o quadro de avisos é coberto de projetos dos professores, elas logo aprendem que sua arte não é decorativa; ou quando são pendurados 30 projetos de colagem idênticos, elas aprendem que a criatividade não é valorizada. Para demonstrar que a arte real é valorizada, uma sala de aula deve exibir diversos trabalhos criativos das crianças: desenhos, pinturas e peças tridimensionais. Para demonstrar que a arte está integrada em todo o currículo, exibições devem incluir projetos, comentários das crianças (que elas escreveram ou ditaram para o professor) e fotos do processo (JONES; VILLARINO, 1994).

Terceiro, se você conversar com as crianças enquanto elas estiverem envolvidas no processo, lembre-se de que o que você disser será importante. (Às vezes, você não precisa dizer nada. Evite distrair uma criança que está profundamente concentrada.) Acima de tudo, não pergunte: "O que é isso?". A arte de uma criança pequena é frequentemente representativa, mas não precisa ser. É melhor perguntar se a criança quer falar sobre o que está fazendo, em vez de fazer uma pergunta mais direta. E apesar de você poder se sentir compelido a passar um julgamento quando fizer algum comentário sobre sua arte, não comparta, critique nem faça sugestões. Além do mais, cuidado com elogios. Elogios distraem as crianças de sua própria satisfação. Em vez de fazer elogios sobre cada desenho ou construção com massinha, é melhor falar em termos concretos; fale sobre o que você está vendo sem julgar. Você pode se focar no próprio processo, comentando sobre o que a criança está fazendo e como ela parece estar se sentindo a respeito: "Estou vendo que você está cobrindo todas as partes brancas nessa folha. Você está tendo muito cuidado para não perder nada" ou "Parece que você está gostando de mexer bem os braços". Você pode falar sobre forma, cor, traço, equilíbrio ou qualquer outra coisa que vier à mente.

Quarto, proporcione diversos materiais e a liberdade de usá-los como a criança quiser. Tempo é outro fator importante. Quando o tempo é dividido em pequenos segmentos, as crianças são forçadas a passar rapidamente de uma atividade à outra. Para se envolver profundamente na arte (ou em qualquer outra coisa), as crianças precisam ter bastante tempo. Da mesma forma, se você criar uma nova atividade todo dia e guardar os materiais do dia anterior, as crianças aprenderão que não é necessário explorar e utilizar os materiais de maneira mais aprofundada. É claro, as crianças apreciam mudanças, e a mesma atividade de sempre não pode ser a única opção. Ainda assim, defendemos o uso da mesma combinação de materiais por um período de dias, em vez de apenas um curto "período de arte".

Quinto, não negligencie o lado social da arte. As crianças são estimuladas a trabalhar juntas quando o ambiente é organizado adequadamente. Mesas grandes desestimulam a interação; mesas menores e mais estreitas permitem que as crianças conversem e compartilhem materiais. Além disso, não limite a arte a projetos individuais. Coloque os cavaletes lado a lado e permita que as crianças trabalhem nas pinturas umas das outras (contanto que todos estejam de acordo). Incentive as crianças a trabalhar juntas em murais, colagens e outros projetos colaborativos. **Traçado corporal**, por exemplo, é

traçado corporal Exemplo de atividade que requer cooperação. A criança deita em uma folha de papel no chão com, pelo menos, o seu próprio comprimento enquanto alguém faz um traçado do seu corpo.

uma atividade que necessita de duas pessoas; quem for realizar o traçado não precisa ser um adulto. Outras atividades artísticas conjuntas incluem fazer riscos com giz na rua, criação de colchas e projetos com tecido.

Música

A música deve seguir o mesmo caminho aberto e integrado da arte no programa de educação infantil. As crianças devem ser incentivadas a utilizar suas vozes, corpos e instrumentos criativamente para fazer música. Explorar música, como a arte ou as ciências, envolve o uso de habilidades físicas, sentimentos e relações sociais, além de aumentar o desenvolvimento cognitivo, abrindo oportunidades para aprimorar sua capacidade de resolver problemas.

> **Padrões do programa NAEYC 2 e 3**
> Currículo e Ensino

Certifique-se de que a música é uma experiência criativa aberta, em vez de uma lição formal ou *"performance"*. Como na arte, lembre-se de que, apesar de o talento ajudar, não é necessário ter talento para criar música; ela é inerente aos ritmos naturais da criança e pode emergir em experiências diárias – dada a oportunidade. Todos são "musicais"; com o tempo e o estímulo necessários, qualquer um pode aprender o que pessoas talentosas naturalmente desenvolvem. É um erro passar às crianças a ideia de que elas não podem cantar, por exemplo. Muitos adultos ouviram na infância que não conseguiam cantar ou que não eram musicais, então, desistiram de participar para se tornar simples ouvintes. Não há problema em apreciar a música dos outros, mas também é bom criar as próprias.

Facilitando experiências musicais

Joan Bell Dakin é professora de música em uma escola de ensino fundamental. Ela compartilha o seu amor pela música e fala sobre como trabalhar com crianças no quadro *Vozes da experiência*. Lembre-se de demonstrar apreço pelos esforços das crianças de criar música, seja uma melodia, um ritmo ou uma batida. Também estimule-as a reagir à música com movimento. Demonstre interesse pelo que estão fazendo, mas sem passar julgamentos. Para facilitar suas criações e respostas musicais, estabeleça um canto musical para as crianças criarem, ouvirem e responderem às músicas. Esse canto deve ter aparelhos para tocar músicas gravadas, assim como instrumentos de ritmo (tambores, triângulos, chocalhos e assim por diante). Acessórios, como microfones de brinquedo e lenços finos, acrescentam uma dimensão imaginativa à experiência de escuta. Se a área for ampla o bastante, as crianças terão espaço para realizar movimentos criativos. Espelhos aumentam a experiência das crianças acrescentando um elemento visual à música e ao movimento, enquanto câmeras e gravadores permitem que as crianças se escutem criando e respondendo à música. Certifique-se de que o canto musical fica longe de áreas silenciosas, como o canto da biblioteca.

Hora da roda: canto

O canto na roda é parte de todo programa de educação infantil, podendo ser uma ocorrência espontânea ou parte de uma atividade regular – ou ambos. O canto na roda segue um processo de desenvolvimento. Começa quando o balbucio rítmico ou melódico do bebê é reconhecido como música. Quando uma criança pequena cantarola, canta músicas pequenas ou acompanha outra pessoa cantando, ela está trabalhando suas habilidades de grupo. Uma criança de 2 anos em um grupo normalmente demonstra interesse, acompanha, canta ou conversa algumas vezes e fica em silêncio em outras. E, mesmo quando acompanha, ela pode não conseguir manter o mesmo ritmo do adulto, mas provavelmente vá criar música com o corpo, movendo-se com a batida.

Eu me lembro de muitas canções com crianças de 3 anos recentemente matricula-

VOZES DA EXPERIÊNCIA

O Desfile do Tambor

Adoro criar música com as crianças. No primeiro dia, lidero um desfile; toco o tambor de mão, e marchamos pela sala. Paro de tocar e congelo; quase todas as crianças congelam também. Toco em um ritmo acelerado para correr e em um ritmo lento para caminhar devagar. Esfrego o tambor com os dedos para fazer círculos no lugar; e dou batidas para andar na ponta dos pés. Seguro o tambor acima da minha cabeça e toco forte. Lidero a turma em um círculo em que lentamente nos sentamos ao som do tambor, cada vez mais suave. Nenhuma palavra foi dita (exceto pela criança que sussurra: "Ela não fala?"); mas nós nos comunicamos. A música falou, música é o que aconteceu na sala.

Atualmente, sou a professora de música em uma pequena escola pública. Faço o Desfile do Tambor com todas as minhas turmas, do jardim de infância ao 5º ano. As "crianças grandes" ainda adoram; com elas, incluí métrica e ritmos complexos. Após o desfile, passamos o tambor e batemos o ritmo dos nossos nomes ou tocamos padrões rítmicos simples. A conversa musical se desenvolve enquanto vou conhecendo suas habilidades e preferências. Mais tambores de mão são distribuídos. Sempre me certifico de ter mais de 30 à disposição; não há nada pior do que ter de esperar para tocar! A maioria das crianças adora tambores. Com o passar dos dias, tocamos no tambor diversas músicas infantis e poemas, acompanhamos histórias e acrescentamos outros instrumentos de percussão como chocalhos, triângulos, afoxés e reco-recos. Nos xilofones, tocamos os ritmos que exploramos, criando melodias e mais acompanhamentos.

Aprendi o Desfile do Tambor em uma oficina anos atrás, quando dava aula para a pré-escola. Experimentei imediatamente, e como as crianças se divertiram! Marchamos por toda a escola, dentro, fora e de volta a tempo para a hora da roda. Mais tarde, na mesma manhã, dois meninos foram até a caixa de instrumentos, pegaram um tamborim e um chocalho e saíram marchando pela sala de novo. Outra criança pegou alguns blocos que estava usando e acompanhou sua batida (nossa, foi uma barulheira só!). Nós, os professores, deixamos a brincadeira correr por alguns minutos, mas depois dissemos para as crianças que estava muito alto: "Levem os instrumentos para a rua!".

O Desfile do Tambor é divertido para mim também. Gosto de improvisar e de explorar todos os sons que um tambor pode produzir. Gosto de surpreender as crianças com variação de ritmo, tempo e dinâmica. Gosto da simplicidade do desfile; você não precisa seguir o ritmo, mas é bom quando segue. Acredito que o Desfile do Tambor incentiva a ideia de que você faz parte do ambiente. Alguns dos meus alunos atuais consideram a escola um local mais seguro e confiável do que a sua casa. Gosto de imaginar que, para eles, o Desfile do Tambor e outras atividades musicais em grupo manifestam relacionamentos familiares positivos. Para todos nós, a música comunica o coração, emoções e a vivência de algo maior do que cada um de nós individualmente.

—Joan Bell Dakin

---

das na pré-escola. Essas memórias se destacam porque realizei muitas *performances* solo para elas, apesar de a minha intenção ser começar uma música em grupo. No início do ano, as crianças só ficavam sentadas olhando. Se eu realizasse movimentos manuais ou corporais, conseguia alguns participantes, mas eram poucos os que cantavam. Após algumas semanas, alguns deles começaram a participar. Por fim, alguns cantavam o refrão e um ou dois versos (nem sempre junto comigo).

Quando essas crianças fizeram 4 anos, contudo, sua disposição e habilidade de cantar em grupo aumentou. Nem todos participavam, mas já eram mais do que quando tinham 3 anos. Eles sabiam a letra, e alguns cantavam junto. Dava para ouvi-los cantando em outros momentos do dia por conta própria – no canto dos blocos ou na hora do lanche. Algumas conheciam uma boa parte da letra e até acertavam o ritmo. Aquelas que não conheciam logo aprendiam.

As bandas em geral permitem que as crianças envolvam-se ativamente na música.

Crianças com 5 e 6 anos têm habilidade para cantar em grupo junto e melhoram com a maturidade. O adulto pode apresentar uma variedade maior de músicas, porque sua variação de tons aumenta, e elas podem cantar mais alto e mais baixo. As crianças mais velhas também podem aprender rodas simples. Rodas de música levam à harmonização e, posteriormente, ao acompanhamento com instrumentos musicais.

Hora da roda: instrumentos

A música na hora da roda não precisa ser só cantada. Uma professora de pré-escola (que tem mestrado em música e é uma gamelã profissional) criou um programa de música gamelã para as crianças. (O gamelão é um tipo de orquestra da Indonésia – principalmente das ilhas de Java e Bali – que é composta especialmente por instrumentos de percussão, como xilofones de metal, tambores e gongos). Nesse programa, as crianças podem explorar e experimentar com o ritmo, o som e o movimento. Elas não se apresentam, mas aprendem a apreciar tocar música interativamente como grupo.

É claro, a maioria dos programas não pode ter um ampla variedade de instrumentos de gamelão à disposição, mas pode oferecer diversos instrumentos rítmicos, como: blocos de areia, baquetas, triângulos, blocos sonoros, chocalhos e tambores. As bandas em geral permitem que as crianças envolvam-se ativamente na música. Elas também tendem a apresentar maior participação da turma do que o canto; quase todas as crianças, independentemente da idade, adoram bater os instrumentos.

Em alguns programas, as crianças criam instrumentos enquanto brincam. A criação de instrumentos dá às crianças a chance de aprender sobre músicas de diferentes culturas, conforme elas pesquisam que instrumentos são usados e como são criados, além de ouvir as músicas criadas pelos outros. A criação de instrumentos é uma forma de conectar a música à arte, aos estudos sociais, à ciência, à linguagem e à alfabetização emergente.

A linguagem e a alfabetização são aspectos proeminentes do currículo musical. As crianças desenvolvem habilidades linguísticas quando são estimuladas a pensar em novas letras para antigas canções e a criar suas próprias músicas. Escrever a letra ajuda a conectar os sons aos símbolos, além de mostrar às crianças uma das utilidades da escrita.

Movimento criativo

O **movimento criativo** para a música costuma acontecer espontaneamente ao longo do dia ou pode ser planejado como uma atividade em grupo. Às vezes, tudo o que é necessário é preparar o palco, colocar uma música e deixar as crianças soltas. Outras vezes, elas podem precisar que você faça mais, como dar o exemplo, fazer sugestões ou inventar alguns jogos com movimentos ou ritmos. Às vezes, simplesmente descrever o que as crianças estão fazendo, em vez de dizer o que elas devem fazer, já promove mais criatividade e espontaneidade.

De que outra forma a música pode ser usada na educação infantil – além de surgir espontaneamente pelas crianças, no canto musical, ou envolvendo uma atividade em grupo? A música deve ficar ligada o dia todo, desde a hora em que as crianças chegam até a hora de ir embora? Ou deve ser focada em momentos diversos ao longo do dia como uma experiência de escuta específica? Apesar de não haver uma maneira correta de usar a música na educação infantil, o quadro *Pontos de vista* ilustra duas perspectivas sobre o assunto.

Estudos sociais

Apesar de o tópico dos "estudos sociais" em si não ter sido diretamente discutido neste livro, de certo modo o livro inteiro trata de estudos sociais; a ênfase toda se deu em ajudar as crianças a desenvolver competência social. Pense em todos os exemplos que ilustram como os adultos ajudam as crianças a interagir e se relacionar positivamente com os outros.

Estudos sociais começam com o eu

A aprendizagem de estudos sociais compreende conhecimento, valores e atitudes e habilidades, mas começa com o estudo do eu. Quando as crianças conhecem, gostam e respeitam a si mesmas, elas estão com mais condições para conhecer, gostar e reconhecer os outros. Quando as crianças conseguem sentir empatia pelos outros, é mais provável que elas cooperem com eles. O poder também é uma questão de estudos sociais. A menos que as crianças adquiram uma cosnciência de poder pessoal, elas terão dificuldades para interagir de maneira construtiva com outras pessoas que exibem poder.

> **movimento criativo** Atividade, em geral envolvendo música, em que uma criança é incentivada a se mover de maneiras criativas, normalmente sob orientação ou sugestão do professor.

Compreender e apreciar os outros não é algo que ocorre do dia para a noite. Há uma progressão desde ver o mundo do próprio ponto de vista (egocentrismo) a começar a compreender múltiplas perspectivas. Esse progresso é um resultado tanto do desenvolvimento cognitivo quanto do socioemocional. É importante compreender essa progressão para evitar pensar nas crianças pequenas como egoístas. Sim, elas são autofocadas, especialmente as menores, mas elas não conseguem evitar isso. Elas devem agir desta forma (assim como o adulto deve lentamente ampliar a sua visão). A palavra "lentamente" é de suma importância aqui. Os adultos devem compreender que não podem apressar o processo. Eles podem educar uma criança a dizer "desculpe", mas não podem fazê-la sentir a emoção que acompanha uma desculpa genuína até que ela esteja pronta. E o momento em que essa prontidão vem é uma questão individual; as crianças desenvolvem a seu próprio tempo. Precisamos ser pacientes e compreensivos com as crianças e, acima de tudo, ter expectativas adequadas quanto à sua capacidade de sentir empatia.

> **Padrões do programa NAEYC 2 e 3**
> Currículo e Ensino

Os primeiros anos da criança tratam da aquisição de **autoconhecimento**. Temos muitos termos para descrever esse corpo de conhecimento: "autoconceito", "consciência corporal", "autoimagem", "valor próprio" e "autoestima".

> **autoconhecimento** Termo que se relaciona à aprendizagem dos indivíduos sobre eles mesmos. Palavras como autoconceito, consciência corporal, autoimagem, valor próprio e autoestima se enquadram no conceito do "autoconhecimento".

PONTOS DE VISTA

Música como pano de fundo?

Alguns adultos gostam de ouvir música de fundo o tempo todo. Eis aqui a perspectiva de uma pessoa: "Adoro música na minha vida. Quando não há música, a sensação que eu tenho é de que tem algo faltando. Sempre ligo o rádio ou coloco um CD quando entro em uma sala. Música é importante para mim. Ajuda o meu humor, me anima, me dá algo para responder e reagir. Penso que as crianças precisam de música o tempo todo, em todo lugar. Sei do que elas precisam. Só mudando a batida e o tipo de música, posso mudar a atmosfera de uma sala. Adoro *criar* mudanças quando necessário. Por exemplo, quando as coisas se acalmam e as crianças começam a ficar entediadas, coloco uma música animada e aumento o ritmo de novo. Ou, na hora da soneca, coloco música clássica e elas pegam no sono na hora".

Alguns adultos, no entanto, acreditam que a música deve ser ouvida, e não ignorada, como acontece quando ela é constantemente tocada. Eis aqui a perspectiva de outra pessoa: "Adoro música também, mas gosto de me focar nela e me concentrar. Quando a música toca constantemente no fundo, as pessoas inconscientemente a ignoram, e é preciso energia para se desligar dos sons. Por que desperdiçar energia assim? Música constante acrescenta mais um ruído a uma sala normalmente barulhenta, cheia de crianças pequenas. Gosto de silêncio tanto quanto gosto de música. E apesar de eu não ouvir muito quando estou com crianças, quando chega a hora, é maravilhoso! Por que preencher esses poucos e preciosos momentos de silêncio? Acho que a música deve ser tocada com propósito; quando dizemos às crianças que a música está para começar, elas se preparam para ouvir e apreciá-la. E quando ela acaba, desligamos! Do contrário, é igual a uma televisão que está sempre ligada. Ah sim, e quanto à música clássica na hora da soneca; quando você usa música assim, é como se fosse um treino. Quando as crianças ouvirem música clássica, elas estarão condicionadas a dormir. Pense no que vai acontecer quando elas forem mais velhas e frequentarem um concerto!".

Mas como as crianças desenvolvem esse autoconhecimento? Elas o constroem a partir dos estímulos que recebem dos outros. As crianças consideram a forma como as pessoas reagem a elas como os espelhos que refletem quem elas são. Elas não sabem que os espelhos podem ser distorcidos e consideram as imagens refletidas verdadeiras.

As crianças notam as mensagens que recebem (verbais e não verbais igualmente) sobre seu gênero, raça, etnia, classe, aparência e habilidade. Portanto, precisamos ter muito cuidado com as mensagens que passamos às crianças. Se um adulto inconscientemente acredita que as meninas são o sexo frágil e precisam de mais proteção, essa crença pode se manifestar no seu comportamento, que, por sua vez, passa mensagens que podem ser incorporadas na autoimagem da criança. Muitas vezes, as crianças se moldam às expectativas que os adultos têm para elas; nesse caso, uma garotinha pode acreditar que precisa parecer indefesa para receber a aprovação do adulto. Expectativas semelhantes dos adultos influenciam crianças de diferentes raças, culturas e habilidades. As expectativas dos adultos podem ter efeitos poderosos. Devemos ter cuidado para permitir que as crianças sejam quem realmente são. Não podemos permitir que nossas visões as limitem e atrapalhem o seu desenvolvimento.

É importante que nos tornemos cientes de nossas expectativas e das mensagens que estamos passando para as crianças. Isso não é fácil de fazer. Todos temos preconceitos escondidos, certezas falsas e imagens estereotípicas, mas ainda assim não podemos passá-las às crianças. Do contrário, arriscamos transmitir visões negativas de si e, possivelmente, de sua comunidade. Assim como as crianças, que devem se estudar, os cuidadores e os professores também precisam fazer isso.

O autoestudo é um processo interativo, independentemente da idade. Para ajudar você a refletir sobre como suas atitudes aparecem em suas ações, peça *feedback* aos seus colegas ou a outras pessoas com quem você interage, ajudando-as em troca.

Do eu para os outros

Conforme as crianças desenvolvem sua autoconsciência, elas começam a expandir o seu conhecimento dos outros. Nós ajudamos apontando as perspectivas das outras pessoas sempre que surge uma oportunidade: "Ela não gosta quando você tira o livro dela". "Está vendo como ele está chorando? Machucou quando você o empurrou". Também podemos ajudar as crianças a ver outras perspectivas: "Fala para ele como você se sentiu com o que ele fez no seu desenho".

Para acompanhar o autoconhecimento e o conhecimento dos outros, as crianças também precisam de valores para desenvolver atitudes pró-sociais: "Você não pode bater nos outros. Se você está bravo com ela, diga como se sente, mas sem bater". E, para acompanhar os valores e as atitudes, elas precisam das habilidades.

Muitas habilidades sociais já foram discutidas neste livro. Mas uma que ainda não foi é como se juntar a outra criança ou grupo de crianças que estão brincando ou começando a brincar. Se você não souber ensinar essa habilidade, observe as crianças que são habilidosas nisso. Você não precisa observar muito em uma situação de brincadeira livre para ver as crianças entrarem nas brincadeiras umas das outras, como, por exemplo, uma construção com blocos ou um faz de conta. Observe e você verá como elas raramente perguntam: "Posso brincar com você?". Talvez elas já tenham levado um "não". Ouvir "não" é uma forma de rejeição, e as crianças que se sentem rejeitadas dificilmente farão algo negativo que aprofunde ainda mais esse sentimento. Então, em vez de pedir, a criança simplesmente começa a brincar sem interferir ou se intrometer na brincadeira em andamento.

Vejamos dois exemplos contrastantes. Primeiro, vejamos como a Jasmine entra na brincadeira de duas crianças que estão paradas na frente do fogão de brinquedo na área da casinha. Uma é a mamãe e o outro é o papai, e eles estão discutindo sobre o que fazer com o cachorro. Jasmine ouve o que eles estão dizendo quando entra na área silenciosamente. Ela vai até o armário próximo ao fogão e puxa um batedor de ovos. Depois, ela faz algo um pouco incomum que chama a atenção das outras

Como as crianças entram nas brincadeiras dos outros? Observe uma criança experiente e você vai descobrir.

duas crianças: ela segura o brinquedo de cabeça para baixo e gira os batedores no ar.

"O que você está fazendo?", pergunta o garoto. Jasmine pega a deixa da discussão das duas crianças e diz: "Esse é o helicóptero do meu cachorro. É assim que levamos ele pro veterinário quando ele fica doente". "Ah", diz o garoto. "O nosso cachorro está doente também. É por isso que ele fica vomitando por tudo". "É", diz a menina. "Precisamos continuar limpando". Ela fica de joelhos e começa a limpar o chão. A nova participante misturou o tema da sua brincadeira com o das duas outras. E os três se juntam sem alterar o fluxo.

Uma criança menos experiente poderia tentar se intrometer e assumir o controle da brincadeira, dirigindo as outras duas, redistribuindo papéis ou até alterando o tema: "Vamos brincar que estamos em um foguete indo para Marte". A dupla tentando lidar com o cachorro doente poderia levar a interrupção a mal, provavelmente respondendo com rejeição ao novo participante.

Participantes menos hábeis que começam com "Posso brincar?" frequentemente correm para a professora quando ouvem um não. "Profe ... eles não me deixam brincar!". O que a professora pode fazer além de tentar convencer as outras crianças a aceitar o novo participante ou forçar o problema? Vejamos como essa cena poderia ter se desenrolado se a professora usasse uma estratégia semelhante à demonstrada por Jasmine.

Lúcia acabou de pedir para brincar com três crianças na área dramática, que estão lidando com seus cachorros doentes e com veterinários. Ao ser rejeitada, ela corre para a professora, que vai até a área dramática levando Lúcia pela mão. Ambas ficam no limite da área, tentando sentir o clima da ação. A "mamãe" e o "papai" pararam de se focar no cachorro e estão falando sobre como seu filhinho está doente. Jasmine está segurando o bebê nos braços.

A professora, entrando na brincadeira, sugere que eles precisem chamar uma ambulância. Eles gostam da ideia, e o garoto se bate para encontrar um telefone de brinquedo. Quando ele encontra, aperta os números e espera. A professora atende o telefone: "Aqui é do serviço de ambulâncias". Ela ouve as três crianças falarem sobre a emergência e responde com uma voz séria: "Vou enviar a ambulância agora mesmo. O nome da motorista é Lúcia. Esperem que ela já está indo". Ela se vira para Lúcia, ao seu lado, e pergunta: "Está pronta para ir trabalhar?". Lúcia faz um barulho de sirene e entra na área dramática.

"A ambulância chegou", ela diz, alegremente. "Que bom que você está aqui", diz a mãe, preocupada. "Acho que o meu bebê precisa de cirurgia". A professora fica por ali mais um tempo para ver se a Lúcia ainda vai precisar de ajuda. Ela se afasta quando as quatro crianças pegam seus instrumentos imaginários para a cirurgia e começam a operar a boneca que Jasmine colocou sobre o fogão.

Do eu e dos outros para a comunidade

A aprendizagem de estudos sociais envolve mais do que o desenvolvimento de autoconhecimento e de habilidades interativas (apesar de esses serem conceitos básicos). Aprender habilidades interativas leva ao conhecimento dos sistemas sociais, primeiro em sala de aula ou no centro de cuidado, e depois na comunidade mais ampla. O seu trabalho é ajudar as crianças a conhecer a comunidade em que elas vivem, assim como os recursos e serviços que ela proporciona. Ao aprender sobre a comunidade, as crianças começam a compreender o passado (história), a ter noções de lugar (geografia) e a explorar os conceitos de produtores e consumidores (economia). Uma parte desse conhecimento elas adquirem em sala de aula ou no centro de cuidado por meio de experiências diárias, mas também podem aprender por meio de saídas de campo.

Uma saída de campo pode envolver uma simples caminhada pela rua até uma praça ou posto de bombeiros ou um passeio mais elaborado por uma biblioteca ou padaria, por exemplo. Uma das principais exigências das saídas de campo é que as crianças tenham experiências práticas adequadas à sua idade. Em geral, quanto mais simples melhor. Uma visita a uma fazenda de maçãs, por exemplo, é uma experiência muito significativa para as crianças pequenas. Em alguns programas, as crianças visitam os pais durante o trabalho.

É importante que as saídas de campo não aconteçam do nada; elas precisam ser planejadas para que sejam significativas e estejam conectadas aos projetos das crianças.

Como o educador infantil torna o programa integrado

Os últimos três capítulos desmontaram o currículo infantil, o cortaram em pedaços e rotularam esses pedaços de acordo com os nomes de disciplinas tradicionais. Apesar de os capítulos tentarem mostrar como cada matéria se encaixa no todo, parece importante remontar o quadro novamente no fim do livro. Ao fazer isso, encerramos o ciclo do livro; encerraremos onde começamos – com uma explicação sobre a **abordagem holística** da educação infantil.

Criando e explicando o currículo holístico

Como educador infantil, é sua responsabilidade (seja sozinho ou em colaboração com outros) criar um currículo holístico. Faz parte do seu trabalho como cuidador/professor criar um programa integrado e sem falhas. De fato, o seu currículo pode estar tão bem feito que os pais podem se perguntar se o seu filho está aprendendo algo. Eles podem observar dia após dia e ver muitas brincadeiras, além de um projeto atrás de outro, questionando se seu filho está aprendendo matemática ou adquirindo os fundamentos da leitura. Se eles perguntarem, você terá muitos documentos (na forma de portfólios, diários e registros anedóticos) e pode apresentar amostras de trabalhos matemáticos ou de alfabetização emergente que estavam integrados nos projetos ou nas atividades. (Lembre-se de que a documentação e a avaliação são elementos vitais do currículo emergente e dos projetos; eles permitem que as crianças revisitem ideias e apliquem-nas a novas áreas de exploração.) Documentar a aprendizagem também faz parte do seu papel de relações públicas para ajudar a explicar os objetivos e os desfechos e mostrar a pais, supervisores, conselheiros e financiadores que o currículo é equilibrado e que as crianças estão adquirindo conhecimento, habilidades e disposições (como curiosidade, engenhosidade, entusiasmo e criatividade) por meio de suas brincadeiras e projetos.

Em vez de esperar ser questionado por pais ansiosos, é uma boa ideia explicar diretamente como o programa trabalha e manter as famílias informadas conforme o progresso. Uma orientação ilustrada com *slides* ou vídeo ajuda a explicar o que você está fazendo *antes* de eles se preocuparem. Mas lembre-se de que a orientação não deve ser uma apresentação de mão única. Receber comentários dos pais e construir pontes entre o lar e o programa também são aspectos importantes da orientação e da comunicação em geral. Um programa realmente bem feito inclui traços da vida doméstica da criança.

abordagem holística
Abordagem ou currículo que se foca na criança como um todo, em vez de tratar a mente, o corpo e os sentimentos separadamente. Por exemplo, apesar de uma atividade poder ser planejada com objetivos cognitivos (intelectuais), o professor também prestaria atenção à maneira como a criança responde física e emocionalmente.

Padrões do Programa NAEYC 2 e 3
Currículo e Ensino

Ao fazer e implementar planos para a aprendizagem e o desenvolvimento, você se torna um facilitador, ajudando as crianças a construir conhecimento de todos os tipos. No papel de facilitador, você observa as crianças, identifica os seus interesses, organiza o ambiente de acordo, interage adequadamente, faz perguntas provocativas e observa mais um pouco até que seja necessário interagir.

Quando as crianças diminuem a exploração, passa a ser o seu trabalho facilitar maiores questionamentos. Quando necessário, proporcione recursos e altere o ambiente para ajudá-las a seguir novas pistas de interesse. Ao fazer isso, ajude as crianças a se dar bem umas com as outras e resolva dilemas sociais.

Você pode ficar em segundo plano a maior parte do tempo: manter uma abordagem distante é tão importante quanto saber quando intervir. É claro, ao observar, você pode tomar decisões sensatas sobre a necessidade de prestar auxílio. Algumas formas de intervenção são muito sutis. Você pode fazer apenas uma pergunta, mas isso pode ser o bastante para manter as crianças em movimento, quando elas estavam prestes a desistir de um problema. Às vezes, uma simples frase aberta como: "O que aconteceria se ..." pode ser o bastante para renovar a curiosidade das crianças e mergulhar mais a fundo na questão.

Lembre-se de que as perguntas podem ajustar ou atrapalhar uma atividade. É fácil atrapalhar fazendo perguntas insignificantes como: "Que cor é essa?". Se as crianças já sabem a resposta, para que perguntar? E, se elas não sabem, então qual o sentido de fazer a pergunta, especialmente se ela não tem nada a ver com a atividade? Com frequência, os adultos assumem uma abordagem inquisitiva: eles querem testar o conhecimento das crianças sobre nomes ou fatos isolados. Tenha em mente que o seu trabalho como facilitador é ajudar as crianças a criar conexões e ver relações.

Com uma abordagem sensível e responsiva, você mostra que leva a inteligência das crianças a sério. Em vez de buscar entreter as crianças com atividades bonitinhas e divertidas, você deve buscar projetos que provoquem seus pensamentos, satisfaçam sua sede intelectual e, ao mesmo tempo, integrem todo o currículo – combinando ciência e arte, por exemplo, ou integrando matemática nas brincadeiras. Como educador infantil, o seu trabalho não é ensinar matérias; o seu trabalho é ensinar cada criança, ou melhor, facilitar o desenvolvimento e a aprendizagem de cada uma – de cada criança como um todo. O seu trabalho também é integrar todas as crianças ao grupo e ajudá-las a construir uma comunidade.

UMA HISTÓRIA PARA TERMINAR

No passado distante, quando eu era uma professora de pré-escola e mãe de várias crianças pequenas, comprei um conjunto de blocos de madeira para usar em casa. Pensei muito bem antes de investir o que, naquela época, era uma grande despesa, mas, por fim, gastei meia fortuna e acabei com uma caixa grande de blocos limpos e lisos de madeira para os meus filhos. Esses blocos foram usados ao longo dos anos pelos meus filhos e, depois, pelos meus netos. Um deles usou-os muito além da infância, quando começou a andar de *skate*. Ele criava pistas de *skate* e usava *fingerboards* (*skates* de dedo feitos em casa) para pensar em manobras novas em casa antes de sair e praticá-las na rua. As minhas netas usaram os blocos como paredes de casa quando praticaram suas habilidades arquitetônicas e familiares. Os blocos originais estão misturados com os mais novos que comprei ao longo dos anos, quando tinha mais dinheiro. Mas esses primeiros blocos se destacam dos demais. Eles mostram a sua idade: a madeira escureceu e amaciou, e eles estão cobertos de arranhões, marcas e cortes que vieram com mais de 25 anos de uso contínuo. Mas eles estão intactos: tão fortes e resistentes como sempre. Não imagino que eles venham a estragar.

Não volto à minha pré-escola há anos, mas tenho certeza de que os mesmos blocos que ficavam no canto dos blocos quando eu

A educação infantil é como um conjunto de blocos. Não é apenas uma ferramenta de construção; trata-se de um investimento para o futuro que vai durar!

dava aula continuam lá. Penso em todas as maneiras em que esses blocos (os meus e os da pré-escola) foram usados ao longos dos anos.

Eles foram empilhados milhares de vezes. Eu me lembro de quantas crianças observei construindo uma torre para depois derrubá-la. Também me lembro da tristeza das crianças quando alguém derrubava sua torre nova antes que ela mesma tivesse a chance de derrubar. Existem momentos emotivos durante a construção com blocos, mas as crianças acabam se resolvendo e começam a colaborar. Elas também aprendem lições básicas sobre física ao mesmo tempo em que aprimoram suas habilidades sociais.

Há também as lições de estudos sociais; as crianças constroem casas, fortes, fazendas, cidades – você os nomeia, já as vi construindo. Povoada por bonecos como pessoas, animais e dinossauros, a brincadeira vai ainda mais longe e mais fundo, especialmente quando é seguida de projetos e saídas de campo.

Não costumava pensar na construção com blocos como arte quando dava aulas, mas agora penso. Nunca considerei desenhar, fotografar ou exibir as estruturas montadas com blocos. Recentemente, vi um quadro de avisos que documentava cuidadosamente as criações com blocos pendurando fotos com comentários das crianças. O que as fotografias congelavam no tempo eram perspectivas artísticas únicas que cada criança colocava em sua estrutura – antes que ela fosse derrubada e guardada.

E há também o drama na área dos blocos. Eu me lembro dos blocos sendo usados para criar campos de batalha onde os mocinhos enfrentavam os bandidos dia após dia. Apesar de podermos não aprovar isso enquanto adultos, as crianças encontram maneiras de representar o tema do bem contra o mal de diversas formas e tão bem quanto um diretor de cinema. Temas do bem contra o mal não têm nada de novo. Grandes trabalhos da literatura se basearam nos mesmos temas com que as crianças sonham no canto dos blocos.

Brincadeiras com blocos em geral envolvem metáforas. Observei um garoto que passou um longo período criando armadilhas; todos os bonecos disponíveis na área dos blocos eram vitimados pelas armadilhas que ele constantemente inventava. Armadilhas eram importantes para ele. Até hoje, continuo tentando entender o que aquelas armadilhas significavam para o menino.

Ao chegar ao fim do livro, passei um bom tempo pensando sobre como escrever a última história e decidi escolher um assunto que não se acaba. Imagino que os blocos nos quais investi há tanto tempo irão durar mais do que eu, e as gerações futuras irão representar novamente os mesmos temas que seus predecessores acharam que inventaram.

A educação infantil é como um conjunto de blocos. É um investimento para o futuro que perdura. Nossas contribuições para a educação infantil irão perdurar para além de todos nós, e cada geração futura, sob a nossa influência, irá reinventar o campo.

RESUMO

Recursos *on-line*

Visite **www.mhhe.com/gonzalezfound6e** para acessar recursos para estudo e *links* relacionados a este capítulo (em inglês).

Ao contrário da educação superior, a educação infantil não pode ser dividida em matérias distintas. Cada aspecto duradouro do programa de educação infantil está interconectado. Arte, música e estudos sociais, assim como língua, alfabetização, matemática e ciências estão todos relacionados.

No programa de educação infantil, a arte é um processo criativo aberto que ajuda as crianças a afiar suas percepções, organizar seus pensamentos e ações, expressar sentimentos e conhecer melhor o mundo. O educador infantil facilita o processo artístico ao manter expectativas adequadas à idade, valorizando a arte das crianças, tendo conversas construtivas sobre a sua produção artística e fornecendo diversos materiais (assim como tempo e liberdade) para explorar diferentes meios em um nível mais profundo; com isso, é possível fomentar projetos artísticos, individuais e cooperativos.

Assim como a arte, a música deve ser ensinada de maneira aberta, e não como uma lição formal. Todas as crianças (quer sejam talentosas ou não) devem ser estimuladas a utilizar de modo criativo suas vozes, corpos e instrumentos para fazer música. Para aprimorar as experiências musicais das crianças, os adultos devem apreciar seus esforços espontâneos de criar música, incentivá-las a responder à música com movimentos, demonstrar interesse pelo que elas estão fazendo sem julgar e montar um canto musical com diversos instrumentos, aparatos e objetos para incentivar os aspectos criativos, visuais e auditivos da música e do movimento. A hora da roda é outra oportunidade de incorporar experiências musicais, como cantar em grupo, tocar instrumentos ou mover-se criativamente.

A aprendizagem de estudos sociais permeia todo o currículo infantil, o que enfatiza o ganho de competência social das crianças. A aprendizagem de estudos sociais – que envolve conhecimento, valores e atitudes e habilidades – começa com o estudo do eu (autoconceito, consciência corporal, autoimagem, valor próprio e autoestima) e progride para o estudo dos outros e, por fim, da comunidade. Para desenvolver habilidades sociais construtivas, os adultos precisam ter cuidado com as mensagens (verbais ou não) que passam às crianças pequenas em relação a sexo, raça, etnia, aparência e habilidade. Eles também precisam desenvolver empatia, além de atitudes e habilidades pró-sociais. Para ensinar às crianças sobre a comunidade, os adultos precisam passar uma ideia do passado e ajudá-las a compreender noções de lugar e conceitos de produtores e consumidores.

Conforme mencionado anteriormente, é impossível dividir a educação infantil em pedaços separados e nomeá-los de acordo com as áreas tradicionais do estudo. É trabalho do educador infantil integrar partes distintas ao programa – incluindo a família. Uma abordagem tão sensível e responsiva à educação leva a inteligência da criança a sério. A educação infantil não trata de ensinar matérias; trata de facilitar o desenvolvimento e a aprendizagem em cada criança – a criança como um todo.

QUESTÕES PARA REFLEXÃO

1. Você é uma "pessoa criativa"? Quais são as suas experiências com a descoberta da própria criatividade? Como essas experiências se relacionam com a descoberta das crianças pequenas em relação à própria criatividade?
2. Qual é a sua experiência pessoal em relação à arte? Você tem algumas ideias sobre como promover a criatividade em crianças por meio da arte?
3. Qual é a sua experiência pessoal e reação à música? Você tem algumas ideias sobre como promover a criatividade em crianças por meio da música?
4. Do que você acha que as crianças precisam para sentir-se parte da comunidade? Você é parte de uma comunidade? Como a sua experiência de comunidade se relaciona ao que as crianças querem aprender?

EXPRESSÕES-CHAVE

Você consegue utilizar as seguintes palavras em uma frase? Você sabe o que elas significam?

traçado corporal 365
movimento criativo 369

autoconhecimento 369
abordagem holística 373

Referências

AMERICAN ACADEMY OF PEDIATRICS. *Caring for our children*: national health and safety performance standards: guidelines for out-of--home child care. 2nd ed. Elk Grove: American Academy of Pediatrics, 2002.

ASSOCIATION FOR CHILDHOOD EDUCATION INTERNATIONAL et al. Literacy development and pre-first grade: a joint statement of concerns about present practices. In: INTERNATIONAL READING ASSOCIATION. *Pre-first grade*: reading instruction and recommendations for improvement. Newark: International Reading Association, 1985.

AUGUST, D.; GARCIA, E. E. *Language minority education in the United States*: research, policy, and practice. Springfield: C. C. Thomas, 1988.

BALLENGER, C. Because you like us: the language of control. *Harvard Educational Review*, v. 62, n. 2, p. 199-208, 1992.

BALLENGER, C. *Teaching other people's children*: literacy and learning in a bilingual classroom. New York: Teachers College, c1999.

BANDURA, A. Social cognitive theory. In: VASTA, R. (Ed.). *Annals of child development*: six theories of child development. Greenwich, CT: JAI, 1989. v. 6. p. 1-60.

BERK, L. E. *Infants and children*: prenatal through middle childhood. 5th ed. Boston: Allyn and Bacon, 2005.

BRAULT, L. Inclusion of children with disabilities and other special needs. In: WESTED PROGRAM FOR INFANT/TODDLER CAREGIVERS: COMMUNITY COLLEGE SPECIAL SEMINAR, 2003, Riverside.

BREDEKAMP, S.; COPPLE, C. (Eds.). *Developmentally appropriate practice in early childhood education programs*. Washington: NAEYC, 1997.

BRONFENBRENNER, U. *The ecology of human development*: experiments by nature and design. Cambridge: Harvard University, 2005.

BUYSSE, V. et al. *Addressing the needs of latino children*: a national survey of state administrators of early childhood programs: executive summary. Chapel Hill: FPG Child Development Institute, c2004.

CAUDILL, W.; WINSTEIN H. Maternal care and infant behavior in Japan and America. In: LEBRA, W. P.; LEBRA T. S. (Eds.). *Japanese culture and behavior*: selected readings. Honolulu: University of Hawaii, 1974.

CHAILLÉ, C.; BRITAIN, L. *The young child as scientist*: a constructivist approach to early childhood science education. 2nd ed. New York: Longman, c1997.

CHAO, R. K. Beyond parental control and authoritarian parenting style: understanding Chinese parenting through the cultural notion of training. *Child Development*, v. 65, n. 4, p. 1111-1119, 1994.

CLANCY, P. M. The acquisition of communicative style in Japanese. In: SCHIEFFELIN B. B.; OCHS E. (Eds.). *Language socialization across cultures*. Cambridge: Cambridge University, 1986.

COOPERSMITH, S. *The antecedents of self-esteem*. San Francisco: W. H. Freeman, 1967.

COPPLE, C.; BREDEKAMP, S. *Basics of developmentally appropriate practice*: an introduction for teachers of children 3 to 6. Washington, DC: NAEYC, 2006.

COPPLE, C.; BREDEKAMP, S. *Developmentally appropriate practice in early childhood programs serving children from birth through age 8*. 3rd ed. Washington: NAEYC, c2009.

COPPLE, C.; BREDEKAMP, S.; GONZALEZ--MENA, J. *Basics of developmentally appropriate practice*: an introduction for teachers of infants and toddlers. Washington: NAEYC, 2011.

DAMON, W. *Moral child*: nurturing children's natural moral growth. New York: Free Press, c1988.

DAVID, M.; APPELL, G. *Lóczy*: an usual approach to mothering. Budapest: Association Pikler-Lóczy for Young Children, 2001.

DERMAN-SPARKS, L; EDWARDS, J. O. *Anti-bias education*: for young children and ourselves. 2nd ed. Washington: NAEYC, 2010.

DERMAN-SPARKS, L. *Anti-bias curriculum*: tools for empowering young children. Washington: NAEYC, 1989.

EDUCATIONAL WEEK. Links referenced in newspaper. Bathesda: Editorial Projects in Education, c2014. Disponível em: <http://www.edweek.org/ew/collections/links/>. Acesso em: 11 set. 2014.

EDWARDS, C. P.; GANDINI, L. Teacher's expectations about the timing of developmental skills: a cross-cultural study. *Young Children*, v. 44, n. 4, p. 15-19, 1989.

EGGERS-PIEROLA, C. *Connections and commitments*: reflecting latino values in early childhood programs. Portsmouth: Heinemann, c2005.

ELWELL, S. *No blue ribbons please*. Napa: Rattle Ok, 1993. p. 2-3.

ERIKSON, E. *Childhood and society*. 2nd ed. New York: Norton, c1963.

FASOLI, L.; GONZALEZ-MENA, J. Let's be real: authenticity in child care. *Child Care Information Exchange*, n. 114, p. 35-40, 1997.

FEENEY, S.; FREEMAN, N. *Ethics and the early childhood educator*: using the NAEYC code. Washington: NAEYC, 2005.

FEENEY, S.; FREEMAN, N. K. *Ethics and the early childhood educator*: using the NAEYC code. 2nd ed. Washington: NAEYC, 2012.

FILLMORE, L. W. When learning a second language means losing the first. *Early Childhood Research Quarterly*, v. 6, n. 3, p. 323-346, 1991.

FORMAN, G. E.; HILL, F. *Constructive play*: applying Piaget in the preschool. Menlo Park: Addison-Wesley, c1984.

FORMAN, G. E.; KUSCHNER, D. S. *The child's construction of knowledge*: Piaget for teaching children. Washington: NAEYC, c1983.

GERBER, M. *The RIE manual*: for parents and professionals. Los Angeles: Resources for Infant Educarers, 1991.

GONZALEZ-MENA, J. Caregiving routines and literacy. In: ROSENKOETTER, S. E.; KNAPP-PHILO, J. (Eds.). *Learning to read the world*: language and literacy in the first three years. Washington: Zero to Three, c2006.

GONZALEZ-MENA, J. *From a parent's perspective*. Napa: Napa Valley College Child Care Center, 1995a.

GONZALEZ-MENA, J. *From a parent's perspective*. Salem: Sheffield, 1994.

GONZALEZ-MENA, J. Praise of children. *Child Care Express*, p. 2, 1995b.

GONZALEZ-MENA, J. Taking a culturally sensitive approach in infant-toddler programs. *Young Children*, v. 47, n. 2, p. 4-9, 1992.

GONZALEZ-MENA, J. *The program for infant-toddler caregivers*: a guide to routines. 2nd ed. Sacramento: California Department of Education, 2000.

GONZALEZ-MENA, J.; STONEHOUSE, A. In the child's best interests. *Child Care Information Exchange*, n. 106, p. 17-18, 20, 1995.

GREENSPAN, S. Emotional development in infants and toddlers and the role of the caregiver. In: LALLY, J. R. *A caregiver's guide to social emotional growth and socialization*. Sacramento: California Department of Education, 1990.

GREY, K. Not in praise of praise. *Exchange*, n. 104, p. 56-59, 1995.

GRONLUND, G. Bringing the DAP message to kindergarten and primary teachers. *Young Children*, v. 50, n. 5, p. 4-13, 1995.

HALL, E. T. *Beyond culture*. New York: Anchor, 1989.

HALL, E. T. *The dance of life*: the other dimension of time. Garden City: Anchor, 1983. p. 169.

HARRIS P. R.; MORAN, R. T. *Managing cultural differences*. 2nd ed. Houston: Gulf, 1987. p. 37.

HARTER, S. Developmental perspectives on the self-system. In: HETHERINGTON, E. M. (Ed.). *Handbook of child psychology*. 4th ed. New York: Wiley, 1983. v. 1. p. 275-386.

INTERNATIONAL READING ASSOCIATION; National Association for the Education of Young Children. Learning to read and write: developmentally appropriate practices for young children. *Young Children*, v. 53, n. 4, p. 30-46, 1998.

JABLON, J. R.; DOMBRO, A. L.; DICHTEL-MILLER, M. L. *The power of observation*. Washington: Teaching Strategies, 1999.

JOHNSTON, P. H. *Opening minds*: using language to change lives. Portland: Stenhouse, c2012.

JONES, E. *Dimensions of teaching*: learning environments. Pasadena: Pacific Oaks College, c1978.

JONES, E.; COOPER, R. *Playing to get smart*. New York: Teachers College, 2006.

JONES, E.; NIMMO, J. *Emergent curriculum*. Washington: NAEYC, 1994. p. 112.

JONES, E.; VILLARINO, G. What goes up on the classroom walls--and why? *Young Children*, v. 49, n. 2, p. 38-40, 1994.

KAGAN, J. *The nature of the child*. New York: Basic Books, c1984. p. 244-245.

KAISER, B.; RASMINSKY, J. S. *Challenging behavior in young children*: understanding, preventing, and responding effectively. 3rd ed. Upper Saddle River: Pearson, 2012.

KAMII, C.; DEVRIES, R. *Physical knowledge in preschool education*: implications of Piaget's theory. New York: Teachers College, c1993.

KATZ, L. G. *Talks with teachers*: reflections on early childhood education. Washington: NAEYC, 1977.

KATZ, L. Keynote address. In: SOUTHEAST ALASKA AEYC CONFERENCE, 1995, Sitka.

KATZ, L. What we can learn from Reggio Emilia. In: EDWARDS, C.; GANDINI, L.; FORMAN, G. (Eds.). *The hundred languages of children*: the Reggio Emilia approach: advanced reflections. Norwood: Ablex, 1994. p. 29.

KEELER, R. *Natural playscapes*: creating outdoor play environments for the soul. Redmond: Exchange, c2008.

KELLERT, S. R. Experiencing nature: affective, cognitive, and evaluative development. In: KAHN, P. H.; KELLERT, S. R. (Eds.). *Children and nature*: psychological, sociocultural, and evolutionary investigations. Cambridge: MIT, 2002.

KOHLBERG, L. Moral stages and moralization: the cognitive-developmental approach. In: LICKONA, T. (Ed.). *Moral development and behavior*: theory, research, and social issues. New York: Holt, c1976.

KRITCHEVSKY, L.; PRESCOTT, E.; WALLING, L. *Planning environments for young children*: physical space. 2nd ed. Washington: NAEYC, 1977.

KRITCHEVSKY, S.; PRESCOTT, E.; WALLING, L. *Planning environments for young children*: physical space. Washington: NAEYC, [1969].

LALLY J. R.; MANGIONE, P. L.; YOUNG-HOLT, C. L. (Eds.). *Infant/toddler caregiving*: a guide to language development and communication. Sacramento: California Department of Education, c1992.

LALLY, J. R. Brain research, infant learning, and child care curriculum. *Child Care Information Exchange*, p. 46-48, 1998.

LALLY, J. R. The impact of child care policies and practices on infant/toddler identity formation. *Young Children*, v. 51, n. 1, p. 58-67, 1995.

LEVINE, R. A. Child rearing as cultural adaption. In: LEIDERMAN, P. H.; TULKIN, S. R.; ROSENFELD, A. (Eds.). *Culture and infancy*: variations in the human experience. New York: Academic, 1977.

LIEBERMAN, A. Approaches to infant mental health: working with infants and their families. In: UNIVERSITY OF VICTORIA CONFERENCE, 1995, [S. l.].

LOUV, R. *Last child in the woods*: saving our children from nature-deficit disorder. Chapel Hill: Algonquin Books of Chapel Hill, 2008.

MAKIN, L.; CAMPBELL, J.; JONES-DIAZ, C. *One childhood, many languages*: guidelines for early childhood education in Australia. Pymble: HarperEducational, 1995. p. 69.

MARDELL, B.; RIVARD, M.; KRECHEVSKY, M. Visible learning, visible learners: the power of the group in a kindergarten classroom. *Young Children*, v. 67, n. 1, p. 12-16, 2012.

MASLOW, A. H. *Toward a psychology of being*. New York: Van Nostrand, 1968.

MATHESON, L. If you are not an indian, how do you treat an indian? In: LEFLEY, H. P.; PEDERSEN, P. B. (Eds.). *Cross-cultural training for mental health professionals*. Springfield: Thomas, 1986. p. 124.

MISTRY, J. Culture and learning in infancy: implications for caregiving. In: MANGIONE, P. (Ed.). *Infant/toddler caregiving*: a guide to culturally sensitive care. Sacramento: California Department of Education, 1995. p. 20. (Program for infant toddler caregivers).

MONIHAN-NOUROT, P. et al. *Looking at children's play*: a bridge between theory and practice. New York: Teachers College, 1987. p. 23.

MOONEY, C. G. *Theories of childhood*: an introduction to Dewey, Montessori, Erikson, Piaget & Vygotsky. St. Paul: Redleaf, 2000.

MOORE, R. *Countering children's sedentary lifestyles – by design*. [Raleigh]: Natural Learning Initiative, 2004.

NATIONAL ASSOCIATION FOR THE EDUCATION OF YOUNG CHILDREN. *Code of ethical conduct and statement of professional commitment*. Washington: NAEYC, 1992.

NATIONAL ASSOCIATION FOR THE EDUCATION OF YOUNG CHILDREN. Home. Washington: NAEYC, [2014]. Disponível em: <http://www.naeyc.org/>. Acesso em: 11 set. 2014.

NATIONAL ASSOCIATION FOR THE EDUCATION OF YOUNG CHILDREN. *NAEYC early childhood program standards and accreditation criteria*: the mark of quality in early childhood education. Washington: NAEYC, c2005. p. 9-10.

NATIONAL ASSOCIATION FOR THE EDUCATION OF YOUNG CHILDREN. NAEYC position statement: responding to linguistic and cultural diversity: recommendations for effective early childhood education. *Young Children*, v. 51, n. 2, p. 4-12, 1996.

NATIONAL ASSOCIATION FOR THE EDUCATION OF YOUNG CHILDREN. *Responding to linguistic and cultural diversity*: recommendations for effective early childhood education. Washington: NAEYC, 1995. p. 1.

NEW, R. Excellent early education: a city in Italy has it. *Young Children*, v. 45, n. 6, p. 4-10, 1990.

NODDINGS, N. *The challenge to care in schools*: an alternative approach to education. 2nd ed. New York: Teachers College, 2005.

PALEY, V. G. *Boys and girls*: superheroes in the doll corner. Chicago: University of Chicago, 1984.

PAPERT, S. *Mindstorms*: children, computers, and powerful ideas. New York: Basic Books, 1980. p. vi–viii.

PATEL, N.; POWER, T. G.; BHAVNAGRI, N. P. Socialization values and practices of indian immigrant parents: correlates of modernity and acculturation. *Child Development*, v. 67, n. 2, p. 302-313, 1996.

PHILLIPS, C. B. Culture: a process that empowers. In: MANGIONE, P. (Ed.). *Infant/toddler caregiving*: a guide to culturally sensitive care. Sacramento: California Department of Education, 1995. (Program for infant toddler caregivers).

PIAGET, J. Piaget's theory. In: MUSSEN, P. H. (Ed.). *Carmichael's manual of child psychology*. 3rd ed. New York: Wiley, [1970]. v. 1.

PIAGET, J. *The construction of reality in the child*. New York: Basic Books, c1954.

PRESCOTT, E. Is day care as good as a good home? *Young Children*, v. 33, n. 2, p. 13-19, 1978.

PRESCOTT, E. The physical environment: a powerful regulator of experience. *Child Care Information Exchange*, n. 100, p. 9-15, 1994.

PYLE, R. Eden in a vacant lot: special places, species and kids in community of life. In: KAHN, P. H.; KELLERT, S. R. (Eds.). *Children and nature*: psychological, sociocultural, and evolutionary investigations. Cambridge: MIT, 2002.

ROGOFF, B. *The cultural nature of human development*. New York: Oxford University, 2003.

ROOT, M.; HO, C.; SUE, S. Issues in the training of counselors for Asian Americans. In: LEFLEY, H. P.; PEDERSEN, P. B. (Eds.). *Cross-cultural training for mental health professionals*. Springfield: Thomas, 1986. p. 202.

ROSENBERG, M. B. *Living nonviolent communication*: practical tools to connect and communicate skillfully in every situation. Boulder: Sounds True, c2012.

SCHAEF, A. W. Beyond therapy, beyond science: a new model for healing the whole person. San Francisco: Harper SanFrancisco, 1992.

SHONKOFF, J. P.; PHILLIPS, D. A. (Eds.). *From neurons to neighborhoods*: the science of early childhood development. Washington: National Academy, 2000.

SHORE, R. *Rethinking the brain*: new insights in early development. New York: Families and Work Institute, c1997.

SOTO, L. D. *Language, culture, and power*: bilingual families and the struggle for quality education. Albany: State University of New York, 1997.

THANH BINH, D.; DILLER, A-M.; SUTHERLAND, K. *A handbook for teachers of vietnamese students*: hints for dealing with cultural differences in schools. Arlington: Center for Applied Linguistics, 1975. p. 18.

TOBIN, J. J.; WU, D.; DAVIDSON, D. H. *A videotape companion to preschool in three cultures*: Japan, China and the United States. Tempe: Fourth Wave Productions, 1990.

TORELLI, L.; DURRETT, C. Landscapes for learning: the impact of classroom design on infants and toddlers. *Spaces for Children*, 1995.

TRAWICK-SMITH, J. W. *Early childhood development:* a multicultural perspective. Upper Saddle River: Merrill, c1997. p. 349.

UDELL, T.; GLASENAPP, G. Managing challenging behaviors: adult communication as a prevention and teaching tool. In: NEUGEBAUER, B. (Ed.). *Behavior*: a beginnings workshop book. Redmond: Exchange, 2005. p. 26-29.

VAN HORN, J. et al. *Play at the center of the curriculum.* 4th ed. Columbus: Merrill, 2007.

VYGOTSKY, L. S. Thinking and speech. In: REIBER, R.; CARTON, A. (Eds.). *The Collected Works of L. S. Vygotsky.* New York: Plenum, c1987.

VYGOTSKY, L. S. *Thought and language.* Cambridge: M.I.T, 1962.

YOUNG, V. H. Family and childhood in a southern negro community. *American Anthropologist*, v. 72, n. 2, p. 269-288, 1970.

ZEPEDA, M. et al. *Bridging cultures in early care and education*: a training module. Mahwah: Lawrence Erlbaum, 2006.

Leituras Sugeridas

ABBOTT, L.; LANGSTON, A. *Birth to three matters*: supporting the framework of effective practice. Maidenhead: Open University, 2005.

ADAMS, E. J. Teaching children to name their feelings. *Young Children*, v. 66, n. 3, p. 66-67, 2011.

ADAMS, S. K.; BARONBERG, J. *Promoting positive behavior*: guidance strategies for early childhood settings. Upper Saddle River: Prentice Hall, c2005.

ADAMSON, S. Making the calendar meaningful. *Young Children*, v. 60, n. 5, p. 42, 2005.

AKBAR, N. *Community of self.* Tallahassee: Mind Productions, c1985.

ALATI, S. What about our passions as teachers? Incorporating individual interests in emergent curricula. *Young Children*, v. 60, n. 6, p. 86-89, 2005.

ALLEN, K. E.; MAROTZ, L. R. *Developmental profiles:* birth to six. Albany: Delmar, c1989.

ALLISON, J. Building literacy curriculum using the project approach. In: NEUGEBAUER, B. (Ed.). *Literacy*: a beginnings workshop book. Redmond: Exchange, c2005. p. 22-28.

ALTHOUSE, R.; JOHNSON, M. H.; MITCHELL, S. T. *The colors of learning*: integrating the visual arts into the early childhood curriculum. New York: Teachers College, c2003.

AMERICAN PUBLIC HEALTH ASSOCIATION; American Academy of Pediatrics. *Caring for our children*: national health and safety performance standards: guidelines for early care and educaton programs. 3rd ed. Chicago: American Academy of Pediatrics, 2011.

ANDERSON, C. Blocks: a versatile learning tool for yesterday, today, and tomorrow. *Young Children*, v. 65, n. 2, p. 54-56, 2010.

ANDREWS, A. G.; TRAFTON, P. R. *Little kids--powerful problem solvers*: math stories from a kinder-garten classroom. Portsmouth: Heinemann, 2002.

ARMSTRONG, L. J. *Family child care homes*: creative spaces for children to learn. St. Paul: Redleaf, c2012.

ARONSON, S. S.; SHOPE, T. R. *Managing infectious diseases in child care and schools*. Chicago: American Academy of Pediatrics, 2005.

ARONSON, S.; SPAHR, P. M. (Eds.). *Healthy young children*: a manual for programs. 4th ed. Washington: NAEYC, 2002.

BALABAN, N. Easing the separation process for infants, toddlers, and families. In: KORALEK, D.; GILLESPIE L. G. (Eds.). *Spotlight on infants and toddlers*. Washington: NAEYC, c2011. p. 14-19.

BALABAN, N. *Everyday goodbyes*: starting school and early care: a guide to the separation process. New York: Teachers College, c2006.

BALL, J. *Early childhood care and development program as hook and hub*: promising practices in first nations communities. Victoria: University of Victoria, 2004.

BANDTEC NETWORK FOR DIVERSITY TRAINING. *Reaching for answers*: a workbook on diversity in early childhood education. Oakland: Bandtec Network for Diversity Training, 2003.

BANDURA, A. *Social learning theory.* Englewood Cliffs: Prentice-Hall, c1977.

BARDIGE, B. L. S.; SEGAL, M. M. *Poems to learn read by*: building literacy with love. Washington: Zero to Three, c2005.

BARRERA, I.; CORSO, R; MACPHERSON, D. *Skilled dialogue*: strategies for responding to cultural diversity in early childhood. Baltimore: P. H. Brookes, c2003.

BARRERA, I.; KRAMER, L.; MACPHERSON, T. D. *Skilled dialogue*: strategies for responding to cultural diversity in early childhood. 2nd ed. Baltimore: P. H. Brookes, c2012.

BARRETT-DRAGAN, P. *A how-to guide for teaching english language learners in the primary classroom*. Washington: NAEYC, 2006.

BARRETT-DRAGAN, P. *Everything you need to know to teach first grade*. Portsmouth: Heinemann, c2003.

BASSO, K. "To give up on words": silence in western Apache culture. In: MONAGHAN, L. F.; GOODMAN, J. E. (Eds.). *A cultural approach to interpersonal communication*. Malden: Blackwell, 2007. p. 77-87.

BEAL, S. M.; FINCH, C. F. An overview of retrospective case-control studies investigating the relationship between prone sleep position and SIDS. *Journal of Pediatrics and Child Health*, v. 27, n. 6, p. 334-339, 1991.

BELL, S. H. et al. *Challenging behaviors in early childhood settings*: creating a place for all children. Baltimore: P. H. Brookes, c2004.

BENJET, C.; KAZDIN, A. E. Spanking children: the controversies, findings and new directions. *Clinical Psychology Review*, v. 23, n. 2, p. 197-224, 2003.

BENNETT, T. Future teachers forge family connections. *Young Children*, v. 61, n. 1, p. 22-27, 2006.

BENNETT, T. *Mapping family resources and support*: spotlight on young children and families. Washington: NAEYC, 2007.

BERNARD, B.; QUIETT, D. *Nurturing the nurturer*: the importance of sound relationships in early childhood intervention. San Francisco: WestEd, 2002.

BERNHARD, J. K. et al. Latin americans in a canadian primary school: perspectives of parents, teachers and children on cultural identity and academic achievement. *Canadian Journal of Regional Science*, v. 21, n. 2, p. 217-237, 1997.

BERNHARD, J. K. *Stand together or fall apart*: professionals working with immigrant families. Winnepeg: Fernwood, c2012.

BERNHARD, J. K.; GONZALEZ-MENA, J. Cultural context of infant and toddler care. In: CRYER, D.; HARMS, T. (Eds.). *Infants and toddlers in out-of-home care*. Baltimore: P. H. Brookes, 2000. p. 237-267.

BIALYSTOK, E. *Bilingualism in development*: language, literacy, and cognition. Cambridge: Cambridge University, 2001.

BIGGAR, H. NAEYC recommendations on screening and assessment of young english language learners. *Young Childen*, v. 60, n. 6, p. 44-46, 2005.

BILMES, J. *Beyond behavior management*: the six life skills children need to thrive in today's world. St. Paul: Redleaf, c2004.

BISSON, J. Holiday lessons learned in an early childhood classroom. In: PELO, A. (Ed.). *Rethinking early childhood education*. Milwaukee: Rethinking Schools, c2008. p. 165-170.

BIXLER, R. D.; FLOYD, M. F.; HAMMITT, W. E. Environmental socialization: qualitative tests of the childhood play hypothesis. *Environment and Behavior*, v. 34, n. 6, p. 795-818, 2002.

BLOOM, P. J.; EISENBERG, P.; EISENBERG, E. Reshaping early childhood programs to be more family responsive. *America's Family Support Magazine*, v. 21, n. 1-2, p. 36-38, 2003.

BODROVA, E.; LEONG, D. J. Chopsticks and counting chips: Do play and foundational skills need to compete for teacher's attention in an early childhood classroom? In: COPPEL, C. (Ed.). *Growing minds*: building strong cognitive foundations in early childhood. Washington: NAEYC, 2012. p. 67-74.

BODROVA, E.; LEONG, D. J. *Tools of the mind*: the Vygotsky approach to early childhood education. 2nd ed. Columbus: Merrill, 2007.

BOWMAN, B. *Love to read*: essays in developing and enhancing early literacy skills of African American children. Washington: National Black Child Development Institute, 2003.

BOWMAN, B. T.; STOTT, F. M. Understanding development in a cultural context: the challenge for teachers. In: MALLORY, B. L.; NEW, R. S. (Eds.). *Diversity and developmentally appropriate practices*: challenges for early childhood education. New York: Teachers College, c1994. p. 119-133.

BRADLEY, J. R.; KIBERA, P. Closing the gap: culture and the promotion of inclusion in child care. *Young Children*, v. 61, n. 1, p. 34-41, 2006.

BRAULT, L. M. V. *Making inclusion work*: strategies to promote belonging for children with special needs in child care settings. Sacramento: California Department of Education, 2007.

BRAULT, L.; BRAULT, T. *Children with challenging behavior*: strategies for reflective thinking. Phoenix: CPG, c2005.

BRAVO, E. It's all of our business: what fighting for family-friendly policies could mean for early childhood educators. In: PELO, A. (Ed.). *Rethinking early childhood education*. Milwaukee: Rethinking Schools, c2008. p. 197-200.

BRESLIN, D. Children's capacity to develop resiliency: how to nurture it. *Young Children*, v. 60, n. 1, p. 47-48, 50-52, 2005.

BRICKLEY, M. et al. *Opening doors*: lesbian and gay parents and schools. Washington: Family Pride Coalition, 2004.

BRIODY, J.; MCGARRY, K. Using social stories to ease children's transitions. *Young Children*, v. 60, n. 5, 38-42, 2005.

BROCK, C. Serving English language learners: placing learners learning on center stage. *Language Arts*, v. 78, n. 5, p. 467-475, 2001.

BRODY, H. *The other side of eden*: hunters, farmers, and the shaping of the world. New York: North Point, 2001.

BRONFENBRENNER, U. (Ed.). *Making human beings human*: bioecological perspectives on human development. London: Sage, 2004.

BRONSON, M. B. Recognizing and supporting the development of self-regulation in young children. *Young Children*, v. 55, n. 2, p. 32-37, 2000.

BRONSON, M. Recognizing and supporting the development of self-regulation in young children. In: COPPEL, C. (Ed.). *Growing minds*: building strong cognitive foundations in early childhood. Washington: NAEYC, 2012. p. 97-104.

BROOKS, J. G. *Big science for growing minds*: constructivist classrooms for young thinkers. New York: Teachers College, c2011.

BRUCE, T. *Developing learning in early childhood*. Thousand Oaks: Sage, 2004.

BRUCE, T. *Learning through play*: for babies, toddlers and young children. 2nd ed. London: Hodder Education, 2011.

BRUNO, H. E. At the end of the day: Policies, procedures and practices to ensure smooth transitions. *Exchange*, n. 165, p. 66-69, 2005.

BURMAN, L. *Are you listening?*: fostering conversations that help young children learn. St. Paul: Redleaf, 2008.

BURNINGHAM, L. An interactive model for fostering family literacy. *Young Children*, v. 60, n. 5, p. 87-94, 2005.

BURNS, M. S.; JOHNSON, R. T.; ASSAF, M. M. *Preschool education in today's world*: teaching children with diverse backgrounds and abilities. Baltimore: P. H. Brookes, c2012.

BUYSSE, V.; WESLEY, P. (Eds.). *Evidence-based practice in the early childhood field*. Washington: Zero to Three, c2006.

CARLEBACH, D.; TATE, B. *Creating caring children*: the first three years. Miami: Peace Education Foundation, 2002.

CARLSON, F. M. *Big body play*: why boisterous, vigorous, and very physical play is essential to children's development and learning. Washington: NAEYC, 2010.

CARLSSON-PAIGE, N.; LEVIN, D. E. When push comes to shove: reconsidering children's conflicts. In: NEUGEBAUER, B. (Ed.). *Behavior*: a beginnings workshop book. Redmond: Exchange, 2005. p. 39-41.

CARR, M. *Assessment in early childhood settings*: learning stories. Thousand Oaks: Sage, 2001.

CARSON, R.; PRATT, C. *The sense of wonder*. New York: Harper & Row, 1965.

CARTER, D. R.; VAN NORMAN, R. K.; TREDWELL, C. Program-wide positive behavior support in preschool: lessons for getting started. *Early Childhood Education Journal*, v. 38, n. 5, p. 349-55, 2011.

CARTER, M.; CURTIS, D. *Designs for living and learning*: transforming early childhood environments. St. Paul: Redleaf, 2003.

CASPER, V. Very young children in lesbian- and gay-headed families: Moving beyond acceptance. *Zero to Three*, v. 23, n. 3, p. 18-26, 2003.

CHALUFOUR, I.; WORTH, K. *Building structures with young children*. St. Paul: Redleaf, 2004.

CHANG, H. *Getting ready for quality*: the critical importance of developing and supporting a skilled, ethnically and linguistically diverse early childhood workforce. Oakland: California Tomorrow, 2005.

CHARMIAN, K. Childhood bilingualism: Research on infancy through school age. *Literacy*, v. 41, n. 2, p. 110-111, 2007.

CHENFELD, M. B. Education is a moving experience: get movin'! *Young Children*, v. 59, n. 4, p. 56-57, 2004.

CHRISTIAN, L. G. Understanding families: applying family systems theory to early childhood practice. *Young Children*, v. 61, n. 1, p. 12-20, 2006.

CHRISTIE, J. Play: a medium for literacy development. In: FROMBERG, D.; BERGEN, D. (Eds.). *Play from birth to twelve and beyond*: contexts, perspectives, and meanings. New York: Garland, 1998. p. 50-55.

CIANCIOLO, S.; TRUEBLOOD-NOLL, R.; ALLINGHAM, P. Health consultation in early childhood settings. *Young Children*, v. 59, n. 2, 56-61, 2004.

CLARKE-STEWART, A.; ALHUSEN, V. D. *What we know about childcare*. Cambridge: Harvard University, 2005.

CLAY, J. W. Creating safe, just places to learn for children of lesbian and gay parents: the NAEYC code of ethics in action. *Young Children*, v. 59, n. 6, p. 34-38, 2004.

COHEN, D. et al. *Observing and recording the behavior of young children*. 5th ed. New York: Teachers College, 2008.

COLKER, L. J. *The cooking book*: fostering young children's learning and delight. Washington: NAEYC, c2005.

COLLINS, M. F. ELL preschoolers' English vocabulary acquisition from storybook reading. *Early Childhood Research Quarterly*, v. 25, n. 1, p. 84-97, 2010.

COLOMBO, M. W. Reflections from teachers of culturally diverse children. *Young Children*, v. 60, n. 6, 2005.

COOPER, R.; JONES, E. Enjoying diversity. *Exchange*, n. 165, p. 6-8, 2005.

COPLEY, J. V. *The young child and mathematics*. Washington: NAEYC, 2000.

COPPEL, C. (Ed.). *Growing minds*: building strong cognitive foundations in early childhood. Washington: NAEYC, 2012. p. 97-104.

COPPLE, C. (Ed.). *A world of difference*: readings on teaching young children in a diverse society. Washington: NAEYC, c2003.

CORSARO, W. A.; MOLINARI, L. *I Compagni*: understanding children's transition from preschool to elementary school. New York: Teachers College, c2005.

COUNCIL ON INTERRACIAL BOOKS FOR CHILDREN. 10 quick ways to analyze children's books for racism and sexism. In: PELO, A. (Ed.). *Rethinking early childhood education*. Milwaukee: Rethinking Schools, c2008. p. 211-213.

COURTNEY, A. M.; MONTANO, M. Teaching comprehension from the start: one first grade classroom. *Young Children*, v. 61, n. 2, p. 68-74, 2006.

CRAWFORD, L. *Lively learning*: using the arts to teach the K-8 curriculum. Greenfield: Northeast Foundation for Children, 2004.

CUFFARO, H. K. *Experimenting with the world*: John Dewey and the early childhood classroom. New York: Teachers College, 1995.

CURTIS, D.; CARTER, M. *The art of awareness*: how observation can transform your teaching. 2nd ed. St. Paul: Redleaf, 2012.

CUSHNER, K.; MCCLELLAND, A.; STAFFORD, P. *Human diversity in education*: an integrative approach. 4th ed. Boston: McGraw-Hill, c2003.

CUTLER, K. M. et al. Developing math games based on children's literature. *Young Children*, v. 58, n. 1, p. 22-27, 2003.

D'ADDESIO, J. et al. Social studies: learning about the world around us. *Young Children*, v. 60, n. 5, p. 50-57, 2005.

DANIEL, J.; FRIEDMAN, S. Preparing teachers to work with culturally and linguistically diverse children. *Young Children*, v. 60, n. 6, 2005.

DARLING-HAMMOND, L.; FRENCH, J.; GARCIA-LOPEZ, S. P. *Learning to teach for social justice*. New York: Teachers College, c2002.

DARRAGH, J. Access and inclusion: ensuring engagement in EC environments. *Exchange*, n. 182, p. 20-22, 2008.

DAVID, J. (Comp.). Head start embraces language diversity. *Young Children*, v. 60, n. 6, p. 40-43, 2005.

DAVIS, C.; YANG, A. *Parents and teachers working together*. Turners Falls: Northeast Foundation for Children, c2005.

DAY, M.; PARLAKIAN, R. *How culture shapes social-emotional development*: implications for practice in infant-family programs. Washington: Zero to Three, c2004.

DEJONG, L. Using Erikson to work more effectively with teenage parents. *Young Children*, v. 58, n. 2, p. 87-95, 2003.

DELPIT, L. D.; DOWDY, J. K. *The skin that we speak*: thoughts on language and culture in the classroom. New York: New, c2012.

DEPARTAMENT OF EDUCATION; Division of Research to Practice; Office of Special Education Programs. *Synthesis on the use of assistive technology with infants and toddlers*. Washington: U. S. Department of Education, 2001.

DERMAN-SPARKS, L. Anti-bias education: reflections. *Exchange*, n. 200, p. 55-58, 2011.

DERMAN-SPARKS, L. Why an anti-bias curriculum? In: PELO, A. (Ed.). *Rethinking early childhood education*. Milwaukee: Rethinking Schools, c2008. p. 7-12.

DERMAN-SPARKS, L.; RAMSEY, P. G. What if all the children in my class are white? Anti-bias/multicultural education with white children. *Young Children*, v. 60, n. 6, p. 20-26, 2005.

DERMAN-SPARKS, L.; RAMSEY, P. G. *What if all the kids are white*: antibias multicultural education with young children and families. New York: Teachers College, 2006.

DEVRIES, R. et al. *Developing constructivist early childhood curriculum*: practical principles and activities. New York: Teachers College, c2002.

DEWEESE-PARKINSON, C. Talking the talk: integrating indigenous languages into a Head Start classroom. In: PELO, A. (Ed.). *Rethinking early childhood education*. Milwaukee: Rethinking Schools, c2008. p. 175-176.

DIFFILY, D.; SASSMAN, C. *Project-based learning with young children*. Portsmouth: Heinemann, c2002.

DISCHLER, P. A. *Teaching the 3 Cs*: creativity, curiosity, and courtesy: activities that build a foundation for success. Thousand Oaks: Corwin, 2010.

DOMBRO, A. L.; JABLON, J. R.; STETSON, C. Powerful interactions. *Young Children*, n. 66, v. 1, p. 12-20, 2011.

DOMBRO, A. L.; JABLON, J.; STETSON, C. *Powerful interactions*: how to connect with children to extend their learning. Washington: NAEYC, 2012.

DOMBRO, A. L.; LERNER, C. Sharing the care of infants and toddlers. *Young Children*, v. 61, n. 1, p. 29-33, 2006.

DOWHEY, M. Heather's moms got married. In: PELO, A. (Ed.). *Rethinking early childhood education*. Milwaukee: Rethinking Schools, c2008. p. 177-179.

DREIKURS, R.; GREY, L. *Logical consequences*: a new approach to discipline. New York: Dutton, 1990.

DREW, W. F.; RANKIN, B. Promoting creativity for life using open-ended materials. *Young Children*, v. 59, n. 4, p. 38-45, 2004.

DROGUE, P. W. Stop refereeing and start building communication skills. *Exchange*, n. 167, p. 6-8, 2006.

DUBOSARKY, M. et al. Animal tracks on the playground, minnows in the -sensory table: Incorporating cultural themes to -promote preschoolers' critical thinking in American Indian head start classrooms. *Young Children*, v. 66, n. 5, p. 20-29, 2011.

DUCKWORTH, E. R. *"Tell me more"*: listening to learners explain. New York: Teachers College, c2001.

DUKE, N. K. Reading to learn from the very beginning: Information books in early childhood. *Young Children*, v. 58, n. 2, p. 14-20, 2003.

DUNCAN, S. Breaking the code: changing our thinking about children's environments. *Exchange*, n. 200, p. 13-16, 2011.

DUNN, J. *Children's friendships*: the beginnings of intimacy. Malden: Blackwell, 2004.

DWECK, C. S. *Mindset*: the new psychology of success. New York: Random House, c2006.

EBERLY, J. L.; GOLBECK, S. L. Blocks, building and mathematics: influences of task format and gender of play partners among preschoolers. In: REIFEL, S.; BROWN, M. H. (Eds.) *Social contexts of early education, and reconceptualizing play (II)*. 2nd ed. Greenwich: Jai, 2004. p. 39-54. (Advances in early education and day care, v. 13).

EDELMAN, L. A relationship-based approach to early intervention. *Resources and Connections*, v. 3, n. 2, p. 1-9, 2004.

EDWARDS, C. P.; GANDINI, L.; FORMAN, G. (Eds.). *The hundred languages of children*: the Reggio Emilia approach to early childhood education. Norwood: Ablex, c1993.

EISAGUIRRE, L. *Stop pissing me off!*: what to do when the people you work with drive you crazy. Avon: Adams Media, c2007.

ELKIND, D. *The power of play*: how spontaneous imaginative activities lead to happier, healthier children. Cambridge: Da Capo Lifelong, c2007.

ELKIND, D. Work, chores, and play: setting a healthy balance. *Exchange*, p. 39-41, 2006.

ELLIOT, E.; GONZALEZ-MENA, J. Babies' self-regulation: taking a broad perspective. *Young Children*, v. 66, n. 1, p. 28-32, 2011.

EPSTEIN, A. S. How planning and reflection develop young children's thinking skills. In: COPPEL, C. (Ed.). *Growing minds*: building strong cognitive foundations in early childhood. Washington: NAEYC, 2012. p. 111-118.

EPSTEIN, A. S. Think before you (inter)act: what it means to be an intentional teacher. *Exchange*, v. 31, n. 1, p. 46-49, 2009.

ERIKSON, E. H. *Childhood and society*. New York: Norton, 1950.

ERIKSON, E. H.; COLES, R. *The Erik Erikson reader*. New York: W. W. Norton, c2000.

ESPINOSA, L. M. *Getting it right for young children from diverse backgrounds*: applying research to improve practice. Upper Saddle River: Pearson, c2010.

ESPINOSA, L. M. *Getting it right for young children from diverse backgrounds*: applying research to improve practice. Washington: NAEYC, 2010.

ESTOK, V. One district's study on the propriety of transition-grade classrooms. *Young Children*, v. 60, n. 2, p. 28-31, 2005.

FADIMAN, A. *The spirit catches you and you fall down*: a hmong child, her american doctors, and the collision of two cultures. New York: Farrar, Straus and Giroux, 1997.

FALK, B. (Ed.). *Defending childhood*: keeping the promise of early education. New York: Teachers College, 2012.

FEENEY, S. *Professionalism in early childhood education*: doing our best for young children. Boston: Pearson, c2012.

FEENEY, S.; GALPER, A.; SEEFELDT, C. (Eds.). *Continuing issues in early childhood education*. 3rd ed. Upper Saddle River: Merrill, 2008.

FEENEY, S.; GALPER, A.; SEEFELDT, C. (Eds.). *Continuing issues in early childhood education*. 3rd ed. Upper Saddle River: Merrill, c2009.

FENLON, A. Collaborative steps: paving the way to kindergarten for young children with disabilities. *Young Children*, v. 60, n. 2, p. 32-37, 2005.

FERNANDEZ, M. T.; MARFO, K. Enhancing infant-toddler adjustment during transitions to child care: a screening and intervention tool for practitioners. *Zero to Three*, v. 25, n. 6, p. 41-48, 2005.

FERNEA, E. W. *Children in the Muslim Middle East*. Austin: University of Texas, 1995.

FILLMORE, L. W. Loss of family languages: should educators be concerned? *Theory into Practice*, v. 39, n. 4, p. 203-210, 2000.

FITZGERALD, D. *Parent partnership in the early years*. London: Continuum, c2004.

FLICKER, E. S.; HOFFMAN, J. A. Developmental discipline in the early childhood classroom. *Young Children*, v. 57, n. 5, p. 82-89, 2002.

FLOREZ, I. R. Developing young children's self-regulation through everyday experiences. *Young Children*, v. 66, n. 4, p. 46-51, 2011.

FLYNN, L. L.; KIEFF, J. Including everyone in outdoor play. *Young Children*, v. 57, n. 3, p. 20-26, 2002.

FREIBERG, S. *The magic years*; understanding and handling the problems of early childhood. New York: Scribner, 1959.

FREIRE, P. *Teachers as cultural workers*: letters to those who dare teach. Boulder, CO: Westview, 1998.

FRENCH, K. Supporting a child with special health care needs. *Young Children*, v. 59, n. 2, p. 62-63, 2004.

FRENCH, K.; CAIN, H. M. Including a young child with spina bifida. *Young Children*, v. 61, n. 3, p. 78-85, 2006.

FRIEND, M. D.; BURSUCK, W. D. *Including students with special needs*: a practical guide for classroom teachers. 6th ed. Upper Saddle River: Pearson, 2011.

FRIEND, M. P.; COOK, L. *Interactions*: collaboration skills for school professionals. 4th ed. Boston: Allyn & Bacon, c2003.

FROMBERG, D. P. *Play and meaning in early childhood education*. Boston: Allyn & Bacon, c2002.

FROST, J. L. et al. *The developmental benefits of playgrounds*. Olney: Association of Childhood Education International, c2004.

FROST, J. L.; WORTHAM, S. C.; REIFEL, R. S. *Play and child development*. 2nd ed. Upper Saddle River: Prentice Hall, c2005.

FROST, J. L.; WORTHAM, S. C.; REIFEL, R. S. *Play and child development*. Upper Saddle River: Merrill, c2001.

GALINSKY, E. *Mind in the making*: the seven essential life skills every child needs. New York: HarperStudio, c2010.

GANDINI, L.; EDWARDS, C. P. (Eds.). *Bambini*: the Italian approach to infant/toddler care. New York: Teachers College, 2000.

GANDINI, L.; HILL, L.; SCHWALL, C. (Eds.). *In the spirit of the studio*: learning from the atelier of Reggio Emilia. New York: Teachers College, c2005.

GANTLEY, M.; DAVIES, D. P.; MURCOTT, A. Sudden infant death syndrome: links with infant care practices. *British Medical Journal*, v. 306, n. 6869, p. 16-20, 1993.

GARCÍA, E. E.; MCLAUGHLIN, B. (Eds.). *Meeting the challenge of linguistic and cultural diversity in early childhood education*. New York: Teachers College, 1995. (Yearbook in early childhood education, v. 6).

GARCIA, O.; KLEIFGEN, J. A. *Educating emergent bilinguals*: policies, programs, and practices for english language learners. New York: Teachers College, c2010.

GARDNER, H. *Frames of mind*: the theory of multiple intelligences. New York: Basic Books, c1993.

GARDNER, H. *Frames of mind*. New York: Basic Books, 1983.

GARDNER, H. *Intelligence reframed*: multiple intelligences for the 21st century. New York: Basic Books, 2000.

GARDNER, H. *Multiple intelligences*: the theory in practice. New York: Basic Books, 2000.

GARNER, A. *Families like mine*: children of gay parents tell it like it is. New York: Harper Collins, c2004.

GARTELL, D. Aggression, the prequel: preventing the need. *Young Children*, v. 66, n. 6, p. 62-64, 2011.

GARTRELL, D. Guidance matters: boys and men teachers. *Young Children*, v. 61, n. 3, p. 92-93, 2006.

GAUVAIN, M. *The social context of cognitive development*. New York: Guilford, 2001.

GEIST, E. Infants and toddlers exploring mathematics. *Young Children*, v. 58, n. 1, p. 10-12, 2003.

GELMAN, R. et al. *Preschool pathways to science*: facilitating scientific ways of thinking, talking, doing, and understanding. Baltimore: P. H. Brookes, c2010.

GELMAN, R.; BRENNEMAN, K. Science learning pathways for young children. *Early Childhood Research Quarterly*, v. 19, n. 1, p. 150-158, 2004.

GELNAW, A. Belonging: including children of gay and lesbian parents – and all children – in your program. *Exchange*, p. 42-44, 2005.

GENESSE, F., PARADIS, J.; CRAGO, M. B. *Dual language development and disorders*: a handbook on bilingualism and second language learning. Baltimore: P. H. Brookes, c2004.

GENISHI, C. Research in review. young english language learners: resourceful in the classroom. *Young Children*, v. 57, n. 4, p. 66-70, 2002.

GENISHI, C.; HAAS DYSON, A. Ways of talking: respecting differences. In: NEUGEBAUER, B. (Ed.). *Literacy*: a beginnings workshop book. Redmond: Exchange, c2005.

GERBER, M. (Ed.). *Manual for resources for infant educarers*. 2nd ed. Los Angeles: Resources for Infant Educarers. No prelo.

GERBER, M. *Dear parent*: caring for infants with respect. Los Angeles: Resources for Infant Educarers, 1998.

GERBER, M. Modifying the environment to respond to the changing needs of the child. *Educaring*, v. 6, n. 1, p. 1-2, 1985.

GERBER, M. RIE principles and practices. In: PETRIE, S.; OWEN, S. (Eds.). *Authentic relationships in group care for infants and toddlers*: resources for infant educarers (RIE) principles into practice. London: J. Kingsley, 2005. p. 35-49.

GILLANDERS, C.; CASTRO, D. C. Storybook reading for young dual language learners. *Young Children*, v. 66, n. 1, p. 91-95, 2011.

GINOTT, H. *Between parent and child*. New York: Macmillan, 1956.

GOLDBERG, R. J. et al. World forum working group report on inclusion. *Exchange*, n. 201, p. 56, 2011.

GOLEMAN, D. *Emotional intelligence*. New York: Bantam, 1997.

GOLEMAN, D. *Working with emotional intelligence*. New York: Bantam, 2000.

GONZALEZ-MENA, J. *50 Strategies for communicating and working with diverse families*. 3rd ed. Boston: Person, 2013.

GONZALEZ-MENA, J. *Child, family and community*: family-centered early care and education. 6th ed. Upper Saddle River: Pearson, 2012.

GONZALEZ-MENA, J. Compassionate roots begin with babies. *Exchange*, n. 193, p. 46-49, 2010.

GONZALEZ-MENA, J. Cultural responsiveness and routines: when center and home don't match. *Exchange*, n. 194, p. 42-44, 2010.

GONZALEZ-MENA, J. Culture and communication in the child care setting. In: MANGIONE, P. L.; GREENWALD, D. (Eds.), *Infant/toddler caregiving*: a guide to language development and communication. 2nd ed. Sacramento: California Department of Education, 2011. p. 51-60.

GONZALEZ-MENA, J. *Diversity in early care and education*: honoring differences. 5th ed. New York: McGraw-Hill, 2008.

GONZALEZ-MENA, J. Independence or interdependence? Understanding the parent's perspective. *Child Care Information Exchange*, n. 117, p. 61-63, 1997.

GONZALEZ-MENA, J. *Infant/toddler caregivers*: a guide to routines. Sacramento: California Department of Education, c1990.

GONZALEZ-MENA, J. *Infant/toddler caregiving*: a guide to routines. 2nd ed. Sacramento: California Department of Education, 2002.

GONZALEZ-MENA, J. *Multicultural issues in child care*. Mountain View: Mayfield, 1997.

GONZALEZ-MENA, J. Praise: motivator or manipulator? *Educaring*, v. 7, n. 1, p. 1-4, 1986.

GONZALEZ-MENA, J. Thinking about thinking: how can I get inside your head? *Exchange*, n. 175, p. 50-52, 2007.

GONZALEZ-MENA, J. What can an orphanage teach us? Lessons from Budapest. *Young Children*, v. 59, n. 5, p. 26-30, 2004.

GONZALEZ-MENA, J. Working with cultural differences: individualism and collectivism. *The First Years Ngä Tua Tuatahi*, v. 4, n. 2, p. 13-15, 2002.

GONZALEZ-MENA, J.; BRILEY, L. Improving infant mental health in orphanages: a goal worth considering. *The Signal*, v. 19, n. 4, p. 14-17, 2011.

GONZALEZ-MENA, J.; CHAHIN, E.; BRILEY, L. The Pikler Institute: a unique approach to caring for children. *Exchange*, v. 166, p. 49-51, 2005.

GONZALEZ-MENA, J.; EYER, D. W. *Infants, toddlers, and caregivers*. 10th ed. New York: McGraw-Hill, 2014.

GONZALEZ-MENA, J.; SHAREEF, I. Discussing diverse perspectives on guidance. *Young Children*, v. 60, n. 6, p. 34-38, 2005.

GONZALEZ-MENA, J.; STONEHOUSE, A. *Making links*: a collaborative approach to planning and practice in early childhood programs. New York: Teachers College, c2008.

GONZÁLEZ, N.; MOLL, L. C.; AMANTI, C. *Funds of knowledge*: theorizing practice in households, communities, and classrooms. Mahwah: Erlbaum, 2005.

GOPNIK, A.; MELTZOFF, A. N.; KUHL, P. K. *The scientist in the crib*: minds, brains, and how children learn. New York: Morrow, 1999.

GORDON, T. *Parent effectiveness training*: the no-lose program for raising responsible children. New York: P. H. Wyden, c1970.

GRAUE, E. What's going on in the children's garden? Kindergarten today. Research in review. *Young Children*, v. 56, n. 3, p. 67-73, 2001.

GRAY, H. "You go away and you come back": supporting separations and reunions in an infant/toddler classroom. *Young Children*, v. 59, n. 5, p. 100-107, 2004.

GREENMAN, J. Living in the real world: diversity and conflict: the world will never sing in perfect harmony. *Child Care Information Exchange*, v. 69, p. 11-13, 1989.

GREENMAN, J. *What happened to my world?* Helping children cope with natural disaster and castastrophe. Watertown: Confort for Kids, 2006.

GREENMAN, J.; STONEHOUSE, A. *Prime times*: a handbook for excellence in infant and toddler care. St. Paul: Redleaf, c1996.

GREENMAN, M. The family partnership. *Exchange*, v. 33, n. 2, p. 46-48, 2011.

GREENOUGH, W. et al. The impact of the caregiving environment on young children's development: different ways of knowing. *Zero to Three*, v. 21, p. 16-24, 2001.

GREENSPAN, S. I.; BENDERLY, B. L. *The growth of the mind*: and the endangered origins of intelligence. Reading: Addison-Wesley, c1997.

GREENSPAN, S. I.; GREENSPAN, N. T. *First feelings*: milestones in the emotional development of your baby and child. New York: Viking, 1985.

GREENSPAN, S. I.; LEWIS, N. B. *Building healthy minds*: the six experiences that create intelligence and emotional growth in babies and young children. Cambridge: Perseus Books, 1999.

GREENSPAN, S. I.; SHANKER, S. *The first idea*: how symbols, language, and intelligence evolved from our primate ancestors to modern humans. Cambridge: Da Capo, 2004.

GREENSPAN, S. I.; WIEDER, S.; SIMONS, R. *The child with special needs*: encouraging intellectual and emotional growth. Reading: Perseus Books, 1998.

GREFSRUD, S. Room at the table: parent engagement in head start. *Exchange*, n. 198, p. 57-59, 2011.

GRISHAM-BROWN, J.; HEMMETER, M.L.; PRETTI-FRONTCZAK, K. *Blended practices for teaching young children in inclusive settings*. Baltimore: P. H. Brookes, c2005.

GRONLUND, G. *Make early learning standards come alive*: connecting your practice and curriculum to state guidelines. St. Paul: Redleaf, 2006.

GULLO, D. F. (Ed.). *K today*: teaching and learning in the kindergarten year. Washington: NAEYC, c2006.

GULLO, D. F. *Understanding assessment and evaluation in early childhood education*. 2nd ed. New York: Teachers College, c2005.

GURALNICK, M. J. (Ed.). *Early childhood inclusion*: focus on change. Baltimore: P. H. Brookes, c2001.

HALE, J. E. *Black children*: their roots, culture and learning styles. Baltimore, MD: Johns Hopkins University, c1986.

HAMMOND, R. A. Preparing for literacy: communication comes first. *Educating*, v. 22, p. 1-5, 2001.

HANSON, M. J.; LYNCH, E. W. *Understanding families*: approaches to diversity, disability, and risk. Baltimore: P. H. Brookes, c2004.

HARWOOD, R. L.; MILLER, J. G.; IRIZZARY, N. L. *Culture and attachment*: perceptions of the child in context. New York: Guilford, c1995.

HATCH, J. A. *Teaching in the new kindergarten*. Clifton Park: Thomson Delmar Learning, c2005.

HATCHER, B.; PETTY, K. Visible thought in dramatic play. *Young Children*, v. 59, n. 6, p. 79-82, 2004.

HAYNES-LAWRENCE, D. Crisis nurseries: emergency services for children and families in need. *Exchange*, n. 185, p. 16-20, 2009.

HEALY, J. Cybertots: technology and the preschool child. In: PELO, A. (Ed.). *Rethinking early childhood education*. Milwaukee: Rethinking Schools, c2008. p. 75-84.

HEALY, J. M. Impacting readiness: nature and nurture. *Exchange*, n. 198, p. 18-21, 2011.

HEFFRON, M. C.; IVINS, B.; WESTON, D. R. Finding an authentic voice-use of self: essential learning process for relationship-based work. *Infants and Young Children*, v. 18, n. 4, p. 323-336, 2005.

HELM, J. H.; BENEKE, S. (Eds.). *The power of projects*: meeting contemporary challenges in early childhood classrooms--strategies and solutions. New York: Teachers College, c2003.

HELM, J. H.; KATZ, L. G. *Young investigators*: the project approach in the early years. 2nd ed. New York: Teachers College, 2010.

HENSEN, R. Real super-hero play. *Young Children*, v. 60, n. 5, p. 37, 2005.

HERNANDEZ, L.; SMITH, C. J. Disarming cantankerous people: coping with difficult personalities in the ECE work settings. *Exchange*, n. 185, p. 12-14, 2009.

HEWITT, K. Blocks as a tool for learning. *Young Children*, v. 56, p. 6-12, 2001.

HILL-CLARKE, K.; ROBINSON, N. R. It's as easy as "A-B-C" and "Do-Re-Mi": music, rhythm, and rhyme enhance children's literacy skills. *Young Children*, v. 59, n. 5, p. 91-95, 2004.

HILLMAN, C. B. Building relationships by revisiting home visits. *Exchange*, n. 202, p. 80-82, 2011.

HIRSCHLAND, D. *Collaborative intervention in early childhood*: consulting with parents and teachers of 3- to 7-year-olds. New York: Oxford University, 2008.

HOFFMAN, E. *Magic capes, amazing powers*: transforming superhero play in the classroom. St. Paul: Redleaf, c2004.

HONIG, A. S. The language of lullabies. *Young Children*, v. 60, n. 5, p. 30-36, 2005.

HOOKS, B. *Rock my soul*: black people and self-esteem. New York: Atria Books, c2003.

HOWES, C. *Culture and child development in early childhood programs*: practices for quality education and care. New York: Teachers College, c2010.

HOWES, C.; RITCHIE, S. *A matter of trust*: connecting teachers and learners in the early childhood classroom. New York: Teachers College, c2002.

HUDSON, R. A. Speech communities. In: MONAGHAN, L. F.; GOODMAN, J. E. (Eds.). *A cultural approach to interpersonal communication.* Malden: Blackwell, 2007. p. 212-217.

HUMPAL, M. E.; WOLF, J. Music in the inclusive environment. *Young Children*, v. 58, n. 2, p. 103-107, 2003.

HYMES, J. L. Jr. A child development point of view: excerpts from the writings of James L. Hymes, Jr. *Young Children*, v. 53, n. 3, p. 49-51, 1998.

HYMES, J. L. Jr. *Teaching the child under six.* 3rd ed. Columbus: Merrill, c1981.

HYNES-BERRY, M. *Don't leave the story in the book*: using literature to guide inquiry in early childhood classrooms. New York: Teachers College, 2011.

HYSON, M. *The emotional development of young children*: building an emotion-centered curriculum. 2nd ed. New York: Teachers College, 2004.

ISBELL, C.; ISBELL, R. T. *The inclusive learning center book*: for preschool children with special needs. Beltsville: Gryphon House, c2005.

ISRAEL, M. S. Ethical dilemmas for early child hood educators: the ethics of being accountable. *Young Children*, v. 59, n. 6, p. 24-34, 2004.

JACOBS, G.; CROWLEY, K. *Reaching standards and beyond in kindergarten*: nurturing children's sense of wonder and joy in learning. Thousand Oaks: Corwin, 2011.

JACOBS, L. R. The value of real work with children exhibiting challenging behavior. *Exchange*, p. 36-38, 2006.

JACOBSON, T. *Confronting our discomfort*: clearing the way for anti-bias in early childhood. Portsmouth: Heinemann, c2003.

JACOBSON, T. *Don't get so upset!*: help young children manage their feelings by understanding your own. St. Paul: Redleaf, 2008.

JALONGO, M. R. *Learning to listen, listening to learn*: building essential skills in young children. Washington: NAEYC, c2008.

JOHNSON, J.; DINGER, D. *Let them play*: an early learning (un)curriculum. St. Paul: Redleaf, c2012.

JOHNSTON, P. H. *Choice words*: how our language affects children's learning. Portland: Stenhouse, c2004.

JONES, E. Playing to get smart. Viewpoint. *Young Children*, v. 58, n. 3, p. 32-36, 2003.

JONES, E.; NIMMO, J. *Emergent curriculum.* Washington: NAEYC, 1999.

JONES, E.; REYNOLDS, G. *The play's the thing*: teachers' roles in children's play. New York: Teachers College, 2011.

JONES, N. P. Big jobs: planning for competence. *Young Children*, v. 60, n. 2, p. 86-93, 2005.

KAGAN, S. L.; KAUERZ, K. Governing American early care and education: shifting from government to governance and from form to function. In: FEENEY, S.; GALPER, A.; SEEFELDT, C. (Eds.). *Continuing issues in early childhood education.* 3rd ed. Upper Saddle River: Merrill, c2009. p. 12-32.

KAISER, B.; RASMINSKY, J. S. Including children with challenging behavior in your child care community. *Exchange*, n. 164, p. 32-34, 2005.

KAMII, C.; HOUSMAN, L. B. *Young children reinvent arithmetic*: implications of piaget's theory. 2nd ed. New York: Teachers College, 2000.

KATZ, L. Developing professional insight. In PERRY, G.; HENDERSON B.; MEIER, D. R. (Eds.). *Our inquiry, our practice*: undertaking, supporting, and learning from early childhood teacher researcher(ers). Washington: NAEYC, c2012. p. 27-132.

KATZ, L.; CHARD, S. C. *Engaging children's minds*: the project approach. 2nd ed. Stamford: Ablex, 2000.

KATZ, L.; SCHERY, T. K. Including children with hearing loss in early childhood programs. *Young Children*, v. 61, n. 1, p. 86-95, 2006.

KEELER, R. A spring playscape project: building a tree circle. *Exchange*, n. 185, p. 70-71, 2009.

KEMPLE, K. M. *Let's be friends*: peer competence and social inclusion in early childhood programs. New York: Teachers College, 2003.

KEMPLE, K. M.; BATEY, J. J.; HARTLE, L. C. Music play: creating centers for musical play and exploration. *Young Children*, v. 59, n. 4, p. 30-37, 2004.

KERSEY, K. C.; MASTERSON, M. L. Learn to say yes! when you want to say no! to create cooperation instead of resistance: positive behavior strategies in teaching. *Young Children*, v. 66, n. 4, p. 40-44, 2011.

KERSEY, K.; MALLEY, C. R. Helping children develop resiliency: providing supportive relationships. *Young Children*, v. 60, n. 1, p. 53-58, 2005.

KLEIN, M. D.; CHEN, D. *Working with children from culturally diverse backgrounds*. Albany: Delmar Thomson Learning, 2001.

KLUG, B. Daring to teach: challenging the western narrative of the american indians in the classroom. In: LANDSMAN, J. G.; LEWIS, C. W. (Eds.). *White teachers, diverse classrooms*: creating inclusive schools, building on students' diversity, and providing true educational equity. 2nd ed. Sterling: Stylus, 2011.

KOC, K.; BUZZELLI, C. A. The moral of the story is ...: using children's literature in moral education. *Young Children*, v. 59, n. 1, p. 92-97, 2004.

KOHL, M. F.; VAN SLYKE R. *Primary art*: it's the process, not the product. Beltsville: Gryphon House, c2005.

KOPLOW, L. *Unsmiling faces*: how preschool can heal. 2nd ed. New York: Teachers College, c2007.

KORALEK, D. G.; MINDES, G. (Eds.). *Spotlight on young children and social studies*. Washington: NAEYC, c2006.

KORDT-THOMAS, C.; LEE, I. M. Floor time: rethinking play in the classroom. *Young Children*, v. 61, n. 3, p. 86-90, 2006.

KORTE, K. M.; FIELDEN, L. J.; AGNEW, J. C. To run, stomp, or study: hissing cockroaches in the classroom. *Young Children*, v. 60, n. 2, p. 12-18, 2005.

KOSTELNIK, M. J. et al. *Children with special needs*: lessons for early childhood professionals. New York: Teachers College, c2002.

KOVACH, B.; PATRICK, S.; BRILEY, L. *Being with infants and toddlers*: a curriculum that works for caregivers. Tulsa: Laura Briley, 2012.

KRISTAL, J. *The temperament perspective*: working with children's behavioral styles. New York: P. H. Brookes, 2005.

KROEGER, J. Doing the difficult: schools and lesbian, gay, bisexual, transgendered, and queer families. In: TURNER-VORBECK, T.; MARSH, M. M. (Eds.). *Other kinds of families*: embracing diversity in schools. New York: Teachers College, 2008. p. 121-138.

KUBY, C. R. Humpty Dumpty and Rosa Parks: making space for critical dialogue with 5- and 6-year-olds. *Young Children*, v. 66, n. 5, p. 36-40, 42-43, 2011.

KYTTÄ, M. The extent of children's independent mobility and the number of actualized affordances as criteria for child-friendly environments. *Journal of Environmental Psychology*, v. 24, n. 2, p. 179-198, 2004.

LALLY, J. R. et al. *Caring for infants and toddlers in groups*: developmentally appropriate practice. Washington: Zero to Three, c2003.

LALLY, J. R.; MANGIONE, P. The uniqueness of infancy demands a responsive approach to care. In: KORALEK, D.; GILLESPIE L. G. (Eds.). *Spotlight on infants and toddlers*. Washington: NAEYC, c2011. p. 7-13.

LAURION, J.; SCHMIEDICKE, C. *Creating connection*: how to lead family child care support group. St. Paul: Redleaf, c2005.

LEE, L. *Stronger together*: family support and early childhood education. 2nd ed. San Rafael: Parent Services Project, 2006.

LEONG, D. J.; BODROVA, E. Assessing and scaffolding: make-believe play. *Young Children*, v. 67, n. 1, p. 28-34, 2012.

LESSER, L. K.; BURT, T.; GLENAW, A. *Making room in the circle*: lesbian, gay, bisexual and transgender families in early childhood settings. San Rafael: Parent Services Project, 2005.

LEVIEN, D. E.; CARLSSON-PAIGE, N. *The war play dilemma*. New York: Teachers College, 2005.

LEVIN, D. E. *Teaching young children in violent times*: building a peaceable classroom. 2nd ed. Washington: NAEYC, 2003.

LEWIN-BENHAM, A. One teacher, 20 preschoolers, and a goldfish: environmental awareness, emergent curriculum, and documentation. *Young Children*, v. 61, n. 2, p. 28-34, 2006.

LEWIN-BENHAM, A. *Possible schools*: the Reggio approach to urban education. New York: Teachers College, c2006.

LIEBERMAN, A. F. *The emotional life of the toddler*. New York: Free Press, 1993.

LINDFORS, J. W. *Children's language*: connecting reading, writing, and talk. New York: Teachers College, c2008.

LOGUE, M. E. et al. Family ties: Strengthening partnerships with families through toddlers' stories. *Young Children*, v. 62, n. 2, p. 85-87, 2007.

LOGUE, M. E. Teachers observe to learn: differences in social behavior of toddlers and preschoolers in same-age and multiage groupings. *Young Children*, v. 61, n. 3, p. 70-76, 2006.

LOOMIS, C.; WAGNER, J. A different look at challenging behavior. *Young Children*, v. 60, n. 2, p. 94-99, 2005.

LOPEZ, E. J.; SALAS, L.; FLORES, J. P. Hispanic preschool children: what about assessment and intervention? *Young Children*, v. 60, n. 6, p. 48-54, 2005.

LOUV, R. Don't know much about natural history: education as a barrier to nature. In: PELO, A. (Ed.). *Rethinking early childhood education*. Milwaukee: Rethinking Schools, c2008.

LOUV, R. *Last child in the woods*: saving our children from nature-deficit disorder. Chapel Hill: Algonquin Books of Chapel Hill, 2005.

LUCKENBILL, J. Getting the picture: using the digital camera as a tool to support reflective practice and responsive care. *Young Children*, v. 67, n. 2, p. 28-36, 2012.

LUTTON, A. (Ed.). *Advancing the early childhood profession*: NAEYC standards and guidelines for professional development. Washington: NAEYC, c2012.

MACDONALD, B. Purposeful work: a Montessori approach to everyday challenging behaviors. *Exchange*, n. 164, p. 51-54, 2005.

MACDONALD, B. Purposeful work: a Montessori approach to everyday challenging behaviors. In: NEUGEBAUER, B. (Ed.). *Behavior*: a beginnings workshop book. Redmond: Exchange, 2005. p. 30-32.

MACDONALD, S. *Sanity savers for early childhood teachers*: 200 quick fixes for everything from big messes to small budgets. Beltsville: Gryphon House, c2004.

MACNAUGHTON, G. *Rethinking gender in early childhood education*. St. Leonards: Allen and Unwin, 2000.

MALLORY, B. L.; ROUS, B. Educating young children with developmental differences: principles of inclusive practice. In: FEENEY, S.; GALPER, A.; SEEFELDT, C. (Eds.). *Continuing issues in early childhood education*. 3rd ed. Upper Saddle River: Merrill, 2008. p. 278-302.

MALONE, K.; TRANTER, P. Children's environmental learning and the use, design and management of schoolgrounds. *Children, Youth and Environments*, v. 13, n. 2, 2003.

MALTZ, D. N.; BORKER, R. A. A cultural approach to male-female miscommunication. In: MONAGHAN, L. F.; GOODMAN, J. E. (Eds.). *A cultural approach to interpersonal communication*. Malden: Blackwell, 2007. p. 77-87.

MARION, M. *Guidance of young children*. 8th ed. Upper Saddle River: Pearson, 2010.

MARSHALL, E.; SENSOY, O. *Rethinking popular culture and media*. Milwaukee: Rethinking Schools, c2011.

MARTIN, J. Using the principles of intentional teaching to communicate effectively with parents. *Exchange*, n. 185, p. 53-56, 2009.

MARTINI, M. How mothers in four American cultural groups shape infant learning during mealtimes. *Zero to Three*, v. 22, n. 4, p. 14-20, 2002.

MASCHINOT, B. *The changing face of the United States*: the influence of culture on child development. Washington: Zero to Three, 2008.

MATLOCK, R.; HORNSTEIN, J. Sometimes a smudge is just a smudge, and sometimes it's a saber-toothed tiger: learning and the arts through the ages. *Young Children*, v. 59, n. 4, p. 12-17, 2004.

MCDANIEL, G. L. et al. Confronting K-3 teaching challenges in an era of accountability. *Young Children*, v. 60, n. 2, p. 20-26, 2005.

MCDERMONT, L. B. Play school: where children and families learn and grow together. *Young Children*, v. 67, n. 2, p. 81-86, 2012.

MCGINNIS, M. H.; GETSKOW, V.; DICKER, B. S. Parental rights and authorization: Parental rights and release authorization. *Exchange*, n. 204, p. 16-18, 2012.

MCKAY, F. Discipline. In: STONEHOUSE, A. (Ed.). *Trusting toddlers*: programming for one to three year olds in child care centers. Fyshwick: Australian Early Childhood Association, 1988. p. 65-78.

MCWILLIAMS, S. M. et al. Supporting native Indian preschoolers and their families: family-school-community partnerships. *Young Children*, v. 66, n. 6, p. 34-41, 2011.

MEISELS, S. J.; ATKINS-BURNETT, S. *Developmental screening in early childhood*: a guide. Washington: NAEYC, 2005.

MEYER, J. *Kids talking*: learning relationships and culture with children. Lanham: Rowman & Littlefield, c2003.

MILLER, K. Developmental issues that affect behavior. In: NEUGEBAUER, B. (Ed.). *Behavior*: a beginnings workshop book. Redmond: Exchange, 2005. p. 12-13.

MILLER, K. *Simple transitions for infants and toddlers*. Beltsville: Gryphon House, c2005.

MILLS, H.; O'KEEFE, T.; JENNINGS, L. B. *Looking closely and listening carefully*: learning literacy through inquiry. Urbana: National Council of Teachers of English, c2004.

MINDESS, M.; CHEN, M-h.; BRENNER, R. Of primary interest: social-emotional learning in the primary curriculum. *Young Children*, v. 63, n. 6, p. 56-67, 2008.

MOERMAN, M. Talking culture: ethnography and conversation analysis. In: MONAGHAN, L. F.; GOODMAN, J. E. (Eds.). *A cultural approach to interpersonal communication*. Malden: Blackwell, 2007. p. 119-124.

MONAGHAN, L. Conversations: The link between words and the world. In: MONAGHAN L. F.; GOODMAN, J. E. (Eds.). *A cultural approach to interpersonal communication*. Malden: Blackwell, 2007. p. 145-149.

MONAGHAN, L. F.; GOODMAN, J. E. (Eds.). *A cultural approach to interpersonal communication*. Malden: Blackwell, 2007.

MOOMAW, S. *Teaching mathematics in early childhood*. Baltimore: P. H. Brookes, c2011.

MOORE, L. O. *Inclusion strategies for young children*: a resource guide for teachers, child care providers, and parents. Thousand Oaks: Corwin, c2009.

MORELLI, G.; ROGOFF, B.; OPPENHEIM, D. Cultural variation in infants' sleeping arrangements: questions of independence. *Developmental Psychology*, v. 28, n. 4, p. 604-613, 1992.

MORGAN, G. Is education separate from care?: financing education and care for children younger than kindergarten age. *Exchange*, n. 166, p. 6, 8, 10, 2005.

MORSE, A. *Language access*: helping non-English speakers navigate health and human services. Washington: National Conference of State Legislatures, 2003.

MOUTRAY, C. L.; SNELL, C. A. Three teachers' quest: providing daily writing activities for kindergartners. *Young Children*, v. 58, n. 2, p. 24-28, 2003.

MUELLER, S. R. *Everyday literacy*: environmental print activities for young children ages 3 to 8. Beltsville: Gryphon House, c2005.

MURRAY, A. Ideas on manipulative math for young children. *Young Children*, v. 56, n. 4, p. 28-29, 2001.

MUSATTI, T.; MAYER, S. Knowing and learning in an educational context: a study in the infant-toddler centers of the city of Pistoia. In: GANDINI, L.; EDWARDS, C. P. (Eds.). *Bambini*: the Italian approach to infant/toddler care. New York: Teachers College, 2001.

NAEYC POSITION statement: responding to linguistic and cultural diversity: recommendations for effective early childhood education. *Young Children*, v. 51, n. 2, p. 4-12, 1996.

NATIONAL ASSOCIATION FOR THE EDUCATION OF YOUNG CHILDREN. *NAEYC standards for early childhood professional preparation*: initial licensure standards. Washington: NAEYC, 2001. Disponível em: <http://www.naeyc.org/files/ncate/file/initiallicensure.pdf>. Acesso em: 12 set. 2014.

NATIONAL ASSOCIATION FOR THE EDUCATION OF YOUNG CHILDREN; National Council of Teachers of Mathematics. *Early childhood mathematics*: promoting good beginnings. Position statement. Washington: NAEYC, 2002. Disponível em: <https://www.naeyc.org/files/naeyc/file/positions/psmath.pdf>. Acesso em: 13 set. 2014.

NATIONAL ASSOCIATION FOR THE EDUCATION OF YOUNG CHILDREN; National Council of Teachers of Mathematics. Learning paths and teaching strategies in early mathematics. *Young Children*, v. 58, n. 1, p. 41-43, 2003.

NATIONAL ASSOCIATION FOR THE EDUCATION OF YOUNG CHILDREN. NAEYC code of ethical conduct. In: NATIONAL ASSOCIATION FOR THE EDUCATION OF YOUNG CHILDREN. *NAEYC early childhood program standards and accreditation criteria*: the mark of quality in early childhood education. Washington: NAEYC, c2005.

NATIONAL ASSOCIATION FOR THE EDUCATION OF YOUNG CHILDREN. *NAEYC early childhood program standards and accreditation criteria*: the mark of quality in early childhood education. Washington: NAEYC, c2005.

NEELLY, L. P. Developmentally appropriate music practice: children learn what they live. *Young Children*, v. 56, n. 2, p. 32-37, 2001.

NEELLY, L. P. Practical ways to improve singing in early childhood classrooms. *Young Children*, v. 57, n. 4, p. 80-83, 2002.

NEGRI-POOL, L. L. Welcoming Kalenna: making our students feel at home. In: PELO, A. (Ed.). *Rethinking early childhood education*.

Milwaukee: Rethinking Schools, c2008. p. 161-169.

NELSEN, J.; FOSTER, S.; RAPHAEL, A. *Positive discipline for children with special needs*: raising and teaching all children to become resilient, responsible and respectful. New York: Three Rivers, c2011.

NEMETH, K. N. *Basics of supporting dual language learners*: an introduction for educators of children from birth through age 8. Washington: NAEYC, 2012.

NEMETH, K. N. *Many languages, one classroom*: teaching dual and english language learners: tips and techniques for preschool teachers. Beltsville: Gryphon House, c2009.

NEUBAUER, B. Celebrating mother nature. *Exchange*, n. 182, p. 18-19, 2009.

NEUGEBAUER, B. (Ed.). *Behavior*: a beginnings workshop book. Redmond: Exchange, 2005.

NEUGEBAUER, B. (Ed.). *Professionalism*: a beginnings workshop book. Redmond: Exchange, c2008.

NEUMAN, S. B.; COPPLE, C.; BREDEKAMP, S. *Learning to read and write*: developmentally appropriate practice for young children. Washington: NAEYC, 2001.

NEW, R. S. Reggio Emilia: an approach or an attitude. In: ROOPNARINE, J. L.; JOHNSON, J. E. (Eds.). *Approaches to early childhood education*. 3rd ed. Upper Saddle River: Merrill, c2000. p. 341-358.

NEW, R. S.; BENEKE, M. Negotiating diversity in early childhood education: rethinking notions of expertise. In: FEENEY, S.; GALPER, A.; SEEFELDT, C. (Eds.). *Continuing issues in early childhood education*. 3rd ed. Upper Saddle River: Merrill, 2008. p. 303-324.

NEWBURGER, A.; VAUGHAN, E. *Teaching numeracy, language, and literacy with blocks*. St. Paul: Readleaf, 2006.

NICHD EARLY CHILD CARE RESEARCH NETWORK (Ed.). *Child care and child development*: results from the NICHD study of early child care and youth development. New York: Guilford, 2006.

NICOLOPOULOU, A. Peer-group culture and -narrative development. In: Blum-Kulka, S.; Snow, C. E. (Eds.). *Talking to adults*: the contribution of multiparty discourse to language acquisition. Mahwah: Lawrence Erlbaum, 2001.

NIETO, S. (Ed.). *Why we teach*. New York: Teachers College, c2005.

NORTH, M. et al. The ins and outs of transporting children on field trips. *Exchange*, n. 185, p. 84-85, 2009.

OHMAN-RODRIGUEZ, J. Music from inside out: promoting emergent composition with young children. *Young Children*, v. 59, n. 4, p. 50-55, 2004.

OKAGAKI, L.; DIAMOND, K. E. Responding to cultural and linguistic differences in the beliefs and practices of families with young children. *Young Children*, v. 55, n. 3, p. 74-80, 2000.

OLSEN, L.; BHATTACHARYA, J.; SCHARF, A. *Ready or not*: school readiness and immigrant communities. Oakland: California Tomorrow, 2005.

OLSON, M. Strengthening families: community strategies that work. *Young children*, v. 62, n. 2, p. 26-32, 2007.

OLSON, M.; HYSON, M. Supporting teachers, strengthening families initiative adds a national leadership program for early childhood professionals. *Young Children*, v. 60, n. 1, p. 44-45, 2005.

ORDONEZ-JASIS, R.; ORTIZ, R. W. Reading their worlds: working with diverse families to enhance children's early literacy development. *Young Children*, v. 61, n. 1, p. 42-48, 2006.

OREMLAND, J.; FLYNN, L.; KIEFF, J. E. Merry-go-round: using interpersonal influence to keep inclusion spinning smoothly. *Childhood Education*, v. 78, n. 3, p. 153-160, 2002.

ORENSTEIN, P. *Cinderella ate my daughter*: dispatches from the front lines of the new girlie-girl culture. New York: HarperCollins, c2011.

PALEY, V. G. *A child's work*: the importance of fantasy play. Chicago: University of Chicago, 2004.

PARADIS, J.; CRAGO, M. B.; GENESEE, F. *Dual language development and disorders*: a handbook on bilingualism and second language learning. 2nd ed. Baltimore: P. H. Brookes, 2011.

PASSE, A. S. *Dual-language learners birth to grade 2*: strategies for teaching english. St. Paul: Redleaf, 2012.

PATE, R. R. et al. Physical activity among children attending preschools. *Pediatrics*, v. 114, n. 5, p. 1258-1263, 2004.

PATTERSON, K. et al. *Crucial conversations*: tools for talking when stakes are high. 2nd ed. New York: McGraw-Hill, c2012.

PELO, A. (Ed.). *Rethinking early childhood education*. Milwaukee: Rethinking Schools, c2008.

PELO, A. A pedagogy for ecology. In: PELO, A. (Ed.). *Rethinking early childhood education*. Milwaukee: Rethinking Schools, c2008. p. 123-130.

PELO, A. Bringing the lives of lesbian and gay people into our programs. In: PELO, A. (Ed.). *Rethinking early childhood education*. Milwaukee: Rethinking Schools, c2008. p. 180-182.

PERRY, G.; HENDERSON B.; MEIER, D. R. (Eds.). *Our inquiry, our practice*: undertaking, supporting, and learning from early childhood teacher researcher(ers). Washington: NAEYC, c2012.

PETRIE, S.; OWEN, S. (Eds.). *Authentic relationships in group care for infants and toddlers*: resources for infant educarers (RIE) principles into practice. London: J. Kingsley, 2005.

PIAGET, J. *Science of education and the psychology of the child*. New York: The Viking, 1972.

PIAGET, J. *The origins of intelligence in children*. New York: W. W. Norton, 1952.

PICA, R. Physical fitness and the early childhood Curriculum. *Young Children*, v. 61, n. 3, p. 12-19, 2006.

PIKLER, E. Some contributions to the study of gross motor development of children. In: SANDOVSKY, A. (Ed.). *Child and adolescent development*. New York: Free Press, 1973. p. 52-64.

PIKLER, E. A quarter of a century of observing infants in a residential center. In: GERBER, M. (Ed.). *The RIE manual*: for parents and professionals. Los Angeles: Resources for Infant Educarers, 1979. p. 90-92.

PIKLER, E. Can infant-child care centers promote optimal development? In: GERBER, M. (Ed.). *The RIE manual*: for parents and professionals. Los Angeles: Resources for Infant Educarers, 1979. p. 93-102.

PIKLER, E. Learning of motor skills on the basis of self-induced movements. In: HELLMUTH, J. (Ed.). *Exceptional infant*. New York: Bruner, 1971. v. 2. p. 54-89.

PIKLER, E. *Unfolding of infants' natural gross motor development*. Los Angeles: Resources for Infant Educarers, c2006.

PIKLER, E.; TARDOS, A. Some contributions to the study of infants' gross motor activities. In: PROCEEDINGS of the 16th international congress of applied psychology. Amsterdam: ICAP, 1968.

PINTO, C. Supporting competence in a child with special needs: one child's story. *Educaring*, v. 22, p. 1-6, 2001.

POLLMAN, M. J. *Blocks and beyond*: strengthening early math and science skills through spatial learning. Baltimore: P. H. Brookes, c2010.

POUSSAINT, A. F. Understanding and involving african american parents. *Young Children*, v. 61, n. 1, p. 48, 2006.

POWERS, J. *Parent-friendly early learning*: tips and stategies for working well with families. St. Paul: Redleaf, c2005.

POWERS, J. Six fundamentals for creating relationships with families. *Young Children*, v. 61, n. 1, p. 28, 2006.

PRIETO, H. V. One language, two languages, three languages...more? *Young Children*, v. 64, n. 1, p. 52-53, 2009.

PROJECT ZERO. *Making teaching visible*: documenting individual and group learning as professional development. Cambridge: Project Zero, 2003.

QUANN, V.; WEIN, C. A. The visible empathy of infants and toddlers. In: KORALEK, D.; GILLESPIE L. G. (Eds.). *Spotlight on infants and toddlers*. Washington: NAEYC, c2011. p. 21-28.

QUINTERO, E. P. Multicultural literature: a source of meaningful content for kindergartners. *Young Children*, v. 60, n. 6, p. 28-32, 2005.

RAEFF, C.; GREENFIELD, P. M.; QUIROZ, B. Conceptualizing interpersonal relationships in the cultural contexts of individualism and collectivism. In: HARKNESS, S.; RAEFF, C.; SUPER, C. M. (Eds.). *New directions for child and adolescent development*. San Francisco: Jossey-Bass, 2000. p. 59-74.

RAMIREZ, A. Y. Immigrant families and schools: the need for a better relationship. In: PELO, A. (Ed.). *Rethinking early childhood education*. Milwaukee: Rethinking Schools, c2008. p. 171-174.

RAMMING, P.; KYGER, C. S.; THOMPSON, S. D. A new bit on toddler biting: the influence of food, oral motor development, and sensory activities. *Young Children*, v. 61, n. 2, 17-18, 20-23, 2006.

RAMSEY, P. G. Teaching and learning in a diverse world. 3rd ed. New York: Teachers College, 2004.

REIFEL, S.; SUTTERBY, J. Play theory and practice in contemporary classrooms. In: FEENEY, S.; GALPER, A.; SEEFELDT, C. (Eds.). *Continuing issues in early childhood education*. 3rd ed. Upper Saddle River: Merrill, 2008. p. 238-257.

REYNOLDS, E. *Guiding young children: a problem solving approach*. 4th ed. New York: McGraw-Hill, 2006.

REYNOLDS, G. Observations are essential in supporting children's play. In: NEUGEBAUER, B. (Ed.). *Professionalism*: a beginnings workshop book. Redmond: Exchange, c2008. p. 92-95.

RIEGER, L. A welcoming tone in the classroom: developing the potential of diverse students and their families. In: TURNER-VORBECK, T.; MARSH, M. M. (Eds.). *Other kinds of families*: embracing diversity in schools. New York: Teachers College, 2008. p. 64-69.

RINEHART, N. M. The curriculum belongs to the community: curriculum planning and development for Tlingit and Haida young children. *Zero to Three*, v. 26, n. 4, p. 46-48, 2006.

RIOJAS-CORTEZ, M. Culture, play, and family: supporting young children on the autism spectrum. *Young Children*, v. 66, n. 5, p. 94-99, 2011.

RISHEL, T. J. From the principal's desk: making the school environment more inclusive. In: TURNER-VORBECK, T.; MARSH, M. M. (Eds.). *Other kinds of families*: embracing diversity in schools. New York: Teachers College, 2008. p. 46-63.

RITTER, J. Tips for starting a successful community partnership. *Young Children*, v. 62, n. 2, p. 38, 2007.

ROBERTS, L. C.; HILL, H. T. Come and listen to a story about a girl named Rex: using children's literature to debunk gender stereotypes. *Young Children*, v. 58, n. 2, p. 39-42, 2003.

ROFRANO, F. "I care for you": a reflection on caring as infant curriculum. *Young Children*, v. 57, n. 1, p. 49-51, 2002.

ROGOFF, B. *Developing destinies*: a mayan midwife and town. New York: Oxford University, 2011. (Child development in cultural context)

ROSENKOETTER, S. E.; KNAPP-PHILO, J. (Eds.). *Learning to read the world*: language and literacy in the first three years. Washington: Zero to Three, c2006.

ROSENKOETTER, S.; BARTON, L. R. Bridges to literacy: early routines that promote later school success. *Zero to Three*, v. 22, p. 33-38, 2002.

ROSENOW, N. Planning intentionally for children's outdoor environments: the gift of change. *Exchange*, n. 200, p. 46-49, 2011.

ROSENOW, N. The impact of sensory integration on behavior: discovering our best selves. In: NEUGEBAUER, B. (Ed.). *Behavior*: a beginnings workshop book. Redmond: Exchange, 2005. p. 33-35.

ROSENOW, N.; REEBLE, T.; KIEWRA, C. *Growing with nature*: supporting whole-child learning in outdoor classrooms. Lincoln: Arbor Day Foundation, 2011.

ROSKOS, K. A.; CHRISTIE, J. F.; RICHGELS, D. J. The essentials of early literacy instruction. *Young Children*, v. 58, n. 2, p. 52-60, 2003.

ROSKOS, K.; CHRISTIE, J. On not pushing too hard: a few cautionary remarks about linking literacy and play. *Young Children*, v. 56, n. 3, p. 64-66, 2001.

ROTHSTEIN-FISCH, C. *Bridging cultures*: teacher education module. Mahwah: L. Erlbaum Associates, 2003.

RUSSELL, G. M. Surviving and thriving in the midst of anti-gay politics. *The Policy Journal of the Institute for Gay and Lesbian Strategic Studies*, v. 7, n. 2, p. 1-7, 2004.

RUZZO, K.; SACCO, M. A. *Significant studies for second grade*: reading and writing investigations for children. Portsmouth: Heinemann, c2004.

RYAN, S.; GRIESHABER, S. It's more than child development: critical theories, research, and teaching young children. *Young Children*, v. 59, n. 6, p. 44-52, 2004.

SANDALL, S. R. Play modifications for children with disabilities. *Young Children*, v. 58, n. 3, p. 54-55, 2003.

SANDALL, S. R.; SCHWARTZ, I. S. *Building blocks for teaching preschoolers with special needs*. Baltimore: P. H. Brookes, c2002.

SCARLETT, W. G. et al. *Children's play*. Thousand Oaks: Sage, 2004.

SCHALL, J. Rites of passage. *Educaring*, v. 23, p. 1-5, 2000.

SCHICKEDANZ, J. A.; CASBERGUE, R. M. *Writing in preschool*: learning to orchestrate meaning and marks. Newark: International Reading Association, 2004.

SCHICKEDANZ, J. A. *Much more than the ABC's*: the early stages of reading and writing. Washington: NAEYC, 1999.

SCHICKEDANZ, J. A. Setting the stage for literacy events in the classroom. In: NEUGEBAUER, B. (Ed.). *Literacy*: a beginnings workshop book. Redmond: Exchange, c2005. p. 17-21.

SCOTT, D. M. The pathway to leadership takes many roads: a personal journey. *Young Children*, v. 60, n. 1, p. 42-43, 2005.

SEEFELDT, C.; GALPER, A. *Active experiences for active children*: science. 2nd ed. Upper Saddle River: Pearson, c2007.

SEGAL, M. M.; MASI, W. S.; LEIDERMAN, R. *In time and with love*: caring for infants and toddlers with special needs. 2nd ed. New York: Newmarket, c2001.

SEO, K-H. What children's play tells us about teaching mathematics. *Young Children*, v. 58, n. 1, p. 28-34, 2003.

SEPLOCHA, H. Partnerships of learning: conferencing with families. *Young Children*, v. 59, n. 5, p. 96-99, 2004.

SHONKOFF, J. P.; PHILLIPS, D. From neurons to neighborhoods: the science of early childhood development--an introduction. *Zero to Three*, v. 21, p. 4-7, 2001.

SHORE, R.; STRASSER, J. Music for their minds. *Young Children*, v. 61, n. 2, p. 62-67, 2006.

SIMON, F. Everyone is doing it! Managing social media in the early childhood ecosystem. *Exchange*, n. 201, p. 12-15, 2011.

SIMONS, K. A.; CURTIS, P. A. Connecting with communities: four successful schools. *Young Children*, v. 62, n. 2, p. 12-20, 2007.

SIRAJ-BLATCHFORD, I.; CLARKE, P. *Supporting identity, diversity and language in the early years*. Philadelphia: Open University, 2000.

SLUSS, D. J. *Supporting play*: birth through age eight. Clifton Park: Thompson Delmar Learning, 2004.

SORTE, J. M.; DAESCHEL, I. Health in action: a program approach to fighting obesity in young children. *Young Children*, v. 61, n. 3, p. 40-46, 2006.

SOTO, L. D. Making a difference in the lives of bilingual/bicultural children. In: KINCHELOE, J. L.; STEINBERG, S. R. (Eds.). *Counterpoints*: studies in the postmodern theory of education. New York: Peter Lang, 2002. v. 134.

SOUTO-MANNING, M. Family involvement: challenges to consider, strengths to build on. *Young Children*, v. 65, n. 2, p. 82-88, 2010.

SPRUNG, B.; FROSCHI, M.; HINITZ, B. *The anti-bullying and teasing book for preschool classrooms*. Beltsville: Gryphon House, 2005.

STACEY, S. *The unscripted classroom*: emergent curriculum in action. St. Paul: Redleaf, 2011.

STACY, S. *Emergent curriculum in early childhood settings*: from theory to practice. St. Paul: Redleaf, 2008.

STEGELIN, D. A. Making the case for play policy: research-based reasons to support play-based environments. *Young Children*, v. 60, n. 2, p. 76-85, 2005.

STEPHENS, K. Meaningful family engagement. *Exchange*, p. 18-25, 2005.

STEPHENS, K. Parent relationships: building relationships--what parents can teach us about their children. *Exchange*, n. 194, p. 38-40, 2010.

STEPHENS, K. Responding professionally and compassionately to challenging behavior. In: NEUGEBAUER, B. (Ed.). *Behavior*: a beginnings workshop book. Redmond: Exchange, 2005. p. 7-11.

STOECKLIN, V. L. Creating environments that sustain children, staff, and our planet. *Exchange*, n. 164, p. 39-43, 2005.

STONEHOUSE, A. Moving from family participation to partnerships: not always easy; always worth the effort. *Exchange*, n. 198, p. 48-51, 2011.

STONEHOUSE, A.; GONZALEZ-MENA, J. *Making links*: a collaborative approach to planning and practice in early childhood. Castle Hill: Pademelon, 2004.

STOTT, F.; BOWMAN, B. Child development knowledge: a slippery base for practice. *Early Childhood Research Quarterly*, v. 11, n. 2, p. 169-183, 1996.

STROLL, J. et al. Young thinkers in motion. *Young Children*, v. 67, n. 2, p. 20-26, 2012.

STURM, L. Temperament in early development. *Zero to Three*, v. 56, 2004.

SULLIVAN, D. R-E. *Learning to lead*. St. Paul: Redleaf, 2010.

SWARTZ, M. I. Playdough: what's standard about it? *Young Children*, v. 60, n. 2, p. 100-109, 2005.

SWICK, K. J. *Empowering parents, families, schools and communities during the early childhood years.* Champaign: Stipes, c2004.

SWIM, T. J.; FREEMAN, R. Time to reflect: using food in early childhood classrooms. *Young Children*, v. 59, n. 6, p. 18-22, 2004.

SZANTON, E. S. For America's infants and toddlers, are important values threatened by our zeal to "teach"? Viewpoint. *Young Children*, v. 56, n. 1, p. 15-21, 2001.

TAN, A. L. *Chinese american children and families*: a guide for educators and service providers. Olney: Association for Childhood Education International, c2004.

TANNEN, D. Conversational signals and devices. In: MONAGHAN, L. F.; GOODMAN, J. E. (Eds.). *A cultural approach to interpersonal communication.* Malden: Blackwell, 2007. p. 150-160.

TARDOS, A. *Bringing up and providing care for infants and toddlers in an institution.* Budapest: Pikler-Llóczy Társaság, 2007.

TARDOS, A. Facilitating the play of children at Llóczy. *Educaring*, v. 6, n. 3, p. 1-2, 1985.

TARDOS, A. Patterns of play observed at Llóczy. *Educaring*, v. 7, n. 2, p. 1-7, 1986.

THATCHER, D. H. Reading in math class: selecting and using picture books for math investigations. *Young Children*, v. 56, n. 4, p. 20-26, 2001.

THELEN, P.; KLIFMAN, T. Using daily transition strategies to support all children. *Young Children*, v. 66, n. 4, p. 92-98, 2011.

THOENNES, T. Emerging faces of homelessness: young children, their families, and schooling. In: TURNER-VORBECK, T.; MARSH, M. M. (Eds.). *Other kinds of families*: embracing diversity in schools. New York: Teachers College, 2008. p. 162-176.

THOMPSON, N. L.; HARE, R. D. Early education for American Indian and Alaska native children in rural America. *Zero to Three*, v. 26, n. 4, p. 43-45, 2006.

THORNBERG, R. The situated nature of preschool children's conflict strategies. *Educational Psychology*, v. 26, n. 1, p. 109-126, 2006.

TOBIN, J. J.; HSUEH, Y.; KARASAWA, M. *Preschool in three cultures revisited*: China, Japan, and the United States. Chicago: University of Chicago, 2009.

TOBIN, J. J.; WU, D. Y. H.; DAVIDSON, D. H. *Preschool in three cultures*: Japan, China and the United States. New Haven: Yale University, c1989.

TORTORA, S. *The dancing dialogue*: using the communicative power of movement with young children. Baltimore: P. H. Brookes, 2005.

TREPANIER-STREET, M. Multiple forms of representation in long-term projects: the garden project. *Childhood Education*, v. 77, n. 1, p. 18-25, 2000.

TRUMBULL, E. et al. *Bridging cultures between home and school*: a guide for teachers. Mahwah: L. Erlbaum, 2001.

TRUMBULL, E.; FARR, B. P. *Language and learning*: what teachers need to know. Norwood: Christopher Gordon, c2005.

TRUMBULL, E.; ROTHSTEIN-FISCH, C.; GREENFIELD, P. M. *Bridging cultures in our schools*: new approaches that work. San Francisco: WestEd, c2000.

TURNBULL, A. P.; TURNBULL, H. R. *Families, professionals, and exceptionality*: collaborating for empowerment. Upper Saddle River: Merrill, c2001.

TURNER-VORBECK, T.; MARSH, M. M. (Eds.). *Other kinds of families*: embracing diversity in schools. New York: Teachers College, 2008.

ULMEN, M. C. Hey! Somebody read to me! Ten easy ways to include reading every day. Family ties. *Young Children*, v. 60, n. 6, p. 96-97, 2005.

VALDÉS, G.; CAPITELLI, S.; ALVAREZ, L. *Latino children learning english*: steps in the journey. New York: Teachers College, 2010.

VANDELL, D. L. Early child care: the known and the unknown. *Merrill-Palmer Quarterly*, v. 50, n. 3, p. 387-414, 2004.

VANDENBROECK, M. *Globalization and privatization*: the impact on child care policy and practice. The Hague: Bernard van Leer Foundation, 2006. (Working paper, n. 38).

VARTULI, S. Beliefs: the heart of teaching. *Young Children*, v. 60, n. 5, p. 76-86, 2005.

VESELY C. K.; GINSBERG, M. R. Strategies and practices for working with immigrant families in early education programs. *Young Children*, v. 66, n. 1, p. 84-89, 2011.

VILLA, J.; COLKER, L. A personal story: making inclusions work. *Young Children*, v. 61, n. 1, p. 96-100, 2006.

VILLEGAS, M.; NEUGEBAUER, S. R.; VENEGAS, K. R. *Indigenous knowledge and education*: sites of struggle, strength, and survivance. Cambridge: Harvard Education Review, c2008.

VINSON, B. M. Fishing and Vygotsky's concept of effective education. *Young Children*, v. 56, n. 1, p. 88-89, 2001.

VIRMANI, E. A.; ONTAI, L. L. Supervision and training in child care: does reflective supervision foster caregiver insightfulness? *Infant Mental Health Journal*, v. 31, n. 1, p. 16-32, 2010.

VOLK, D.; LONG, S. Challenging myths of the deficit perspective: honoring children's literacy resources. *Young Children*, v. 60, n. 6, p. 12-19, 2005.

VYGOTSKY, L. S. *Mind in society*: the development of higher psychological processes. Cambridge: Harvard University, 1978.

WARD, G.; DAHLMEIER, C. Rediscovering joyfulness. *Young Children*, v. 66, n. 6, p. 94-98, 2011.

WASHINGTON, V. *Sharing leadership*: a case study of diversity in our profession. *Young Children*, v. 60, n. 1, p. 23-31, 2005.

WASSERMANN, S. *This teaching life*: how i taught myself to teach. New York: Teachers College, 2004.

WEATHERSON, D.; WEIGAND, R. F.; WEIGAND, B. Reflective supervision: supporting reflection as a cornerstone for competency. *Zero to Three*, v. 31, n. 2, p. 22-30, 2010.

WELLHOUSEN, K.; KIEFF, J. E. *A constructivist approach to block play in early childhood*. Albany: Delmar, c2001.

WESTERVELT, G.; SIBLEY, A.; SCHAACK, D. Quality in early childhood programs. In: FEENEY, S.; GALPER, A.; SEEFELDT, C. (Eds.). *Continuing issues in early childhood education*. 3rd ed. Upper Saddle River: Merrill, 2008. p. 83-99.

WHITE, R. *Young children's relationship with nature*: its importance to children's development and the earth's future. Kansas City: White Hutchinson Leisure & Learning, 2004. Disponível em: <www.whitehutchinson.com/children/articles/childrennature.shtml>. Acesso em: 13 set. 2014.

WHITEBOOK, M.; SAKAI, L. *By a thread*: how child care centers hold on to teachers, how teachers build lasting careers. Kalamazoo: W. E. Upjohn Institute for Employment Research, 2004.

WHITIN, P.; WHITIN, D. J. Developing mathematical understanding along the yellow brick road. *Young Children*, v. 58, n. 1, p. 36-40, 2003.

WHITIN, P.; WHITIN, D. J. Pairing books for children's mathematical understanding. *Young Children*, v. 60, n. 2, p. 42-48, 2005.

WIDERSTROM, A. H. *Achieving learning goals through play*: teaching young children with special needs. 2nd ed. Baltimore: P. H. Brookes, 2005.

WIEN, C. A. (Ed.). *Emergent curriculum in the primary classroom*: interpreting the Reggio Emilia approach in schools. New York: Teacher's College, c2008.

WIEN, C. A. *Negotiating standards in the primary classroom*: the teacher's dilemma. New York: Teachers College, c2004.

WILBURNE, J. M.; KEAT, J. B.; NAPOLI, M. *Cowboys count, monkeys measure, and princesses problem solve*: building early math skills through storybooks. Baltimore: P. H. Brookes, c2011.

WILLIAMS, K. C.; COONEY, M. H. Young children and social justice. *Young Children*, v. 61, n. 2, p. 75-82, 2006.

WILLIAMS, R. A.; CUNNINGHAM, D.; LUBAWY, J. *Preschool math*. Beltsville: Gryphon House, c2005.

WILLIAMSON, G. G.; ANZALONE, M. *Sensory integration and self-regulation in infants and toddlers*: helping very young children interact with their environment. Washington: Zero to Three, 2001.

WILLIS, C. *Creating inclusive learning environments for young children*: what to do on monday morning. Thousand Oaks: Corwin, c2009.

WIRTH, S.; ROSENOW, N. Supporting whole-child learning in nature-filled outdoor classrooms. *Young Children*, v. 67, n. 1, p. 42-48, 2012.

WOHLWEND, K. E. *Playing their way into literacies*: reading, writing, and belonging in the early childhood classroom. New York: Teachers College, c2011.

WOLPERT, E. *Start seeing diversity*: the basic guide to an anti-bias classroom. St. Paul: Redleaf, c2005.

WOOD, K. I.; YOUCHA RAB, V. *The ABC's of the ADA*: your early childhood program's guide to the american with disabilities act. Baltimore: P. H. Brookes, c2009.

WOODARD, C. et al. Let's talk: A different approach to oral language development. *Young Children*, v. 59, n. 4, p. 92-95, 2004.

WORSLEY, M.; BENEKE, S.; HELM, J. H. The pizza project: planning and integrating math standards in project work. *Young Children*, v. 58, n. 1, p. 44-49, 2003.

WORTH, K.; GROLLMAN, S. H. *Worms, shadows and whirlpools*: science in the early childhood classroom. Portsmouth: Heinemann, c2003.

WOYKE, P. Hopping frogs and trail walks: connecting young children and nature. *Young Children*, v. 59, n. 1, p. 82-85, 2004.

WRIGHT, K.; STEGELIN, D.; HARTLE, L. *Building family, school, and community partnership*. 3rd ed. Upper Saddle River: Pearson, c2007.

WURM, J. *Working in the Reggio way*: a beginner's guide for american teachers. St. Paul: Redleaf, c2005.

WYLIE, S.; FENNING, K. *Observing young children*: transforming early learning through reflective practice. 4th ed. Toronto: Nelson, c2012.

XU, S. H.; RUTLEDGE, A. L. "Chicken" starts with "ch"! Kindergartners learn through environmental print. *Young Children*, v. 58, n. 2, p. 44-51, 2003.

YOSHIDA, H. The cognitive consequences of early bilingualism. *Zero to Three*, v. 29, n. 2, p. 26-30, 2008.

YOUNG CHILDREN. Resources for exploring the ethical dimensions of the early childhood profession. *Young Children*, v. 59, n. 6, p. 40-43, 2004.

YOUNG CHILDREN. Resources for early childhood education around the globe. *Young Children*, v. 59, n. 5, p. 82-83, 2004.

YOUNG CHILDREN. Resources for exploring the -creative arts with young children. *Young Children*, v. 59, n. 4, p. 58-59, 2004.

YOUNG CHILDREN. Resources on embracing diversity in early childhood settings. *Young Children*, v. 60, n. 6, p. 55-59, 2005.

YOUNG CHILDREN. Resources on health and safety for early childhood educators. *Young Children*, v. 59, n. 2, p. 64-66, 2004.

YOUNG CHILDREN. Resources on kindergarten and beyond. *Young Children*, v. 60, n. 2, p. 59-62, 2005.

YOUNG CHILDREN. Resources on leadership in early childhood education. *Young Children*, v. 60, n. 1, p. 46, 2005.

YOUNGQUIST, J. From medicine to microbes: a project investigation of health. *Young Children*, v. 59, n. 2, p. 28-32, 2004.

ZIGLER, E. F.; SINGER, D. G.; BISHOP-JOSEF, S. J. (Eds.). *Children's play*: the roots of reading. Washington: Zero to Three, c2004.

ZIGLER, E.; GILLIAM, W. S.; JONES, S. M. *A vision for universal preschool education*. Cambridge: Cambridge University, 2006.

ZIGLER, E.; GILLLIAM, W. S.; BARNETT, W. S. (Eds.). *The pre-K debates*: current controversies and issues. Baltimore: P. H. Brookes, c2011.

Créditos

Capítulo 1 Página 3: Thinkstock Images/JupiterImages; **6:** Richard Shulman; **16:** BananaStock/PunchStock; **22:** Michael Weisbrot/Stock Boston. **Capítulo 2 Página 32:** image 100/PunchStock; **37:** Jim West/Photo Edit; **38:** Somos Photography/Veer; **42:** Brand x Pictures/PunchStock; **45:** PhotoDisc/Getty Images. **Capítulo 3 Página 53:** Susie Fitzhugh; **58:** Andrew M Levine/Getty Images; **59:** Robert Houser/Comstock; **63:** Steve Greer; **65:** Elena Rooraid/PhotoEdit. **Capítulo 4 Página 74:** IT Stock Free/JupiterImages; **78:** Nancy Sheehan/PhotoEdit; **82:** IT Stock/PunchStock; **83, 86:** BananaStock/PunchStock; **90:** Ariel Skelley/Blend Images; **91:** Richard Shulman; **94:** Comstock Images/Getty Images. **Capítulo 5 Página 103:** Elizabeth Crews; **110:** Richard Shulman; **114:** Elizabeth Crews; **120:** SW Productions/Stockbyte/Getty Images; **123:** Myrleen Ferguson Cate/PhotoEdit. **Capítulo 6 Página 128:** Rob Van Petten/Digital Vision/Getty Images; **132:** Myleen Pearson/PhotoEdit; **140:** Image Source; **141:** Joel Gordon; **145:** Digital Vision/Getty Images; **145:** Richard Shulman. **Capítulo 7 Página 154:** SW Productions/Photodisc/Getty Images; **156:** Elizabeth Crews; **158:** Brand X Pictures/ PunchStock; **166:** Barbara Rios/Photo Researchers; **172:** Mary Kate Denny/PhotoEdit; **176:** Michael Hall Photography Pty Ltd/Corbis. **Capítulo 8 Página 183:** BananaStock/PunchStock; **186:** Elizabeth Crews; **194:** Susan Lapides/Design Conceptions; **201:** jacky chapman/Alamy; **207:** IT Stock Free; **211:** The McGraw-Hill Companies, Inc./Jill Braaten, fotógrafo. **Capítulo 9 Página 215, 220:** PhotoDisc/Getty Images; **226:** Lifesize/Getty Images; **229:** Elizabeth Crews. **Capítulo 10 Página 235:** Ablestock/Alamy; **239, 244, 246:** BananaStock/PunchStock; **251:** David M. Grossman/Photo Researchers; **256:** Richard Hutchings/PhotoEdit. **Capítulo 11 Página 260:** BananaStock/PunchStock; **266:** Elizabeth Crews; **273:** Michael Newman/PhotoEdit; **275:** IT Stock Free; **277:** Elizabeth Crews. **Capítulo 12 Página 284, 292:** Elizabeth Crews; **287:** Spencer Grant/PhotoEdit; **294:** Elizabeth Crews; **302:** The McGraw-Hill Companies, Inc./Ken Cavanagh, fotógrafo. **Capítulo 13 Página 311:** Dynamic Graphics/JupiterImages; **320:** Ursula Markus/Photo Researchers; **323:** Elizabeth Crews; **324:** Jean-Claude LeJeune/Stock Boston; **327:** Myrleen Ferguson Cate/PhotoEdit; **330**: image 100/PunchStock; **332:** Royalty-Free/Corbis. **Capítulo 14 Página 337, 342:** BananaStock/PunchStock; **344:** Courtesy Irma Van Scoy; **350:** BananaStock/PunchStock; **355:** Will McIntyre/Photo Researchers. **Capítulo 15 Página 359:** Elizabeth Crews/The Image Works; **362:** BananaStock/PunchStock; **364, 368**: Elizabeth Crews; **371:** Tim Davis/Photo Researchers; **375:** Susan Woog-Wagner/Photo Researchers.

Glossário

abordagem construtivista Visão baseada no trabalho de Jean Piaget, que sugere que as crianças não recebem conhecimento passivamente ao serem ensinadas, mas ativamente, quando o constroem por conta própria.

abordagem de projetos Processo aprofundado de ensino-aprendizagem que emerge de uma ideia – pensada pelas crianças ou pelos adultos – e que é executada ao longo de dias ou semanas. Ao contrário das brincadeiras livres, o trabalho no projeto enfatiza tanto o produto quanto o processo. A documentação do processo (durante e até o final) é um elemento importante da abordagem de projetos.

abordagem holística Abordagem ou currículo que se foca na criança como um todo, em vez de tratar a mente, o corpo e os sentimentos separadamente. Por exemplo, apesar de uma atividade poder ser planejada com objetivos cognitivos (intelectuais), o professor também prestaria atenção à maneira como a criança responde física e emocionalmente.

ACEI A Association for Childhood Education International é uma organização profissional de educação infantil que publica uma revista, realiza conferências internacionais e orienta e apoia profissionais da área. Fundada no final do século XIX como uma organização de jardim de infância, a ACEI ampliou o seu foco na década de 1930 de modo a incluir pré-escolas e séries iniciais.

agressividade Qualidade de poder de dominação que resulta em fazer o que quer (às vezes de maneiras hostis e prejudiciais) sem consideração pelo bem-estar dos outros.

alfabetização emergente Processo holístico contínuo de alfabetização – ou seja, aprender a ler e a escrever. A alfabetização emergente contrasta com a abordagem da prontidão à leitura, que enfatiza o ensino de habilidades isoladas, em vez de permitir que a alfabetização se desenvolva naturalmente em um ambiente rico de textos.

ambiente natural Cenário (como casa ou programa de educação infantil) onde crianças com deficiências irão encontrar os seus pares com desenvolvimento normal. Um ambiente natural pode ser definido pelo fato de que ele continuará existindo independentemente da presença de crianças com deficiências.

Americans with Disabilities Act Lei de 1992 (Public Law 101-336), também chamada de ADA, que define a deficiência, proíbe a discriminação e requer que empregadores, transportadoras e outras agências públicas disponibilizem meios de acesso em locais de trabalho, instalações públicas e serviços de transporte.

amostra de tempo Técnica de documentação que envolve coletar amostras de comportamentos-alvo de grupos de crianças com um período de tempo específico em mente como forma de aprender sobre padrões individuais ou em grupo.

amostragem de evento Tipo de observação que inclui uma narrativa escrita de um tipo específico de ocorrência repetida, indo do início ao fim, como uma observação de incidentes agressivos envolvendo uma criança específica.

andaime Forma de assistência que apoia e aprofunda a compreensão e o desempenho de um aprendiz.

apego Laço duradouro de afeto entre uma criança e a pessoa que cuida dela, dando à criança a sensação de amparo e segurança. Desenvolver um apego confiável e seguro por meio da consistência, da responsividade e da previsibilidade mostra às crianças que o cuidador irá atender às suas necessidades, deixando-as livres para explorar o ambiente.

aprendizagem centrada na criança Processo de ensino-aprendizagem em que a criança aprende interagindo com o ambiente, com outras crianças e adultos. Esse tipo de aprendizagem contrasta com a sala de aula em que o papel principal do educador é o de ensinar matérias específicas ou lições formais.

assertividade Qualidade de lutar por suas próprias necessidade de modo a reconhecer e respeitar o que os outros precisam e querem.

autoconhecimento Termo que se relaciona à aprendizagem dos indivíduos sobre eles mesmos. Palavras como autoconceito, consciência corporal, autoimagem, valor próprio e autoestima se enquadram no conceito do "autoconhecimento".

autoestima Avaliação realista do próprio valor, resultando em sentimentos de confiança e satisfação.

avaliação autêntica Método de avaliar as crianças de acordo com o que elas sabem, conseguem fazer e pelo que se interessam, o que pode ser aplicado ao planejamento contínuo do currículo. A avaliação autêntica evita comparar crianças a uma norma ou atribuir notas a elas, além de evitar testes padronizados, que mensuram habilidades isoladas e parcelas de conhecimento fora de contexto.

behaviorismo Estudo científico dos comportamentos que podem ser vistos e mensurados. O behaviorismo, também chamado de "teoria da aprendizagem", atribui toda a mudança no desenvolvimento a influências ambientais.

brincadeira associativa Forma de brincadeira em que as crianças usam os mesmos materiais, interagem umas com as outras e conversam. Não é organizada como a brincadeira cooperativa, em que as crianças assumem diferentes papéis.

brincadeira cooperativa Forma de brincadeira que envolve um grau significativo de organização. Atuação interativa e criação de construções em conjunto são dois exemplos de brincadeira cooperativa.

brincadeira paralela Forma de brincadeira em que duas ou mais crianças estão brincando sozinhas, mas próximas uma da outra. A brincadeira de cada uma pode ser influenciada pelo que a outra está fazendo ou dizendo, mas não há interação direta ou reconhecimento da outra.

brincadeira sensório-motora Forma de brincadeira que envolve explorar, manipular, usar movimento e vivenciar os sentidos. Às vezes é chamada de "brincadeira prática" ou "brincadeira funcional". Na brincadeira sensório-motora, a criança interage com o seu ambiente usando tanto objetos quanto pessoas.

brincadeira simbólica Forma de brincadeira que usa uma coisa como representação de outra, demonstrando a habilidade da pessoa de criar imagens mentais. Três tipos de brincadeiras simbólicas: brincadeira dramática, brincadeira construtiva e jogos com regras.

brincadeira solitária Forma de brincadeira em que a criança brinca sozinha, apesar de outras crianças poderem estar presentes.

castigo Alternativa não violenta à punição, que remove a criança da situação em que está se comportando de maneira inaceitável. O castigo é uma medida efetiva de orientação quando a criança realmente perde o controle e precisa ser removida para se acalmar. Contudo, usado como uma ferramenta punitiva por adultos controladores, tem seus efeitos colaterais (como qualquer forma de punição), incluindo redução da autoestima.

CDF O Children's Defense Fund é uma organização que defende crianças, particularmente as pobres e/ou negras.

centros de cuidado físico Áreas do ambiente de educação infantil que são designadas e equipadas para cozinhar, comer, limpar, lavar as mãos, trocar fraldas e dormir.

centros de interesse No ambiente de educação infantil, o chão, equipamentos e materiais para brincadeiras, interação e exploração. Exemplos de centros de interesse incluem os cantos de brincadeira dramática, de blocos, de ciências, de arte e de música.

***checklist* ambiental** Método de documentar a organização e/ou o uso do ambiente em um programa de educação infantil. Uma *checklist* ambiental pode ser usada para avaliar o uso que cada criança faz do ambiente ou para avaliar a efetividade da organização.

***checklist* de desenvolvimento** Método de documentação e avaliação do desenvolvimento das crianças. Uma *checklist* de desenvolvimento pode ser dividida em categorias específicas, como física, psicomotora, cognitiva, socioemocional e linguística.

cognição sensório-motora Estágio cognitivo descrito por Jean Piaget que ocorre do nascimento aos 2 anos. Durante esse estágio, a cognição das crianças se desenvolve por meio do movimento e da exploração sensorial do mundo físico.

conhecimento físico Um dos três tipos de conhecimento descritos por Jean Piaget. O conhecimento físico envolve uma compreensão (em termos concretos, em vez de abstratos) de como os objetos e materiais se comportam no mundo físico.

conhecimento lógico-matemático Um dos três tipos de conhecimento descritos por Jean Piaget. O conhecimento lógico-matemático se desenvolve a partir do conhecimento físico e envolve compreender as relações entre objetos por meio da comparação e da seriação.

conhecimento social Um dos três tipos de conhecimento descritos por Jean Piaget. O conhecimento social se relaciona ao conhecimento sobre o mundo que só pode ser transmitido socialmente, como os rótulos dos objetos.

construção de significado Prática por meio da qual as crianças constroem conhecimento encontrando significado em suas experiências.

contágio comportamental Fenômeno que ocorre quando as crianças são influenciadas pelo comportamento umas das outras. É mais perceptível em sua forma negativa, quando as crianças estão fazendo algo que não deveriam.

correspondência um para um Compreensão de que contar envolve atribuir um número a cada objeto ou pessoa sendo contada. Essa forma de contar é diferente de recitar números.

cuidado adjacente Cuidado infantil que vai além do programa diário regular. Pode ser oferecido em um centro de cuidados para bebês, crianças que iniciam a caminhar, pré-escolares durante a manhã e a tarde, e quando há menos crianças presentes. O cuidado adjacente também é oferecido em alguns programas para crianças em idade escolar, antes e depois das aulas.

cultura de alto contexto Cultura que depende mais do contexto do que das palavras ditas ou da linguagem escrita para transmitir mensagens.

cultura de baixo contexto Cultura que depende muito das palavras para transmitir mensagens, em vez de enfatizar o contexto.

cultura de educação infantil Cultura (amplamente irreconhecida) que resulta do treinamento em educação infantil e se relaciona à cultura dominante da sociedade, embora não seja exatamente igual a ela.

cultura de origem A vida familiar da criança, que engloba crenças culturais, objetivos e valores – incluindo como ela se manifesta nas práticas de educação.

currículo Um plano para a aprendizagem. O currículo pode ser tanto escrito (um plano oficial na forma de, por exemplo, um esboço ou esquema) quanto não escrito (ou seja, aprendizagem inconsciente que ocorre por meio do relacionamento adulto-criança).

currículo centrado na criança Uma filosofia educacional criada por John Dewey que enfatiza o currículo de acordo com os interesses das crianças, em vez de sujeitá-las a matérias específicas.

currículo emergente Currículo que se desenvolve a partir dos interesses e das atividades das crianças, assumindo forma ao longo do tempo. Apesar de o currículo emergente frequentemente ser um aspecto espontâneo e ser focado na criança, ele também é facilitado e, portanto, planejado pelos adultos.

desempenho assistido Conceito descrito pelo professor russo Lev Vygotsky que sugere que as crianças não podem ter um desempenho tão bom por conta própria em determinados casos do que se contassem com a ajuda de uma pessoa mais competente.

desenvolvimento cefalocaudal Padrão de desenvolvimento dos seres humanos que progride da cabeça em direção aos pés.

desenvolvimento infantil Estudo sobre como as crianças mudam conforme crescem, de um ponto de vista qualitativo, e não meramente quantitativo.

desenvolvimento proximodistal Padrão de desenvolvimento dos seres humanos que progride do meio do corpo em direção às extremidades.

dialogar Abordagem ao conflito cujo objetivo é chegar a um acordo e resolver os problemas. Ao contrário da discussão, cujo objetivo é persuadir e vencer, o diálogo envolve a coleta de informações e a compreensão de múltiplos pontos de vista para encontrar a melhor solução para todas as partes interessadas.

distração Estratégia para impedir a criança de continuar uma ação ou comportamento. A distração também pode ser usada para desviar um sentimento das crianças. A distração funciona, mas tem efeitos colaterais à medida que as crianças aprendem que a sua energia ou os seus sentimentos não são aceitáveis para adultos que os distraem. A distração às vezes é confundida com o redirecionamento e pode até ser semelhante. Contudo, a distração tem como objetivo parar o fluxo de energia por trás de um comportamento ou sentimento, ao passo que o redirecionamento tenta apontá-lo a uma direção mais aceitável.

duplo sentido Tipo de mensagem mista que causa confusão. Por exemplo, uma mãe abraça o filho e diz: "Por que não vai brincar com as outras crianças?". Sua linguagem corporal diz: "Fique aqui comigo", mas suas palavras reais dizem o oposto.

efeito cascata Resultado de expectativas e abordagens adequadas para crianças mais velhas aparecendo em programas para as mais novas com o objetivo de prepará-las para o futuro.

empoderamento Ajudar alguém a desenvolver um senso de poder pessoal. Por exemplo, um adulto pode empoderar uma criança dando-lhe a oportunidade de tomar algumas decisões, em vez de simplesmente obedecer.

escuta holística Forma de escuta que vai além de simplesmente ouvir. A escuta holística envolve o corpo todo e usa todos os sentidos para captar dicas sutis que não são postas em palavras ou que não são aparentes.

espaços para movimentos motores amplos Áreas internas e externas especialmente criadas para o desenvolvimento de habilidades motoras amplas e/ou diversas brincadeiras envolvendo atividades com músculos grandes, como correr, se alongar, escalar, pular, rolar, balançar, arremessar e (no caso das crianças mais velhos) jogar.

estágios cognitivos Conjunto de estágios descritos e nomeados por Jean Piaget que se focam no desenvolvimento intelectual.

estágios psicossexuais Conjunto de estágios descritos e nomeados por Sigmund Freud que se focam no desenvolvimento sexual.

estágios psicossociais Conjunto de estágios de desenvolvimento descritos e nomeados por Erik Erikson que se focam em crises sociais sucessivas.

***feedback* descritivo** Forma de comentário sem juízo de valor. Os adultos usam o *feedback* descritivo para colocar as ações e os sentimentos das crianças em palavras e transmitir reconhecimento, aceitação e apoio: "Você está trabalhando com seriedade nesse desenho" ou "Parece que você não gosta que ele toque na sua pintura". O *feedback* descritivo deve ser usado para facilitar, e não para atrapalhar.

feedforward Ferramenta de orientação que ajuda as crianças a compreender antecipadamente quais são as consequências de certos comportamentos (geralmente comportamentos inaceitáveis). Só é *feedforward* se for apresentado em um tom neutro, sem ser ameaçador nem apresentar juízo de valor.

foco antipreconceito Abordagem ativista para a valorização da diversidade e promoção da equidade ao ensinar as crianças a aceitar, respeitar e celebrar a diversidade conforme se relaciona ao sexo, à raça, à cultura, à língua, à habilidade e assim por diante.

foco duplo Método de supervisão que permite que o adulto se foque em uma criança ou em um grupo pequeno de crianças ao mesmo tempo em que está ciente do que está acontecendo no ambiente como um todo.

gerenciamento de impressão Forma não construtiva de falar com a criança que desconta os seus sentimentos e sua noção de realidade. Por exemplo, a criança fala: "Não gosto desse sanduíche". Em resposta, o adulto diz: "Gosta, sim". O gerenciamento de impressão ensina a criança a desconfiar dos seus sentidos.

Head Start Programa compreensivo financiado com dinheiro federal, nos Estados Unidos, que fornece educação, exames de saúde e serviços sociais para famílias de baixa renda para dar às crianças – do nascimento aos 5 anos – o empurrão inicial que elas precisam para obter sucesso na escola pública. Também há algumas versões do Head Start financiadas com dinheiro dos estados.

holismo Visão que considera o todo mais importante do que a análise das partes. Uma visão holística da criança, por exemplo, integra a mente, o corpo, os sentimentos e o contexto pessoal em uma unidade inseparável. Um currículo holístico é uma abordagem integrada de um plano para a aprendizagem em que o processo de ensino-aprendizagem ocorre ao longo do dia, em vez de ser dividido em matérias separadas.

hora da roda Período durante o qual as crianças se juntam para participar de atividades especialmente planejadas, com música, contação de histórias, atividades de movimento ou discussões. O conteúdo, a duração e a frequência da hora da roda variam de acordo com a idade e com as necessidades de desenvolvimento das crianças.

idades e estágios Bordão que está relacionado com as características de desenvolvimento e com os comportamentos infantis que tendem a se correlacionar com idades específicas. Cada estágio descreve um período específico do desenvolvimento que se difere qualitativamente dos estágios que o precedem e que o seguem. A sequência dos estágios nunca varia.

IDEA Acrônimo que significa Individuals with Disabilities Education Act.

IEP Acrônimo que significa Plano de Educação Individualizado, sendo o resultado de um processo realizado por uma equipe de especialistas multidisciplinares que se unem para trabalhar em conjunto com a família em prol de metas e objetivos para a família e para a criança com necessidades especiais.

IFSP Acrônimo que significa plano de serviço individualizado para a família. Trata-se de um plano escrito de intervenção criado por uma equipe de especialistas infantis e pais para crianças com necessidades especiais identificadas e suas famílias.

inclusão total Conceito que vai além da simples inclusão de crianças com necessidades especiais em qualquer cenário que seja o ambiente natural dos seus pares com desenvolvimento normal. A inclusão total significa que essas crianças, independentemente de suas deficiências, estarão sempre integradas ao ambiente natural e que os serviços sejam o mais culturalmente normativos possível.

incoerência Tipo de mensagem mista que causa confusão. Por exemplo, a linguagem corporal de alguém pode passar raiva, enquanto suas palavras contradizem essa emoção.

integração Incorporação de crianças com necessidades especiais em programas com seus pares com desenvolvimento normal e apoio para que se sintam incluídas. Parte da integração é dar atenção às interações entre os dois grupos de crianças. O objetivo é que todas as crianças participem do programa o máximo possível.

interação sincrônica Interação coordenada em que uma pessoa responde à outra rapidamente, de modo que uma resposta influencia a outra em um tipo de reação em cadeia rítmica que cria conexões.

limites Limitações impostas ao comportamento das crianças. Podem ser limites físicos ou verbais.

língua materna A língua falada em casa. Para muitas crianças, essa língua é o inglês, mas, para muitas outras, trata-se de um idioma diferente. O termo também pode ser usado para uma maneira específica de falar a sua língua, que difere do que se chama "língua-padrão".

linguagem expressiva Linguagem que é produzida para transmitir ideias, sentimentos, pensamentos e assim por diante. A linguagem expressiva se desenvolve mais tarde do que a sua contraparte, a linguagem receptiva.

linguagem receptiva Linguagem que pode ser compreendida, mas talvez não falada. A linguagem receptiva se desenvolve mais cedo do que a sua contraparte, a linguagem expressiva.

mainstreaming Termo que significa colocar as crianças com necessidades especiais em programas que cuidam de crianças que estão se desenvolvendo normalmente. Em alguns desses programas, o suporte a crianças com necessidades especiais pode ser mínimo, então, aqueles que não conseguem lidar com situações cotidianas podem nunca se sentir parte do local.

mapeamento Método de documentar como uma determinada criança age no ambiente de educação infantil. Usando o mapa de uma sala ou área, o responsável pelo registro anota a rota da criança e registra atividades e interações com outras crianças ou adultos. Pontos iniciais e finais são anotados também durante a observação. Mapeamentos também podem ser usados para avaliar o uso e a efetividade do próprio ambiente.

marcos físicos do desenvolvimento Eventos que marcam o progresso no desenvolvimento físico, como a primeira vez em que o bebê rola, ou se senta ou dá o primeiro passo. Esses marcos, que foram introduzidos por Arnold-Gesell, se baseiam em normas que vêm do estudo científico do comportamento físico das crianças.

matemática do mundo real Atividades matemáticas que se relacionam diretamente aos problemas do mundo da própria criança – em comparação com problemas teóricos que nada têm a ver com a sua realidade. A matemática do mundo real é, por vezes, chamada de "matemática autêntica".

modelação Método de ensino e ferramenta de orientação em que a atitude ou o comportamento do adulto se torna um exemplo que a criança imita, conscientemente ou não.

modificação de comportamento Forma de treinamento sistemático que tenta alterar padrões inaceitáveis de comportamento. Ela envolve reforçar comportamentos aceitáveis em vez de prestar atenção e, assim, recompensar comportamentos inaceitáveis.

Montessori Uma abordagem específica da educação fundada por Maria Montessori (a primeira mulher italiana a ser médica) que enfatiza o envolvimento ativo das crianças no processo de aprendizagem e promove o conceito de ambiente preparado.

motivação intrínseca Recompensas internas que motivam a criança a realizar algo. A motivação intrínseca contrasta com a motivação extrínseca, em que as recompensas são dadas à criança na forma de elogios, objetos, estrelas, privilégios e assim por diante.

movimento criativo Atividade, em geral envolvendo música, em que uma criança é incentivada a se mover de maneiras criativas, normalmente sob orientação ou sugestão do professor.

multiculturalismo Abordagem da educação que aceita e respeita diferenças culturais e apoia a visão de uma sociedade plural.

NAEYC A National Association for the Education of Young Children é a maior e mais conhecida organização profissional de educação infantil. Além de publicar uma revista e realizar conferências, a NAEYC estabelece padrões para o campo da educação infantil e defende crianças pequenas e suas famílias por meio de declarações de posicionamento.

normalização Termo que significa que serviços como programas de educação infantil fornecidos às crianças com necessidades especiais se baseiem em circunstâncias o mais culturalmente normativas possível.

observação Ato de observar cuidadosa e objetivamente. O objetivo em geral envolve prestar atenção aos detalhes pelo propósito de compreender o comportamento.

observação de registro corrente Método de documentação que fornece uma descrição escrita, objetiva, passo a passo do que está acontecendo enquanto acontece. Um registro corrente pode incluir interpretação dos adultos quanto ao significado dos comportamentos observados, mas deve separar dados objetivos de comportamentos subjetivos.

operações concretas Estágio cognitivo descrito por Jean Piaget durante o qual as crianças (dos 7 aos 11 anos) podem usar aquilo que Piaget chama de "operações mentais" para pensar o mundo concreto. Nessa idade, as crianças ainda não são capazes de pensamentos puramente abstratos que envolvem levar em conta variáveis ou criar proposições.

orientação Métodos não punitivos de levar os comportamentos das crianças a direções positivas para que elas aprendam a se controlar, a desenvolver uma consciência saudável e a preservar a sua autoestima.

ortografia inventada A grafia que as crianças usam para as palavras quando estão aprendendo a escrever, guiando-se mais pelos sons da língua do que pelas regras ortográficas convencionais. Em outras palavras, elas inventam sua própria ortografia.

pensamento "tanto-quanto" Abordagem de tomada de decisões em que o educador infantil considera o que é adequado para o nível de desenvolvimento da criança, individual e culturalmente, em todas as situações; envolve encontrar uma solução que pode incorporar todos os elementos conflitantes. O pensamento "tanto-quanto" contrasta com o pensamento "ou isso ou aquilo" na medida em que este deve optar entre uma coisa ou outra.

permanência do objeto Marco cognitivo descrito por Jean Piaget que ocorre na segunda infância, quando os bebês desenvolvem a compreensão de que objetos e pessoas continuam existindo mesmo quando não podem ser vistos.

portfólio Um dos instrumentos da avaliação autêntica. Os portfólios são coleções de amostras de trabalho das crianças; eles avaliam tanto o processo quanto o produto. Professores, crianças e pais podem contribuir para os portfólios para ampliar a avaliação de modo a refletir o progresso no desenvolvimento tanto em casa quanto no programa.

prática adequada ao nível de desenvolvimento (DAP) Conjunto de práticas que se relaciona diretamente ao estágio de desenvolvimento da criança, conforme definido por teóricos como Piaget e Erikson.

prática reflexiva Forma de examinar a própria experiência – tanto passada quanto imediata – para compreendê-la, aprender com ela e nos desenvolver. O pensamento reflexivo é um exercício útil para examinar reações pessoais a certas situações ou pessoas que podem atrapalhar o desenvolvimento e manter relações ou facilitar efetivamente o processo de ensino-aprendizagem.

pré-escola com cooperação dos pais Programa criado para educar os pais enquanto atende a seus filhos. Esse tipo de programa, às vezes chamado de "creche com participação dos pais", opera cooperativamente, sendo com frequência administrado por pais sob orientação do sistema público escolar.

profissionalismo Conjunto de atitudes, teorias e padrões que orientam o profissional da educação infantil. Um educador infantil é alguém que (1) tem conhecimento sobre os princípios e as práticas da educação de crianças pequenas entre o nascimento e os 8 anos, (2) conhece a ética, os padrões e as responsabilidades legais da profissão e (3) se comporta de acordo.

programa de educação familiar Programa de educação infantil que proporciona serviços de cuidado no lar do provedor.

programa em centro educacional Programa de educação infantil, normalmente uma creche, que funciona em um prédio que não é a casa do responsável.

programas de imersão linguística O propósito desses programas é aprender uma língua diferente da língua materna da criança. Quando crianças que correm o risco de perder a língua materna são colocadas em programas de imersão linguística, o resultado costuma ser a substituição de sua língua materna pelo inglês. Uma abordagem que teve resultados mais positivos nos Estados Unidos são os chamados programas de imersão bilíngue. Nessa abordagem, metade das crianças tem o inglês como língua materna, e a outra metade vem de outro grupo linguístico (como o espanhol). Nessa situação, cada grupo aprende a língua do outro ouvindo as instruções em ambas as línguas. As crianças têm maior possibilidade de desenvolver o bilinguismo em programas de imersão bilíngue.

questão da natureza–criação Questão que pergunta: "O que faz as crianças serem quem são?" Em outras palavras, o desenvolvimento infantil é influenciado mais por sua hereditariedade (natureza) ou pelo seu ambiente (criação)? Essa pergunta pode, por vezes, ser chamada de "controvérsia", já que os defensores da natureza insistem que a genética exerce um papel maior no desenvolvimento, enquanto os defensores da criação afirmam o mesmo sobre as experiências do ambiente.

redirecionamento Forma de orientação infantil que desvia a atenção da criança de um comportamento inaceitável para um comportamento aceitável sem interromper o fluxo de energia. Idealmente, o redirecionamento envolve dar à criança a escolha que a leve a um comportamento ou atividade construtiva.

registro Estilo particular de linguagem ou de maneira de falar que varia de acordo com as circunstâncias e com o papel que a pessoa exerce no momento.

registro anedótico Método de documentação que brevemente descreve uma atividade, uma breve conversa, uma música, e assim por diante. Os registros anedóticos podem se basear em reflexões ou ser escritos no calor do momento.

registros de incidentes ou amostragem de evento Método para documentar um tipo específico de ocorrência repetida do início ao fim. Às vezes chamados de "amostragem de eventos", os registros de incidentes se focam em um entre vários comportamentos, como incidentes agressivos ou separação entre pais e filhos.

REREN Acrônimo que lista todos os elementos necessários para resolver um conflito por meio do diálogo: reflexão, explicação, razão, entendimento e negociação. REREN é um processo holístico e, como tal, não é uma série de passos que devem sempre ocorrer na mesma ordem; o acrônimo é uma sugestão, e o processo pode ser repetido tanto quanto necessário.

RIE Sigla que significa Resources for Infant Educators, um grupo dedicado a aumentar a qualidade do cuidado e da educação infantil por meio do ensino, da orientação e do apoio a pais e profissionais. O RIE foi criado por Magda Gerber, uma especialista húngara em educação infantil.

sistema de cuidado primário Sistema de cuidado em que os bebês e as crianças são divididos e atribuídos (em grupos de três ou quatro) a cuidadores específicos, que se tornam responsáveis por atender às suas necessidades e manter registros. O objetivo dessa abordagem é promover a intimidade e o apego, mas não a exclusividade. Um importante aspecto desse sistema é que cada criança conheça e se relacione com outros cuidadores, também.

teoria da aprendizagem Teoria que se foca no estudo científico dos comportamentos que podem ser vistos e mensurados. A teoria da aprendizagem, também chamada de "behaviorismo", atribui toda a mudança no desenvolvimento a influências ambientais.

teoria da aprendizagem social Ramo do behaviorismo que se foca no significado da modelagem e da imitação para o desenvolvimento das crianças.

teoria sociocultural Teoria desenvolvida por Lev Vygotsky que se foca no efeito do contexto cultura sobre o desenvolvimento.

teórico do estágio Teórico que acredita que as crianças se desenvolvem de acordo com estágios de desenvolvimento específicos e sequenciais.

traçado corporal Exemplo de atividade que requer cooperação. A criança deita em uma folha de papel no chão com, pelo menos, o seu próprio comprimento enquanto alguém faz um traçado do seu corpo.

transformação e representação Dois processos que distinguem a abordagem construtivista de outras abordagens de ensino-aprendizagem. A transformação envolve processos de mudança, enquanto a representação representa a mudança na forma de traços. As atividades de transformação e representação facilitam o pensamento simbólico das crianças.

transições Passagens entre um lugar e outro ou uma atividade e outra. Exemplos de transições incluem chegadas e partidas, a hora da higiene e sair para a rua. As transições ocorrem com a frequência em que as crianças mudam de atividade, tanto em grupo como individualmente.

zona de desenvolvimento proximal De acordo com Lev Vygotsky, intervalo entre o desempenho atual de uma criança e o seu desempenho potencial, se ela for auxiliada por outra pessoa (criança ou adulto).

Índice

Nota: o *f* e o *t* em itálico que acompanham os números de página referem-se a figuras e tabelas, respectivamente.

A

abordagem construtivista, 339-341, 344-346
abordagem de projetos
 para experiências físicas, 345-348
 para experiências químicas, 347-349
abordagem de prontidão à leitura, 327-329
abordagens formais, 344-346
abordagens integradas, 6-7
abstrações, 84
ACEI (Association for Childhood Education International), 9-16
aceitação, 219-222, 313-314
ADA (Americans with Disabilities Act), 222-223
adequação. *Ver* adequação ao desenvolvimento; ambientes físicos
adequação ao desenvolvimento
 de ambientes físicos, 46-47
 de experiências científico-matemáticas, 337-358
 equilíbrio e, 237-238
 expectativas e, 105-106
agressividade *versus* assertividade, 139-140
alegria, promoção da, 337-358
alfabetização emergente, 313-314, 325-334. *Ver também* linguagem
 bebês, 328-330
 crianças de 3 anos, 329-333
 crianças de 4 anos, 329-333

crianças de 5 anos, 329-333
crianças em idade escolar, 331-334
crianças pequenas, 328-330
currículo emergente e, 330-332
definições de, 313-314
leitura em família, 333
ortografia inventada, 328-329
perspectivas históricas do, 325-327
pintura com bolinhas de gude e, 331-332
versus abordagem de prontidão à leitura, 327-329
alimentação, 242-245. *Ver também* rotinas de cuidado físico
alternativas, reconhecimento das, 134-135
ambiente escolar *versus* lar, 186-187. *Ver também* ambientes físicos
ambiente externo
 natureza, 207-209
 versus brincadeira interna, 80-82. *Ver também* facilitação dos trabalhos-brincadeiras
ambientes
 avaliações dos, 303-305
 brincadeira, 89-91
 físicos, 183-214. *Ver também* ambientes físicos
  áreas de atividade, 186-193
  considerações de saúde e segurança, 33, 46-50, 196-204. *Ver também* considerações de saúde e segurança
  dimensões dos, 192-195
  equilíbrio, 196-199
  espaço, 194-196
  importância de, 185

  lar *versus* escola, 186-187
  objetivos/valores do programa e, 203-209
  padrões de circulação, 195-197
  planos de organização, *196-199f*
  recursos para, 212-214
  situações exemplo para, 211-213
  terminologia para, 213-214
  tipos de programa e, 209-212
  visão geral, 46-47, 184-186
 modificações aos, 82-83
 naturais, 221-223
 socioemocionais, 215-234
ambientes físicos, 183-214. *Ver também* ambientes
 áreas de atividade, 186-193
 áreas de brincadeiras infantis, 189-191
 centros de cuidado físico, 188-191
 centros de interesse, 191-192
 espaços de aprendizagem motora ampla, 192-193
 necessidades especiais e, 186-189
 perspectivas de animais em sala de aula, 192
 considerações de saúde e segurança, 33, 46-50, 196-204. *Ver também* considerações de saúde e segurança
  adequação ao desenvolvimento dos, 196-201
  diretrizes para lavar as mãos, 47-49, 202-203
  manutenção de, 46-48
  procedimentos de troca de fraldas, 49-50, 202-203

procedimentos higiênicos, 47-49, 202-204
proteção, 200-202
Declarações de Posicionamento da NAEYC
Inclusão, 186-188, 201-203
Prática adequada ao nível de desenvolvimento, 206
dimensões dos, 192-195
equilíbrio, 196-199
espaço, 194-196
importância de, 185
lar *versus* escola, 186-187
objetivos/valores do programa e, 203-209
    ambiente externo e natureza, 207-209
    autenticidade, 205-208
    cooperação, 204-207
    estética, 209
    exploração, 208-209
    importância de, 206
    independência *versus* interdependência, 204-205
    individualidade, 204-205
padrões de circulação, 195-197
Padrões de Programa da NAEYC para
    Padrão 5 (Saúde), 185, 196-198
    Padrão 9 (Ambiente físico), 185, 196-198
planos de organização, *196-199f*
recursos para, 212-214
situações exemplo para, 211-213
terminologia para, 213-214
tipos de programa e, 209-212
    centro de cuidado infantil em turno integral, 209
    cooperativa com os pais de meio período, 210
    cuidado adjacente, 209-210
    cuidado infantil para crianças em idade escolar, 210-211
    educação familiar a domicílio, 211-212
    jardins de infância, 211-212
    pré-escolas Head Start, 210
    programas primários, 211-212
visão geral, 46-47, 184-186
ambientes naturais, 221-223. *Ver também* ambientes
ambientes socioemocionais, 215-234. *Ver também* ambientes
    aceitação e, 219-222
    ADA (Americans with Disabilities Act), 222-223
    ambientes naturais e, 221-223
    continuidade e, 220-222
    cordialidade e, 219-222
    cultura e, 223-233
    da educação infantil, 225-226, 231-233
    de origem, 225-230
    independência *versus* interdependência, 226-228
    natureza dinâmica de, 229-232
    opressão, 229
Declarações de Posicionamento da NAEYC
    Inclusão, 222-223
    Prática adequada ao nível de desenvolvimento, 242-243
    Respondendo à diversidade linguística e cultural, 242-243
inclusão e, 221-223
integração e, 221-223
mainstreaming e, 221-223
normalização e, 221-223
Padrão de Programa 8 (Currículo) da NAEYC, 222-223
proteção e, 219-222
qualidades do, 217-220
recursos para, 232-234
respeito, 217-220
responsividade e, 219-222
situações exemplo para, 232-233
terminologia para, 234
visão geral, 216-217
Americans with Disabilities Act. *Ver* ADA (Americans with Disabilities Act)
amor incondicional, 100-101
andaimes, 23-25, 94-95
ansiedade de separação, 251-252
Antecedents of Self-Esteem, The (Coopersmith), 137-139
antipreconceito
Antibias Curriculum: Tools for Empowering Young Children (Derman-Sparks), 226-227
foco, 142-144
respostas, 62-63
apego, 27-28, 106-107
Appell, Genevieve, 241-242
aprendizagem
dos processos de apoio de aprendizagem-desenvolvimento, 181-307
    ambientes físicos, 183, 213-214
    ambientes socioemocionais, 215-234
    observação-registro-avaliação, 284-307
    rotinas, 235-259
    tarefas relacionadas ao estágio de desenvolvimento, 260-283
    visão geral, 181-182
experiencial, 33
para a vida toda, 27-28
processos de ensino-aprendizagem
    conceito do professor como modelo, 128-153
    considerações de saúde e segurança, 32-52
    considerações relacionadas à carreira, 3-31
    considerações relacionadas à comunicação, 53-73
    currículos holísticos e, 5. *Ver também* currículos holísticos
    facilitação dos trabalhos-brincadeiras, 74-102
    modelar relacionamentos adultos, 154-179
    orientação de comportamento, 103-127
    visão geral, 1-2

processos de planejamento de aprendizagem-desenvolvimento, 309-377
  currículos holísticos, 359-377
  experiências científico-matemáticas, 337-358
  linguagem e alfabetização emergente, 311-336
  visão geral, 309-310
  teoria, 34-35
aprendizagem experiencial, 33. *Ver também* aprendizagem
áreas de atividade, 186-193. *Ver também* ambientes físicos
  áreas de brincadeiras infantis, 189-191
  centros de cuidado físico, 188-191
  centros de interesse, 191-192
  espaços de aprendizagem motora ampla, 192-193
  necessidades especiais e, 186-189
  perspectivas de animais em sala de aula, 192
areia
  caixas de areia, 353-354
  experimento com areia e lama, 349
assertividade *versus* agressividade, 139-140
Associação Pikler-Lóczy para Crianças Pequenas, 241-242
atenção às necessidades, 237-238
atividades
  com água, 6-8, 353-354
  com argila, 354-355
  com massa de modelar, 86-87, 353-355
  de construção, 86-87
  escolares, 79-80
autenticidade, 205-208
avaliação-observação-registro, 284-307
  avaliação, 297-306
    autoavaliações, 303-304
    avaliações autênticas, 297-302
    avaliações diagnósticas/de prescrição, 297-302

avaliações do programa, 303-306
avaliações dos ambientes, 303-305, *303-305f*
portfólios, 301-303
observação, 289-291
Padrão de Programa 4 (Currículo) da NAEYC, 286
recursos para, 307
registro, 291-297
  ambientais, *checklists*, 295-297, *303-304f*
  amostras temporais, 297, *299-300f*
  anedóticos, 291
  de desenvolvimento, *checklists*, 294-296, *295-296f*
  de incidentes, 292-294
  diários, 293-294
  mapeamento, 294-299, *305-306f*
  observações de registro corrente, 291-292
situações exemplo para, 306
terminologia para, 307
visão geral do, 284-289
avaliações autênticas, 297-302
avaliações diagnósticas/de prescrição, 297-302
avaliações do programa, 303-306

B
Baba, Sandy, 239-240
bandas rítmicas, 366-369
Bandura, Albert, 22-23, 130
bebês
  alfabetização emergente e, 328-330
  áreas de brincadeira para, 189-191
  desenvolvimento linguístico e, 317-319
  experiências matemáticas e, 340-343
  pequenos, 264-269. *Ver também* bebês pequenos
  procedimentos de troca de fraldas, 49-50, 202-203, 245-247

que se locomovem, 268-270. *Ver também* bebês que se locomovem
  rotinas de alimentação para, 242-245
  rotinas de repouso para, 246-248
  rotinas relacionadas ao uso do banheiro para, 245-247
bebês pequenos, 264-269. *Ver também* bebês
  aprendizagem e, 264-269
  cognição sensório-motora, 267-269
  desenvolvimento cognitivo de, 267-269
  desenvolvimento físico, 264-269
    desenvolvimento cefalo-caudal, 264-267
    desenvolvimento proximo-distal, 264-267
    desenvolvimento socioemocional, 267-268
bebês que se locomovem, 268-270. *Ver também* bebês
  aprendizagem e, 268-270
  desempenho objetivo, 269-270
  desenvolvimento cognitivo dos, 269-270
  desenvolvimento físico de, 268-270
  desenvolvimento socioemocional de, 269-270
behaviorismo e behavioristas, 16-17, 21-23, 34-35
blocos de madeira dura, 353-354
bonecas personagens, 255-256
brincadeira. *Ver também* facilitação dos trabalhos-brincadeiras
  associativa, 86-89
  cognitiva, 84-89.
  cooperativa, 86-89
  dramática, 86-87
  imaginativa, 84-85
  isolada, 92-93
  livre, 92-93
  rica, 80-82
  solitária, 86-89
  inclusiva, 80-83
Bronfenbrenner, Uri, 18-19

C

Campanha "Stand for Children", 9-10
canto em grupo, 366-369
cantos das bonecas, 86-87
Carter, Margie, 203-204
castigos, 110-111
CDF (Children's Defense Fund), 9-10
centros de cuidado físico, 188-191
centros de cuidado infantil, turno integral, 209-210
centros de interesse, 191-192
Chahin, Elsa, 246-247
Challenge to Care in School, The (Noddings), 11-12
Champion, Kisha P.W., 361-363
checklists
    ambientais, 295-297, *303-304f*
    de desenvolvimento, 294-296
Children's Defense Fund. *Ver* CDF (Children's Defense Fund)
choro, 58-61, 105-106
circulação, padrões de, 195-197
classificação, 84, 342-344
cobertas, 246-249
coerência *versus* incoerência, 65-68
comer de colher, 243-244. *Ver também* alimentação
comida
    considerações da comida como arte, 71
    planos, 6-7
competição, 86-87
componente artístico, 360-365. *Ver também* currículos holísticos
    desenho, 362-364
    facilitação de experiência, 365-366
    objetivos de, 362-364
    traçados corporais, 365-366, 376-377
componente de estudos sociais, 360, 369-373. *Ver também* currículos holísticos
    atitudes pró-sociais, 371
    conceitos autorrelacionados, 369-371, 376-377. *Ver também* conceitos autorrelacionados

conhecimento da comunidade, 372-373
outros conhecimentos relacionados, 371-373
Padrões de Programa da NAEYC para, 369-370
componente musical, 360, 365-370. *Ver também* currículos holísticos
    bandas rítmicas, 366-369
    canto em grupo, 366-369
    Desfile do Tambor, 366-367
    facilitação de experiência e, 365-366
    movimento criativo, 368-369, 376-377
    música de fundo, 369-370
comportamento, contágio de, 348-349
comportamentos
    de busca de informações, 131-134
    desafiadores, 121-122
    não literais, 84-85
    preconceituosos, 144-145
comunicação efetiva, 42-43. *Ver também* considerações relacionadas à comunicação
conceito da criança como um todo, 5-7, 89-91, 237-238, 255
conceito da criança forte, 142-144
conceito de
    auxílio, 89-91
    "brincar para ficar esperto", 80-82
    ciclos, 91
    cultura dinâmica, 229-232
    cultura predominante, 5-6
    dominação, 139-140
    idades e estágios, 8-10
    pessoa de papelão, 5
    prender, 89-90
    proteção, 36-37
    remexer, 85-86
    reviver, 84-85
    verdadeira escola, 84
conceito do professor como modelo, 128-153. *Ver também* modelos e exemplos
    considerações de fragilidade, 130-131
    currículos emergentes, 146-150. *Ver também* currículos

desempenho assistido, 148-150
espelhamento, 132-133
estratégias de auxílio, 149-150
estratégias não violentas de resolução de problemas, 130-138
    abordagem de resolução de conflitos, 132-135
    alternativas, reconhecimento das, 134-135
    comportamentos de busca de informações, 131-134
    crianças com inclinação à violência e, 131-138
    desenvolvimento de atitude de resolução de problemas, 135
    empatia e, 135
    feedforward, 135-136
    persistência e, 135
    relações entre consequência-ação, 135-136
modelação, definições de, 130
modelar aprendizagem, 144-150
modelar autoestima, 137-144
    agressividade *versus* assertividade, 139-140
    conceito de dominação e, 139-140
    dimensões de, 138-139
    importância de, 137-138
    manipulação e, 139-140
    modelar competência, 141-142
    modelar poder e, 138-140
    modelar virtudes e, 137-139
    significado de, 140-142
modelar cognição, 144-150
modelar desenvolvimento, 144-150
modelar equidade, 142-145
    efeitos de, 143-144
    foco antipreconceito e, 142-144
observação e, 146. *Ver também* observação
Padrão de Programa 2 (Currículo) da NAEYC e, 149-150

prática reflexiva e, 146
recursos para, 151-153
situações exemplo para, 151
terminologia para, 152-153
visão geral do, 129-131
ZDP (zona de desenvolvimento proximal), 148-150
conceitos autorrelacionados
autoaceitação, 34-35
autoavaliações, 303-304
autoconceito, 369-371
autoconfiança, 55
autoconhecimento, 369-371, 376-377
autoconsciência, 34-35
autocorretores de aprendizagem, 24-25
autodefinição, 5, 227-228
autoestima, 56-57, 79-80, 100-101, 111, 137-144, 369-371. *Ver também* modelar a autoestima
autoexpressão *versus* manipulação, 40-42, 107-109, 228-229
autoimagem, 369-371
autorreflexão, 34-35
autorregulação, 55, 237-239
autorrespeito, 140-141
autossatisfação, 100-101
conversas sozinhas, 78-79
egoísmo, 228-229
habilidades de autoajuda, 6-7, 227-228
habilidades de autoavaliação, 41-42
valor próprio, 86-87, 369-371
conceitos básicos
dos processos de apoio de aprendizagem-desenvolvimento, 181-307
ambientes físicos, 183-214
ambientes socioemocionais, 215-234
observação-registro-avaliação, 284-307
rotinas, 235-259
tarefas relacionadas ao estágio de desenvolvimento, 260-283
visão geral, 181-182

processos de ensino-aprendizagem, 1-179
conceito do professor como modelo, 128-153
considerações de saúde e segurança, 32-52
considerações relacionadas à carreira, 3-31
considerações relacionadas à comunicação, 53-73
facilitação dos trabalhos-brincadeiras, 74-102
modelar relacionamentos adultos, 154-179
orientação de comportamento, 103-127
visão geral, 1-2
processos de planejamento de aprendizagem-desenvolvimento, 309-377
currículos holísticos, 359-377. *Ver também* currículos
experiências científico-matemáticas, 337-358
linguagem e alfabetização emergente, 311-336
visão geral, 309-310
conceitos fundamentais
dos processos de apoio de aprendizagem-desenvolvimento, 181-182
dos processos de ensino-aprendizagem, 1-2
dos processos de planejamento de aprendizagem-desenvolvimento, 309-310
conceitos relacionados ao processo
dos processos de apoio de aprendizagem-desenvolvimento, 181-307
ambientes físicos, 183-214
ambientes socioemocionais, 215-234
observação-registro-avaliação, 284-307
rotinas, 235-259
tarefas relacionadas ao estágio de desenvolvimento, 260-283
visão geral, 181-182

processos de ensino-aprendizagem, 1-179
conceito do professor como modelo, 128-153
considerações de saúde e segurança, 32-52
considerações relacionadas à carreira, 3-31
considerações relacionadas à comunicação, 53-73
facilitação dos trabalhos-brincadeiras, 74-102
modelar relacionamentos adultos, 154-179
orientação de comportamento, 103-127
visão geral, 1-2
processos de planejamento de aprendizagem-desenvolvimento, 309-377
currículos holísticos, 359-377
experiências científico-matemáticas, 337-358
linguagem e alfabetização emergente, 311-336
visão geral, 309-310
conexões cognitivas, 55-57
confidencialidade, 27-28
conformidade, 107-109
conhecimento
autoconhecimento, 369-371, 376-377
da comunidade, 372-373
lógico-matemático, 339-341
outros conhecimentos relacionados, 371-373
social, 339-341
conjuntos de blocos, 352-354
considerações de fragilidade, 130-131
considerações de manutenção, 46-48. *Ver também* ambientes físicos
considerações de saúde e segurança, 32-52
ambientes físicos, 33, 46-50. *Ver também* ambientes físicos
adequação ao desenvolvimento dos, 46-47
diretrizes para lavar as mãos, 47-49

manutenção dos, 46-48
organização dos, 46-47
procedimentos de troca de fraldas, 49-50
procedimentos higiênicos, 47-49
aprendizagem experiencial, 33
consequências, estratégias para a vivência das, 45-47
estresse, 49-50
experiências de riscos, 33-46
frustração, 49-50
habilidades de observação, 33-37
   definições de observação, 34-35
   diretrizes para, 35-36
   teoria de aprendizagem e, 34-35
habilidades de orientação, 33-34, 39-44
   autoexpressão *versus* manipulação, 40-42
   comunicação efetiva, 42-43. Ver também considerações relacionadas à comunicação
   contato visual, 42-44
   cooperação, 39-40
   definições de disciplina, 39
   definições de orientação, 39
   obediência, 39-40
   para comportamentos inaceitáveis, 40-41
   problemas relacionados à raiva, 40-41
habilidades de resolução de conflitos, 33, 42-46
   empoderamento *versus* perda de poder, 43-45
   estratégias de desarme, 42-44
habilidades de supervisão, 34, 36-39
   conceito de proteção, 36-37
   foco, estreito *versus* amplo, 37-39
   foco, no indivíduo *versus* no grupo, 37-39
   foco duplo, 36-39

Padrões de Programa da NAEYC
   Padrão 1 (Relacionamento), 42-44
   Padrão 2 (Currículo), 34
   Padrão 5 (Saúde), 40, 50
   Padrão 9 (Ambiente físico), 46-47
políticas e procedimentos, 48-50
questões de prevenção, 47-48
recursos para, 51-52
situações exemplo para, 50
terminologia para, 51-52
visão geral, 33-34
considerações éticas, 29-30
considerações legais
   ADA (Americans with Disabilities Act), 222-223
   Individuals with Disabilities Education Act (IDEA), 27-28
   responsabilidades legais, 27-30
considerações relacionadas à carreira, 3-31
   abordagens integradas, 6-7
   abordagens pró-sociais, 7-8
   autodefinição, 5
   código de ética, 29-30
   currículos. *Ver também* currículos
      definições de, 7-8
      emergentes, 6-8
   Declaração de Posicionamento da NAEYC, Prática adequada ao nível de desenvolvimento, 10-12
   desenvolvimento infantil
      perspectivas históricas do, 15-19
      pesquisa sobre o cérebro e, 25-27
      teorias do, 18-32
   educadores pioneiros, 24-27
   holismo e abordagens holísticas, 5-8
   multiculturalismo, 5-6
   prática reflexiva, 5
   profissionalismo, 7-16
      conceito de idades e estágios, 8-10

      definições de, 7-9
      marcos do desenvolvimento, 9-10
      organizações profissionais, 9-16
   recursos para, 30-31
   responsabilidades legais, 27-30
   situações exemplo para, 29-31
   terminologia para, 31
   tipos de programas. *Ver* tipos de programa
   visão geral, 4-5
considerações relacionadas à comunicação, 53-73
   choro, 58-61
   comunicação efetiva, 42-43
   conexões cognitivas, 55-57
   conexões de relacionamento, 55-57
   considerações da comida como arte, 71
   disponibilidade emocional, 55-56
   estratégias de comunicação com clareza, 63-70
      coerência *versus* incoerência, 65-68
      mensagens de duplo vínculo e, 66-68
      questionamento *versus* interrogação, 69-70
      raiva, expressões da, 61-63, 68-69
      redirecionamento *versus* distração, 66-68
      situações desconfortáveis e, 64-66
      sorrisos, significados dos, 68
   habilidades de escuta, 56-63
      autoestima e, 56-57
      conexões de escuta-*feedback*, 56-58
      escuta holística, 56-57
      linguagem expressiva e, 57-59
      linguagem receptiva e, 57-59
   habilidades de orientação e, 42-43
   observações, 70-71

Padrões de Programa da NAEYC
  Padrão 1 (Relacionamentos), 55
  Padrão 2 (Currículo), 55
reflexões, 70-71
registros anedóticos, 70-71
respostas antipreconceito e, 62-63
sentimentos, validação dos, 59-63
visão geral, 54-55
considerações relacionadas a mudanças, 34-36
considerações sobre necessidades especiais, 119-122
  áreas de atividade, 186-189
  equipamento adaptativo, 97-98
  facilitação dos trabalhos-brincadeiras, 97-98. *Ver também* facilitação dos trabalhos-brincadeiras
  rotinas adaptativas, 249-251
  rotinas de repouso, 250
  rotinas do uso do banheiro, 250
construção
  de estrutura, 86-87
  teoria da construção de significado, 22-25
  versus instrução, 79-80
contação de histórias, 255
contágio de comportamento 348-349
contar mentiras *versus* inverdades, 105-108
Cooper, Renatta, 84
cooperação, 39-40, 204-207
cooperativa com os pais, 210
cooperativas, meio período, 210
Coopersmith, Stanley, 137-139
coordenação motora e visual, 6-7
cordialidade, 219-222
corporal, traçado, 365-366, 376-377
correspondência um para um, 342-343
costumes, 5-6
Council for Exceptional Child, Division for Early Childhood, 121-122

Cowee, Marion, 105-107, 132-133, 226-229
criação de desfechos, 92-93
crianças com inclinação à violência, 131-138
crianças de 2 anos, 272-274
  aprendizagem e, 272-274
  desenvolvimento cognitivo de, 274
  desenvolvimento físico de, 272-274
  desenvolvimento linguístico de, 318-320
  desenvolvimento socioemocional de, 272-274
crianças de 3 anos, 274-277
  aprendizagem e, 274-277
  desenvolvimento cognitivo de, 275-276
  desenvolvimento físico de, 274-276
  desenvolvimento linguístico e, 319-324
  desenvolvimento socioemocional de, 275-276
crianças de 4 anos, 275-279
  alfabetização emergente e, 329-333
  aprendizagem, 276-279
  desenvolvimento cognitivo das, 277-279
  desenvolvimento físico de, 276-278
  desenvolvimento linguístico e, 319-324
  desenvolvimento socioemocional de, 277-278
crianças de 5 anos, 278-282
  alfabetização emergente e, 329-333
  aprendizagem e, 278-282
  desenvolvimento cognitivo das, 279-280
  desenvolvimento físico das, 278-279
  desenvolvimento linguístico e, 319-324
  desenvolvimento socioemocional das, 278-280
crianças em idade escolar, 280-282
  alfabetização emergente e, 331-334

  aprendizagem e, 280-282
  desenvolvimento cognitivo das, 281-282
  desenvolvimento físico das, 280
  desenvolvimento linguístico e, 324-326
  desenvolvimento socioemocional das, 280-281
  experiências matemáticas e, 343-344
  operações concretas e, 281-282
  programas para, 210-211
  rotinas de alimentação para, 244-245
  rotinas de repouso para, 248-249
  rotinas do uso do banheiro para, 246-248
crianças pequenas, 270-272
  alfabetização emergente e, 328-330
  aprendizagem e, 270-272
  desenvolvimento cognitivo de, 271-272
  desenvolvimento físico de, 270-271
  desenvolvimento linguístico e, 317-319
  desenvolvimento socioemocional de, 271-272
  experiências matemáticas e, 340-343
  rotinas de alimentação para, 244-245
  rotinas de repouso para, 246-249
  rotinas do uso do banheiro para, 245-247
criativo, movimento, 368-369, 376-377
cuidado adjacente, 209-210
cultura, 223-233. *Ver também* ambientes socioemocionais
  baixo contexto *versus* alto contexto, 320-324
  educação infantil, 225-226, 231-233
  estágio de desenvolvimento e, 264-265
  independência *versus* interdependência, 226-228

lar, 225-229
natureza dinâmica de, 229-232
opressão, 229
cultura da educação infantil, 225-226, 231-233. *Ver também* cultura
cultura de origem, 225-229. *Ver também* cultura
currículos
  centrados na criança, 24-25
  definições de, 7-8
  emergentes, 146-150, 330-332
  holísticos, 359-377. *Ver também* currículos holísticos
    abordagens holísticas, 372-374, 376-377
    componente artístico dos, 360-365
    componente de estudos sociais de, 360, 369-373
    componente musical dos, 360, 365-370
    perspectivas contrastantes dos, 361-364, 366-367, 374-375
    processos de ensino-aprendizagem e, 5. *Ver também* processos de ensino-aprendizagem
    recursos para, 375-377
    situações exemplo para, 374-376
    terminologia para, 376-377
    visão geral, 360-361
  não escritos, 5, 55
  tarefas de desenvolvimento como, 260-283. *Ver também* tarefas de desenvolvimento
currículos holísticos, 359-377
  abordagens holísticas, 372-374, 376-377
    criação de, 372-374
    definição de, 372-373
    facilitação de, 373-374
  componente artístico dos, 360-365
    desenho, 362-364
    facilitação de experiência, 365-366
    objetivos de, 362-364
  produto *versus* processo, 361-363
  traçado corporal, 365-366, 376-377
componente de estudos sociais de, 360, 369-373
  atitudes pró-sociais, 371
  autoconceito, 369-371
  autoconhecimento, 369-371, 376-377
  autoestima, 369-371
  autoestudo, 369-371
  autoimagem, 369-371
  conhecimento da comunidade, 372-373
  outros conhecimentos relacionados, 371-373
  valor próprio, 369-371
componente musical do, 360, 365-370
  bandas rítmicas, 366-369
  canto em grupo, 366-369
  Desfile do Tambor, 366-367
  facilitação de experiência, 365-366
  movimento criativo, 368-369, 376-377
  música de fundo, 369-370
Padrões de Programa da NAEYC
  Padrão 2 (Currículo), 361-363, 365-366, 369-370, 372-373
  Padrão 3 (Ensino), 361-363, 365-366, 369-370, 372-373
perspectivas contrastantes de, 361-364, 366-367, 374-375
processos de ensino-aprendizagem e, 5. *Ver também* processos de ensino-aprendizagem
recursos para, 375-377
situações exemplo para, 374-376
terminologia para, 376-377
visão geral, 360-361
Curtis, Deb, 188-190

D

Dakin, Joan Bell, 366-367
Darwin, Charles, 18-19
David, Myriam, 241-242
de desenvolvimento, estágios, 263-282
  bebês
    pequenos, 264-269
    que se locomovem, 268-270
  crianças
    de 2 anos, 272-274
    de 3 anos, 274-277
    de 4 anos, 275-279
    de 5 anos, 278-280
    em idade escolar, 280-282
    pequenas, 270-272
  cultura e, 264-265
  relações entre necessidades-estágio, 263-266
  tarefas relacionadas ao estágio, 260-283
Derman-Sparks, Louise, 142-144, 226-227
desafios da deficiência, 5-6
desempenho assistido, 148-150
desenho
  atividades, 362-364
  equipamento, 354-356
desenvolvimento
  cefalocaudal, 264-267
  processos de apoio de aprendizagem-desenvolvimento, 181-307
    ambientes físicos, 183-214
    ambientes socioemocionais, 215-234
    observação-registro-avaliação, 284-307
    rotinas, 235-259
    tarefas relacionadas ao estágio de desenvolvimento, 260-283
    visão geral, 181-182
  processos de planejamento de aprendizagem-desenvolvimento, 309-377
    currículos holísticos, 359-377. *Ver também* currículos
    experiências científico-matemáticas, 337-358
    linguagem e alfabetização emergente, 311-336
    visão geral do, 309-310

proximodistal, 264-267
sensorial, 6-7
socioemocional, 267-268
desenvolvimento proximal,
zona de. *Ver* ZDP (zona de
desenvolvimento proximal)
Desfile do Tambor, 366-367
Dewey, John, 24-25
diários, 293-294
dimensão
 aberta/fechada, 194-195
 complexa/simples, 194-195
 da mobilidade, 194-195
 intrusão/privacidade, 193-194
 macio/duro, 192-194
dimensões, 192-195. *Ver também* ambientes físicos
disciplina
 definições de, 39
 versus orientação, 105-107, 112-113. *Ver também* orientação de comportamento
disponibilidade emocional, 55-56
distração *versus* redirecionamento, 66-68, 116-117
diversidade, 313-317
documentação, 92-95. *Ver também* registro-observação-avaliação
domiciliar, programa de cuidado, 211-212

E

Ecology of Human Development, The (Bronfenbrenner), 18-19
Edleman, Marion Wright, 9-10
educação familiar a domicílio, 211-212
educação infantil. *Ver* fundamentos da educação infantil
Educação Waldorf, 25-27
educadores pioneiros, 24-27
Edwards, Julie Olsen, 142-144
efeito cascata, 262
elementos de continuidade, 92-93, 220-222
elogio inadequado, 99
elogio *versus* incentivo, 101-102
Elwell, Sharon, 87-88

Emergent Curriculum (Jones e Nimmo), 330-332
emergente, alfabetização, 313-314, 325-334. *Ver também* linguagem
 bebês, 328-330
 crianças de 4 anos, 329-333
 crianças de 5 anos, 329-333
 currículo emergente e, 330-332
 definições de, 313-314
 leitura em família, 333
 ortografia inventada, 328-329
 perspectivas históricas do, 325-327
 pintura com bolinhas de gude e, 331-332
 versus abordagem de prontidão à leitura, 327-329
empatia, 135
empoderamento *versus* perda de poder, 43-45
envolvimento ativo, 84-85
equilíbrio, 196-199, 237-238
equipamento
 adaptativo, 97-98
 de escrita, 354-356
 para experiências científico-matemáticas, 353-356
Erikson, Erik, 19-23, 83, 105-106, 242-244
escolas Reggio Emilia, 24-25, 91-92, 149-150
escolhas, 237-238
escuta, níveis de, 321-324
escuta ativa, 94-95 *Ver também* habilidades de escuta
escuta holística, 56-57. *Ver também* habilidades de escuta
espaço
 considerações, 194-196. *Ver também* ambientes físicos
 mensuração do, 343-344
espaços de aprendizagem motora ampla, 192-193
espelhamento, 132-133
estágios cognitivos, 19
estágios de desenvolvimento 263-282
 bebês
  pequenos, 264-269
  que se locomovem, 268-270

 crianças
  de 2 anos, 272-274
  de 3 anos, 274-277
  de 4 anos, 275-279
  de 5 anos, 278-280
  em idade escolar, 280-282
  pequenas, 270-272
 cultura e, 264-265. *Ver também* cultura
 relações entre necessidades-estágio, 263-266
estágios psicossexuais, 19-21, *20-21t*
estética, 209
estímulo verbal, 97-98-99
estratégias de auxílio, 149-150
estratégias de comunicação com clareza, 63-70. *Ver também* considerações relacionadas à comunicação
 coerência *versus* incoerente, 65-68
 mensagens de duplo vínculo e, 66-68
 questionamento *versus* interrogação, 69-70
 raiva, expressão da, 61-63, 68-69
 redirecionamento *versus* distração, 66-68
 situações desconfortáveis e, 64-66
 sorrisos, significados dos, 68
estratégias de desarme, 42-44
estratégias de interpretação, 122-125. *Ver também* orientação comportamental
estratégias de resolução de problemas, 130-138
 abordagem de resolução de conflitos, 132-135
 alternativas, reconhecimento das, 134-135
 comportamentos de busca de informações, 131-134
 crianças com inclinação à violência e, 131-138
 desenvolvimento de atitude para, 135
 empatia e, 135
 feedforward, 135-136
 não violentas, 130-138

persistência e, 135
relações entre consequência-
-ação, 135-136
estresse
   como problema de segurança,
      49-50
exercício da maçã, 146
expectativas adequadas, 105-
   106
experiências científicas básicas,
   348-349. *Ver também* experiências científico-matemáticas
experiências científico-matemáticas, 337-358
   abordagem construtivista,
      339-341, 344-346
      conhecimento físico, 339-
         341
      conhecimento lógico-mate-
         mático, 339-341
      conhecimento social, 339-
         341
      perspectivas da aprendiza-
         gem, 340-341
      teorias de Piaget sobre,
         339-341
   adequadas ao nível de desen-
      volvimento, 337-358
   ciências, 344-354
      abordagens construtivistas
         versus formais de, 344-
         346
      abordagem de projetos,
         345-349. *Ver também*
         abordagem de projetos
      contágio de comportamen-
         to 348-349
      estudo da natureza, 349-
         351
      experiências básicas, 348-
         349
      experiências físicas, 345-
         347
      experiências químicas,
         346-349
      experimento com lama e
         areia, 349
      processos de representa-
         ção, 346-348
      processos de transforma-
         ção, 346-348
      projetos de transição, 350-
         354

Declarações de Posiciona-
   mento da NAEYC, Matemática para a primeira infância,
   339
equipamento para, 353-356
matemática, 340-345
   classificação, 342-344
   correspondência um para
      um, 342-343
   definições de, 340-341
   espaço, mensuração do,
      343-344
   experiências do mundo
      real, 344-345
   gráficos e tabelas, 342-344
   jogos, 344-345
   organização, 342-344
   para bebês, 340-343
   para crianças em idade
      escolar, 343-344
   para crianças pequenas,
      340-343
   para pré-escolares, 342-
      344
   tempo, mensuração do,
      343-344
   votação, 342-344
Padrões de Programa da
   NAEYC para
   Padrão 2 (Currículo), 340-
      341, 344-345
   Padrão 3 (Ensino), 340-
      341, 344-345
   recursos para, 356-358
   situações exemplo para, 355-
      357
   terminologia para, 357-358
   visão geral, 338-339
experiências de riscos, 33-46
experiências físicas, 345-347.
   Ver também experiências científico-matemáticas
experiências matemáticas do
   mundo real, 344-345. *Ver também* experiências científico-
   -matemáticas
experiências químicas, 347-
   349. *Ver também* experiências
   científico-matemáticas
experimento com lama e areia,
   349
exploração, 208-209
expressões faciais, 83

F

facilitação de experiência, 365-
   366
facilitação dos trabalhos-brincadeiras, 74-102
   brincadeira, 77-91
      adequação da, 80-83
      áreas, efetividade das, 83-84
      associativos, 86-89
      benefícios da, 87-91
      características da, 84-85
      cognitivo *versus* social,
         84-89
      conceito de "brincar para
         ficar esperto", 80-82
      construção *versus* instru-
         ção, 79-80
      construtivo, 86-87
      cooperativo, 86-89
      definições de, 77-78
      desenvolvimento de con-
         ceito e, 80-82
      dramático, 86-87
      espaços para, 89-90
      externa *versus* interna, 80-
         82
      imaginação e, 84-85
      inclusão total, 80-83
      isolado, 92-93
      jogos em círculos, 86-87
      livre, 92-93
      paralela, 86-89
      prática de construção de
         significado e, 78-80
      prática reflexiva, 79-84
      remexer, conceito, 85-86
      rica, 80-82
      sensório-motora, 84-86
      simbólica, 84-87
      solitária, 86-89
      teorias de Piaget e, 79-80
      versus trabalho, 84-85
   consideração de necessidades
      especiais para, 97-98
   Declarações de Posiciona-
      mento da NAEYC
      Aprendendo a ler e a escre-
         ver, 89-90
      Inclusão, 82-83
   modelos de, 76-78. *Ver tam-
      bém* modelos e exemplos
      aprendizagem centrada na
         criança, 77-78

centrada no professor, 76-78
comparações de, 76
Padrões de Programa da NAEYC
Padrão 2 (Currículo), 76
Padrão 3 (Ensino), 76
papéis dos adultos em, 92-101
comunicação respeitosa, 94-95
documentação, 92-95
escuta ativa e, 94-95
feedback descritivo e, 93-95
gerenciadores de estágios, 94-96
incentivo *versus* elogio, 97-101
observação de registro corrente, 92-95
observadores, 92-95
processo de andaimes, 94-95
professores, 95-98
recursos para, 101-102
situações exemplo para, 100-102
terminologia para, 101-102
trabalho, 89-93
abordagem de projetos para, 92-93
aprendizagem centrada na criança e, 91-92
atitudes em relação a, 89-91
como método de aprendizagem, 89-101
conceito de ciclos, 91
criação de desfechos e, 92-93
observações de, 91-92
rotinas de organização, 91
visão geral, 75-76
falar inverdades *versus* mentir, 105-108
feedback
conexões de *feedback*-escuta, 56-58
descritivo, 93-95, 101-102
versus feedforward, 135-136
feedforward, 135-136
feriados, 5-6

fins e inícios, 237-238
foco, estreito *versus* amplo, 37-39. *Ver também* foco
foco. *Ver também* habilidades de supervisão
antipreconceito, 142-144
duplo, 11, 36-39
estreito *versus* amplo, 37-39
no indivíduo *versus* no grupo, 37-39
no outro, 228-229
Forman, George, 346-347
Freud, Sigmund, 19-23, 83
Froebel, Friedrich, 24-25
frustração, 49-50, 117-118
fundamentos da educação infantil
dos processos de apoio de aprendizagem-desenvolvimento, 181-307
ambientes físicos, 183-214
ambientes socioemocionais, 215-234
observação-registro-avaliação, 284-307
rotinas, 235-259
tarefas relacionadas ao estágio de desenvolvimento, 260-283
visão geral, 181-182
dos processos de planejamento de aprendizagem-desenvolvimento, 309-377
currículos holísticos, 359-377. *Ver também* currículos
experiências científico-matemáticas, 337-358
linguagem e alfabetização emergente, 311-336
visão geral, 309-310
processos de ensino-aprendizagem, 1-179
conceito do professor como modelo, 128-153
considerações de saúde e segurança, 32-52
considerações relacionadas à carreira, 3-31
considerações relacionadas à comunicação, 53-73
facilitação dos trabalhos-brincadeiras, 74-102

modelar relacionamentos adultos, 154-179
orientação de comportamento, 103-127
visão geral, 1-2

G

Gerber, Magda, 36-37, 238-239
Gesell, Arnold, 18-19
Glasenapp, Gary, 120
Gonzalez-Mena, Janet, 95-96, 143-144
gráficos e tabelas, 342-344
Greenspan, Stanley, 55
Grey, Kathleen, 94-95
Gronlund, Gaye, 78-79
grupos
bandas rítmicas, 366-369
canto, 366-369
Desfile do Tambor, 366-367
foco no grupo *versus* individual, 37-39. *Ver também* foco
Gunnar, Megan R., 55-57

H

habilidades de escuta, 56-63. *Ver também* considerações relacionadas à comunicação
autoestima e, 56-57
ativa, 94-95
conexões de escuta-*feedback*, 56-58
holística, 56-57
linguagem expressiva e, 57-59
linguagem receptiva e, 57-59
níveis de escuta, 321-324
habilidades de resolução, 33, 42-46
habilidades de resolução de problemas, 107-109
habilidades de supervisão, 34, 36-39
conceito de proteção, 36-37
foco
duplo, 36-39
estreito *versus* amplo, 37-39
no indivíduo *versus* no grupo, 37-39

Hall, Edward, 76
higiene e vestimenta, 249-251. *Ver também* rotinas de cuidado físico
hora do círculo, 81-82

I

incentivo
 língua, 313-314
 verbal, 97-99
 versus elogio, 101-102
inclusão, 119-122, 221-223
incoerência *versus* coerência, 65-68
independência *versus* interdependência, 204-205, 226-228
individualidade, 204-205
Individuals with Disabilities Education Act (IDEA), 27-28
inícios e fins, 237-238
inovação, 107-109
integração, 221-223
interdependência *versus* independência, 204-205, 226-228
interrogação *versus* questionamento, 69-70
intrínseca, motivação, 84-85
inventada, ortografia, 328-329

J

Jablon, Judy, 34-36
jardins de infância, 211-212
jogos
 cognitivos, 255
 com regras, 86-87
 competitivos *versus* cooperativos, 86-87
 em círculos, 86-87
 estratégicos, 86-87
 matemáticos, 344-345
 não competitivos, 86-87
 perceptivos, 255
Johnston, Peter H., 97-98
Jones, Betty, 84, 330-332
Jones, Elizabeth, 79-82

K

Kagan, Jerone, 117-118
Kaiser, Barbara, 121-122
Katz, Lillian, 130-131
Kritchevsky, L., 89-91
Kuschner, David, 346-347

L

Lally, Ronald J., 36-37
lar *versus* ambiente escolar, 186-187. *Ver também* ambientes físicos
leitura em família, 333
limites *versus* regras, 112-116
língua materna, 313-317
linguagem, 311-336
 alfabetização emergente e, 313-314, 325-334
 bebês, 328-330
 crianças de 4 anos, 329-333
 crianças de 5 anos, 329-333
 currículo emergente e, 330-332
 definições de, 313-314
 leitura em família, 333
 ortografia inventada, 328-329
 perspectivas históricas da, 325-327
 pintura com bolinhas de gude e, 331-332
 Declarações de Posicionamento da NAEYC
  Aprendendo a ler e a escrever, 313-314, 326-327
  Respondendo à diversidade linguística e cultural, 313-314
 desenvolvimento, estratégias de facilitação, 315-326
  bebês, 317-319
  crianças de 2 anos, 318-320
  crianças de 3 anos, 319-324
  crianças de 4 anos, 319-324
  crianças de 5 anos, 319-324
  crianças em idade escolar, 324-326
  crianças pequenas, 317-319
  culturas de baixo contexto *versus* alto contexto, 320-324
  níveis de escuta, 321-324
 diversidade e, 313-317
  língua materna, 313-317
  programas de imersão linguística, 314-315
 expressiva, 57-59
 Padrões de Programa da NAEYC
  Padrão 1 (Relacionamento), 313
  Padrão 2 (Currículo), 313
 receptiva, 57-59
 recursos para, 334-336
 situações exemplo para, 333-344
 terminologia para, 334-335
 visão geral, 312-313
Locke, John, 16-17
Lyle, Lynn Doherty, 11, 56-58

M

mainstreaming, 221-223
Makin, Laurie, 315-317
Malaguzzi, Loris, 24-25
manipulação
 modelar autoestima e, 139-140. *Ver também* modelar a autoestima
 versus autoexpressão, 40-42
mapeamento, 294-297, *297-299f, 305-306f*
Maslow, Abraham, 17-19
mensagens de duplo vínculo, 66-68
mensagens mistas, 66-68
mensurações. *Ver também* experiências científico-matemáticas
 do espaço, 343-344
 do tempo, 343-344
Mistry, Jayanthi, 91-92
modelar a autoestima, 137-144. *Ver também* modelos e exemplos
 agressividade *versus* assertividade, 139-140
 conceitos de dominação e, 139-140
 dimensões de, 138-139
 importância de, 137-138
 manipulação e, 139-140
 modelar competência e, 141-142
 modelar poder e, 138-140
 modelar virtudes e, 137-139
 significado de, 140-142

modelar aprendizagem, 144-150. *Ver também* modelos e exemplos
modelar cognição, 144-150. *Ver também* modelos e exemplos
modelar competência, 141-142. *Ver também* modelos e exemplos
modelar desenvolvimento, 144-150. *Ver também* modelos e exemplos
modelar equidade, 142-145. *Ver também* modelos e exemplos
  efeitos de, 143-144
  foco antipreconceito e, 142-144
modelar relacionamentos adultos, 154-179. *Ver também* modelos e exemplos
modelar virtudes, 137-139. *Ver também* modelos e exemplos
modelos e exemplos
  de comportamentos pró-sociais, 117-119
  facilitação dos trabalhos-brincadeiras, 76-78. *Ver também* facilitação dos trabalhos-brincadeiras
  modelar aprendizagem, 144-150
  modelar autoestima, 137-144
  modelar cognição, 144-150
  modelar competência, 141-142
  modelar desenvolvimento, 144-150
  modelar equidade, 142-145
  modelar poder, 138-140
  modelar virtudes, 137-139
  professor como modelo, 128-153. *Ver também* conceito do professor como modelo
    considerações de fragilidade, 130-131
    desempenho assistido, 148-150
    emergentes, currículos, 146-150. *Ver também* currículos
    espelhamento, 132-133
    estratégias de auxílio, 149-150
    estratégias não violentas de resolução de problemas, 130-138
    observação e, 146. *Ver também* observação
    Padrão de Programa 2 (Currículo) da NAEYC e, 149-150
    recursos para, 151-153
    situações exemplo para, 151
    terminologia para, 152-153
    visão geral, 129-131
    ZDP (zona de desenvolvimento proximal), 148-150
  relacionamentos adultos, 154-179
modificação de comportamento, 123
  definições de, 105-106
  distração, 116-117
  versus disciplina, 105-107, 112-113
Monroe, Jean, 55-56
Montessori, Maria, 24-25
mordida, 124
morte no berço. *Ver* SMSI (síndrome de morte súbita infantil)
motivação intrínseca, 84-85, 99-101
movimento
  antroposófico, 24-26
  criativo, 368-369, 376-377
  da psicologia humanista, 17-19
multiculturalismo, 5-6, 313-317
música de fundo, 369-370. *Ver também* componente musical

N

NAEYC (National Association for the Education of Young Children)
  Declarações de Posicionamento
    Aprendendo a ler e a escrever, 89-90, 313-314, 326-327
    Inclusão, 82-83, 222-223
    Matemática para a primeira infância, 339
    Posição sobre a inclusão, 119-121
  Prática adequada ao nível de desenvolvimento, 10-12, 242-243
  Respondendo à diversidade linguística e cultural, 242-243, 313-314
  Padrão de Programa
    Padrão 1 (Relacionamento), 40, 42-44, 55, 262, 313
    Padrão 2 (Currículo), 34, 55, 76, 105, 149-150, 262, 313, 340-341, 344-345, 361-363, 365-366, 369-370, 372-373
    Padrão 3 (Ensino), 76, 95-96, 105, 262, 313, 340-341, 344-345, 361-363, 365-366, 369-370, 372-373
    Padrão 4 (Avaliação), 262, 286
    Padrão 5 (Saúde), 40, 50
    Padrão 8 (Comunidades), 222-223
    Padrão 9 (Ambiente físico), 46-47, 112-114
National Association for the Education of Young Children. *Ver* NAEYC (National Association for the Education of Young Children)
Nature of the Child, The (Kagan), 117-118
natureza
  estudo, 349-351
  natureza e área externa, 207-209
  questão da natureza-criação, 15-16
Nimmo, John, 330-332
Noddings, Nell, 11-12
normalização, 221-223

O

obediência, 39-40
objetivos/valores do programa, 203-209
  ambiente externo e natureza, 207-209
  autenticidade, 205-208
  cooperação, 204-207
  estética, 209

exploração, 208-209
importância de, 206
independência *versus* interdependência, 204-205
individualidade, 204-205
observação. *Ver também* observação-registro-avaliação
 definições de, 34-35
 habilidades, 33, 42-37
  comunicação e, 70-71
  conceito do professor como modelo e, 146
  considerações de saúde e segurança da, 33-37
  diretrizes para, 35-36
  teoria de aprendizagem e, 34-35
observação-registro-avaliação, 284-307
 avaliação, 297-306
  autoavaliações, 303-304
  avaliações autênticas, 297-302
  avaliações diagnósticas/de prescrição, 297-302
  avaliações do programa, 303-306
  avaliações dos ambientes, 303-305
  portfólios, 301-303
  situações exemplo para, 306
 observação, 289-291
 Padrão de Programa 4 (Currículo) da NAEYC, 286
 recursos para, 307-307
 registro, 291-297
  ambientais, *checklists*, 295-297, *303-304f*
  amostras temporais, 297, *299-300f*
  anedóticos, 291
  de desenvolvimento, *checklists*, 294-296
  de incidentes, 292-294
  diários, 293-294
  mapeamento, 294-299, *305-306*
  observações de registro corrente, 291-292
 terminologia para, 307
 visão geral, 284-289
observações de registro corrente, 291-292

One Childhood, Many Languages (Makin et al.), 315-317
Opening Minds: Using Language to Change Lives (Johnston), 97-98
operações concretas, 281-282
opressão, 229
organização, 342-344
organizações profissionais, 9-16
orientação de comportamento, 103-127
 castigos, 110-111
 comportamentos pró-sociais, modelar, 117-119. *Ver também* modelos e exemplos
 conjunto de habilidades para, 33-34, 39-44
  autoexpressão *versus* manipulação, 40-42
  comunicação efetiva, 42-43. *Ver também* considerações relacionadas à comunicação
  contato visual, 42-44
  cooperação, 39-40
  definições de disciplina, 39
  obediência, 39-40
  problemas relacionados à raiva, 40-41, 61-63
 Declarações de Posicionamento da NAEYC, Posição sobre inclusão, 119-121
 estratégias de interpretação, 122-125
 expectativas adequadas, 105-106
 inclusão, 119-122
 limites *versus* regras, 112-116
 mentiras *versus* inverdades, 105, 108
 modificação de comportamento, 123
 mordida e, 124
 necessidades especiais e, 119-122
 Padrões de Programa da NAEYC para
  Padrão 2 (Currículo), 105
  Padrão 3 (Ensino), 105
  Padrão 9 (Ambiente físico), 112-114

 perspectivas relacionadas à autoridade, 107-109
 pirraça, perspectivas de, 117-118
 problemas com palmadas, 105-110
 recursos para, 125-127
 redirecionamento, 116-117
 relação entre ação e consequência, 112
 sentimentos, expressão dos, 116-119
 situações exemplo para, 124-126
 terminologia para, 126-127
 versus punição, 105-110
 visão geral, 104-105
ortografia inventada, 328-329
outros conhecimentos relacionados, 371-373

P

padrões de circulação, 195-197
Paley, Vivian, 86-87
partes soltas, 354-356
pensamento "tanto-quanto", 10-11
pensamento independente, 107-109
perda de poder *versus* empoderamento, 43-45
perfeccionismo, 130-131
persistência, 135
perspectivas
 da aprendizagem, 340-341
 de animais em sala de aula, 192
 pluralistas, 5-6
 relacionadas à autoridade, 107-109
perspectivas históricas, 15-19
 da alfabetização emergente, 325-327
 da NAEYC, 9-16
 das organizações profissionais, 9-16
 do desenvolvimento infantil, 15-19
 educadores pioneiros, 24-27
pesquisa sobre o cérebro, 25-27
Pestalozzi, J.H., 24-25
Piaget, Jean, 19-20, *19-20t*, 34-35, 79-80, 83, 105, 339-341

Pikler, Emmi, 19, 25-27, 89-91, 239-242
pintura
  atividades, 86-87
  com bolinhas de gude, 331-332
  equipamento, 354-356
pirraça, perspectivas de, 117-118
PITC (Program for Infant-Toddler Care), 9-11
planos de organização, *196-199f*. *Ver também* ambientes físicos
poder
  de dominação, 138-139
  disputas, 115-116
  modelos de, 138-140. *Ver também* modelos e exemplos
políticas e procedimentos, 48-50
portfólios, 301-303
prática
  de construção de significado, 78-80
  de sentar, 255
  reflexiva, 5, 79-84, 146
pré-escolares
  experiências matemáticas e, 342-344
  rotinas de alimentação para, 244-245
  rotinas de repouso para, 246-249
  rotinas do uso do banheiro para, 246-248
pré-escolas Head Start, 12-14, 18-19, 210
Prescott, E., 89-91
problemas
  com palmadas, 105-110
  relacionados à raiva, 40-41, 61-63
procedimentos
  de troca de fraldas, 49-50, 202-203, 245-247
  e políticas, 48-50
  higiênicos, 47-49, 202-204
processos de apoio, 181-307
  ambientes físicos, 183-214
  ambientes socioemocionais, 215-234
  observação-registro-avaliação, 284-307

rotinas, 235-259
tarefas relacionadas ao estágio de desenvolvimento, 260-283
visão geral, 181-182
processos de ensino-aprendizagem, 1-179
  conceito do professor como modelo, 128-153
  considerações de saúde e segurança, 32-52
  considerações relacionadas à carreira, 3-31
  considerações relacionadas à comunicação, 53-73
  currículos holísticos e, 5. *Ver também* currículos holísticos
  facilitação dos trabalhos-brincadeiras, 74-102
  modelar relacionamentos adultos, 154-179
  orientação de comportamento, 103-127
  visão geral, 1-2
processos de planejamento, 309-377
  experiências científico-matemáticas, 337-358
  linguagem e alfabetização emergente, 311-336
  visão geral, 309-310
processos de representação, 346-348
processos de transformação, 346-348
programa, objetivos do. *Ver* objetivos/valores do programa
programa, valores do. *Ver* objetivos/valores do programa
Programa de Cuidado para Bebês-crianças pequenas. *Ver* PITC (Program for Infant-Toddler Care)
programas
  de meio período, 12-14, 18-19, 210
  de turno integral, 209-210
  primários, 211-212
projeto de colegam lado a lado, 87-89
projetos de culinária, 6-7
promoção de proteção, 200-202

pró-social
  abordagens, 7-8
  atitudes, 371
  comportamentos, modelar, 117-119. *Ver também* modelos e exemplos
proteção, 219-222
Public Law 87-291, 222-223
punição *versus* orientação, 105-110. *Ver também* orientação de comportamento

Q

questão da natureza básica da criança, 15-17
questionamento *versus* interrogação, 69-70
questões de adoção, 5-6
questões de prevenção, 47-48

R

raiva, 117-118
Raminsky, Judy Sklar, 121-122
rebeldia, 105-106
recursos
  para processos de apoio ao desenvolvimento-aprendizagem, 212, 233, 258, 282, 307
  para processos de ensino-aprendizagem, 30, 51, 72, 101, 126, 151, 178
  para processos de planejamento de desenvolvimento-aprendizagem, 334, 356, 376
redirecionamento *versus* distração, 66-68
reflexões, 70-71
registro-observação-avaliação, 284-307
  avaliação, 297-306
  autoavaliações, 303-304
  avaliações autênticas, 297-302
  avaliações diagnósticas/de prescrição, 297-302
  avaliações do programa, 303-306
  avaliações dos ambientes, 303-305
  portfólios, 301-303

observação, 289-291
Padrão de Programa 4 (Currículo) da NAEYC, 286
recursos para, 307
registro, 291-297
   ambientais, *checklists*, 295-297, *303-304f*
   anedótico, 70-71, 291
   de desenvolvimento, *checklists*, 294-296
   de incidentes, 292-294
   diários, 293-294
   mapeamento, 294-299, *305-306f*
   observações de registro corrente, 291-292
situações exemplo para, 306
terminologia para, 307
visão geral, 284-289
regras
   externas, liberdade das, 84-85
   jogos, 86-87
   não escritas, 5, 223-224
   versus limites, 112-116. *Ver também* orientação de comportamento
relacionamento
   conexões, 55-57
   modelos de, 154-179. *Ver também* modelos e exemplos
relacionamentos de consequência-ação, 112, 135-136
relações entre necessidades-estágio, 263-266. *Ver também* estágios de desenvolvimento
repouso, 246-249. *Ver também* rotinas de cuidado físico
resolução de conflitos
   abordagem de, 132-135
   habilidades de, 33, 42-46
      empoderamento *versus* perda de empoderamento, 43-45
   estratégias de desarme, 42-44
Resources for Infant Education. *Ver* RIE (Resources for Infant Education)
respeito, 217-220, 313-314
responsabilidade pessoal, 55
responsividade, 219
respostas
   antipreconceito, 62-63

conexões de escuta-resposta, 58-63
resumos
   dos processos de apoio de aprendizagem-desenvolvimento, 181-182
   dos processos de ensino-aprendizagem, 1-2
   dos processos de planejamento de aprendizagem-desenvolvimento, 309-310
RIE (Resources for Infant Education), 36-37, 42-44, 238-240
Ritz, Kitty, 333
rotinas, 235-259
   adaptativas, 250
   apego, 242-243
   cuidado físico, 242-249. *Ver também* rotinas de cuidado físico
      alimentação, 242-245
      higiene e vestimenta, 249
      necessidades especiais, rotinas adaptativas para, 249-251
      repouso, 246-249
      uso do banheiro, 245-249
   currículos infantis, 239-240
   de organização, 91
   Declarações de Posicionamento da NAEYC, Inclusão, 250
   estruturas diárias, elementos das, 237-238
   hora da roda/em grupo, 255-257
      atividades durante, 255-256
      bebês, 255-256
      crianças em idade escolar, 256-257
      crianças pequenas, 255-257
      pré-escolares, 256-257
   interações sincrônicas, 239-242
   Padrões de Programa da NAEYC para
      Padrão 1 (Relacionamento), 237-241
      Padrão 2 (Currículo), 237-241
      Padrão 8 (Comunidades), 250

   relações entre currículos-cuidado, 237-243
   sistemas de cuidado primário 242-243
   situações exemplo para, 257-259
   terminologia para, 258-259
   transições, 250-253
      ansiedade de separação e, 251-255
      antes da hora da roda/em grupo, 256-257
      arrumação, 253-255
      chegadas e partidas, 252-255
   visão geral, 236-237
rotinas de cuidado físico, 242-249. *Ver também* rotinas
   alimentação, 242-245
      bebês, 242-245
      comer de colher, 243-244
      crianças em idade escolar, 244-245
      crianças pequenas, 244-245
      pré-escolares, 244-245
      rotinas adaptativas para, 249-250
   higiene e vestimenta, 249-251
   necessidades especiais, rotinas adaptativas para, 249-251
   repouso, 246-249
      bebês, 246-248
      crianças em idade escolar, 248-249
      crianças pequenas, 246-249
      pré-escolares, 246-249
      rotinas adaptativas para, 250
   uso do banheiro, 245-249
      bebês, 245-247
      crianças em idade escolar, 246-248
      crianças pequenas, 245-247
      pré-escolares, 246-248
      rotinas adaptativas para, 250
      treinamento/aprendizagem do banheiro, 246-249

roubo, 105-106
Rousseau, Jean-Jacques, 17-19

S

segurança, 55
Seiderman, Ethel, 12-15
sentimentos
　expressão dos, 116-119
　positivos sobre si mesmo, 55
　validação dos, 59-63
simbólica
　brincadeira, 84-87.
　　Ver também facilitação dos
　　trabalhos-brincadeiras
　representações, 6-7
síndrome de morte súbita infantil. *Ver* SMSI (síndrome de morte súbita infantil)
situações um a um, 89-91
Skinner, B.F., 16-17, 21-23, 34-35
SMSI (síndrome de morte súbita infantil), 246-248
social
　brincadeira, 84-89. *Ver também* facilitação dos trabalhos-brincadeiras
　conhecimento, 339-341
　teoria de aprendizagem, 22-23
　teoria do contexto, 19-20, 22-25
soneca, 249-248
sorrisos, significados dos, 68
Steiner, Rudolf, 24-26
superproteção, 228-229

T

tabelas e gráficos, 342-344
Tambor, Desfile do, 366-367
Tardos, Anna, 89-91
tarefas de desenvolvimento, 260-283
　efeito cascata e, 262
　estágio de desenvolvimento 263-282
　　crianças de 2 anos, 272-274
　　crianças de 3 anos, 274-277
　　crianças de 4 anos, 275-279
　　crianças de 5 anos, 278-280
　　crianças em idade escolar, 280-282
　　crianças pequenas, 270-272

　cultura e, 264-265. *Ver também* cultura
　pequenos, bebês, 264-269
　que se locomovem, bebês, 268-270
　relações entre necessidades-estágio, 263-266
Padrões de Programa da NAEYC para
　Padrão 1 (Relacionamento), 262
　Padrão 2 (Currículo), 262
　Padrão 3 (Ensino), 262
　Padrão 4 (Avaliação), 262
　situações exemplo para, 281-283
　terminologia para, 283
　visão geral das, 261-263
tempo
　amostras, 297, *299-300f*
　mensuração do, 343-344
teoria
　cognitiva, 19-23, *21-23t*
　da aprendizagem, 21-23
　sociocultural, 22-25
teorias psicanalíticas, 19-23
teóricos dos estágios, 19-20
teste de limites intangíveis, 114-116
Theory Behind the Change, The (Jablon), 34-36
Theory Behind the Practice, The (Coopersmith), 137-138
tipos de programa, 209-212
　centro de cuidado infantil em turno integral, 209
　centros de cuidado, 11-12
　comparações de, 11-16, *13t*
　cooperativa com os pais de meio período, 14-15, 210
　cuidado adjacente, 209-210
　cuidado infantil para crianças em idade escolar, 210-211
　educação familiar a domicílio, 11-13, 211-212
　Head Start, 12-14, 18-19
　jardins de infância, 211-212
　pais adolescentes, 12-15
　programa primários, 211-212
　sustentados pelos empregadores, 12-14
Toward a Psychology of Being (Maslow), 18-19

traçados corporais, 365-366, 376-377
transição
　de objetos, 246-249
　de projetos, 350-354
　　definições de, 350-351
　　para crianças de 2 anos, 350-352
　　para crianças em idade escolar, 352-354
　　para pré-escolares, 351-354
turnos das cinco às sete, 84

U

Udell, Tom, 120
um para um, correspondência, 342-343
uso do banheiro, 245-249
　Ver também rotinas de cuidado físico
　bebês, 245-247
　crianças em idade escolar, 246-248
　crianças pequenas, 245-247
　pré-escolares, 246-247
　procedimentos de troca de fraldas, 49-50, 202-203, 245-247
　rotinas adaptativas para, 250
　treinamento/aprendizagem do banheiro, 246-249

V

Valdivia, Rebeca, 314-316
visão de tábula rasa, 16-18
visão do pequeno anjo, 17-19
visão geral
　dos processos de apoio de aprendizagem-desenvolvimento, 181-182
　dos processos de ensino-aprendizagem, 1-2
　dos processos de planejamento de aprendizagem-desenvolvimento, 309-310
visual
　contato, 42-44, 223-224
　coordenação motora e, 6-7
vitimização, 140-141
votação, 342-344
Vygotsky, Lev, 22-25, 148-149

W

Walling, L., 89-91
Watson, John, 16-17, 21-23
WestEd Center for Child and Family Studies, 9-11, 36-37

Y

Yale University Child Study Center, 121-122

Z

ZDP (zona de desenvolvimento proximal), 148-150
Zero to Three, 9-10